KB109770

영어 동작표현사전

영어 동작표현사전

영미인들의 행동, 그 이면의 생각과 문화

고바야시 유우코 편저
가이다 마사나오 · 구로이와 가즈 그림
정숙영 · 전선영 공역

이다새

지은이 고바야시 유우코(小林祐子) 도쿄여자대학 외국어과를 졸업하고 미국 미시간대학에서 유학했다. 국제기독교대학교에서 석사 과정을 수료했으며 도쿄여자대학에서 명예교수를 역임했다. 『영어동작표현사전』으로 1992년 대학영어교육학회(JACET) 학회상을 수상하였다. 지은 책으로 『신체언어의 일영비교』가 있고, 공저로 『일영어비교강좌 5권-문화와 사회』 『영어지도 핸드북 3』 『영어교수법사전』 『영어도상 대사전』 등이 있으며, 영어와 일본어의 신체언어에 대한 비교문화학적 연구 및 영어교수법에 대한 논문을 다수 집필하였다.

옮긴이 정숙영 중앙대학교 광고홍보학과를 졸업하고 현재 여행 전문 작가 및 번역가로 활동하고 있다. 지은 책으로 『무규칙 유럽여행』 『노플랜 사차원 유럽여행』 『런던나비』 『도쿄만담』 『금토일 해외여행』, 옮긴 책으로 『세계를 움직인 과학의 고전들』 등이 있다.

옮긴이 전선영 한국외국어대학교 일본어과를 졸업했다. 현재 일본어로 된 좋은 서적을 우리말로 옮기는 출판 전문 번역가로 활동하고 있다. 옮긴 책으로 『철학 비타민』 『10년 더 젊어지는 따뜻한 몸 만들기』 『빨간색 하이힐을 신는 그 여자 VS 초록색 넥타이를 매는 그 남자』 『우리 학교가 달라졌어요』 『카리스마 CEO의 함정』 『일상생활 속에 숨어 있는 수학』 『바보는 항상 1등의 룰만 따른다』 『개념부터 다시 시작하는 Reset! 수학』(전4권) 등이 있다.

2013년 1월 31일 초판 1쇄 펴냄
2015년 10월 8일 초판 2쇄 펴냄

지은이 고바야시 유우코
옮긴이 정숙영 · 전선영
펴낸곳 부키(주)
펴낸이 박윤우
등록일 2012년 9월 27일 등록번호 제312-2012-000045호
주소 03785 서울 서대문구 신촌로3길 15 산성빌딩 6층
전화 02) 325-0846
팩스 02) 3141-4066
홈페이지 www.bookie.co.kr
이메일 webmaster@bookie.co.kr
제작대행 올인피앤비 bobys1@nate.com
ISBN 978-89-6051-275-7 91740

책값은 뒤표지에 있습니다.
잘못된 책은 구입하신 서점에서 바꿔 드립니다.

서문

최근 커뮤니케이션의 비언어적인 측면에 대한 관심이 높아지면서 보디랭귀지 해설서나 제스처 사전 등 몸동작에 관련된 다양한 책들이 출간되고 있다. 이 『영어 동작표현사전』 역시 영미인의 보디랭귀지를 다루고 있으나 보디랭귀지 그 자체보다는 이를 나타내는 영문 구절을 수록, 해설한 것이어서 '동작, 표정에 관한 영어 표현 사전'이라 부르는 것이 더 타당할 것이다. 독자가 영어 텍스트를 읽다 일반 사전에서는 찾을 수 없는 표정이나 동작에 관한 묘사를 접했을 때 그 의미를 쉽게 찾을 수 있도록 하는 것이 이 책의 출간 의도다. 예를 들어 어느 등장인물의 표정이 draw one's eyebrows down이라고 묘사될 때 그것이 실제 어떤 표정일지 이미지가 쉽게 떠오르지 않을 것이다. 이때 이 사전의 eyebrow 항목을 펼쳐 찾아보면 그 표정이 어떤 것이며 어느 때 어떤 식의 감정을 나타내는지 등에 관한 정보를 얻을 수 있다.

영어의 동작 묘사를 이해하기 위해서는 두 가지 관문을 통과해야 한다. 첫 번째 관문은 언어 기호를 해독하여 실제 어떤 동작을 가리키는 것인지 알아내는 작업이다. 이것은 꽤 어려운 일이다. 왜냐하면 '동작'이라는 것이 신체 각 부분의 복합적인 움직임으로 형성되는 것임에도 실제 말로 표현할 때는 어느 한 부분에 초점을 맞추는 것이 보통이기 때문이다. 예를 들어 머리를 살짝 옆으로 기울이고 다소 미심쩍게 "글쎄…." 하거나 "음…." 하며 생각하는 모습을 우리말로는 간단하게 '고개를 갸웃거리다'라고 나타내곤 한다. 이러한 간단한 표현을 큰 불편 없이 사용할 수 있는 이유는 모국어라서 생략 표현에서도 어렵지 않게 전체의 상을 떠올릴 수 있기 때문이다. 허나 외국어의 경우에는 생략된 부분을 유추하여 정확한 상을 그려 내는 것이 불가능하다. 예를 들어 영어의 incline one's head는 고개를 까딱 숙이는 가벼운 인사나 상대방의 말에 귀를 기울이는 모습을 나타내지만, 영어사전에서 incline을 찾아보면 이 동작에서 머리를 기울이는 방향이 앞인지 옆인지조차 알 수가 없다. 그래서 표정 등 다른 힌트가 주어지지 않으면 우리말의 '고개를 갸웃거리다'와 비슷한 동작이라고 생각해 버리기 쉬운 것이다.

어찌어찌하여 표현이 가리키는 동작을 문자 그대로 해석하는 제1관문을 통과했다 해도 이번에는 동작이 어떤 의미를 지니고 있는지에 대한 비언어 기호를 해독하는 제2관문이 버티고 있다. 이를 돌파하기 위해서는 영미인이 어떤 경우에 어떤 비언어 기호를 사용하는지, 그리고 그를 통해 어떤 의미를 전달하는지 등 그들의 관습을 알아야 한다. 언어 기호와 비언어 기호, 이 두 가지의 상이한 기호 체계를 동시에 해독할 수 있도록 도와줄 입문서가 있다면 얼마나 좋을까? 바로 이러한 생각이 『영어 동작표현사전』을 탄생시킨 계기다.

자료 수집에만 10여 년이라는 긴 세월이 흘렀다. 그 기간 동안 읽은 영어 소설만 약 700여 권, 베껴 적어 둔 묘사 예는 정기간행물까지 더하면 약 15,000개에 이른다. 이 작업을 통해 깨달은 것은 순수성이 높은 문학 작품은 인물의 표정이나 동작을 유형적으로 그리는 것을 지양하는 반면, 대중적인 연애 소설, 추리소설, 청소년물, 신문이나 잡지의 보도기사 등은 이를 즐겨 쓴다는 사실이었다. 예를 들어 '놀랐다'라고 표현하는 대신 '눈을 둥그렇게 떴다'를, '낙담하다' 대신 '어깨를 늘어뜨리다'를 사용하는 식이다. 이렇게 유형적으로 묘사된 동작이 과연 영미인들의 실제 행동을 어느 정도 반영하고 있는지는 알 수 없으나, 그것을 통해 그들이 느끼는 특정한 감정에 따르는 전형적인 행동 패턴을 엿볼 수는 있다.

나는 『영어 동작표현사전』에 신체 부위와 관련한 영어 어구를 가능한 한 빠짐없이 모으려 노력했고, 다양한 용례를 통하여 영어 어구에 담긴 영미인의 비언어 행동 양식을 머릿속에 떠올릴 수 있도록 하였다. 그 가운데는 그들의 고유한 동작과 인간이라면 누구나 보이는 보편적인 표정과 몸동작이 모두 포함되어 있다. 이는 극히 일상적인 동작일 때도 있고 실용적인 동작일 때도 있다. 또 수록한 영어 어구는 관용어적인 성격이 강한 것은 물론 그러한 성격이 거의 없는 것까지 포함하고 있다는 사실을 지적해 두고 싶다. 한편 pull someone's leg, win hands down 등과 같이 실제 눈에 보이는 동작 표현이 아닌 관용구는 원칙적으로 제외하였다.

나는 영미인의 신체 언어를 이해하고 파악하려는 과정에서 오해라는 함정에 발이 빠진 적이 몇 번이나 있다. 그때마다 내 주위에 있던 많은 영미인 협력자들이 나를 구원해 주지 않았다면 이 『영어 동작표현사전』은 부족한 채로 세상에 나오게 되었을지도 모른다. 특히 고(故) 다이애나 엘스턴 여사와 루이 리바이 씨에게 많은 신세를 졌다. 엘스턴 여사는 지인의 정으로 주 1회 2시간씩 2년 반 가까이 나의 어리석은 질문에 끈기 있게 대답해 주었으며, 때로는 나의 주문에 응하여 각종 동작 및 표정을 실연하여 보여 주었다. 그리고 그녀가 병을 얻어 영국으로 귀국한 뒤에는 내가 근무하는 학교의 동료인 리바이 씨가 그 자리를 대신하여 여러 의문에 성실하게 대답해 주었다. 다독가인 그는 수많은 용례를 함께 정리하며 그것이 적절치 못할 경우 수정해 주기도 했다. 마음속 깊은 곳으로부터 우러난 감사를 전한다. 그 외에도 여러 사람들이 많은 도움을 주었다. 원고를 전체적으로 훑어보고 적절한 조언을 해 주신 동료 모치츠키 이쿠코, 표제어를 검토해 주신 테레사 고바야시, 재미있는 일러스트로 영어 표현에 생기를 불어넣어 주신 가이다 마사나오와 구로이와 가즈, 연구사 사전편집부의 시라사키 마사오, 스즈키 야스유키의 노고에도 깊은 감사를 드리고 싶다. 마지막으로 자료 수집과 집필에 전념할 수 있도록 두 차례 연구 휴가를 주신 도쿄여자대학에도 감사를 표한다.

1991년 8월
고바야시 유우코

1 신체 부위별 항목

❶ 아래에 나열한 신체 부위를 대항목으로 정하고, 이를 알파벳순으로 배열하였다.

ANKLE	ARM
BACK / BACKBONE	BACKSIDE
BEARD / MOUSTACHE	BREAST / BOSOM
BROW	CHEEK
CHEST	CHIN
EAR	ELBOW
EYE	EYEBROW
EYELASH	EYELID
FACE	FINGER
FINGERNAIL	FIST
FOOT	FOREHEAD
HAIR	HAND
HEAD	HEEL
HIP	JAW
KNEE	KNUCKLE
LEG	LIP
MOUTH	NECK
NOSE	PALM

RIB	SHOULDER
SPINE	STOMACH
TEMPLE	THIGH
THROAT	THUMB
TOE	TONGUE
TOOTH	WRIST

위 신체 부위 중에는 여러 가지 명칭을 가지고 있는 것도 있는데, 이들은 따로 취급하지 않고 가장 널리 쓰이는 명칭의 항목에 함께 정리했으며 색인에서 찾아볼 수 있도록 하였다. 예를 들어 '배'는 stomach, abdomen, belly, tummy 등의 명칭이 있는데 stomach 항목에 모두 함께 정리하였다.

❷ 각 항목에는 해당 신체 부위에 관한 언어적, 비언어적 측면의 일반적인 해설을 수록하였다. 언어적 측면으로는 해당 신체 부위명이 가리키는 범위 및 그 움직임을 나타내는 묘사를 기본으로 하고, 필요한 경우에는 관용 표현에도 눈을 돌려 그러한 표현에서 드러나는 영어 문화권의 시각을 함께 다루었다. 비언어적 측면으로는 커뮤니케이션이 이루어지는 동안 해당 신체 부위를 통해 일어나는 특징적인 움직임과 그 기호적 의미에 대한 비교문화적인 해설을 추가하였다.

2 표제어

❶ 각 항목에 표제어로 등장하는 영어 표현은 동작에 관한 관용구가 아니라 동작, 표정을 사실적으로 묘사하여 보여 주는 전형적인 표현들이다. 표제어의 배열은 의미의 중심이 되는 단어(주로 동사, 형용사)의 알파벳순을 따랐다.

❷ 위의 원칙에 따라 신체 부위명이 주어가 되는 표현의 경우에는 술부의 동사 및 형용사의 알파벳순으로 배열하였다.

one's **face in <u>ashen</u>**
<u>avert</u> one's **face**
one's **face <u>beams</u>**

one's **face <u>blazes</u>**

one **is <u>blue</u> in the face**

one's **face <u>bulges</u>**

❸ 동사에 자동사, 타동사 두 가지의 용법이 있는 경우, 가능한 한 표제어에서는 자동사 용법을 보여 주고 예문에서 두 가지의 용법을 모두 언급하도록 하였다. 다만 표제어에서 타동사 용법을 보여 주고 예문에서는 자동사 용법만 언급한 경우도 있다.

❹ 신체 각 부분을 만지는 동작에 관련된 영어 표현에는 신체 부위명이 목적어인 형태(e.g. pat someone's head)와 사람을 목적어로 두고 신체 부위는 전치사구로 나타내는 형태(e.g. pat someone on the head)가 있다. 표제어로는 주로 전자의 형태를 사용하였고 후자의 형태는 색인에서 찾아볼 수 있도록 하였다.

❺ 표제어 내의 신체 부위명은 a, the, one's 모두를 취할 수 있는 경우가 많다. 하지만 관용구(idiom)에서는 『연구사-롱맨 이디엄 영일사전』을 준거로 하였고, 그 외에는 예문의 용법과 상관없이 one's로 통일하였다.

❻ 영어 표현에 쓰인 신체 부위명이 단수인가 복수인가에 따라 의미가 달라지는 경우에는 각각 별도의 표제어로 올리고, 의미가 달라지지 않는 경우에는 [ ]을 사용하여 함께 표시하였다.

hold one's **hand up**

hold one's **hands up**

put one's **hand [hands] in** one's **pocket [pockets]**

❼ 표제어를 배열할 때 정관사, 부정관사, 명사 복수형 및 동사 단수형의 변화어미 ~(e)s, 로만체 one, one's, someone, someone's는 무시하였다. 단, 단수와 복수의 차이가 있을 경우에는 단수형을 앞에 소개하였다. 또한 oneself는 self만 볼드로 처리하여 배열하였다.

clap (one's **hands**)

clap one's **hand on [over, to]** one's **forehead**

clap one's **hand on [over, to]** one's **head**

clap one's **hand on** someone's **knee**

clap one's **hands on [over]** one's **knees**

clap one's **hand(s) over** one's **mouth**

❽ 생략이 가능한 ( ) 안의 표현은 배열할 때 생략하지 않은 형태를 기준으로 하였다. 다만 rub one's hands (together) 등에서의 (together)는 편의상 무시하였다. 또 [ ] 안의 표현도 무시하였다.

❾ 표제어 또는 설명 중에 쓰인 one, one's, oneself는 그 문장의 주어와 동일한 인물을, someone과 someone's는 그 문장의 주어와 다른 사람을 나타낸다.

❿ 표제어의 영어 표현에 대해서는 먼저 그 의미를 밝히고 다음으로 《 》 안에 동작의 의미를 최대한 폭넓게 설명하였다. 또 필요에 따라 표현의 비유적인 의미나 세밀한 동작 설명을 덧붙였다.

3 참조

❶ 같은 의미를 지닌 영어 표현이 있는 경우 비교적 사용 빈도가 높고 성질이 중립적인 것을 주 표제어로 상세히 기술하였다. 다만 주 표제어 외에 비교적 의미가 있다고 판단된 영어 표현은 ➡로 주 표제어를 표시하고 관련 예문을 나열하였다.

❷ 유는 유사 표현을, 참은 참고 표현을 나타낸다. 유, 참, ➡ 뒤에 언급되는 표제어는 그것이 동일 항목 안에 있는 경우에는 고딕체로 표시하고, 타 항목에 있는 경우에는 해당하는 항목의 신체 부위명을 대문자로 표시하였다.

4 용례

❶ 용례는 가능한 한 1960년대 이후에 나온 영미 소설, 희곡, 잡지, 신문에서 발췌하였다. 출전은 '*Time*, 1986', 'P.G. Wodehouse: 3'과 같이 표시하고, 권

말의 '용례 출전 일람'에서 서명을 찾아볼 수 있게 하였다. 적절한 용례를 찾지 못했을 경우, 영국인 L. Levi 씨가 작문한 용례를 사용하여 'L. Levi'로 표시하였다. 출전이 확인되지 않는 경우가 약간 있어 부득이 출전을 표시하지 못한 예가 있다는 것을 미리 밝혀 둔다.

❷ 용례는 있는 그대로 직해하기보다는 동작 표현에 초점을 두어 그 표현의 사용 상황을 쉽게 알 수 있도록 해석하였다.

❸ 용례의 해석은 두 가지로 구별하였다. 용례에서 해당 표현을 사용하는 상황을 언급한 후 해석이 이어지는 경우 사용 상황은 〔 〕 안에, 해석은 ( ) 안에 표기하였다. 단, 해석은 때에 따라 직역인 경우도 있고 의역인 경우도 있고 상황 설명이 추가된 경우도 있다.

5 기타

❶ 영미권과는 다른 언어 습관 및 행동 양식의 차이 때문에 독자들이 이해하기 어려울 것이라 생각되는 동작 묘사에 관해서는 **영일비교** 코너를 개설하여 해설하였다. 언어 표현에 관해서는 동작을 말로 나타낼 때 보이는 영미인 특유의 시선과 일본어의 대응 표현을 비교, 대조하였다. 비언어 행동에 관해서는 이 분야의 영미 문헌을 참조하여 그 특징을 밝히고 비교문화적인 고찰을 하였다.

❷ NB에는, 즉 유의할 표현을 담았다. 사용상의 구별을 시작으로 위의 영어 표현을 이해하기 위해 특히 주의해야 할 점 등을 명기하였다.

❸ 그 외 표기 형식은 일반 영일사전의 표기법을 따랐다.

차례

ANKLE

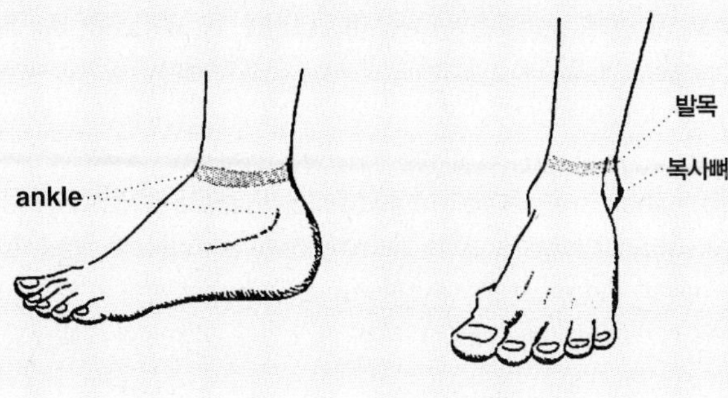

- ankle은 '발목'을 뜻하며, 종아리 아랫부분의 가느다란 부분과 발이 시작되는 발의 뿌리 부분을 가리킨다. 영어에서는 복사뼈도 보통 ankle의 일부로 취급하여 ankle이라는 표현을 사용한다. (특별히 언급해야 하는 경우에는 anklebone이라고 쓸 때도 있다.)

- 영미권에서 발목은 앉아 있는 여성의 다리를 볼 때 주목하는 부분이다. 무릎 부근에서 다리를 꼬는 것에 비해 발목 언저리에서 다리를 겹쳐 앉는 것은 전통적인 예의범절에 맞는 자세라 여겨진다. 그로 인해 발목은 기호학적 해석의 대상이 되곤 한다.

- 영미권에서 발목은 여성의 외모를 평가할 때 자주 언급되는 부위 중 하나다. 20세기 전반까지만 해도 가슴(breast)이나 다리(leg) 등 성적인 뉘앙스가 느껴지는 단어를 입에 올려서는 안 되는 사회적 분위기였으므로 비교적 무난한 발목이 그 단어들을 대신한 것이 아닐까 생각된다. 더욱이 그 무렵 여성의 다리는 긴 스커트 아래 감춰져 있었기 때문에 발목은 옷자락 아래로 살짝살짝 보이는, 일종의 금단의 매력을 가진 신체 부위였다. 때문에 이후 여성의 치마 길이가 짧아지고 가슴이나 다리 등의 단어를 노골적으로 언급하는 것을 꺼리지 않게 된 요즘에도 발목에 대한 은밀하고 전통적인 관심은 사라지지 않고 남아 있는 것이다.

- 일본에서도 젊은 여성의 가느다란 발목에 높은 가치를 두고 있기는 하지만 일반적으로 용모를 묘사할 때 발목이 중심이 되는 경우는 많지 않다. 영미권

에서는 아름다운 다리를 slim [good] ankles, 보기 흉할 정도로 뚱뚱한 다리를 thick ankles라고 표현하며 발목의 잘록한 정도를 각선미를 판단하는 결정적 요인으로 주목하고 있다. 그 같은 경향은 아래 예문에 잘 나타나 있다.

She was in truth putting on weight a little, he noticed; but her ankles were as good as ever. (그녀는 조금 살이 붙은 듯했지만 발목은 변함없이 아름다웠다.) — J. Tey: 2

Standing above him, she seemed taller than he remembered, tall and narrow, almost fragile, with narrow bony shoulders, and thin ankles that aroused the most intense feelings in him. (계단 위에 서 있는 그녀를 바라보니 그가 기억하던 것보다 키가 더 커 보였다. 만지면 부서질 것만 같은 그녀의 좁고 가녀린 어깨와 가느다란 발목은 그의 가슴속 깊은 곳에서 강렬한 감정이 끓어오르게 했다.) — H. Mazer

위의 예는 가느다란 발목이 가느다란 손목, 가느다란 허리와 마찬가지로 남성의 보호본능을 자극하는 여성성(femininity)을 상징한다는 것을 보여 준다. 다음의 예문은 남성이 여성을 평가할 때 발목에 어느 정도 가치를 둔다는 사실을 간접적인 방식으로 보여 주고 있다.

She had met dozens of young men and gentlemen and others who considered a girl's ankles, but Mr. Searle was the only one she had ever met who considered a girl's feet. (그녀는 여자의 발목을 눈여겨보는 남성은 꽤 많이 만나 보았지만 미스터 설처럼 여자의 발이 피곤하지는 않은지 걱정하는 남자를 만난 것은 처음이었다.) — J. Tey: 3

---

cross one's ankles **발목을 교차하다. 발목 부근에 나머지 발을 얹는 형태로 다리를 꼬다. 《다리 꼬기의 일종》** 유 cross one's LEGs at the ankles 참 lock one's ankles / cross one's KNEEs / cross one's LEGs

Of all the sights to emerge from the National Women's Conference, perhaps none was more compelling than the panoply of three First Ladies of the U.S., all precisely coiffed, dressed with impeccable conservatism, *ankles* neatly *crossed*, sitting side by side at the opening session in the Sam Houston Coliseum to promote the Equal Rights Amendment. (여성 차별을 위헌으로 규정하는 미합중국헌법 수정조항의 비준을 촉진하기 위한 전국여성회의의 개회식에 존슨, 포드 등 역대 대통령의 영부인들이 모습을 드러냈다. 아름답게 머리를 다듬고, 깔끔한 정장을 입고, 예의

cross one's ankles

cross one's knees (참고)

바르게 발목을 교차해 앉은 모습이 유난히 눈에 띈다.) — *Time*, 1977

The young ladies of these families were expected to behave themselves, to be decorative and charming. One was taught to sit without letting one's back touch the chair, to *cross one's ankles*, but not one's legs. (당시 좋은 집안의 딸들에게는 예의 바른 행동거지, 아름다운 치장 그리고 매력이 요구되었다. 앉을 때도 의자에 등을 기대서는 안 되고, 다리도 완전히 꼬지 말고 발목만 살짝 겹치라고 교육받았다.) — N. Milford

★ NB: 예의 바르게 앉기의 제1수칙은 두 무릎을 모으고 앉는 것이라 할 수 있다. 특히 두 다리를 바짝 당겨서 비스듬하게 모으고 발목을 교차하면 두 무릎이 무리 없이 예쁜 모습으로 모이는데 이는 여성이 가장 기품 있게 앉는 자세라고 여겨진다. 그리고 양다리를 앞으로 쭉 펴서(stretch out one's legs) 발목을 교차하면, 위에 언급한 '기품'과는 멀어진 자세가 된다. 하지만 이는 남녀 모두에게 편안히 앉는 자세다.

cross one's ankle on one's knee 한쪽 발목을 반대쪽 무릎에 얹어 놓다. 《남성의 앉는 자세》 참 cross one's LEGs

He sat back in the taxi, *crossed an ankle on his knee*, reached into his breast pocket for his cigarettes, and withdrew his case and his lighter. 〔어떤 결단을 내린 후 택시를 잡아 돌아가는 남자의 모습〕 (그는 택시 뒷좌석에 한쪽 무릎에 다른 쪽 발목을 얹어 놓고 앉아 담배를 피우기 위해 가슴 포켓을 뒤져 담배 케이스와 라이터를 꺼냈다.) — D. Mulien

★ NB: 이것은 cross one's legs의 변형으로 미국 남성들이 자주 취하는 자세다. cross one's legs보다 좀 더 편안해 보일 수는 있으나, 자신의 영역 안에 사람을 들이지 않겠다는 경계의 의미가 있다는 견해도 있다(Nierenberg & Calero, 1971).

kick someone on the ankle 타인의 발목 언저리를 가볍게 차다. ((다른 사람들이 알아차리지 못하도록 주의를 주거나 나무라는 행위))

"You dropped a brick," he told her, quite shortly. "I'm afraid I ought to have *kicked you on the ankle*." ("너는 실수를 저질렀다."라며 그는 그녀에게 퉁명스럽게 말했다. "그때 내가 네 발목을 차서 주의를 줬어야 했는데 유감이다.") — C. Armstrong: 1

lock one's ankles 발목 부근에서 다리를 단단히 꼬다. ((다리를 꼬는 방법의 일종으로 긴장, 불안이 드러나는 자세)) 참 cross one's ankles

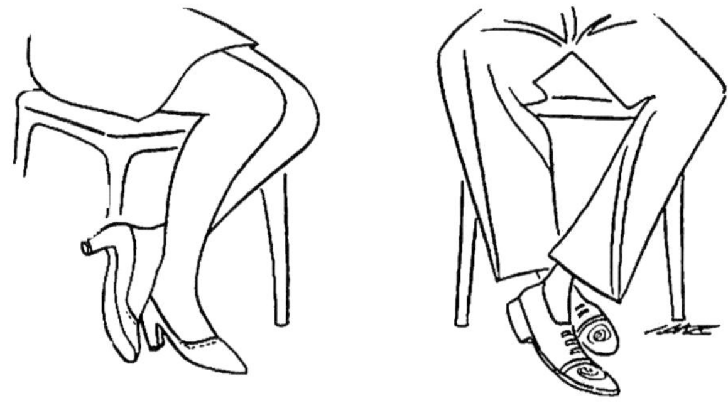

lock one's ankles

Stewardesses tell us that they can spot an apprehensive traveler because he sits *with locked ankles* (particularly during takeoffs). (승무원은 불안을 느끼는 승객은 (특히 비행기가 이륙할 때) 양다리의 발목 부근을 단단히 꼬고 앉아 있으므로 한눈에 알아볼 수 있다고 얘기한다.) — G. I. Nierenberg & H. H. Carelo

★ NB: lock one's ankles는 긴장했을 때 손을 꽉 모아 쥐는 것처럼 다리에 힘을 주어 발목 부근을 단단히 꼬고 있는 모습을 가리킨다.

swing one's ankle 다리를 꼬고 앉아 위에 얹은 다리의 발끝을 앞뒤로 까딱까딱 흔들다. ((주로 여성의 자세로 편안하거나 지루할 때의 무의식적인 움직임; 남성을 성적으로 도발하려 의식적으로 행할 때도 있다.)) 유 wag one's FOOT

She smiled at him and *swung one* slim *ankle* provocatively. "Poor old Archie—you're having a rough time." (그녀는 빙긋 웃더니 잘빠진 발목을 도발적으로 까딱거리며 "불쌍한 아치. 당신도 참 힘들겠어."라고 말했다.) — D. Robins: 13

swing one's ankle

ARM

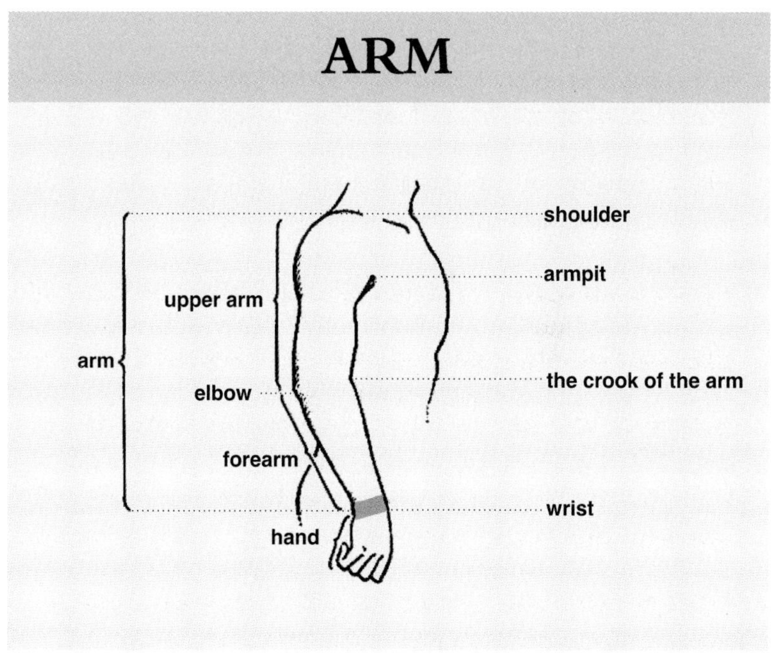

• arm은 '팔'을 뜻하며, 참고 그림에 표시된 것처럼 어깨부터 손목까지의 부위를 가리킨다. 한편 일본어에서는 특별한 경우가 아니면 어깨에서 손끝까지를 하나로 이어진 것으로 보고 이를 손(手)이라 한다. 영어에서는 원칙적으로

손목을 경계로 윗부분을 arm, 아랫부분을 hand로 나눈다. 굳이 손과 팔을 구별하여 표현할 필요가 없는 경우에는 보통 arm이라고 통칭한다.

- 손(手)에 연관된 동작을 표현할 때 일본어에서는 '팔짱을 끼다', '팔을 걸어 붙이다' 등 특별히 팔을 명시해야 할 필요가 있는 경우가 아니라면 대체로 손의 움직임으로 표현한다. 영어는 원칙적으로 hand gestures와 arm gestures를 분리하여 표현한다. 그런데 fold one's hands와 fold one's arms처럼 영어가 모국어가 아닌 사람들도 확실히 구분할 수 있는 경우도 있지만, throw up one's hands와 throw up one's arms처럼 구분할 수 없는 경우도 있다. 후자 중에는 언어 습관에 의해 의미가 정해져 있어 hand를 사용할 때와 arm을 사용할 때가 각각 다른 행동을 가리키는 경우도 있고, 둘 중 어느 쪽으로 표현해도 형태나 의미의 실질적인 차이가 없는 경우도 있다. 기본적으로는 동작의 의도에 의해 어느 쪽으로 표현할지 결정된다고 보면 된다. 예를 들어 '손을 내밀다'의 경우, 돈을 받거나 악수를 할 때라면 팔을 움직여 손을 내민다 해도 동작의 중심은 어디까지나 hand에 있으므로 hold out one's hand가 된다. 그러나 상대방을 두 팔로 끌어안기 위해 손을 내미는 것이라면 동작의 중심이 arm이 되기 때문에 hold out one's arms가 되는 것이다. 단, 본래 hand 중심의 동작이라도 그 움직임이 여느 동작보다 큰 경우에는 arm으로 치환되는 경우가 있다. 예를 들어 '(사람을 향해) 손을 흔들다'는 기본적으로 손을 펴서 가볍게 흔드는 모습이므로 wave one's hand라고 표현한다. 그러나 이것이 손을 힘차게 흔든 나머지 팔이 좌우로 마구 흔들리는 모양이 되면 wave one's arm으로 표현하는 것이다.

- 일본어에는 팔에 연관된 동작 묘사의 예가 적다. '팔짱을 끼다', '팔을 걸어 붙이다' '팔을 쓰다듬다', '타인과 팔짱을 끼다', '팔을 잡다' 등에 한정되어 있다. 이렇게 적은 이유 중 하나는 일본어의 언어 습관상 특별히 필요한 경우가 아니면 팔을 손(手)으로 표현하기 때문이다.
  그러나 묘사의 예가 적은 것에 대한 좀 더 직접적인 이유는 일본인에게 팔로 행하는 기호적 동작이 적기 때문이라 할 수 있다. 영어권에는 팔의 접촉을 포함한 친밀감의 표현(e.g. pat someone's arm; squeeze someone's arm), 사람의 손을 빌리는 의례적인 행동(e.g. take someone's arm) 등 매일 일상생활에서 반복하여 일어나는 arm gestures가 다양하게 존재한다. 덕분에 arm을 사용한 묘사 예는 상당히 많은 편이다.

---

arm in arm 팔짱을 끼고 ((타인과 걸어갈 때나 서 있을 때)) **유** link one's arm through someone's / put one's arm through someone's **참** HAND in hand

John was waiting for her, and they walked briskly, *arm in arm*, pausing every now and then to view the vast, empty sea around them before going down to breakfast. (배 여행의 죽이 잘 맞는 길동무가 된 두 사람은 팔짱을 끼고 갑판 위를 거닐다 가끔씩 멈추어 서서 광활한 바다를 바라보았다.) — B.Neels: 3

★ NB: 위의 예문처럼 팔짱을 끼고 있는 두 사람 모두가 아니라 어느 한 사람이 주어가 되는 경우에는 walks, arm in arm, with someone의 형태가 된다.

catch someone's **arm(s)** ➡ take hold of someone's arm(s)

I came up to her, *caught her arm*, and swung her around. She didn't seem surprised; she behaved as if she had long expected me to accost her. (나는 그녀를 뒤쫓아 팔을 꽉 붙들고 몸을 돌려 세웠다. 그녀는 내가 그럴 것을 예상이라도 한 듯 전혀 놀라지 않았다.) — M.Pargeter

catch someone **in** one's **arms** 상대방을 와락 끌어안다. 유 take someone in one's arms

His mother was standing nearby with a pale face, and he saw that there were tears in her eyes. "Oh, Ceddie!" she cried out, and ran to her little boy and *caught him in her arms* and kissed him in a little frightened, troubled way. (자신의 신변에 일어난 이변을 전혀 모르는 아이의 모습을 본 어머니는 달려가 아이를 덥석 끌어안고 불안에 떨며 키스를 퍼부었다.) — F.H.Burnett

★ NB: catch someone in one's arms의 catch는 quickly take hold of의 의미다.

clasp one's **arms around** one's **knees** ➡ put one's arms

clasp one's arms around one's knees [legs]

around one's knees

She sat huddled in the corner of the sofa, *her arms clasped around her knees*. I used to sit in here like this when Daddy was working at his desk. (딸은 양팔로 무릎을 끌어안고 소파의 구석에 앉는다. 나 또한 아버지가 책상에 앉아 일을 하고 있을 때면 종종 이곳에 앉아 있었다.) — M.H.Clark: 1

clasp one's **arms around** one's **legs** ➡ put one's arms around one's knees

She sat down in a dish-shaped wicker chair, *clasping her arms around her* bare *legs* like a child. "Yeah, I really like this chair." (그녀는 그릇처럼 생긴 고리버들 의자에 앉아 어린아이처럼 자신의 맨다리를 끌어안고는 "나는 이 의자가 정말 좋다."라고 얘기했다.) — A.Lurie: 2

★ NB: clasp one's arms around *one's knees*와 clasp one's arms around *one's legs*는 표현은 약간 다르지만 실제 앉는 자세에는 아무 차이가 없다. 이렇게 앉는 방법은 knee-hugging posture라고도 불리는데 후자의 표현을 쓰는 경우가 조금 더 일반적이다.

clasp one's **arms with** one's **hands** ➡ wrap one's arms around oneself

"When I left, he drank rat poison," Terri said. She *clasped her arms with her hands*. ("내가 떠난 뒤 그는 쥐약을 마셨다."고 테리가 얘기했다. 그녀는 그 이야기를 하며 무서운 기억으로부터 자신을 보호하려는 듯 가슴께에서 팔짱을 단단히 끼고 팔뚝을 손으로 꾹 잡았다.) — R.Carver: 1

clasp someone **in** one's **arms** ➡ hold someone in one's arms

Rachel *clasped* Nim *in her arms*, then held him back appraisingly. "Is my daughter feeding you all right? All I feel is bones. But we will put some meat on them tonight." 〔식사에 온 딸과 사위를 장모가 맞이하는 장면〕 (레이첼은 사위 님을 힘껏 끌어안은 후 떨어져서 살펴보았다. "우리 딸이 자네를 잘 먹이고 있나? 뼈밖에 안 남았군. 오늘 밤에는 그 뼈에 살을 좀 붙여 보세.") — A.Hailey: 8

cling to someone's **arm** ➡ hold (on) to someone's arm

Fastidiously he removed her clutching fingers from his sleeve, and handed them back to her. "*My arm* is no longer yours to *cling to*," he told her bluntly. (그는 자신의 소맷부리를 붙드는 그녀의 손가락을 결벽증적으로 하나하나 떼어 내고는 그녀를 밀어냈다. 그는 "더 이상 맘대로 나에게 안기지 마."라고 단호하게 말했다.) — P.Kent: 1

clutch (at) someone's arm 상대방의 팔을 필사적으로 잡으려 애쓰다. 《주로 뒤를 돌아보지 않는 상대에게 하는 행동》 유 hold (on) to someone's arm

He would discard her just as easily when the time came; the only difference being that Renata wouldn't plead, or beg, or *clutch at his arm* crying. She would walk away with her head held high, and not look back. (그는 때가 되면 그녀도 쉽게 버릴 것이다. 레나타가 지금까지의 여자들과 다른 점은 그녀는 버림받을지라도 울지도, 애원하지도, 미련이 남아 눈물 흘리며 팔에 매달리지도 않을 것이라는 사실이다. 그녀는 고개를 당당히 쳐들고 뒤도 한 번 돌아보지 않고 떠나 버릴 것이다.) — M.Wibberley

★ NB: 동사 clutch가 전치사 at을 쓰지 않고 〈clutch+명사〉의 형태로 사용될 때는 주로 쥐는 행위에 초점이 맞춰진다. She clutched his arm.은 그가 벗어날 수 없을 정도로 '그의 팔을 힘주어 꽉 잡다.'라는 의미다. 반면에 〈clutch+at+명사〉는 잡으려고 하는 과정에 초점을 두는 표현이다. 즉 She clutched at his arm.은 '필사적으로 그의 팔을 잡으려 했다.'라는 의미여서 그녀가 그의 팔을 잡았는지 잡지 못했는지를 이 문장만으로는 정확히 알 수가 없다.

cross one's arms (on [over] one's chest) (가슴께에서) 팔짱을 끼다. 《주로 비협조적, 비우호적인 태도를 나타낸다.》 유 fold one's arms

Burnside *crossed his arms*, leaned back, and said, "Well, Sturtevan, personally, I think it's the corniest story suggestion I've seen come into this office in some months…." (편집장 번사이드는 팔짱을 끼고 상체를 뒤로 젖혀 거부하는 태도를 나타내며 스토리를 제안한 편집원 스터트반트을 향해 "자네의 의견은 지금까지 내가 편집실에 온 후 본 의견 중 가장 진부하다." 하고 마구 폄하했다.) — J.Brooks

The nurse *crossed her arms* and leaned her head forward. "Just who do you think you are? You do as I say or take your husband to another clinic." (환자 부인의 태도에 화가 난 간호사는 팔짱을 끼고 얼굴을 앞으로 내밀며 "도대체 당신이 얼마나 대단한 사람이라고 생각하는 거죠? 내가 시키는 대로 하지 않을 참이면 남편을 다른 병원으로 데려가세요."라고 윽박질렀다.) — A.Hailey: 2

His men grouped themselves behind him. They *crossed their arms on their chest* to emphasize their muscles, and the red firelight flickered on their biceps. (그의 수하들은 그의 등 뒤로 모였다. 모두 가슴께에 팔짱을 끼고 늠름한 근육을 과시했다. 그들의 이두박근에 모닥불의 붉은 불길이 반사되어 반짝반짝 빛났다.) — R.Macdonald: 13

"We think the workers ask that we represent them, and we can't keep our *arms crossed*," says Sergio Roa, president of the Confederation of Nicaraguan Workers. 〔노동 운동이 규제되었던 니카라과 혁명정부 하의 노조 활동에 관한 기사〕 (니카라과 노조 위원장 세르지오 로아는 "노동자들은 노조가 자신들의 의견을 대변해 주길 원한다. 이대로 팔짱을 끼고 수수방관할 수는 없다."라고 말했다.) — *Time*, 1986

★ NB: cross one's arms on [over] one's chest는 문자 그대로 '가슴께에서 팔을 교차시키다'의 의미다. 이 동작의 좋은 예로는 과거 영국의 초등학교에서 교사가 학생에게 손장난을 치지 못하게 할 때 "Cross your arms over your chest."라고 지시하는 경우를 들 수 있다. 이런 경우 '팔짱'과는 모양이 조금 다른데, 왼쪽 손은 오른쪽 어깨에, 오른쪽 손은 왼쪽 어깨에 얹어 가슴 위에 ∞자가 그려지도록 양팔을 교차하는 것이다. 영국의 초등학생들은 거짓말을 하지 않겠다는 맹세 의식 중에 "Criss cross my heart."라고 말하며 이 동작을 하기도 한다(I. & P. Opie, 1959).

cross one's arms against [over] one's eyes 눈 주위에서(눈을 감싸듯이) 팔을 교차시키다. 《눈을 가리는 동작; 빛, 타격 등으로부터 눈을 보호하기 위한 방어적인 행동》

He set it(=the glass) down on the night table and lay down, *his forearms crossed against his eyes*. Slowly, terribly he began to cry. (그는 유리컵을 침대 옆 테이블에 두고는 침대 위에 반듯이 누워 눈 위로 양팔을 겹치듯 얹어 놓았다. 그러자 하루 종일 참고 있었던 슬픔이 가슴에서 치밀어 올랐다. 그는 펑펑 울어대기 시작했다.) — J.Weitz

drape one's arm around [across, over] someone's shoulders ➡ put one's arm around someone's shoulders

He *draped a* friendly *arm over* Heyward'*s shoulders*. "I'm beginning to like you, Roscoe!" (그는 로스코 헤이워드의 어깨를 손으로 감싸며 "당신이 맘에 들기 시작한다."라며 마음을 터놓는 듯한 모습을 보였다.) — A.Hailey: 5

Erich *draped an arm across her shoulders* and studied the painting with her. "Remember, anything you want us to keep, I won't exhibit." (에릭은 아내의 어깨에 느긋하게 팔을 두르고 함께 미술 작품을 바라보

았다. "당신이 집에 두고 싶다고 생각하는 작품은 전시회에 내보내지 않을게.") — M.H.Clark: 2

draw someone **into** one's **arms** 자신의 품 안으로 상대방을 끌어당기다. 《포옹하기 위해》 유 pull someone into one's arms

When they reached a shady patch of willows by the tiny bridge across the ornamental lake, he *drew her into his arms* and kissed her. (작은 다리 옆 버드나무 그늘에 도착하자 그는 연인을 끌어당겨 안고는 그녀에게 키스했다.) — L.Cooper: 1

one's **arms drop** to one's **sides** 양팔이 몸의 양옆으로 힘없이 축 처지다. 《무언가 동작을 하려다 단념했을 때; 좌절이나 실망 등으로 갑자기 힘을 잃었을 때; 초조, 욕구불만을 느낄 때 등》 유 one's arms fall to one's sides / drop one's HANDs to one's sides / one's HANDs fall to one's sides

"Mrs. Toom gave that to Mommy," Beth told him. "Mrs. Toomis," Jenny corrected. "Mrs. Toomis," Erich said. *His arms dropped to his sides*. "Jenny, I hope you're not going to tell me you were in her house?" (어린 베스의 얘기를 들은 에릭은 자신이 만나지 못하게 했음에도 불구하고 아내와 아이가 여전히 투미스 부인과 접촉하고 있다는 사실을 알게 됐다. 처치곤란이라는 듯 에릭은 두 팔을 옆으로 축 늘어뜨리고 아내에게 "설마 투미스 부인의 집에 갔던 건 아니겠지?"라며 화를 냈다.) — M.H.Clark: 2

enfold someone **in** one's **arms** ➡ hold someone in one's arms

They are alone at last, generally on a moonlit beach, where there is nobody within miles. He *enfolds her* gently *in his arms*. She responds with a kiss so passionate that it all but sets the film afire. 〔영화의 전형적인 러브신을 머릿속에서 떠올리는 장면〕 (달밤의 인적이 없는 바닷가에 둘만 남게 된다. 그는 부드럽게 양팔로 그녀를 껴안는다. 그녀는 필름이 활활 타오를 정도의 열렬한 키스로 이에 응답한다.) — K.Brown

envelop someone **in** one's **arms** ➡ hold someone in one's arms

He *enveloped her in his arms* and held her tightly to his broad chest, and he choked up as he felt the fragility of her body. 〔전쟁에서 귀환한 남자와 사랑스러운 소꿉친구의 재회〕 (그녀를 자신의 넓은 품에 안은 그는 당장이라도 부서질 것 같은 그녀의 가녀린 몸이 느껴져 가슴이 미어졌다.) — B.T. Bradford

extend one's arms (to someone) (누군가를 향해) 양팔을 앞으로 뻗다. 《주로 포옹하기 위해》 유 hold out one's arms (to someone)

"… Or maybe you want to go home?" She spoke steadily, but Paul… knew that she was as tense and disappointed as he. "God, no." He *extended his arms*; immediately, or so it seemed, Ceci was pressed against him, kissing him lightly all over the face. (쎄씨는 폴에게 "아내가 있는 곳으로 돌아가고 싶은 것은 아니지?" 하고 차분한 어조로 물으나, 그는 그녀가 긴장과 실망을 느낀다는 사실을 알아챘다. 그가 강하게 부정하며 양팔을 뻗자 그녀는 몸을 바짝 붙여 그의 얼굴 여기저기에 가벼운 키스를 퍼부었다.) — A. Lurie: 2

extricate oneself from someone's arms 상대방의 팔로부터 몸을 빼내다.

Eventually she *extricates herself from his arms* and stands, slightly bewildered, in the center of the kitchen. (그의 품에 잠시 안겨 있던 그녀는 이윽고 그의 팔을 풀고 빠져나와 조금 얼떨떨한 기분으로 주방 한가운데에 선다.) — B. Raskin

fall into someone's arms 상대방의 품에 몸을 맡기다. 《주로 구애를 받아들이는 비유 표현으로 쓰인다.》 참 fall into each other's arms

"I was so worried about my brother that I never noticed it," she riposted. "Help us, Deborah, that's a lie…. Incidentally, I never liked it very much either, but I guess it had its compensations. You're ready to *fall into my arms*." (그녀의 관심을 끌기 위해 일부러 쌀쌀맞게 굴었다는 그의 고백에 그녀가 "남동생을 걱정하느라 나는 그런 사실을 전혀 눈치채지 못했어."라고 하자 그는 "드보라, 당신은 거짓말을 하고 있어. 솔직히 나도 당신에게 차갑게 대하고 싶지는 않았지만 그 덕분에 나의 구애를 받아들이게 되었으니 소득은 있었지 싶군." 하고 말했다.) — M. Way: 1

fall into each other's arms 팔을 뻗어 서로의 품에 뛰어들어 안기다. 참 fall into someone's arms

The point is that your parents would stew, and their stewing would sort of bring them together, and when you showed up finally, they'd be so relieved they'd *fall into each other's arms*. It works always that way. 〔친구 부모님의 관계를 회복시키기 위해 실종된 척하면 어떨까 하고 아이들이 시나리오를 짜는 장면〕 (네가 행방불명되면 네 부모님은 각자 애를 태우다 둘이 만나게 될 거야. 그리고 마침내 네가 무사한 모습으로 나타나면 두 분은 안도한

나머지 서로 얼싸안고 기뻐 어쩔 줄 몰라 하겠지. 잘 먹힐 거야.) — F.M.Stewart

one's arms fall to one's sides ➡ one's arms drop to one's sides

I dropped the stethoscope on the table with a clatter and *my arms fell to my sides*. "Don't look like that, lad!" shouted the fat man, giving me a playful pinch in the chest. "It's a rum old world, you know." (처음 진단한 것과 다르다는 것을 눈치챈 나는 청진기를 탁자 위에 딸깍 내려놓고 양팔을 축 늘어뜨린 채 멍하니 섰다. 옆에 있던 뚱뚱한 남자가 나의 가슴을 장난스럽게 꼬집으며 "이 세상에는 마음먹은 대로 되지 않는 일도 있으니 그런 한심한 표정을 짓지 마세요."라며 힘을 북돋웠다.) — J.Herriot

flail one's arms 팔을 마구 휘두르다. 유 throw one's arms about / wave one's arm(s)

In yet another speech, this one before a group of war veterans, Waldheim grew emotional, *flailing his arms* as he noted the support of the wartime generation had given him strength to endure his trials. 〔전 UN 사무총장 발트하임에 관한 기사〕 (재향군인 단체를 대상으로 한 연설에서 발트하임은 자신이 시련을 견뎌 낼 수 있었던 것은 전쟁을 겪은 세대가 보내 준 지지 덕분이었다고 말했다. 이런 이야기를 하며 발트하임은 감정이 격해졌는지 연신 팔을 크게 흔들었다.) — *Time*, 1987

★ NB: flail one's arms는 wave them about in an energetic but uncontrolled way를 의미한다(*COBUILD*). 아기가 팔다리를 마구 버둥거리는 모습이 전형적인 flail one's arms (and legs)라 할 수 있다. 예문과 같이 이런 표현이 연설에 수반되는 동작으로 쓰일 경우에는 격렬하게 양팔을 흔들며 강조하는 동작으로 보면 된다.

flex one's arm 팔을 구부려 알통을 만들어 보여 주다. ((승리의 포즈 가운데 하나;

flex one's arm

"I'm strong."이라 말하며 장난스럽게 으스댈 때 보여 주는 행동》

"How did you eat? What did you do for money?" "Money? Earned it, of course. Picking berries and whatever crops that were getting ripe." The boy *flexed his arm* to show off his muscles. (어떻게 먹고 살았냐는 질문에 소년은 "돈? 벌었다, 물론. 이 두 팔로 딸기를 따거나 수확에 관련된 일이면 손에 잡히는 대로 아무거나 해서 벌었다."라고 대답하며 팔을 굽혀 알통을 보여 줬다.) — Z. Popkin

fling one's **arms around** someone ➡ put one's arms around someone

He was startled when his old friend of twenty years *flung both arms around him* in a giant bear hug. (20년이나 알고 지낸 오랜 친구가 갑자기 양팔로 세게 끌어안는 바람에 그는 깜짝 놀라고 말았다.) — B. Paul: 2

fling one's **arms around** someone's **neck** ➡ put one's arms around someone's neck

The child *flung her* chubby *arms around* Michael'*s neck*, and kissed him resoundingly. (아이는 포동포동한 팔로 아버지 마이클의 목을 힘차게 끌어안고 큰 소리가 날 정도로 세게 뽀뽀했다.) — G. L. Hill: 4

fling out one's **arm** 한 팔을 앞쪽 또는 옆쪽으로 힘차게 내밀다.

At her last words the old man got up. He looked so threatening that she took a step backwards. *Flinging out his arm*, he shouted at her. "Be off and don't be in a hurry to show your face here again." (딸의 말에 화가 난 완고한 아버지는 자리에서 벌떡 일어섰다. 그 모습은 그녀가 저도 모르게 뒷걸음칠 정도로 섬뜩했다. 그는 한 손으로 단호하게 쫓아 보내는 몸짓을 취하며 "썩 나가라. 더 이상 얼굴 안 보고 살아도 된다."라고 큰 소리로 호통을 쳤다.) — J. Spyri

★ NB: fling out one's arm은 뭔가를 던질 때처럼 팔을 몸의 앞 또는 옆으로 힘차게 내미는 동작을 가리킨다. 움직임의 의미는 그때의 상황, 경우, 표정 등에 따라 달라진다.

fling out one's **arms** ➡ hold out one's arms

Standing up, he *flung out his arms* and came forward to greet his son. (아들의 모습을 확인한 아버지는 벌떡 일어나 아들을 맞이하러 힘차게 양팔을 내밀며 앞으로 나아갔다.) — P. Rensselaer

fling out one's arms

fling oneself into someone's **arms** ➡ throw oneself into someone's arms

"Mary!" squeaked Juliana, and *flung herself into* Miss Challoner'*s arms*. (평소 따르던 가정교사의 모습을 확인한 아이는 그녀의 품으로 뛰어든다.) — G. Heyer: 4

fold one's arms 팔짱을 끼다. ((방어적, 폐쇄적인 태도; 방관자적 태도; 비협조적인 태도; 단호한 거부나 심사숙고 등을 반영하는 자세)) 유 cross one's arms

"Well, I'm not voting another contract to the rabbi," said Becker, and sat back with *his arms folded* as if to show he wanted no farther part in the proceedings. (랍비의 임기 문제를 둘러싸고, 장로 한 사람이 현 랍비의 계약 갱신에 대한 반대 의견을 냈다. 그는 (자신은 전혀 태도를 바꿀 마음이 없으므로) 이후로는 전혀 관여하고 싶지 않다며 팔짱을 끼고 몸을 뒤로 젖혔다.) — H. Kemelman: 1

cross one's arms

fold one's arms

She *folded her arms* across her breast and stood like a monument, determined never to break down again. (그녀는 가슴께에서 팔짱을 끼고 두 번 다시는 이성을 잃지 않겠다며 마치 기념비처럼 미동도 없이 그 자리에 섰다.) — R.Macdonald: 13

Alex was studying the painting with deep attention. His eyes were thoughtful, slightly narrowed beneath the black eyebrows. *His arms were folded* over his chest. (알렉스는 그림을 집중하여 찬찬히 바라보았다. 검은 눈썹 아래로 보이는 그의 눈은 깊은 생각에 잠긴 듯 약간 가늘어졌다. 그는 가슴께에 팔짱을 끼고 있었다.) — D.Mulien

★ NB: cross one's arms와 fold one's arms는 '팔짱을 끼다'라는 동작을 표현하는 어구로서 서로 혼용된다. 이들은 각 동사의 의미에 따라 전자는 팔을 좌우로 교차한 모습에, 후자는 두 팔을 각각 다른 쪽 팔 안으로 접어 넣은 모습에 초점을 두고 있다. 따라서 엄밀하게 말하자면 제시된 그림 중 왼쪽이 cross one's arms를, 오른쪽이 fold one's arms를 보여 주는 것이다.

★ **영일비교** 영미의 비언어적 의사소통(nonverbal communication) 관련 문헌에는 '팔짱'을 방어적, 부정적, 배타적인 태도의 표현으로 해석하는 경우가 많다. Morris(1972)는 '팔짱'을 기본적으로 '스스로 껴안기(self-embrace)'의 약한 형태로 파악해서 안정적인 자기만의 세계에 머물며 불안정한 상황에서 숨고 싶은 마음 혹은 자신의 세계에 타인이 들어오는 것을 거부하는 마음이 숨어 있다고 보았다. 그는 의견이나 이해가 대립하는 사람끼리 대치하거나 속속들이 알지 못하는 사람과 동석했을 때 '팔짱'이 자주 보이는 것도 그런 마음이 드러난 것이라고 지적했다. Nierenberg & Calero(1971)는 '팔짱'을 예상되는 공격, 상대의 완고한 태도에 대한 호신 장치(protective guard)로 보며, Pease(1984)는 바람직하지 못한 상태나 위협에 대비해 몸 앞으로 에워싼 방벽으로 보는 등 비슷한 견해를 내놓았다.
그러나 모든 '팔짱'이 앞서 지적한 것처럼 부정적인 의미를 띠지는 않는다는 것은 실험 결과로 알 수 있다(Knapp, 1978). 방어적, 거부적 의미의 '팔짱'일 때는 상대를 피하듯 몸이나 얼굴을 돌리고 가슴 위쪽에서 팔짱을 끼고 팔꿈치를 내밀며 때로는 손으로 주먹을 쥐거나 팔뚝을 세게 잡는다. 하지만 상대 쪽으로 몸을 향하고 가슴 아래쪽에서, 팔꿈치도 그다지 내밀지 않고 팔짱을 낀 자세에서는 완고함은커녕 느긋한 인상(특히 서 있을 때)마저 풍긴다.
그렇다 해도 영어 소설에서 '팔짱'이 마음을 허락한 상대에게 보이는 편안한 자세로 그려지는 일은 거의 없다. 대부분은 방어 혹은 거부하는 태도의 상징적인 유형으로 묘사된다. 단, 그때는 거기에 걸맞게 거부하는 듯한 몸의 방향이나 표정이 동시에 그려질 때가 많다(e.g. 첫 번째 예문의 sit back). 비유 표현으로서 '팔짱'(e.g. sit with folded arms; keep one's arms crossed)은 보통 '아무것도 하지 않다'를 나타낸다.
지금까지는 타인과 마주한 상태의 자세인 '팔짱'의 의미였고, 혼자 있을 때 또는 그것과 비슷한 상태일 때 취하는 팔짱 낀 자세는 주로 '우두커니 생각에 잠긴' 모습, '골똘히 생각하는' 모습을 뜻한다(마지막 예문).
일본 소설에서는 팔짱이 사람을 거부하는 태도를 나타낼 때보다 '생각에 잠긴' 모습을 나타낼 때가 압도적으로 많다. 관용 표현으로 '팔짱을 끼다'를 쓸 때도 '아무것도 하지 않는 모습'이나 '생각에 잠긴 모습'을 가리킨다(일본 『국어관용구사전(國語慣用句辭典)』). 이 중에서 '아무것도 하지 않다'는 뜻이 fold one's arms의 비유적 의미와 거의 겹친다. 그런데 일본어의 '팔짱을 끼다'에는 의도적으로 '아무것도 하지 않다'와 하고 싶은 마음은 있지만 '아무것도 할 수 없다'의 두 가지 의미가 있다(『다이지린(大辭林)』). 하지만 fold one's arms에는 전자의 의미가 없다. 그래서 도와주고 싶어도 마음만 졸일 뿐 아무것도 할 수 없어 그저 '팔짱을 끼고 있는' 상황에서는 fold one's arms를 쓰지 않고 wring one's hands 등을 쓴다.

fold one's arms on a desk [table, etc.] 양팔을 팔짱 끼어 책상(테이블 등) 위에 얹어 놓다.

Finally Mr. Smilow breaks down, *folds his arms on top of the table*, tucks his head into their dark cave and starts to cry. (스밀로우는 더 이상 참지 못하고 마침내 양팔을 팔짱 끼어 테이블 위에 얹어 놓고 팔 사이에 생겨난 어두운 동굴에 머리를 처박고 울어대기 시작한다.) — B.Raskin

fold someone in one's arms ➡ hold someone in one's arms

He was too happy to see her! He *folded her in his arms*. "I told you not to come," he muttered into her hair. (아내는 전쟁의 불길이 번지는 이웃나라로 출장 간 남편의 안부가 못내 신경 쓰여 그의 뒤를 쫓는다. 아내와 만난 남편은 크게 기뻐하며 아내를 꼭 끌어안고는 그녀의 머리카락에 입을 대고 "오지 말라고 했잖아."라며 중얼거렸다.) — D.Mulien

give someone one's arm ➡ offer one's arm to someone

She rose. He *gave her his arm*, holding himself very erect…. (그녀가 일어서자 그도 바로 따라 일어서서 에스코트하는 관습에 따라 팔을 내밀었다.) — W.S.Maugham: 6

give someone's arm a pat ➡ pat someone's arm

"You needn't worry about that," said Flora, *giving her arm a* consoling little *pat*. (플로라는 엄마의 팔을 가볍게 두드리면서 "그런 건 걱정할 필요 없어요." 하고 말하며 낙심해 있는 엄마를 위로했다.) — A.Christie: 5

give someone's arm a squeeze ➡ squeeze someone's arm

"Are you all right, Gerry?" "Dead on my feet, but otherwise unscarred. I'm all right, Morris—don't worry." He *gave my arm a* little *squeeze* and went back to collect Belasco. (오페라 극장에서 발생한 범죄에 휘말린 나를 걱정하며 한 단원이 괜찮으냐고 묻는다. 내가 "잔뜩 지쳐 있을 뿐 긁힌 상처 하나 없다. 걱정하지 마."라고 말하자 그는 그것 참 다행이라는 듯 내 팔을 가볍게 꽉 잡는다. 그리고 곧 다른 단원 벨라스코를 데리러 돌아간다.) — B.Paul: 1

give someone a punch on the arm 상대의 팔뚝을 주먹으로 치다. ((주로 남성이 행하는 공격을 가장한 우호적 동작))

"You used to like me when I was unattached." "Not as much as I like as a couple," said Arthur and he *gave* Mark *a* playful *punch on the arm*. "You're punching me because you want me to think you're kidding, but you're not." 〔마크가 친구 아서에게 자신이 결혼한 후 소원해졌다며 투덜거리는 장면〕 ("내가 독신일 때는 네가 나를 꽤 좋아했다."라고 마크가 말하자 친구 아서는 "커플이 된 지금의 네가 더 좋다."며 장난스럽게 남자의 팔뚝을 주먹으로 툭 쳤다. 마크는 "나를 때린 것은 내가 너의 말을 농담이라고 생각하길 원해서겠지만, 나는 네가 진심을 말하고 있다는 것을 안다."고 응수했다.) — N. Ephron

go out toward someone, one's arms 양팔을 상대를 향해 뻗다. (("자, 이리 와." 같은 우호적 동작)) 유 hold out one's arms (to someone)

His arms went out toward her. Coldly, deliberately, she averted her head. With a slight shrug, he turned and went out quietly, closing the door behind him. (어서 이리 오라는 듯 그는 그녀를 향해 두 팔을 뻗었다. 하지만 그녀는 단호하게 얼굴을 돌렸다. 싫으면 어쩔 수 없다는 듯 그는 어깨를 으쓱하고는 돌아서서 방을 나섰다.) — F.P.Keyes: 4

grab someone's arm(s) ➡ take hold of someone's arm(s)

Charlotte turned to the woman and *grabbed her arm*. "Is this true?" she said. "Is this really true?" (샬럿은 강연자의 말에 강연을 열심히 듣고 있는 옆의 여성의 팔을 붙들고 "진짜냐?", "정말 진짜냐?"라고 물었다.) — K.Follett: 4

I half expected to see two policemen come bounding out of school to *grab me by the arms* and put handcuffs on my wrists. (학교를 빠져나온 나를 경관 두 사람이 쫓아와 갑자기 양팔을 붙들고 수갑을 채우는 게 아닐까 하고 반쯤은 진심으로 생각했다.) — R.Dahl

grasp someone's **arm(s)** ➡ take hold of someone's arm(s)

For a moment Vinnie considers adding a fifth problem, sexual frustration, to her list. It is suggested to her by the warm, determined way Chuck *grasped her arm* —or rather the arm of her raincoat — just above the elbow as he guided her through Piccadilly Circus toward her bus stop. (척이 비니의 팔—팔이라기보다는 입고 있는 비옷의 소매—을 꽉 잡고는 피카디리 서커스 앞 버스 정류장까지 에스코트해 주고 있다. 그의 손에서 전해지는 따뜻한 감촉을 느끼며 비니는 잠시 자신의 다섯 번째 문제로 성적 욕구 불만도 추가하는 건 어떨까 하고 생각한다.) — A.Lurie: 3

hang on someone's **arm** 팔에 매달리다. ((특히 여성이 남성에게 하는 행동)) 유 hold (on) to someone's arm

Why should Matt be jealous when he had a beautiful woman *hanging on his arm* and giving him loving glances? (그의 팔에 매달리듯 바싹 붙어 가며 사랑의 눈빛을 보내고 있는 예쁜 여자가 있는데 왜 매트가 질투 따위를 해야 하는가?) — S.Stanford

hold someone's **arm** 상대의 팔을 손으로 잡다. ((위로하거나 용기를 북돋아 주기 위한 우호적인 접촉 동작; 상대의 행동을 제지하기 위해 그 팔을 잡는 억제적 동작)) 유 lay one's HAND on someone's arm / put one's HAND on someone's arm

Iz watched her; his face showed sympathy. He reached out to touch or *hold her arm*, which in a pale violet sweater, was not far from him. But half-inch away, he hesitated, as if remembering some precept and withdrew his hand. 〔이즈가 부부간의 문제를 털어놓는 장면〕 (그녀를 바라보는 이즈의 얼굴에 연민이 떠올랐다. 그는 자신의 손에서 멀지 않은 곳에 있는 엷은 보랏빛의 스웨터가 감싸고 있는 그녀의 팔을 쓰다듬거나 잡아 주려고 손을 뻗었다. 그러나 그의 손이 가까이 다가간 순간 마치 무슨 계율이라도 떠올린 양 망설이더니 이내 뻗었던 손을 다시 끌어당겼다.) — A.Lurie: 2

hold someone **at arm's length** 팔을 앞으로 힘껏 뻗어 자기 가슴에서 어느 정도 떨어진 곳에 상대방을 두다. ((상대의 얼굴을 잘 보기 위해 그를 자신의 가슴에서 약간 떨어지게 하는 실용적 행위; 일정한 거리를 두어 상대를 가까이 오지 못하게 하는 의미를 지닌 비유적 표현)) 유 keep someone at arm's length

She quickly broke away from his embrace, and *held him at arm's length* so that she could see his face, murmuring broken little phrases of concern at his pallor and grey hairs. (그녀는 서둘러 포옹을 풀고 그의 얼굴을 잘 볼 수 있도록 팔을 뻗어 그를 떠밀었다. 그러고는 창백한 안색, 하얗게

센 머리카락이 마음에 걸리는지 문득문득 그를 걱정하는 듯한 말을 중얼거렸다.) — C. Hare

Although Dolly was the fiancée of John Hancock, the Massachusetts delegate to the Continental Congress, she was a good friend to me, and played with tact the Older Woman who is obliged to *hold*— nearly *at arm's length* —an impetuous boy admirer. (돌리는 대륙회의의 매사추세츠 대표 존 핸콕의 약혼녀였지만, 나에게는 좋은 친구였다. 그리고 자신을 일편단심 사모하는 연하 청년에게 적당히 거리를 둘 줄 아는 절도 있는 연상녀의 역할을 훌륭하게 연기해 냈다.) — G. Vidal

★ NB: 상대를 팔을 뻗은 거리에 두는 실제 동작의 경우에는 동사 hold를 사용하고, 친해지지 않기 위해 상대에게 데면데면하게 구는 경우를 비유하여 표현할 때는 keep을 사용하는 경우가 많다.

★ NB: 대화 상대와의 거리에 대한 기호성을 연구하는 전문가에 따르면 미국인들은 친해지고 싶지 않은 상대와 잡담을 나눌 때 상대방과 손이 닿는 거리(45~75cm)보다 먼 손이 닿기 약간 어려운 거리(75~120cm)만큼을 떨어지려 한다고 한다. arm's length는 이렇게 '손이 닿기 약간 어려운 거리'를 의미한다고 볼 수 있다(Hall, 1966). 이러한 사실을 염두에 두고 보면 hold someone at arm's length는 무작정 사람을 멀리한다기보다 그냥 얘기가 통하는 관계 정도로 남고 싶을 뿐 더 이상의 친밀함은 원치 않는 모습을 표현한다고 볼 수 있다.

hold someone in one's arms **상대를 양팔로 안다. ((애정, 위로 등을 표현하는 친밀한 접촉 동작))** 유 clasp someone in one's arms / enfold someone in one's arms / envelop someone in one's arms / fold someone in one's arms / hug someone in one's arms

---

He dressed up in an old raccoon coat to take her to Topsy, a local nightclub; he loved to *hold her in his arms* during the tango and foxtrot. [닉슨 전 미국 대통령의 딸이 쓴 수기의 요약 중 일부] (젊은 시절의 닉슨은 낡은 너구리 가죽 코트를 입고 그녀를 동네의 나이트클럽에 데려가 그곳에서 탱고와 폭스트롯을 추며 그녀를 끌어안는 것을 즐겼다.) — *Time*, 1986

★ NB: hold someone in one's arms는 타인을 품에 끌어안는 것을 가장 중립적으로 나타낸 표현이다. 다른 유사 표현에는 제각기 다른 뉘앙스가 내포되어 있다. clasp someone in one's arms에는 격렬하게 안는 듯한 뉘앙스가, enfold someone in one's arms에는 살짝 내키지 않아 하며 안는 듯한 느낌이 있다. fold someone in one's arms와 envelope someone in one's arms는 사랑의 감정을 담아 안는 것으로 상대도 함께 두 팔로 감싸 안는 모습을 표현한다. hug someone in one's arms는 허물없이 편하게 안는 동작을 나타낸 표현이다.

hold (on) to someone's arm 상대방의 팔을 꽉 붙잡다. 유 cling to someone's arm / clutch (at) someone's arm / hang on someone's arm

She *held* tightly *to* Martin*'s arm*, and when they reached a shady patch of willows by the tiny bridge across the ornamental lake, he drew her into his arms and kissed her. (그녀는 마틴의 팔을 붙잡고 매달리듯 걸어갔다. 두 사람은 이윽고 버드나무 그늘에 멈춰 섰고 그는 그녀를 자신의 품으로 끌어당겨 키스했다.) — L.Cooper:1

At the last minute Blackie almost had to forcibly restrain Laura, who *held on to his arm* fiercely…. 〔전쟁터에 나가는 남편을 배웅하는 장면〕 (로라는 절대 떨어지지 않겠다는 듯 남편의 팔을 꽉 붙잡았다. 잠시 후 블래키는 거의 반 강제로 그녀의 손을 떼어 냈다.) — B.T.Bradford

★ NB: hold to someone's arm은 사람의 팔을 붙잡는 동작을 중립적으로 묘사하는 표현으로, 여기에 on이 붙으면 hold on to someone's arm의 형태가 되어 붙드는 힘이 강해진 것을 나타낸다. 강하게 붙드는 것은 hold tightly to…나 cling to…, hang on [onto]… 등으로도 표현된다. 뒤의 두 가지는 의미가 거의 같아서 여성이나 아이가 상대의 팔에 달라붙는 동작을 나타낼 때 자주 사용되는데, 특히 여성의 경우는 '자존심도 내버리고'라는 부정적인 의미가 들어 있다. 그러나 hold tightly to…에는 그런 부정적 의미가 내포되어 있지 않다.

hold out one's arms (to someone) (누군가를 향해) 양팔을 뻗다. 유 extend one's arms (to someone) / fling out one's arms / one's arms go out toward someone / put out one's arms (to someone) / reach (out) one's arms (to someone)

Stefan *held out his arms to her*, with an ironic smile on his lips. "What a time for a miracle, eh, Lise? Two hours before doom?" "We can't choose the times of our lives." Elizabeth's eyes filled with tears. She walked into Stefan's arms. 〔앞으로 두 시간 뒤에는 자신에게도 박해의 손길이 뻗쳐 올 상황에서, 유대인 작가 스테판은 고갈된 창작욕이 돌연 되살아나는 것을 깨닫는다.〕 (스테판은 "죽음을 앞둔 이런 순간에 기적이 일어났다."고 쓴웃음을 지으며 그녀를 안기 위해 손을 뻗었다. 엘리자베스는 눈물을 글썽이며 "그런 순간은 우리 맘대로 고를 수 있는 게 아니에요."라고 말하고는 스테판의 품속으로 다가섰다.) — D.Mulien

Last month in Bangor, Me., he seemed more comfortable with the stump ritual of *holding out his arms* and asking a group of local Democrats to please give him a hand. (미국 민주당 대통령 후보도 지난달 메인 주 뱅거의 유세장에서는 제법 편안한 모습으로 지역의 민주당원에게 양팔을 활짝 뻗어 지원을 구했다.) — *Time*, 1983

★ NB: hold [put] out one's arms는 그대로 직역해 보면 팔을 평소에 위치하는 양옆에서 '바깥쪽'을 향해 뻗는 것을 나타낸다. 여기서 '바깥쪽'이란 옆쪽과 앞쪽 방향 모두 가능하며, 어느 쪽인가는 문맥에 의해 결정된다.

★ NB: hold [put] out one's arms (to someone)은 (상대방을 향해) 양팔을 뻗는 행위 전반에 걸쳐 사용된다. 포옹하기 위해서인지 또는 다른 이유에서 뻗는 것인지는 문맥에 의해 결정된다.

hug one's arms around oneself ➡ wrap one's arms around oneself

The frosty air seared her lungs as she gulped in breaths. A violent shudder made her *hug her arms around her body*. (차가운 공기를 깊숙이 들이마시자 폐가 찢어질 것만 같았다. 그녀는 몸이 격렬하게 떨리자 두 팔로 자신의 몸을 껴안았다.) — M.H.Clark: 1

hug someone in one's arms ➡ hold someone in one's arms

"We'll talk about specifics…." Nim began, but failed to finish because both Ruth's parents, together, *hugged him* tightly *in their arms*. (님의 이야기를 듣던 루스의 부모님은 감격한 나머지 그를 세게 끌어안았다. 덕분에 그는 얘기를 미처 끝내지 못했다.) — A.Hailey: 8

hug oneself with one's arms ➡ wrap one's arms around oneself

She now turns more serious when talking of her personal grief…. She *hugs herself with* thin *arms* at the recollection (of the death of her father). 〔레이건 대통령 영부인의 인터뷰 기사〕 (그녀는 사뭇 숙연한 어조로 자신의 사적인 슬픔에 대해 이야기를 시작한다. 아버지를 잃었을 때의 이야기에 이르자 그녀는 가느다란 팔로 자기 자신을 감싸 안았다.) — *Time*, 1983

jerk at someone's arm ➡ pull at someone's arm

"Is he in some kind of trouble?" I didn't answer her. She *jerked at my arm* like a child wanting attention. "Tell me, is John in trouble?

Don't be afraid. I can take it." ("아들에게 이상이 있나요?" 하고 묻는 그녀에게 나는 대답하지 않았다. 그녀는 아이처럼 나의 팔을 붙들더니 세게 끌어당기며 대답을 졸랐다. "어떤 문제든 받아들일 테니 존의 몸에 이상이 있다면 걱정 말고 가르쳐 주세요.") — R.Macdonald: 7

keep someone at arm's length ➡ hold someone at arm's length

Keeping Ben *at arm's length*, laughing at his flirtatious tendencies, finding him an amusing companion with whom to while away an idle hour, she had been too busy to recall the conversation. 〔말솜씨가 좋은 도시의 플레이보이 벤을 상대로 나름 즐기고 있는 시골 출신 아가씨의 모습〕 (그녀는 벤을 가까이 다가오지 못하게 하는 한편 장난스레 말을 섞는 것은 즐거워하며, 지루하지 않게 시간을 보내기에는 괜찮은 상대라고 생각한다. 그녀는 이것저것 하느라 제법 바빠 전에 나눈 대화 같은 건 되새길 틈이 없다.) — B.Cartland: 2

lay hold of someone's arm(s) ➡ take hold of someone's arm(s)

"But the divorce court gave me custody!" I protested, and would have gone on had not Pieter Helsingen *laid hold of my arm* as I leapt from the chair. 〔이혼 법정에서 자신이 양육권을 얻었음에도 불구하고 남편이 계속 아이를 내놓으라고 강요하자 아내가 발끈하는 장면〕 (내가 의자에서 벌떡 일어나 "하지만 이혼 법정에서 양육권은 나에게 주었잖아요!"라고 외치며 항의했지만 옆에 있던 피터 헬싱겐이 나의 팔을 끌어당기며 말리는 바람에 항의를 계속 이어나가지는 못했다.) — C.Rossiter

lift one's arms from one's sides and drop them 손바닥을 위로 향하여 좌우로 넓게 쳐들었던 팔을 옆으로 툭 떨어뜨리다. ((어쩔 수 없음, 아무 소용 없음 등을 표현하는 동작)) 유 spread one's arms / spread (out) one's HANDs

"I wanted to see you…," said the old woman. "Well, you see me." He *lifted his arms from his sides and dropped them*. ("나는 네가 보고 싶어서…"라고 말하는 노부인에게 그는 "지금 보고 있잖아요."라고 쌀쌀맞게 대답하며 더 이상 뭘 어쩌라는 거냐는 듯 양팔을 좌우로 넓게 쳐들었다가 툭 떨어뜨렸다.) — R.Macdonald: 7

link arms 서로서로 팔짱을 끼다. ((집단 행동에서 단결, 연대를 표현하는 상징적 동작; 그것을 비유하는 표현))

With the exception of Jordan and Egypt…, most Arab nations

link arms

lambasted the U.S. for its arrogance and aggression. As usual, even those who privately abhor Gaddafi *linked arms* in Arab solidarity rather than side with the U.S. (미국의 리비아 공격에 대해 요르단, 이집트를 제외한 대부분의 아랍 국가들이 미국의 고자세와 침략을 비난한다. 심지어 평소 카다피를 좋아하지 않던 아랍의 많은 국가들까지 미국에 동조하기보다 아랍 공동체로서 단결하는 움직임을 보이고 있다.) — *Time*, 1986

link one's arm through someone's ➡ put one's arm through someone's

"And you're in love with him. Ah, Cindy…." Her father took hold of her arm and *linked it through his own*. "I must be getting old! I've only just realized what the trouble is." ("그와 사랑에 빠졌구나. 오, 신디…." 그녀의 아버지는 딸의 손을 잡아 자신의 팔에 끼웠다. 그러고는 "나도 이제 늙은 게 분명하구나. 지금에서야 사랑의 번민이 얼마나 괴로운지 겨우 기억났단다."라고 농담을 던지며 딸을 위로했다.) — C. Jameson

I looked across the room and saw him talking to a reporter from the *Sydny Morning Herald*, and…. I walked over and carefully *linked my arm through his*. "Oh," she said, "Mark was just telling me the most amusing story about his first day in business." (나는 시드니 모닝 헤럴드에서 온 여기자와 사이좋게 이야기를 나누고 있는 그를 발견했다. 나는 옆으로 다가가 조심스럽게 그와 팔짱을 꼈다. 그녀는 사정을 눈치채고는 "마크 기자가 신문사에서 일을 시작한 첫날 벌어졌던 재미있는 이야기를 들려주고 있던 참이었다."라고 설명했다.) — N. Ephron

★ NB: 남녀가 팔짱을 끼는 경우, 남성의 팔에 여성이 손을 끼워 넣는 경우가 일반적이라 여겨진다(Morris, 1972). 위의 첫 번째 예문에서도 아버지가 딸과 팔짱을 낄 때

딸의 팔에 자신의 손을 넣는 것이 아니라(link his arm through hers), 딸의 손을 잡아 자신의 팔에 끼우고 있다.

★ NB: 팔짱을 끼는 행위는 두 사람이 함께 '이 사람은 내 것(mutual ownership)'이라는 것을 다른 사람들에게 보여 주기 위해 취하는 동작이다. 때로는 두 번째의 예문의 경우처럼 '손대지 말 것', '임자 있음' 등을 의미하며 여자 혹은 남자가 두 사람의 관계를 다른 사람들에게 명확히 알리려고 하는 동작으로 사용되기도 한다(Morris, 1972).

offer one's arm to someone **타인에게 팔을 내밀다. ((상대방을 안전하게 데려다 주려고 상대방이 손을 끼워 넣기 쉽도록 오른팔의 팔꿈치를 가볍게 '〉' 모양으로 굽혀서 내미는 의례적인 행위))** 유 give someone one's arm 참 take someone's arm

The host *offers his* right *arm to* the lady of honor and leads the way to the dining room. All the other gentlemen *offer their arms to* the ladies appointed to them and follow the host, in an orderly procession, two and two. 〔미국에서 가장 권위 있는 에티켓 서적인 『에밀리 포스트의 에티켓 핸드북』에서 정식 만찬회의 매너에 대해 서술해 놓은 부분〕 (호스트는 파트너 여성에게 자신의 오른팔을 잡게 한 후 그녀를 만찬회장으로 안내한다. 다른 신사들도 자신의 오른팔을 여성에게 잡게 한 뒤 호스트를 따라 차례로 입장한다.) — E. L. Post

★ NB: '팔을 내미는' 행위는 약자를 보호하는 것이 예의라는 생각에서 출발했다. 페미니즘이 널리 확산된 요즘은 여성을 약자로 취급하는 것을 좋지 않게 보는 경향이 있다. 그 때문에 이 행위는 만찬회 같은 특별한 경우가 아니면 보기 힘들어지고 있다. 한 에티켓 서적에서는 밤의 사교 모임이 아닌 낮에 이러한 행위가 허용되는 경우는 차가 많은 길을 횡단할 때 같은 한정된 상황뿐이라고 강조하고 있다(Vanderbilt, 1970).

open one's arms (to someone) **(타인을 향해) 양팔을 벌리다. (("내 가슴에 안겨 봐."라고 할 정도로 타인을 마음속 깊은 곳으로부터 기쁘게 맞이하는 동작; 환영을 의미하는 비유적 표현))** 유 hold out one's arms (to someone) / with open arms

Marigold threw her things down on a chair and turned to face Peter, and throwing back her head *opened her arms to him*. He stood for a second looking at her before he went towards her to take her in his arms. "That's how I wanted you to greet me," he said. 〔연인과 오랜만의 재회〕 (마리골드는 갖고 있던 물건을 의자 위에 올려 두고 피터를 향해 돌아서서 머리가 뒤로 젖혀질 정도로 두 팔을 활짝 폈다. 그는 잠시 동안 그녀를 바라보다가

open one's arms

이내 다가가 그녀를 품에 안으며 말했다. "네가 나를 이렇게 맞아 주면 좋겠다고 생각했어.") — B. Cartland: 2

Englishmen and Englishwomen do not *open their arms* and hearts *to* every casual passerby, just as English lawns do not flow into the lawns next door. Rather they conceal themselves behind high brick walls and dense prickly hedges, turning their coolest and most formal side to strangers. (영국인들은 모든 행인들에게 팔과 마음을 활짝 열지는 않는다. 이는 마치 영국의 잔디가 옆집으로 넘어가지 않는 것과 같다. 그들은 높은 담과 가시가 빽빽한 울타리 뒤에 자신을 감추고는 차분하고 예의 바른 면모로 낯선 이들을 맞이한다.) — A. Lurie: 3

pat someone's arm 상대의 팔을 부드럽게 한두 번 두드리다. 《우호적인 감정을 전하는 접촉 동작》 유 give someone's arm a pat

pat someone's arm

But as the President finished his explanation, the five leaders sat in hushed silence. Finally House Speaker Tip O'Neill broke it. "God bless you, Mr. President," he said. "And good luck." Tip gently *patted* Reagan'*s arm* in a rare moment of rapport. 〔미 대통령이 그레나다 침공 결정을 의회 지도자에게 통고하던 모습〕 (레이건 대통령이 한차례 설명을 마치자 사안의 중대함 때문인지 다섯 명의 지도자들 모두가 고요하게 침묵만 지켰다. 이윽고 하원의장 팁 오닐이 입을 열어 침묵을 깼다. 그는 "신이 대통령과 함께하시길, 그리고 행운도."라고 말하며 대통령의 팔을 가볍게 두드려 어려운 결단을 내린 그에게 따뜻한 격려를 보냈다.) — *Time*, 1983

His eyes filled with tears. Grandmother *patted his arm*, and I wanted to touch him but I was afraid to move, afraid he wouldn't be able to go on. (슬픈 추억을 이야기하는 할아버지의 눈에서 눈물이 흐르자 할머니는 그의 팔을 가볍게 두드리며 위로했다. 나도 그를 쓰다듬고 싶었지만 그랬다가 할아버지가 이야기를 계속하지 못하게 될까 봐 망설여졌다.) — S. Streshinsky

★ NB: give someone's arm a (little, friendly, etc.) pat의 형태로 표현하는 경우는 pat someone's arm보다 좀 더 의도적인 행위라는 것을 의미한다.

★ NB: 상대의 몸의 일부를 가볍게 두드리는 행위는 우호적 감정의 표시로 이성과 동성을 가리지 않고 자주 일어난다. 이 경우 arm이나 hand, shoulder, back은 거리낌 없이 손을 댈 수 있는 신체 부위로 여겨진다. 이에 반해 knee, thigh는 성적인 함의가 농후하기 때문에 조심스럽고, head는 주로 어린아이의 경우에만 허용되는 신체 부위다. 팔이나 손에 patting을 하는 것은 칭찬, 위로 혹은 용기를 북돋워 주는 의미여서 상대에 대한 우정의 표현으로 특히 자주 사용된다.

pinch someone's arm 상대의 팔을 꼬집다. 상대의 팔을 가볍게 집다. 《농담, 야유, 장난스러운 느낌의 애무 등》

One of the drawbacks of becoming grownup and sedate is that you have to abandon the childish practice of clumping your friends on the side of the head when they wander from the point. However, she was not too old to *pinch* her companion'*s arm* and she did so. "Ouch!" Hugo said, coming out of his trance. (어른이 되어 진중해지는 것의 단점 중 하나는 이야기를 중간에 엉뚱한 방향으로 트는 녀석이 있어도 어릴 때처럼 그 친구의 머리를 꽁 때릴 수 없는 것이다. 하지만 그녀는 아직 그래도 괜찮은 나이여서 친구의 팔을 꼬집어 버렸다. 휴고는 "아파!"라고 말하고 정신을 차렸다.) — P. G. Wodehouse: 3

"Quite an heirloom, in fact, my dear," the old lady chuckled. "You must leave it in fee to your eldest daughter." She *pinched* May's white *arm* and watched the color flood her face. (손녀가 경기에서 획득한 작은 상품을 본 할머니는 빙그레 웃고는 "이런 훌륭한 가보는 꼭 네 큰딸에게 유산으로 물려줘야 한다."라고 얘기하며 메이의 흰 팔뚝을 장난스럽게 꼬집었다. 그러고는 새빨갛게 달아오른 그녀의 얼굴을 바라보았다.) — E. Wharton

★ NB: 영국의 어린이들 사이에는 "Pride must be pinched(교만의 싹은 뽑아내야 한다)."라는 그들만의 장난이 있다. 이는 새 옷을 입고 온 아이를 pinching하는 것으로, 특히 팔뚝의 여린 살을 꼬집는다(I. & P. Opie, 1959).

pull at someone's arm 타인의 팔(소매)을 잡아끌다. ((주의를 환기시키거나 행동을 제지하는 동작)) 유 jerk at someone's arm / tug at someone's arm

He started up the steep narrow steps. I *pulled at his arm*. "Don't be silly. Be sensible…." (그는 경사가 급하고 좁은 계단을 오르기 시작했다. 나는 그의 팔을 잡아끌며 "바보 같은 짓 하지 마. 분별 있게 행동해."라고 말하며 제지했다.) — H. MacInnes: 3

★ NB: pull at someone's arm은 팔을 잡아끄는 동작을 가장 중립적으로 나타낸다. jerk at someone's arm은 놀랐거나 화가 났을 때 느닷없이 와락 힘을 주어 팔을 끌어당기는(pull… suddenly and forcefully) 동작을 가리킨다. tug at someone's arm은 강하게 끌어당긴다는 뜻으로 jerk at…과 의미가 어느 정도 겹치지만, a strong pull을 재빠르게 반복하는 의미도 가지고 있으므로 실언을 한 사람의 소매를 반복해서 끌어당기거나 자신에게 주의를 돌리기 위해 다른 곳을 보고 있는 사람의 팔을 세게 휙 끌어당기는 모습을 표현할 때 주로 사용된다.

pull someone into one's arms ➡ draw someone into one's arms

"Aria, my darling," Julian said, *pulling her into his arms*. (줄리안은 "아리아, 내 사랑."이라고 말하며 자신의 품 안으로 그녀를 끌어당겼다.) — J. Deveraux

put one's arm around someone 상대의 몸통에 한 팔을 두르다. ((포옹의 일종으로 위로, 애정을 표현하는 친밀한 동작))

Ed Corrigan seemed to sense the tragedy first. He reached out to *put an arm around* his wife. Grace Corrigan's look of puzzlement turned to tears. She cradled her head against her husband's shoulder. [챌린저호에 탑승한 우주비행사의 부모가 우주선이 공중 폭발하는 목격하는 장면] (이 비극을 먼저 알아챈 아버지 에드 코리건은 곁에 있던 아내에게 한 팔을 뻗어 그녀의

put one's arm around someone

몸에 자신의 팔을 둘렀다. 그레이스 코리건의 당혹한 표정은 곧 눈물로 바뀌고 이내 얼굴을 남편의 어깨에 묻었다.) — *Time*, 1986

She regained her seat, and Horowitz *put a* protective *arm around her*. "This is why I did that," said the First Lady, smiling at Horowitz …. 〔백악관에서 열린 피아노 연주회에서 레이건 대통령 영부인이 특별석에서 넘어진 모습〕 (그녀가 일어나서 다시 자리에 앉으려 하자 호로비츠는 영부인을 보호하듯 한 팔로 안았다. 영부인은 "이렇게 해 주실 거라고 생각해서 의자에서 떨어진 거예요."라고 이야기하고 호로비츠를 향해 웃었다.) — *Time*, 1986

put one's arms around someone 상대의 몸에 두 팔을 두르다. ⟪포옹⟫ 유 fling one's arms around someone / throw one's arms around someone / wrap one's arms around someone

---

And when he saw her and ran to her and put his arms around her neck, she *put her arms around him* too, and kissed as warmly as if he had been her own favourite brother…. (소녀의 모습을 발견한 소공자는 그녀에게 달려가 그녀의 목을 끌어안았다. 그녀도 소공자를 끌어안고 귀여운 남동생에게 하듯 부드럽게 키스했다.) — F. H. Burnett

★ NB: put one's arms around someone은 put one's arms around someone's body (=trunk)의 의미다. 가슴이 손에 닿을 정도의 친밀한 거리에서 마주 보다가 겨드랑이 아래로 두 팔을 끼워 상대를 안는 동작으로 손은 자연스럽게 상대의 등으로 가게 된다. 소위 본격적인 포옹(full embrace)이라 할 수 있다.

★ NB: wrap one's arms around someone은 상대의 몸을 양팔로 휘감아 바짝 안는 모습을, fling [throw] one's arms around someone은 기쁨 등 격한 감정으로

인해 힘껏 상대를 안는 모습을 나타낸다.

★ **영일비교** 일본에서 공공장소에서의 포옹이 인정되는 것은 가족 간의 극적인 재회나 이별, 시험 합격, 경기 우승 등 주로 감정이 북받친 상황에 한정된다. 영미권에는 이런 애정이나 감격을 나타내는 것과 별개로 사교적 행위인 포옹이 있다. 예를 들어 영미인들은 파티에서 인사로 성적인 함의가 없는 사교상의 키스(social kissing)를 하거나 뺨을 맞댈 때가 있는데 그때 가볍게 껴안기도 하는 것이다. 또 앞으로 한동안 만나지 못할 친한 사람과 이별할 때, 한동안 만나지 못했던 친한 사람과 재회했을 때 포옹은 으레 있는 일이다. 특히 악수라는 형식적인 인사를 나누지 않는 부부, 연인, 자매, 모녀 사이에서 포옹은 더욱 자연스럽게 인사로 쓰인다.
요즘에는 지금까지 연인, 부모 자식, 부부, 형제, 친구 등 한정된 사이에서 나누던 포옹이 비교적 가벼운 관계에서도 인사 대신 쓰인다. 이러한 풍조에 비판적인 미국의 의례 전문가 Baldridge(1985)는 악수하듯 가벼운 마음으로 금세 다른 사람을 껴안으려는 사람에게 "밤에 집에 돌아갈 때까지 남을 껴안고 싶은 마음을 억누를 것(Just control your desire to put your arms around others until you get home at night)."이라고 조언했다.

put one's arms around one's knees 무릎을 양팔로 껴안다. 《편안하게 앉는 자세의 일종–의자 또는 방바닥 등에 무릎을 세우고 쪼그리고 앉아 하는 행동》
유 clasp one's arms around one's knees / clasp one's arms around one's legs / clasp one's HANDs around one's knees

---

She drew her knees up to her chin and *put her arms around them*; her hair fell about her face. (그녀는 무릎이 턱에 닿을 정도로 다리를 바짝 끌어올리고 두 팔로 무릎을 끌어안았다. 머리카락이 내려와 그녀의 얼굴을 덮었다.) — J. Plaidy

put one's arm around someone's neck 상대의 목을 한 팔로

put one's arm around someone's neck

휘감다. 《친밀한 접촉 동작》

"I swear by all that's holy that Chuck had nothing to do with any girl. He's been too busy looking after little old me." She *put a* plump white *arm around the back of his neck*. [탐정이 여성의 행방불명 사건을 조사하는 모습] ("척은 다른 여자에게 눈길을 줄 틈이 없어요. 이 사람은 나를 돌보는 것만으로도 힘에 부치거든요." 그녀는 포동포동한 하얀 팔을 보란 듯이 남자의 목 뒤로 휘감았다.) — R. Macdonald: 3

She turns to me then and says, "Let me hug you once more. Let me love your neck. I know I won't see you for a long time." She *puts an arm around my neck*, draws me to her, and then begins to cry. But she stops almost at once and steps back, pushing the heel of her hand against her eyes. [연로한 어머니와 아들의 마지막이 될지도 모르는 이별 장면] (어머니는 나에게 "딱 한 번만 더 이 팔로 안아 보게 해 다오. 네 목을 쓰다듬게 해 다오. 오랫동안 만날 수 없다는 거 잘 알고 있다."라고 말한다. 그녀는 나의 목에 팔을 휘감고 바특이 끌어당긴 뒤 울기 시작한다. 그러나 이내 울음을 그치고 손바닥으로 눈을 꾹꾹 눌러 가며 뒤로 물러선다.) — R. Carver: 5

put one's arms around someone's neck 상대의 목에 양팔을 휘감다. 《깊은 포옹》 유 fling one's arms around someone's neck / throw one's arms around someone's neck

Then suddenly his loving little heart told him that he'd better *put both his arms around her neck* and kiss her again and again, and keep his soft cheek close to hers. (사랑하는 마음이 깊은 소공자는 어머니의 목을 끌어안고 몇 번이고 계속 키스하다 그의 부드러운 볼을 그녀의 볼에 마주 댔다.) — F. H. Burnett

put one's arms around someone's neck

★ NB: 이 동작은 자신보다 큰 것을 안을 때, 즉 어린이가 어른을, 여성이 남성을 포옹하는 경우에 흔히 쓰인다.

★ NB: fling one's arms around someone's neck과 throw one's arms around someone's neck은 의미의 차이가 거의 없지만, 앞쪽이 휘감는 힘이 좀 더 강하다.

put one's arm around someone's shoulders **한 팔로 상대의 어깨를 끌어안다. 《남녀의 친밀한 접촉 행동, 남자끼리의 우호적인 접촉 동작》** 유 drape one's arm around someone's shoulders / slide one's arm around someone's shoulders / slip one's arm around someone's shoulders / throw one's arm around someone's shoulders 참 put one's arm on someone's shoulder

---

"Then cry, Liebchen," he said, and sat down beside me, *putting an arm around my shoulders* and letting my head rest against his as if it was the most natural thing in the world. (아버지는 슬픔에 잠긴 나에게 "마음껏 울렴, 우리 딸."이라고 말하며 옆에 앉아 어깨를 감싸 안고 아주 자연스럽게 내 머리를 아버지에게 기대게 했다.) — M.Mackie

put one's arm around someone's shoulders

★ NB: drape one's arm around someone's shoulders는 '너는 나의 것'과 같은 뉘앙스로 자연스럽게 어깨에 손을 두르는 모습을, slide one's arms around someone's shoulders는 상대의 반응을 약간 신경 쓰면서 어깨에 살짝 팔을 두르는 모습을 표현한다.

★ NB: 영미권에서는 이 행동이 남녀 간의 친밀함을 보여 주는 것으로 인식된다. 또한 대개 키가 큰 쪽에서 작은 쪽의 어깨에 팔을 두르기 때문에 남성적(masculine)인 행위로 여겨진다. 그래서인지 여성끼리 이 행동을 하는 일은 상당히 드물고 남성끼리의

경우에는 '나와 너는 친구'라는 관계의 확인 혹은 강조를 의미한다(Morris, 1982).

put one's arms around someone's shoulders 상대방의 어깨에 양팔을 두르다. 《포옹의 일종; 애정, 위로의 표현》 참 put one's arms around someone

"Poor child!" Sally thought. Impulsively, for the first time, she *put her arms around* Elaine'*s shoulders* and kissed her cheek. She felt a tremor run through her slim body, then suddenly Elaine flung her arms around her neck. (신참 가정교사는 사랑을 모르고 제멋대로 자란 아이를 가엾이 여겨 처음으로 아이의 어깨를 안고 그 볼에 키스한다. 아이는 지금까지 느껴 본 적 없는 애정의 손길에 몸을 떨며 그녀의 목에 매달렸다.) — B.Cartland: 2

put one's arm on someone's shoulder 상대의 어깨에 팔을 걸치다. 《위로하거나 용기를 북돋워 주는 우호적인 접촉 행동》 참 put one's arm around someone's shoulders / put one's HAND on someone's shoulder

Biff: … but when I quit he said something to me. He *put his arm on my shoulder*, and he said, "Biff, if you ever need anything, come to me." (내가 그만두었을 때 그는 나의 어깨에 팔을 올리고는 "필요한 일이 있으면 나를 찾아오게."라고 말했다.) — A.Miller

Howard Baker, Dole's gentlemanly predecessor as Republican leader, was a master at *putting a* soothing *arm on* colleagues' *shoulders* to achieve cloakroom compromises. (미국 공화당의 중심인물 중 한 사람인 하워드 베이커는 정치 무대의 뒤편에서 어깨에 팔을 걸치는 등의 행동으로 상대의 기분을 구슬려 의원들로부터 타협을 끌어내는 데 천재였다.) — *Time*, 1986

put one's arm through someone's 상대의 겨드랑이와 팔꿈치 사이에 손을 넣다. 《팔짱을 끼기 위한 우호적인 접촉 동작》 유 link one's arm through someone's / slip one's arm through someone's / tuck one's arm into someone's

Sylvia was trembling so that her knees knocked against Shirley's; Shirley *put an arm through hers*, took her hand, and held it, pressed tight. (노부인 실비아의 무릎은 옆자리에 앉은 친구 셜리의 무릎에 부딪힐 정도로 심하게 떨리고 있었다. 친구는 그녀의 팔꿈치께로 손을 끼워 넣어 자신의 손으로 노부인의 손을 꼭 잡았다.) — A.Wilson

★ NB: put one's arm through someone's는 팔짱을 끼는 행동을 가장 중립적으로

put one's arm through someone's

표현한 것이다. 이에 반해 동사 link는 우정, 동지 의식, 상호 협조를, tuck은 위로 혹은 따뜻한 우호 감정을, slip은 자상한 친밀성을 드러낸다.

put out one's arms (to someone) ➡ hold out one's arms (to someone)

"Robert! What are you doing here!" she exclaimed, her heart stopping. "I thought you were in Los Angeles." "I was in Los Angeles," he said and smiled and *put his arms out to her*. (LA에 있을 거라고 생각했던 연인이 돌연 눈앞에 나타나자 그녀는 심장이 멎을 정도로 놀라 목소리를 높인다. 그녀가 보고 싶어 LA에서 온 그는 싱글싱글 웃으며 자신의 품에 안기라는 듯 양팔을 활짝 내민다.) — R.Harris

raise one's arm 한 팔을 높이 들어 올리다. ((팔을 뻗어 높이 들어 올리는 동작의 일반적인 표현)) 참 raise one's HAND

Billie: I'm not going to sign anything any more till I know what I'm signing. From now on.
Brock: Do what I'm telling you!
(Billie stands rigid and frightened. Brock is suddenly in front of her. He *raises his arm* to strike her.)
Billie: (cringing) Harry, please! Don't!
(Her last word is cut in two by a stinging slap….)
(남자가 하라는 대로 행동하던 여자가 돌연 자기주장을 하며 남자가 시키는 대로 서명하기를 거부한다. 일이 마음대로 되지 않자 화가 난 남자는 여자를 때리기라도 할 듯 손을 번쩍 치켜든다. 여자는 그러지 말라고 소리를 지르지만 채 말이 끝나기도 전에 남자의 손바닥이 날아든다.) — G.Kanin

At the corner they turned and waved. She *raised her arm* and waved back and watched them disappear through the mist of tears in her eyes. (두 사람은 길모퉁이를 돌다 뒤를 돌아보았다. 그녀는 손을 들어 흔들며 눈물이 고인 눈으로 그들이 사라지는 것을 지켜보았다.) — J.Michael: 2

★ NB: 첫 번째 예문의 경우처럼 사람을 때리기 위해 '손을 치켜드는' 동작은 관용적으로 raise [lift] one's hand (against someone)라고 표현한다. 위의 예문에서는 특별히 raise one's arm를 사용하여 팔을 높이 치켜드는 움직임을 좀 더 리얼하게 그려 내고 있다. 두 번째 예문처럼 신호를 보내기 위해 '손을 치켜드는' 동작도 보통 raise one's hand를 사용하는데, 여기서는 hand가 아니라 arm을 사용하여 멀리서도 보일 정도로 팔을 높이 치켜들었음을 알려 주고 있다.

raise one's arms 양팔을 높이 올리다. 《양팔을 높이 올리는 동작의 일반적인 표현》 참 raise one's HANDs

raise one's arms

Then, shortly after midnight last Wednesday, the entire Senate Finance Committee was on its feet roundly applauding the chairman…. In the committee's offices down the hall, jubilant committee staffers uncorked a case of champagne…. Packwood… *raised his arms* in triumph. 〔미 상원의 재정위원회에서 세제 개혁이 마무리되어 상원 본회의에 상정되는 순간〕 (최종 심의가 마무리됨과 동시에 위원장에게 박수가 쏟아지고 위원회 관계자들 사이에서 축하의 샴페인이 터져 나왔다. 위원장은 양팔을 높이 치켜들어 승리의 제스처를 해 보였다.) — *Time*, 1986

"Yes!" Bragg heard his own voice scream in answer. He realized he was standing, *his arms raised* above him, his fists clenched. (브래그는 괴성에 가까운 소리로 "네!" 하고 대답하는 자신의 목소리를 들었다. 그리고 자신이 어느 샌가 주먹을 꽉 쥔 채 양팔을 높이 쳐들고 서 있다는 것을 깨달았다.) — W.J.Coughlin: 2

★ NB: raise one's arms는 raise one's hands에 비해 팔꿈치를 좀 더 곧게 펴고 양팔을 더 높이 올리는 행동이다. 예를 들어 운동 경기, 선거 등에서 이겼을 때 만세를 부르는 행동(첫 번째 예문), 군중의 박수에 화답하는 행동, 자기의 존재를 크게 보이려고 하는 정치가나 연설가의 몸짓, 대중 행동에서 기세를 올리는 몸짓(두 번째 예문) 등이 그 전형적인 예다. 이에 반해 raise one's hands는 양팔이 구부러져 있고 양손의 위치도 어깨 높이 정도에서 멈춘다. 손을 흔드는 행동, 화가 난 상대를 안정시키는 손짓 등이 이에 해당한다.

reach (out) one's arms (to someone) ➡ hold out one's arms (to someone) 참 reach up one's arms (to someone)

He *reached out his arms* and Deborah went into them, smiling, welcoming him. (그가 만나서 기쁘다는 의미로 양팔을 활짝 펼치자 드보라는 미소를 지으며 환영의 말을 하고는 그의 품에 안겼다.) — M.Way: 2

reach up one's arms (to someone) (상대를 향해) 양팔을 뻗어 올리다. ((팔을 들어 올리지 않으면 상대가 손에 닿지 않을 때)) 참 reach (out) one's arms (to someone)

Tina's bottom lip quivered. She *reached up her arms to* Jenny. (티나의 아랫입술은 금세 울음을 터뜨릴 듯 떨렸다. 그녀는 제니(엄마)를 향해 안아 달라고 두 팔을 뻗었다.) — M.H.Clark: 2

rock someone in one's arms 품에 안고 이리저리 흔들다. ((주로 아기를 달래는 동작))

Daisy would wipe away the tears and calm her with soothing words, *rocking her in her arms* as if she were the mother…. [어머니가 아버지의 돌연한 죽음에 정신을 놓아 버린 상황] (데이지는 눈물을 훔치고 마치 자신이 엄마인 것처럼 어머니를 팔로 끌어안아 달래고 부드럽게 말을 걸어 기분을 차분히 가라앉혀 주었다.) — B. T. Bradford

run one's arm across one's forehead 팔뚝으로 이마를 쓸다. ((이마의 땀을 닦는 실용적인 행위)) 유 run one's HAND across one's forehead / pass one's HAND across one's forehead

I stop what I'm doing and *run my arm across my forehead*. "I'll be through in a little while," I say. "I hope you don't mind." [하던 김에 옆집 정원의 낙엽을 긁고 있는 장면] (그 집의 여주인이 말을 걸어오는 바람에 당황한 나는 하던 일을 멈추고 팔로 이마를 훔치며 "곧 끝날 거니까 신경 쓰지 마세요."라고 말한다.) — R.Carver: 5

★ NB: 이마의 땀을 닦는 동작에는 hand를 쓰는 것이 일반적이나 손이 더러울 경우에는 arm을 사용한다.

seize someone's **arm(s)** ➡ take hold of someone's arm(s)

"Come on," he added roughly, *seizing her arm* and pulling her forward. "The car's right over there. Hop in." (그는 우물쭈물하는 그녀의 팔을 획 잡고는 저 앞에 서 있는 차 쪽으로 끌고 가더니 차에 타라고 명령한다.) — A. Drury

shake someone's **arm(s)** 상대의 팔을 흔들다. 《강하게 주의를 끌 때나 응답을 강요할 때 등》

He took hold of Fargo's arm with both hands and *shook it*. "You saw him then. Who is he?" (그는 두 손으로 파고의 팔을 잡고 마구 흔들며 "당신이 봤다고 하는 그 사람이 도대체 누구야?"라며 강하게 윽박질렀다.) — R. Macdonald: 3

slide one's **arm around** someone's **shoulders** ➡ put one's arm around someone's shoulders

He *slid an arm around* his wife's plump *shoulders*. "You're as important as she is…" 〔남편이 그의 피붙이를 돌보느라 자신은 소홀히 한다며 아내가 화를 내는 장면〕 (그는 아내의 살집 있는 어깨에 슬며시 팔을 두르고 "당신은 나에게 중요한 사람이야."라고 달랬다.) — E. Dawson

slip one's **arm around** someone's **shoulders** ➡ put one's arm around someone's shoulders

"When can we see him?" Cindy was on her feet now and the doctor *slipped an arm around her shoulders*. "Not today, I'm afraid." ("아버지를 언제 면회할 수 있나요?"라고 물으며 신디가 지금 바로 병실로 달려갈 듯 벌떡 일어서자 의사는 그녀의 어깨에 살짝 팔을 두르고 "오늘은 좀 어렵습니다."라고 했다.) — C. Jameson

slip one's **arm around** someone's **waist** 한 팔을 상대의 허리에 두르다. 《주로 연인 사이에서 행해지는 친밀한 접촉 동작》

Bristow was smiling as he *slipped his arm around her waist* and began leading her to the house. 〔주말을 함께 보내려고 연인을 산장으로 데려간 장면〕 (브리스토는 미소 띤 얼굴로 그녀의 허리에 살짝 팔을 두르고는 그녀를 집으로 안내했다.) — H. MacInnes: 2

slip one's arm around someone's waist

★ NB: 상대의 허리에 손을 두르는 행동은 상대의 어깨에 팔을 두르는 것과 다르게 성적인 의미를 내포하고 있어 이성 간의 친밀한 관계를 나타낸다.

slip one's **arm** through someone's ➡ put one's arm through someone's

Immediately after dinner Ackroyd *slipped his arm through mine* and led me off to his study. (식사가 끝나자마자 아크로이드는 나의 팔을 슬쩍 자기의 팔에 끼워 넣더니 서재로 데려갔다.) — A.Christie: 5

The wind tossed her hair high above her head. There was something thrilling and exhilarating about it and she turned with a laugh to her father and *slipped her arm through his*. He smiled at her…. 〔집 근처에 있는 절벽 위에서 아빠와 딸이 함께 웅대한 바다의 풍경을 바라보는 장면〕 (바다에서 불어오는 바람에 딸의 머리카락이 춤을 추었다. 흥분과 쾌감을 느끼며 그녀가 아버지의 팔에 슬쩍 팔을 끼워 넣고 웃어 보이자, 아버지도 그녀를 바라보며 웃었다.) — B.Cartland: 2

★ NB: 이 동작이 첫 번째 예문에서는 눈에 뜨이지 않게 슬며시 상대를 에스코트하는 모습을 표현하는 데, 두 번째 예문에서는 부녀간의 마음의 교류에서 생겨난 친밀감을 표현하는 데 쓰이고 있다.

spread one's **arms** wide **팔을 좌우로 힘껏 벌리다. ((환희, 개방적인 기분을 나타내는 동작; 팔을 좌우로 크게 벌리는 동작))**

Impulsively she *spread her arms wide*. "Isn't it wonderful!" she cried. 〔새로 단장한 가게를 보고 기뻐하는 여사장의 모습〕 (그녀는 "너무 멋지지 않아요!" 하고 탄성을 지르며 가게를 향해 두 팔을 힘껏 벌렸다.) — J.Michael: 2

spread (out) one's arms 양팔을 좌우로 펼치다. 《주로 어쩔 수 없음, 하는 수 없음, 아무 소용없음과 같은 느낌을 표현하는 동작》 참 spread one's HANDs

"Have you ever thought," he asked lazily, "that you might be in the wrong profession?" "You think I'm that bad, huh?" The older man *spread his arms* in resignation. "You don't think things through…." 〔장래성이 없어 보이는 견습 변호사와 선배 변호사의 대화〕 ("직업을 잘못 선택한 것 아니야?" 하며 야단을 치는 선배 변호사에게 그는 "그 정도로 전망이 없습니까?"라고 물었다. 선배 변호사는 하는 수 없다는 듯 팔을 좌우로 펼치더니 "너는 만사를 깊게 생각하지 않고…"라고 말문을 열어 그의 단점을 하나하나 지적했다.) — H. Kemelman: 3

"And why not?" Yves Bennefois said, *spreading his arms* to demonstrate his open mind. 〔십 대 소녀와 대화 중인 중년 남성의 모습〕 (이브는 소녀의 엉뚱한 발언에 대하여 "그것도 괜찮지 않니?"라고 말하며 양팔을 좌우로 넓게 펼쳐 보여 자신이 관용적인 사람이라는 것을 어필했다.) — P. P. Read

★ NB: 첫 번째 예문처럼 '하는 수 없다'는 감정을 표현하는 spread (out) one's arms에서는 어깨를 약간 움츠리고 양팔을 좌우로 펼친 후 손바닥을 위로 향하게 한다. 이 동작은 말 그대로 '손쓸 방법이 없다'는 뜻으로 손바닥을 상대방에게 보여 주는 것이 중요하므로 hands 또는 palms의 동작으로 표현하는 문형이 많다(→ spread (out) one's HANDs; hold out one's HANDs, palm up; open one's PALMs; throw out one's PALMs). arms의 동작으로 표현될 때는 양팔이 좌우로 펼쳐진 정도에 초점이 맞춰진다. 두 번째의 예문은 팔을 넓게 펼친 데 빗대어 자신의 도량이 넓음을 과시하고 있다.

squeeze someone's arm 타인의 팔을 힘을 꽉 주어 잡다. 《우정, 감사, 공감, 동정 등의 감정을 담은 우호적인 접촉 동작》 유 give someone's arm a squeeze

"If you plan to continue this conference, would you like me to phone the deli for sandwiches?" Mrs. Cameron leaned over and *squeezed* Helen'*s arm*. ("회의를 계속하실 거라면 샌드위치라도 주문할까요?"라고 비서가 묻자 카메론 여사는 그 마음 씀씀이를 기뻐하며 헬렌의 팔을 꽉 잡았다.) — Z. Popkin

But last week, in a mere two days of back pounding, *arm squeezing*, and conservative oratory, Nelson Rockefeller managed to blur his past image as a big-spending liberal and convince many amazed southerners that he is really one of their own. (미국 공화당의 남부 보수파에게 있어 넬슨 록펠러는 국민에게 돈을 뿌리는 진보파의 이미지가 강했으나,

남부 유세 중 록펠러는 붙임성 좋게 한 사람 한 사람의 등을 두들겨 주고 팔을 잡으며 보수색이 짙은 연설을 하여 이틀 만에 그 이미지를 반전시켜 '그가 그들의 동지'라는 생각을 심어 주는 데 성공했다.) — *Time*, 1978

★ NB: 타인의 팔을 꽉 잡는 동작은 give someone's arm a (little, friendly) squeeze로도 표현할 수 있다. 이는 squeeze someone's arm보다 좀 더 의도적인 행동을 나타낼 때 쓰는 표현이다.

★ NB: 두 번째 예문에서 나타나듯 arm squeezing은 back pounding(➡ pound someone on the BACK)과 같이 미국의 정치가가 유권자에게 환심을 사려 할 때 취하는 대표적인 행동으로 여겨진다.

stiff-arm [straight-arm] someone 팔을 끌어당겨 물리치다. 《미식 축구에서 태클을 거는 상대에게 하는 행동; 양보하지 않고 완강하게 공격 일변도로 밀어붙이는 태도를 나타내는 비유 표현》

As the establishment *stiff-arms us*, they build issues for us to run on. 〔미국 소비자 운동 지도자의 담화〕 (기득권 측은 소비자 보호단체의 요구를 완강한 태도로 거부하여 도리어 우리 쪽에 이슈를 제공하며 문제를 질질 끌고 있는 꼴이다.) — *Time*, 1981

stretch one's arms (above one's head [upward]) 양팔을 머리 위로 힘껏 쭉 펴다. 《주로 일이 끝나 안도의 한숨을 내쉬며 기지개를 켜는 동작; 양손을 번쩍 치켜들며 기뻐하는 동작 등》

"Gosh, I'm tired." Clarence *stretched his arms above his head*. ("아, 피곤해." 하며 클래런스는 무심코 기지개를 켰다.) — Z. Popkin

"Winner by a sizable plurality is John Scofield. So we'll have a new face in the Senate…." Scofield sat back in his seat, stunned. Laura *stretched both arms* ceilingward. "Wow!" she exclaimed. (라디오 뉴스에서 다른 후보를 멀찍이 제치고 선거에서 이겼다는 소식을 전해 들은 존 스코필드와 그의 연인 겸 선거참모인 로라가 깜짝 놀라며 기뻐하는 순간. 스코필드는 멍하니 의자에 기대 앉아 있다. 그의 선거 전략을 도맡아 수행했던 로라는 양팔을 번쩍 치켜들며 환호성을 지른다.) — H. Kemelman: 3

stretch one's arms out 양팔을 앞쪽으로 또는 좌우로 뻗다. 《사람을 마중할 때 하는 우호적인 동작; '아, 기분 좋다' 하며 팔을 뻗을 때 등 자기 개방적인 동작; 양팔을 크게 앞으로 또는 좌우로 펼치는 일반적인 동작》

Not a soul in sight, not a sound to be heard except the birdsong from the trees. She *stretched her arms out*. Oh, it was good to be alive! She set off toward the trees. (울창한 나무 사이로 새의 지저귐이 들려올 뿐 사방이 온통 고요하다. 살아 있다는 기쁨을 가슴속 깊이 느끼며 그녀는 양팔을 힘껏 뻗었다.) — M. Wibberley

swing one's arms 팔을 앞뒤 또는 좌우로 마구 휘두르다. ((주로 경쾌하게 걸어갈 때 팔을 앞뒤로 크게 휘두르는 씩씩한 동작; 팔을 전후좌우로 움직이는 일반적인 행동))

He··· sang the Marseillaise, and marched to it, *swinging his* long *arms* with a triumphant swagger. (승리의 기쁨에 들뜬 그는 프랑스 국가를 부르며 노래에 맞춰 긴 팔을 크게 휘두르며 행진했다.) — L. C. Douglas: 2

In these old clothes he felt as if he could really move, *swing his arms*, jump and run. (답답한 정장을 벗은 뒤 낡은 옷을 입자 그는 팔을 크게 휘두르고 펄쩍 뛰어오르고 여기저기 뛰어다닐 수 있을 듯한 기분이 들었다.) — A. Lurie: 2

★ **영일비교** walk with one's arms swinging은 손을 흔들며 넓은 보폭으로 걷는 모습을 나타내며 의기양양, 활기찬 감정과 이어진다. 이와 같은 걸음걸이를 일본어에서는 '활개를 치고 걷다'라고 표현한다. 이것을 비유 표현으로 써서 '활개를 치다'라고 하면 '타인을 생각하지 않고 당당하게 행동하다'라는 극히 일본적인 의미가 있다.

take someone's arm 상대의 팔을 잡다. ((차에서 내릴 때나 길을 건널 때 상대를 보호하기 위해 팔꿈치 약간 윗부분을 가볍게 받쳐 주는 의례적인 행위; 타인을 일정한 방향으로 안내하거나 이끌 때의 행동; 단순히 우호적인 감정에서 사람의 팔을 손으로 받쳐 주는 경우도 있음; 상대의 행동을 저지하려는 동작도 될 수 있음))

He walked over and kissed her(=his mother) gently. He then *took the arm of* the First Lady. 〔대통령 취임식 직후 식장을 나서는 모습〕 (대통령은 일단 어머니에게 가서 가볍게 키스를 한 뒤 영부인의 팔을 잡아 에스코트하며 그곳을 나섰다.) — J. Archer: 3

They left the bookstore. "This way," Mr. McKay said, and *took her* bare *arm* above the elbow, pressing it. 〔같은 직장에서 일하는 남녀가 서점에서 우연히 마주쳐 함께 차를 마시러 나가는 모습〕 (맥케이는 "이쪽으로."라고 말하며 그녀의 맨 팔뚝을 잡고 꾹 힘을 주었다.) — A. Lurie: 2

Dr. Belime gazed thoughtfully at Scott. "You are a determined man. And persuasive too···." She *took* Scott *by the arm*. "Don't misconstrue this as a mark of affection. I just don't want you to leave my side."

(실랑이 끝에 결국 면회금지의 환자와 대면하게 된 여의사 벌라임은 스코트의 고집과 설득력에 경의를 표한 뒤 그의 팔을 잡는다. 그러고는 "당신의 팔을 잡은 것은 병원 안을 마음대로 돌아다니게 해서는 안 되기 때문인 거니까 애정 표현으로 오해하지 마세요."라고 그에게 말한다.) — K.Royce

★ NB: 〈동사+someone's arm [hand, etc.]〉과 〈동사+someone by the arm [hand, etc.]〉은 일반적으로 전자를 피행위자의 신체 일부에 중점을 둔 객관적 표현으로, 후자를 피행위자 그 자체에 중점을 둔 감정이 실린 주관적 표현으로 사용한다 (『영어기본동사사전』). 예를 들어 take someone's arm과 take someone by the arm을 놓고 보면, 상대의 뜻에 반하여 억지로 팔을 잡고 끌고 가는 상황에서는 주로 후자를 사용한다.

★ NB: 이성의 팔을 잡는 행동은 특별한 관심을 표시하는 행위일 수도 있고, 아니면 단순히 에스코트하기 위한 의례 행위일 수도 있다. 양쪽으로 해석이 가능한 경우도 많은데 두 번째와 세 번째 예문은 그런 경우를 잘 보여 준다.

take someone's arms **상대의 양팔을 잡다. ((상대와 마주 보며 양팔을 잡는 우호적인 접촉 동작; 상대의 행동의 자유를 뺏기 위한 억제적인 동작)) 참** take someone's arm

---

He *took her by the arms*, holding her firmly, then forced her to look up into his face. "Elisabeth, will you listen to me?" 〔전쟁의 불길이 다가오는 파리에 그냥 남자고 우기는 연인을 설득하는 장면〕 (그녀는 이런 얘기는 이제 그만두자며 빠져나가려 하나, 그는 연인의 두 팔을 꽉 잡고 그녀의 얼굴을 자기 쪽으로 돌리며 "엘리자베스, 내 말 좀 들어 봐."라고 말했다.) — D.Mulien

take hold of someone's arm(s) **상대의 팔을 잡다. ((상대의 행동을 제지하기 위해, 주의를 재촉하기 위해 등)) 유** catch someone's arm(s) / grab someone's arm(s) / grasp someone's arm(s) / lay hold of someone's arm(s) / seize someone's arm(s) / take someone's arms

---

The woman *took hold of his arm* and shook it. "Tell the man where he is." (여자는 그의 팔을 잡고 마구 흔들며 "그 사람이 있는 곳을 대."라고 재촉했다.) — R.Macdonald: 7

★ NB: take [lay] hold of someone's arm(s)는 사람의 팔을 손으로 '잡는' 행위를 중립적으로 나타낸 것이다. grasp someone's arm(s)는 힘을 꽉 주어 쥐고 있는 것, seize someone's arm(s)는 갑자기 세게 잡는 것을 뜻한다. grab someone's arm(s)는 seize someone's arm(s)의 구어 표현으로 난폭하고 거칠게 잡는 것을 의미한다. catch someone's arm(s)는 재빠르게 꽉 잡는 것을 말하는데, 동사

catch에는 움직이는 것을 손이 닿는 순간 잡는다는 뜻이 있기 때문에 도망가려고 하는 사람, 막 넘어질 것 같은 사람의 팔을 재빠르게 잡는 경우에 자주 사용된다.
앞서 언급한 유의 표현은 팔을 잡는 힘의 강도에 약간씩 차이점이 있을 뿐 모두 팔을 꽉 잡는다는 뜻이다. take someone's arm(s)에는 특별한 의미도 없고 쥐는 힘의 차이도 없어서 가볍게 팔을 잡는 일반적인 동작을 표현할 때 사용된다.

take someone in one's arms 상대를 품에 안다. ((포옹; 위로를 필요로 하는 사람을 따뜻하게 맞아 주는 것을 의미하는 비유 표현))

She began to weep softly as Alex *took her in his arms*. 〔슬픈 소식을 전해 들은 여자를 상냥하게 위로하는 장면〕 (알렉스가 두 팔로 안아 주자 그녀는 조용히 울기 시작했다.) — D. Mulien

We *took in our arms* a country with homes destroyed, … with unemployment between six million and seven million…. ("우리는 지금까지 가옥 붕괴, 대량 실업 등 각종 난제를 떠안고 있는 나라를 도운 일도 있다."며 국제 사회의 복지에 무관심하지 않았던 자국의 태도를 변호하는 외교관의 담화) — *Time*, 1976

tap someone's arm 타인의 팔을 손가락으로 톡톡 두드리다. ((주의를 끌기 위한 동작)) 유 touch someone's arm

She looked stunning, but was scarcely aware of the glances of passing men until Christina *tapped her arm* and said mischievously: "Do you know people are looking at you?" (그녀는 눈이 휘둥그레질 정도로 아름다웠다. 크리스티나가 그녀의 팔을 가볍게 두드리며 "모두가 너를 보고 있다는 거 알아?"라며 장난스럽게 가르쳐 줄 때까지 그녀는 옆을 지나치는 남자들이 자신을 흘깃흘깃 훔쳐본다는 사실을 거의 알아채지 못했다.) — M. Wibberley

throw one's arms about ➡ flail one's arms

Tim, his cheeks and chin smothered in cream, piped up. "The car went… weeeow… brrrm… crash, bang!" *throwing his arms about* in graphic description. (팀은 뺨과 턱에 케이크 크림을 잔뜩 묻히고는 흥분하여 자신이 목격한 자동차 사고를 이야기했다. "차가 이렇게 오더니 팍 부딪쳐서…."라며 그는 팔을 마구 휘둘러 가며 본 그대로를 생생하게 전했다.) — M. Mackie

throw one's arms around someone ➡ put one's arms around someone

"Mummy!" Cindy *threw her arms around her* and lowered herself onto the couch. "Why are you alone? Where are my sisters?" (아버지

의 입원 소식을 듣고 달려온 딸 신디는 긴 의자 위로 허리를 숙여 엄마를 힘껏 껴안았다. 그녀는 "왜 엄마 혼자 여기 있는 거예요? 여동생들은 어디에 있죠?" 하고 엄마를 걱정하며 이런 저런 것들을 물었다.) — C. Jameson

throw one's arms around someone's neck ➡ put one's arms around someone's neck

I went to Stirling's cabin and knocked on the door. He was alone. I *threw my arms around his neck* and kissed him. Embarrassed, he took my hands and removed them but I was too excited to feel rebuffed. (나는 스털링의 통나무집에 찾아가 문을 두드렸다. 그는 혼자였다. 나는 그의 목을 확 끌어안고 키스해 버렸다. 그는 당황스러운 듯 나의 손을 머리에서 떼어 냈지만 나는 그가 나를 매정하게 대하고 있다는 것조차 알아채지 못했다.) — V. Holt: 4

throw one's arm around someone's shoulders ➡ put one's arm around someone's shoulders

He's extremely tough on people when it's necessary to get them to do something, but the next minute he'll *throw his arm around their shoulders* and tell them what a great job they're doing. 〔UN 다국적군 총사령관 슈워츠코프의 비화를 다룬 기사〕 (그는 부하에게 무언가 시켜야 할 때는 정말로 인정사정없이 엄격하게 대한다. 그러나 다음 순간에는 부하의 어깨에 팔을 척 두르고, 지금 무척 잘하고 있다며 격려해 준다.) — *Time*, 1991

throw oneself into someone's arms 상대방의 품에 몸을 던지다. ((안기기 위해)) 유 fling oneself into someone's arms

"How did you expect me to react?… Did you think I would *throw myself into your arms*?" she said. "Maybe," he said. "I'm sorry to disappoint you," she said. 〔남자가 여자에게 사랑을 고백한 직후 두 사람의 대화〕 (그녀가 "내가 어쩔 거라고 생각했어요? 당신의 품으로 뛰어드는 상상이라도 한 건가요?"라고 물으니, 그는 "아마도."라고 대답했다. 그녀는 "실망시켜서 미안해요."라고 이야기했다.) — K. Vonnegut, Jr.: 1

throw up one's arms (in despair) (자포자기하여) 양팔을 위로 올리다. ((이제 어쩔 수 없음, 손써 볼 도리가 없음, 항복, 이제 다 글렀음 등의 곤혹스러운 감정을 전하기 위한 의도적인 동작; 절망, 탄식의 동작; '항복하다', '포기하다' 등을 의미하는 비유 표현)) 유 throw one's HANDs up (1)

"… I always miss the English papers, so I've brought enough for tomorrow as well." Jean-Pierre *threw up his arms in* Gallic *despair*.

〔이틀밖에 안 되는 짧은 해외여행을 준비하는 장면〕(그가 "외국에서 영국 신문이 너무 읽고 싶어질까 봐 내일 몫까지 갖고 왔다."고 말하자 장 피에르는 정말 질렸을 때 프랑스인들이 취하는 몸짓, 즉 양팔을 위로 올리는 몸짓을 했다.) — J.Archer: 2

This was her world and she must leave it all behind. She *threw up her arms in a gesture of despair*. 〔고향을 떠나야 하는 상황〕(그녀는 자신이 살아온 이 땅을 떠나지 않으면 안 된다는 생각에 절망하여 두 팔을 치켜들었다.) — B.Cartland: 2

★ NB: 첫 번째 예문처럼 질렸음을 의도적으로 나타내는 동작은 얼굴을 앞으로 쑥 내밀면서 아랫입술을 삐쭉 내민 채 입꼬리를 내리고, 어깨에 힘을 빼고 양쪽 손을 어깨 높이로 들어 올리며 손바닥을 위쪽을 향해 펼쳐 보이는 것이다. 이 동작은 throw one's hands up (in the air)이라고도 표현되는데, 사실 이것이 더 일반적인 표현이다. 영미인은 이를 전형적인 프랑스식 동작으로 간주한다.

★ NB: 두 번째의 예문은 절망한 나머지 무심코 손을 올리며 비탄에 젖는 모습을 표현한 것이다. 이는 누구에게 보여 주기 위함이 아닌, 그저 막다른 골목에 들어선 듯한 마음을 드러낸 동작으로 하늘에 기도하듯 얼굴과 양팔이 모두 하늘을 향한다.

touch someone's arm **상대의 팔을 가볍게 건드리다. 《주의 환기, 행동 억제, 안내, 에스코트할 때의 가벼운 재촉, 위로나 공감 등의 우호적인 감정을 전달하는 접촉 동작》** 유 tap someone's arm

---

He was talking too much and nonsensically, as people do when they are nervous. His wife *touched his arm* to halt him. (그는 마음이 어지러운 사람들이 그러하듯 무의미하게 마구 떠들어 댔다. 아내는 그의 말을 멈추게 하려는 듯 그의 팔을 가볍게 건드렸다.) — Z.Popkin

A man *touched my arm*: the fellow tunneler. A tall man, going gray, with intelligent eyes. "What's your name?" he asked. (한 남자가 나의 팔을 건드렸다. 누군가 보니 예전 터널 붕괴 사건 때 함께 빠져나왔던 지적인 눈을 가진 키 큰 남자였다. 그는 "성함을 여쭤 봐도 괜찮을까요?" 하고 물었다.) — D. Francis: 3

"I know communism," Reagan told an aid before he sat down with Gorbachev. "I've followed it for 30 years." He would not, he vowed, make it a Mike and Ronnie show, nor a kissing, hugging acquaintance. Yet, when the Soviet boss showed up, Reagan, in directing him up the stairs, *touched* Gorbachev gently *on the arm*. A surprising number of people who saw that small gesture remembered it. That was body language for civility, not intimacy. 〔미소 정상 회담에서 레이건이 고르바초프에게 보여 준 보디랭귀지에 대해 보도한 기사〕 (공산주의를 싫어한 레이건은 고르바초프와 만나 성을 빼고 이름만 부르거나 키스나 포옹 같은 인사를 나눌 생각이 전혀 없다고 사전에 측근에게 말한 바 있었다. 그러나 막상 회담 석상에서 레이건은 고르바초프가 나타나자 그를 계단으로 인도하며 팔을 가볍게 손으로 받쳐 주었다. 작은 몸짓이었음에도 이 행동은 놀랄 만큼 많은 사람들의 기억에 남았다. 이는 어디까지나 정중함을 나타내는 보디랭귀지였지 결코 친밀감의 표현은 아니었다.) — *Time*, 1985

tuck one's arm into someone's ➡ put one's arm through someone's

The woman *tucked her arm into his* and looked up at his eyes, her own clearly, even from twenty feet away, full of adoration. (여자는 그의 팔에 자신의 손을 넣어 팔짱을 끼고 얼굴을 들어 그의 눈을 지그시 바라보았다. 그의 눈에는 그녀의 눈동자에 가득한 사랑의 감정이 멀리서도 알아볼 만큼 명확히 보였다.) — D.Francis: 5

tug at someone's arm ➡ pull at someone's arm

She gasped at the inscription: IN LOVING MEMORY OF CAROLINE BONARDI KRUEGER, DONATED BY ERICH KRUEGER. She *tugged at his arm*. "When did you give that window?" "Last year when the sanctuary was renovated." (남편이 다니는 교회에 예배를 드리러 갔다가 제단 뒤의 스테인드글라스 창문에 붙어 있는 비문을 보았을 때 아내는 저도 모르게 숨을 죽이고 만다. 비석에는 남편이 이 창문을 죽은 어머니의 추억에 헌납하였다고 기록되어 있다. 아내는 남편의 팔을 강하게 당기며 "저 창문은 언제 만든 거죠?" 하고 꼬치꼬치 묻는다. 그러자 남편은 "작년 제단을 수리했을 때."라고 대답한다.) — M.H.Clark: 2

twist someone's arm 상대의 팔을 비틀다. 《상대를 굴복시키기 위해 고통을 주는 실용적인 행위; 고통을 주겠다고 을러대며 강요하는 것을 의미하는 비유 표현》

In an instant, Barney had knocked the offender onto the ground and was *twisting his arm* painfully behind his back. "Ow, shit, stop," he pleaded…. (바니는 자신과 동행한 여자를 모욕한 남자를 당장에 때려눕히고 그의 팔을 잡아 비틀어 버렸다. "아, 이런, 멈춰…."라며 그는 애원했다.) — E.Segal

If Leon had wanted her to stay, he'd have found a way to *twist her arm*. (만약 레온이 그녀를 머무르게 하고 싶다면, 그는 억지로라도 머무르게 할 방법을 강구해야 할 것이다.) — J.Weitz

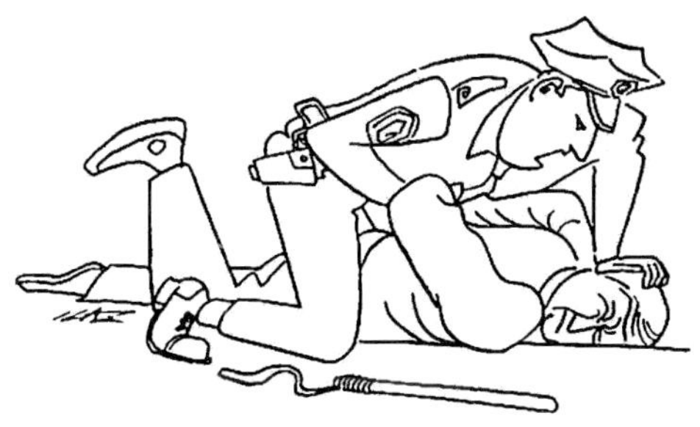

twist someone's arm

uncross one's arms 팔짱을 풀다.

The overweight slugger was still leaning against the wall, but he had *uncrossed his arms* and he didn't look bored. (뚱뚱한 경호원은 여전히 벽에 기대어 있었지만, 만약의 경우에 대비하여 팔짱을 풀었다. 그의 얼굴에서 따분한 표정도 사라졌다.) — R.B.Parker: 2

walk on someone's arm 타인의 팔에 의지하여 걷다. ⦅에스코트를 위해 예의상 팔을 내밀 때⦆

"You should have seen the faces of the bigwigs who came here, when they saw me in the foyer *walking on the arm of* Monsieur Simon." ("내가 사이먼 씨의 에스코트를 받아 극장 휴게실로 들어섰을 때 높은 분들이 지었던 표정을 당신이 봤어야 해.") — W.S.Maugham: 3

wave one's arm(s) 손을 흔들다. ⦅(한 손의 경우) 손을 흔드는 수신호, 방향이나 물건을 가리키는 지시 동작; (한 손 또는 양손의 경우) 말을 강조하는 동작; 그 외 손을 크게 흔드는 일반적인 동작-주로 좌우로 흔든다.⦆ 유 flail one's arms / wave one's HAND

He looked back over his shoulder and smiled. Joe's white teeth flashed in an answering smile and to the little boy's joy he *waved his arm* in gay acknowledgement. (소년이 돌아보며 미소를 지었다. 조는 그 미소에 화답하듯 하얀 이를 드러내고 웃으며 명랑하게 손을 마구 흔들어 소년을 기쁘게 해 주었다.) — A.J.Cronin: 3

"They lost interest because no one keeps them interested. Out there"—Van Buren *waved an arm* in the general direction of the world beyond the conference room—"out there the press and the public think of an electric power shortage as a short-term problem."

〔전력 공급이 수요에 따르지 못하여 대규모의 정전 사태가 일어난 직후 벌어진 전력 회사의 간부회의 장면〕(“아무리 괴로운 일도 그때가 지나가면 쉬이 잊어버리는 것이 세상 이치다.”라며 밴 뷰런은 회의실에서 저 너머에 존재하는 세상의 일반적인 경향을 자신의 한 팔을 흔들어 가리키며 “저쪽에서는 매체도 대중도 전력 부족을 단기적인 문제로 받아들이고 있다.”라고 말했다.) — A.Hailey: 8

“That’s great,” Paul said in a kind of joking tone, *waving his arm*. He had noticed before that in contrast to Leon, who hardly moved during these conversations, his own gestures tended to become large, vague and violent. (“대단하군.”이라고 농담하듯 말하며 폴은 한 팔을 마구 흔들었다. 그는 과거에 몸을 거의 움직이지 않으며 대화하던 동료 레온과 비교하면 자신의 동작은 너무 크고 모호하며 격렬한 게 아닌가 하고 생각한 적이 있었다.) — A. Lurie: 2

“I could catch glimpses of him in the windows of the sitting room, pacing up and down, talking excitedly, and *waving arms*⋯.” (“나는 창문을 통해 이리저리 서성이고 양팔을 격하게 움직이며 흥분해서 이야기하는 그를 얼핏 볼 수 있었다.”) — A.C.Doyle: 2

He spun around; and by Jove, his face wasn’t friendly after all. It was what they call contorted. He *waved his arms* at me like a semaphore. “Sh!” he hissed. (너무 시끄러운 나머지 화가 난 그가 이쪽을 돌아 보았다. 그의 얼굴은 노여움으로 일그러졌다. 그는 수신호처럼 나에게 양팔을 흔들며 “쉿!”이라고 으르렁댔다.) — P.G.Wodehouse: 6

★ NB: 첫 번째 예문과 같이 이별할 때 흔드는 ‘손(팔)’, 두 번째의 예문과 같이 방향을 지시하는 ‘손(팔)’, 이러한 경우는 일반적으로 hand로 표현한다. arm을 사용해도 동작 자체의 실질적 차이는 거의 없으나, arm(s)을 쓰면 팔을 좀 더 크게 흔든다는 의미가 된다. 세 번째, 네 번째 예문에서 보듯 열변을 토할 때 흔드는 ‘팔’은 원칙적으로 arm(s)을 사용한다.

wind one’s arms around oneself ➡ wrap one’s arms around oneself

---

Eve *wound her arms round her body*, hugging herself against the cold. (이브는 양팔로 몸을 휘감아 추위로부터 스스로를 보호했다.) — R.Rendell

(with one’s) arms akimbo **양손을 허리 옆에 대고 팔꿈치를 양옆으로 한껏 편다. 《‘뭐야!’라는 감정이 팔꿈치를 펴는 것으로 나타난 도전적인 자세》** 유 put one’s HANDs on one’s hips / place one’s HANDs on one’s hips / with one’s

ELBOWs out

I stood at the end of the table, watching him, my feet apart, *arms akimbo*, the backs of my wrists resting on my hips. He gave me a sidelong look. "That challenging stance tells me you're busily not liking me." (나는 테이블 끝에 서서 그를 쳐다보며 두 다리를 벌리고 양손을 허리에 대고는 도전적인 자세를 취했다. 그는 나를 곁눈질로 보며 "그런 자세를 하는 걸 보니 나를 상당히 싫어하는 모양이군." 하고 말했다.) — M.de la Roche

강한 자기주장　　　　도전적 태도

arms akimbo

To my surprise the question provoked a burst of anger from the salesman. "Now, then, mister," said he, *with* his head cocked and *his arms akimbo*, "what are you driving at? Let's have it straight now." (나의 질문이 거슬렸던 듯 세일즈맨은 깜짝 놀랄 정도로 울컥 화를 냈다. 그는 내 쪽을 돌아보고 허리에 양손을 대고 팔꿈치를 날개처럼 쫙 펼쳐 도전적인 자세를 만든 후 "그렇게 애매하게 얘기하지 말고 하고 싶은 말이 있으면 똑바로 하시죠." 라고 다그쳤다.) — A.C.Doyle: 1

★ NB: akimbo의 어원은 in keen bow, 즉 활이 강하게 당겨져 있는 상태를 표현한 말이다. 허리에 손을 대고 팔꿈치 부분이 '<' 모양이 되도록 팔을 구부리고 있는 모습을 활이 강하게 당겨져 있는 모습에 비유한 것이다. 이는 with one's hands on one's hips 등처럼 모습을 있는 그대로 표현한 경우보다는 약간 예스러운 표현이다 (*COBUILD*).

★ **영일비교** arms akimbo는 서 있을 때 양손을 hips에 가져다 댄 자세일 뿐이지만 서구의 비교행동학, 비언어행동학 연구 분야에서는 이 자세에서 도전적인 태도를 읽

어 내는 경향이 있다. 손을 허리 양옆에 대면 팔꿈치가 튀어나오고 어깨가 올라가며 가슴이 펴지는데 그만큼 자신의 보디 존(body zone)이 커져서 심리적으로 상대를 압박하는 힘이 생기는 것이다. 이런 이유로 비교행동학에서는 이 자세와 털을 곤두세우는 동물의 위협 행동이 상통한다고 본다(Eibl-Eibesfeldt, 1974).

이 동작은 hands-on-hips pose라고도 하는데, 심리적으로든 물리적으로든 자신의 영역을 침범하려는 사람을 향한 도전적인 태도의 전형이다. 한편 호의적인 관점에서는 행동욕구로 가득한 진취적인 자세로 해석하기도 한다(Pease, 1984). 이 자세는 남녀 모두에게서 볼 수 있으며 영미 소설에서는 특히 여성의 도전적인 자세의 유형으로 그려질 때가 많다.

일본어에서 '손을 허리에'라고 하면 체조의 준비 자세나 굽은 허리 뒤쪽에 손을 대는 자세를 떠올릴 뿐, 대결을 위한 자세와 연관 짓지는 않는다. arms akimbo는 일본인도 자주 취하는 자세인데, 일본 소설에서는 남성이 무의식적으로 하는 동작으로 종종 묘사된다. 다만 다른 사람 앞이 아니라 혼자 서 있을 때 이 자세를 취할 때가 많다.

문을 열고 모래 위로 나간다. 두세 번 허리에 손을 짚고 맑은 밤기운을 들이마셨다. – 시로야마 사부로, 『부상(浮上)』

with their arms around each other 서로 상대의 몸에 팔을 두르다. ((옆으로 나란히 섰을 때 또는 걸어갈 때 하는 친밀한 접촉 동작))

My older sister Marion and I were good friends and used to stroll through town *with our arms around each other*. (어릴 적 나는 손위의 여자형제 매리언과 사이가 좋아서 서로의 등에 한 팔씩 두르고 꼭 붙어서 거리를 돌아다니곤 했다.) — K. Douglas

(with one's) arms outstretched 양팔을 내밀다. ((상대방을 향해))

But when Mark appeared he leaped to his feet and came forward with a bound, *arms outstretched* to clasp both of Mark's hands in his. "Mark, my dear boy!" he exclaimed. 〔신인 정치가로서 큰 임무를 훌륭하게 수행해 낸 사위를 크게 기뻐하며 맞이하는 노정치가의 모습〕 (마크가 모습을 보이

자 그는 벌떡 일어나 쾌활한 발걸음으로 그를 맞이하러 나섰다. 그는 자신의 양팔을 앞으로 쭉 내뻗어 사위의 두 손을 잡고 "마크, 우리 사위!"라고 크게 불렀다.) — A. Drury

A man in my position… has early in his adulthood to make his choice. Either he turns and runs from the opposite *sex*, or he goes towards them as they pursue him *with their arms outstretched*. (나와 같은 처지의 남자(부잣집 아들)는 성인이 되자마자 재빨리 결정해야 한다. 여성에게서 아예 등을 돌려 버리느냐, 아니면 달려드는 여자들에게 두 팔 뻗고 다가서느냐.) — L Peake: 2

★ NB: outstretched arms는 무언가를 잡기 위해 팔을 뻗는 모습을 뜻한다.

with open arms 양팔을 활짝 벌려 (('기꺼이', '마음속 깊이 환영의 뜻을 담아'를 의미하는 비유 표현)) 참 hold out one's arms (to someone)

In the bright sunshine Mrs. White, *with open arms*, offers Prince Philip an all American send-off. And the Prince, never one for ceremony, walked into her embrace. 〔보스턴에서 캐나다로 향하게 된 영국 여왕 일행을 보스턴 시장의 부인이 전송하는 장면〕 (빛나는 햇살 아래서 화이트 부인은 양팔을 활짝 벌려 미국식으로 열렬히 환송한다. 소탈한 성격의 필립 공은 그녀의 포옹을 기꺼이 받아들인다.)

★ NB: 상대를 기쁘게 받아들일 뜻이 있다는 것은 one's arms are open이라고 비유적으로 표현하기도 한다.

Such visits were never before conceived in less than months. Suddenly, Israel's Premier was at the door. Jimmy's arms were open. (이스라엘 수상이 백악관을 방문하는 것은 얼마 전까지만 해도 생각조차 할 수 없던 일이었다. 그러나 수상은 현관 앞까지 친히 방문했고, 카터 대통령도 그를 기꺼이 맞았다.) — *Time*, 1978

★ **영일비교** 일본어에서도 '대찬성', '대환영'의 뜻을 비유적으로 '쌍수를 들고'라고 표현한다. 이때 '쌍수를 들고'는 기본적으로 '무조건으로'(『다이지린』)를 의미하는데, 본래 한 손을 들어 너끈히 나타내는 찬성 의사를 두 손을 써서 강조한 표현이라고 할 수 있다. 실제로 크게 찬성할 때 양손을 들어 보이는 일은 없지만 만약 '쌍수를 들고 환영하다'라는 표현을 그림으로 나타내면 두 손을 만세 하듯 펼쳐 보이는 모습이 된다.
이에 비해 with open arms는 문자 그대로 마음속으로부터 타인을 기꺼이 맞아들일 때의 동작 hold out one's arms (to someone)를 바탕으로 삼고 있다. 이것을 비유적으로 사람이 아닌 것을 기꺼이 받아들이는 태도에 쓰면(e.g. They welcomed the change with open arms), 일본어의 '쌍수를 들고 크게 환영하다'에 가깝다.

그러나 영어에서 이 자세는 만세를 외치며 기뻐하는 모습이 아니라 양손을 좌우로 펼쳐 가슴을 열고 맞아들이는 개방적인 모습이다.

wrap one's arms around someone ➡ put one's arms around someone

When a white-faced little girl gazed up at her, she crouched down and *wrapped her arms around* the shaking figure…. How could she bear to part with her? 〔여자아이가 새엄마에게도 버림받을까 걱정하는 상황〕 (여자아이는 하얗게 질린 얼굴로 그녀를 쳐다보았다. 그 모습을 보고 측은함을 느낀 그녀는 몸을 굽혀 바르르 떠는 아이의 작은 몸을 확 감싸듯 끌어안았다. 그리고 이 아이와는 차마 헤어질 수 없다고 생각했다.) — L. Peake: 4

wrap one's arms around oneself 자기 자신을 감싸 안듯 꼭 팔짱을 끼다. 《오른손으로 왼팔의 위 팔뚝을, 왼손으로는 오른팔의 위 팔뚝을 잡는 자기 포옹(self-embrace)의 일종; 추위, 공포, 불안, 고독 등에 대한 방어적 행동》 유 clasp one's arms with one's hands / hug one's arms around oneself / hug oneself with one's arms / wind one's arms around oneself

My teeth started to chatter; I was shivering so that I had to *wrap my arms around myself* and hold tight. (이가 부딪치기 시작했다. 나는 몸을 덜덜 떨다가 양팔로 몸을 끌어안고 꼭 붙잡았다.) — S. Streshinsky

wrap one's arms around oneself

Across the bay you could see scattered lights in the hills of Oakland. I *wrapped my arms around me* and looked over it all and felt once more a rising sense of excitement of something about to happen. (샌프란시스코 만을 항해하는 연락선 갑판 위에서 새로운 임무를 맡은 여성 신문기자가 건너편 기슭을 바라보고 있다. 그녀는 양팔로 몸을 감싸 안고 야경을 바라보며, 이제 어떤 새로운 일이 벌어질 것인가 하는 흥분이 몸 안에서 끓어오르는 것을 느낀다.) — S. Streshinsky

BACK/BACKBONE

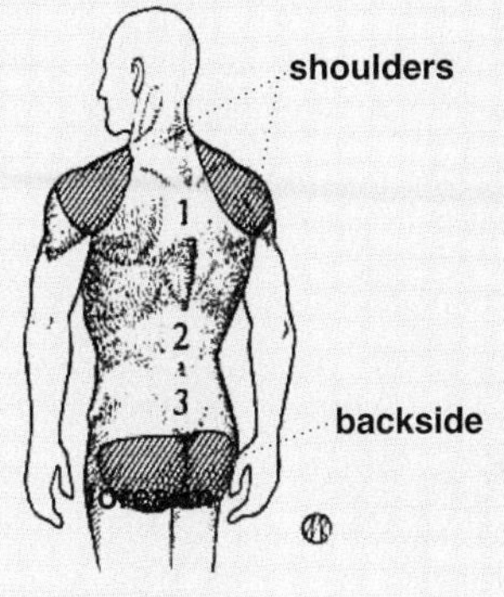

• 『고시엔』(제3판)에 따르면 등은 동물체의 지면에 향한 면(흉복부)의 반대 측이다. 그에 대응해 인체에서는 경부(頸部)에서 둔부까지 닿는 면이라고 정의하고, 몸통의 배면(背面) 거의 전부를 일컫는 것으로 설명하고 있다. 한편 『다이지린』에서는 등을 가슴이나 배의 반대쪽 면, 허리를 몸통에서 잘록하게 들어간 부분부터 가장 튀어나온 부분 언저리라고 하여 몸통 배면을 등과 허리로 나누어 취급하고 있다. 실제의 용법에 가까운 것은 후자로서 목 밑동부터 몸통에서 잘록하게 들어간 부분 언저리까지의 배면 위쪽을 등이라고 칭하는 것이 일반적이다.

RHD 사전은 back을 the rear part of the human body, extending from the neck to the lower end of the spine(목부터 척추 하단까지 미치는 몸통의 뒷면)으로 정의하고 있다. back이 이렇듯 몸통의 뒷면 전체를 가리키고 있기 때문에 등의 일부를 구별하여 가리킬 필요가 있을 때는 상, 중, 하로 구분하여 지칭한다. lower back은 등허리 내지는 허리에 해당하나 일상생활에서 특정하여 사용하는 경우는 거의 없어 '요통'은 backache, '허리가 굽다'는 someone's back is bent [someone is bent], '굽은 허리를 펴다'는 straighten one's back으로 표현한다.

• 등에 감정이 직접적으로 드러나는 경우는 드물기 때문에 이를 묘사한 예도 적다. 등에서 기호적 의미를 발견하여 묘사의 대상으로 삼는 것은 자세와 관련한 것(e. g. keep one's back straight)이 대부분이다.

- 등은 성적인 의미를 갖고 있지 않은 신체 부위이므로 망설임 없이 손을 올려 놓을 수 있다. 때문에 등은 성별에 관계없이 우호적인 접촉이 아주 빈번하게 일어나는 부위다.

- 대인 관계에서 등이 기호적 의미를 가장 뚜렷이 보여 줄 때는 바로 등을 돌리는 상황에서다. 대화하는 도중에 상대에게 등을 돌리는 것은 동서양을 막론하고 무례한 행동으로 간주된다. 영미권의 파티 등에서 다른 사람들의 무리에 끼기 위해 자신과 이야기를 나누고 있던 사람들에게 등을 돌려야 할 때 "Excuse my back."이라고 양해를 구하는 관습에서 그러한 사실을 엿볼 수 있다(Morris, 1985).

- back과 관련된 관용구는 많은 편이다. back이 쓰이는 경우는 주로 다음과 같다.
  분개, 적대 감정을 표현하는 경우 고양이는 적이 출현하면 등을 활처럼 둥글게 굽히고 적의를 표한다. 이러한 고양이의 자세를 비유적으로 표현하여 화가 난 것을 get one's back up, 타인을 화나게 한 것을 get someone's back up이라고 표현한다.
  인체의 중심축 척추가 통과하는 back은 흔히 인체의 중심축으로 간주된다. 때문에 back은 조직체의 중심축을 비유하는 단어로도 종종 쓰인다. break its back이라는 표현을 조직과 관련하여 사용하면 중추부에 큰 타격을 입어 무너지는 상황을 나타내고, 이를 힘들고 어려운 일과 관련하여 쓰면 가장 어려운 국면을 타개하여 성취를 목전에 둔 상황을 나타낸다.
  육체 노동을 소화해 내는 곳 back은 힘든 육체 노동을 할 때 몸을 지탱해 주는 부위여서 이와 관련한 표현도 많은 편이다. 육체 노동에 필요한 것은 무엇보다도 a strong back이고, 몸을 쓰는 노동은 a back-breaking job이라고 표현한다. 또 몸이 가루가 될 정도로 열심히 일하는 것을 break one's back이라고 하고, 일에 착실하게 임하는 것을 put one's back into one's job이라고 표현한다.
  타인에게 간섭할 때 기반이 되는 곳 ride on someone's back은 자신이 편한 대로 남을 조종하는 것을 의미하고, 비슷한 표현 do something on someone's back도 자신은 전혀 힘을 들이지 않고 남을 디딤돌 삼아 일하는 것을 의미한다. sit on someone's back 또는 be on someone's back은 상대의 등에 편안히 자리를 잡고 앉아 시시콜콜 행동에 참견하는 것을 가리킨다. 잔소리에 지쳐 이제 그만 좀 하라고 말할 때는 "Get off my back!"이라고 한다.
  인간 접촉의 이면 타인의 등 뒤에서 하는 행위는 배신과 결부되는 경향이 강하다. speak behind someone's back은 뒤에서 타인을 헐뜯는 인신공격을 의미하며, 험담은 backbiting(등 깨물기), 불의의 배신은 backstabbing(험담, 뒤통수 때리기)이다. 그리고 이러한 인신공격을 경계하는 것은 watch one's back이라고 한다.
  의복을 걸치는 곳 관용적인 표현으로 give (someone) the shirt off one's back

(입고 있는 셔츠를 벗어 남에게 주다, 갖고 있는 물건을 남에게 주다), not have a stitch to one's back (가난해서 변변한 옷도 입지 못하다) 등이 있다.

arch one's back 적대적인 자세를 취하다. ((덤벼들 것처럼 사납게 화내는 모습을 과장되게 표현한 것)) 유 arch one's SPINE 참 put someone's back up

They were pacing the floor, circling each other like two stray cats, their words hissed at each other across the space of their living room, *their backs arched*, ready to pounce at the slightest provocation. (반목하고 있는 그들은 마치 두 마리 들고양이처럼 거리를 두고 빙빙 돌며 천천히 걷고 있었다. 거실을 사이에 두고 서로 씩씩거리며 등을 굽힌 것이 조금이라도 도발적인 움직임이 있으면 당장 덤벼들 것만 같았다.) — J. Fielding

Tom's face turned red and *his back* started to *arch* like an angry bull's. (톰은 얼굴을 새빨갛게 물들이고 마치 화난 수소와 같은 공격적인 태도를 보이기 시작했다.) — W. J. Lederer & E. Burdick

★ NB: arch one's back은 직역하면 등을 활처럼 둥글게 굽히는 동작을 가리킨다. 이는 고양이나 수소 등이 머리를 낮추고 뒷발을 길게 뻗어 '등을 활처럼 굽히는' 위협적인 자세와 관련된 표현으로, 상대의 언동에 화를 내는 모습, 이 이상 화나게 했다가는 험한 꼴을 보게 될 것이라는 듯 분노에 떠는 모습을 비유적으로 표현한 것이다.

give someone a kick in the back ➡ kick someone in the BACKSIDE

"Well," he said cheerfully, "you need worry no longer, dearest sister. I have *given* your reluctant swain such *a kick in the back* that you will not have the mortification of seeing me married much before you." 〔좀처럼 결혼 결정을 내리지 못하는 여동생의 약혼자를 만나 윽박지르고 온 후 오빠가 여동생에게 하는 이야기〕 ("걱정할 필요 없단다. 내가 녀석의 등짝에 발차기를 먹여 줬으니까. 내가 너보다 훨씬 전에 결혼하는 치욕 따위는 겪지 않아도 될 거야.") — J. Murray

give someone a pat on the back ➡ pat someone's back

I am sure the President thought it would be a good time to *give* Dean *a pat on the back*. 〔워터게이트 사건 관계자의 발언〕 (나는 닉슨 대통령이 충실한 부하 딘의 노고를 치하해도 좋을 시기라고 판단했을 것이라 확신한다.) — *Time*, 1973

give oneself a pat on the back ➡ pat oneself on the back

As the first speaker began, I saw the twelve nuns in a row, each carrying a pencil and pad, and I *gave myself a pat on the back* for having been instrumental in getting them out of the institution. (첫 번째 강연자가 이야기를 시작할 무렵, 강연회 출석에 난색을 표했던 수녀들은 나란히 앉아 메모할 준비까지 하고 있었다. 설득을 담당했던 나는 그녀들을 이곳까지 모시고 온 것은 꽤나 큰 공이라고 스스로를 칭찬했다.) — L.Andrews

keep one's back straight 등을 똑바로 펴고 있다. 《자신감이 충만한 당당한 자세》

She looked so prim and curiously dignified. No, regal, he told himself; it's the way she holds her head so high and *keeps her back* so *straight*. (그녀는 아주 새침하고 묘하게 품위가 있다. 아니, 여왕처럼 품격이 있다고 해야 맞을 것이라고 남자는 생각했다. 그런 인상을 받은 것은 그녀가 당당하게 머리를 들고 등을 꽉 펴고 있었기 때문일 것이다.) — B.T.Bradford

lie on one's back 등을 대고 반듯이 눕다.

She *lay on her back* under a single sheet, with her long legs spread, trying to keep cool. 〔더워서 잠이 오지 않는 여름밤〕 (그녀는 시트 한 장만 덮고 누워 긴 다리를 쭉 뻗고 되도록 시원하게 있으려 했다.) — S.O'Faolain

pat someone's back 타인의 등을 손바닥으로 가볍게 두드리다. 《축하, 격려, 위로, 칭찬 등의 뜻을 표현하는 우호적인 접촉 동작; 격려, 칭찬을 의미하는 비유적인 표현》 유 give someone a pat on the back / pound someone's back / slap someone's back / smack someone's back 참 pat oneself on the back

pat someone's back

She burst into a fresh storm of tears. Stephan came and sat beside her and *patted her back* until she was able to talk. (소녀가 울음을 터뜨리자 스티븐은 곁으로 다가가 앉아 친절하게 등을 두드리며 그녀가 울음을 멈추고 말문을 열 때까지 위로해 주었다.) — D.Mulien

★ NB: Morris는 pat someone's back의 원형이 바로 아기의 등을 두드리는 어머니의 본능적인 행동이라고 했다(1972). 이는 피부를 통해 '괜찮아, 안심하렴'이라는 메시지를 전하는 행위인데 이것이 포옹하지 않고 등을 두드리는 행위로 발전하여 차례차례 어깨, 팔, 손, 뺨, 머리 등의 부위까지 접촉의 범위가 넓어지고, 동시에 대상도 아이에서 어른까지 넓어졌다는 설명이다. 또 그렇기 때문에 등을 두드리는 행위에 성적 의미가 적은 것이라고 한다.

★ NB: pat someone's back은 성별에 관계없이 사회적 또는 심리적 상위자가 하위자에게 위로, 치하, 격려, 축하, 칭찬의 의미를 따뜻하고 우호적으로 전하는 동작이다. 이에 비해 slap [smack] someone's back은 상대의 등을 손바닥으로 팡 하고 한 번 세게 치는 동작으로, '내가 이 정도로 힘이 있는 사람이다'라는 뜻을 내포한 남성들 사이에서 주고받는 행동이다. 이는 역학 관계에서 거의 동등한 위치의 사람들끼리 왁자지껄하게 인사를 나누거나 동지의식을 확인하거나 요란하게 축하의 뜻을 표시할 때도 사용된다. pound someone's back은 몇 차례 주먹으로 상대의 등을 때리는 동작으로, 특히 '힘내!'라고 상대의 용기를 북돋아 줄 때 자주 사용된다.

★ **영일비교** 영미권에서 난폭하게 상대의 등을 두드리는 행위는 원칙적으로 남성 사이에 한정된다. 그런데 일본에서는 남성 사이에만 한정되지 않고 여성 혹은 이성 사이에도 나타난다. 이를테면 젊은 여성들이 상대의 등을 "짓궂기는." 하며 맘껏 때리기도 하고, 남성에게 놀림을 받은 여성이 달콤한 목소리로 이의를 제기하며 남성의 등을 때려서 친밀한 감정을 나타내거나 애교를 부리기도 한다.

남녀 사이의 신체 접촉에 관한 금기가 강한 일본에서 여성들은 때로 사람의 등이라는 가장 무난한 장소를 다소 거칠게 때리는, 마치 싸움 같은 몸짓을 통해 남성을 향한 관심을 나타내기도 한다. 이 행위가 남성에게 어떤 의미로 전달되는지 다음 인용문을 보면 짐작할 수 있다.

이를테면 어떤 사람이 다방 여급 같은 이에게 갑자기 등을 철썩 맞은 찰나에 느낀 쾌감에 가까운 것이었다. — 나쓰메 소세키, 『명암(明暗)』

pat oneself on the back 자기 자신의 등을 가볍게 두드리다. ((자화자찬의 행동, 그리고 그 비유 표현)) **유** give oneself a pat on the back **참** pat someone's back

---

He *patted himself on the back*. His tactics had been right. It was interesting to see how well his simple plan had worked. (자신이 세운

전략이 먹혀 생각했던 대로 일이 풀리자 그는 나도 꽤 하는 놈이라며 스스로를 칭찬했다.) — W.S.Maugham: 7

pat oneself on the back

★ NB: 타인을 칭찬하거나 격려하며 등을 두드리는 행위는 pat someone on the back이라고 표현한다. 여기서 스스로를 칭찬하는 비유 표현 pat oneself on the back이 태어났다. 또한 이 표현으로 인해 잘난 척을 한 후 자신의 한쪽 어깨를 반대쪽 손으로 가볍게 툭툭 두드리며 명랑하게 자화자찬하는 행동이 생겨나게 되었다.

pound someone's **back** ➡ pat someone's back

Fortunately, the armed guards were music lovers. At once they recognized the sensational 21-year-old pianist from Kiev…. They gave only a perfunctory glance to his papers; instead, they crowded around him, rifles held casually and *pounded him on the back*. "Now you go play for the rich over there and fill your pockets with money," one of them said. "But come back and play for us when your pockets are full. Do not forget the motherland." (세계적인 명 피아니스트 호로비츠가 21세에 고국 러시아에서 망명할 당시, 음악을 좋아하는 국경 경비대원들의 동정을 받았다는 이야기. 출국서류를 건성으로 훑어본 후 모두는 아무렇지도 않게 라이플을 들고 젊은 호로비츠의 주위에 모여 그의 등을 가볍게 두드렸다. 그 가운데 한 사람은 "이제 당신은 외국의 부자들을 위해 연주하고 돈을 많이 벌게 될 겁니다. 하지만 돈을 많이 벌면 돌아와 우리들을 위해 연주해 주시오. 조국을 잊지 말아 주시오."라고 말했다.) — *Time*, 1986

put someone's **back up** 상대를 달달 볶다. 상대를 화나게 하다. 《기분 나쁜 언동에 대한 비유 표현》 참 arch one's back

At the last moment she told Kenneth that she wouldn't go with him to the ball. She *put his back up* so badly that he at once rang up Miss

Rivers, and invited her to go in Violet's stead. (마지막 순간 바이올렛은 케네스에게 그와 함께 무도회에 가지 않겠다고 말해 그를 화나게 만들었다. 그는 당장 헤어진 리버스에게 전화를 걸어 함께 가자고 했다.) — G.Heyer: 5

★ NB: put someone's back up을 직역하면 '타인의 등을 구부리게 만들다'이다. 이는 등을 활처럼 구부려 공격적인 자세를 취하는 고양이의 이미지에서 생겨난 비유 표현이다.

slap someone's back ➡ pat someone's back

People were *slapping him on the back*, congratulating and thanking him, while Steve and Cecile told the story, now expanding into a saga of cunning and heroism, of his release. (경찰에 연행되었던 남자가 무죄로 석방되어 축하해 주는 장면. 그의 신병을 인도받은 친구들은 경찰을 꼼짝 못하게 만든 그의 영웅담을 왁자지껄하게 떠들어 대고, 다른 무리는 그를 둘러싸고 무사 석방에 대한 축하와 경찰에게 불지 않은 데 대한 감사의 뜻을 담아 그의 등을 두드린다.) — A.Lurie: 2

Tony was in high spirits, making dirty jokes and *slapping him on the back*, and flirting with the waitress. (기분이 좋아진 토니는 음담패설을 하며 그의 등을 두드리거나 웨이트리스를 희롱했다.) — W.Just

smack someone's back ➡ pat someone's back

My new boss's name was Montee Hamford, and he was the laugh riot of the company. He went up and down the halls *smacking* people *on the back* and exchanging dirty jokes and fondling the women, and everybody loved him. (새로 온 상사의 이름은 몬티 햄포드로, 그는 회사의 코미디언 같은 사람이었다. 그는 복도를 걸을 때 남의 등을 툭툭 치거나 저질스런 농담을 건네거나 여성의 몸을 건드리곤 했고, 모두들 그를 좋아했다.) — J.Olsen

one's back stiffens 등이 뻣뻣해지다. ((상대방의 언동에 반발하여 바짝 태도를 경직시킬 때의 모습)) 참 stiffen one's backbone

"Catherine,"—Fraser hesitated—"you don't really know much about Larry, do you?" Catherine felt *her back stiffening*. "I know I love him, Bill," she said evenly, "and I know he loves me. That's a pretty good beginning, isn't it?" (캐서린은 자신의 연인에 대해 제3자가 이러쿵저러쿵하는 것이 싫었다. 그녀는 상대의 의견에 반발하여 자신의 등이 뻣뻣하게 굳은 것을 느꼈다. 그녀는 차분히 "내가 그를 사랑하고 그도 나를 사랑해. 그 정도면 괜찮은 시작 아니야?" 하고 얘기했다.) — M.Mackie

stiffen one's backbone 등을 튼튼하게 펴다. ((새로운 결의, 각오의 모습; 그리고 그 비유 표현)) 유 straighten one's back / stiffen one's SPINE 참 one's back stiffens

I was no longer conscious of the sagging sensation at the knees. The limbs ceased to quiver, the tongue became loosened in its socket and *the backbone stiffened*. (공포 때문에 무릎이 후들후들거리고 손발이 벌벌 떨리는 상태가 지나가고, 굳었던 혀가 겨우 풀려 입을 열 수 있게 되고 등도 쭉 펴지게 된다.) — P.G.Wodehouse: 6

We need a Patrick Henry to stir our blood, a George Washington to *stiffen our backbone*. 〔미국 정계의 인재 부족을 한탄하는 문장〕 (우리에게 필요한 것은 국민의 피를 끓어오르게 할 애국자 패트릭 헨리 같은 인물과 국민에게 기합을 넣을 수 있는 조지 워싱턴 같은 인물이다.) — *Time*, 1975

★ NB: one's back stiffens는 상대의 언동에 반발하여 자기도 모르게 몸에 힘이 들어가 등 근육이 뻣뻣하게 긴장되는 것을 가리킨다. 이는 one's back becomes rigid로 표현할 수도 있다. 한편 stiffen one's backbone은 구체적인 동작을 의미한다기보다 자꾸 가라앉는 기분을 떨쳐 내고 적극적으로 행동에 나서겠다고 의지를 다지는 모습을 나타낸다.

straighten one's back 등을 꼿꼿하게 펴다. ((허리를 굽혔다 펼 때; 둥글게 말았던 등을 펴고 자세를 바로잡을 때; 스스로 기합을 넣거나 각오를 다질 때의 모습; 새로운 결의, 기개를 표현하는 자세)) 유 stiffen one's backbone / stiffen one's SPINE

Overcoming his nervousness about daring to go straight to the managing director with his proposal, he *straightened his back*, squared his shoulders, and knocked on the door. (자신의 제안서를 전무에게 직접 가져가는 것에 그는 불안함을 느꼈다. 그러나 이내 불안을 털어 낸 그는 등을 꼿꼿하게 세우고 가슴을 활짝 편 뒤 전무의 방문을 노크했다.) — L.Levi

tap someone's back 상대의 등을 가볍게 두드리다. ((등 뒤에서 사람을 부를 때, 주의 환기의 신호 등))

Just then Harry Ray *tapped him on the back*. "Hullo, Leon." (해리 레이는 레온의 등을 툭툭 두드리고 인사했다.) — J.Weitz

turn one's back (on someone) 갑자기 휙 등을 돌리다. ((보고 싶지 않은 사람으로부터 도피; 무시, 거부 등의 태도; 사람을 내버려 두다, 거절하다 등을 의미하는 비유 표현))

Rosemary··· reacted with a violent jerk when she saw me at ten paces and promptly *turned her back*. (나를 아주 싫어하는 로즈마리는 열 걸음 정도 앞에서 나를 보자 질겁하며 등을 획 돌렸다.) — D.Francis: 5

When the Mellingers' victory was announced, he went up to congratulate his son, but Mark *turned his back on him*. (아들이 속한 팀의 우승이 결정되자 아버지는 축하한다고 말하러 아들에게 다가갔다. 하지만 마크는 등을 획 돌려 버렸다.) — A.Wilson

someone's back is turned 다른 방향을 바라보다. 《감시자 역할을 맡고 있는 사람이 눈을 떼는 것을 의미하는 비유 표현》

Harry makes a face at Nannie while *her back is turned*, forgetting that all nannies have eyes in the back of their heads. (해리는 유모가 뒤통수에도 눈이 있다는 사실을 잊고 그녀가 뒤를 돌아본 사이 유모를 향해 짓궂은 표정을 짓는다.) — D.Sutherland

★ NB: while, as soon as, when 등의 접속사 뒤에 연속하여 쓰이는 someone's back is turned는 실제의 동작을 표현한 것이라기보다 '눈을 떼다'라는 의미의 비유 표현이다.

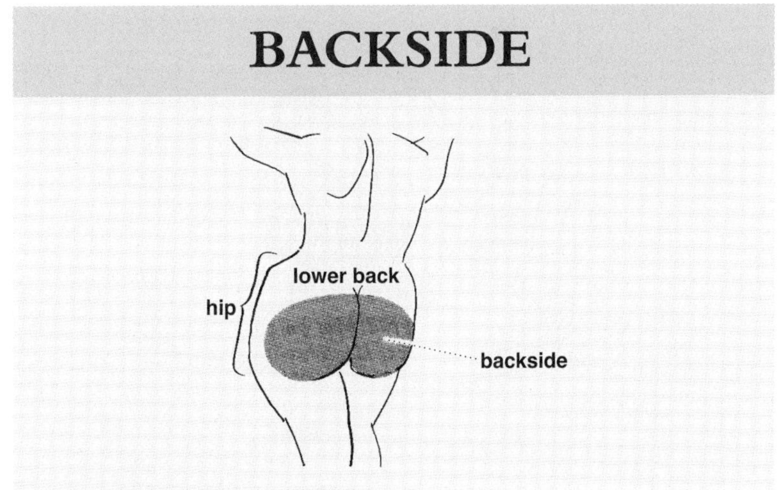

• backside는 엉덩이를 의미하며 의자에 앉았을 때 좌석에 닿는 살집이 있는 부

분을 가리킨다.

- backside는 배설 행위, 성 행위와 관련이 있는 부위로, 영어권에서는 '입에 담아서는 안 될 말(unmentionable)' 중 하나로 취급된다.

- 엉덩이의 정식 명칭은 buttocks지만 문서 외에는 사용되는 경우가 드물고, 구어체에서는 backside를 비롯해 다음에 언급하는 여러 완곡한 표현들이 사용된다. ① 등 쪽의 면으로 취급: backside, behind, derrière(프랑스어로 뒷부분), posterior(s), rear (end), ② 머리 부분(top)의 반대쪽에 있는 것으로 취급: bottom, botty(유아어), ③ 동물의 엉덩이를 가리키는 명칭을 차용: haunch(es), rump. 이 중 비교적 저항 없이 받아들여질 수 있는 것이 backside와 bottom이다. 또한 비속어로는 ass, arse 등이 있다.

beat someone's backside 타인의 엉덩이를 때리다. ((벌, 징계의 전형적인 형태))

> One of my brothers remembers her (=the nanny) laying me over her knees when I was still in long clothes and *beating me* hard *on the bottom* with a hairbrush. (형제 중 하나가 유모가 아직 아기였던 나를 무릎 위에 엎어 놓고 머리빗 뒷면으로 엉덩이를 세게 때리던 것을 기억한다.) — J.Gathorne-Hardy

beat someone's backside

★ NB: 영미권에서는 전통적으로 "아이는 죄 많은 본성을 타고나기 때문에, 이것과 싸워 나가며 바르게 키우는 것이 육아이고 예의범절 교육이다."라는 일종의 성악설에 기초한 육아 사상이 있다. 이에 따르면 육아의 소임을 맡은 부모(보호자)가 권위를 갖고 그 본

성을 바로잡아 줘야 한다는 생각으로부터 '의식화된 체벌(ritualized punishment)'이 생겨났는데, 그중 한 가지가 바로 엉덩이를 때려서 벌을 주는 것이다.
체벌은 아이의 머리나 얼굴을 순간적으로 때리는 것과 달리 일종의 의식으로 여겨지는데, 위의 예문과 같이 아이가 도망치지 못하도록 무릎 위에 엎어 놓고 "자, 각오해."라고 말하며 하의를 벗기고 (혹은 벗기지 않고) 머리빗의 뒷면, 실내화, 나무 막대기 등 가까이에 있는 도구 또는 맨손으로 엉덩이를 때린다. 이러한 어린 시절의 체험이 공통으로 존재함으로써 영미권에서는 건방진 소녀나 고집을 부리는 연인과 아내에게 남자들이 농담처럼 "I have to apply the back of the hairbrush to your bottom." 혹은 "What you need is a good hard spanking on the bottom."이라고 말하곤 한다.
영국의 퍼블릭 스쿨(사립 중등학교)에는 전통적으로 의식화된 체벌이 있다. 이 체벌은 교장실에서 행해지는데 잘못에 따라 회초리로 맞는 횟수가 정해진다. 다음에 소개하는 구절은 그러한 체벌의 모습을 잘 묘사하고 있다.

Michael was ordered to take down his trousers and kneel on the Headmaster's sofa with the top half of his body hanging over the end of the sofa. The great man gave him one terrific crack. … Soon a second tremendous crack was administered upon the trembling buttocks. (마이클은 바지를 내리고 교장실 소파 위에 꿇어앉은 뒤 상반신을 소파 끝에 기대라는 명령을 받았다. 교장은 아주 힘차게 회초리를 휙 들어 올렸다. 그리고 잠시 후 들어 올린 회초리가 떨리는 엉덩이 위에 찰싹 하고 내려앉았다.) — R. Dahl

fall on one's backside 엉덩방아를 찧다. ((실제로 넘어진 모습; 체면을 완전히 구김, 큰 실수, 눈물 쏙 빠지는 상황 등을 의미하는 비유 표현))

The studios want him in his proven moneymaking role of Sonny: "They won't let you *fall on your ass* anymore." (〈대부〉에서 소니 역을 맡은 배우에게 회사에서 이렇게 좋은 배역을 맡겼으니 "실패하여 창피를 당하는 짓 같은 건 절대 용서해 주지 않을 것이다."라고 말한다.) — *Time*, 1975

give someone a kick in the backside ➡ kick someone in the backside

About to leave for Algiers, he got an urgent phone call from Mamie Eisenhower, who dictated a note to be delivered to her husband: "Dear Ike: Al will give you this note and *give you* a sweet kiss for me—and also *a* swift *kick in the rear end*, because you haven't written for so long." Jolson delivered the message to General Eisenhower, commander in chief of the Allied Forces in North Africa. "Well," said Ike, "when you get back home, give Mrs. Eisenhower back that kiss. As for the other…" Ike bent over, lifted the flap of his jacket and told Jolson to carry out his wife's instructions. 〔제2차 세계대전 중 위문 공연을 했던 가수 알 졸슨의 전기에 소개된 에피소드 중 하나〕 (그는 알제리로 출발하기 직전, 아이젠하워 부인으로부터 긴급한 전화를 받아 당시 북아프리카의 연합군 최고 사령관이었던 남편에게 소식을 전해 달라는 부탁을 받았다. 그 소식에는 편지 그리고 달콤한 키스와 함께 편지를 쓰지 않는 죗값으로 엉덩이를 한 방 걷어차 달라는 부탁도 포함되어 있었다. 졸슨이 부인의 소식을 아이젠하워에게 전하자 그는 허리를 숙이고 상의의 옷자락을 걷더니 아내가 시킨 대로 자신을 걷어차 달라고 했다.) — *Time*

give someone a pat on the backside ➡ pat someone's backside

He kissed his children, *gave them* each *a pat on the backside* and told them to go back to bed. (아버지는 아이들에게 부드러운 키스를 해 주고는 아이들의 엉덩이를 가볍게 툭툭 두드리며 얼른 침대로 돌아가라고 재촉했다.) — B. Smith: 1

give someone a pinch on the backside ➡ pinch someone's backside

"Door, love," said Reg, *giving her a pinch on the bottom*. "You look much the sexiest of the lot." (레지는 그녀의 엉덩이를 살짝 꼬집으며 "당신이 제일 섹시하다."라고 말했다.) — J.Cooper: 1

kick someone in the backside 타인의 엉덩이를 발로 차다. ((거친 체벌, 질책을 의미하는 비유 표현; 굼뜬 사람을 향해 독촉하는 의미의 비유 표현)) 유 give someone a kick in the backside / give someone a kick in the BACK

Shultz expressed confidence last week that he and his Soviet counterpart can oversee their resolution before the meeting in Washington. Said Shultz: "If it doesn't get done, Mr. Shevardnadze and I are going to *be kicked in the rear end* very hard by our leaders." 〔미소 군축회담의 교섭을 맡은 슐츠 미 국무장관의 이야기〕 (슐츠는 워싱턴에서 본회의가 열리기 전까지 결정된 사안에 대해서는 자신과 소련 외상 두 사람이 책임을 지고 실행에 옮길 수 있다며 자신감을 표명했다. 그는 "그렇지 않으면 우리 두 사람은 윗사람에게 엉덩이를 걷어차이고 호되게 야단을 맞을 것이다."라고 말했다.) — *Time*, 1982

pat someone's backside 상대방의 엉덩이를 툭툭 치다. ((어른이 아이를 상냥하게 격려하거나 아이에게 친밀한 감정을 표현하는 접촉 동작; 남성이 여성에게 농담조로 '좋은 여자다'라는 의미를 전달하는 조금 품위 없는 접촉 동작 또는 친밀감의 표현))

유 slap someone's backside

He *patted* his wife'*s behind* then and went outside to bring in some more firewood. (그는 아내의 엉덩이를 부드럽게 툭툭 치고는 장작을 가지러 밖으로 나갔다.) — D. Steel: 2

"If you don't take me," her young voice rose higher, "I'll run all the way after you in your car!"··· Mina smiled ruefully. "Full stop. End of message." She bent and *patted* Jilly playfully *on her bottom*. "You're an imp. Off you go," she said to her. ("나를 데려가지 않는다면 차 뒤를 쫓아 달릴 거야!"라며 목소리를 높이는 아이에게 미나는 끝끝내 지고 말았다. 그녀는 쓴웃음을 지으며 아이의 입을 다물게 하고 몸을 굽혀 아이의 엉덩이를 툭툭 장난하듯 두드리고 "고집이 세구나. 자, 나가자." 하고 얘기했다.) — L. Peake: 4

★ **영일비교** 엉덩이를 두드리는 동작은 일본이든 영미권이든 기본적으로 부모가 어린 아이에게 하는 친밀감의 표현으로 특히 머뭇거리는 아이에게 "자, 씩씩하게 놀다 오거라." "착한 아이니까 …를 하렴." 하고 안심시키거나 기운을 북돋울 때 자주 하는 동작이다.

성인들 사이에서 격려 삼아 엉덩이를 두드리는 동작은 주로 운동 경기 중에 볼 수 있다. 축구나 농구 시합에서 선수가 교체되어 나갈 때 '잘 싸우고 오라'는 의미로 감독이나 후보 선수가 시합에 나가는 선수의 엉덩이를 기운차게 팡 때려서 격려한다. 이러한 행위에는 격려를 하다, 격려를 받는다는 뜻으로 쓰는 '엉덩이를 두드리다' 또는 '엉덩이를 맞다'라는 일본어 관용구와 상통하는 의미가 있다.

이성 사이에 상대의 엉덩이를 건드리는 동작에는 성적 함의가 반드시 뒤따른다. 이 접촉 동작은 젊은 커플 사이에서도 나타나지만, 연장자인 남성이 연하의 여성에게 마음에 들었다는 뜻을 농담 섞어 표현할 때 더 많이 나타나는데 여기에는 호색적인 뉘앙스가 강하게 있다.

pinch someone's backside **타인의 엉덩이를 꼬집다. 《여성에게 성적 관심을 표시하는 남성의 성희롱적인 접촉 동작》** 유 give someone a pinch on the backside

"And how're you, Glory; how're you doing today?" he asked noisily, meanwhile putting his arm around one of the blondes and *pinching her haunch* in a friendly way. (여성을 꼬시는 것이 삶의 즐거움인 중년 남성이 혼자 있는 금발 여성에게 친한 척 말을 걸며 한 팔을 그녀의 몸에 두르고는 그녀의 엉덩이를 슬쩍 꼬집는다.) — A. Lurie: 2

★ NB: 라틴계 국가에서는 버스 등 대중교통에서 남성이 매력적인 여성의 엉덩이를 꼬집으며 관심을 표시하는 일이 흔하다고 한다. 다음의 구절은 그런 public bottom pinching에 대한 이야기다.

I've had to give up taking the Metro or buses. Whatever time of day it is, you end up with your behind black and blue. (나는 지하철이나 버스 타는 것을 포기했다. 언제 타든 거의 반드시 꼬집히니 엉덩이가 온통 멍투성이가 되어 버리기 때문이다.) — I. Fleming: 1

sit on one's backside 지그시 앉아 있다. ((앉은 채로 움직이지 않는 모습을 부정적으로 표현한 것; 무념무상의 상태를 의미하는 비유 표현))

"Now, listen, goddamn it," he roared. "You people have been *sitting on your asses* here in Phnom Penh and you never get out to see a real person…." 〔정부원조계획을 실행하기 위해 프놈펜에 파견된 미국 중역의 태만을 비난하는 목소리〕 (그는 "당신은 프놈펜에서 가만히 앉아 있을 뿐 현지 사람과 만나 실정을 파악하려고 하지도 않는군. 빌어먹을…"이라고 호통을 쳤다.) — W. Lederer & E. Burdick

★ NB: 사람들을 질책할 때 자주 쓰이는 표현으로 "Get off your ass!"가 있다.

slap someone's backside 상대방의 엉덩이를 손바닥으로 철썩 때리다. ((벌을 주기 위해; (운동선수 등에게) 고무, 격려의 신호; (남성이 여성에게) 호색적인 관심의 표시)) 유 pat someone's backside

"… So, if you don't want a telling off in French, you'd better get moving." "Hah, bet you couldn't," Christina said cheekily as she walked towards him. She ducked the hand that shot out to *slap her on the bottom* and ran into the lounge. 〔시건방진 소녀에게 숙부가 완전히 당하는 장면〕 ("프랑스어로 하는 잔소리를 듣고 싶지 않으면 냉큼 시키는 대로 해."라고 숙부가 주의를 주자 크리스티나는 "그런 거 할 줄도 모르면서."라고 하며 버릇없이 대든다. 울컥한 숙부는 그녀의 엉덩이를 찰싹 때리기 위해 손을 쳐들지만 그녀는 그 손을 교묘하게 막아 내고는 냉큼 라운지로 도망쳐 버렸다.) — M. Wibberley

"*Slap her* playfully *on the bottom* once in a while. She'll protest, 'Oh, Ben, we're too old for that,' but she'll not move away." 〔권태기라 부부 사이가 원만하지 않다고 호소하는 남자에게 상담원이 충고하는 내용〕 ("때로는 부인의 엉덩이를 장난스럽게 때려 보세요. 부인은 입으로는 '오, 벤, 우린 이제 이런 짓 할 나이가 아니에요.'라고 얘기할지 모르겠습니다만 그 자리를 벗어나지는 않을 겁니다.") — A. H. Chapman, M. D.

sway one's backside 엉덩이를 좌우로 크게 흔들다. ((여성의 섹시한 걸음걸이)) 유 swing one's backside / wiggle one's HIPs

When she passed the defense table, marching to her seat, *her buttocks swayed* triumphantly. (법정에서 피고의 변호인 책상 앞을 지나 자기 자리로 걸어갈 때, 그녀는 보란 듯이 의기양양하게 엉덩이를 좌우로 크게 흔들었다.) — V.Gordon: 2

★ NB: 여성의 도발적인 걸음걸이는 backside보다는 hips를 흔드는 것으로 묘사되는 쪽이 좀 더 일반적이다.

swing one's backside ➡ sway one's backside

"I'll make some more, Dad," offered Jane Huby, fluttering long eyelashes at Seymour who responded with a smacking of lips which had more to do with lust than hunger. Huby growled a reluctant assent and the girl went off, *swinging her haunch* provocatively. (시모어에게 마음이 있는 제인은 그를 향해 긴 속눈썹을 깜박이며 "그에게 샌드위치라도 만들어 주겠어요, 아빠."라고 한다. 시모어는 만족스러운 듯 혀로 입술을 핥지만 그것은 공복감보다는 그녀에 대한 호색적인 기대로 인한 것이었다. 아버지가 마지못해 허락하자 그녀는 엉덩이를 도발적으로 흔들며 걸어갔다.) — R.Hill

waggle one's backside 엉덩이를 들썩거리다. ((차분하게 앉아 있지 못하는 모습))

Cronin has suggested… that subordination is expressed by Americans in a subtle body language; the repertoire includes… the boyish grin, the drooping shoulders, the head-scratch and *the bottom waggle*. (크로닌은 미국인들은 다음과 같은 보디랭귀지로 자신의 하위성을 나타낸다고 제시했다. 소년과 같은 웃음, 어깨 늘어뜨림, 머리 긁적거림, 앉았을 때 엉덩이를 들썩거림.) — R.Brown & A.Gilman

BEARD/MOUSTACHE

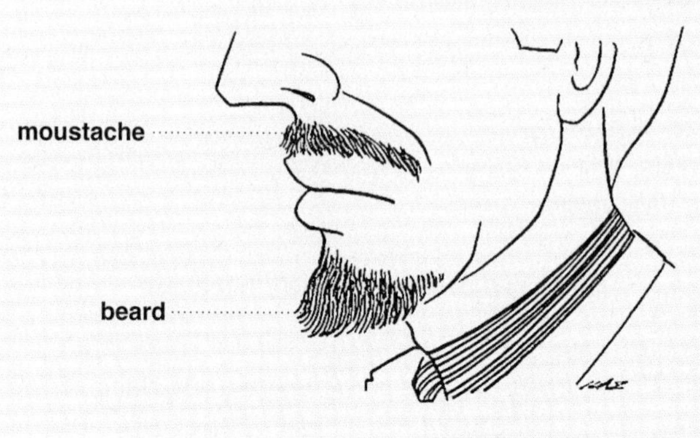

● 일본어에서 수염은 성인 남자의 얼굴 아랫부분에서 자라는 털(e.g. 매일 아침 수염을 깎다) 또는 의도적으로 길게 기른 얼굴의 털(e.g. 훌륭한 수염을 기르고 있다), 이 두 가지를 가리킨다. 후자는 자라는 장소에 따라 턱수염, 콧수염, 구레나룻 등으로 불린다. 영어에는 일본어의 수염과 같이 광범위하게 쓰이는 단어는 없다. 전자의 의미는 beard에 해당하나 (e.g. My beard is so heavy that I have to shave twice a day), 이 단어는 턱수염을 제1의 의미로 한다. 영어는 일본어와 같이 얼굴 아랫부분에 자라는 털을 통틀어 칭하는 관습적인 단어가 없고, 콧수염은 moustache(영), mustache(미), 턱수염은 beard, 구레나룻은 whiskers라고 하며 면도를 게을리했을 때 나는 수염은 stubble이라고 부른다.

● 수염과 관련된 동작은 쓰다듬기, 훑기, 당기기, 비틀기 등등 주로 자기가 하는 접촉 동작이다. 수염과 관련된 영어 표현은 주로 턱을 받치거나 입술을 만지작거리는 것과 같이 심리적으로 불안할 때의 동작을 묘사하는 경우가 많다. 영장류는 불안함을 느끼면 몸의 일부를 의미 없이 만지며 불안을 해소하려고 하는 습성이 있는데, 수염에 대한 자기 접촉이 바로 그러한 동작이라 할 수 있다.

● 예전에 영미 사회에서는 수염을 깎은 자국이 보이지 않는 clean-shaven face를 clean-living과 연결해 생각하는 경향이 강했다. 그 결과 수염은 반체제적, 반사회적 생활 태도의 상징으로 여겨졌고, 보기 좋게 정돈한 콧수염 정도만 간신히 사회적으로 용인되었다. 그러나 1960년대에 들어 사회 규범에 속박받지 않는 라이프스타일을 추구하는 젊은이들이 늘어나면서 복장을 시작으로

생활 전반에 변화가 일게 되었고, 그런 변화의 흐름 가운데 턱수염도 시민권을 획득하게 되었다.

---

one's moustache bristles 콧수염이 곤두서다. 《조바심, 분노 등으로 긴장한 모습》

Inspector Mallett sat close at hand, *his moustache bristling* with disgust at the jostling mob of sensation hunters. (말렛 경위는 자극적인 사건을 구경하기 위해 법정에 몰려든 군중 때문에 몹시 불쾌해져 콧수염이 곤두섰다.) — C.Hare

★ NB: 이 표현은 성난 동물이 털을 삐쭉삐쭉 곤두세우는 이미지를 인간에게 투영한 것으로, 분노나 초조로 찌릿찌릿하게 신경을 곤두세운 입 주위를 과장스럽게 표현한 것이다.

chew (at [on]) one's moustache 이로 콧수염을 씹다. 《신경질적인 모습; 골똘히 생각할 때의 입 모양》

"A rape just went down at Maple." Marge put her cup down. "You're kidding." "No such luck." Decker frowned, then *chewed on his mustache*. (경위는 마지에게 강간 사건이 발생했다고 알려 주었다. 그녀는 마시고 있던 커피를 내려놓고 "농담하지 마세요."라고 했다. 경위는 "농담이면 다행이지."라고 말하며 얼굴을 찌푸리고는 콧수염을 세게 질겅거렸다.) — F.Kellerman

comb one's moustache with one's fingers ➡ stroke one's moustache

"The murderer must be one of those four people," vowed Inspector Rawson, *combing his moustache with* hard *fingers*. (로슨 경위는 야무진 손가락으로 연신 콧수염을 문지르며 "살인범은 이 네 사람 중 하나인 것이 틀림없다."라고 단언했다.) — R.Murray

give one's moustache a [an upward] twist 콧수염을 손가락으로 비틀다. 《결의 또는 으스대는 몸짓》

And, he, Mallett, if anybody, was the man to find them. He *gave his moustache an upward twist* and looked so fierce that the lady sitting opposite in the train··· stared nervously. (말렛 경위는 이 살인 사건을 해결할 수 있는 건 자신밖에 없다고 생각했다. (해 보자고 결심하며) 그는 콧수염을 위로 비틀어 올렸다. 그런 그의 모습은 앞자리에 앉은 부인이 불안한 눈빛으로 그를

뚫어지게 쳐다볼 정도로 사나웠다.) — C.Hare

pull (at) one's beard 턱수염을 잡아당기듯 쓰다듬다. ((신경질적인 모습 또는 골똘히 생각하고 있을 때의 행동))

"Later," he told Springer, *pulling at his beard* in obvious discomfort. "Now is not the time to discuss such matters." (그는 불편해 보이는 표정으로 턱수염을 잡아당기며 "나중에 하자. 지금은 그런 애기를 할 때가 아니잖아." 라고 이야기했다.) — B.Paul: 1

pull (at [on]) one's moustache 콧수염 끝을 잡아당기다. ((신경질적이며 차분하지 못한 모습 또는 골똘히 생각하고 있을 때의 동작)) 유 tug (at) one's moustache

"You can take two months' salary in lieu of notice and leave tomorrow…." Brownsing flushed to the roots of his sandy hair, *pulled at his moustache*, and stared round-eyed at the girl. (젊은 여성에게 해고를 통보받은 남자는 머리카락의 뿌리까지 새빨개져서 콧수염을 잡아당기며 눈을 동그랗게 뜬 채 그녀를 뚫어지게 쳐다보았다.) — D.Robins: 13

Suddenly, Chekhov roused himself, became lucid, and said quietly, "What's the use? Before it arrives I'll be a corpse." Dr Schwöhrer *pulled on his* big *moustache* and stared at Chekhov. (죽을 때가 가까이 왔음을 알고 있는 환자는 새로운 치료법을 시행해 보자는 의사에게 다 소용없는 짓이라고 말했다. 의사는 당혹스러운 기색으로 수염을 잡아당기며 환자의 얼굴을 물끄러미 쳐다보았다.) — R.Carver: 5

★ NB: 전치사 at 대신에 on을 쓰는 표현은 보통 수염이 길고, 수염을 계속 잡아당기는 경우에 쓰인다.

rub one's beard 턱수염을 쓰다듬다. ((신경질적이며 산만한 모습; 골똘히 생각하고 있을 때의 행동))

He looked about helplessly and he *rubbed his beard*. And then he jumped and went quickly out of the barn. (남자는 어찌할 바 모르는 얼굴로 주변을 돌아보며 턱수염을 쓰다듬었다. 그러고는 황급히 헛간에서 나왔다.) — J. Steinbeck

stroke one's moustache 콧수염을 쓰다듬다. ((느긋하게 생각하고 있을 때; 할 일이 없어 심심할 때 나오는 행동)) 유 comb one's moustache with one's fingers / pass one's FINGER(s) across one's moustache / run one's

FINGER and thumb down one's moustache

Putting his notes aside, he *stroked his moustache* meditatively. (그는 메모를 옆에 놓고 뭔가 골똘히 생각하는 듯 콧수염을 쓰다듬었다.) — K.Thorpe

tug (at) one's moustache ➡ pull (at) one's moustache

"You don't believe in his guilt?" he asked Blake, *tugging* uneasily *at his moustache*. "He is the most likely suspect," answered the detective cautiously…. (불안한 듯 콧수염을 잡아당기며 동료 블레이크에게 "그가 유죄라고 생각하지 않아?"라고 묻자 "그가 가장 유력한 용의자지."라며 신중한 답변을 내놓았다.) — R.Murray

twirl one's moustache 콧수염을 빙빙 꼬아서 돌리다. ((생각에 잠긴 모습; 특히 악당들이 나쁜 짓을 꾸밀 때의 전형적인 모습으로 연기처럼 꾸민 티가 나는 행동))

twirl one's moustache

But the representatives of these groups are seen to be so preposterously venal… that one half expects to see them appear *twirling moustaches* and ready to tie Valentino to the nearest railroad tracks. 〔특정 단체의 부패를 지적하는 기사〕 (이 단체들의 임원들은 몹시 부패해 있어 마치 지금 당장이라도 영화 속의 악당처럼 콧수염을 비비 꼬아 가며 착한 영웅을 가까운 열차 선로에 꽁꽁 묶는 것이 아닐까 하는 생각이 들 정도다.) — *Time*, 1977

★ **영일비교** 일본에서는 가슴을 젖히고 실제로 수염이 없음에도 수염이 있는 양 수염의 한쪽 끝을 손가락 끝으로 비트는 듯한 동작을 통해 거드름 피우는 모습, 우쭐거리는 모습을 나타내기도 한다. 영미권에서는 '강한 척하는 사람', '악당'을 표현할 때 또는 남성이 성적인 대상으로 여성을 바라볼 때 실제의 또는 가공의 수염 한쪽 끝을 비틀어 보인다. 이때 종종 눈을 일부러 가늘게 떠서 상대를 꿰뚫어 보는 듯한 눈초리를 짓는다고 한다(Brosnahan, 1988).

BREAST/BOSOM

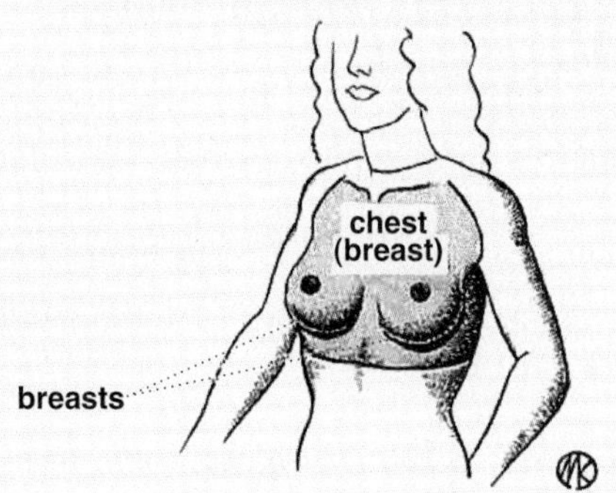

- 영어에서는 가슴, 즉 몸통 앞면의 목부터 허리까지의 부위를 일반적으로 chest라고 부르는데, 이를 문어적으로 표현할 때는 breast나 bosom을 사용한다. 단, 남성의 가슴을 표현할 때 이 단어들이 쓰이는 경우는 상당히 드물고 특히 bosom은 일정한 관용구 외에는 남성에게 전혀 쓰이지 않는다.

- bosom(s)은 19세기에 유방을 에둘러서 표현하는 단어였다. 그러나 현재는 완곡어로서 기능은 쇠퇴하고 breast보다 더 문어적으로 여성의 가슴을 표현하는 단어가 되었다. 이 단어가 갖고 있는 이미지는 코르셋으로 몸통을 조여 가슴의 볼륨을 강조하였던 시대에 볼 수 있었던 여성의 가슴을 떠올리면 된다.

- 여성의 유방을 에둘러서 지칭하는 완곡어 중에는 bust라는 단어도 있다. 이는 여성의 가슴둘레 및 가슴의 모양, 크기에 초점을 맞춘 표현에만 사용하며 (have a very large bust), 동작을 묘사할 때는 별로 쓰이지 않는다.

- breast는 상의의 가슴 부분도 가리킨다(e.g. a breast pocket). 한편 가슴께에 자수 등이 붙어 있는 경우에는 breast를 대신해 bosom이 쓰이기도 한다(e.g. beautifully embroidered bosoms).

beat one's breast 가슴을 반복하여 때리다. 《후회나 슬픔 등을 나타내는 모습, 그리고 그 비유 표현; 자신만만하게 자신을 과장하는 모습, 그리고 그 비유 표현-양쪽 또는 한쪽을 주먹으로 때리다.》 유 beat one's CHEST 참 thump one's CHEST

My husband once bought me a beautiful scarf. I left it in the movies. "Oh, my!" I said. "It was so pretty." "Is that all it meant to you?" he snarled. "I go to a lot of trouble and expense—and do you give a darn?" Later, when I lost a pair of gloves, I *beat my breast* and wailed in sorrow. (아내는 남편이 사 준 스카프를 영화관에 두고 나와 "모처럼 사 준 것인데, 그렇게 잃어버리면 어떡하나?"는 남편의 비난을 듣는다. 그 후 장갑까지 잃어버리자 아내는 가슴을 치며 크게 후회하고 비탄에 잠긴다.)

… he was shaking his head and looked fierce… and now and then straightening up and *beating his breast* with his fist, saying, "Look at me, gentlemen." (그는 머리를 흔들며 험상궂은 표정을 지었다. 그러고는 가끔씩 등을 쭉쭉 펴고, 자신만만하게 가슴을 두드려 보이며 "나를 보시오."라고 말했다.) — M.Twain

★ NB: beat one's breast라는 관용구의 기원은 신 앞에서 한 손으로 가슴을 치며 자신의 죄를 참회하던 종교의식이다. 그러므로 비유적으로 쓰일 때의 첫 번째 뜻은 슬픔이나 후회이다.

★ NB: 자신만만한 모습을 표현할 때는 beat one's breast를 쓰는 경우도 있으나, 호언장담을 비유적으로 표현할 때는 thump one's chest 쪽이 좀 더 일반적이다.

fall on someone's bosom **상대방의 가슴(품)으로 뛰어들다. 《품속으로 뛰어들어 아양을 떠는 모습, 그리고 그 비유 표현》**

"If I'd found an illiterate peasant in France and he'd been a darling and interested in me, I'm sure I'd have *fallen on his bosom*." "My poor real Mama hadn't *a* big *bosom* for me to *fall on* actually…" ("만일 프랑스에서 글도 못 읽는 소작농을 만났는데 그가 무척 좋은 사람인 데다 나에게 관심까지 보였다면 나는 기꺼이 그 남자의 품에 뛰어들었을 것이다." "나의 친엄마에게는 그렇게 뛰어들 만한 포근하고 따뜻한 품이 없었다.") — D.Robins: 12

flaunt one's bosom **가슴을 내밀며 과시하다. 《여성의 섹시한 행동》**

She wasn't at all flirtatious, she didn't flutter her eyelashes or *flaunt her bosom*. (그녀는 남성에게 추파를 던지는 경박한 여성이 아니었다. 어색하게 윙크를 하거나 가슴을 내미는 짓 따위는 하지 않았다.) — J.Cooper: 3

one's bosom heaves **가슴이 마구 들썩거리다. 《주로 여성이 분노, 마음의 동요, 흥분 등으로 숨을 거칠게 쉬는 모습》 유 one's CHEST heaves / one's CHEST rises and falls**

Not only did the corset induce a regal posture and smaller, feminized motions—a lady could barely bend at the waist or take a deep breath, but *her bosom heaved* and her fan fluttered in her agitated efforts to get enough air—it became a necessary understructure for anyone who cared for fashion. 〔코르셋이 유행했던 시대의 여성들의 부자유스러운 모습〕 (꽉 끼는 코르셋 덕분에 여성들은 자세가 반듯해지고 걸을 때도 여성스러운 종종 걸음을 걷게 되었으나 허리를 굽히지도, 숨을 크게 들이쉬지도 못하기 때문에 숨을 쉬기 위해 필사적으로 가슴을 들썩거리며 손에 든 부채를 팔락팔락 부칠 수밖에 없었다. 코르셋은 유행에 관심 있는 사람이라면 반드시 착용해야 하는 속옷으로 정착하였다.) — S.Brownmiller

hold one's breast 두 손으로 가슴을 누르다. ((주로 여성이 충격을 받았을 때))

He was waiting for them at breakfast, dressed only in his shorts but he looked more naked than he ever had in the garden because his beard was gone…. Mrs. Zeller *held her breast* and turned to the coffee…. (아들은 반바지 한 장 차림에 어제까지 기르고 있던 수염을 말끔하게 밀고 아침 식탁에 나타났다. 어제 정원에서 알몸으로 일광욕을 하던 아들의 모습에 화들짝 놀란 어머니였으나 깨끗이 면도한 얼굴이 그보다도 훨씬 알몸의 느낌이라 쇼크를 받았다. 그녀는 저도 모르게 가슴을 누르며 커피로 시선을 돌렸다.) — J.Purdy

press someone to one's breast ➡ press someone to one's CHEST

She tried to smile at him but instead her lips quivered, turned downward, and her face fell. He took her in his arms and *pressed* her *to his breast*. (그녀는 아버지에게 웃어 보이려 하지만 입술이 덜덜 떨리고 입가가 축 처져 누가 봐도 슬픔이 가득한 얼굴이었다. 그녀가 너무도 가엾은 아버지는 그녀를 안아 주며 그녀의 몸을 자신의 가슴으로 꽉 눌렀다.) — F.Kellerman

★ NB: 남성이 자신의 가슴에 상대를 끌어안는 모습을 묘사할 때는 chest를 쓰는 것이 일반적이다. breast를 쓰는 것은 문어적 표현이다.

one's bosom rises ➡ one's bosom swells

"Do you have any idea of how they came to know where to look for you?" Her eyes flashed, *her* taut *bosom rose*. "I do, Jimmy. The rat…." (집요하게 자신의 뒤를 쫓는 경찰의 수법에 화가 난 여자의 모습을 표현하고 있다. 그녀의 눈에는 노기가 이글이글 하고 불룩 튀어나온 옷의 가슴께가 흥분으로 들썩거린다.) — Z.Popkin

shed one's tears on someone's bosom 타인의 가슴에서 눈물을 흘리다. ((주로 어린아이가 슬플 때 타인의 가슴에 얼굴을 묻고 우는 것을 의미하는 비유 표현)) 참 cry on someone's SHOULDER

I had a nannie once. I loved her. You know, I'm not sure that isn't what I need now, a nannie with *a* nice *bosom* to *shed my tears on*. (어린 시절 나에게는 한때 유모가 있었고, 나는 그녀를 아주 좋아했다. 지금의 나에게 필요한 것은 가슴에 얼굴을 묻고 울어도 좋을 만큼 따뜻하고 다정한 그 시절의 유모와 같은 사람이 아닐까 하는 생각이 든다.) — E.Ferrars

one's bosom swells 가슴이 부풀어 오르다. ((격정이 치밀어 오를 때; 뽐내거나 자랑하느라 가슴을 잔뜩 내민 모습—주로 여성의 동작)) 유 one's bosom rises / one's CHEST swells

"Birdbrains!" exclaimed Sophia indignantly, *her bosom swelling*. (소피아는 화가 나서 "새 대가리!"라고 소리를 질렀다. 그녀의 가슴께가 화를 못 이겨 마구 들썩거렸다.) — C.Rossiter

BROW

- brow는 '이마'를 문어적으로 표현한 단어 또는 eyebrow(보통 복수로 사용됨)의 약간 예스러운 호칭이라 할 수 있다. 해부학 용어로서는 미상궁(眉上弓) 또는 안와상융기(眼窩上隆起)에 해당한다.

- 미상궁(眉上弓)은 인종에 따라 발달 정도가 다른데 백인은 일본인보다 높고, 그만큼 그 부분을 인식하는 정도도 높다.
『영화학습사전(英和學習辞典)』은 미상궁을 brow의 말뜻에 포함시키지 않고 제1 어의를(보통 복수로 사용됨) '눈썹', 제2 어의를 '이마'로 하고 있다. 『일방영영사전(一方英英辞典)』, *RHD*, *AHD*(두 개 모두 어의를 사용 빈도 기준으로 배열하고 있음)은 이를 제1 어의로 하며 그 위에 나는 '털(눈썹)'을 제2, '이마'를 제3 어의로 하고 있다.

- 인류가 진화하는 과정에서 두개골이 발달함에 따라 안와상융기는 현저하게 낮아졌고, 그 결과 이마는 눈 위에서 수직으로 올라가는 형태로 자리 잡았다. brow라는 영어 단어가 눈썹과 이마라고 하는 전혀 다른 두 부위를 통칭하는

것이 이상하게 느껴질 수도 있으나, 안와상융기라는 개념을 끼워서 생각하면 충분히 이해할 수 있는 일이다. 즉 brow(융기)는 뇌의 발달에 따라 점차 낮아져 brow(이마)의 일부분이 되었고, 그 위로 자라는 brow hair(눈썹)가 오히려 존재감을 가지게 된 것이다. 진화의 관점에서 보면 brow의 세 가지 의미 모두 서로 연관되어 있는 셈이다.

- 영어 문화권에서는 이마가 발달한 사람을 지적으로 보는 경향이 강하다(자세한 것은 FOREHEAD 항목 참조). 영어로 지적인 사람을 highbrow('잘난 척하는 사람'이라는 뜻으로도 종종 사용됨)라고 하고, 그 반대로 무식한 사람을 일컬어 lowbrow라고 하는 것도 인간의 뇌 발달 정도가 이마의 넓이, 즉 코의 위쪽 끝 부분에서 이마의 머리털이 난 경계 부분까지의 거리와 비례한다는 사고방식에 기초하고 있는 것이다.

- brow는 감정을 표출하는 부위로 인식되어 종종 안색, 표정의 의미로도 사용된다(e. g. worry clouds someone's brow). 그리고 불만, 불쾌함, 분노 등의 감정이 일어나면 이곳에 험상궂은 주름이 잡히기 때문에 무서운 얼굴로 사람을 위압하거나 자신의 뜻을 강요한다는 의미의 browbeat someone 같은 표현도 존재한다. 다만 이러한 표현들은 대부분 문어적인 문체에서 사용된다.

- brow는 땀이 배어 나오는 곳이라는 이미지가 강하여 땀이 맺힌 이마를 문어적으로 표현할 때에도 사용된다(e. g. by the sweat of one's brow).

---

one's brows bristle 눈썹을 곤두세우다. ((분노했을 때 혹은 대결 구도에서 상대를 노려볼 때 나타나는 치켜 올라간 눈썹의 모습))

Daley'*s brows bristled* aggressively as his blue eyes swept the caller. (데일리의 푸른 눈동자가 방문객을 훑어보았다. 마치 한판 붙기라도 할 듯 그의 눈썹은 잔뜩 치켜 올라가 있었다.) — E.Loring: 5

★ **영일비교** 분노의 감정이 가득 찬 얼굴을 묘사할 때 영어에서는 화난 고양이처럼 눈썹, 수염과 같은 얼굴의 털이 곤두선다고 과장해서 표현하곤 한다.
화내는 동물의 모습을 인간에게 투영한 '곤두선 털'의 이미지가 일본인에게는 낯설지만 영어 문화권에서는 널리 사용되고 있다. 그래서 일본어에서 '눈썹을 곤두세우며' 화내는 모습이 영어에서는 '털을 곤두세우며' 화내는 모습으로 바뀌어 묘사되기도 한다.

화가 나면 가즈의 옅은 눈썹은 곤두서고 입이 へ자(字)로 다물어진다. – 미시마 유키오, 『연회가 끝난 뒤(宴のあと)』

When she was angry, Kazu's thin eyebrows stood on end (=bristled) and her mouth turned down in a frown. — D. Keene 옮김

one's brow clears 안심하는 표정을 짓다. 《걱정 등으로 이마에 생긴 주름이 펴지다.》 유 one's FACE clears

Kate looked at him in momentary confusion, then *her brow cleared*. "Ah, I presume that means he's good." (케이트는 순간 혼란스러운 표정으로 그를 바라보지만, 이내 "그가 좋은 사람이라는 얘기인 것 같다."라며 안심하는 표정을 지었다.) — S. Sheldon: 3

one's brows come down ➡ draw one's EYEBROWs down

Master'*s brows came down*. He glared at me. "Don't you realize that you're responsible to the committee for everything? You had no right whatsoever to take such a liberty." 〔신참 의사를 야단치는 상사의 모습〕 (상사는 눈썹 앞부분을 아래로 팍 내린 무서운 얼굴로 "너는 모든 것을 위원회와 상의해야 할 책임이 있다. 이렇게 멋대로 일을 처리할 권리 따위는 없다."라며 신참 의사를 쏘아보았다.) — A. J. Cronin: 4

one's brow creases ➡ one's FOREHEAD creases

Suddenly he remembered and took it from her, then walked on, *his brow creased* with furious concentration. (그는 불현듯 생각났는지 그녀에게서 무거운 물건을 받아들고 다시 걸어갔다. 화가 나서 골몰하고 있는 덕에 그의 이마에는 굵은 주름이 그려졌다.) — J. Aiken

one's brow darkens 음울한 표정을 짓다. 험악한 표정을 짓다. 《암담한 기분 또는 우울, 분개, 적의 등을 담은 표정-주로 눈썹을 일그러뜨리는 표정》

It was quite the wrong tone to take with the aged relative. She has a very clannish spirit and is fond of Bertram. *Her brow darkened*. "You don't touch a nephew of mine." (그녀는 친척인 노부인에게 자신의 조카를 비판하는 듯한 이야기를 듣는 것이 영 마땅치 않았다. 배타적인 성향의 그녀는 험악한 표정을 지으며 "그 아이에게 손가락 하나라도 대지 마." 하고 화를 냈다.) — P. G. Wodehouse: 2

★ NB: 일본어 '미간에 어두운 구름이 끼다(眉を曇らす)'는 오로지 우려의 표정만을 가리키나, 영어의 one's brow darkens는 우려 외에도 적의, 분노 등 좀 더 공격적이고 험악한 표정을 가리킨다.

draw one's brows together ➡ draw one's EYEBROWs together

She *drew her brows together* in perplexity, trying to think of some dress she had herself that would do. (그녀는 당혹스러운 듯 미간을 모으고 자신이 가진 옷 중 파티에 입고 나갈 만한 옷이 없나 고민했다.) — S.Peters: 2

furrow one's brow ➡ knit one's brow

The words 'Radio Broadwich' on the long envelope in the middle of her fan letters caught her eye…. Deborah *furrowed her brow*, and thoughtfully stirred a modicum of brown sugar into the porridge. Radio Broadwich. Now that was odd. (산더미처럼 쌓여 있는 팬레터 중에서 긴 봉투에 쓰인 '라디오 브로디치'라는 이름이 그녀의 눈길을 끌었다. 데보라는 의아한 표정으로 이마에 주름을 잡고 곰곰이 생각하며 오트밀에 황설탕을 조금 넣어 섞었다. 라디오 브로디치. 그녀는 그 이름이 어딘가 이상하다고 생각했다.) — R.Barnard: 2

furrow one's brows ➡ knit one's brows

Harry: Sir Stamford's in the building?
Bill: Down in the print-room.
Harry: Oh my God. Proprietor's spontaneous visit. First spot check of the year. *Furrow your brows*, put ink on your fingers. Expressions of enlightened concern. Come on, Bill my boy, stay by my side. Drag him away before he makes any unguarded remarks to the workers. (신문사의 사주 스탬포드가 예고도 없이 회사에 들이닥치는 바람에 월급 사장이 그의 응대를 준비하는 장면으로, 사장 해리는 직원 빌에게 "사주가 올해 처음으로 직접 와서 점검하는 거라네. 그러니 자네는 눈썹을 찡그리고 손가락에 잉크를 묻히고는 업무에 정통한 사람 같은 그럴싸한 표정을 짓고 있으면 돼. 그리고 내 옆에서 있다가 사주가 직원들에게 쓸데없는 발언을 할라치면 억지로라도 밖으로 데리고 나가도록 하게." 하고 명령한다.) — H.Brenton & Hase

hold one's brow ➡ hold one's FOREHEAD

He screwed up his face again, and now *held his brow* as he went on, "You don't approve of the term shacking up…." (그는 상대방의 불쾌한 얼굴을 보고 "여자를 먹어 버린다는 표현이 탐탁찮은 모양이군."이라고 말하며 자신이 말실수를 했다는 듯 손으로 이마를 꾹 눌렀다.) — C.Cookson: 1

knit one's brow 이마에 주름을 잡다. 이마를 찡그리다. ((걱정, 우려, 의심, 수상함, 곤혹, 언짢음, 불쾌, 숙고, 신경을 집중함 등)) 유 one's brow creases / furrow one's brow / pucker one's brow / wrinkle one's brow / one's FOREHEAD creases / pucker one's FOREHEAD / tie one's FOREHEAD into a knot / wrinkle one's FOREHEAD

Miss Finlay *knitted her brow* in an agony of concentration, like a child trying to do a difficult sum in mental arithmetic. (핀레이는 마치 암산으로 어려운 덧셈 문제를 푸는 어린애처럼 애써 주의를 집중하며 이마에 주름을 잡았다.) — N. Blake

knit one's brows 미간을 모으다. ((걱정, 고려, 우려, 의심, 수상함, 의혹, 언짢음, 불쾌, 숙고, 신경을 집중할 때 등)) 유 draw one's brows together / furrow one's brows / pucker one's brows / wrinkle one's brows / one's EYEBROWs come together / draw one's EYEBROWs together / knit one's EYEBROWs

---

"Alice has asked to see me?" *His brows knitted* in perplexity. "I wonder what she wants." (엘리스가 그를 만나고 싶어 한다는 이야기를 듣고 그는 그녀의 마음을 도통 이해할 수 없다며 양 미간을 모은다.) — L. Levi

★ NB: knit [furrow, pucker] one's brows는 '얼굴을 찡그리다'의 문어적 표현이다. 구어로는 frown 한 단어로 표현된다. knit 등 일련의 동사는 eyebrows와도 함께 사용되나 일반적으로는 brows와의 연관 관계가 더 강하다.

★ NB: 잔뜩 찡그렸던 미간을 펴고 안도의 표정을 짓는 것을 표현하는 일본어 관용구로는 '미간을 열다(眉を開く)'가 있다. 이 표현에 가까운 영어 관용구로는 one's brow clears가 있다.

look at someone from under one's brows 머리를 숙이고 눈을 치켜떠 상대방을 훑듯이 바라보다. ((주로 남성이 의혹을 제기하며 꼬치꼬치 캐묻는 듯한 눈으로 상대를 바라보는 모습; 눈을 부릅뜬 모습; 상대가 어떻게 나올지 태도를 엿보는 모습 등)) 유 give someone a look from under one's EYEBROWs / look at someone from under one's EYEBROWs 참 look at someone from under one's EYELASHes / look at someone through one's lowered EYELASHes

---

"… The idea that he could ever have fallen for Loraine—." "You did, yourself," I reminded him. "After all, you married her." He *looked at me from under his brows*. "Yes, I married her. David was twelve and Mary had been dead seven years, and I thought—" he broke off. ("녀석이 로레인에게 폭 빠지게 된 건…"이라고 그가 말하는 것을 받아치며 나는 "당신도 그 여자에게 빠지지 않았었나. 심지어 당신은 그녀와 결혼까지 했잖아."라고 했다. 그는 아픈 곳을 찔려 어떻게 대응해야 좋을지 몰라 하며 눈을 부릅뜨고 나를

보았다. 그는 일단 결혼한 사실을 인정하고 결혼의 진짜 이유에 대해 이야기하려다 이내 입을 다물어 버렸다.) — M. Stewart

lower one's brows ➡ draw one's EYEBROWs down

She gazed around at the corners of the room, *her brows lowered* and her jaw moving from side to side. At last she said, "We were discussing the father of Sigmund?" (그녀는 방 한구석을 응시한 채 눈썹 앞쪽을 내려 얼굴을 찌푸리고 턱을 좌우로 움직였다. 마침내 마음의 정리가 된 듯 그녀는 겨우 입을 열어 침묵으로 잠시 끊어졌던 원래 얘기로 돌아갔다.) — C. McCullers

mop one's brow 이마를 닦다. 이마의 땀을 닦다. ((손수건 등으로 땀을 닦을 때; 시련, 괴로운 상황, 곤란한 상황, 아슬아슬한 상황 등으로 식은 땀이 날 때 그것을 닦는 행동 등)) 유 mop one's FOREHEAD / pass one's HAND across one's forehead / wipe one's brow

"It is essential for you to memorize all their names. All important people in their own fields once, they tend to be vain and enjoy recognition…. They do not speak during the interview… but they will be watching you all like hawks." Billy *mopped his brow*. "It sounds most alarming," he sighed. 〔방송국 설립 신청에 관한 심사회가 개최되기 전에 신청자 대표가 염두에 두어야 할 것을 배우는 장면〕 ("사전에 심사위원 전원의 이름을 외워 두는 것이 아주 중요합니다. 그들은 각 전문 분야의 거물들로, 자기 이름을 알고 있다는 사실을 무척이나 흡족하게 여길 거예요…. 심사위원들은 인터뷰 중에는 한마디도 하지 않겠지만 매의 눈으로 당신을 관찰할 겁니다." 신청자 대표인 빌은 "상당히 두려운 얘기군요."라며 이마의 땀을 닦았다.) — J. Cooper: 1

★ NB: brow 대신에 forehead를 사용할 수도 있으나 비유적으로 '진땀이 나는' 상황을 표현할 때는 brow를 쓰는 것이 더 적절하다.

mop someone's brow 상대의 이마를 닦다. 상대의 이마의 땀을 닦다. ((타인을 극진하게 보살피는 것을 의미하는 비유 표현))

"… I suppose I am off-duty for the rest of the night." "That seems to be roughly the idea. Make the most of it. Good night." "Good night. Thanks for *mopping* the fevered *brow*." (야근을 마친 간호사가 동료에게 인사하는 장면. 아까 정신없이 바쁠 때 도와줘서 진심으로 고맙다며 감사 인사를 한다.) — K. Norway

★ NB: mop the fevered brow는 직역하면 '열 때문에 땀이 맺힌 상대의 이마를 손으로 닦아 준다.'로 타인을 편하게 해 준다는 의미다. 이마에 땀이 날 정도로 바쁘게

일하는 사람을 도와준다는 것을 비유적으로 표현한 것이다.

pucker one's **brow** ➡ knit one's brow

"Then you don't know the name of Miss Edith Wing?" He looked at me sideways, then *puckered his brow* in thought. (형사는 "정말 이디스 윙이라는 이름을 모른다는 거죠?"라고 거듭 확인하며 나는 곁눈질로 흘겨보았다. 그러고는 곰곰히 생각하듯 이마를 찡그렸다.) — R. Barnard: 1

pucker one's **brows** ➡ knit one's brows

"… I thought you had the prettiest eyes in the world—still think so," he added, *puckering his brows*, as if he were making a grave admission. (그는 "예전에는 너의 눈이 세상에서 가장 아름답다고 생각했다."고 말한 뒤 "지금도 그렇게 생각한다."라고 덧붙였다. 마치 중대한 고백이라도 하듯 그의 미간에 깊은 주름이 잡혔다.) — W. Cather: 2

quirk a **brow** ➡ raise an EYEBROW

The next day, he came downstairs to the dining room where Jason and Victoria were having dinner and informed them that Charles "appeared to be much improved." Victoria could scarcely contain her joy, but Jason merely *quirked a brow* at the physician and invited him to join them for dinner. (다음 날, 제이슨과 빅토리아가 저녁식사를 하는 식당으로 주치의가 내려와 찰스의 용태가 "무척 좋아졌다."고 이야기했다. 빅토리아는 기쁨을 감추지 못하고, 제이슨은 (찰스의 병은 사실 의사와 꾸민 꾀병이었으므로) 의사에게 한쪽 눈썹을 찡긋 올려 보이며 함께 식사를 하자고 권했다.) — J. McNaught

raise one's **brows** ➡ raise one's EYEBROWs

Turning to look at him, she found him studying her, his expression serious, with a degree of anxiety at the back of his eyes. *Raising her brows*, she waited for what he would say, with an assumption of calm that she was far from feeling. (그가 있는 쪽을 돌아보자 걱정스러운 눈빛으로 그녀를 물끄러미 쳐다보는 그가 보였다. 그녀는 의아한 듯 살짝 눈썹을 올리고 마음과는 다르게 짐짓 차분한 태도로 그가 어떤 말을 할지 기다렸다.) — C. Rossiter

one's **brows rise** ➡ one's EYEBROWs rise

His heavy *brows rose*. "Didn't you ask?" "Of course, not, Mr. Hirsch.

A grown daughter has the right to make her decisions." (딸의 소송을 담당하고 있는 변호사는 그녀의 권리를 존중하여 사생활에 대한 것을 깊게 묻지 않았다. 아버지는 당연히 물어야 할 것조차 묻지 않는 그가 어이없어 두터운 눈썹을 추켜올렸다.) — Z. Popkin

rub one's **brow** ➡ rub one's FOREHEAD

Rhodes *rubbed his brow* as a kind of demonstration of concern. "Dr. Castellano, I don't know how to tell you this. I mean, I've come—we've all come—to think of you as occupying a special place in our constellation." "Don't beat around the bush," she replied as calmly as possible. (병원 평의회의 대변인은 이번 건(계약 갱신의 정지)에 대하여 심사숙고하고 있다는 것을 보여 주는 듯 이마를 훔치며 말을 시작했다. "카스텔라노 박사, 우리들은 당신이 이 병원 조직에서 독특한 존재라고 생각합니다. 그런 당신에게 이런 이야기를 하는 게 힘든 일이지만…"이라고 우물쭈물하자, 그녀는 "에둘러 말하지 말고 똑바로 이야기하시죠."라며 되도록 차분한 말투로 말했다.) — E. Segal

smooth someone's **brow** ➡ soothe someone's brow

She had a quick vision of herself falling against the hulking shoulder beside her and him having to lift her up and carry her out into the shade and kneel beside her, *smoothing her brow*. 〔여자아이의 공상〕 (그녀는 옆에 있는 남자아이의 다부진 어깨에 몸을 기대며 쓰러진다. 그는 그녀를 안아 일으켜 세운 후 나무 그늘로 데려가 그녀 옆에 무릎을 꿇고 앉아 부드럽게 이마를 쓰다듬으며 아픔을 달래 준다.) — K.M. Peyton: 4

soothe someone's **brow** 상대의 이마를 쓰다듬다. ((애정을 담아 자상하게 간병하는 것을 의미하는 비유 표현-괴로워서 얼굴을 찌푸리고 있는 사람에게 하는 행동))

유 smooth someone's brow

Every day they brought wounded boys back on the troop ships, with their own horrible tales to tell of war in the Pacific. But she could at least help them, she could *soothe brows*, put compresses on them, feed them, hold them, touch them. (태평양 전쟁의 무시무시한 이야기를 가슴에 새긴 부상병이 매일 운송선에 실려 돌아왔다. 그녀는 그들의 이마에 손을 올려 아픔을 달래 주고, 상처를 찜질해 주고, 밥을 먹여 주고, 안아 주고, 쓰다듬어 줌으로써 그들에게 적으나마 도움을 줄 수 있었다.) — D. Steel: 2

wipe one's **brow** ➡ mop one's brow

As his wife Betty wept in the visitor's gallery, Speaker Jim Wright played defense attorney, arguing away each charge against him; thespian, *wiping his brow* and lowering voice to a whisper; and penitent: "Are there things I would do differently? Oh, boy." 〔정치 후원금에 연루된 스캔들을 고발당한 미 하원의장 짐 라이트에 대한 기사〕 (의회에서 해명 연설을 하던 날 그의 부인 베티는 방청석에서 울고 있었다. 그러나 짐 라이트 본인은 고발 내용을 하나하나 논파하는 변호인, 이마의 땀을 닦으며 속삭이듯 목소리를 낮추어 말하는 비극 배우, 지금이라면 다른 방법이 있었을 것 같다고 자신이 한 행동을 참회하는 사람 등 다양한 역할을 연기해 보였다.) — *Time*, 1989

wrinkle one's brow ➡ knit one's brow

"… Children are all ungrateful and only want to disgrace us." Joan *wrinkled her brow* at that. "I do not think that John would ever want to disgrace you." ("어린애들은 죄다 배은망덕하고 부모의 얼굴에 먹칠을 하는 존재야." 하고 남편이 마구 투덜거리자 조안은 난감해하며 이마에 주름을 잡고 "우리 아들 존은 그런 애가 아니야."라고 되받아쳤다.) — E. Loring: 3

wrinkle one's brows ➡ knit one's brows

"But tell me, were there indeed two glasses on Parker's tray that night?" Flora *wrinkled her brows* a minute. "I really can't remember," she said. (사건 당일 밤 쟁반 위에 정말 글라스가 두 개 있었냐며 형사가 질문하자 그녀는 잠시 미간을 모으고 생각해 내려 했다. 하지만 이내 잘 기억이 나지 않는다고 대답했다.) — A. Christie: 5

CHEEK

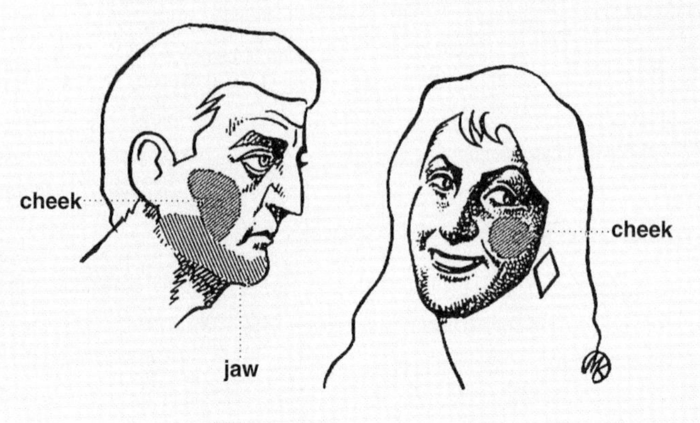

- cheek는 '볼(뺨)'을 가리키는 단어로, 얼굴에서 눈 아래부터 귀까지 사이에 퍼져 있는 살집이 좋은 부위를 가리킨다(→JAW).

- 영어권에서는 친족이나 친한 사람끼리 뺨에 키스를 하거나 볼을 부비면서 인사를 나누는 관습이 있다. 또한 어린아이의 볼을 꼬집거나 가볍게 두드리거나 쓰다듬으며 친밀감을 표현하는 행동도 있다. 그런 이유로 볼은 얼굴 중에서 비교적 사람과 사람의 접촉이 빈번하게 이뤄지는 부위로 인식된다.

- 볼의 생김새는 외모, 특히 여성의 미모를 크게 좌우한다. 영미권에서는 젊은 여성의 통통한 볼을 앳되고 사랑스러운 이미지가 있다며 긍정적으로 평가한다. 그러나 진짜 빼어난 미모라고 여기는 것은 바로 높은 광대뼈로, 이는 당당한 위엄, 기골, 기품을 상징한다. 소설의 여자 주인공, 특히 유서 깊은 가문의 여성이나 의지가 강한 여성은 보통 광대뼈가 높은 것으로 표현되곤 한다.

  She was a handsome woman. She had glossy black hair, long and thick; high cheekbones which saved her face from roundness and gave it shape. (그녀는 수려한 외모의 여성이었다. 숱 많고 윤기 나는 검고 긴 머리를 가지고 있으며 높은 광대뼈 덕분에 동그랗지 않고 좋은 얼굴형이었다.) — K.Follett: 2

bite (the inside of) one's cheeks **볼 안쪽 살을 깨물다. 《웃음이나 눈물을 억지로 참는 동작》** 유 suck (in) one's cheeks 참 chew (the inside of) one's cheek

"… Now whenever I see a returned P.O.W. I *bite the inside of my cheeks* and then I know I won't cry." 〔베트남 전쟁에 대한 국민의 목소리를 전하는 기사〕 ("포로가 되었던 귀환병을 볼 때면 볼 안쪽 살을 깨물게 된다. 그러지 않으면 울음을 터뜨리게 된다.") — *Time*, 1973

"You're telling me this in the cold light of day, quite dispassionately?" "Yes," she whispered. "I am." As her mouth closed she *bit her cheeks*, willing herself not to cry. ("나에게 냉정하고 담담하게 이 이야기를 할 참이었냐?"고 묻자 그녀는 작은 목소리로 "네."라고 대답했다. 그녀는 입을 꼭 다물고 볼 안쪽 살을 깨물며 절대 울지 않겠다고 굳게 결심했다.) — C.Jameson

He bowed as he sat, and Cindy had to *bite her cheeks* to prevent her smile turning into a grin. He was typically French in his greeting, his mannerisms and his charm. (인사법, 몸가짐 그리고 그의 매력까지 그는 영락없는 프랑스 사람 같았다. 신디는 입을 벌리고 크게 웃어 버릴 것만 같아서 볼 안쪽 살을 지그시 깨물며 웃지 않으려 애를 썼다.) — C.Jameson

★ **영일비교** 사람들이 웃음이나 눈물을 참는 모습은 대개 비슷하지만 그 몸짓을 표현하는 데는 일본과 영미권 사이에 차이가 있다. 일본어에서는 '입 안에서 꾹 참다'라고 막연하게 묘사하지만 영어에서는 볼의 (안쪽) 살을 물다[bite (the inside of) one's cheeks], 볼을 빨아들이다[suck (in) one's cheeks] 등 더욱 구체적으로 묘사한다.

one's cheeks blaze **볼을 붉게 물들이다. 《분노 등의 감정이 격하게 치밀어 오를 때 등》** 유 one's FACE blazes

"Bullshit!" said Tom, *his cheeks blazing*, his eyes popping. (톰은 "제기랄!"이라고 고함을 질렀다. 그는 볼이 벌겋게 달아오르고 눈이 막 튀어나올 것만 같았다.) — R.Harris

blow out one's cheeks **볼을 부풀렸다 숨을 '후' 하고 내뱉다. 《긴장이 풀린 후 안도의 한숨을 내쉬는 모습; 곤란한 지경에 처해 탄식을 내뱉는 모습; 추위에 부들부들 떨며 숨을 토해 내는 모습 등》**

He walked across towards the door. Sarah went quickly behind the screen and *blew out her cheeks* in relief. 〔옷을 갈아입는 도중 방에 들어온 남자를 내보낸 상황〕 (그가 문 쪽으로 가자 사라는 칸막이 그늘에 몸을 숨기고는 안도의 한숨을 내쉬었다.) — J.Hawkesworth

As the carriage turned into Birdcage Walk a cold east wind sweeping across St. James Park made Mr. Pearce *blow out his cheeks* and pummel his shoulders. (마차가 버드케이지 워크에 들어서자 동쪽에서 찬바람이 불어와 세인트 제임스 파크를 가로질러 그에게 불어닥쳤다. 늙은 마부는 볼을 크게 부풀리더니 큰 한숨을 토해 내고 어깨를 양손으로 툭툭 두드린다.) — J. Hawkesworth

one's cheeks blush 얼굴을 붉게 물들이다. ((부끄러워하는 모습))

Under his steady appraisal, Anne'*s cheeks blushed* and she lowered her lashes to hide her eyes. (그가 자신을 평가하듯 지그시 쳐다보자 앤은 볼을 빨갛게 물들이고 윗 속눈썹을 내리 깔며 눈을 감췄다.) — C.Rossiter

★ NB: '얼굴을 붉게 물들이는 것'을 나타낼 때는 사람이 주어가 되는 것(e. g. she blushes)이 얼굴이나 볼이 주어가 되는 것보다 일반적이다.

brush one's cheek with someone's ➡ put one's cheek against someone's

"Vinnie darling. Forgive me." Francis leans over the table to *brush her cheek with his*. "How are you? … Oh, thank you, dear." (레스토랑에 늦게 들어온 프랜시스가 미리 자리에 앉아 기다리고 있는 비니에게 사과의 말을 전하고 그녀의 볼에 자기 볼을 대고 가볍게 부비며 인사한다.) — A.Lurie: 3

caress someone's cheek 상대방의 볼을 부드럽게 쓰다듬다. ((아랫사람이나 연인에게 하는 친밀한 접촉 동작)) 유 stroke someone's FACE

He *caressed her* pretty *cheek* with the back of his fingers, cradled her like a child, and soothed her more. "You're safe now, sweetheart. Perfectly safe." (그는 무서운 일을 당하여 두려워하는 연인을 어린아이처럼 껴안고는 손등으로 볼을 부드럽게 쓰다듬으며 이제는 안전하다고 달랜다.) — J. Deveraux

cheek to cheek 볼을 맞대다. ((춤 등에서의 친밀한 접촉 동작))

As I got up to go, the band began playing again—"You Light Up My Life"—and everyone was dancing, *cheek to cheek*. (내가 파티장에서 나서려고 막 일어서는데 밴드가 달콤한 음악을 연주하기 시작했다. 그리고 모두들 볼을 맞대고 춤을 추었다.) — A.Hyde

chew (the inside of) one's cheek 볼 안쪽 살을 지근지근 씹다. ((깊게 생각하거나 심리적으로 불안한 상태일 때 무의식적으로 하는 행동 등)) 참 bite (the inside of) one's cheeks

There must be some other way, Erica thinks, frowning and *chewing the inside of her cheek* as she rinses the dishes under the tap and sets them to drain. (그녀는 주방에서 설거지를 하면서 눈살을 찌푸리고 한쪽 볼살을 지근지근 씹으며 남편과의 트러블을 해결할 방법이 있을 거라고 생각한다.) — A. Lurie: 1

★ NB: bite (the inside of) one's cheeks는 얼굴 표정이 변하지 않도록 의식적으로 볼 안쪽 살을 꽉 깨무는 동작이다. 이에 반해 chew (the inside of) one's cheek는 무의식적으로 볼 안쪽 살을 우물우물 씹는 동작이다.

drop a kiss on someone's cheek ➡ kiss someone's cheek

"You'll forgive me, Granny? I promise I'll be back before you go to bed." He *dropped a kiss on* the old lady'*s cheek* and went. (그는 "괜찮죠, 할머니? 할머니가 잠자리에 들기 전에 돌아올게요."라고 약속하며 할머니의 볼에 가벼운 키스를 한 후 밖으로 나갔다.) — B. Neels: 4

give someone a kiss on the cheek ➡ kiss someone's cheek

I *gave her* a small hug and *a kiss on the cheek*. We had never before been on that sort of terms, but disasters could work wonders in that area. (재난은 사람들을 친밀하게 만들어 주었다. 나는 그녀와 만나면 겨우 인사나 나누던 사이였는데, 사건 발생 후에는 가벼운 포옹과 볼에 키스를 하는 사이로 변했다.) — D. Francis: 3

give someone a peck on the cheek ➡ kiss someone's cheek

Dismayed but blank-faced, I *gave her a* dutiful *peck on her* smooth *cheek* which, it seemed, she was in no mood to receive. (사이가 좋지 않은 친척이 험악한 표정으로 나타나자 나는 내색하지 않고 그녀의 볼에 형식적으로 입을 맞췄다. 그녀는 그런 입맞춤 따위는 받고 싶지 않다는 태도를 보였다.) — D. Francis: 6

give someone a pinch on the cheek ➡ pinch someone's cheek

From deep within his throat my father chuckled, while mother turned around to *give* Sharon *a* love *pinch on her cheek*. (꼬마 아이의 장난에

아버지는 쿡쿡 웃고, 어머니는 '이런 장난꾸러기'라고 말하듯이 아이의 볼을 가볍게 꼬집었다.) — B.Greene

hold one's cheek up 볼을 내밀다. 《주로 키스를 받기 위해》 유 proffer one's cheek / hold one's FACE up / put one's FACE up

They called a truce until after Christmas Day, because neither of them wanted to cast the slightest shadow on that festive day or lessen the household's enjoyment of it. Deborah even *held up her cheek* for the merest brush of Cal's mouth as he presented her with a beautiful necklace. (가족의 크리스마스 분위기를 망치지 않기 위해 잠시 휴전한 연인 이야기이다. 가족의 눈을 의식하여 데보라가 볼을 내밀자 칼은 크리스마스 선물을 건네며 형식적으로 그녀의 볼에 가볍게 키스했다.) — M.Way: 2

kiss someone's cheek 볼에 키스하다. 《친한 사람끼리의 인사; 친밀감의 표현》 유 drop a kiss on someone's cheek / give someone a kiss on the cheek / give someone a peck on the cheek / peck someone's cheek / plant a kiss on someone's cheek

kiss someone's cheek

My mother *kissed me on the cheek* and said goodbye and climbed right back into the taxi. (엄마는 나의 볼에 키스하며 작별 인사를 하더니 얼른 택시를 잡아타고 돌아갔다.) — R.Dahl

Jo hugged Claire and *kissed her* soundly *on* each *cheek* in an exaggerated Continental manner. (조는 클레어를 안고 과장스러운 유럽 스타일로 그녀의 양 볼에 쪽쪽 소리 나게 키스했다.) — L.Cooper: 1

★ NB: a peck on the cheek는 '의무 키스'라고도 불리는데, 부부나 가족들이 예의상 형식적으로 하는 키스다. 볼에 닿지 않을 정도로 가볍고 재빨리 하는 것이 특징이다. 이것이 좀 더 발전하면 볼 바로 앞의 허공에 키스를 하는 air kiss가 된다.

Isabella bent to give Flora a kiss in the air an inch off her cheek. (이사벨라는 몸을 구부리고 플로라의 볼에서 1인치 정도 떨어진 허공에 키스한다.) — D. Francis: 3

drop a kiss on someone's cheek도 볼에 아주 살짝 재빨리 키스하는 모습을 표현한 것이나 peck만큼 '가벼운 키스'라는 점이 강조되지는 않는다. plant a kiss on someone's cheek는 강한 친밀감을 바탕으로 하여 힘차게 쪽 소리를 내며 키스하는 모습을 표현한다.

★ NB: 성적 함의가 없는 social kissing으로서의 a kiss on the cheek는 친한 남녀 지인 사이, 여자 친구 사이, 친척 사이에서 주로 행해진다. 이는 키스를 상호 교환하는 것을 원칙으로 하며 남녀의 경우 보통 여성이 주도권을 갖는다. 여성이 남성의 볼에 입을 맞춘다거나 남성에게 키스를 받기 위해 볼을 내밀면(e. g. proffer one's cheek) 남성이 이에 응하는 경우가 많다. 보통 영미권에서 볼에 키스를 할 때는 한쪽에만 하는 것이 일반적이나 두 번째의 예문에서 보듯 유럽식으로 양 볼에 키스하는 a double kiss on the cheeks가 유행한 적도 있다(*Time*, 1977).

lay one's cheek against someone's ➡ put one's cheek against someone's

He *laid his cheek against hers*. "Oh, my darling, is this really happening?" (그는 자신의 볼을 그녀의 볼 위에 지그시 겹쳐 놓고는 "자기야, 이게 꿈은 아니겠지?"라고 말했다.) — B.Cartland: 6

one's cheeks are mottled in red patches 볼이 얼룩덜룩하게 붉어지다. ⟪감정이 격앙된 사람의 낯빛⟫

Her eyes were stupidly concentrated on nothing and *her cheeks were mottled in red patches* as though a fierce slap had left permanent marks. (작은 계집아이에게 우롱당하여 화가 머리끝까지 난 노부인은 망연자실하여 허공을 바라보았다. 그녀의 볼은 마치 세게 따귀라도 맞은 듯 얼룩덜룩하게 붉어져 있었다.) — T.Capote: 3

★ NB: 평정을 잃은 상태가 되면 피가 거꾸로 솟아 얼굴이 붉게 되는데, 영어에서는 그러한 상태를 '얼룩덜룩하게 붉어지다'라고 표현한다. 이 외에 one's cheeks get blotchy [red patches]라는 표현도 있다.

pat someone's cheek(s) 볼을 손바닥으로 가볍게 두드리다. 《우호적인 접촉 동작; 주로 윗사람이 아랫사람에게 하는 위로의 표현》 유 tap someone's cheek(s) / pat someone's FACE

"How long have I been here?" I said. Linda *patted my cheek*. "Yes, honey, yes." My right side felt as if it had been scraped raw. 〔옆구리에 깊은 상처를 입은 남자가 병원에서 의식을 찾는 장면〕 ("내가 여기 얼마나 있었던 거지?" 하고 묻자 린다는 나의 볼을 부드럽게 두드린다.) — R.B.Parker: 1

"Well, forget it, Mary," said her old uncle, *patting her cheeks*. (실패하여 몹시 풀이 죽은 여자아이에게 숙부는 너무 연연하지 말라며 그녀의 양 볼을 가볍게 두드려 준다.) — K.M.Peyton: 1

★ NB: tap someone's cheek(s)는 동작을 객관적으로 기술한 것이고, pat someone's cheek(s)는 상냥한 감정을 담아 행하는 우호적인 동작이라는 의미가 포함되어 있다.

peck someone's cheek ➡ kiss someone's cheek

The man who kissed and caressed his future wife all evening long before the wedding now *pecks her on the cheek* and is annoyed if she expects anything more. (결혼 전에는 밤새도록 열렬한 키스와 애무를 퍼붓던 남자도 결혼한 후에는 아내의 볼에 가볍게 형식적인 키스를 할 뿐 아내가 그 이상의 것을 바라면 짜증 내기 마련이다.) — A.H.Chapman, M.D.

pinch someone's cheek 상대방의 볼을 가볍게 꼬집다. 《우호적인 접촉 동작; 주로 윗사람이 아랫사람에게 하는 우호적인 장난 및 친밀감의 표현》 유 give someone a pinch on the cheek

People knew I was Aryeh Lev's son; they patted my head, *pinched my cheek*, smiled, nodded indulgently at my drawings. (유명한 아버지를 둔 덕에 나는 주위 어른들에게 귀여움을 많이 받았다. 귀엽다고 머리를 쓰다듬거나 볼을 꼬집거나 내가 그린 그림에 대해 칭찬하곤 했다.) — C.Potok

plant a kiss on someone's cheek ➡ kiss someone's cheek

"I still think you should borrow from me, my dear." Abigail crossed the little room and *planted a kiss on the* smooth, elderly *cheek*. "What a kind person you are, Mrs. Macklin, but…" (하숙집 아주머니에게 돈을 빌리러 간 아비가일은 아주머니의 친절에 엄청나게 감격한다. 그녀는 아주머니에게 다가가 감동의 뜻을 담아 그녀의 볼에 강하게 입을 맞춘다.) — B.Neels: 3

press one's cheek against someone's ➡ put one's cheek against someone's

Laura saw her mother looking careworn and anxious as she sat by the fire. Impulsively, she went over and *pressed her* firm smooth *cheek against* her mother'*s*. "Don't worry," she said. "Everything's going to be all right…." (로라는 난롯가에 앉은 어머니의 모습이 수척하고 불안해 보였다. 그녀는 저도 모르게 어머니 곁으로 다가가 볼을 마주 대고는 "모두 다 잘 될 테니 걱정하지 마세요."라고 위로했다.) — L. Levi

proffer one's cheek ➡ hold one's cheek up

"Jason, lovely to see you." Sandy gave Jason both her hands but did not *proffer her cheek*. (샌디는 제이슨에게 만나서 반갑다는 인사를 하며 양손을 내밀지만 두 볼은 내밀지 않았다.—두 사람은 그냥 두 손을 맞잡는 정도의 사이밖에는 안 된다는 의미) — J. Symons

puff out one's cheeks 볼을 부풀리다. (("이것 참 놀라운걸."이라고 과장하여 보여 주거나 탄식할 때 나타나는 표정))

"Laurie!" "Hallo!" He was half-way upstairs, but when he turned around and saw Laura he suddenly *puffed out his cheeks* and goggled his eyes at her. "My word, Laura! You look stunning," said Laurie. (계단 중간까지 올라간 로리는 누군가 자신의 이름을 부르자 뒤를 돌아 로라를 보았다. 그는 갑자기 볼을 부풀리고 그녀를 향해 눈을 허풍스럽게 크게 떠 보였다.) — K. Mansfield: 2

The judge sits back; he rests his hands atop his head and *puffs out his cheeks* to blow off steam. "For the time being, we have heard enough," he says. (피고 측의 항변에 압도된 판사는 의자에 등을 기대고 주저앉아 양손을 머리 위에 얹고 숨을 들이마셔 볼을 부풀리더니 이내 후 하고 숨을 토해 낸다. 그러고는 피고 측의 변론은 여기까지 듣겠다고 얘기한다.) — S. Turow

★ NB: 첫 번째 예문처럼 놀랐다는 사실을 과장해서 표현할 때는 볼을 부풀리면서 동시에 눈썹을 위로 올려 눈을 크게 뜨곤 한다.

★ **영일비교** 일본어 표현 '볼을 부풀리다'는 언짢음, 불만, 불복 등의 감정으로 뿌루퉁한 얼굴을 가리킨다. 이것은 영어에서 sulky라고 일컫는 표정인데, 영어에서는 일반적으로 이 표정의 특징이 부풀린 볼보다 불만스레 삐죽 내민 입에 있다고 본다(pout one's lips). 그리고 puff out one's cheeks라는 표현은 양 볼을 크게 부풀리는 모습을 객관적으로 묘사한 것일 뿐 언짢음이나 불만과 같은 감정을 관용적으로 나타내

지는 않는다. 영어 소설에 나타나는 예를 보면 이 동작은 '이거 놀랍군', '도저히 어쩔 수 없어', '난처하네' 같은 감정을 과장해서 나타낼 때 사용하는 경향이 있다.

pull on one's cheek(s) **볼을 잡아 늘리듯 만지다. ((광대뼈 위쪽 살을 엄지와 검지로 집어 천천히 잡아 늘리는 무의식적인 동작; 마음의 불안, 동요, 긴장을 해소하고자 할 때의 자기 접촉 동작))** 유 squeeze one's cheeks

Willy (turning to Linda): Don't take his side all the time, goddammit!
Biff (furiously): Stop yelling at her!
Willy (suddenly *pulling on his cheek*, beaten down, guilt-ridden): Give my best to Bill Oliver—he may remember me.
(윌리가 아내에게 너무 아들 편만 들지 말라고 호통을 치자, 비프는 버럭 화를 내며 어머니에게 소리치지 말라고 한다. 윌리는 갑자기 난처한 듯 풀이 죽어 볼을 만지작거리며 화제를 바꾼다.) — A. Miller

put one's cheek against someone's **볼과 볼을 서로 맞대다. ((사교적 인사; 친밀한 접촉 동작))** 유 brush one's cheek with someone's / lay one's cheek against someone's / press one's cheek against someone's / rub one's cheek against someone's

She put her arms around me and said, "I do love you." "I love you." She squeezed me and *put her cheek against mine*. Then she stepped away and turned and walked toward the door. 〔여자가 남자와의 관계를 청산하려 하는 장면〕 (나의 달콤한 사랑의 말에 그녀는 팔에 힘을 꽉 주어 나를 끌어안고는 자신의 볼을 나의 볼에 맞댔다. 그렇게 그녀는 마지막 이별의 정을 나누고 떠나 버렸다.) — R. B. Parker: 1

★ NB: put one's cheek against someone's는 볼을 맞대는 동작을 중립적으로 표현한 것이다. 이에 비해 lay…는 그윽한 감정이 가미되어 있는 표현이고, press…는 볼을 강하게 누르며 맞대는 것을, rub…는 말 그대로 볼을 부비는 것을 표현한 것이다. brush one's cheek with someone's는 rub one's cheek against someone's의 간략형으로 재빨리 가볍게 볼을 부비는 경우에 쓰인다.

★ NB: 볼과 볼을 서로 닿게 하는 cheek-to-cheek embrace에는 사교상 인사를 나누는 경우와 친밀한 애정을 표현하는 경우가 있다. 전자는 볼에 키스하는 것(e. g. kiss someone's cheek)을 간략화한 것으로(Davis, 1971) 볼이 닿는 정도가 가벼운 편이다. 영미권에서 이런 종류의 인사는 일반적으로 친한 남녀나 여성들 사이에서 이루어지는데, 상대방의 볼 가까이에 자신의 볼을 가져가며 입으로 키스하는 듯한 소리를 내는 경우도 있다.

rub one's **cheek againt** someone's ➡ put one's cheek against someone's

In Boston, Beacon Hill ladies can be seen *rubbing cheeks* at their clubs. 〔최근 미국 사회의 사교 행위가 상당히 친밀해진 경향이 있다는 내용의 기사〕 (보스턴 상류 사회의 부인들이 클럽에서 서로 볼을 부비며 인사를 나누는 모습이 목격되고 있다.) — *Time*, 1977

scratch (at) one's **cheek** 볼을 긁적거리다. 《볼이 가려워서 긁을 때의 실용적인 동작; 당혹스러울 때 또는 생각에 빠졌을 때 수반되는 자기 접촉 행동》

"… And Lieutenant, you're wrong about Jimmy Freeman. He didn't put the ammonia in the spray. I'm sure of his innocence as I am sure of my own." He *scratched his cheek* with a long bony finger. "But I'm not sure of either, you see…." 〔가수의 구강 청정용 스프레이에 암모니아를 넣은 사건을 수사하는 상황〕 ("중위, 당신은 지미 프리먼에게 잘못하고 있는 겁니다. 그는 스프레이에 암모니아를 넣지 않았어요. 나와 지미는 절대 결백합니다." 그는 곰곰이 생각하는 듯 길고 가느다란 손가락으로 볼을 긁적였다. "나는 두 사람 다 결백하다고 확신할 수 없습니다.") — B.Paul: 1

one's **cheeks shake** 볼살이 출렁출렁 흔들리다. 《마음이 격하게 동요할 때; 겁에 질렸을 때 등》 유 one's FACE is convulsed

"… How much did he pay you to keep your mouth shut?" Parker was staring at him open-mouthed. The man had gone to pieces, *his cheeks shook* flabbily. ("입막음의 대가로 돈을 얼마나 받았지?" 하고 추궁당하자 파커는 입을 떡 벌리고 그의 얼굴을 노려보았다. 너무 놀랐는지 그의 늘어진 볼살이 떨렸다.) — A.Christie: 5

slap someone's **cheek** 손바닥으로 상대방의 따귀를 때리다. 《주로 여성이 행하는 공격적 동작》 유 slap someone's FACE

She does, however, look a bit long in the tooth… to be coquettishly *slapping* her kidnapper *on the cheek* with a coy admonition. 〔신문의 영화 비평 중 일부〕 (그녀가 자신을 납치한 범인을 수줍게 책망하며 요염하게 따귀를 때리는 장면이 있는데, 그녀는 그러한 역을 맡기에는 나이가 너무 들어 보인다.)

★ **영일비교** 손바닥으로 뺨을 세게 때리는 행위는 모욕적이고 공격적인 행위이다. 유럽에서 결투가 법적으로 인정되던 시대에는 상대의 뺨을 손바닥으로 치는 cheek slap이 정식으로 결투를 신청하는 방법이었다. 이 행위가 상대방을 모욕하는 선언처럼 쓰인 것은 손바닥으로 뺨을 치는 소리가 요란해서 강력한 메시지가 될 수 있었기 때문

이라고 한다. 오늘날 a cheek slap을 행사하는 것은 주로 여성이며 이 행위는 남성에게 자존심을 지독하게 다친 여성의 감정적인 보복 수단이라는 의미가 강하다. 일본에서 a cheek slap은 남녀를 가리지 않고 쓰인다. 옛날에는 군대에서 체벌할 때나 학교에서 아이들을 체벌할 때 뺨 때리기가 예사였다. 영어권에서도 아이를 벌주기 위해 얼굴 측면을 때리기도 했는데 이를 말로 표현할 때는 뺨이 아니라 귀를 때린다고 한다(box someone's ear). 영어권에서는 a cheek slap이 아이에게 행하는 징벌 수단이어서는 안 된다는 사고방식이 강하다. 그들이 생각하기에 이 행위는 어디까지나 성인들 사이에서 통용되는 모욕 수단이다.

squeeze one's cheeks 볼살을 꽉 집다. ((엄지와 검지를 이용하여 양 볼을 꽉 잡는 동작; 마음속의 불안을 해소하기 위해 또는 무언가를 깊게 생각할 때 하는 자기 접촉 동작)) 유 pull on one's cheek(s)

Mr. Lincoln was one of those lawyers who liked to play Clarence Darrow to a world of juries. He *squeezed his* long, worn *cheeks*; he ran a hand constantly through grey hair; he crossed and recrossed his legs and stared up at the ceiling for minutes on end with pursed lips. [링컨이 법정에 섰을 때를 묘사한 문장] (링컨은 배심원들을 대할 때 명변호사 클래런스 다로우의 흉내를 내는 것을 즐겼다. 그는 야윈 볼을 꽉 잡거나, 손으로 머리를 자꾸 만작거리거나, 다리를 번갈아 꼬거나, 입을 꾹 다물고 천장을 몇 분간 뚫어지게 쳐다보곤 했다.) — *Time*

suck (in) one's cheeks 양 볼을 홀쭉하게 집어넣다. ((웃음 등을 참기 위한 동작)) 유 bite (the inside of) one's cheeks

I went out to my car, *sucking my cheeks* to keep from laughing. (나는 양 볼을 홀쭉하게 만들어 필사적으로 웃음을 참아 가며 차가 있는 곳까지 갔다.) — R. Kost

He paused, and *sucked in his cheeks*, as though the memory proved too exquisitely humorous for him to maintain a straight face. (그는 이야기를 멈추고 생각하는 것만으로도 너무 웃겨서 절대 멀쩡한 표정으로는 얘기를 못하겠다는 듯 양 볼을 홀쭉하게 만들었다.) — T. Capote: 4

one's cheeks swell up 볼이 부어오르다. ((격노 등으로 볼에 힘이 들어간 모습)) 유 one's FACE bulges

But these men, totally unconscious of what they were doing, continued to titter and, in fact, one man, noting that Leta'*s cheeks were* turning bright red, as well as *swelling up*, started to laugh in earnest. "You're laughing at me!" she seethed. (그녀의 기분이 어떻게 됐

는지 전혀 눈치채지 못한 남자들은 계속 웃어 젖히기만 했다. 그중 한 명은 그녀가 얼굴이 새빨개지고 너무 화가 난 나머지 볼을 잔뜩 부풀린 것을 보고 한층 더 신나게 웃었다.) — A.Hampson

tap someone's cheek(s) ➡ pat someone's cheek(s)

"··· he looked back and *tapped me* affectionately *on the cheek*, sort of like putting shaving lotion on." 〔유세 중인 닉슨 미국 대통령이 유권자의 환심을 사려 행동하는 모습을 보도한 기사〕 ("닉슨은 뒤를 돌아보더니 내 볼을 부드럽게 두드려 주었는데, 꼭 면도 크림을 바를 때의 느낌이었다.") —*Time*, 1979

touch someone's cheek 한 손으로 부드럽게 상대방의 볼을 만지다. ((남녀 사이 또는 손윗사람이 아랫사람에게 행하는 우호적인 접촉 행동)) 유 touch someone's FACE / lay one's HAND on someone's cheek

"I won't wait forever," she said. "I'm not asking you to wait forever, I'm asking you to wait a few hours." He *touched her cheek*. "Let's not fight about a few hours." 〔위험한 비밀 임무를 맡은 남자가 연인에게 기다려 달라고 하는 상황〕 (그녀가 "영원히 기다릴 수는 없어."라고 말하자, 그는 다시 "영원히 기다려 달라는 게 아니야. 다만 몇 시간만 기다려 달라는 거야." 하고 간청했다. 그는 "단 몇 시간만이라도 싸우지 말자."며 그녀의 볼에 살며시 손을 가져다 댔다.) — K.Follett: 5

turn the other cheek 나머지 한쪽 뺨을 내밀다. ((자신의 따귀를 때린 상대에게 하는 행동; 도발에 넘어가지 않고 모욕을 순순히 받아 넘기는 태도를 표현한 비유 표현))

The U.S. needs a president who will do more than *turn the other cheek* and who is bolder than Carter the Meek. 〔미국 카터 대통령의 소련에 대한 소극적인 태도에 짜증을 내는 한 시민의 투서〕 (미국에는 소련의 도발행위를 묵과해 버리는 선한 카터 대통령보다 좀 더 대담한 대통령이 필요하다.) — *Time*, 1979

a muscle in one's cheek twitches 볼의 근육이 경련하다. ((긴장, 불안, 조바심에 수반되는 신경질적인 표정))

"No," he said. *A muscle in his cheek* started *twitching*. "No. You can't···." (협박과 추궁을 당한 남자의 볼이 부르르 경련을 일으키기 시작했다.) — D.Francis: 2

CHEST

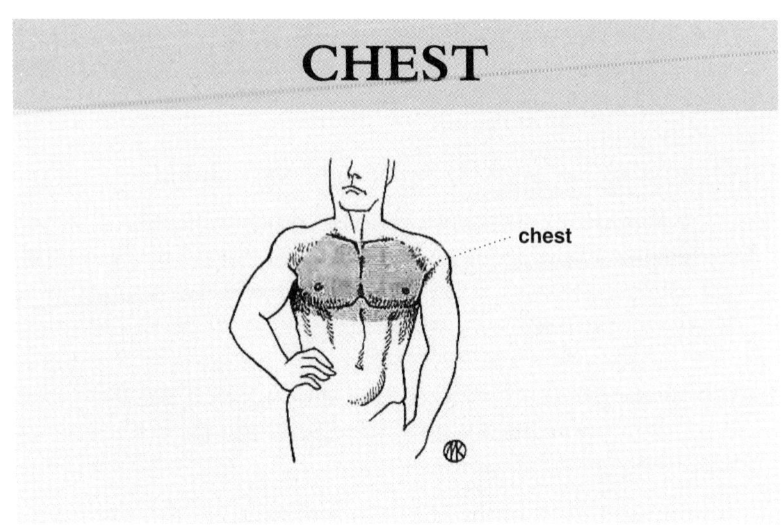

- chest는 '가슴'을 뜻하는 단어로 몸통의 앞면, 목과 허리 사이(the top part of the front of your body, between your neck and your waist—*COBUILD*)를 가리킨다. 문어적으로 표현할 때는 breast나 bosom을 사용한다(➡ BREAST). 하지만 남성의 가슴을 나타낼 때는 breast를 사용하는 경우가 비교적 드물고, bosom은 일정 관용구 이외에는 남성에게 사용하는 경우가 없다.

- chest는 원래 상자라는 뜻으로, 가슴에 이 명칭이 붙은 이유는 이 부위에 위치한 늑골과 흉골이 마치 상자와 같은 모습으로 심장과 폐를 둘러싸고 있기 때문이다. 그러므로 chest는 가슴의 평평한 부위, 즉 흉판뿐 아니라 흉강 전체를 가리키는 말이기도 하다. (기침감기를 일컬어 a chest cold, a cold in the chest라고도 한다.)

- 일본어에서 가슴은 옷의 가슴 부위도 가리킨다(e.g. 옷깃을 여미다(胸をかきあわせる)). 영어에서 이런 의미를 겸하는 것은 breast와 bosom이며 chest는 그런 의미를 갖지 않는다.

- 가슴은 사람의 기쁨, 슬픔, 고민 등 다양한 감정과 생각이 깃드는 신체 부위로 여겨지는데, 영어에서는 이러한 역할을 heart가 거의 독점하고 있으며 chest를 쓰는 경우는 극히 한정된다. have something on one's chest(마음에 걸리는 것이 있다), get something off one's chest(마음에 담아 둔 것을 털어놓고 시원해지다) 등의 관용구가 전부다.

beat one's chest 양손으로 주먹을 쥐고 자신의 가슴을 두드리다. 《기운을 북돋는 동작; 자신만만하게 스스로를 과시하는 동작, 그리고 그 비유 표현; 과장되게 슬퍼하는 모습, 그리고 그 비유 표현—주로 남성의 동작이다.》 유 beat one's BREAST 참 thump one's chest

Eif pulled off his drawers and his socks and stood on the mountain top and *beat his chest* with his big hands. He let out a yell that echoed from the distant mountain rocks across the valley. (에이프는 속옷과 양말을 벗고 산꼭대기에 우뚝 서서 가슴을 양손으로 두드리며 크게 소리쳤다. 그의 목소리가 먼 산골짜기에서 메아리쳤다.) — J.Stuart

The two previous strikes had lasted a total of only six days, both ending soon after Mayor Daley intervened. … "We're political footballs, waiting for the mayor to come in, *beat his chest* and solve everything…." 〔시장의 정치적인 스탠드 플레이에 대한 비판적 의견〕 (시위는 과거 두 번이나 노사조정위원회의 조정에 따르지 않고 데일리 시장이 개입하여 조기 해결을 본 적이 있었다. 위원회는 "우리는 단지 정치적으로 이용될 뿐, 시장이 등장하여 큰소리를 치며 해결하는 것을 그저 팔짱만 끼고 보고 있었다."라고 술회했다.) — *Time*

beat one's chest

one's **chest expands** ➡ one's chest swells

Sergei looked very serious and very dignified as he took a deep breath. *His chest expanded*. He pulled in his belly. "I will do whatever I must to defend my adopted country…." 〔프랑스로 망명한, 지금은 늙어 버린 러시아의 귀족이 독일군의 침공을 앞두고 프랑스 방어를 위해 결의를 표명하는 장면〕 (크게 숨을 들이쉰 세르게이의 얼굴은 무척 진지하고 품위있었다. 그는 가슴을 펴고 배를 집어넣은 후 "나는 제2의 조국을 방어하기 위해 전력을 기울일 것입니다."라고 말했다.) — D.Mulien

flex one's chest muscles 가슴의 근육을 과시하다. ⦅남성이 가슴을 펴고 양 어깨를 뒤로 젖혀 힘을 과시하는 동작⦆

The redhead bristled. "Do you want me to slap these two niggers out of their seats?" he asked the driver in a loud voice. "No—for God's sake—please no rough stuff," the driver pleaded. The redhead *flexed his chest muscles* and slowly took his seat, glaring back to us. (붉은 머리는 흑인 승객 때문에 배알이 틀려 "두 검둥이 자식들을 두들겨 패서 쫓아내길 바라나?" 하고 운전사에게 큰 소리를 쳤다. 운전사는 "아니요, 제발 난폭한 짓은 하지 마세요."라고 그를 말렸다. 붉은 머리는 위협적으로 가슴 근육을 과시하며 흑인을 노려보더니 유유히 자기 자리로 돌아갔다.) — J.H.Griffin

give someone a pinch in the chest 가슴을 살짝 꼬집다. ⦅농담조로 누군가에게 훈계를 하거나 주의를 주는 행동; "요 녀석!" 같은 느낌의 장난스럽고 우호적인 행동 등⦆ 유 poke someone's chest

"Don't look like that, lad!" shouted the fat man, *giving me a* playful *pinch in the chest*. "It's a rum old world, you know." (오진했다는 것을 깨닫고 고개를 푹 떨구자 옆에 있던 뚱뚱한 남자가 나의 가슴을 장난스럽게 꼬집으며 "이 세상에는 마음먹은 대로 되지 않는 일도 있으니 그런 한심한 표정은 짓지 마세요."라며 힘을 북돋웠다.) — J.Herriot

one's chest heaves 가슴이 들썩거리다. ⦅분노, 마음의 동요, 흥분 등으로 숨이 고르지 않은 상황⦆ 유 one's chest rises and falls / one's bosom heaves (→ BREAST)

"Is that all my father's life was worth to the Fairleys? Approximately one hundred and fifty pounds? It's a joke. A disgusting joke!" She caught her breath, *her chest heaving*. "Is that all he was worth?" she demanded once more. [아버지가 자신이 모시던 가문의 아들을 화재에서 구하려다 목숨을 잃은 뒤 조의금으로 150파운드를 받은 상황] ("아버지의 목숨 값이 겨우 이것밖에 안 된다고? 150파운드라니? 이건 농담도 너무 역겨운 농담이야!" 라며 소리를 질렀다. 너무 화가 나서 숨조차 고르지 못한 그녀의 가슴이 마구 들썩거렸다.) — B.T.Bradford

hold one's chest out 가슴을 내밀다. ⦅의기양양, 자신만만한 모습⦆ 유 puff one's chest out / stick one's chest out / throw one's chest out 참 square one's chest / square one's SHOULDERs

He started to walk around carrying the empty gun, *holding his chest out*, as if taking credit for the kill. (이번 사냥에서 큰 놈을 건진 건 다 자기

의 솜씨 덕이라고 으스대듯 그는 가슴을 당당하게 내밀고 빈총을 손에 들고 주변을 어슬렁어슬렁 걷기 시작했다.) — W. H. Armstrong

hold one's chest out

★ NB: hold one's chest out은 '가슴을 내미는' 동작을 중립적으로 표현한 것이다. stick one's chest out, throw one's chest out은 좀 더 강한 표현으로 가슴을 한껏 내미는 모양을 나타낸다. puff one's chest out은 위의 모든 표현보다 더 과장된 표현이다.

★ **영일비교** 일본어에는 우쭐거리는 모습을 나타내는 관용구로 '가슴을 젖히다', '가슴을 펴다'가 있다. 일본 『국어관용구사전』에서는 전자를 '우쭐거리는 모습, 우쭐거림을 빗대어 이르는 말'이라고 설명하고, 후자는 첫 번째 뜻을 '자세를 바로잡는 몸짓, 비유', 두 번째 뜻을 '자신 있다, 잘한다고 뽐내는 몸짓, 비유'라고 설명한다. 쉽게 말해서 상반신을 활짝 젖히며 "자, 어때?" 하고 보란 듯이 자랑스러워하는 모습이 전자이고, 느슨해진 등 근육이나 굽은 등을 꼿꼿이 세워 자세를 바로잡는 당당한 모습이 후자라고 할 수 있다.
hold one's chest out을 포함해 위에 나온 일련의 영어 표현들은 일본어 '가슴을 젖히다'에 가깝다. 당당한 모습을 나타내는 '가슴을 펴다'의 의미로 사용되는 것은 square one's chest 혹은 square one's shoulders 등이다.

jab one's chest with one's finger 손가락으로 자신의 가슴을 콕콕 찌르다. 《조급하게 '나'를 가리키는 동작》 **유** point one's FINGER at one's chest

Jabbing his chest with his finger, Charles mouthed a "Who, me?" (찰스는 "나 말이야?" 하고 입을 벙긋대면서 손가락으로 자신의 가슴을 콕콕 찌르듯 가리켰다.) — D.Wells

★ NB: 손가락으로 자신의 가슴을 가리키는 동작은 일반적으로 point to one's chest with one's finger [hand]라고 표현한다. 위의 표현은 좀 더 조급하게 안달하듯 자신을 가리키는 경우에 사용한다.

jab someone's chest with one's finger ➡ poke someone's chest

"I tell you, the reason why America is the greatest country is because she is Christian, and her early Christians had an ideal." *Jabbing* Mike'*s chest with his index finger*, Polo Pete continued, quoting Senator Telly Tabbot's latest speech almost word for word. (파티에서 손님 폴로 피트는 주인인 마이크의 가슴을 검지로 쿡쿡 찔러 가며 "미국이 세상에서 가장 위대한 것은 바로 기독교 국가이기 때문이다."라고 한 상원의원의 최근 연설 내용을 고스란히 차용하여 열변을 토했다.) — J.McIlvaine

jab someone's chest with one's finger

★ NB: 상대방의 가슴을 쿡쿡 찌르며 자신의 이야기를 들으라고 하는 것은 아무래도 강요하는 듯한 느낌이 강하여 언짢은 기분을 불러일으키기 십상이다. 다음의 인용문을 보면 이 행위를 당한 사람의 기분을 제대로 알 수 있다.

I got a swollen breast-bone from the finger-jabbers, the guys who say, "You remember the Rizzoli contract?…" ("리졸리 계약을 제대로 기억하고 있나?" 하고 가슴을 찔러 대며 닦달하는 사람들 때문에 내 가슴이 퉁퉁 부어오를 지경이다.) — W. Sheed

poke someone's chest 검지로 타인의 가슴을 쿡 찌르다. ⟪주의를 끌 때의 동작; 이야기의 요점을 강조하는 동작 등⟫ 유 jab someone's chest with one's finger / tap someone's chest / tap one's FINGER on someone's chest

"It is you who are not at all safe to roam about the pottery and talk to the girls." "Why not? I've only been there once." She *poked him in the chest*. "And once was enough!" (청년은 산책을 겸해 가까운 도자기 공방에 들러 여자 종업원들과 이야기를 나눈다. 그의 어머니 역할을 하는 여주인은

청년에게 그런 짓을 하면 위험하다고 주의를 주지만 그는 "왜 안 되죠? 게다가 나는 딱 한 번밖에 가지 않았어요."라고 말한다. 여주인은 그의 가슴을 손가락으로 쿡쿡 찌르며 "한 번이면 충분하다!" 라고 말한다.) — I. Banbury

★ NB: jab someone's chest는 poke someone's chest보다 세게 손가락 끝으로 연거푸 상대의 가슴을 찌르는 느낌을, tap someone's chest는 손가락 끝으로 콩콩 가볍게 두드리는 느낌을 표현한다.

press someone to one's chest 상대방을 자신의 가슴에 강하게 끌어당겨 안다. 유 press someone to one's BREAST

"There, there, love," Winston said, stroking her hair, murmuring softly to her, *pressing her to his chest*. (아버지의 사고사를 알게 된 여동생이 쓰러져 울자 윈스턴은 그녀의 머리칼을 쓰다듬으며 괜찮다고 귓가에 속삭이다 그녀를 꽉 끌어안는다.) — B.T. Bradford

puff one's chest out [up] ➡ hold one's chest out

… the 71-year-old star is finally ready to cede the spotlight. As a proof, he records a chance meeting with a beautiful admirer. I suck in my gut, *puff out my chest*, slap a bicep. In a velvet voice, she says, "Wow! Michael Douglas's father!" 〔영화배우 커크 더글러스의 자서전을 소개하는 기사〕 (71세의 스타는 자서전에 이제야 겨우 스포트라이트를 물려줘야 한다는 생각을 하게 되었다며 그 이유로 아름다운 여성 팬과의 만남을 언급한다. 나는 배를 쑥 집어넣고 가슴을 뒤로 젖힌 뒤 다부진 팔뚝 근육을 손바닥으로 툭툭 치며 여봐란듯 남성미를 과시한다. 그러나 그녀는 부드러운 목소리로 이렇게 말한다. "어머나! 마이클 더글러스의 아버지잖아!") — *Time*, 1988

"Ezio," she lied, "the Vice President's Secret Service agent said he'd heard about your famous pasta and hopes to eat it." Ezio brightened perceptively, *puffed up his chest* and continued to roll out the tortellini…. (정부 고위관료의 부인은 이탈리아 식당의 셰프 이지오에게 "부통령의 경호원이 소문을 듣고 이 집 파스타를 무척 먹고 싶어 한다."고 거짓말을 했다. 이지오는 삽시간에 기뻐하는 얼굴이 되어 자신만만하게 가슴을 뒤로 젖히고 토르텔리니 반죽을 죽죽 밀어 나갔다.) — S. Quinn

one's chest rises and falls ➡ one's chest heaves

His face was quite red. She could see *his chest rise and fall* with the effort of his breathing. (그의 얼굴은 새빨갛게 달아올랐다. 그녀는 그의 가슴이 숨이 거칠어진 탓에 마구 들썩거리고 있는 것을 볼 수 있었다.) — J.C. Oates: 1

square one's chest 가슴을 펴다. 《기분을 새롭게 전환하는 모습; 용기 있는 결단 또는 각오를 할 때의 모습》 유 square one's SHOULDERs 참 hold one's chest out

"Nonsense," said Ralph. He *squared his chest* and without further ado picked her up as though she was a child and carried her up to her room. (아무리 아파도 일을 쉬지 않겠다고 오기를 부리는 딸의 말을 랄프는 "말도 안 된다."고 한마디로 일축했다. 그는 가슴을 활짝 펴고 곧바로 딸을 아기처럼 들어 안아 침실로 데려갔다.) — D.Robins: 9

★ NB: '자, 한번 해 보자!'라는 식으로 마음을 새롭게 하며 자세를 고치는 동작은 일반적으로 square one's shoulders라고 표현한다.

stick one's chest out ➡ hold one's chest out

"··· Ruper's a very clever operator, and we can't afford to lose 'im. You've got to learn to argue without rancor, Declan. You can't *stick your chest out* all the time." 〔루퍼와 만나면 반드시 일 문제로 다투게 되는 데클란에게 상사가 의견을 제시하는 장면〕 ("루퍼는 정말 유능한 직원이지. 그래서 그가 나가 버리기라도 하면 그땐 정말 큰일이야. 자네는 시비조로 덤비지 않고 논의해 나가는 법을 배워야 해, 데클란. 그렇게 매번 가슴을 내밀고 나 잘났다는 듯이 행동해서는 안 된다고.") — J.Cooper: 1

He was posing for pictures, grinning broadly, *his chest stuck out*. (그는 이를 보이며 웃고는 자신만만하게 가슴을 내밀며 카메라를 향해 포즈를 취하고 있었다.) — C.Cookson: 2

strike one's chest ➡ thump one's chest

Pozzo: (calmer) Gentlemen, I don't know what came over me. Forgive me. Forget all I said. (More and more his old self.) I don't remember exactly what it was, but you may be sure there wasn't a word of truth in it. (Drawing himself up, *striking his chest*.) Do I look like a man that can be made to suffer? (냉정함을 되찾은 포조는 흐트러진 모습을 보여 죄송하다며 사과한다. 자신도 스스로 무슨 말을 했는지 도저히 기억나지 않으니 여러분들도 모두 잊어 달라고, 한 마디도 진심으로 한 말은 없었을 거라고 말한다. 이윽고 등을 쭉 펴고 가슴을 퉁퉁 두들기며 내가 고민 같은 것을 할 인간으로 보이냐고 모두에게 묻는다.) — S.Beckett

one's chest swells 가슴이 부풀어 오르다. 《격정이 치밀어 오를 때 가슴의 모습; 자신만만한 모습, 자신감, 의욕 등에 가득 차 있는 모습 등》 유 one's chest expands /

one's BOSOM rises / one's BOSOM swells

His chest swelled to enormous proportions. "Thank you, sir. I appreciate your saying that…" (자신이 해낸 일을 인정받자 그는 자신감으로 가득 찼다. 칭찬해 준 상대에게 인사말을 건네며 그는 가슴을 크게 부풀렸다.) — B.Greene

tap someone's chest ➡ poke someone's chest

When they stopped again, the other man began talking to Will, *tapping him on the chest* with his forefinger. Will nodded his head, shook it violently, nodded again. (그들이 다시 멈췄을 때 광부 중 한 사람이 윌의 가슴을 손가락으로 톡톡 치며 말을 걸어왔다. 윌은 고개를 끄덕이다가 머리를 세차게 흔들고 다시 고개를 끄덕였다.) — E.Caldwell

throw one's chest out ➡ hold one's chest out

"Hello, there! What are you *throwing out your chest* for?" David regarded Roger with a tolerant smile not untinged by condescension. "Well, really Dave, I wasn't… I mean…" "Don't mind me. I'm only kidding. You did look rather on the exalted side, though. What's coming off? Anything special?" ("왜 그렇게 자신만만한 모습을 하고 있지?"라고 데이비드가 로저에게 말을 걸어왔다. 데이비드의 얼굴에는 말을 걸어 줘서 고맙지 않느냐는 듯한 생색은 드러나지 않고 오로지 관대한 미소만 보일 뿐이다. 로저가 말을 우물거리자 데이비드는 "그냥 장난 친 거니까 신경 쓰지 마. 그런데 너 꽤나 의기양양한 모습인데 뭔가 특별한 일이 있는 것 아니야?" 하고 캐물었다.) — F.P.Keyes: 3

thump one's chest 가슴을 탕 두드리다. ((여봐란듯 의기양양한 모습, 그리고 그 비유 표현; 자신을 가리키는 지시 동작-한 손으로 주먹을 쥐고 하는 동작)) 유 strike one's chest / thump one's FIST against one's chest 참 beat one's chest / beat one's BREAST

Thumping his chest with a bulky fist, he declared, "I'll knock 'em out…" (그는 억센 주먹으로 가슴을 탕 두드리며 "그 녀석들을 죄다 때려눕혀 버리겠다."고 큰소리친다.) — C.Rossiter

"Did he ever come to see us? No, nor your mother's mother. And do you know why? Because of me." He *thumped his chest*. "Their daughter married a Jew. And that was a disgrace. Ignorant bigots. That's what they were." ("네 외할아버지가 우리를 보러 온 적이 있었니? 없었다. 네 외할머니도 마찬가지지. 그 이유를 알고 있니? 그것은 다 나 때문이다."

라며 아버지는 자신의 가슴을 쿵 쳤다. 그는 "그들은 딸이 유대인과 결혼하는 것을 창피한 일이라고 생각하는 무지하고 편협한 사람들이었지."라고 말하며 화를 삭이지 못했다.) — Z.Popkin

"You can feel it right here," and she *thumps her chest*. (선거 연설을 듣고 감격한 청중 한 명이 "여기에 직접 울려 퍼지는 연설이었다."라며 자신의 가슴을 쿵 친다.) — *Time*, 1988

★ NB: beat는 수차례 연거푸 치는 동작을, thump와 strike는 단 한 번 쿵 하고 치는 동작을 의미한다.

CHIN

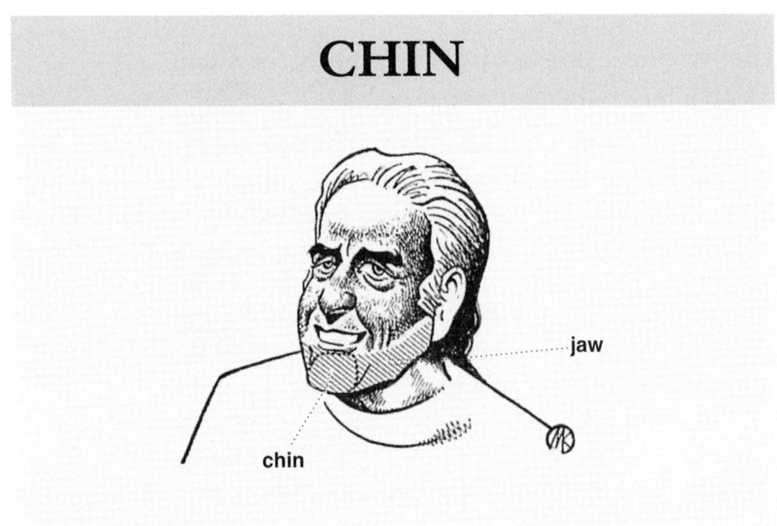

- chin은 '턱'에 해당하는 단어이나 정확하게는 하악 중앙의 첨단부, 즉 얼굴 중앙의 맨 아래에 뾰족하게 튀어나온 부위를 의미한다. 한편 하악골과 이것을 덮고 있는 안면부의 아래쪽은 jaw라고 한다.

- 기호적 의미를 가진 턱의 동작에는 턱 내밀기, 아래턱만 내밀기, 턱 위로 올리기, 턱 당기기 등이 있다. 영어에서는 이 동작들을 jaw보다는 chin의 움직임으로 파악하는 경우가 많다. 단, 다부진 턱을 앞쪽으로 쑥 내미는 공격적인 동작에는 jaw가 자주 쓰인다.

- jaw의 첨단부를 지칭하는 chin이라는 단어가 특별히 존재하는 것은 영어 문화권에서 이 부위에 대해 특별한 관심이 있다는 것을 시사한다. 입 아래로 뾰족하게 튀어나온 chin은 다른 동물에게는 없는 인간만의 특징인데, 이것이 있다는 것은 저작기, 특히 치조부의 퇴행이 진행된 증거가 되어 현생 인류라는 신분 증명이 되기도 한다(香原, 1985(b)). 또한 영어 문화권에서는 이 부위가 얼마나 다부지고 튼튼한가를 통해 그 사람의 됨됨이가 얼마나 다부진지, 얼마나 의지할 수 있는 사람인지 판단하곤 한다.

- 영어 문화권에서는 chin으로 사람의 됨됨이를 읽는 경향이 있고, 이러한 경향은 턱을 묘사하는 형용사에 반영되어 있다. 영어권의 소설에서 등장인물의 외모를 묘사하다 턱을 언급하는 경우 strong, firm, proud, aggressive, weak 등 주로 사람의 됨됨이를 이야기할 때 쓰는 형용사를 사용한다.
a strong chin은 입 바로 아래에서 잘록하게 들어갔다가 턱 끝이 앞으로 튀어나오는 날렵하고 각진 턱이다. 이러한 턱은 육체적, 정신적 강인함과 불굴의 정신, 우월함의 상징으로 간주된다. 한편 a weak chin은 입 아래에서 바로 목으로 이어지는 듯한 턱으로, 딱히 '턱'이라고 할 만한 부위가 없는 이른바 '무턱(a receding chin)'을 가리키며 나약함의 표상처럼 여겨진다. 이러한 턱에 대한 영미인의 견해는 다음의 인용문에서 확인할 수 있다.

Mrs Allonby: Ah, Ernest has a chin. He has a very strong chin, a square chin. Ernest's chin is far too square.
Lady Stutfield: But do you really think a man's chin can be too square? I think a man should look very, very strong, and that his chin should be quite, quite square. ("어니스트의 턱은 참 강인하게 생겼지만 한편으로 지나치게 각진 면도 없지 않아요."라고 앨론바이 여사가 말하자, 스터필드 여사는 "남자의 턱이 지나치게 각졌다는 게 말이 되나요? 남자는 늠름해 보여야 하니까 턱은 각지면 각질수록 좋은 거라고요."라고 반론을 펼친다.) — O. Wilde: 4

… even when he was a young man, everything about him had promised disaster, both for himself and for the estate he succeeded to. It was in his receding chin, as she was quick to point out: that fateful sign of "weak character" for which Roosevelt, like all Old Money People, anxiously scan the faces of their progeny to this day. 〔미국 신문사 워싱턴 포스트의 2세 경영주에 대하여 시어도어 루스벨트의 딸 앨리스 루스벨트 롱워스가 누설한 감상의 일부〕 (그에게는 젊었을 적부터 자기 자신과 부모에게 물려받은 재산 모두를 말아먹을 것 같은 재난의 분위기가 있었다. 이는 그의 얼굴에 턱다운 턱이 없었기 때문이라고 말할 수 있다. 턱이 없는 것은 성격의 유약함을 드러내는 불길한 상징이라 루스벨트 같은 부유한 가문에서는 요즘도 앞으로 태어날 손자의 얼굴에 제대로 턱이 있을 것이냐를 걱정한다.) — N.W. Aldrich, Jr.

- chin에 얽힌 관용구들 중에는 복싱에서 유래한 비유 표현들도 있다. 그중 하나가 take it on the chin인데, 이는 보기 좋게 상대의 펀치를 턱에 맞는다는 뜻으로 타격, 패배 등을 '용기 있게 받아들이다', '역경에 맞서다'라는 의미로 사용된다. lead with one's chin은 마치 때려 달라는 듯 턱을 들이미는 모습을 표현한 것으로 상대의 반격, 반론을 꾀어내거나 트러블을 자초하는 것을 의미한다. keep up a battered chin은 펀치를 연타로 맞아 다친 턱을 아랑곳 않고 들이민다는 뜻으로, 이는 keep up one's chin과 같이 역경이 닥쳐도 꿋꿋이 최선을 다하는 것을 의미한다.

---

carry one's chin high ➡ hold one's chin high

She went from the room no longer afraid. She *carried her chin high*. (그녀는 더는 두려워하지 않으며 방을 나섰다. 그녀는 턱을 꼿꼿이 치켜들었다.)
— B.Cartland: 5

chuck someone under the chin 턱 아래를 손가락으로 가볍게 만지다. 《어린아이나 손아랫사람에게 하는 장난 또는 친밀감을 표시하는 접촉 동작》

He always acts as if he wants to *chuck me under the chin* or pat me on the head as if I was still five. 〔좋아하는 남자가 자신을 어린애 취급한다고 한탄하는 여자의 이야기〕 (그는 언제나 내가 다섯 살 아이인 것처럼 턱 아래를 톡톡 치거나 머리를 쓰다듬는다.) — G.L.Hill: 2

cock one's chin (up) ➡ raise one's chin

Sergeant: (pugnacious and patriotic, repudiating the idea of defeat) 'Tention. Now then, *cock up your chins*, and show 'em you don't care a damn for 'em. 〔강한 의지를 지닌 하사관이 부하를 질책하며 독려하는 장면〕 (하사관은 "턱을 앞으로 당당하게 내밀어 적에게 네놈들을 조금도 봐주지 않겠다는 얼굴을 보여 줘."라고 명령한다.) — G.B.Shaw: 2

cover one's chin with one's hand 손으로 턱을 감싸다. 《사색할 때의 동작; 심리 상태가 불안할 때 나오는 자기 접촉 동작》

Neil Spence hesitated, almost apologetic, *covering his chin with his* left *hand*, an instinctive gesture, which seemed to give him confidence…. 〔남자가 하기 어려운 말을 하지 못하고 난처해하는 모습〕 (닐 스펜서는 뭔가 미안한 듯 계속 망설이며 왼손으로 턱을 잡았다. 그것은 자신감을 불어넣는 본능적인 동작처럼 보였다.) — A.J.Cronin: 4

cover one's chin with one's hand

cuff someone's chin 상대의 턱을 찰싹 때리다. (("나쁜 녀석!"이라고 농담조로 나무라는 동작; 공격적인 느낌의 친밀감의 표현)) 유 give someone a tap on the chin

Kitty playfully *cuffed his chin*. "Travis Cotrane, you're going to burn in hell for being so… so blasphemous." ("트래비스 콜트레인, 그런 불경스러운 얘기를 하면 지옥에서 불타 죽을 거예요."라고 말하며 키티는 남편의 턱을 장난스럽게 찰싹 때렸다.) — P. Hagan

★ NB: cuff someone's chin은 턱을 손바닥으로 밑에서 위로 가볍게 찰싹 치는 동작이다. give someone a tap on the chin with a fist는 주먹으로 가볍게 턱 끝을 치는 동작이고, give someone a tap *under the chin* with a fist는 권투의 어퍼컷을 흉내 내는 타격 동작이다. 이는 모두 남성끼리 또는 남성이 여성에게 행하는, 약간은 공격적인 친밀감의 표현이다.

cup one's chin in one's hand(s) 손으로 턱을 감싸다. ((생각할 때 또는 멍하니 있을 때))

cup one's chin in one's hand

"Who's he meeting with?" Bobby asked. Katie Lee rested her elbows on the table, *cupped her chin in her hands* and remained silent. "Just answer me. Who's he meeting with?" ("그가 누구를 만나러 간 거야?"라고 보비가 묻지만 케이트는 테이블 위에 팔꿈치를 대고 양손으로 턱을 받친 채 조용히 앉아만 있었다. 그는 같은 질문을 반복하며 대답을 재촉했다.) — R. Lawrence

★ NB: 턱을 괴고 앉아 있는 자세는 종종 간략하게 sit, chin in hand (sit (with one's) chin in (one's) hand)로 표현된다.

He sat there silently, *chin in hand*, staring out the window. (그는 손으로 턱을 괴고 앉아 조용히 창밖을 바라보았다.) — S. Kirkpatrick

draw one's chin into the collar (of one's coat) 턱을 (외투 등의) 깃 안으로 쑥 집어넣다. ((주로 추위 때문에)) 유 sink one's chin in the collar (of one's coat)

The wind was icy…. He had thrust his bare hands into his pockets, pulled a battered hat over his eyes, and *drawn his chin into the shelter of his coat*. (바람은 살을 에는 듯했다. 그는 호주머니에 손을 넣고 낡아 빠진 모자를 깊게 눌러쓰고는 코트 깃 안으로 턱을 깊이 파묻었다.) — A. Hailey: 4

draw one's chin into the collar of one's coat

draw one's chin up ➡ raise one's chin

"You didn't tell your parents you'd met this man…." "Mr. Hirsch." She *drew her chin up*. "Girls in this day and age don't go running to Mama, crying, Yippee, I'm being laid…." (부모에게 비밀로 하고 남자와 사귀고 있는 것에 대해 잔소리를 들은 그녀는 턱을 바짝 쳐들고 "요즘 세상에 남

자랑 잔 걸 일일이 부모한테 보고하는 딸은 없어요."라며 반발했다.) — Z. Popkin

give someone **a tap on the chin** ➡ cuff someone's chin

"Do I look as well as Laura?" "Like Laura's daughter?" "As old as that?" He *gave her a* little *tap on the chin* with his fist. It was a small, playful gesture…. ("나 로라 같아 보여?"라고 묻자 그는 장난스레 "로라의 딸 같아 보이냐는 얘기야?" 하고 되물었다. 그녀는 그의 장난을 되받아 "로라의 딸 또래로 보인다는 거지?" 하고 다시 되물었다. 그는 놀리듯 장난스럽게 그녀의 턱을 툭 쳤다.) — L. Auchincloss: 2

one's **chin goes up** ➡ raise one's chin

Susan drew back from the offered bill, and *her chin went up* angrily. (수전은 자기 앞에 들이밀어진 돈다발을 보고 몸을 뒤로 뺐다. 돈으로 해결하려는 상대의 태도에 화가 난 그녀는 턱을 위로 치켜들었다.) — E. Ferrars

have one's **chin on** one's **chest** ➡ rest one's chin on one's chest

Then she said, "Mr. Hayer" again rather sharply because he *had his chin on his chest* and looked as if he was dropping off. 〔학생들에게 교장이 그날의 강연자를 소개하는 장면〕 (기나긴 소개에 강연자가 꾸벅꾸벅 졸기라도 하듯 턱을 가슴께에 대고 있는 모습에 교장은 약간 날카로운 목소리로 반복해서 "헤이어 씨." 하고 불렀다.) — J. Gardam

hold one's **chin high** 턱을 내밀듯이 위로 쳐들며 고개를 들어 올리다. 《당당한 거동, 의연한 태도 등》 유 carry one's chin high

Buzz. Off came the tasteful gold earrings. Try again. Buzz. Catcalls rose from more than a hundred waiting to get in. Finally she took off her tasteful gold belt and marched through, *chin held high*. The crowd cheered. (한 유명인이 착용하고 있는 장신구들 때문에 공항의 금속 탐지기를 좀처럼 통과하지 못한다. 뒤에 기다리고 있는 사람들로부터 야유가 쏟아지기 시작한다. 하나씩 하나씩 풀다 마지막으로 근사한 금 벨트를 풀자 다행히 통과된다. 군중으로부터 박수가 쏟아진다. 그녀는 턱을 잔뜩 치켜들고 당당하게 그 사람들 사이를 지나 검색대를 통과한다.) — *Time*, 1988

★ NB: 턱에 강한 정신력을 투영하여 표현한 것으로, 턱에 대한 영어 문화권의 특징적인 시각을 엿볼 수 있다. 의연한 태도를 표현하는 비슷한 구문으로 hold one's head high [up]이 있는데 사실 이쪽이 더 일반적이다.

jut one's chin out ➡ thrust one's chin out

When the other driver sets his jaw and *juts his chin out* in front, you know you'd better give him the right-of-way. (상대방 차의 운전사가 턱에 힘을 꽉 주고 그 끝을 들이대며 덤빌 때는 순순히 길을 양보하는 것이 좋다.) — R.L.Whiteside

He's an impressive young man. When he talks his eyes gleam and *his chin juts out* with determination. You get the feeling he's the sort of individual you would like to have on your side. (그는 인상 깊은 젊은 청년이다. 그는 말을 할 때 눈이 반짝반짝 빛나고 확고한 신념으로 턱이 다부지게 앞으로 나온다. 우리 편이 되어 달라고 하고 싶을 만큼 믿음직스럽다.) — A.Hailey: 4

keep one's chin up 턱을 앞으로 내밀고 있다. 고개를 쳐들고 있다. ((당당하게 얼굴을 쳐들고 있는 모습, 그리고 그 비유 표현))

"I heard just now that my husband is in love with someone else. We're brought up to take these things in our stride. I should be able to *keep my chin up*. But I can't." 〔남편의 변심을 알고 동요하는 아내의 이야기〕 ("나는 방금 남편이 다른 여자와 사랑에 빠졌다는 얘기를 들었다. 우리는 이런 일을 당연하게 받아들여야 한다고 배우며 자랐으니 나는 의연하게 대처했어야 했다. 하지만 할 수 없었다.") — L.Auchincloss: 2

★ NB: "Keep your chin up." 또는 "Chin up."은 실의에 빠진 사람(고개를 푹 숙이고 있는 사람)을 격려할 때 자주 쓰는 표현이다. chin은 jaw, temple과 함께 권투에서 3대 급소로 꼽는 곳이다. "Keep your chin up."은 한 방 얻어맞았다고 움츠러들지 말고 떳떳하게 턱을 내밀고 싸워 나가라는 의미다. 즉 곤란에 처해도 풀 죽지 말고 열심히 해 나가라는 뜻이다.

★ NB: 영미권의 사람들은 곤란한 상황에 처한 친구나 지인에게 "힘내라."라는 의미로 자신의 턱을 주먹으로 가볍게 쳐 보이곤 한다(Brosnahan, 1988). "Keep your chin up."을 잊지 말라는 의미다.

lift one's chin ➡ raise one's chin

Mary *lifted her chin* a little and looked at him haughtily, her lips closed in a thin, firm line. She said no word but there was battle in her eyes. (그의 변명에 화가 난 마리는 턱을 휙 쳐들고는 그를 노려보았다. 굳게 다문 입술에서는 한 마디도 새어 나오지 않았지만 이대로 물러날 줄 아느냐는 듯한 전의(戰意)가 그녀의 눈에 아른아른하게 떠올랐다.) — J.Lingard

lift someone's chin 타인의 턱 아래에 손(손가락)을 대고 얼굴을 들어 올리다. 《상대의 얼굴을 잘 보기 위해 또는 자신의 얼굴을 보여 주기 위해; 키스를 하기 위해 등》 **유** tilt someone's chin / tip someone's chin up **참** put one's HAND under someone's chin

lift someone's chin

"I didn't know that there were girls like you left in the world," he said slowly and put up a hand and *lifted her chin* gently with his forefinger and scanned her face as though he hadn't really looked at it before. 〔헌신적으로 일하는 신입 간호사에게 까다로운 의사가 처음으로 관심을 보이는 장면〕 ("자네 같은 여성이 이 세상에 아직 존재할 줄은 몰랐다."고 말하며 의사는 그녀의 턱을 검지로 들어 올리고 얼굴을 찬찬히 뜯어보았다.) — B. Neels: 3

"I'll only be gone ten minutes, perhaps less. You won't start being scared again? Promise me?" Once more she nodded, her head still lowered. He *lifted her chin* with one finger. "Lock the door, will you?" 〔여자가 겁에 질려 있는데 남자는 그녀를 혼자 두고 밖으로 나가야 하는 상황〕 (그는 "10분 안에 돌아올 테니까 무서워하지 않겠다고 약속해 줘."라고 말하고, 그녀는 고개를 숙인 채 아무 말 없이 고개를 끄덕였다. 그는 그녀의 턱에 손가락을 대 얼굴을 들어 올리며 문단속 잘하라고 주의를 주었다.) — H.MacInnes: 3

lift one's chin off one's chest 얼굴을 들어 올리다. 《꾸벅꾸벅 졸며 고개를 숙이고 있다가 잠이 깨어 얼굴을 들어 올리는 동작; 또는 자발적으로 행동에 나서는 것을 의미하는 비유 표현》 **참** rest one's chin on one's chest

Only a sudden massive blow can *lift* the public *chin off its chest*. (갑작스레 날아드는 묵직한 일격만이 대중을 일으켜 세워 자발적으로 행동하게 만들

수 있을 것이다.) — *Time*

★ NB: 이 비유 표현의 근간에는 rest one's chin on one's chest가 있다. 턱을 가슴에 대고 고개를 숙여 시야에서 외부 세계가 사라지게 하는 것은 자신만의 세계에 갇혀 있으려는 자폐적 상태를 나타낸다. 그러므로 가슴에서 턱을 떼고 얼굴을 들어 올린다는 것은 자신만의 세계에서 빠져나와 외부 세계를 제대로 응시하고 행동해야 한다는 필요성을 인식했음을 의미한다. 따라서 lift one's chin off one's chest는 be aroused from sleep to action의 비유 표현이라 할 수 있다.

lower one's chin to one's chest ➡ pull one's chin in

He hooked his thumbs in his vest, frowned, and *lowered his chin to his chest*. "Do you know," he said, "that I like it? I like it because it has class. That's something your company is going to need a lot of, gentlemen,—class." (그는 조끼 주머니에 엄지를 찔러 넣고, 얼굴을 찌푸리고, 턱을 수그려 상대를 노려보는 듯한 모습을 하고는 많은 이가 반대하는 제안에 당당히 찬성 의견을 표명했다. 그는 "이 의견에는 품격이 있다. 품격이야말로 당신의 회사가 앞으로 크게 필요로 하게 될 것이다."라고 충고했다.) — S.Birmingham

point one's chin at··· ···을 턱으로 가리키다. ((지시 동작)) 유 toss one's chin at···

When I came back she was looking at the picture of Susan on the bookcase. "Yours?" she said and *pointed her chin at* the picture. (내가 방으로 돌아가니 그녀는 책장 위에 놓여 있는 수전의 사진을 보고 있었다. 그녀는 턱으로 사진을 가리키며 "네 여자 친구?" 하고 물었다.) — R.B.Parker: 2

★ NB: 같은 동작을 point (at···) with one's chin 문형을 이용해 표현하기도 한다.

"Isn't that," she whispered excitedly, trying to *point with her chin*, "no, over there, isn't it Ira's ex-wife? The one with the huge diamond flower." (손님들 사이에서 아는 사람의 전처를 발견한 여자가 심봤다는 듯 눈을 번득이는 장면이다. 커다란 다이아몬드 꽃 장식을 단 여자 쪽을 턱으로 가리키며 저 여자가 아니냐고 동행에게 슬쩍 묻는다.) — L. Gould

★ **영일비교** 일본어 표현 '턱으로 가리키다'에는 손으로 가리키지 않고 무례하게 턱으로 때우니 오만방자하다는 의미가 숨어 있다. 게다가 이 동작은 지시 대상을 향해 턱을 치켜드는 것이어서, 그 자체로 상대를 깔보는 태도를 나타낸다고 본다. 머리를 숙이는 겸허함을 고상하다고 여기는 일본에서 타인에게 턱을 내미는 동작은 무례함, 건방짐 등의 부정적인 인상이 늘 따라다닌다.

반면에 영미인은 가까이 있는 것을 가리킬 때, 혹은 손가락으로 가리키면 예의에 어긋날 때 선뜻 턱 또는 머리를 쓴다[incline one's head toward…; nod (one's head) toward…]. 머리와 턱 어느 부위로 지시 대상을 가리키느냐는 딱히 의식적으로 구분해 쓰지 않는다. 단, 턱 끝으로 가리키는 태도가 건방질 때는 *toss* one's chin at… 등으로 표현한다.

prop one's chin on one's hand(s) ➡ rest one's chin on one's hand(s)

Shelley *propped her chin on her fist* and stared dreamily out the window, below the partially drawn shade, at the top of a palm tree. (꿈에 그리던 캘리포니아에서 생활하게 된 셸리는 주먹을 턱 아래에 고이고 지그시 창 밖에 서 있는 야자나무 꼭대기를 올려다보았다.) — B.Cleary: 1

protrude one's chin ➡ thrust one's chin out

Davidson's brows lowered, and he *protruded his* firm *chin*. He looked fierce and determined. 〔중대한 결의를 한 남자의 얼굴〕 (데이비드슨은 미간을 잔뜩 찌푸리고 완강한 턱을 앞으로 내밀어 엄숙한 표정을 하고 있었다.) — W.S.Maugham: 13

pull at one's chin 턱 끝을 잡아당기다. ((주로 남성이 생각에 잠길 때 행하는 동작)) 유 stroke one's chin

pull at one's chin

Bolling *pulled at his chin*, lengthening his face. "It's queer I never heard from him after that." (그는 생각에 잠긴 듯 얼굴이 길어질 정도로 턱 끝을 세게 잡아당기며 "그 후 그에게서 전혀 연락이 없으니 이상하다."고 말했다.) — R.Macdonald: 7

pull one's chin in 턱을 움츠리다. 턱을 쑥 집어넣다. 《공격, 제재, 질책을 각오한 방어적인 자세; 대결 직전의 자세》 유 lower one's chin to one's chest / tuck one's chin in

pull one's chin in

I could see the packed muscles tighten under the shoulder of his blouse. I *pulled in my chin* and got ready to roll with the punch. (나는 그의 셔츠 아래에서 어깨 근육이 긴장되어 팽팽해지는 것을 볼 수 있었다. 나는 턱을 쑥 집어넣고 주먹이 날아오면 맞서서 한 방 먹이기 위해 자세를 잡았다.) — R. Macdonald: 7

★ 영일비교 영어권에서 pull one's chin in은 기본적으로 상대의 공격으로부터 자신의 몸을 지키는 방어적 자세로 여겨진다. 이러한 자세의 전형 중 하나가 턱에 일격을 당하지 않으려고 턱을 당긴 채 공격 기회를 노리는 권투 선수의 그것이다. 이와 같은 모습은 군인의 직립부동 자세에서도 볼 수 있다. 군대 경험자에게 "Stand up, shoulders back, chin in!"이라는 호령은 매우 익숙할 것이다.

한편 이처럼 특별한 상황이 아닌 일상에서 당긴 턱은 벅찬 상대 앞에서 움츠러든 모습과 이어질 때가 많다(tuck one's chin in). keep your chin up, hold your chin high라는 표현대로 턱을 당당하게 들고 나아갈 것을 장려하는 문화에서 턱을 낮추거나 당기는 행위가 부정적인 인상을 풍기게 마련이다.

일본어에서 '턱을 당기다'는 상대에게 공격의 틈을 주지 않도록 온몸에 신경을 쓰는 용의주도한 자세를 가리킨다. 또한 이 자세는 검도, 유도 또는 스모와 같은 전통적인 무예나 경기의 기본자세로 간주된다. 일본 소설에서는 대립하는 상대를 앞에 두었을 때 틈을 주지 않으려는 자세를 가리킬 뿐, 상대의 얼굴도 제대로 쳐다보지 못하는 위축된 모습(영어에서 tuck one's chin in 등으로 나타내는 모습)에는 쓰이지 않는다. 일본에서 '턱을 당기다'는 바람직한 자세로서 긍정적으로 그려지는데, 부정적인 자세로 곧잘 그려지는 '턱을 쑥 내밀다'와 대비된다.

'턱을 쑥 내밀다', '턱을 당기다' 이 두 자세가 모두 일본어와 영어에서 각각 정반대의 의미를 지닌다는 점은 주목할 만하다. 이것은 당김의 세기에 우위를 두는 '받기' 문화와 공격의 세기에 우위를 두는 '밀기' 문화의 차이에서 비롯되었을지도 모른다. 이러한 차이 때문에 일본 소설에서 묘사되는 '당긴 턱'의 세기를 영어로는 그대로 나타내기 어려운 듯 다음과 같이 의역을 시도하기도 한다.

그 옆에 턱을 꾹 당긴 땅딸막한 장군이 칼자루에 양손을 얹고 앉아 있었다. – 엔도 슈사쿠, 『바다와 독약(海と毒薬)』
…beside him a stocky little officer who sat *with clenched jaw*, both hands on his sword hilt. — M. Gallagher 옮김

push one's chin out ➡ thrust one's chin out

Haldemann and Ehrichman always seemed to be on the verge of losing their tempers—*their chins pushed out* to express pugnacious determination, the corners of their mouths turned sharply down and their foreheads creased with worry lines. They represented to perfection the face of "tough power" which is designed to convince us of the wearer's absolute faith in himself and his contempt for other less powerful people. 〔닉슨 대통령 측근의 불손하리만큼 자신만만한 표정을 묘사한 것〕 (할데만과 에릭먼은 언제나 폭발 일 초 전의 얼굴을 하고 있다. 절대로 뒤로 당기는 법이 없을 듯 쑥 내민 턱에 입꼬리는 축 처져 있고 이마에는 주름이 져 있다. 마치 '강한 힘'이 무엇인지 완벽하게 보여 주는 듯하다. 스스로에 대한 확고한 자신감과 약자에 대한 경멸을 각인시켜 주는 듯한 얼굴이다.) — M. Korda: 1

The Soup's worst suspicions had obviously been confirmed. His eyes shone with a strange light. *His chin pushed itself out* another couple of inches. He clenched and unclenched his fingers once or twice, as if to make sure they were working properly and could be relied on to do a good, clean job of strangling. 〔상대의 숨통을 끊어 버리겠다는 남자의 모습을 과장스럽게 묘사한 것〕 (설마 했던 것이 사실로 판명되었다. 그는 복수하겠다고 결심하며 턱을 더욱 확실히 내밀고, 자신의 손으로 목을 졸라 죽일 수 있을지 시험하는 것처럼 손가락을 쥐었다 폈다 했다.) — P.G.Wodehouse: 6

put one's chin out ➡ thrust one's chin out

Liz: As a matter of fact, I don't.
Tracy: Good. Nor do I. That's why I'm *putting my chin out* for the second time tomorrow. 〔재혼을 앞두고 있는 남녀의 이야기〕 (떠들썩하게 결혼하는 건 바보 같은 짓이라고 생각하지 않느냐는 물음에 리즈는 "사실 나는 그렇

게 생각하지 않아요."라고 대답한다. 트레이시는 "나도 그렇습니다. 그래서 내일 당당하게 재혼을 단행하는 것이지요."라고 말한다.(비유적)) — P.Barry

one's chin quivers 턱이 바들바들 떨리다. ((눈물이나 웃음이 북받쳐 오를 때의 모습)) 유 one's chin trembles

Stewie'*s chin quivered* with silent laughter. (소리 죽여 웃는 술꾼의 턱이 바르르 떨렸다.) — J.Herriot

★ NB: one's chin quivers는 눈물 또는 웃음 때문에 턱이 눈에 띄지 않을 정도로 미묘하게 떨리는 모습을 가리킨다. tremble은 quiver와 거의 같으나 주로 슬픔, 공포, 불안 때문에 입 주변이 와들와들 떨리는 것을 표현한다.

raise one's chin 턱을 쳐들다. ((몹시 화가 났을 때; "흥!" 하며 반발할 때; 강하게 반항적인 태도를 취할 때; 한 치도 양보할 수 없다며 강하게 나설 때; 타협을 거부하며 강하게 주장할 때 등)) 유 cock one's chin (up) / draw one's chin up / one's chin goes up / lift one's chin / one's chin shoots up / stick one's chin up / thrust one's chin up / tilt one's chin / with one's chin up 참 thrust one's chin out

Her blue eyes, wide and normally gay, now focused sharply, even accusingly at him. *Her chin was raised* as if to give emphasis to her determination, and the mass of blond hair piled casually on top of her head threatened to come down as she tilted her head imperiously, a gesture which always put him on the defensive. 〔상대에게 한 치도 양보할 수 없는 여자의 모습〕 (그녀의 밝고 푸른 눈은 비난의 눈빛으로 그를 주시했다. 그녀가 단호한 태도를 강조하는 듯 턱을 잔뜩 위로 쳐들고 고개를 뒤로 젖히며 경멸하는 듯한 자세를 취하자 가볍게 틀어 올린 금발머리가 풀어지려 했다. 그녀가 이런 행동을 취하면 그는 언제나 방어적이 되곤 했다.) — H.Kemelman: 3

★ **영일비교** 영어에서는 강경한 표정을 턱을 중심으로 묘사할 때 위로 향하는 움직임과 앞으로 향하는 움직임 두 가지로 표현한다. 위에 나열한 일련의 표현은 전자에 속한다. 이것은 상대를 가까이하지 않으려고 턱 끝을 내밀듯 들어 올리고 얼굴을 돌리는, 거부하는 기색이 역력한 몸짓으로 상처 입은 자존심, 권리의 침해나 부당한 간섭 등에 대한 반발이나 분노, 타협을 거부하는 단호한 태도 등을 나타낸다. 영어 소설에서는 이 몸짓을 여성의 것으로 유형화하는 경향이 있다. 이것을 턱이 아니라 머리를 중심으로 묘사하면 toss one's head back이 되는데 이 표현도 주로 여성에게 사용한다. 일본어에서는 이와 같은 새침한 태도를 턱이나 머리를 중심으로 묘사하는 일이 드물어 딱 들어맞는 표현을 찾기는 어렵다.

턱을 앞쪽으로 내미는 동작(e.g. thrust one's chin out)은 이것과 대조적으로 일전을 불사할 각오, 왕성한 투지, 공격성, 일단 정한 것을 이루고 말겠다는 의욕 등이 담긴 적극적이고 진취적인 자세로 보는데, 영어 소설에서 이러한 동작을 하는 사람은 주로 남성이다. 일본어에서도 똑같이 공격적인 모습을 '턱을 내밀다'로 나타내기는 하지만 영어만큼 강경한 표정과 내민 턱을 연관 짓는 표현은 확립되어 있지 않다. 일본의 『국어관용구사전』에서는 '턱을 내밀다'의 의미로 '턱을 내밀어 단호한 태도를 나타내는 모습'과 함께 '몹시 지치거나 해서 기력을 잃은 모습'을 나란히 제시하고 있다.

rest one's chin on one's chest 턱이 가슴에 닿을 정도로 고개를 숙이다. 《힘없이 고개를 떨군 모습 또는 고개를 숙이고 생각하는 모습 등》 유 have one's chin on one's chest 참 lift one's chin off one's chest

He *rests his chin on his chest*. He appears to be looking at the floor and nods his head as if saying "yeah." (그는 턱이 가슴에 닿을 정도로 힘없이 고개를 떨군다. 그는 바닥을 쳐다보는 듯한 모습으로 마치 "그래."라고 얘기하듯 고개를 끄덕인다.) — C.Potok

rest one's chin on one's chest

rest one's chin on one's hand(s) 턱을 괴다. 《책상, 무릎 등 위에 팔꿈치를 세우고 손 위에 턱을 얹고 있는 느긋한 자세; 멍하니 생각에 잠긴 모습》 유 prop one's chin on one's hand(s)

"It all sounds lovely!" Marigold approved, and taking off her gloves and putting her elbows on the table, she *rested her chin on her hands*. "You're very kind to me, Ben." 〔레스토랑에서 벤과 마주 앉은 마리골드의 모습〕 (벤이 오늘밤의 계획을 말하자 마리골드는 "재밌을 거 같아요!" 하고 즐거워하며 장갑을 벗고는 턱을 괴고 자상하게 마음 써 준 그에게 "당신 참 친절하군요, 벤."이라고 말했다.) — B.Cartland: 2

rest one's chin on one's hands

rub one's chin 턱을 문지르다. ((당혹스러울 때, 깊게 생각할 때의 동작)) 유 stroke one's chin / rub one's JAW

Dr. Neal looked at her scrutinizingly, and *rubbed his chin*. "How old did you say you are?" (눈앞에 나타난 여성은 의외로 젊어 보인다. 닐 박사는 유심히 그녀를 바라보더니 심각한 표정으로 턱을 문지르며 "당신 나이가 몇 살이라고 했었지?" 하고 재차 물었다.) — A.Hailey: 4

one's chin sags 턱이 늘어지다. ((기력 상실; 의기소침한 모습 등)) 참 down in the MOUTH

Howard came home early one afternoon, his legs wobbly, and told her in the doorway he had been suspended from the force. "Suspended—what does it mean?" she cried. "Like on probation." He sat at the kitchen table and let *his chin sag*. (발을 질질 끌며 겨우 집으로 돌아간 하워드 경관은 정직을 먹었다고 아내에게 털어놓았다. 그럼 어떻게 되는 거냐고 아내가 묻자 그는 보호 관찰 신분과 비슷한 처지가 된다고 대답하며 주방 식탁에 앉아 망했다는 듯 턱을 축 늘어뜨렸다.) — J.C.Oates: 1

★ **영일비교** 일본어 표현 '턱이 나오다', '턱을 내밀다'는 일반적으로 몹시 지쳤거나 기력을 잃은 모습을 가리킨다. 이 표현의 바탕에는 턱이 완전히 들린 달리기 선수의 힘들어 하는 모습이 있다.
같은 모습을 나타내는 영어 관용구는 be down in the mouth이다. 이것은 느슨해진 입이 맥없이 ㅅ자를 그리며 처진 모습을 나타낸 것이다. 이런 입매를 관용구를 쓰지 않고 사실적으로 나타낼 때 영어에서는 '턱이 힘없이 떨어지다(one's chin sags, one's chin hangs slack)'라고 표현할 때가 많다. 일본어처럼 '턱이 나오다'라고는 하지 않는다.

scratch (at) one's chin 턱을 긁적이다. ((주로 남성이 당혹스러울 때, 의아하게 생각할 때 하는 동작)) 유 scratch (at) one's JAW

She inquired whether there was not some smaller inn to which she could repair. The guard *scratched his chin*, and ran his eyes over her thoughtfully. (커다란 여인숙의 수위는 한 여성으로부터 그녀가 건강을 회복할 수 있는 좀 더 작은 여인숙은 없냐는 질문을 받았다. 그는 턱을 북북 긁으며 이 여자가 뭐 하는 사람인지 생각하는 것처럼 그녀를 머리부터 발끝까지 훑어보았다.) — G. Heyer: 1

scratch one's chin

set one's chin 턱에 힘을 주다. ((굳은 의지나 강한 정신력이 배어 나오는 표정, 반항적인 자세)) 유 square one's chin / set one's JAW / square one's JAW

"Frances, I want to talk to you." It was her father. She *set her chin* stubbornly. Here it comes! (아버지가 "프랜시스, 네게 할 얘기가 있다."고 말을 걸자 그녀는 아버지의 잔소리가 또 시작된다는 생각에 재빨리 턱에 빳빳하게 힘을 주었다.) — L. Auchincloss: 1

one's chin shoots up ➡ raise one's chin

"When you were examining the thing in the silver table with Dr. Sheppard, was the dagger in its place, or was it not?" Flora'*s chin shot up*. "Inspector Raglan has been asking me that," she said resentfully. 〔탐정이 사건 관계자에게 질문하는 장면〕 (탐정이 형사와 똑같은 질문을 하자 플로라는 자신이 용의자 취급을 받는다는 생각에 격분하여 턱을 추켜올린다.) — A. Christie: 5

★ NB: one's chin shoots up은 턱을 재빨리 세게 휙 추켜올리는 모습을 과장하여 나타낸 것이다.

sink one's chin in the collar (of one's coat) ➡ draw one's chin into the collar (of one's coat)

He paced up and down, *his chin sunk into the* high *collar of his overcoat* and his burly shoulders drooping forward…. (그는 바짝 세운 코트 깃에 턱을 푹 파묻고 건장한 어깨를 힘없이 떨어뜨리고는 하염없이 서성이고 있었다.)

square one's chin ➡ set one's chin

Millicent Black *squared her chin*. With a do-or-die, I'll-get-over-that-fence-if-it-kills-me-to-win-the-hunt expression, she grabbed two gourds from the carefully arranged table decoration…. 〔여우 사냥에 참가한 여성이 필승의 결의를 다지는 장면〕 (그녀는 턱에 힘을 단단히 주고 얼굴에 '죽기 살기로 이 펜스를 뛰어넘겠다.'라고 말하는 듯 투지 가득한 표정을 짓고는, 밖으로 나가며 식탁에 놓인 아름다운 꽃꽂이에서 박꽃 두 송이를 땄다.) — J.McIlvaine

stick one's chin out ➡ thrust one's chin out

(He looks like) someone who is firm, who will *stick out his chin* for what he thinks is right…. (그는 의지가 굳고, 자신이 올바르다고 믿고 있는 것을 위해 대담하게 행동하는 사람처럼 보인다.(비유적)) — R.Whiteside

stick one's chin up ➡ raise one's chin

"I often think young Clare O'Brien has it too. I always see her as sort of an echo of Angela O'Hara." "Do you?" Molly frowned. "Same way of *sticking their chins up* and getting on with things, no matter what." Dr. Power smiled at the thought. (동네 의사가 클레어 오브라이언에 대해 이야기하는 장면이다. "그 아이는 안젤라 오하라와 꼭 닮았다. 어떤 일이 있어도 아랑곳하지 않고 이까짓 것쯤이야 하며 힘내어 일을 처리해 나가는 것이 쏙 닮았다."(비유적)) — M.Binchy

stroke one's chin 턱을 쓰다듬다. ((주로 남자가 생각에 빠졌을 때 하는 동작))

유 rub one's chin / pull at one's chin / pull (at) one's JAW / rub one's JAW

Thoughtfully Pearson *stroked his chin* with thumb and forefinger. (피어슨은 생각에 잠긴 듯 엄지와 검지로 턱을 자꾸만 쓰다듬었다.) — A.Hailey: 2

★ **영일비교** 일본 『국어관용구사전』에 따르면 '턱을 쓰다듬다'는 우쭐거린다는 비유적 의미가 있다. 이는 턱을 슬쩍 치켜들고 '에헴' 하는 헛기침 따위와 함께 가공의 턱수

염을 쓰다듬는 시늉을 해서 우쭐한 마음을 나타내는 구체적인 행동과 관련이 있으나 오늘날에는 이 행동을 다소 연극적인 몸짓으로 본다.
영어 문화권에서는 '턱을 쓰다듬다'를 생각에 잠겼을 때 무의식적으로 나오는 동작으로 본다. 일설에 따르면 이것은 턱수염을 쓰다듬는 동작의 흔적이라고 한다(Morris, 1985). 턱수염은 기르는 데 오랜 세월이 필요하다. 그래서 긴 턱수염을 전통적으로 풍부한 인생 경험과 지혜의 상징으로 여기고, 그것을 훑는 행위를 지혜를 짜내려 생각을 거듭하는 증거로 여긴다. 턱수염을 길게 기르는 것이 옛날만큼 일반적이지 않은 오늘날에도 턱을 쓰다듬는 행위에는 그 의미가 내재되어 있는 것이다. 게다가 "이거 참." 하고 턱을 쓰다듬으며 생각하는 내용은 으레 못된 계략과는 상관없는, 인생의 경험에서 지혜를 끌어내려는 것이라고 여기기도 한다.

take it on the chin **턱에 한 방 맞다. ⟪심하게 얻어맞아 상처를 입으면서도 용기 있게 받아들이다, 역경에 지지 않고 맞서 나가다 등을 의미하는 비유 표현⟫**

I had never met the chap, but I gathered that he was somebody who had *taken it on the chin* to oblige a girl, and to my mind this was enough to stamp him as a priceless ass. (나는 그 청년을 만난 적이 없으나, 그가 여자를 기쁘게 해 주려다 곤란한 지경에 처한 남자라는 이야기를 들은 바 있다. 내 입장에서 말하자면 그는 그것만으로도 쓸모없는 멍청이라 낙인찍혀도 할 말이 없다.) — P.G.Wodehouse: 2

tap one's chin **턱 끝을 가볍게 톡톡 두드리다. ⟪생각에 잠겼을 때의 동작-검지 또는 중지 혹은 그 두 손가락으로, 혹은 연필이나 다른 소지품을 이용하여⟫**

"He didn't say that he was going to do anything to me. What he said—." She looked up at the ceiling and *tapped her chin*. (탐정이 남자의 차기 범죄 계획에 대해 그의 연인으로부터 알아내는 장면이다. 그녀는 어디까지 말해야 하나 고민하는 듯 천장을 바라보며 턱을 톡톡 두드렸다.) — R.Macdonald: 1

throw one's chin out ➡ thrust one's chin out

"Well," she said, *throwing out her chin*, "I've had enough of it. I won't take any orders from you." (이렇게 저렇게 자신의 행동을 제재하는 남자에게 그녀는 분연히 턱을 내밀며 "이제 더 이상 당신의 명령 따위는 받지 않겠다."라고 단호하게 말했다.) — R.Macdonald: 8

thrust one's chin out **턱을 앞으로 내밀다. ⟪화가 났을 때; (권위 등에) 반발하여 오만한 자세를 취할 때; (대립하고 있는 상대에게) 한번 해보자는 자세를 취할 때; 대담한 결단을 하거나 결정한 것을 수행하려는 의욕이 넘칠 때 등⟫** 유 jut one's chin out / protrude one's chin / push one's chin out / put one's chin out / stick one's chin out / throw one's chin out / jut one's JAW out / protrude one's JAW /

push one's JAW out / stick one's JAW out / thrust one's JAW out 참 raise one's chin

thrust one's chin out

The woman's companion *thrust out his chin*, swirled around, roared and grabbed the man by the throat. (관객 중 한 사람이 앞자리에 앉은 여자의 모자가 방해된다며 한마디하자, 여자의 일행인 남자가 턱을 앞으로 내밀고 엄청난 기세를 떨치며 소리를 질러 가며 그의 멱살을 잡았다.) — *Daily Telegraph*, 1976

thrust one's chin up ➡ raise one's chin

"… and I am not going to wear the sweater." "Of course you'll wear the sweater," said Mavis firmly. "You have been needing a sweater and now you have one, a very becoming one." "… I'll freeze to death first." Katie *thrust up her chin* and stared out the window. (스웨터를 갖고 싶었던 여자아이에게 할머니가 보낸 손뜨개 스웨터가 도착한다. 엄마는 참 잘됐다며 기뻐하지만 딸은 "절대 입지 않을 거예요. 이런 걸 입느니 얼어 죽는 게 낫다고요." 하며 턱을 바짝 쳐들더니 눈길을 돌려 창밖을 쳐다본다.) — B.Cleary: 1

tilt one's chin ➡ raise one's chin

"You should have told me." "Should? Indeed not," Victoria *tilted her chin*. "Since when must I report to my grandchildren?…" (상의 없이 일을 결정해 버린 할머니에게 그는 불만을 느꼈다. 그가 할머니에게 "반드시 저에게 얘기하셨어야 해요." 하고 말하자 할머니는 '반드시'라는 말을 듣고 화가 나서 턱을 바짝 치켜들고 "나에게 언제부터 손자에게 일일이 보고할 의무가 생긴 거냐?" 며 손자를 질책했다.) — J.Michael: 1

tilt someone's chin ➡ lift someone's chin

He *tilted her chin* and looked into her grey eyes—looked into them as if he were searching for something—and the responsive light in them softened his harsh features still further. (그는 그녀의 마음을 들여다보려는 듯 턱을 손끝으로 가만히 들어 올리고 그녀의 잿빛 눈을 들여다보았다. 그녀의 눈이 그의 마음에 답하듯 빛나는 것을 보고 그의 굳은 표정이 한결 풀어졌다.) — P.Kent: 1

tip someone's chin up ➡ lift someone's chin

"Look at me," he whispered, putting his hand under her chin and *tipping it up*. (고개를 들지 않는 여자에게 그는 "나를 봐요."라고 속삭이며 그녀의 턱을 자신의 손으로 들어 올렸다.) — J.McNaught

toss one's chin at… ➡ point one's chin at…

Kyle turned to us… and *tossed his chin at me*. "How much do you charge?" he said. "To work for you? Two hundred billion dollars a day." (범죄 조직의 보스급인 카일은 이쪽을 바라보며 '이봐, 거기 너.'라고 말하는 듯한 건방진 태도로 나를 향해 턱을 내밀고 "수수료는 얼마냐?"라고 물었다. 그들과 일할 생각이 전혀 없던 나는 하루에 2000억 달러라고 대답했다.) — R.B. Parker: 2

one's chin trembles ➡ one's chin quivers

"… Tell me where is your mother?" With *a trembling of his chin* which made his lips and delicate nostrils quiver, and the skin of his forehead contract, Nicholas brought out the words: "Mother doesn't live with us any more." ("어머니는 어디에 계시냐?"라는 질문에 그는 겨우 입을 열어 "어머니는 더 이상 우리와 함께 살지 않아요."라고 대답했다. 그의 턱은 북받치는 감정으로 바르르 떨리고, 그의 입술과 콧구멍도 함께 떨리고 이마에는 주름이 잡혔다.) — A.J.Cronin: 3

tuck one's chin in [against one's chest] 턱을 (가슴께로) 끌어당기다. 《상대로부터의 공격, 제재, 질책을 각오한 소심한 자세; 상대의 틈을 노리는 방어적인 자세》 유 pull one's chin in

His growling demand, "What's going on here?" scattered the children in every direction, while Tod took one look at the scowl on his father's face and *tucked his chin against his chest*. 〔마구 떠드는 아이들을 아버지가 야단치는 장면〕 (아버지의 노한 음성에 아이들은 구름떼처럼 여기저기 흩어져 도망가지만 토드는 단단히 마음을 먹었는지 턱을 가슴께에 묻고 몸을 움츠린다.) — J.Dailey: 1

tuck one's chin in (against one's chest)

one's chin wags 턱이 연신 움직이다. 《웃음을 참을 수 없는 순간 입 언저리의 모습; 수다쟁이를 의미하는 비유 표현》

Grandfather Egmont came down to dinner on my first evening and made me sit beside him. He seemed to be consumed by some secret enjoyment. "You're going to bring a bit of life into the castle," he said, *his chin wagging* to express amusement. "Always liked to see a pretty woman around." (할아버지의 저택에 도착한 첫날 밤, 그는 만찬 자리에서 나를 옆에 앉혔다. 나의 방문이 너무도 기뻐 어쩔 줄 모르는 듯 집이 화사해졌다느니 예쁜 여자아이는 언제 봐도 기분이 좋다느니 이야기하느라 그의 턱이 유쾌하게 연신 움직였다.) — V.Holt: 2

(with one's) chin up [high] 턱을 (높이) 쳐들다. 《'흥!'이라고 반발하며 강한 태도로 나올 때; 굴하지 않고 얼굴을 추켜올리며 의연하게 행동할 때 등》 유 raise one's chin

"… And if you have any sense at all, you'll realize it for yourself. Good night," said Ann and went out *with her chin up*. (앤은 "당신이 조금이라도 센스가 있다면 깨닫게 될 거야."라는 마지막 이별의 말을 남기고 화가 난 듯 턱을 쳐들고 그곳에서 나가 버렸다.) — P.G.Wodehouse: 1

Brushing past him, I mounted the steps of the veranda, *chin high*, although my hands trembled. [가정교사가 고용주에게 직접 그에 대한 비판을 한 후 그 집을 빠져나오는 장면] (나는 그의 앞을 지나쳐 베란다로 발걸음을 옮겼다. 마음의 동요 때문에 손은 부들부들 떨렸지만 턱만은 의연하리만치 높게 추켜올리고 걸었다.) — J.North

EAR

- ear는 귀, 정확히는 외이(外耳)를 의미한다.

- 인간은 귀를 자유롭게 움직이지 못하지만, 영어 표현 중에는 귀가 예민한 동물의 이미지를 차용하여 마치 인간의 귀가 움직이는 것처럼 표현하는 것들도 있다(e.g. one's ears flap; prick one's ears up).

- 귀가 실제적인 동작과 연결되는 것은 주로 접촉 동작을 통해서다. 영어 문화권에서는 주로 애무와 제재라는 상당히 대조적인 목적으로 귀에 접촉하곤 한다. 애무 행위의 대표로는 귓불을 깨무는 행위를 들 수 있다. 귀를 이용한 제재 행위는 주로 아이들의 행동을 제재할 때 사용된다. 그리고 따귀를 때리는 것은 귀를 겨냥하고 때리는 것으로 표현된다(e.g. box someone's ear). 나쁜 짓을 한 아이를 잡거나 끌고 오거나 나무라는 표현도 귀를 중심으로 만들어진 것들이 많다(e.g. catch someone by the ear; drag someone by the ear; tweak someone's ear).

- 귀와 연관된 접촉 동작 중에는 자신의 손으로 자신의 귀를 만지는 자기 접촉 동작이 가장 많다. 곰곰이 생각을 하거나 심리적인 불안을 가라앉히기 위해 무의식적으로 귀를 만지는 동작(e.g. pull at one's ear, rub one's ear)은 동서양에서 공통으로 발견된다.

- 귀는 그다지 눈에 띄지 않는 부위여서 소설 등에서 외모를 묘사할 때 귀의 미추를 언급하는 경우는 적은 편이다. 한편 아시아에서는 귀가 큰 것을 바람직하게 여기는 경향이 있으나, 영미권에서는 귀가 좌우로 넓은 사람을 jug-eared라고 부르는 등 큰 귀가 야유의 대상이 되곤 한다. 영어 표현 중 have big ears는 귀가 큰 사람을 가리킬 뿐 아니라 남의 이야기에 지나치게 귀를 쫑긋 세우는 사람에게도 쓰이며 부정적인 이미지가 강하다. 특히 어린이들의 세계에서는 그런 경향이 강하여 귀가 큰 아이, 남의 이야기에 신경을 쓰며 귀 기울이는 아이를 "You look like a taxi with both doors open(양쪽 문을 활짝 열어놓은 택시 같다)."이라고 비웃으며 놀려 대곤 한다(I. & P. Opie, 1959).

- 영미권에서는 귀가 간질간질할 때(one's ears tingle) 누군가가 자신에 관해 뒷말을 하고 있기 때문이라고 여기는데, 이때 호의적인 뒷말이면 왼쪽 귀가, 험담일 경우는 오른쪽 귀가 간지럽다고 한다(I. & P. Opie, 1959). 그리고 뒷말 때문에 귀가 빨갛게 달아오른다는 뜻으로 one's ears burn이라는 표현도 쓴다.

- 영미권에서는 귀 뒤쪽이 청결도의 체크 포인트 중 하나로 여겨진다. 세수를 마친 아이가 잘 닦았는지 확인할 때 "Did you wash behind your ears?"라고 묻기도 하고, 때가 있는지 검사할 때도 look behind someone's ears라는 표현을 쓴다. 그리고 더러움이 남아 있다면(have got a tidemark) 다시 씻을 것을 명령한다. wet behind the ears는 귀 뒤쪽을 씻은 물기가 남아 있다는 뜻으로 미숙함을 의미하는 표현이다.(이 관용구가 귀 뒤쪽의 움푹 팬 곳이 동물의 새끼가 태어난 후 가장 나중까지 마르지 않는 곳이라는 데서 유래했다는 얘기도 있다.)

---

bite someone's ear 귓불을 깨물다. 《아주 친밀한 애무 동작》

She put her arm around her mother's neck and gently, very gently, she *bit* her mother'*s ear*. (그녀는 어머니의 목에 한 팔을 두르고 그녀의 귓불을 살짝 깨물었다.) — K.Mansfield: 2

box someone's ear 귀(옆얼굴)를 때리다. 《주로 손윗사람이 손아랫사람에게 벌을 줄 때 행하는 제재 행위》 유 give someone a box on the ear / slap someone's ear(s) back

"Let's go to work," Mrs. Craddock said to the others in a brisk, smiling voice. "We have yet to prove to his lordship that we can manage very well without having *our ears boxed* and knuckles rapped." 〔주인에게 크게 혼나고 풀이 죽은 하녀들을 주방장인 크래덕 부인이 다독여 주는 장면〕 (크래덕 부인은 "자, 일하러 가자. 주인한테 혼나지 않아도 훌륭하게 잘할 수 있다는 걸 보여 주자."라며 활발하게 사람들을 격려한다.(비유적)) — J.McNaught

★ **영일비교** 영미권에서 ear boxing은 연장자가 아랫사람에게 가하는 전통적인 제재 방법의 하나이다. 비슷한 제재 방법으로 엉덩이를 때리는 bottom spanking도 있다. 하지만 후자가 징벌을 예고하며 새삼스럽게 실시하는, 말하자면 '의식화'된 체벌인 데 비해 전자인 따귀 때리기는 상대의 행위에 화가 나서 느닷없이 매운 맛을 보게 하는 징벌 수단이다.

box someone's ear는 일본에서 '따귀를 후려치다', '뺨을 갈기다'가 의미하는 행위와 거의 같다. 하지만 따귀 때리기는 옛날 일본 군대에서 '담금질'이라고 부르며 행한 구타를 비롯해 제재 행위 전반을 가리키고, 영미권처럼 딱히 아이에게 가하는 제재에 한정되지 않는다. 그러면 왜 영미권에서는 아이를 체벌할 때 귀를 표적으로 삼았을까? 이것과 관련해서 Morris(1985)는 귀가 신의 말씀을 듣는 지혜의 자리(the seat of wisdom)이고, 아이들에게 "귓구멍 후비고 잘 들어라."라고 하듯 귀를 자극해 버릇을 가르치기 위한 것이라는 주장을 소개한다.

영어 문화권에서는 부모가 장난꾸러기 아이에게 "I'll give you a thick ear."라고 말하곤 한다. 이것은 귀가 부을(a thick ear) 만큼 때리겠다고 경고하는 것으로, 이 말을 무시하면 아이는 get a thick ear의 우울한 날을 맞이하게 된다.

catch someone by the ear 귀를 잡다. ((주로 어른이 아이를 혼낼 때 행하는 거친 포박법))

"Ah!" he said. "Bullying, eh?" He stood up ponderously and *caught* the boy *by his ear*. "How old are you, eh? Fifteen, isn't it? And you think it is funny to tease little girls of mine?" 〔여자아이를 괴롭히던 남자아이가 그녀의 아버지에게 눈물 쏙 빠지게 혼나는 장면〕 (그는 위엄 있는 태도로 남자아이를 앞에 세워 두고 그의 귀를 꽉 잡더니 "열다섯 살이나 먹어서 여자아이를 괴롭히고 놀리는 게 재밌더냐?" 하고 다그쳤다.) — J. Plaidy

★ NB: 이 행위가 강아지의 귀를 잡고 들어 올리는 습관과 관계가 있다는 견해도 있다.

cock one's ear 귀를 쫑긋 세우다. ((소리가 들리는 쪽으로 주의를 기울여 열심히 듣는 모습; 귀를 기울이고 있는 것을 의미하는 비유 표현)) 유 incline one's ear / prick one's ears up

He was aware of Butler, listening politely, *one ear cocked*, and occasionally making a note on a pad of paper. (그는 버틀러가 정중한 태도로 열심히 귀를 기울이며 가끔 수첩에 메모까지 끼적이고 있다는 걸 눈치챘다.)

cover one's ears 귀를 막다. 유 cup one's HANDs over one's ears / put one's HANDs over one's ears

Covering her ears with her hands, she stammered, "I don't want to hear any more!" (그녀는 "더 이상 듣고 싶지 않아!" 하며 양손으로 귀를 막았다.) — S. Field

cup one's ear 귀(의 뒤쪽)에 손을 벌려 대다. ((잘 듣기 위해 하는 동작; 잘 들리지 않을 때의 몸짓 신호)) 유 cup one's HAND behind one's ear

Barney *cupped his ear*. "I can't hear you. Can you turn that racket down?" (친구가 레코드의 볼륨을 엄청 크게 틀어 놓은 상태에서 말을 걸자 바니는 귀에 손을 대고 "네 말이 하나도 들리지 않아. 소리 좀 줄여 줄래?"라고 부탁했다.) — E. Segal

drag someone by the ear 귀를 잡아 끌고 가다. ((못된 짓을 한 아이를 끌고 가는 행위; 남을 용서하지 않고 기어이 시비를 판가름하는 곳까지 끌고 가는 것에 대한 비유 표현))

drag someone by the ear

There was a faint noise from outside the door. He threw it open and *dragged by the ear* into the room a frightened little boy. (문 바깥쪽에서 희미한 소리가 들려왔다. 그는 즉각 문을 열고 (문 뒤에 숨어 있던) 겁에 질려 있는 소년의 귀를 붙잡아 방으로 질질 끌고 갔다.) — L.Levi

The medical profession *is dragged* in *by its ears* and hauled onto the witness stand to try to describe the patient's suffering…. (의료계가 환자의 고통을 설명하기 위해 억지로 증언대 위로 끌려가는 형국이다.(비유적)) — A.H.Chapman,M.D.

★ NB: 날쌘 아이들은 손이나 팔을 잡아 봤자 금방 도망쳐 버리므로 귀를 잡는 게 가장 효과적이다. 이 행위는 개를 억지로 끌고 갈 때 귀를 잡는 것과 일맥상통한다.

one's ears droop 귀가 축 늘어지다. 《기운 없는 모습을 의미하는 비유 표현》

Gussie, on arrival, proved to be still showing traces of his grim experience. The face was pale, the eyes gooseberry-like, *the ears drooping*…. (괴로운 일을 겪은 직후에 도착한 구시의 얼굴에는 그 흔적이 또렷하게 남아 있었다. 얼굴은 창백하고 눈은 충혈되었으며 귀는 축 늘어져 힘이 없었다.) — P.G.Wodehouse: 5

★ NB: 이 표현은 귀가 축 늘어져 기운이 없는 개나 말의 이미지를 차용한 것이다.

one's ears flap 귀를 쫑긋 세우다. 《잘 듣기 위해 귀에 온 신경을 집중한 것을 의미하는 비유 표현》

Your call may have taken him from bath or booze or blonde, or his maiden aunt'*s ears* may *be flapping* at phone-side. 〔밤늦게 전화를 거는

것에 대해 주의를 주는 장면) (그가 목욕을 하고 있거나 한잔하고 있거나 여성과 즐거운 시간을 보낼 수도 있고 혹은 결혼하지 않은 고모(이모)가 전화 옆에서 귀를 쫑긋 세우고 있을 수도 있다.) — *Esquire* Magazine Editors

★ NB: 귀를 쫑긋 세우는 동물의 이미지를 과장되게 차용한 표현이다.

give someone a box on the ear ➡ box someone's ear

The shudder ran through the whole form, and the Doctor's wrath fairly boiled over; he made three steps up to the construer and *gave him a* good *box on the ear*. (공부를 못하는 학생이 라틴어 한 줄을 말도 안 되게 해석하자 교사는 불처럼 화를 내며 학생 전체를 벌벌 떨게 만들었다. 그는 그 학생의 세 발자국 앞으로 다가가 따귀를 때렸다.) — T. Hughes

grin [smile] from ear to ear 입이 찢어져라 흐뭇하게 웃다. 참 one's MOUTH turns up at the corners

Suddenly, an emissary burst from the Speaker's lobby, where the secret paper ballots were being counted, held up one finger and passed the word to members: Wright 148, Burton 147. Tip O'Neill was *grinning from ear to ear*. (비밀투표의 개표가 진행되고 있는 미 하원의장 회견실에서 특사가 뛰어나와 손가락을 하나 들어 올리더니 1표 차로 민주당이 이겼다는 사실을 모두에게 전했다. 하원의장인 민주당 오닐은 크게 기뻐하며 입이 찢어져라 만면에 미소를 지었다.) — *Time*, 1976

★ **영일비교** 영어는 일본어보다 일관되게 인간이 느끼는 감정을 신체 각 부위가 위아래로 향하는 움직임으로 파악하는 경향이 있다. 입매의 경우, 일본어에서는 기분이 언짢을 때의 downward curve(ㅅ자로 구부러진 입)는 인정하지만 기분이 좋은 upward curve는 인정하지 않는다. 이것을 인정하는 영어에서는 즐겁거나 기쁨이 묻어나는 입매를 the mouth turns up at the corners 등으로 표현한다. 이를 더 과장해서 표현한 것이 위의 관용구이다.

incline one's ear 귀를 기울이다. ((소리가 나는 방향으로 주의를 기울여 열심히 듣는 모습)) 유 cock one's ear

David turned to Lady Cunningham and *inclined his ear*. "Yes? You were saying?" (데이비드는 커닝엄 부인 쪽으로 몸을 돌리고 귀를 기울이며 "네? 무슨 얘기 했어요?" 하고 물었다.) — C. Armstrong: 2

pluck at one's ear ➡ pull at one's ear

He seemed to expect some show of sympathy so Smiley said "I

understand," and *plucked at the lobe of his ear*. (이야기를 마친 그가 무언가 공감하는 반응을 보여 주길 기대하는 것처럼 보이자 스마일리는 "잘 알겠다."라고 말했다. 그러고는 석연치 않은 듯 연신 귓불을 잡아당겼다.) — J.Le Carré

prick one's ears up 귀를 쫑긋 세우다. 유 cock one's ear

When he assumed this attitude in the court-room, *ears were* always *pricked up*, as it usually foretold a flood of withering sarcasm. (법정에서 변호사가 이 자세를 취할 때면 그 뒤로 반드시 신랄한 비아냥이 쏟아져 나왔다. 그래서 이 자세가 나오면 사람들은 일제히 귀를 쫑긋 세웠다.) — W.Cather: 3

★ NB: 소리가 나면 귀를 쫑긋 세우는 개나 말의 습성을 인간에게 차용한 비유 표현이다. 사람이 '귀를 쫑긋 세우는' 모습은 눈을 크게 뜨거나 소리를 향해 머리를 돌리거나 몸이 바짝 긴장하는 모습 등으로 다양하게 표현된다.

pull at [on] one's ear 귓불을 살짝 잡아당기다. ⟪타인의 이야기를 듣다가 따분할 때 무의식적으로 하는 행동; 상대방의 이야기에 대해 보이는 "그런가?", "그런 것 같기도 하고…." 정도의 애매한 반응 등⟫ 유 pluck at one's ear

pull at one's ear

Dammy stood there *pulling at his ear* and staring at the floor. Dad said, Yeah, he'd be down to do it tomorrow because it had to be done. Dammy never said yes, actually. He just never said no, is all. All he did was *pull on his ear* some more. (내키지 않는 일이지만 그래도 할 필요가 있다고 설득하는 아버지의 말을 들으며 더미는 고개를 숙이고 귀를 연신 잡아당긴다. 하겠다, 안 하겠다 얘기도 없이 단지 귀만 계속 잡아당길 뿐이다.) — R.Carver: 1

★ NB: 귀를 잡아당기는 동작이 '좀 더 잘 듣기 위해서'라는 의미의 몸짓 신호로 쓰이

는 경우도 있다.

rub one's ear 귀를 손으로 잡고 비벼대다. 《상대의 이야기에 대해 이런저런 생각을 하는 모습; 약간 정서가 불안할 때 나오는 자기 접촉 동작》

Henry shuffled his feet, looked at her, shuffled his feet again, picked his nose and *rubbed his* left *ear*. "Just something I—I wondered if you—I mean—if you wouldn't mind my asking you—" (헨리는 그녀의 앞에서 완전히 당황하여 발을 이리저리 움직이고 코를 후비고 왼쪽 귀를 비벼댔다.) — A.Christie: 3

scratch (at) one's ear 귀 주변을 긁다. 《이야기를 들은 후 즉각 답을 하지 못하고 망설이거나 생각할 때 주로 나오는 무의식적인 동작》

"You don't know what she's really like, you only see her when she's putting on an act. She's ruined me." Ned *scratched his ear* and examined a fingernail. "I know exactly what that wife of yours is. If you remember, I tried to tell you before you got married…" 〔아버지에게 모든 잘못을 아내 탓으로 돌리는 짓을 그만두라는 얘기를 들은 상황〕 (그는 "아버지는 그녀의 정체를 몰라서 그런 얘기를 하는 거예요. 그 여자 때문에 내가 망했어요."라고 큰 소리로 떠들었다. 네드는 귀 언저리를 긁다가 손톱을 지그시 쳐다보았다. 그리고 겨우 입을 열어 "네 아내가 그런 여자인 건 잘 알고 있다. 기억하는지는 모르겠지만 네가 결혼하기 전에 내가 그런 얘기를 했었다."라고 말했다.) — R.Lawrence

slap someone's ear(s) back 손바닥으로 귀를 때리다. 따귀를 때리다. 《벌을 주기 위해; 격하게 질책하거나 비판하는 것을 의미하는 비유 표현》 유 box someone's ear / give someone a box on the ear

"… I ought to *slap your ears back* for you," said the superintendent. (직무 규정을 지키지 않은 종업원에게 감독관은 "좀 더 엄하게 감독해야겠다."라고 말했다.(비유적)) — B.Glemser

throw someone out on the ear 사람을 내치다. 《특히 직장이나 집에서 사람을 매몰차게 내쫓는 것을 의미하는 비유 표현》

"We're in conference. Bertie, if an aunt's wishes have any weight with you, you will stamp on this man with both feet and *throw him out on his ear*." ("우리 이야기 좀 하자꾸나. 버티, 이 숙모의 소원이 너에게 조금이라도 소중하다면 이 방해자를 두 발로 밟고 두들겨 패서 내쫓아 다오."라며 숙모가 조카에게 부탁한다.) — P.G.Wodehouse: 2

★ NB: 과거 영국에서는 고용인을 해고할 때 주인이 현관에서 고용인을 발로 차 도로로 내쫓는 관습이 있었다. 큰 저택의 현관에는 계단이 있기 마련이라, 그곳에서 밀려 떨어지면 도로까지 굴러가 옆으로 쓰러지게 된다(be out on one's ear). 이 표현은 이런 오래된 관습에서 파생된 관용구다(Leggett, 1973).

one's **ears turn red** 귀가 빨갛게 되다. 《부끄러움, 면목 없음》

"I shouldn't have pushed him," I said as I felt *my ears turn red*. "It was a childish thing to do." ("그를 밀치지 말았어야 했다. 그것은 어린애 같은 짓이었다."라고 말한 나는 부끄러움에 귀가 점점 빨갛게 달아올랐다.) — R. Macdonald: 5

tweak someone's **ear** 타인의 귀를 확 끌어당기다. 《주로 어른이 아이에게 친밀감을 담아 장난칠 때의 동작; 또는 아이에게 가볍게 주의를 줄 때의 동작》 유 twist someone's ear

It was after ten when Garth said lightly, *tweaking* Stephen'*s ear*, "It's way past your bedtime, son—so I think Vicki and I had better go." (열 시가 넘어도 잠자리에 들지 않는 스테판에게 가스가 "아들, 자러 갈 시간이 지났다."라며 꾸중하듯 가볍게 귀를 잡아당긴다.) — S.Field

twist someone's **ear** ➡ tweak someone's ear

"If you two don't both shut up I'll *twist your ears*," I said. They shut up. I'd never carried out the often repeated threat but they didn't like the idea of it. ("조용히 하지 않으면 귀를 비틀어 버리겠다."라고 윽박지르자 아이들은 떠드는 것을 멈추었다. 실제로 그렇게 한 적은 없지만 아이들은 그것을 생각하는 것만으로도 기분이 나빠지는 것 같았다.) — D.Francis: 5

ELBOW

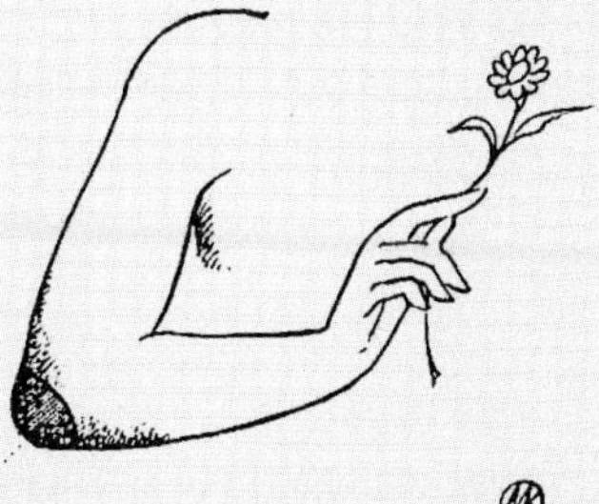

elbow

- elbow는 팔꿈치, 즉 위팔과 아래팔을 잇는 관절, 그리고 그 관절을 굽혔을 때의 바깥쪽 부분을 가리킨다.

- 서구인은 팔꿈치를 성적 함의가 적은 신체 부위로 생각한다. 그 때문에 이 부위를 만지는 것에는 특별한 친밀함이 필요하지 않다. 그래서 상대의 팔을 잡아야 할 필요가 있는 경우 관습적으로 이 부위를 잡는다.

- 팔꿈치의 움직임은 대체로 다소 날카롭고 뾰족하며 친밀함이 부족하다. 예를 들어 팔꿈치를 양 옆으로 내밀어 자신의 힘을 과시하는 동작, 보디 존(body zone)을 확장하는 동작, 팔꿈치로 상대를 쿡 찔러서 아프게 하는 동작 등에서 이를 확인할 수 있다.

- elbow의 어원은 ell(옛날에 쓰던 길이를 재는 단위)+bow(=curve)이다. 그리하여 이 부위는 관용 표현 속에서 보디 존을 재는 하나의 기준으로 종종 쓰인다. 팔을 움직여 팔꿈치가 닿는 범위에 있는 것은 at one's elbow로 표현된다. 보통 사람은 자신의 팔꿈치가 자유롭게 움직일 수 있는 정도의 여유 공간을 확보하길 원하는데, 그런 공간적 여유를 일컬어 elbow room이라고 한다.

- 영어의 관용 표현에서 elbow는 자신의 보디 존을 지키거나 넓히거나 확보하기 위한 무기에 가까운 성격을 갖는다. 영어로 use one's elbows는 인파 속에서 자신의 공간을 확보하기 위해 팔꿈치로 사람들을 밀어제치는 것을 의미하는 비유 표현으로 사용된다. elbow가 동사로 쓰일 때는 전부 자기의 물리적, 사회적 공간을 확보, 확장하기 위해 방해되는 것을 직접 나서서 해결하는 다

소 공격적인 움직임을 가리킨다(e.g. elbow one's way in [out]; elbow someone aside; elbow someone out). 또한 타인을 밀어제치고 목적을 달성하기 위해 수단과 방법을 가리지 않는 것을 work with one's elbows라고 한다.

- 일본어에는 '팔꿈치를 먹이다(ひじ鉄を食わす)'라는 관용구가 있다. 이는 상대방을 팔꿈치로 한 방 먹이는 강인한 동작에서 유래하는 표현이나, 이 동작은 상대방이 내미는 것(요구)을 퉁명스럽게 뿌리치는 것을 의미하기도 하므로 수동적인 표현이라 할 수 있다.

---

at one's elbow 근거리에, 바로 옆에 ((팔을 움직이면 팔꿈치가 닿을 만한 거리에))

At international gatherings, he is the silk-suited figure hovering *at* Mitterrand'*s elbow*, his wary eyes… roaming constantly over the scene. 〔프랑스 수상 미테랑의 측근인 자크 아탈리에 대한 기사〕 (국제적인 모임이 있을 때면 그는 실크 수트를 입고 미테랑의 뒤에 딱 붙어 서서 주변에 세심한 주의를 기울인다.) — *Time*, 1990

★ NB: at one's elbow는 통상 아랫사람이 윗사람의 뒤쪽으로 한 발 떨어져서 공손하게 시중을 드는 위치(the position of a willing deferential subordinate ready to serve)로 여겨진다. 그래서 이 위치에 있다는 것은 '쓰기 편하다'는 의미를 내포하고 있는 경우가 많다.

brush elbows with someone ➡ rub elbows with someone

On any given night, diners would *brush elbows with* the Vice President, members of the Cabinet, or Supreme Court, senators and the powerful industrialists who controlled world-wide empires. (저명인사들이 다수 초대된 저택의 만찬회에는 부통령과 각료들, 대법원 판사, 상원의원, 재계의 거물들이 한자리에 모였다.(비유적)) — S. Sheldon: 4

cup one's elbow in one's hand 오른손으로 왼쪽 팔꿈치(왼손으로 오른쪽 팔꿈치)를 감싸 쥐다. ((손을 어깨 또는 턱에 가볍게 대거나 손에 담배를 쥐었을 때 나머지 손으로 팔꿈치를 받치는 자세; 깊이 생각에 잠겼을 때의 동작))

"Well," he muttered hoarsely, "you've told me. If you've said everything you have to say, I won't keep you." She started toward the door, paused, turned about, walked slowly to the window and stood looking out, *her* left *elbow cupped in her* right *hand*, slim fingers of the other tapping her shoulder agitatedly, at first; then meditatively.

cup one's elbow in one's hand

(그는 "하고 싶은 말을 다했으면 잡아 두지 않을 테니 떠나라." 하고 말했다. 문 쪽으로 가던 그녀는 발걸음을 돌려 창가 쪽으로 돌아와 밖을 바라보았다. 처음엔 다소 동요하는 듯하더니 이내 골똘히 생각하는 듯 오른손으로 왼쪽 팔꿈치를 받치고 왼팔을 세워 손가락으로 자기 어깨를 가볍게 두드렸다.) — L.C.Douglas: 2

dig one's elbow into someone's ribs **타인의 옆구리를 팔꿈치로 지르다. 《타인의 주의를 끌 때; 연대감으로 뭉친 친구나 동지끼리의 농담 어린 접촉 행위》**
유 drive one's elbow into someone's ribs / nudge someone with one's elbow / nudge someone in the RIBs

"Tell my wife what I get up to when I'm in Birmingham? That'll be the day." Fred *dug a* conspirational *elbow into* Arthur'*s ribs*. Arthur winced. [출장 간 곳에서 제멋대로 돌아다니기 위해 일을 꾸미는 상황] (프레드는 "버밍엄에서의 일을 아내에게 알릴 거야?" 하고 말하면서 같은 남자끼리니까 마음을 좀 알아 달라는 듯 아서의 옆구리를 슬쩍 팔꿈치로 질렀다.) — L.Levi

drive one's elbow into someone's ribs ➡ dig one's elbow into someone's ribs

Lansdale seized on the idea of using Nixon to build support for the elections, really honest elections this time. "Oh sure, honest, yes, honest, that's right," Nixon said, "so long as you win!" With that he winked, *drove his elbow into* Lansdale'*s ribs*, and slapped his own knee. (랜스데일은 이번 선거에 닉슨을 내세워 깨끗한 선거를 표방하는 선거 운동을 해 보자고 했다. 이에 닉슨은 "깨끗한 선거는 정말 좋은 것이지만, 그것은 어디까지나 이겼을 때의 얘기다!"라고 말하며 의미심장한 윙크를 하고는 그의 옆구리를 팔꿈치로 지르고 자신의 무릎을 탁 쳤다.) — D.Halberstam

give someone the elbow 팔꿈치로 지르다. ((견제하기 위해, 강하게 주의를 환기시키기 위해; '인연을 끊다', '냉대하다'를 의미하는 비유 표현))

From the other end of the crowded subway carriage I heard a loud cry of pain. "Somebody must have *given him the elbow*." John remarked. "That'll stop him annoying girls again." (혼잡한 지하철에서 비명 소리가 들렸다. 존은 "아마도 여자들에게 성추행을 하는 놈을 누군가 힘껏 팔꿈치로 지른 모양이야. 이제 그놈은 더 이상 여자들을 괴롭히지 못하겠지."라고 말했다.) — L.Levi

★ NB: 상대를 팔꿈치로 지르는 행위를 당하는 쪽에서 표현하면 be given the elbow 또는 get the elbow가 된다.

grab someone's elbow ➡ take someone's elbow

Caruso *grabbed his elbow* and steered him away from the listening choristers. (남들이 들으면 곤란한 얘기를 하기 위해 카루소는 그의 팔꿈치를 잡아 귀를 쫑긋 세우고 있는 합창단원들에게서 멀리 떨어진 곳으로 데려갔다.) — B. Paul: 2

hold someone's elbow 상대방의 팔꿈치를 받치다. 팔꿈치를 잡다. ((의례 행동)) 유 take someone's elbow

Marvin Hirsch *held* Mrs. Cameron'*s elbow* to steer her through the crowd. (마빈 허쉬는 카메론 부인의 팔꿈치를 잡고 군중 속을 빠져나갔다.) — Z. Popkin

jab someone with one's elbow ➡ nudge someone with one's elbow

"… What happened to Daddy? He isn't dead, is he?" Jennifer *jabbed him with her elbow*. "Don't say it." (어린 남동생은 누이에게 "무슨 일이야? 혹시 아빠가 죽은 거야?"라고 물었다. 제니퍼는 "그런 말 하는 거 아니야."라며 남동생을 팔꿈치로 세게 쳤다.) — J.Michael: 1

jog someone's elbow 상대방의 팔꿈치를 살짝 지르다. ((주의를 끌 때, 행동을 촉구할 때의 동작; 가볍게 조르는 것을 의미하는 비유 표현)) 유 tap on someone's elbow / touch someone's elbow

Then the pen began to move. It moved faster. It raced. An hour had gone by before he was aware of it, and Anna-Marie was *jogging his elbow* and saying, "Luc! Grandmere has told you three times that supper is ready." (소년의 펜은 일단 움직이기 시작하면 점점 빨라질 뿐 멈출 줄을 몰랐다. 그렇게 한 시간이 넘게 흘러가고 정신을 차려 보니 안나마리가 그의 팔꿈치를 가볍게 때리며 "뤼크, 좀 전부터 할머니가 저녁 준비가 다 되었다고 세 번이나 불렀어."라고 얘기했다.) — J. Aiken

"Well, dear, do remember that you can't live only on love, and that bricks and mortar and food have a part to play. You'd better *jog* Roy'*s elbow*." 〔결혼을 앞둔 딸을 위한 어머니의 당부〕 ("사람은 사랑만 갖고는 살 수 없단다. 살 집과 먹을 것도 필요하다는 걸 명심하렴. 그러니 네 미래의 남편 로이에게 정신을 좀 차리고 현실을 직시하라고 네가 졸라야 한다." (비유적)) — I. Brominge: 2

★ NB: 상대의 팔꿈치를 손으로 잡고 힘을 꽉 주어 신호를 보내는 경우도 있다(squeeze [grasp] someone's elbow). 이런 동작은 주로 은밀한 신호를 보낼 때 쓰인다.

Hauge was a master of the elbow squeeze, the whispered message··· [뉴욕의 은행가인 호지에 대한 평] (그는 타인의 소맷부리를 슬쩍 잡아당겨 옆에 앉힌 뒤 귓속말로 내부 정보를 전하는 데 달인이었다.) — *Time*, 1975

lean one's elbow(s) on··· ➡ prop one's elbow(s) one···

Rosaline *leaned her elbows on* the railing of the box and leaned over to watch Bold Question being led into the winner's circle. (로잘린은 마구간의 난간 위에 양 팔꿈치를 걸쳐 놓고 몸을 앞으로 내밀어 우승마가 시상식장으로 끌려가는 모습을 바라보았다.) — R. Lawrence

nudge someone with one's elbow 팔꿈치로 살짝 지르다. 《주의 환기; 행동을 촉구하는 신호》 유 dig one's elbow into someone's ribs / jab someone with one's elbow / nudge someone in the ribs

The man *nudged her with his elbow*. "Now then, why don't you dance with the Englishman?···" (댄스 파티에서 남자는 함께 온 여자를 팔꿈치로 살짝 지르며 "저 영국인과 춤 한번 추지 않을래요?" 하고 권했다.) — W. S. Maugham: 3

★ NB: 팔꿈치로 슬쩍 지르며 상대의 주의를 끄는 동작은 일반적으로 nudge (someone with one's elbow)로 표현된다. nudge는 가볍고 부드럽게 지를 때 사용하고, dig, jab은 갑자기 강하게 퍽 지를 때 사용한다.

pat someone's elbow 팔꿈치를 가볍게 두드리다. 《우호적인 접촉 동작》 유

pat someone's ARM

"There, there Annie, dear, don't take on so," he quavered timidly, putting out a shaking hand and awkwardly *patting her elbow*. (울며 쓰러진 여자를 위로하려 그는 쭈뼛쭈뼛 말을 걸며 떨리는 손으로 투박하게 그녀의 팔꿈치를 툭툭 쳤다.) — W. Cather: 3

★ NB: pat someone's elbow보다는 pat someone's arm이라고 표현하는 것이 일반적이다. elbow를 쓰는 경우 성적 함의는 훨씬 적다.

present one's elbow to someone 오른쪽 팔꿈치를 가볍게 굽혀 내밀다. 《주로 남성이 자신이 에스코트하는 여성에게 하는 의례 행동》 유 offer one's ARM to someone

Without pausing for any conversation, Tubby *presented an elbow* of the old school and Audrey laid her hand in the crook of it. They marched to the dining room in silence. (터비는 자신이 만찬회에 데려온 여성을 에스코트하기 위해 옛날 관습에 따라 팔꿈치를 가볍게 굽혀 팔을 내밀었다. 오드리는 그가 내민 팔에 손을 넣어 팔짱을 끼고 함께 당당히 식당으로 걸어 들어갔다.) — L. C. Douglas: 1

prop one's elbow(s) on… … 위에 팔꿈치를 올리다. 유 lean one's elbow(s) on… / rest one's elbow(s) on…

Jane *propped her elbow on* the counter and pretended to look enraptured. "Do go on, Mina. This sounds interesting." (제인은 카운터 위에 한쪽 팔꿈치를 올려놓고 자못 도취된 것 같은 표정을 짓고는 "재미있는 얘기군요. 계속해요, 미나."라고 말했다.) — L. Peake: 4

prop one's elbow on…

★ NB: 같은 동작을 prop oneself up on one's elbow라고도 표현할 수 있다.

put one's elbows on the table 테이블 위에 팔꿈치를 올려놓다.

Steve looked at the food without interest. His chin was resting on his hand. Just the other night Neil had said to him, "You're always telling me not to *put my elbows on the table* and you always sit like that, Daddy." (스티브는 턱을 괴고 아무 관심 없다는 듯 음식을 바라보았다. 며칠 전 밤 그는 아들 닐에게 "아버지는 나에게 언제나 식탁에 팔꿈치를 올려놓지 말라고 하면서 정작 자기는 그렇게 앉아 있지 않느냐."라고 한 소리를 들은 터였다.) — M.H.Clark: 5

★ NB: 영미권의 아이들은 "Don't put your elbows on the table." 또는 "Keep your elbows off the table."이라는 말을 들으며 자란다. 그 정도로 영미 문화권에서는 테이블에 팔꿈치를 올려놓는 것을 매너에 어긋나는 행동이라고 생각한다.

rest one's elbow(s) on … ➡ prop one's elbow(s) on…

"I'm sure," she said, *her elbow resting on* the desk, … while she regarded me with some severity. (그녀는 책상 위에 팔꿈치를 올려놓고 "맞아요."라고 대답했지만, 나를 보는 그녀의 눈은 냉정했다.) — V.Holt: 4

rub elbows with someone 팔꿈치와 팔꿈치를 서로 부비다. ((타인과 친하게 지냄을 의미하는 비유 표현)) 유 brush elbows with someone / rub SHOULDERs with someone

John McLaughlin… *rubbed elbows with* presidential aids from other years, such as James Rowe, Ben Wattenberg and Bob Amory. 〔미국 정계 인사가 한곳에 모인 연말 파티에서 주요 인물을 스케치한 기사〕 (존 맥러플린은 이전 정권의 대통령 보좌관들과 친하게 인사를 나누었다.) — *Time*, 1976

take someone's elbow 팔꿈치를 잡다. ((주로 남성이 동반한 여성을 에스코트하기 위해, 팔꿈치 또는 팔꿈치 바로 아래쪽을 손으로 가볍게 잡는 의례 행위)) 유 grab someone's elbow / hold someone's elbow / take hold of someone's elbow / take someone's ARM

Senator Byrd *took* the President *by the elbow* and guided him from person to person; on this day, everybody wanted to touch the President. (대통령 취임식 직후 열린 축하 파티에서 안내를 담당한 버드 상원의원은 대통령의 팔꿈치를 손으로 잡고는 한 사람 한 사람 차례로 소개했다. 이날은 모두들 대통령과 가까이 하고 싶어 했다.) — J.Archer: 3

He *takes her by the elbow* and steers her to a corner of the big sitting room. "A quick word with you," he says in a low voice. 〔여자에게 급하게 귓속말을 하지 않으면 안 되는 상황〕 (그는 거실에 나타난 그녀의 팔꿈치를 손으로 잡고 빙의 한구석으로 데리고 간다.) — S.Birmingham: 1

★ NB: 팔을 잡고 에스코트하는 것을 take someone's arm이라고도 하는데 이 표현은 상대의 팔을 잡아 행동을 억제하는 경우에도 쓰인다. 반면에 take someone's elbow는 거의 에스코트하는 것에 한정된 표현이다.

take hold of someone's elbow ➡ take someone's elbow

··· as we descended the wooden steps at the end of the footbridge he *took hold of my elbow*. I wanted to jerk away but refrained, reminding myself that he was only showing normal courtesy to a lady. (보행자 전용 다리의 나무 계단을 내려갈 때 그가 나의 팔꿈치를 잡았다. 나는 그 팔을 뿌리치고 싶었지만 단순히 여성에 대한 의례로 이렇게 하는 것은 아닐까 스스로에게 물으며 망설였다.) — R.Randall

tap on someone's elbow ➡ jog someone's elbow

"Stay away from them. They're Birchers," a voice hissed in his ear at his second cocktail party. It was Mrs. Curtis, *tapping on his elbow*, to detach him from an elderly couple he had just been introduced to. (칵테일 파티에서 그는 노부인을 소개받는다. 바로 그때 누군가가 그의 팔꿈치를 툭 가볍게 때리며 "그 노부인은 극우단체의 멤버니까 가까이 하지 않는 것이 좋을 거야." 하고 귓속말을 한다. 목소리의 주인을 확인하자 잘 아는 커티스 부인이다.) — M.McCarthy

touch someone's elbow ➡ jog someone's elbow

Jimmy Lake··· did not notice this newcomer till she *touched his elbow*. Then he swung around. "My dear girl! What are you doing here?" (지미는 그녀가 자신의 팔꿈치를 건드리고 나서야 그녀가 들어왔다는 것을 알아챘다. 그는 깜짝 놀라 돌아보며 "도대체 여기 왜 왔어?" 하고 물었다.) — N.Blake

tuck one's elbows in 팔꿈치를 옆구리에 딱 붙이다. 《옆 사람과 팔꿈치가 부딪히지 않게 하기 위해; 긴장해서》

Jane, standing straight, *tucking her elbows into her sides*, and clasping her hands tightly together said, "You could stay here. On the sofa." 〔달갑지 않은 손님에게 여주인이 본의 아니게 자리를 권하는 장면〕 (제인은 등을 꼿꼿하게 펴고 팔꿈치를 옆구리에 딱 붙이고 양손을 단단히 맞잡고는 소

파에 앉으라고 권했다.) — D.Francis: 6

★ NB: tuck one's elbows into one's sides는 tuck one's elbows in을 좀 더 자세히 설명하듯 기술한 표현이다. in을 into one's sides로 표현함으로써 팔꿈치를 좀 더 강하게 옆구리에 딱 붙인 모습을 나타낸다.

(with one's) elbows out 팔꿈치를 좌우로 펼치다. ((공격적인 자세)) 유 with one's ARMs akimbo

She was looking down, *elbows* agressively *out*, hands on slender waist, her small but resolute head thrust forward. 〔여자가 한 치도 양보하지 않겠다는 듯 강한 태도를 취하는 장면〕 (그녀는 양손을 가는 허리에 얹고 팔꿈치를 좌우로 활짝 펼치고 머리를 앞으로 내밀어 상대를 위압하려는 듯 내려다보았다.) — A.Hailey: 5

EYE

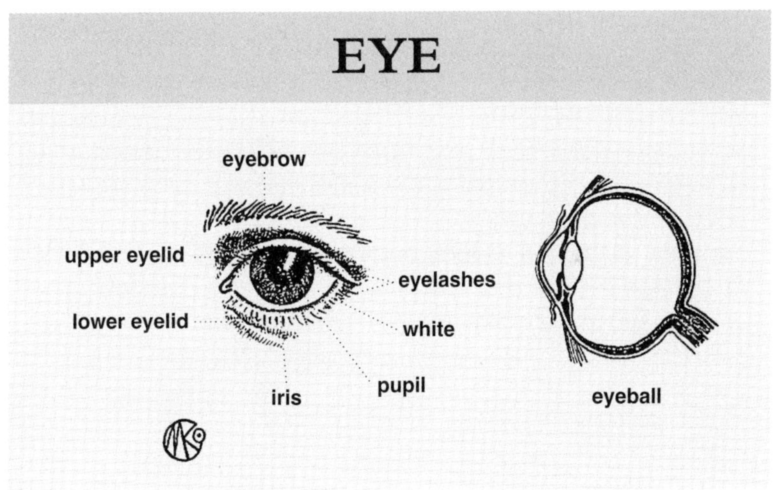

● 영어에서 eye는 해부학적인 감각기관으로서의 눈과 얼굴의 일부로서의 눈, 이렇게 두 가지 의미를 가지고 있다. 전자는 안와에 고정된 안구 전체를 뜻하며 eyeball이라고도 한다. 후자는 안면에 노출되어 있는 눈을 말하는 것으로 홍채(iris), 동공(pupil) 및 눈 주변을 포함한다. 어디까지를 '눈 주변'이라 할 것인가는 사전에 따라 조금씩 다르다. *AHD*처럼 eyelids, eyelashes, eyebrows까지 포함하는 경우도 있고, *RHD*나 *COBUILD*처럼 눈 주변의 피부(the area of skin around an eye)까지로 한정하는 경우도 있다.

- 일본어에서 눈의 지칭 범위는 영어의 eye와 거의 일치한다. 눈의 주변도 실제 사용 예에서는 눈에 포함되어 있지만(e.g. 몹시 울어 눈이 붓다 (目をなきはらす)) 일본어 사전은 일반적으로 이 부분을 눈의 지칭 범위에 넣지 않고 있다.
  일본어에는 영어의 eye, eyeball에 해당하는 일상어로서 눈 외에 눈알(目玉, 目の玉), 눈(眼), 눈동자(瞳), 검은자위(黒目) 등이 있다. 대략적으로 눈동자, 검은자위는 주로 노출된 눈의 중앙의 둥근 부분을 가리키며 눈, 눈알은 안구 전체를 가리킨다. 그러나 일본어에는 일상적인 문맥에서 안구 전체를 언급하는 것이 영어의 경우보다 적으며 안구의 일상적인 명칭인 '눈알'도 눈의 노출된 부분 또는 눈동자의 의미로 쓰이는 경우가 많다.

- 눈의 희로애락의 표정에는 문화 차이가 거의 없다. 그러나 일정한 감정에 대해 변화하는 눈의 어떤 특징을 언어화할 것인가에 대해서는 언어마다 약간의 차이가 있다. 일본과 영미권 간에 눈에 표정이 확실히 드러나는 놀람, 공포는 유사성을 보이는 한편 눈에 잘 드러나지 않는 분노, 기쁨의 표정은 다음과 같은 차이를 보인다.
  분노 분노하면 얼굴 전체에 변화가 생기며 눈과 그 주변에 생기는 변화는 다음과 같다. 눈머리가 미간 아래로 내려가고, 위아래 눈꺼풀이 긴장하고, 때로는 동공의 응시, 안구 노출도의 증가 등이 나타난다.
  영어에는 분노의 표정을 eye 중심으로 만든 관용구가 많지 않다. 영어에는 일반적으로 일본어처럼 근육의 긴장으로 가시 돋친 듯한 눈의 형상보다는 눈의 색, 눈빛의 변화를 중심으로 표현하는 경향이 있다(e.g. one's eyes grow dark, one's eyes blaze). 이러한 언어 습관의 차이에 더해 인종적인 눈매의 차이에 따라서도 표현 방식이 달라진다.
  기쁨 즐거운 표정의 중심은 얼굴의 하부에 있고 눈 주위와의 관계는 눈 아래쪽에 생겨난 가로 주름에 의해 아래 눈꺼풀이 위로 약간 밀려 올라가거나 눈꼬리에 부채꼴의 주름이 잡히는 정도에 그친다(Knapp, 1978). 일본어는 아래 눈꺼풀이 위로 약간 밀려 올라간 결과 눈의 상하에 폭이 좁아지는 것에 착안해 기쁜 듯한 표정을 '눈이 가늘어지다(가늘게 뜨다)'라고 표현하거나 눈꼬리에 생기는 주름을 '눈꼬리가 내려간다'라고 판단한다. 영어에서는 상대를 꿰뚫어보려는 듯 눈 주변의 근육을 조여 눈매를 가늘고 날카롭게 만드는 의혹의 눈을 주로 가리킨다(e.g. narrow one's eyes). 또 눈꼬리를 내리는 것은 영어에서는 슬픈 표정과 결부되는 경우는 있어도 빙그레 웃고 있는 표정과 결부되는 경우는 없다. 영어가 즐겁게 웃는 얼굴로 인정하는 것은 눈꼬리의 주름뿐이며 그 주름에 따라 눈꼬리가 내려갔는가 내려가지 않았는가는 거의 주목하지 않는다. 주목했다 해도 '눈꼬리가 내려갔다'라고 보기보다는 오히려 정색했을 때 내려간 듯한 '눈꼬리'가 웃음 주름으로 인해 끌어올려진다고 보는 것이 일반적이다. 아래 예문에서 그와 같은 예를 볼 수 있다.

Paul liked the way his eyes sparkled as he spoke and the way they crinkled upwards at the corners into dozens of tiny wrinkles. (폴은 그가 눈을 빛내며 이야기하는 방식과 많은 잔주름 사이로 눈꼬리를 끌어올리며 밝게 웃는 모습을 좋아했다.) — R. Burghley

- 눈은 의사를 전달하는 표현에 자주 사용된다. 눈짓(exchange looks)이나 윙크(wink)를 비롯해 망연자실하여 위를 쳐다보는 탄식의 동작(e.g. roll one's eyes to heaven), 남성에 대한 관심의 표시로 크게 눈을 깜빡이는 동작(e.g. bat one's eyes), 관심 있는 이성에 대한 응시(e.g. make eyes at…) 등 적극적인 의사 표현의 수단으로 눈을 사용하는 경우가 많다. 그 외에도 대화 중 가볍게 맞장구의 의미로 눈을 깜빡이는 경우도 있고, '설마…', '질렸다', '정말?', '어머나!', '농담이지?' 등의 감정적인 반응을 표현할 때도 눈썹과 연동하여 눈을 많이 사용한다. 일본인에게는 영미인과 같은 개방적인 시선 맞추기(eye contact)가 거의 없다. 은밀한 눈짓, 은밀한 곁눈질 등 은밀한 신호가 대부분이다. 게다가 대화 중 상대에게, 영미인처럼 눈을 깜빡거리는 행동으로 맞장구를 치기보다는 계속 고개를 끄덕여 주는 것이 보통이다. 그 외에 상대의 말에 대한 감정적인 반응도 영미인처럼 눈이나 눈썹을 이용해 확실히 표현하는 경우는 적다.

- 시선의 접촉도에 따라 상대에 대한 태도도 드러난다. 누구에게, 언제, 어떤 시점의 시선에 따라 접촉을 개시하는지, 어느 정도의 어떤 시선을 보내 접촉의 유지를 가늠하는지 등 이러한 시선 행동은 각각 문화에서 보이지 않는 규칙을 따른다. 일반적으로 영어권에서는 처음 만날 때부터 대화 상대를 똑바로 바라보고 관심과 개방적인 태도를 표시하며 대화 중에는 소통을 잘하기 위해 적당한 거리를 두고 상대와 시선을 교환하는 것을 바람직하게 여긴다. 적당한 거리를 두지 않고 과도하게 상대를 쳐다보는 것은 사랑 아니면 미움 같은 특별한 관심을 표할 때이다. 반대로 과도하게 시선을 피하면, 부끄러워 그러는 것이든지 아니든지 보통은 무관심, 흥미 부족, 불성실, 꺼림칙함 등을 나타내는 것으로 여겨진다.
  일본인들 사이에서는 똑바로 상대의 눈을 쳐다보지 않으면 실례라는 의식은 없다. 전통적으로는 오히려 상대를 똑바로 쳐다보는 것이 무례한 행동으로 여겨져 왔다. 대화 중의 시선 교환에 대해서도 일본에서는 경의, 조심성 등 상대의 체면을 존중하는 느낌으로 시선의 접촉을 억제하며, 시선 접촉 지속 시간이 짧거나 시선의 회피에 대해서도 영미인들과는 달리 꼭 부정적인 것으로는 보지 않는다. 이러한 일본인의 시선 행동이 영미권 국가에서는 적대적 또는 모욕적인 태도로 보이기도 한다고 한다(Brosnahan, 1988)(➡eye contact).

- 일본인과 백인계 영미인 간에는 눈 자체에 외양적인 차이가 있다. 그중 아주 뚜렷한 차이는 눈의 색깔이다. 일본인의 눈은, 영어로 표현하면 dark-color 계에 속하며 거의 다갈색이다. 그렇기 때문에 눈의 색이 인상을 결정짓는 경

우는 거의 없다. 이에 비해 서양인은 눈동자가 홍채의 멜라닌 양에 따라 brown, hazel, green, gray, violet, blue 등 다채로운 색깔을 띠며, 이는 그의 정체성을 결정하는 중요한 수단이 되곤 한다. 신문, 잡지의 기사나 소설에서 사람의 외모를 서술할 때 종종 눈의 색을 묘사하는 것도 이 때문이다.
눈의 색깔에 대해 관심이 많아서인지, 심지어 눈동자 색깔로 성격을 알 수 있다는 일종의 미신도 있다. 아래는 그런 미신을 말장난처럼 꾸민 노래로 영국에서 전승되어 내려온 것이다.

Blue eyes, beauty,
Do your mother's duty;
Brown eyes, pick a pie,
Run away and tell a lie;
Grey eyes, greedy guts
Gobble all the world up.

— I. & P. Opie

• 눈의 생김새에도 인종에 따라 다른 점이 발견된다. 코카서스 인종에 비해 몽골리언 인종의 눈은 눈썹과 눈의 사이가 넓고 두툼하며 눈꼬리가 약간 위로 올라가 있다. 그런 눈꼬리의 특징을 영미인들은 slant-eyed라고 부르며 동양인의 외모를 모욕적으로 언급할 때 이 형용사를 종종 사용한다(명사 slant-eye는 동양인을 지칭하는 모욕적인 속어다). 이러한 동양적인 눈은 한랭 기후에 대한 적응의 소산이라는 설이 일반적이다(香原, 1985). 모리스도 이 설에 따라 아시아 지역에서 한랭화가 이루어졌을 때 몽골리언 인종이 추위로부터 안구를 보호하기 위해 눈 주위에 피하지방을 축적해 두툼한 눈두덩을 만들고 눈 앞쪽에 이른바 '몽고주름(Mongolian fold)'을 정착시켰다면서, 이것이 눈꼬리를 상대적으로 치켜 올라가 보이게 하는 원인이라고 설명하고 있다. 그러나 몽고주름이 한랭 기후에 적응하기 위함이라기보다 솔직한 감정 표현에 부정적인 사회 분위기의 소산이라는 견해도 있다(Guthrie, 1976).
코카서스 계열인 영미인은 몽골리언 인종과 비교하여 눈썹이 나 있는 부분(brow)이 높아 눈이 상대적으로 쑥 들어가 있고 눈꺼풀이 얇고 좁으며 눈꼬리는 일반적으로 약간 아래로 처져 있다(香原, 1985). 위 눈꺼풀이 얇고 좁은 만큼 상대적으로 안구의 노출 부분이 커지고, 그에 따라 눈의 감정 표현도 풍부해지는 것이다.

• 소설에서 용모를 묘사할 때 자주 언급하는 눈의 특징 중에는 일영 각각 고유의 것이 있다. 일본 소설에서 아름다운 눈을 표현할 때 '切れ長目'라고 하는 것도 그중 하나다. 이는 일본인 특유의 약간 가늘고 양옆으로 긴 눈의 아름다움을 표현한 것으로 영미 소설에서는 이와 같은 묘사 예를 찾아볼 수 없다. 영일사전은 '切れ長目'를 eyes with long slits at the outer corner 등 문자 그대로 번역하고 있는데, 영미인에게 이 문장 그대로는 매력적인 눈이라고 받아

들여지기 어렵지 싶다. 切れ長目를 영미의 번역자들은 fine, wide, sloping eyes 등 나름대로 의역을 시도하고 있다. 한편 영미 소설에서는 남녀 모두에 있어서 매력적인 인물의 눈을 deep-set eyes라고 표현하곤 한다. 영일사전은 deep-set eyes를 '깊고 움푹 들어간 눈'이라고, 약간 수척한 인상을 주는 해석을 달아 놓았다. 그러나 영미권에서 수척한 눈에 대해서는 hollow eyes, sunken eyes라는 별도의 표현이 존재한다. deep-set eyes는 코카서스 인종 특유의 높은 눈썹 부위 때문에 안으로 쑥 들어간 눈을 가리키며, "His blue eyes were deep-set beneath straight brows."처럼 조각같이 뚜렷하여 진한 음영이 지는 얼굴과 짝을 이룬다. 이와는 반대로 shallow-set eyes는 easy-going한, 즉 약간 경망스러워 보이는 눈을 표현할 때 자주 사용된다. 한편 두 눈이 멀리 떨어져 있는 wide-set eyes가 밝고 성실하고 기분 좋은 얼굴과 짝을 이루며 인기가 높은 반면 close-set eyes는 이기적이며 신뢰하기 힘든 인상을 표현할 때 주로 사용된다.

---

avert one's eyes 눈을 피하다. 참 avoid someone's eyes

Virginia crossed her knees, and for the first time he noticed this child's figure was well developed. Hastily Masters *averted his eyes* and his thoughts. (버지니아가 다리를 꼬고 있는 것을 보고 그는 처음으로 그 아이가 여성으로 성장하였음을 깨달았다. 그는 황급히 눈을 돌리며 사념을 떨쳐 버렸다.) — C.Dickson: 2

avoid someone's eyes 시선을 피하다. 눈을 맞추지 않으려 하다. ((뒤가 켕길 때, 상대에게 꺼림칙함이 느껴질 때, 당황했을 때, 안색을 감추고 싶을 때 등)) 참 avert one's eyes

"Could you join us for dinner on Friday, Emma?" "I'm sure I can't," she responded, *avoiding his eyes*. (별로 함께 어울리고 싶지 않은 남성에게서 저녁식사를 초대받자 그녀는 그의 눈을 피하며 거절한다.) — B.T.Bradford

★ NB: avoid someone's eyes는 시선이 상대에게 닿지 않도록 아예 처음부터 눈을 피하는 것을 의미한다. 이에 비해 avert one's eyes는 일단 눈에 들어온 상대의 눈을 피하는 것을 의미한다.

bags under one's eyes 눈 아래가 느슨히 처지다. ((병, 피로, 수면 부족에 의한 현상; 불규칙한 생활, 힘든 생활 등으로 인한 현상)) 유 pouches under one's eyes 참 dark rings under one's eyes

"You don't look so hot, son. Perhaps it's giving you *bags under your eyes*, starting to look old like me." 〔아버지가 오랜만에 만난 아들에게 하는 말〕 ("과로로 얼굴이 말이 아니구나. 눈 밑은 축 처져 있고, 나랑 비슷해 보일 정도로 늙어 보인다.") - K.Lipper

Damn it all, he was only thirty-two. He was too young to have *bags under his eyes*. That was for men Schroder's age. He glanced across the table at Schroder and blinked at the unfairness of life. The overweight investigator didn't have *bags under his eyes*, and the son of a bitch didn't look tired either. (아뿔사, 그는 겨우 서른두 살이었다. 눈 아래가 축 처지기에는 아직 너무 젊은 나이다. 그런 건 슈로더 또래의 아저씨들에게나 생기는 것이다. 그는 테이블 건너편에 있는 슈로더를 흘끔 쳐다보며 세상은 불공평한 것이라는 걸 다시 한 번 깨달았다. 뚱뚱한 조사원 슈로더는 눈 밑이 처지지 않았을 뿐더러 피곤한 기색도 없었다.) — D.R.Meredith

★ NB: bags와 pouches 양쪽 모두 눈 밑이 처진 모습을 표현할 때 사용된다. 일반적으로 전자는 과로나 수면 부족 등으로 생긴 일시적인 현상에, 후자는 노화 등으로 생기는 지속적인 현상에 사용되는 경향이 있다.

★ NB: dark rings도 bags처럼 피로, 수면 부족 등으로 인해 생기는 일시적인 현상으로, 눈이 푹 꺼지고(one's eyes sink into the sockets) 눈 아래 또는 눈 주위가 거무스름해지는 것이다.

bat one's eyes 눈을 깜빡거리다. 《여성이 남성에게 추파를 던지는 모습》 유 flutter one's EYELASHes

As Claire got to Corwin, Maria Marsden, wife of the outgoing Republican domestic adviser, approached him *batting her eyes*. "Tell me, Senator, who do you think the President has in mind for State?" 〔정계의 주요 인사가 모인 파티〕 (퇴직이 예정된 공화당 내정 담당 고문의 아내가 유력 상원의원 중 한 명에게 눈을 요란하게 깜빡이며 접근하여 "대통령은 누구를 국무장관으로 할 생각인 것 같아요?" 하고 캐물었다.) — S.Quinn

★ NB: bat one's eyes [eyelids]에서 bat은 독수리 등이 급히 날개를 파닥파닥 움직이는 것을 의미하는 동사 bate의 변형이라고 한다(Morris, 1972).

★ NB: bat one's eyes는 flutter one's eyelashes와 더불어 여성이 마음에 드는 남성에게 눈짓으로 애교를 부리는 것을 나타낸다. 눈을 깜빡이는 모습을 나타내는 blinking에 비해 위의 표현들은 눈을 감았다 뜨는 정도가 상당히 과장되어 있다. 이런 행동에는 어린이가 무언가에 사로잡혀 눈을 커다랗게 뜨는 것 같은 순진한 모습을 연출하려는 의도가 담겨 있다. 눈을 크게 뜨고 상대를 바라보다 너무 쳐다봐서 죄송하다

는 듯 두세 번 온순하게 눈을 깜빡거리는 이 달콤한 교태는 현대 영미권 여성들에게서는 거의 볼 수 없는 행동이다. 하지만 연극 무대에서는 여전히 남녀가 밀고 당기며 연애하는 장면에서 남자의 마음을 흔들어 놓는 추파의 전형으로 사용된다.

beady-eyed 작고 야무지게 반짝이는 눈

Mrs. Pratt, the owner of the house, was an elderly widow, plump and *beady-eyed*, who took the keenest personal interest in the doings of her tenants. (집주인인 프랫 부인은 몸집이 크고 나이가 꽤 든 미망인이었다. 그녀의 작고 야무지게 반짝반짝 빛나는 눈은 세입자들의 행동을 언제나 날카롭게 주시했다.) — M.Lewty: 1

★ NB: 영일사전에는 beady eyes에 '작은 구슬 같은 눈, 작고 빛나는 둥근 눈'이라는, 즉 사랑스러운 인상을 준다는 뜻의 해석이 달려 있다. 그러나 이는 사냥감을 노리며 작은 눈을 번득이고 있는 동물의 눈에도 사용되며 이때는 부정적인 의미를 내포한다. *RHD*에서는 beady-eyed를 '악의, 호색, 탐욕, 시기심 등으로 번득이는 작은 눈'이라고 정의하고 있다.

blacken someone's eye 타인의 눈을 때려 검은 멍을 들여 놓다.

Most street fighters wanted to *blacken your eye* or bloody your nose. Not Walter. He preferred punishing the torso. (동네 깡패들은 대개 상대방의 눈이나 코에 한 방을 먹이는 족속들이지만, 월터만은 달랐다. 그는 몸통을 때리는 편을 좋아했다.) — R.Baker

★ NB: 같은 행위를 give someone a black eye라고도 표현한다. 이를 맞는 입장에서 표현하면 have [get] a black eye가 된다.

Next morning he *had a* glorious *black eye*. "How did you get that?" I asked sympathetically. "I told someone he was wrong," he replied curtly. (다음 날 아침 그는 눈 주위에 멋들어지게 검은 멍을 들인 채 나타났다. 나는 가엾은 생각에 "어떻게 된 거야?"라고 물었다. 그는 무뚝뚝하게 "어떤 사람에게 면전에 대고 당신이 틀렸다고 했다가 얻어맞았어."라고 대답했다.) — L. Levi

★ NB: a black eye는 누군가에게 얻어맞은 것을 말해 주는, 그야말로 불명예스러운 표식이므로 비유적으로 타격, 패배, 불명예 등을 의미한다.

If he is found not guilty, the administration of justice, not to mention the press, will suffer yet another black eye for having needlessly inflicted the ordeal on the Vice President and the country. [스캔들로 부통령직에서 물러난

애그뉴에 관한 기사] (재판에서 애그뉴가 무죄가 될 경우, 매스컴은 물론 사법부도 부통령과 국가에 불필요한 시련을 준 것으로 불명예스러운 오점을 남기게 될 것이다.) — *Time*, 1973

one's eyes blaze 눈이 이글이글 빛나다. ((흥분, 분노, 증오 등에 의한 눈의 이상한 광채)) 유 one's eyes flash

"Is he retarded?" "No, he is not." Her voice rose and *her eyes blazed*. [청각 장애인 아들을 둔 여자와의 대화] ("그가 지능 발달이 늦은 지진아인가요?" 하고 질문하자 그녀는 "그렇지 않아요."라고 단호하게 부정했다. 그녀의 목소리는 자기도 모르게 높아지고 눈은 분노로 이글이글 빛났다.) — D. Steel: 2

bleary-eyed 멍한 (흐릿한, 축축하게 젖은) 눈으로 ((생기 없는 눈 주변; 눈을 무리하게 혹사시켜서 또는 수면 부족으로 인해 피로한 눈))

As they emerged *bleary-eyed* from having sat through two complete showings of the movie, Barney and Laura concluded that his was the noblest profession of all. (의사를 주인공으로 한 영화를 처음부터 끝까지 두 번이나 본 바니와 로라는 피로에 지친 눈으로 영화관에서 나와 의사야말로 가장 숭고한 직업이라고 이야기했다.) — E. Segal

one's eyes blink 눈을 깜빡거리다. ((눈물이 나오려 할 때; 눈이 부실 때; 놀람, 당혹, 동요, 꺼림칙함 등의 감정을 느낄 때))

"No kidding?" he said flippantly. "No kidding," she replied. "For real?" he asked, running his hand through his hair. He tried for insouciance again but *his eyes blinked* rapidly, betraying him. (여자에게 결혼 소식을 들은 그가 "농담이지?"라고 경박하게 말했다. 그녀가 "농담 아니야."라고 대답하자 그는 손으로 머리를 넘기며 "정말이야?"라고 물었다. 그는 마음의 동요를 감출 수 없는 듯 눈을 깜박거렸다.) — R. Harris

★ NB: 눈이 주어가 되는 경우보다는 〈사람 주어+blink(s)〉의 구문이 좀 더 일반적이다.

A man very much at ease. Too much at ease…. The only time he'd even blinked was when Columbo indicated that the murder was committed by more than one person. (지나칠 정도로 느긋한 그가 단 한 번 눈을 깜빡이며 동요한 적이 있다. 콜롬보가 범인은 한 명이 아니라고 지적했을 때였다.) — A. Lawrence

★ **영일비교** 인간은 보통 1분 동안 10회 정도 눈을 깜빡인다고 한다. 이 규칙적인 생리 운동이 정지하거나 급격하게 횟수가 증가하는 경우 이는 일정한 감정 표현으로서 기호의 성질을 띠게 된다. 예를 들면 무언가를 뚫어지게 바라볼 때는 종종 눈을 깜빡이

는 것을 잊는다. 반대로 이해할 수 없는 상황이나 뜻하지 않은 일을 당했을 때는 '눈을 깜박깜박' 하게 된다. 또 차오르는 눈물을 참으려고 '눈을 깜박거리기'도 한다. 이러한 부분에서는 영미와 일본이 차이가 없다. 영미인 특유의 eye language로 눈 깜박임이 나타나는 예로 여성이 남성에게 관심을 나타내는 의욕적인 몸짓이 있다. 다만 영어에서는 여성이 이처럼 의도적으로 교태를 부리는 눈 깜박임을 blinking의 범주에 넣지 않고 flutter one's eyelashes, bat one's eyes 등으로 달리 표현한다.
영미인은 눈싸움을 할 때 먼저 눈을 깜박이면 상대의 시선을 끝까지 버티지 못하고 나약함을 드러낸 것으로 여긴다. 또 상대를 당당하게 응시해야 할 때 잠깐이라도 눈을 깜박이면 마음의 창에 셔터를 내리고 상대에게 본심을 숨기려는 마음이 드러난 것이라고 본다. 이른바 eyeball-to-eyeball confrontation이 일상적인 문화에서 영미인이 몸에 익힌 '눈의 표정'을 해독하는 방법의 하나일 것이다.

Says one of his top supporters: "If you go eyeball to eyeball with Wilder, you are going to blink first." [미국의 흑인 정치가 Wilder에 대한 평가] (그의 으뜸가는 지지자 중 한 사람의 이야기, "와일더와 눈에 불꽃 튀는 대결을 벌일 때 눈빛에 압도당하기라도 한 듯 먼저 눈을 질끈 감고 마는 것은 어김없이 상대방이다.") — *Time*, 1989

one's eyes are bloodshot **눈이 충혈되다. 《울어서 또는 수면 부족이나 과음 등으로; 그 외 여러 가지 이유로 생기를 잃은 상태》**

Her eyes were bloodshot, and the eyelids were swollen with weeping. (울고 난 뒤 그녀의 눈은 붉게 충혈되고 눈꺼풀은 퉁퉁 부었다.) — C.Dickson: 1

★ **영일비교** 많은 영일사전에서 bloodshot에 대응하는 일본어로 '충혈된' 외에 '눈에 핏발이 선', '혈안이 된'을 들고 있다. 이 두 가지 표현은 신경이 비정상적으로 곤두서서 평정심을 잃은 눈매를 나타내는 관용구이다. 이와 비슷한 정신 상태를 '눈빛이 변하다'라고도 표현하는데, 이것은 '충혈을 일으켜 눈빛이 변하다' 또는 '눈을 크게 떠서 충혈을 일으키다'(일본 『국어관용구사전』)를 바탕으로 한 비유 표현이다. 이러한 일련의 관용구는 일본어가 눈의 충혈과 비정상적인 흥분 상태를 연관 지어 파악하는 경향이 있음을 보여 준다.
하지만 bloodshot eyes는 '충혈된 눈'을 객관적으로 나타낸 표현일 뿐 특별히 평정심을 잃은 흥분 상태를 나타내지 않는다. 이는 그저 혹사해서 지친 눈, 울어서 부은 눈, 잠이 모자란 눈, 술기운이 도는 눈 등을 묘사하는 것으로, 일본어 '눈이 빨갛다'와 그 의미가 통한다. 또 영미권에서는 거듭되는 과음이나 철야 등 건강에 좋지 못한 생활이 계속되면 bloodshot eyes가 된다고 보는데, 실제로 Hess(1972)는 미국 회사에서 간부사원을 채용할 때 사람들의 생활 태도를 판단하는 실마리로서 bloodshot eyes를 본다고 보고했다.

blue-eyed **눈이 푸른 《순진함, 어린아이의 천진난만함이 깃든 눈을 가리키는 비유**

표현》

"… And you Americans have a certain *blue-eyed* look. It's not immaturity, exactly. A kind of naivete, I suppose, as if the world weren't such a bad place after all." 〔미국인의 첫인상에 대해 질문을 받은 한 남자의 대답〕 ("미국인에게는 일종의 천진난만함이 있다. 그것은 미숙함과는 약간 다른 것으로 이 세상이 그렇게 나쁜 곳이 아니라고 믿는 듯한, 순진함에 가까운 것이다.") — R. Macdonald: 5

★ NB: 백인 아기들은 보통 푸른 눈을 갖고 태어나지만 성장하면서 눈동자 색이 점점 짙어진다(Morris, 1985). 그래서 드물게 어른이 되어서까지 속이 비칠 것 같은 푸른 눈을 유지하는 경우 '아기 때의 흔적을 간직한 눈'이라고 여겨진다. blue-eyed가 '천진난만함'을 의미하는 것은 이런 이유에서다.

★ NB: 윗사람으로부터 특별히 예쁨을 받는 사람을 가리켜 …'s blue-eyed boy(또는 fair-haired boy)라고 지칭한다.

one's eyes bore into someone's 상대의 눈을 뚫어지게 쏘아보다. 《숨겨 둔 감정, 생각, 의도 등을 꿰뚫어 보려 할 때의 눈; 상대를 꼼짝 못하게 하려는 시선 등》 **참** stare into someone's eyes

… then he stepped close to the chair, *his eyes boring into* Rekko's, "Now, tell us, Mr. Rekko…." (법정에서 검찰 측 증인의 애매한 진술을 무너뜨리기 일보 직전의 변호사는 증인석 근처로 다가가 그의 눈을 뚫어지게 쏘아보며 다시 진술하라고 다그친다.) — Z. Popkin

★ **영일비교** 동사 bore는 보통 두꺼운 벽이나 바위 등에 송곳으로 구멍을 내는 동작에 쓰인다. 이것이 눈초리에 대한 표현으로 쓰이면 상대가 꾸며낸 외양을 뚫고 진의를 파악하기 위해 탐색하는 날카로운 눈, 심리적인 저항을 무너뜨리고 결단을 촉구하는 매서운 눈빛 등을 의미한다. 전자와 같은 상황에서는 piercingly, 후자에서는 hypnotically 같은 부사가 종종 함께 쓰인다. 두 가지 의미의 공통점은 방어 혹은 저항의 벽을 꿰뚫어 본다는 것으로 이러한 점에서 stare into someone's eyes와 의미가 다르다.

일본어에서도 사람의 얼굴을 물끄러미 보는 모습을 '구멍이 뚫어지도록' 본다고 표현한다. 하지만 이 표현은 뚫어지도록 가만히 바라보는 행위에 들인 꼼꼼함이 강조될 뿐, 영어에서처럼 찌를 듯이 날카로운 눈초리를 의미하지는 않는다. 또 눈빛으로 상대를 억누르는 눈초리도 포함되지 않는다.

one's eyes brighten 눈이 밝게 빛나다. 《관심, 흥분, 희망, 기쁨 등에 의해 눈이 빛나는 상태》

"Has my father paid you for the week?" I said. *His eyes* at once *brightened* hopefully. "He paid me last Friday, same as usual. Then Saturday morning he phoned my house to tell me to come round here to see to the dogs…." 〔아버지에게 씌워진 살인 용의를 벗겨 내기 위해 주변 사람들을 만나는 상황〕 (나는 아버지가 고용한 사람 중 한 명에게 아버지가 그 주의 급료를 지불했는지 물었다. 그는 사건이 일어나던 주 아버지의 행동에 대해 말하기 시작했다. 그의 눈은 자신의 이야기가 도움이 되지 않을까 하는 기대감에 밝게 빛났다.) — D.Francis: 6

brush one's eyes with one's hand 손으로 눈을 살살 비비다. 《피곤하거나 답답할 때의 행동; 무언가를 기억해 내려 할 때의 동작; 눈물을 닦는 동작 등》 유 brush one's HAND across one's eyes

"Yes, I think he told me I didn't have to answer questions if I didn't want to." She *brushed her eyes with* the flat of *her hand*. "Really, I can't remember…." ("내가 원하지 않는다면 질문에 대답하지 않아도 된다고 변호사가 말했던 걸로 기억하는데요. 실제로 잘 기억나지 않기도 하고…."라며 피고의 딸은 내키지 않는다는 듯 손바닥으로 눈을 비비며 말했다.) — Z.Popkin

one's eyes bulge 눈이 튀어나오다. 《힘을 줄 때; 목이 졸릴 때; 흥분, 공포, 분노, 경악 등을 느낄 때》 유 one's eyes protrude

He was straining to push himself up, the effort making *his eyes bulge* and stare. (그는 자신의 몸을 일으키려 온 힘을 쥐어짰다. 그러자 눈이 크게 떠지고 눈알이 튀어나오려 했다.) — R.Ludlum: 2

He wanted to put his hands around her neck and squeeze and squeeze until she had no life left in her. He must destroy her. He stepped towards Emma, his hatred blazing, *his eyes bulging* in his twisted face. (그는 에마를 증오한 나머지 목을 졸라 죽이고 싶다고 생각했다. 그의 얼굴은 분노로 일그러지고 눈은 튀어나와 있었다.) — B.T.Bradford

★ NB: one's eyes bulge, one's eyes protrude는 둘 다 문자 그대로 안구가 튀어나오는 것을 사실적으로 그려낸 표현이다. 놀람 등 때문에 눈이 튀어나올 정도로 크게 눈을 뜨는 경우는 one's eyes pop out of one's head 등 다른 표현을 사용한다.

cast one's eyes down [downward] ➡ lower one's eyes

If a young woman found a young man attractive, she could *cast her eyes downward* and flutter her eyelashes. 〔남녀 교제에 관해 까다로운 제약이 많았던 18세기 미국 상류 사회에 관한 이야기〕 (젊은 여자가 호감이 가는 청

년에게 눈을 내리깔고 속눈썹을 깜박이는 것은 허락되었다.) — S. Birmingham: 2

"… I suppose it's because we have no children and some silly women have set you thinking that there's no other purpose in life. Is that it?" She *cast her eyes down*. "In a way. Maybe." 〔자신은 있으나 마나 한 존재라고 토라진 아내와의 대화〕 ("당신이 그런 얘기를 하는 이유는 우리에게 아이가 없는데, 어디서 멍청한 여자가 아이가 있어야 진정한 인생이라고 얘기했기 때문이지?"라고 남편이 말하자, 그녀는 눈을 내리깔고 "아마도 그런 것 같아." 하고 인정했다.) — B. Plain: 2

cast one's eyes up [upward] ➡ raise one's eyes to heaven

"You'd think he'd have got their names muddled—I mean called Wendy Joy and Joy Wendy." "There speaks the innocent monogamist" said the man, *casting up his eyes*. 〔중혼의 죄를 추궁당하는 남자의 복잡한 사생활에 대해 경관들이 이야기를 나누는 장면〕 (경관이 "당신은 그가 아내들의 이름을 헛갈려 할 거라고 생각할 것이다."라고 말하자, 다른 경관이 "그렇게 말하는 건 순진한 일부일처주의자기 때문이다."라고 말하며 순간 위를 쳐다보았다.) — R. Rendell

catch someone's eye 타인의 눈(주의)을 끌다. 타인의 눈에 머물다.

"I thought you wanted to talk to Alfred Kay about the paper he wants to start when the war's over. I kept trying to edge him over to you, but… I couldn't *catch your eye*." 〔파티에서 친구에게 만나게 해 주고 싶은 사람이 있었던 남자가 이야기하는 장면〕 ("전쟁이 끝나면 신문을 발행하고 싶다는 앨프리드 케이를 네가 한번 만나보고 싶어 하는 듯해서 손님 사이를 뚫고 그쪽으로 데려가려고 했지만 너와 좀처럼 눈이 마주치지 못했어.") — L. Auchincloss: 2

★ NB: 타인과의 접촉은 시선으로부터 시작된다. 관계를 만들고 싶은 사람에게 시선을 보내고, 상대가 이를 감지하여 자신도 시선을 보내면 비로소 시선의 접촉이 성립된다. 이것이 catch someone's eye의 기본적인 의미다. 사람이 아닌 사물이 주어가 되어 그것이 사람의 눈을 끌거나 그것에 사람의 눈이 머무는 경우에도 이 표현을 사용한다 (e.g. Something caught my eye).

close one's eyes 눈을 감다. 《잠을 자기 위해; 명상하기 위해; 기억을 되살리거나 추억을 떠올릴 때; 무서울 때; 위험한 것, 무서운 것을 보고 눈을 질끈 감을 때 등》 유 shut one's eyes

Mrs. Cameron *closed her eyes* as if to recall a long-ago happening…. (카메론 부인은 먼 옛날의 일을 떠올리려는 듯 눈을 감았다.) — Z. Popkin

Buddy *closed his eyes* to fix the instructions in his memory, recalling Gordon's stern instructions never to write anything down. (지령 내용은 절대로 종이에 써서 남겨 두면 안 된다던 고든의 명령을 기억해 내고, 버디는 눈을 감고 기억 속에 똑똑히 새겨 두었다.) — K.Lipper

Miss Western *closed her eyes* in horror at such an admission…. (웨스턴 양은 그런 사실을 시인하는 게 무서운 듯 눈을 꼭 감았다.) — C.Rossiter

★ NB: close one's eyes는 불편한 것, 인정하고 싶지 않은 것 등과 관련하여 의도적으로 눈을 감을 때도 사용된다. 그 경우에는 close one's eyes to…의 형태가 된다.

close one eye ➡ wink

"Is it permitted that I, too, see him?" asked Poirot. The superintendent *closed one eye* knowingly. "Very glad to have you, sir. You've got permission to do anything you please…." (탐정 포와로는 "나도 그 문제의 인물과 만나게 해 줄 수 있을까요?" 하고 정중한 태도로 총경에게 물었다. (탐정에게 의도가 있음을 간파해 내고) 총경은 알겠다는 표정으로 윙크를 하며 "함께하게 되어 영광입니다. 무엇이든 원하시는 대로 해도 좋습니다."라고 말했다.) — A. Christie: 5

cock an eye ➡ raise an EYEBROW

As he walks, he *cocks a* grave *eye* in my direction. "I had no idea Horgan had an affair with Carslyn. Or that you had conversed with him on that subject." "I didn't remember the conversation." "No doubt," says Stern in a tone which implies he doubts me a good deal. (변호사는 뜻밖의 일로 피고의 상사가 피해자 카슬린과 관계를 가진 적이 있고, 게다가 그 사실에 대하여 피고가 상사와 이야기를 나눈 적이 있다는 정보를 얻는다. 이렇게 중요한 사실을 왜 그동안 나에게 얘기하지 않았냐는 듯 변호사는 한쪽 눈썹을 자못 엄숙하게 추켜올리며 피고 쪽을 본다. 피고가 대화를 기억하지 못한다고 말하자, 변호사는 믿지 않는다는 어조로 "그러시겠죠."라고 말한다.) — S. Turow

"Drink it down. It'll do you good. And don't put any water with it… Ah!" He tossed off his, pulled out his handkerchief, hastily wiped his moustaches, and *cocked an eye* at old Woodfield, who was rolling his in his chaps. (그는 파트너에게 "술에 물 따위를 타지 말고 그냥 마셔." 하고 권했다. 그는 술을 단숨에 들이마시고는 손수건으로 후딱 콧수염을 닦고 나서 파트너도 제대로 마시는지 한쪽 눈썹을 추켜올리고 보았다. 파트너는 술을 입 속에서

굴리듯 마시고 있었다.) — K.Mansfield: 1

★ NB: *Brewer's*에서는 to cock your eye를 한쪽 눈을 감고 다른 한쪽 눈으로 자못 건방지게 보는 것 또는 수상쩍게 보는 것(to shut one eye and look with the other in a somewhat cheeky fashion; to glance at questioningly)으로 설명하고 있다. 그러나 실제의 동작은 한쪽 눈썹을 약간 내리고 다른 쪽 눈썹을 바짝 추켜 올리는 것이 보통이다.

contract one's eyes ➡ narrow one's eyes

He sat motionless, *his* sharp green *eyes contracted* to steely points. (그는 꼼짝도 않고 앉아 있었고, 그의 날카로운 녹색 눈은 금속 느낌이 나는 점 두 개가 될 것처럼 잔뜩 찡그려져 있었다.) — E.Loring: 2

cover one's eyes (with one's hand(s)) 손으로 눈을 가리다. 《참고 봐주기 힘들 때; (약간 농담조로) 창피해서 남의 얼굴을 똑바로 보기 힘들 때; 남에게 눈물을 보이고 싶지 않을 때 등》 유 put one's hand(s) over one's eyes

There, dangling from an overhead water pipe, the body of a man rotated slowly back and forth, his eyes bulging in death. Gatti *covered his own eyes with one hand*; the poor man had hanged himself with his own suspenders. (머리 위 수도관 쪽에 눈이 튀어나온 사체가 대롱대롱 매달려 늘어져 있었다. 개티는 자신의 눈을 한 손으로 가렸다. 이 불쌍한 남자는 자기 바지로 스스로 목을 맨 모양이었다.) — B.Paul: 2

crinkle one's eyes (up [upward]) 눈(눈꼬리)에 웃음 주름을 짓다. 《주로 기쁨, 즐거움에 따른 웃음으로 생기는 눈주름》

crinkle one's eyes (up)

Her eyes crinkled when she smiled, and her lips parted to reveal perfect teeth. (그녀가 미소를 짓자 눈가에 주름이 지고 입술 사이로 완벽한 치열이 보였다.) — M.H.Clark: 1

"Of course you're right," she said, *crinkling her eyes* at me. "I don't really know a thing about newspapermen…." (신문인이 갖춰야 할 태도에 대한 나의 의견에 그녀도 "당신 말이 맞아요." 하고 동의했다. 그녀는 "사실 나는 신문인에 대해서는 하나도 모르지만…"이라고 덧붙이며 나를 향해 눈꼬리에 주름을 잡고 웃었다.) — J.Brooks

She smiled back at me—she had an enchanting, self-confident smile, mostly *a crinkling up of the corners of her eyes*. (나의 웃는 얼굴에 답하듯 그녀도 웃었다. 눈꼬리에 가득 웃음 주름을 잡고 웃는데, 매력적이고 자신감이 넘쳐 보였다.) — B.Siegel

★ NB: crinkle one's eyes는 crinkle the corners of one's eyes의 생략 표현이라 할 수 있다. 그리고 crinkle은 명사로 쓰여 눈언저리 주름을 나타내기도 하는데, 그 경우 주름이 나타나는 곳은 눈꼬리로 한정되는 것이 일반적이다(crinkles appear in the corners of one's eyes).

★ NB: one's eyes crinkle into laughter [smile]가 웃는 얼굴을 표현하기도 한다.

Andra's grey lovely *eyes* now *crinkled into laughter*. (앤드라는 사랑스런 잿빛 눈의 꼬리에 웃음 주름을 잡고 활짝 웃었다.) — D. Robins: 11

★ NB: 얼굴의 주름을 가리킬 때 가장 일반적으로 쓰는 단어는 바로 wrinkles이다. wrinkles는 나이가 들어 생기는 주름을 의미하나 표정에 의해 일시적으로 생기는 주름을 표현할 때도 사용한다. 이에 비해 crinkle은 주로 즐거워하는 얼굴에 나타나는 표정 주름에 한정해 사용된다.

★ **영일비교** 웃음은 즐거울 때만 나오는 것이 아니다. 어떤 상황을 얼버무리기 위한 거짓 웃음, 남들이 웃으니까 따라서 웃는 웃음, 쑥스러움을 감추기 위한 웃음 등 웃음에도 다양한 종류가 있다. 영미 사람들은 진심에서 우러난 즐거운 웃음을 다른 웃음과 구분해 내는 결정적 근거 중 하나로 눈꼬리의 주름에 주목한다. 그들은 이 주름을 laugh lines라고 부를 만큼 밝은 웃음에 꼭 동반되어야 하는 것으로 여긴다. 영어 소설에서 정말 즐거워서 나오는 웃음을 종종 (the corners of) one's eyes crinkle (up) 등으로 묘사하는 것도 그런 관점이 반영된 것이다. 같은 관점에서 진심이 아닌 웃음은 a smile dose not reach [touch] someone's eyes라고 하거나 또는 더욱 설명적으로 표현할 때는 a smile dose not bring out the laugh lines around someone's eyes라고 한다.

일본어도 영어와 같은 관점에서 '눈꼬리(눈가)에 주름을 지으며 웃다' 등으로 묘사하기도 한다. 그러나 관용구로서는 '눈꼬리를 낮추다', '눈을 가늘게 뜨다' 등의 표현이 널리 쓰인다.

one's eyes cross 사팔눈이 되다. 모들뜨기가 되다. 《한 점을 계속 바라보거나 술에 취하거나 잠이 모자라서 눈이 몽롱해진 상태, 무언가를 집중하여 보고 있을 때 눈이 모인 상태를 과장하여 표현한 것》

I sat in my underwear on the edge of the bed, and read the little magazine until *my eyes crossed*. (나는 속옷만 입고 침대 모서리에 걸터앉아 눈이 모일 정도로 집중하여 잡지를 읽었다.) — R.Macdonald: 3

Through nervousness, the guest may not notice how much he is drinking until *his eyes cross*. (술로 불안한 마음을 달래는 손님은 지나치게 과음하여 눈이 거의 모일 지경이 될 때까지도 자기가 얼마나 마셨는지 모를 때가 있다.) — B.Walters

★ NB: until one's eyes cross는 술을 과도하게 마시거나 눈을 지나치게 혹사시켜 '눈이 정상적으로 움직이지 않을 때까지'를 표현하는 상투적인 어구다. 피곤할 때나 술에 취해 해롱해롱하는 상태는 feel cross-eyed로 표현하기도 한다.

★ NB: 사시(사팔눈)를 일컬어 cross-eyed로 표현하는 경우도 있으나, 이보다는 squint-eyed가 좀 더 일반적인 표현이다. cock-eyed도 사시의 의미로 쓰이는 경우가 있으나 대개는 엉뚱한 시각이나 사고방식을 모욕적으로 나타내는 비유 표현으로 사용된다.

crow's feet at [around] one's eyes 눈꼬리의 주름

She looked up from the card file. There was light smile at the corners of her mouth, and gentle *crow's feet at her eyes*. (사서는 카드 파일에서 얼굴을 들어 올렸다. 그녀의 입가에는 가벼운 미소가 떠올랐고, 눈꼬리에는 상냥한 웃음 주름이 잡혀 있었다.) — R.B.Parker: 3

Contentedly married to a doctor, living in the suburbs, she has noticed the *crow's feet around her eyes*, and the bulge around the middle and has determined to break out of her rut before it's too late. (의사와 결혼하여 교외에서 행복한 삶을 영위하고 있는 그녀도 최근 눈꼬리의 주름이며 배에 붙은 군살이 신경 쓰이기 시작했는지, 더 늦기 전에 지금의 틀에 박힌 생활에서 벗어나야겠다고 마음을 굳혔다.) — S.Quinn

dab at one's eyes 눈을 가볍게 누르다. 《손수건 등으로 눈물을 닦기 위해서 등》

From a deep well between her bosom Ruth brought out a white handkerchief··· and *dabbed at her eyes*. (루스는 깊은 가슴골 언저리에서 흰 손수건을 꺼내 눈가를 가볍게 눌렀다.) — B.Greene

one's **eyes dance** ➡ one's eyes sparkle

Her face exploded in a wide smile and *her eyes danced* and she walked slowly toward him. 〔학교 기숙사에 있는 아들과 면회하는 모습〕 (아들의 모습을 본 어머니의 얼굴에는 웃음이 가득 피어나고 눈은 반짝반짝 기쁨으로 빛났다. 그녀는 천천히 아들 쪽으로 걸음을 옮겼다.) — D.Steele: 2

one's **eyes are dark** ➡ one's eyes darken

Matt's jaw tightened. *His eyes were* now *dark*, shiny pebbles of hostility. (맷의 턱은 굳게 다물어져 있었다. 그의 눈은 빛나는 적의의 자갈처럼 검게 빛나고 있었다.) — S.Stanford

His eyes got dark. "That trade with Madden was one of the hardest things I've done in my political career. I don't care for your insinuations." 〔더러운 방법으로 원로 정치인과 거래한 것 아니냐고 의심받는 상황〕 (그의 눈은 급격히 어두워졌다. 그는 "매든과의 거래는 지금까지 내 정치 활동 중에서 가장 어려운 일이었다. 당신이 그렇게 빈정대든 말든 나는 상관없다."라고 말했다.) — K.Peterson

dark [black] rings under [beneath, around] one's eyes 눈 아래(눈 주위에) 검은 기운(일명 다크서클)이 생기다. 참 bags under one's eyes

She's as thin as a rail and worn out. She has *black rings under her eyes* far too often these days. (그녀는 꼬치꼬치 마른 데다 아주 지쳐 보인다. 최근에는 종종 눈 밑이 거무스레해 보인다.) — B.T.Bradford

Barney looked at the *dark rings around her eyes* and decided she needed the rest more than anything else. (바니는 그녀의 눈 주위에 다크서클이 생긴 것을 보고 무엇보다도 먼저 쉬게 해야겠다고 생각했다.) — E.Segal

★ NB: 수척해져 눈이 쑥 들어가면 눈 주위가 검게 보일 때가 있다. 이런 변화가 가장 눈에 띄는 것은 눈 밑(under one's eyes)이지만, 위 눈꺼풀이 얇은 백인의 경우 눈 위쪽에도 분명하게 나타난다. 그래서 dark rings *around* one's eyes라고 표현하는

것이다. dark [black] smudges under one's eyes 같은 유사 표현도 있다.

one's eyes darken 눈빛이 어두워지다. 《억압된 분노, 적의, 마음의 동요, 걱정 등의 이유로》 유 one's eyes are dark

His eyes wavered and *darkened*. "That's bad. He's sometimes suicidal, as you undoubtedly know." (그의 눈빛이 순간 움츠러들며 어두워졌다. 그리고 그는 "당신이 확실히 알고 있듯이 그는 때때로 자살 충동을 느끼곤 했어요."라고 말했다.) — R.Macdonald: 8

★ 영일비교 one's eyes darken [grow etc. dark]은 일본어의 '어두운 눈을 하다'에 대응하는 음습하고 우울한 눈매를 가리킨다. 하지만 화가 나서 언짢은 눈, 격렬한 적개심에 불타는 눈, 노기를 띤 험악한 눈 등도 가리키므로 일본어보다 의미하는 범위가 넓다.

one's eyes dart around (…) 시선이 이리저리 재빨리 움직이다. 《경계하는 눈빛; 위험을 감지하고 상황을 파악하기 위해 사방팔방으로 눈을 돌리는 모습 등》 참 one's eyes rove (around…)

With intense concentration, *his eyes darted around* the darkened parking area. (그는 온 신경을 집중하여 어두워진 주차장 여기저기를 경계하는 눈빛으로 훑어보았다.) — M.H.Clark: 5

The eyes darted around restlessly, the hands gestured vaguely, the meaningless smile twitched his mouth convulsively, and he couldn't stand still on his two feet. I didn't usually throw people into such a tizzy…. 〔한 남자가 나를 만나러 온 상황〕 (눈은 두리번두리번 침착하지 못하고, 손은 도저히 알 수 없는 동작을 하고, 입은 무의미한 웃음으로 경련하듯 비틀려 있었다. 그는 두 다리로 서 있는 것조차 힘든 듯했다. 나는 평소에 사람을 이 지경으로까지 당황하게 만들지 않았는데…) — D.Francis: 5

one's eyes dilate 눈을 휘둥그레 크게 뜨다. 《주로 놀람, 공포 등 때문에》 유 one's eyes widen

"It will be a shock to you… Poor Roger's dead." Flora drew away from him, *her eyes dilating* with horror. (남자는 로저가 죽었다는 것을 알린다. 플로라는 비보를 전해 준 그에게서 주춤 한 발 물러서고, 그녀의 눈이 공포로 인해 크게 떠진다.) — A.Christie: 5

one's eyes are drawn down 눈 바깥쪽(특히 눈꼬리)이 내려가다. 《비애, 슬픔 등을 느낄 때의 눈 모양》

The daughter… sat stiffly upon the sofa, her hands… folded in her lap, *her* mouth and *eyes drawn down*, solemnly awaiting the opening of the coffin. (입가와 눈가가 축 처진 딸은 소파에 뻣뻣하게 앉아 손을 무릎 위에 포개어 얹고 숙연히 관의 뚜껑이 열리는 것을 기다리고 있었다.) — W.Cather: 3

★ **영일비교** 슬퍼서 풀이 죽은 눈매는 (1) 미간에 눈썹이 힘없이 모이고(➡ draw one's EYEBROWs together), 그 끝이 맥없이 내려가 팔(八)자를 그린다. (2) 눈의 안쪽 끝은 당겨 올라가고 눈의 바깥쪽 끝(눈꼬리)은 상대적으로 끌어내려진다. one's eyes are drawn down은 '슬픈 눈'으로서 (2)의 부분을 묘사의 대상으로 삼은 것이라 할 수 있다.
일본어에서는 '내려간 눈꼬리'가 슬픈 표정과는 정반대인, 기분 좋고 만족스러운 표정, 또는 호색적인 남성의 표정에서 나타난다고 본다. 밝은 웃음을 짓는 얼굴을 영어에서는 일본어와 정반대로 crinkle one's eyes (up [upward])(눈꼬리를 올리다)라고 표현한다.

drop one's eyes ➡ lower one's eyes

He went on staring until I *dropped my eyes* in embarrassment. (그가 줄곧 쳐다보고 있어 시선을 둘 데가 없었기에 나는 눈을 아래로 내리깔았다.) — J. Cooper: 4

eye contact 시선 맞추기

Do not look down or away, they are instructed. Maintain *eye contact* at all times. 〔TV 인터뷰에서 짓궂은 질문을 받아도 쿨한 태도를 잃지 않는 방법에 대해서〕 (아래를 보지 말고, 눈을 피하지 말고, 언제나 상대방과 시선을 맞추라.) — *Time*, 1981

Now we're hearing about how Mikhail Gorbachev has good *eye contact* and a firm handshake and a good sense of humour…. 〔서방 세계에 전해진 소련의 새로운 지도자 고르바초프의 좋은 평판〕 (미하일 고르바초프는 상대방의 눈을 똑바로 바라보고, 악수할 때도 상대방의 손을 꽉 잡으며, 유머 감각도 출중하다고 한다.) — *Time*, 1985

In a joint appearance at a Red Cross ceremony, Nancy Reagan carefully read a prepared speech; Raisa Gorbachev had largely memorized hers, impressing the audience with the resulting sincere *eye contact*. 〔레이건 대통령 영부인과 고르바초프 서기장 부인이 적십자 행사에 함께 참가하여 연설한 것에 관련한 기사〕 (낸시 레이건이 준비해 온 원고를 조심스럽게 읽은 것에 비해 라이사 고르바초프는 원고를 거의 외워 왔다. 그 덕분에 그

녀는 청중들과 성실하게 눈을 맞추어 깊은 감명을 주었다.) — *Time*, 1985

★ **영일비교** **[말의 의미]** 영어의 eye contact는 eye-to-eye contact를 줄인 말로 문자 그대로는 '눈과 눈의 접촉'을 의미한다. 영미권에서 이 말을 널리 쓰기 시작한 때는 20여 년 전, 비언어 행동 연구의 일부로 '시선 행동(looking behavior)' 연구를 시작하면서부터다. 이 연구의 핵심은 대화할 때 눈이 의사소통에서 어떤 역할을 하는가, 대화 당사자 사이의 사회적 관계(상하관계 등), 심리적 관계(친밀도, 호불호), 성별, 대화 상황이나 내용 등이 시선의 교차도에 어떤 영향을 미치는가의 문제를 밝히는 데 있다. 이러한 문제는 사회적 관심을 크게 불러일으켰다. 이로써 eye contact라는 개념은 사회 전반에 뿌리를 내리며 비전문 용어로서 널리 쓰이게 되었다.

한편 연구의 결과로 거리가 1미터 이상 떨어졌을 때 사람의 시선이 실제로 상대의 눈을 향하는지 정확히 파악할 수 없다는 사실이 밝혀지면서 전문가 사이에서 eye contact보다는 mutual gaze를 쓰는 편이 낫다는 이야기가 나왔다(Knapp, 1978). 일본에서는 시선 행동에 대한 연구가 그다지 이루어지지 않았다(福井, 1984). 그래서 eye contact, mutual gaze라는 대인 관계에서 나타나는 시선 교차의 여러 양상을 포괄하는 개념어는 아직 일본어 속에 정착하지 못하고 '시선 맞추기', '눈의 교차', '눈의 접촉' 등 다양한 번역어가 시험적으로 쓰이는 단계에 있다.

[대인 관계의 시선] 예로부터 어떤 사회에서건 사람과 사람이 만났을 때 상대의 어느 부분을 어느 정도까지 보아도 되는가에 관해 암묵적으로 정해진 규칙이 존재한다. 다만, 일본과 같은 종적 사회와 영미와 같은 횡적 사회는 '시선 행동'의 규범이 다르다.

시선을 두는 곳 – 종적 사회에서는 하위에 있는 사람이 시선으로 윗사람의 성역을 침범해서는 안 된다는 규제 의식이 굳건히 뿌리를 내리고 있다. 일본인이 고개 숙여 절하는 것도 그러한 규제 의식에서 비롯된 예의 행동으로 철저한 시선 회피를 전제로 이루어진다. Morris(1972)는 '머리를 낮추는' 행위가 동물의 세계에서 '구슬리기' 자세로 통용되는 까닭은 머리의 낮은 위치보다 시선의 회피에 있다고 지적한다. 만남의 인사로 일본인이 '절'을 하는 것도 인간관계의 출발점에서 상대에게 적의가 없다는 것을 시선을 떨어뜨림으로써 표현한 예의 행동이라고 할 수 있다(樋口, 1976).

미국의 의례법전 *Emily Post's Pocketbook of Etiquette*(1965)에서는 악수할 때 '손을 잡는 상대의 눈을 반드시 바라보라.'라고 가르친다. 하지만 일본의 전통적인 예법에서는 절을 하는 중에는 물론이고 절을 마치고 고개를 들었을 때조차도 시선이 갑자기 마주치는 일이 없도록 주의를 기울인다(小笠原清信, 1971). 일본의 전통적인 '시선 예의'에서 '눈을 돌리는' 행위는 그저 '불쾌한' 일이지만 '눈과 눈을 마주치는' 행위는 '잘못'으로 여겨진다. 상대의 눈을 직접 보는 것은 상대의 내면을 꿰뚫어 보려는 비열한 마음의 표현이라고 간주한다. 따라서 옛 일본인들은 시선을 둘 때 예의에 어긋나지 않는 곳으로 '눈 높이, 가슴 높이, 어깨 높이'를 가르쳤다. 즉 눈 높이와 어깨 폭과 가슴 높이를 사각형으로 이은 범위가 시선을 두기에 가장 바람직하며 상대의 말을 진지하게 들을 때 여기에 시선을 둔다고 보았다. 두 번째로 시선을 두는 곳은 이마 높이, 배꼽 높이, 어깨 폭에서 3~4센티미터 바깥쪽으로 연결되는 사각형 범위로

이 부분은 타인과 대면할 때 시선을 두기에 적합한 곳으로 일반적으로 여겨졌다. 이 범위보다 바깥으로 시선이 향하면 눈을 돌렸다는 느낌을 상대에게 주게 된다.

오늘날 일본인은 옛날만큼 똑바로 바라보는 것을 피하지는 않지만 영국의 사회심리학자 Argyle(1985)은 시선 행동의 비교문화 논평에서 일본인은 현대에도 상대의 눈보다 목에 시선을 둔다고 보고했다. 영국에서는 시선을 향해야 할 범위가 일본보다 훨씬 좁다. 눈 주위(in the region of the eyes)에서 고작 좌우의 눈과 턱 끝을 잇는 삼각형 안이다. 미국도 사정은 비슷해서 가까이 있는 사람과 대화를 할 때 시선이 얼굴을 벗어나거나 몸 쪽으로 향하면 특별한 사정이 없는 한 예의에 어긋난 행위로 여긴다(Knapp, 1978).

눈과 눈의 교차도 – 연구자에 따라 다소 차이는 있지만, mutual gaze에 대한 연구 보고에 따르면 영미인이 일대일로 이야기할 때 상대의 얼굴에 일방적으로 시선을 보내는 시간은 평균적으로 대화 시간의 약 60퍼센트, 한 번 똑바로 쳐다보는 시간은 3초라고 한다. 또 서로 시선을 마주치는 mutual gaze는 전체의 30퍼센트, 한 번 시선이 교차하는 시간은 1.5초라고 한다(Argyle, 1975). 이 수치는 대화할 때의 역할(듣는 쪽인가, 말하는 쪽인가), 상대와의 관계(상하, 친밀도, 호불호 등), 이야기의 내용(미묘한 내용인가, 흥미 있는 화제인가 등), 성별, 성격 등 다양한 요소에 따라 상당히 달라진다. 일반적으로 윗사람이나 호의를 품은 사람에게는 시선 접촉 기회를 더 많이 가지려고 한다. 또 이야기를 할 때보다 들을 때 2배 더 상대를 본다. 요컨대 영미 사회에서 대화는 듣는 쪽은 적절한 길이의 시선을 상대에게 거듭 보내어 대화의 주도권을 쥔 상대에게 성원을 보내고, 이야기하는 쪽은 주도권을 반환하라는 신호가 나올 때까지 상대의 반응을 확인하면서 달려가는 형태로 이루어진다고 볼 수 있다. 이런 의미에서 눈의 접촉은 대화의 자리를 만드는 데 기초적인 역할을 한다.

대화 시 일본인의 시선 접촉도에 관해서는 실험적인 연구 자료가 없다. 그러나 거리 두기를 예절의 기본으로 삼는 일본인이 상대를 보는 빈도와 시간이 영미인보다 적다는 것은 쉽게 예측할 수 있다. 영미인과 일본인이 대화를 할 때 눈의 접촉을 먼저 그만두고 더 자주 그리고 오래 눈을 돌리거나 내리까는 쪽은 일본인이다. 그래서 영미인은 일본인을 '종잡을 수 없는 사람'이라고 느끼기도 하고, 눈을 돌리는 방식에서 '적의를 품었거나 경멸하고 있는' 듯한 인상마저 받는다고 한다(Brosnahan, 1988).

eyeball to eyeball 서로 노려보며, 정면 대결을 펼치며, 대치하여 ((공격적인 눈빛으로 상대를 응시하며 마주하고 있는 상태)) 유 FACE to face

He wrote an intimate report of the intricate discussions that led Kennedy to the Cuban missile crises, including… the unforgettable quote from Dean Rusk: "We were *eyeball to eyeball*, and I think the other guy just blinked." 〔케네디 대통령의 보좌관 중 한 사람이 쓴 회상록에 대한 소개문 중 일부〕 (쿠바의 미사일을 두고 벌어진 케네디와 흐루쇼프의 숨 막히는 대결에 대해 국무장관 딘 러스크가 했던 유명한 코멘트를 인용하고 있다. "우리는 서로 줄곧 노려보고 있었는데, 상대방(흐루쇼프)이 먼저 눈을 깜빡거린

것 같다.") — *Time*, 1974

"Why in the mail? Tell her, *eyeball to eyeball*, that you just learned it will cost $11 to repair the sweater…" 〔고민 상담 코너에 상대방의 부주의로 못쓰게 되어 버린 스웨터의 수선비 청구서를 상대에게 보내도 괜찮겠느냐는 질문에 대한 답변〕 ("왜 우편 따위로 보냅니까? 면전에 대고 똑똑히 스웨터 수선비로 11달러가 나왔다고 얘기하세요.") — A. Landers

★ NB: eyeball to eyeball은 '얼굴을 마주 대고'라는 뜻을 가지고 있으나, 기본적으로는 대립하는 사람들이 맞부딪치는 상황에 주로 사용된다. 위의 첫 번째 예문에서는 단 한 번 눈을 깜빡이는 것으로 힘의 균형이 깨질 정도로 긴박한 상황이었음을 드러내고 있다. 이에 비해 face to face는 편지나 전화 등의 간접적인 접촉이 아닌 '얼굴을 제대로 마주하고'를 의미하는 표현이다. 단, 두 번째 예문처럼 face to face의 의미를 eyeball to eyeball을 사용하여 과장되게 표현하는 경우도 있다.

one's eyes fall 눈을 내리깔다. ((부끄러워서, 뒤가 켕겨서, 떳떳하게 눈을 들 수 없어서 등)) 유 lower one's eyes

"You haven't told him anything to—well, to upset him?" "Told him what?" Then *her eyes fell*. "No," she said. ("혹시 아버지의 심기를 거스를 만한 말이라도 한 거 아니니?" 하며 어머니가 다그치자 딸은 "무슨 얘기를 했다고 그래요?"라고 말하나 정작 어머니의 얼굴을 똑바로 보지는 못했다. 그녀는 눈을 내리깔고 "그러지 않았어요."라고 거짓말을 했다.) — M. J. Bosse

one's eyes nearly [practically] fall out (of one's head) ➡ one's eyes pop (out (of one's head))

We passed about a hundred Negro kids on a class trip, then some Puerto Ricans playing ball, talking Spanish a mile a minute. Aunt Sarah's *eyes nearly fell out* as she was only used to "just plain folks" at home. (시골에서 뉴욕으로 올라온 숙모 사라는 학교에서 소풍을 나온 흑인 아이 100명과 공놀이를 하며 스페인어로 숨도 안 쉬고 떠들어 대는 푸에르토리코 사람과 마주치자 눈알이 튀어나올 정도로 놀랐다. 지금까지 시골의 '평범한 사람들' 밖에 보지 못하고 산 탓이었다.) — P. D. McClary

fix one's eyes on… …에 시선을 고정하다. 유 one's eyes stare

Once again a "hate stare" drew my attention like a magnet. It came from a… well-dressed white man. He sat a few yards away, *fixing his eyes on* me. Nothing can describe the withering horror of this. You feel lost, sick at heart before such unmasked hatred… 〔백인에게서 '증

오의 눈초리'를 받았던 체험담〕(또다시 증오의 시선을 느끼고 주위를 돌아보니 이번엔 잘 차려입은 백인 남성이다. 그는 2, 3야드 떨어진 곳에 앉아 줄곧 나를 쳐다보고 있다. 그 몸이 오그라들 정도의 공포는 어떤 말로도 도저히 설명할 길이 없다. 그렇게 노골적인 증오의 대상이 되면 어쩌면 좋을지 알 수 없고 기분이 완전히 비참해진다.) — J.H.Griffin

one's eyes flare ➡ one's eyes flash

He stood towering over his son Winston, his fist raised in anger to bring it down hard on the boy. His face was livid with volcanic wrath and *his eyes flared* dangerously. (그는 아들 윈스턴 앞에 우뚝 서서 주먹을 번쩍 쳐들어 세게 내려칠 태세였다. 그의 얼굴은 터질 듯한 분노 때문에 납빛으로 변했고 눈은 이글이글 타올랐다.) — B.T.Bradford

one's eyes flash 눈이 번쩍 빛나다. ((발끈했을 때, 벌컥 화를 낼 때, 격정에 사로잡혔을 때 등의 눈빛)) 유 one's eyes blaze / one's eyes flare

The normally amiable and relaxed President sits up straight in his chair; *his eyes flash*, his lips tighten, and his hands ball up into fists. 〔대 니카라과 외교 정책을 발표할 때의 평소와 다른 레이건 미국 대통령의 공격적이고 강한 자세〕(평소 느긋했던 대통령이 의자에 등을 쭉 펴고 앉아 눈을 번뜩번뜩 빛내며 입은 꾹 다물고 양손은 주먹을 꼭 쥐고 있다.) — *Time*, 1986

★ NB: 눈이 빛을 내는 상황을 표현할 때 flare와 blaze는 눈빛을 활활 타오르는 불에, flash는 섬광에 비유한 것이다. 모두 격정으로 인해 강한 빛을 내뿜는 눈을 가리키는데, 대개 끓어오르는 흥분, 살기, 적의, 분개 등 공격적인 감정과 결부되어 있다. flare와 flash는 모두 불시에 강하게 나타나는 눈빛을 가리키나 전자가 눈 속에 불길이 타오르는 최초의 순간(onset)에 조금 더 초점을 맞추고 있다.

one's eyes flicker 눈이 흘끗 움직이다.

Her eyes flickered in his direction and then the heavy lids began to fall. "I'm tired," she complained weakly. (그녀는 그를 흘끗 보았지만 곧 눈꺼풀이 무겁게 내려갔다. 그러고는 "피곤해."라고 가냘프게 투정했다.) — C. Rossiter

one's eyes flutter open 닫혀 있는 눈꺼풀이 움찔거리며 눈이 떠지다. ((잠에서 깰 때, 제정신으로 돌아올 때 등))

Charles's hand was lying limply on the coverlet and, … she reached out and took it tightly in hers, trying desperately to infuse some of her strength into him. Charles'*s eyes fluttered open* and focused on her face. (병석에 누운 찰스(숙부)는 손을 힘없이 이불 위에 아무렇게나 늘어뜨리고 있었다. 그녀(조카)는 자신의 힘을 조금이라도 그에게 불어넣어 주려는 듯 그의 손을 꽉 잡았다. 찰스가 눈꺼풀을 움찔거리며 눈을 뜨더니 이내 그녀의 얼굴을 보았다.) — J.McNaught

gaze into someone's eyes ➡ look into someone's eyes

"I like going around with you," December said, *gazing* straight *into his eyes*. "I really do. I always have." (디셈버는 그의 눈을 지그시 바라보며 "나는 너와 여기저기를 걸어 다니는 것이 예전이나 지금이나 너무 좋아." 하고 솔직히 말했다.) — R.Lawrence

give someone the eye ➡ make eyes at someone.

Then she tried to be more friendly, because Jim had *given her the eye*, like a little dog. (짐이 강아지 같은 눈빛으로 그녀를 바라보았기 때문에 그녀도 그를 조금 편한 태도로 대하기로 했다.) — A.Sillitoe: 2

give someone the glad eye ➡ make eyes at someone

Rosie was in fine form last night, *giving the glad eye to* all the regulars as she pulled them their pints of bitter. (어젯밤 펍에 있었던 로지는 단골들의 맥주잔을 가득 채워 주며 슬쩍슬쩍 윙크를 던지곤 했다.) — L.Levi

glassy-eyed 유리구슬 같은 눈빛의 ((살아 있는 인간의 감정이나 반응이 일시적으로 정지되어 버린 듯한 눈빛; 일시적인 감정 마비 상태, 쇼크로 망연자실해진 상태의 눈빛; 과로, 수면 부족, 마약, 과도한 음주 등으로 몽롱해진 상태의 눈빛))

They were still *glassy-eyed* as they lined up in the cafeteria for their noontime gruel. 〔오전에 강연을 듣고 완전히 자신감을 잃어버린 의학부 신입생의 모습〕 (그들은 여전히 쇼크를 받은 멍한 눈빛으로 카페테리아에 줄을 서 있었다.) — E.Segal

one's eyes glaze over 눈에 생기가 없어지다. ((냉담할 때, 서먹서먹할 때; 무관심, 지루함 등으로 인해 멍해진 눈빛))

Her eyes tended to *glaze over* when a discussion of china and silverware came up. (도자기나 은제 식기 이야기가 나오면 그녀는 따분한 듯 멍한 눈빛이 되었다.) — S.Quinn

one's eyes are glazed 눈빛이 게슴츠레한, 눈빛이 흐리멍덩한 ((술을 너무 많이 마셔서; 극도의 피로, 배고픔 등으로 생기를 잃어버린 눈빛))

She recognized at once that he had been drinking more than usual. He was unsteady on his feet, and *his eyes were glazed*. (그녀는 남편이 평소보다 술을 많이 마시고 있다는 사실을 단번에 알아챘다. 다리가 비틀거리고 눈빛이 흐리멍덩했기 때문이다.) — B.T.Bradford

In the bleak and bitter outskirts of Buenos Aires, thousands of people stand in line every morning *eyes glazed* by hunger, clamoring for government handouts. 〔아르헨티나 빈곤층의 생활을 담은 보고서〕 (황량한 부에노스아이레스 교외에서는 매일 아침 수천 명의 사람들이 행렬을 이뤄 정부의 구호품을 손에 넣기 위해 장사진을 친다. 굶주림으로 사람들의 눈빛은 흐릿하니 생기가 없다.) — *Time*, 1989

one's eyes gleam 눈빛이 바뀌다. 《감정의 변화에 따라》 유 one's eyes sparkle

Winston'*s eyes gleamed* with unfamiliar resentment and hostility. (윈스턴의 눈빛이 낯선 분노와 적의로 빛났다.) — B.T.Bradford

★ NB: gleam은 종종 명사로도 쓰여 there is a gleam of resentment [triumph, etc.] in one's eyes; there is a dangerous [malicious, etc.] gleam in one's eyes 의 형태로 사용된다.

one's eyes glisten 눈이 반짝 빛나다. 《눈물 등 때문에》 유 one's eyes sparkle

His gaze is usually impenetrable and impatient, but on this night, *his* own brown *eyes glistened* with moisture. 〔미국 민주당 대통령 후보가 선거 운동 중 눈물을 보였을 때의 기사〕 (평소 속을 알 수 없는 눈을 가진 그이지만, 이날 밤 그의 갈색 눈은 눈물로 반짝 빛났다.) — *Time*, 1988

one's eyes glitter 눈이 번뜩이다. 《적의, 악의, 분노, 회심의 미소 등 주로 공격적, 비우호적인 감정의 고조로 인해 빛나는 눈빛》 유 one's eyes sparkle

Emma leaned forward, her arms on the desk, *her eyes glittering* behind her glasses. (에마는 팔을 책상 위에 올려놓고 몸을 앞으로 숙였다. 그녀의 눈은 안경 너머에서 번뜩이고 있었다.) — B.T.Bradford

one's eyes are glued on [to]… 주의를 집중하여 …을 바라보다. 유 one's eyes are riveted on…

I look up and find *their eyes glued on me* in an incredulous manner….

〔여학교에서 강연을 하는 상황〕 (나는 도중에 얼굴을 들어 올린다. 믿을 수 없을 정도로 열심히 모두가 주의를 집중하여 나를 바라보고 있다.) — P.G.Wodehouse: 6

goggle one's eyes 눈을 휘둥그레 뜨다. ((놀랐을 때))

"Laurie!" "Hallo!" He was halfway upstairs, but when he turned around and saw Laura he suddenly puffed out his cheeks and *goggled his eyes* at her. "My word, Laura! You look stunning," said Laurie. (계단을 반쯤 올라갔을 때 로리는 누군가 자신을 부르는 소리에 뒤돌아보았다. 그곳에 아름답게 차려 입은 로라가 서 있었다. 그는 눈을 휘둥그레 뜨고 볼을 부풀려 보이며 "너무도 아름다워 혼이 빠질 지경이다."라고 말했다.) — K.Mansfield: 2

★ NB: 기절초풍할 정도로 깜짝 놀랐을 때 goggle-eyed라고 표현하기도 한다.

To Doris and me a dollar was an unbelievable sum of money, and the sight of ten dollars on the table left us *goggle-eyed*. [가난했던 어린 시절을 떠올리는 구절] (도리스와 나에게는 1달러도 믿을 수 없이 큰돈이어서 테이블 위에 놓인 10달러를 보았을 때 눈이 휘둥그레졌다.) — R. Baker

★ NB: goggle one's eyes에는 눈을 희번덕거린다는 의미도 있다. 또한 goggle-eyed는 안구가 약간 돌출된 사람이 눈을 희번덕거릴 때 그 눈을 묘사하는 데도 쓰인다.

one's eyes grow large [huge] 눈이 크게 떠지다. ((기쁨, 기대, 흥분, 공포, 놀람 등의 이유로))

As he urged me to join him in the Jews for Jesus movement, he became even more earnest and *his eyes grew* even *larger*. (그는 나에게 종교 운동에 참가하라고 권했다. 그의 권유가 점점 열기를 띠어 가면서 그의 눈도 점점 커졌다.) — L.Levi

O'Halloran said, "If I catch you playing detective even once, I'm going to throw you in the pokey for obstructing justice." Caruso's mouth dropped open and *his eyes grew huge*. "You do not do such a thing." 〔오페라 극장에서 연쇄살인이 일어나 가수들이 범인을 찾아 나서기 시작하자 오 할로런 경감이 주의를 주는 상황〕 (오 할로런 경감은 "한 번만 더 탐정놀이를 하는 게 눈에 띄면 공무집행방해로 감방에 처넣겠다."고 경고했다. 카루소는 입을 벌리고 눈을 크게 뜨더니 "설마 진짜 그러진 않겠지."라고 했다.) — B.Paul: 1

one's eyes grow round ➡ round one's eyes

Sophie'*s eyes grew round* and her mouth pursed into a circle of excitement. "W—who?" she asked tremulously. 〔수수께끼 남성의 정체가 밝혀졌다는 상대의 말에〕 (소피는 눈을 크게 뜨고 입을 동그랗게 오므리고는 "누, 누군데?"라며 떨리는 목소리로 물었다.) — C.Rossiter

one's **eyes grow small** ➡ narrow one's eyes

She looked away when he saw Hildy'*s* tear-wetted *eyes*··· *grow small* with hate. 〔유부남이 자신과 관계를 가진 여자가 아내와 말다툼하는 모습을 보게 된 상황〕 (그가 아내 힐디의 눈물에 젖은 눈이 증오로 가늘게 떠지는 모습을 보았을 때 그녀는 얼굴을 돌려 버렸다.) — B.Smith: 1

one's **eyes grow wide** ➡ one's eyes widen

Her large hazel *eyes grow* even *wider* when she talks about how much "Ronnie" likes his work: "Oh yes, oh yes, oh yes, —absolutely, he is enjoying himself!" (레이건 대통령 영부인의 근황을 알리는 기사이다. 자신의 남편이 대통령직을 얼마나 즐겁게 수행하고 있는지 숨 가쁘게 이야기하는 동안, 그녀의 커다란 다갈색 눈이 더욱더 크게 떠진다.) — *Time*, 1983

half close one's **eyes** ➡ narrow one's eyes

He *half closed his eyes*, recalling the scene···. (그는 그 광경을 떠올리며 눈을 반쯤 감았다.) — V.Winspear: 1

She *half closed her eyes* watching him through slits. (그녀는 눈을 가늘게 뜨고 의심스런 눈초리로 그의 모습을 지켜봤다.) — V.Holt: 1

have fire in one's **eye** 눈이 형형히 빛나다. 《열정, 욕망이 드러난 눈; 높은 활동 의욕 및 결의로 가득한 눈; 흥분이 드러난 눈 등》

Carter cut short his Easter weekend at Camp David and returned by helicopter to the White House. At that point, says an aide, "he *had fire in his eye*." 〔심약한 대통령이라는 오명을 벗고 의욕이 충만한 모습을 보이는 카터 대통령에 대해 쓴 기사〕 (캠프 데이비드에서 부활절 주말 일정을 예정보다 빨리 끝내고 헬리콥터로 백악관에 돌아온 대통령은 일전을 치를 각오로 "눈이 형형히 빛났다."라고 한 측근이 말한다.) — *Time*, 1980

hold someone's **eyes** 상대의 시선을 피하지 않고 눈을 바라보다.

He *held my eyes* until he was sure I had received the message, and then he turned away···. (그는 내가 메시지를 받았다고 확신할 때까지 줄곧 나를 바라보다가 그곳을 떠났다.) — D.Francis: 5

★ NB: hold someone with one's eyes 또는 one's eyes를 주어로 하여 one's eyes hold someone's (eyes)로 표현해도 된다.

one's eyes become hooded 눈이 반쯤 감긴 상태가 되다. 《언뜻 졸린 눈처럼 눈꺼풀이 내려와 마음을 읽기 어려운 눈 모양》

I began noticing that Uncle Charlie's *eyes became hooded* and that he rubbed his chin with his fingertips when Uncle Hal launched on his suppertime stories. (나는 할 숙부가 허풍스런 얘기를 늘어놓을 때 찰리 숙부가 눈을 반쯤 감고 턱을 손끝으로 만지작거리는 걸 알게 되었다.) — R. Baker

★ NB: 이 눈 모양은 종종 포커를 치는 사람의 무표정을 가장한 눈을 표현할 때 사용되기도 한다(the hooded eyes of the poker player).

★ NB: 몽골리언 인종과 같이 태생적으로 눈꺼풀이 두텁고 가느다란 눈도 hooded eyes라고 불린다.

kill someone with one's eyes 증오에 가득 차 찌를 듯한 눈으로 노려보다. 유 one's eyes shoot daggers at someone

Harassing drunken Indians is considered a prank by Farmington high schoolers. "They *kill you with their eyes* first, then pick a secluded spot to beat you up," says Wilbert Isosie, 27, a founder of the Coalition for Navajo Liberation. 〔백인이 인디언을 괴롭힌 일이 나바호 인디언 해방 연합에 신고 접수된 사항〕 (연합 창립자 중 한 명에 따르면 파밍턴의 백인 고교생은 술 취한 인디언들을 괴롭히는 것을 그저 못된 장난 정도로 여긴다. 그들은 찌를 듯한 눈으로 노려본 다음 사람이 뜸한 장소로 데려가 마구 때린다.) — *Time*, 1974

★ 영일비교 찌를 듯한 눈으로 상대를 쳐다보는 '응시'는 어떤 표정보다도 공격적이고 위협적인 것으로 간주된다. 서구에서는 옛날부터 이러한 위협적인 눈에 대한 공포가 있었기 때문에 the evil eye에 관한 미신이 생겨났다. 즉 주술의 힘을 얻은 특정한 사람이 악의를 품고 노려볼 때 그 눈은 the evil eye(邪眼, 사악한 눈)가 되어 상대에게 재앙을 불러일으킨다고 믿었다. 오늘날 언어 속에 남아 있는 the evil eye는 사람을 저주하는 듯한 무시무시한 눈초리, 사악한 마음이 드러난 눈초리, 비난의 눈초리 등을 뜻하는 비유 표현으로 쓰인다(e.g. give someone the evil eye).
영어에서는 이 밖에도 말의 힘을 빌리지 않고 그저 눈만으로 상대를 침묵시키는 눈초리를 one's eyes shoot daggers at someone, look daggers at someone이라고 표현한다. 또는 더욱 과장해서 if look could kill, he would have died와 같이 말한다. 영미의 만화에서는 히어로(hero)가 증오의 대상을 노려볼 때 눈에서 여러 개의 단검이 튀어나와 상대를 푹푹 찌르는 장면이 나오기도 한다. 영미인이 생각하는 '필살의 눈'을 이미지화하면 이런 모습에 가까울 것이다. 여기서 흉기로 다루어진 시선은 kill someone with one's eyes라는 표현과 그대로 연결된다.
일본어에도 상대의 눈빛을 '화살에 쏘인 듯 꼼짝 못하다' 등 그 위력을 화살에 견준 관용구가 있다. 그러나 파괴적인 공격력을 직접 인정한 관용구는 그리 많지 않다. 보통 무서운 눈초리를 나타낼 때는 '노려보다', '매섭게 쏘아보다'라는 표현을 조금씩 변형하거나 '세모눈을 뜨다', '눈에 쌍심지를 켜다', '눈을 부릅뜨다'와 같이 눈에 드러난 감정의 격렬함을 강조하는 경향이 있다.

one's **eyes** are **level** (with someone's) (상대의 눈을) 직시하다. 똑바로 바라보다. 《자신, 확신, 숨김없는 진실한 눈빛》

"Believe me, Ollie," Carella said. He was leaning forward, both his arms on the desk top, *his eyes level with* Ollie's, his eyes refusing to let go of Ollie's. "Believe me, and stay out of it." (위험한 일에는 손을 대지 말라고 카렐라가 충고한다. 그는 양팔을 책상 위에 얹고 몸을 앞으로 숙이고는 올리의 시선을 절대 놓치지 않겠다는 듯 똑바로 바라보았다.) — E.McBain: 2

lift one's **eyes** 눈을 들다.

Startled he *lifted his* bloodshot *eyes* and looked about the room…. (깜짝 놀란 그는 충혈된 눈을 들어 방을 둘러보았다.) — A.Hyde

She *lifted her eyes*, met his, seemed not to like what she saw, then frowned and looked back at Julian. (그녀는 눈을 들어 그와 눈을 맞추었지만 어찌해도 그가 맘에 들지 않았던지 미간을 찌푸리고 다시 줄리안 쪽으로 시선을 돌렸다.) — J.Deveraux

lift one's **eyes to heaven** [**the ceiling,** etc.] ➡ raise one's eyes to heaven

"You're a distraction." "By sitting in the living room? By working in the garden?" I admit I'm trying to provoke her. She *lifts her eyes to heaven*; she walks away. 〔하루 종일 집에 있는 남편과의 대화〕 (그녀가 "당신은 귀찮은 사람이에요."라고 해서 나는 "방에 앉아 있거나, 정원에서 일하는 게 그렇게 거추장스러웠나 보지?" 하고 일부러 시비를 건다. 그녀는 망연자실하여 위를 한 번 쳐다보더니 방에서 나가 버린다.) — S.Turow

one's **eyes light up** 기쁜 듯 눈이 확 밝아지다.

"Penny for your thoughts," she said, coming to a standstill in front of him. Momentarily startled, Frank raised his head quickly and *his eyes lit up*. "There you are!" (그녀는 프랭크의 앞에 멈춰 서서 "무슨 생각을 하고 있어?"라고 말을 걸었다. 순간 그는 얼굴을 들어 올려 그녀를 보고는 기쁜 듯 밝아진 눈이 되어 "아아, 당신이었군!"이라고 말했다.) — B.T.Bradford

the lines around one's eyes 눈가의 주름 《나이, 과로, 마음고생 등으로 눈 아래 혹은 눈꼬리에 생긴 주름》

He is well-tanned and *the lines around his eyes* and mouth have been smoothed out. (그는 햇빛에 보기 좋게 탔고 눈가며 입가의 주름이 싹 없어졌다.) — G.Cravens

They saw weariness in his gaze, *the lines around his eyes*, the tightness of his mouth. (그들은 그의 시선, 눈가의 주름, 굳은 입매에서 그의 피로를 보았다.) — Z.Popkin

the lines between one's eyes 미간의 주름 《언짢음, 불쾌, 피로, 마음고생 등으로 생긴 주름－worry lines이라고도 한다.》

"Oh, Carl! You can't lose that job with the baby due any day now." "I know! I know!" *The lines between his eyes* deepened. (남편이 해고되었다는 소식을 듣고 아내는 아기가 곧 태어날 거라고 탄식한다. 알고 있다고 말하는 남편의 미간에 깊은 주름이 생긴다.) — B.Smith: 1

★ NB: '미간의 주름'은 the lines between one's eyebrows라고도 하고 좀 더 막연하게 the lines in one's forehead라고도 한다.

their eyes lock together 두 사람의 시선이 얽히다. 《적대 관계에서 서로 노려보는 것; 연인이 서로 바라보는 것 등》

Their eyes locked together. Parkland's eyes dropped first. (두 사람의 시선이 얽혔다. 파크랜드가 먼저 눈을 떨구었다.) — A.Hailey: 7

look into someone's eyes 상대방의 눈을 지그시 바라보다. 유 gaze into someone's eyes / stare into someone's eyes / look into someone's FACE

He asked her about herself, about her job, about her past. He listened, *looking into her eyes* all the time, as if he really cared. (그는 그녀 자신에 관한 것, 그녀의 직업, 그녀의 과거 등을 물었다. 그는 진심으로 그녀에게 마음을 쓰는 듯 그녀의 눈을 지그시 바라보며 그녀의 이야기에 귀를 기울였다.) — R.Harris

The picture… showed them laughing and entwined, *looking into each other's eyes*, the happiness in their faces sharply in focus. (두 사람이 팔을 얽고 나란히 서서 웃으며 서로를 바라보는 모습이 사진에 남아 있다. 두 사람의 행복한 표정에 초점이 맞춰져 있다.) — D. Francis: 5

★ NB: look into someone's eyes는 타인의 눈을 바라보는 동작을 중립적으로 나타낸 표현이다. 이는 소설에서 우호적인 감정을 드러내는 표현으로 자주 사용되는데 호의가 있다면 대화 중 자연스레 그 사람을 자주 바라보게 되기 때문이다(Argyle, 1975). 그리고 호의가 한층 강해지고 상대를 바라보는 눈에 동경, 애정, 존경 등의 감정이 더해지게 되면 gaze into someone's eyes로 표현된다. 이에 비해 stare into someone's eyes는 상대가 안절부절못할 정도로 빤히 쳐다보는 경우로, 사랑에 마음을 뺏긴 눈빛이나 도발적인 눈빛을 표현한다.

look someone (right [straight]) in the eye(s) **타인을 똑바로 쳐다보다. 《뒤가 켕기거나 마음에 거리낄 것이 전혀 없을 때, 두려워하거나 기죽지 않고 상대를 쳐다볼 때 등》** 유 meet someone's eye(s) / look someone in the FACE

Atwater "*looked me right in the eye* and said he did not know about it··· and so I accepted that," the president said at his press conference. 〔공화당 전국위원장 앳워터가 미 의회의 하원의장을 비방하는 문서 작성에 관련이 있다는 소문에 대하여〕 (대통령은 "앳워터는 나의 눈을 똑바로 바라보고 비방 문서에 관해서 하나도 모른다고 했고, 그래서 나는 이를 받아들였다."라고 말했다.) — *Newsweek*, 1989

She *looked him in the eye* unflinchingly, and went on, "You will now give me an explanation of your abominable behavior in the courtyard···." (그녀는 조금도 굽히지 않고 아들을 정면으로 응시하며 "조금 전 정원에서 왜 그런 말도 안 되는 행동을 했는지 설명해."라고 다그쳤다.) — B. T. Bradford

lower one's eyes **눈을 내리깔다. 시선을 떨구다. 《부끄러움, 망설임, 꺼림칙함 등으로》** 유 cast one's eyes down / drop one's eyes / one's eyes fall / drop one's EYELIDs / lower one's EYELASHes

---

She *lowered her eyes* and blushed. "You're making fun of me." (그녀는 "저를 놀리시는군요."라고 말하고는 시선을 떨구고 볼을 붉혔다.) — B. Cartland: 6

His firm voice for some reason seemed to frighten her for she recoiled and *lowered her eyes*. (당당한 그의 목소리에 무서움을 느낀 듯 그녀는 뒷걸음질 치며 시선을 아래로 떨궜다.) — E. Anthony: 1

★ NB: lower one's eyes는 비교적 천천히 시선을 떨구는 경우, drop one's eyes는 시선을 빠르게 떨구는 경우를 말한다.

make cow eyes at someone ➡ make eyes at someone

… and suddenly he was all repentance, tenderness, charm, wisdom, and love. "Oh, my darling!" he would groan and when they went downstairs to get a bite an hour later, they would be sighing and *making cow eyes at one another*. (그는 완전히 돌변하여 별안간 회한, 친절, 매력, 지혜, 애정 덩어리가 되었다. 그는 "아, 사랑스러운 사람!"이라고 감탄하듯 말했다. 그리고 한 시간 뒤 그들이 뭘 좀 먹을까 싶어 계단을 내려갔을 때는 한숨을 쉬며 어색하게 눈을 크게 뜬 채 서로를 안타까운 눈길로 쳐다보았다.) — J. Cheever

★ NB: make cow eyes at someone은 타인을 넋을 잃고 바라보는 모습으로, 애절하면서도 슬프게 눈을 크게 뜨고 바라보는 모습을 약간 모욕적으로 나타낸 관용구다. 다소 시대에 뒤떨어진 표현이다.

make eyes at someone 타인(이성)을 관심 어린 눈빛으로 바라보다. 유 give someone the eye / give someone the glad eye / make cow eyes at someone / make sheep's eyes at someone

"Be good. Don't *make eyes at* the laundry man." "He's very handsome. He looks like Gregory Peck." (그가 "세탁소 남자에게 추파를 던지지 마."라고 하자 그녀는 "그는 아주 잘생겼어. 그레고리 펙을 닮았거든."이라고 대답한다.) — E. Hunter : 1

To see you *makin' eyes at* Oliver Coates an' him just meltin' down like a piece of butter on a hot griddle! (네가 올리버 코츠에게 관심 있어 보이는 눈길을 보내고, 그 녀석이 뜨거운 철판 위의 버터처럼 녹아서 해롱해롱하는 모습을 보고 있으라는 말이야!) — A.S. Turnbull: 1

★ **영일비교** 관용구 make eyes at someone은 이성에게 성적인 관심을 보이는 남녀의 몸짓에도 쓰인다. 하지만 마음을 흔드는 말을 속삭이거나 키스를 하거나 몸의 일부에 손을 대며 이성에게 다가서는 make a pass at someone과는 구분된다. 이 동작의 특징은 살짝 고개를 갸웃하는 모습, 미소, 눈 깜박임(여성만) 이외에는 오직 시선으로 마음이 있음을 보이는 것이다.
이성에 대한 관심을 시원스레 내보일 수 없었던 과거에는 상대를 곁눈질로 훔쳐보다가 금세 눈을 내리까는 등 대개는 뜨거운 시선을 머뭇머뭇 보내는 것이 고작이었다. 그런 서툰 사랑의 신호를 영어에서는 make sheep's eyes at someone, make

cow eyes at someone 등의 표현을 쓴다. 하지만 이성 관계가 한층 개방적으로 바뀐 오늘날에는 실정에 맞지 않는 예스러운 표현으로 여겨질 뿐이다.

make eyes at someone을 영일사전에서는 '곁눈을 주다'라고 옮긴다. 일본어의 '곁눈(色目, 流し目)'은 '추파(秋波)'라고도 하는데, 이는 '여성이 이성의 마음을 끌기 위해 짓는 요염한 눈초리'(『다이지린』)를 뜻한다. 특수한 경우를 제외하고 성적 관심이 깃든 남성의 눈은 포함되지 않는다. 이런 의미에서 남녀 모두에게 쓸 수 있는 make eyes at someone과 엄밀하게는 겹치지 않는다.

일본어의 '요염한 눈초리'는 곁눈, 치켜뜬 눈, 내리깐 눈 등 의도적으로 바른 시선을 망가뜨린 멋스러운 눈초리가 특징이다. 거기에는 '눈의 평형을 깨서 보통 상태를 망가뜨리고' 상대에게 곁눈을 줌으로써 교태가 더욱 요염해진다는 계산이 있다(九鬼, 1930). 이와 같은 눈초리는 남성의 마음을 끄는 법을 터득한 농염한 여성의 것일 뿐 순진한 아가씨의 눈초리는 아니다. 그런 의미에서 일영사전에서 '곁눈을 주다', '추파를 던지다'에 make sheep's eyes…를 대응 표현으로 삼은 것은 이치에 맞지 않는다고 볼 수 있다. 다음에 나오는 예문은 '곁눈'을 영역한 문장인데 '멋'이라는 요소와 긴밀하게 이어져 있는 일본인 특유의 요염하고 느릿한 곁눈을 형태 그대로 영어로 재현하기 어렵다는 점을 보여 준다.

사토코의 옆얼굴은 몹시 느릿하게 오가는 곁눈에 따라 아름답게 빛나기도 하고 그늘에 가려지기도 했다. 보통은 저속하다고 여길 곁눈이… 그녀의 경우에는… 보고 있는 사람에게 기쁨을 주었다. – 미시마 유키오, 『봄의 눈(春の雪)』

And her face seemed to glow and fall into soft shadow; alternating with the *quick, vivacious movement of her eyes*. *Alertness of eye* is usually considered a vulgar trait in woman, but Satoko had a way of delivering her *sidelong glance* that was irresistibly charming. — M. Gallagher 옮김

make [cast] sheep's eyes at someone ➡ make eyes at someone

"An' whether she's *made sheep's eyes at him* when he's been there nobody knows but himself, an' her." (두 사람이 함께 있을 때 그녀가 그를 흘깃흘깃 연모의 시선으로 보는지 어떤지는 당사자들밖에 모른다.) — A. S. Turnbull: 1

★ NB: make [cast] sheep's eyes는 '마치 양처럼 곁눈질로 부끄러운 듯 보다'라는 의미를 담고 있다. 이성 관계에 서툰 사람이 상대를 똑바로 쳐다보지 못하고 어색하게 연모의 시선을 보내는 것을 약간 모욕적으로 나타낸 관용구다. 요즘에는 잘 쓰지 않는 표현이다.

make slits of one's eyes ➡ narrow one's eyes

"Her body was cold…." "How cold?" "Yes, how cold?" Dr. Peck *made slits of his eyes*. "As cold as a virgin's heart. How do you want a dead body to be?" 〔검찰 측 증인인 법의학자 펙 박사에 대한 변호인 측의 반대 심문 상황〕 ("발견 당시 시신은 차가웠습니다."라는 펙 박사의 말에 변호사는 "어느 정도로 차가웠습니까?"라고 묻는다. 박사는 노려보듯 눈을 가늘게 뜨고 "마치 처녀의 가슴처럼 차가웠습니다. 그런데 도대체 시신이 어느 정도로 차갑길 바라는 겁니까?"라고 되묻는다.) — B.Siegel

meet someone's eye(s) 사람을 똑바로 쳐다보다. 직시하다. 타인과 눈을 맞추다.

"One little thing, Miss Ryder. What do you know of Tom Ward?" She *met his eye* steadily. "Very little. He is the Vicar's son and, from what I have seen of him, a nice enough boy." 〔가정교사 면접 상황〕 ("라이더 양, 톰 워드에 대해 뭔가 아는 게 있나요?"라는 주인의 질문에 그녀는 당당히 그의 눈을 똑바로 바라보며 "목사의 아들이라는 것 말고는 거의 아는 것이 없습니다만 제가 본 바로는 괜찮은 청년인 것 같습니다."라고 답했다.) — C.Rossiter

narrow one's eyes 눈을 가늘게 뜨다. ((눈이 부실 때; 상대방을 가차 없는 눈빛으로 응시할 때; 상대방에 대해 적의, 불쾌, 모멸, 의혹을 나타낼 때; 생각에 잠길 때, 유심히 볼 때, 무언가에 집중할 때 등)) 유 one's eyes contract / one's eyes grow small / half close one's eyes / make slits of one's eyes / screw one's eyes up / squint (one's eyes)

Lancelot'*s eyes narrowed* to a steely glare. "An adversary relationship is exactly what I want, Mr. President." (남자가 자신이 바라는 것은 적대 관계가 되는 것이라고 말하자 대통령은 눈을 가늘게 뜨고 찌를 듯 노려본다.) — E. Newman

"When did you last speak with him?" "He phoned on the evening of March seventh about nine o'clock. Please tell me. Has anything happened to him?" The sheriff'*s eyes narrowed* into slits. 〔행방불명된 남자가 시체로 발견되고 그의 이혼한 처에게 혐의가 돌아간 상황〕 (그녀는 자신을 수사하러 온 보안관에게 그와 마지막으로 대화를 나눈 일시를 알려 주며 그에게 무슨 문제가 생겼냐고 묻는다. 그녀를 수상쩍게 노려보는 보안관의 눈이 날카롭게 가늘어진다.) — M.H.Clark: 2

He *narrowed his eyes* and lifted his head to stare down his nose at her. "How so?" 〔손아래 여성에게 쓴소리를 들은 상황〕 (그는 신경질적으로 눈

을 가늘게 뜨고 그녀를 내리깔아 보면서 "그래서 어쩌라는 거냐?"고 물었다.) — C. Rossiter

Smokers··· smoke especially hard when they are thinking. Instead of doodling on a note pad or a tablecloth at moments of cerebration, they *narrow their eyes*, purse their lips, and shoot the smoke in a long, sustained jet. (흡연자들은 생각할 때 특히 담배를 더 많이 피운다. 그들은 사색에 잠겼을 때 노트나 식탁보에 끼적거리는 대신 눈을 가늘게 뜨고 입술을 오므리고 담배 연기를 길게, 그리고 끊이지 않고 내뱉는다.) — R. Armour

★ NB: make slits of one's eyes는 적의, 불신, 증오 등의 눈빛에만 쓰이는 표현이다. narrow one's eyes도 같은 의미로 쓰이는 경우가 많으나 사용범위가 훨씬 넓어 눈을 가늘게 뜨는 동작 전반에 사용된다.

★ NB: squint [screw] one's eyes는 주로 거북할 때, 눈부실 때 혹은 초점을 맞추기 위해 눈을 찡그려 가늘게 뜨는 경우를 가리키는 표현이다. squint at···은 '눈을 가늘게 뜨고 ···을 보다' 또는 '곁눈질로 ···을 보다'의 경우에 주로 쓰인다.

★ **영일비교** 눈을 가늘게 뜨는 행위는 기본적으로는 눈을 위험에서 지키려는 자기방어적 반사 운동이지만 사람은 마음에 들지 않는 인물 앞에서 때때로 의도적으로 눈을 한층 가늘게 뜬다. Morris(1985)는 이 눈초리를 a pained look이라고 부르면서 불쾌한 상대가 앞에 있어 제대로 눈도 뜨지 못하겠다는 마음을 알리는 모욕적인 몸짓이라고 설명한다. 이와 같은 설명이 영어의 narrow one's eyes의 용법에 전부 들어맞지는 않지만 가늘게 뜬 눈이 적대적인 표정의 하나임은 분명하다.
영어에서와 달리 일본어에서는 가늘게 뜬 눈을 온화한 웃음을 띤 표정을 대표하는 모습의 하나로 본다. 일본의 『국어관용구사전』에서는 '눈을 가늘게 뜨다'를 '기쁘거나 귀여워서 눈을 가늘게 뜨고 웃는 모습'이라고 설명한다.
일본인이건 영미인이건 믿지 못하는 상대를 바라볼 때 눈은 초점이 날카로워지고 두 눈이 벌어진 정도가 한층 좁아진다. 한편 흐뭇해서 미소 짓는 눈매는 눈꼬리가 주름지면서 부드럽게 가늘어진다. 일본어에서는 흐뭇한 표정에서 '가늘게 뜬 눈'을 자의적으로 골라 관용구로 정착시킨 데 반해 영어에서는 의혹의 표정에서 '가늘게 뜬 눈'을 골라 험악한 눈초리의 대표로 삼았다. 그러나 관용 표현을 배제한 사실적인 표정 묘사에서는 다음 예문과 같이 일본어에서도 두 눈 사이가 좁아진 것에 초점을 맞추어 '의혹의 눈'으로 묘사하기도 한다. 한편으로 영어에서도 가늘게 뜬 눈에 초점을 맞추어 '웃는 눈'으로 묘사할 때가 있다.

남자는 10척 정도 사이를 두고 멈추어 서서 날카로운 눈을 가늘게 뜨고 몬도노조의 얼굴을 지그시 노려보았다. — 야마모토 슈고로, 『전나무는 남았다(樅の木は残った)』

"A cable for you, please, Miss Lee." "Never-ending." sighed Andra, but when she opened it, tender *laughing lines almost closed her eyes.* (잇달아 오는 전보를 어찌할 바 몰라 난처한 기색이던 앤드라도 다음에 배달된 전보를 열었을 때 눈을 가늘게 뜨고 부드러운 미소를 지었다(눈꼬리에 진 웃음 주름 때문에 눈이 거의 숨어 버릴 만큼 가늘어졌다).) — D. Robins: 11

not bat an eye 눈 하나 깜짝하지 않다. ((전혀 동요하지 않는 의연한 태도를 의미하는 비유 표현)) 유 not blink an eye / not bat an EYELASH / not bat an EYELID

When he mentioned 75 thousand dollars, plus the possibility of another fifty, they did*n't bat an eye*. (그가 일단 7만 5000달러가 필요하고 나중에 5만 달러를 추가로 요구할 수도 있다고 했지만, 그들은 눈 하나 깜짝하지 않았다.) — S. Quinn

not blink an eye ➡ not bat an eye

Political crises occur so often in Italy that Italians—and indeed the rest of the world—*hardly blink an eye* when governments fall. (이탈리아에서 정치 위기가 자주 발생하다 보니 이탈리아인은 물론 세계 각국 사람들도 정부가 쓰러질 지경이 되어도 다들 눈 하나 깜짝하지 않는다.) — *Time*, 1974

open one's eyes wide ➡ one's eyes widen

"… You occupy separate bedrooms, I dare say?" Virginia *opened her eyes wide*. "Good heavens, no! I think that's a silly idea!" (두 사람이 침실을 따로 쓰는 거냐고 제멋대로 추측하자 버지니아는 눈을 크게 뜨고 말도 안 된다며 강하게 일축했다.) — C. Dickson: 2

out of [from] the corner [tail] of one's eye 곁눈질로, 눈 한쪽 구석으로 ((슬쩍 볼 때, 엿볼 때))

"The bishop's wife wants to know when we are going to give a Fancy Dress Ball at Manderley," I said, watching him *out of the tail of my eye*…. He hesitated a moment before replying. ("맨덜리 저택에서 언제 가장무도회가 열리는지 주교 부인이 궁금해하더군요."라고 말하며 나는 남편을 슬쩍 보았다. 그는 망설이며 바로 대답하지 못했다.) — D. du Maurier: 2

But when, *out of the corner of his eye*, the professor noticed a few students beginning to slip out the rear exit, it became evident that he had a full-fledged mutiny on his hands. 〔학생들의 불만을 무시하고 수업을 계속하려는 상황〕 (교수의 눈 한쪽 구석으로 학생 몇몇이 뒷문으로 빠져나가기 시

작하는 모습이 들어왔다. 이대로 방치해 뒀다간 본격적으로 학생들의 반란이 일어날 것이 분명해 보였다.) — E. Segal

★ NB: 동사 watch, gaze, look, observe 등이 out of the corner of one's eye와 함께 사용될 때는 남들이 눈치채지 못하도록 얼굴을 돌리지 않고 곁눈질로 슬쩍 보는 모습을 표현한다. 이에 비하여 see, notice와 함께 쓰이는 경우에는 어느 사이엔가 시야의 한 구석에 들어오는 상황을 가리킨다.

one's eyes pop (out (of one's head)) **눈이 튀어나오다. 《깜짝 놀랐을 때 아래위 눈꺼풀이 활짝 열리고 눈의 흰자위가 많이 보여 마치 눈이 튀어나올 것처럼 보이는 모습을 과장한 표현》** 유 one's eyes nearly fall out (of one's head)

The ink stain, fair and square on the front of the jacket… was an outrage. Janet felt *her eyes pop* and her breath caught in dismay at what Simon had done. 〔시몬이 던진 잉크병에 손님이 맞은 상황〕 (손님의 상의 가슴팍에 뚜렷한 잉크 얼룩이 생겼다. 아들 시몬이 저지른 짓 때문에 자넷은 깜짝 놀라 눈이 튀어나오고 숨이 멎을 것만 같았다.) — A. Neville

She was wearing the sexiest black silk dress I ever saw in my life. Honest, it was enough to make *your eyes pop out*. (그녀는 최고로 섹시한 검은 비단 드레스를 입고 있었다. 정말로, 사람 눈 튀어나오게 만드는 모습이었다.) — B. Glemser

"Why, what did she do?" I asked, *my eyes popping out of my head*. (나는 기절초풍하여 눈을 동그랗게 뜨고 "그녀가 무슨 짓을 했냐?"고 물었다.) — W. S. Maugham: 1

★ NB: one's eyes pop out은 눈을 휘둥그레 뜨는 모습을 과장하여 나타낸 표현으로, 아래 예문에는 그러한 특성이 잘 나타나 있다.

The girl's eyes widened until I thought *they* would *pop out of her head*…. (눈알이 튀어나오는 건 아닐까 싶을 정도로 소녀는 눈을 크게 떴다.) — M. Machie

pouches under [beneath] one's eyes ➡ bags under one's eyes

His face was drawn, serious, and pale; *pouches beneath his eyes* were rings of age and lack of sleep. (그의 얼굴은 핼쑥하고 심각하며 안색이 창백했다. 눈 밑의 살이 처진 것은 나이 탓도 있지만 잠이 모자란 탓이었다.) — A. Hailey: 5

one's **eyes protrude** ➡ one's eyes bulge

His lip had fallen, *his eyes were protruding*, his skin the colour of putty, and he glared at the envelop which he still held in his trembling hand. (그의 입은 딱 벌어졌고 눈은 튀어나왔고 피부에서는 핏기가 사라졌다. 떨리는 손에는 미처 놓지 못한 봉투가 들려 있었는데 그는 그것을 노려보듯 바라보았다.) — A.C.Doyle: 4

one's **eyes are puffy** 눈이 퉁퉁 붓다. ((울어서 부은 눈, 잠이 모자라 부은 눈))

Jenner crossed his legs and enjoyed the sight, or what he could see of it since *his eyes were* so *puffy* from lack of sleep, they were nearly swollen shut. (제너는 다리를 꼬고 주변 경관을 즐겁게 바라보았다. 잠이 모자란 탓에 눈이 거의 떠지지 않을 정도로 퉁퉁 부어 잘 보이지는 않았다.) — D.R. Meredith

raise one's **eyes to heaven [the ceiling, etc.]** 눈을 순간 위쪽으로 향하다. ((속수무책, 어쩔 도리 없다는 탄식의 기분 등)) 유 cast one's eyes up / lift one's eyes to heaven / roll one's eyes to heaven

raise one's eyes to heaven [the ceiling]

"There are many gentlemen who are in need of a wife." "Thank you, but I'll wait a while before I offer myself in the marriage market." Jessica said firmly. Her aunt said nothing more, but *raised her eyes to the ceiling* in a gesture which said more clearly than words that her niece was being extremely foolish. ("결혼 상대를 찾는 남자는 아주 많단다."라고 말하자 제시카는 "아직 결혼 시장에 매물로 나갈 생각은 없어요."라고 분명히 답했다. 숙모는 더는 아무 말도 하지 않았지만 눈을 들어 천장을 바라보았다. 이 몸짓은 말보다도 확실하게 그녀가 정말 바보라고 말하고 있었다.) — B.Grey

★ NB: roll one's eyes to heaven과 raise one's eyes to heaven은 거의 같은

동작을 나타낸다. 다만 동사 roll을 쓰는 경우는 얼굴을 확실하게 위로 향하지 않고 흰자위가 보이도록 눈을 치뜨며 하늘을 보는 모습을 나타낸다.

★ **영일비교** raise one's eyes to heaven은 '이런, 어쩔 수 없지', '속수무책이군' 하는 마음을 농담조로 여봐란듯이 나타낼 때의 눈초리를 가리킨다. 몸짓의 의미는 throw up one's hands에 매우 가깝다. 똑같이 '속수무책'이라는 심정을 나타내지만 이것은 눈만 위로 올리는 것으로 끝난다는 점에서 throw up one's hands의 간이형이라고도 한다(Brosnahan, 1988). "Good heavens!", "Oh, God!" 등 어찌할 수 없는 순간에 하늘에 호소하는 언어 습관이 그대로 몸짓에 나타난 것으로 볼 수도 있다. 일본인도 다음 예문에서 볼 수 있듯이 '천장을 쳐다보다', '천장을 노려보다' 또는 '하늘을 우러러보다' 등으로 묘사되는 동작을 할 때가 있다.

"…인사부의 통합은 그야말로 비장한 바람이었습니다. 그것을 자기 손으로 이룰 수 있었으니까요." 다이이치간교은행에서 첫 (통일) 인사부장이 되었던 마니 요시하루(摩尼義晴) 대표는 이렇게 말하더니, 지금까지의 긴 여정이 뇌리에 떠오른 것일까, 눈을 가늘게 뜨고 천장을 쳐다보았다. ─ 『니혼게이자이신문』, 1991

단어만 보면 '천장을 쳐다보다'와 raise one's eyes to the ceiling은 비슷해 보이지만 동작의 형태와 그 의미가 모두 다르다. 먼저 raise one's eyes to heaven은 얼굴을 그다지 높게 들지 않고 눈을 치켜뜬 채 천장을 힐끗 노려본 다음 금세 원래 표정으로 돌아오는 순간적인 동작을 가리킨다. 반면 일본어의 '천장을 쳐다보다'는 머리가 뒤로 젖혀질 만큼 얼굴을 천장으로 향하고 잠시 하늘을 노려보는 느릿한 동작이다. 영미인은 이러한 동작을 '속수무책'이라는 마음을 타인을 의식해 과장해서 나타낸 것이다. 반면 일본인의 동작은 원통하다, 무력하다, 큰일이다, 난처하다 등의 다채롭고 깊은 감정을 품고 생각에 잠겼음을 나타낸다.

one's **eyes are riveted on** … ➡ one's eyes are glued on …

Blackie, *whose eyes had been riveted on* Murgatroyd like a hawk's, detected sudden apprehension in him. (사냥감을 노리는 매처럼 적대 관계에 있는 남자로부터 눈을 떼지 않던 블래키는 그가 갑자기 불안해하는 것을 감지했다.) ─ B.T.Bradford

roll one's **eyes** 눈알을 굴리다.

(너무 무서울 때; 화가 날 때; 속수무책일 때; 놀라거나 질려 버렸을 때; 소녀처럼 교태를 부리는 눈짓 등) **참** roll one's eyes to heaven / one's eyes are rolled up into one's head

They put her back on her pillows and soothed her, and the doctor performed a careful examination during which Leona *rolled her eyes* in terror. (그들은 어머니를 눕히고 그녀를 진정시켰다. 의사가 신중하게 진찰하

는 동안 딸은 어머니가 혹시 잘못되면 어쩌나 하는 공포에 흰자위를 드러내고 눈을 굴렸다.) — P.Horgan: 1

He turned to her and I saw *his eyes rolling* white in his dark face. "They're all dying, Miss Brett!" 〔불이 난 마굿간으로 달려가는 마부를 불러 세운 상황〕 (그는 그녀를 향해 돌아섰고 나는 그의 검은 얼굴에서 눈이 흰자위를 드러낸 채 뒤룩거리는 것을 보았다. 그는 말이 모두 타 죽었다고 절규했다.) — K. Peterson

"We won't tell your Daddy. You don't do it no more, he won't never know." *His eyes rolled*. "He'll kill me," he moaned. 〔어머니가 나쁜 짓을 한 아들에게 경고하는 상황〕 ("두 번 다시 이런 짓을 하지 않으면 아버지에게는 얘기하지 않겠다."라고 어머니가 말했다. 그는 눈알을 마구 굴리며 "아버지가 알게 되면 나를 죽일 거예요."라고 투덜거렸다.) — Z.Popkin

He would··· say firmly, "I would not hesitate to send him out, even if he is the headmaster's son. This is no laughing matter. Beware!" *his eyes rolled* in anger. (그는 "설령 교장의 아들이라 할지라도 교실 밖으로 내보낼 것이다."라고 단호하게 말했다. 그의 눈은 화를 이기지 못하고 마구 뒤룩거렸다.) — R.K.Narayan

"··· Now, Dick, please outline your movements between then and the time of your arrest here in Las Vegas." He whistled, and *rolled his eyes*. "Wow!" he said, and then··· began an account of the long ride···. ("자, 딕, 그때부터 이곳 라스베이거스에서 체포될 때까지의 동선을 말해 봐."라고 하자 그는 휘파람을 불며 눈알을 휙 굴렸다. 그러고는 이윽고 긴 자동차 여행 이야기를 털어놓았다.) — T.Capote: 2

"Acceptable? As a person? You're a person no matter what you do. How you talk!" She *rolls her eyes* and drops her hands into her lap. 〔제대로 된 직업을 가져야 비로소 어엿한 사람으로 인정받을 수 있다는 상대의 논리에 반박하는 상황〕 ("무슨 일을 하든 사람은 사람이다!"라고 반박하며 그녀는 완전히 질렸다는 듯 눈알을 휙 굴리며 손을 툭 무릎 위로 떨어뜨린다.) — G.Cravens

"It's a ladies' choice. You have to ask me to dance." The girl *rolled her eyes*. ("이번 댄스는 네가 나에게 청해야 해."라고 하자 젊은 여자는 아양을 부리듯 눈을 굴렸다.) — D.Robins: 9

In America, if a man wants to signal his wife that it is time to leave a party, he is likely to tilt his head and *roll his eyes* in the direction of the door. (미국에서는 파티 도중 남편이 부인을 데리고 나가려 신호를 보낼 때 고갯짓을 하며 현관 쪽으로 눈을 굴리는 것이 보통이다.) — *Time*, 1979

★ NB: 백인들 사이에서는 eye-rolling이 흑인의 눈짓이라고 여겨진다. 소설에서도 흑인들의 곤혹, 공포, 적의, 비탄 등의 감정을 표현할 때 쓰이는 경우가 많다. 검은 얼굴이라 흰자위가 뚜렷하게 보이기도 하지만, 그들의 eye-rolling 중에는 백인에게는 없는 한 가지 독특한 특성이 있다. 그것은 바로 증오, 적의를 표현할 때의 eye-rolling으로, 미워하는 상대를 노려보던 상태에서 아래 눈꺼풀을 따라 호를 그리듯 눈알을 굴리며 상대에게서 시선을 거두는 것이다(Vargas, 1987).

★ **영일비교** 영일사전에서는 roll one's eyes를 일본어로 '눈을 두리번두리번하다', '눈을 뒤룩거리다'로 옮길 때가 많다. 두리번두리번은 '눈을 날카롭게 빛내는 모습'(『다이지린』)으로 눈을 크게 뜨고 여기저기 노려보는 눈초리를 가정하고 있다. 그러나 영미인이 roll one's eyes라는 표현에서 가장 먼저 떠올리는 것은 흰자위가 많이 드러난 공포의 눈초리다. *COBUILD English Learner's Dictionary*에서도 "if you roll your eyes or if your eyes roll, they turn up or turn from one side to another, for example, because you are very frightened"라고 설명해서 이 표현이 공포를 느낀 눈의 움직임에 대한 전형적인 묘사임을 보여 준다.
roll one's eyes란 원래 눈의 움직임을 안와(眼窩, 눈구멍)에 박힌 안구의 회전 운동으로 파악했을 때 쓰는 표현이다. 안구가 빙글빙글 돌면 안구의 앞부분에 있는 검은자위의 위치가 이동하고, 그에 따라 검은자위의 주변에 있는 흰자위가 크게 모습을 드러낸다. 때로는 흰자위만 보이기도 한다. 이것을 영어에서는 one's eyes are rolled up into one's head 등으로 표현한다. 이러한 표현들은 영미인들이 흰자위의 움직임에 대해 파악하는 방식을 단적으로 보여 주는 것이라고 할 수 있다.
roll one's eyes는 안구의 rolling motion에 따라서 검은자위가 정상적인 위치인 위아래 눈꺼풀 사이의 가운데에서 이동하는 것을 중립적으로 나타내는 표현이다. 동시에 그 움직임과 연동해서 흰자위가 더 많이 나온다는 사실을 넌지시 알리고 있다. 이를테면 영미인이 하늘을 향해 눈을 들고 개탄하는 동작은 raise one's eyes to heaven이나 roll one's eyes to heaven으로 표현하는데, roll이라고 했을 때는 위로 끌어당겨진 검은자위 아래로 흰자위가 크게 나타난 모습이 더 뚜렷하게 떠오른다.

roll one's eyes to heaven [to the heavenward, ceiling, etc.]

눈알을 휙 하고 위로 올리다. ((속수무책, '이걸 어쩜 좋아' 같은 탄식의 감정을 과장하여 나타낸 동작)) **유** roll one's eyes up / raise one's eyes to heaven **참** roll one's eyes

---

If ever I had to ask him to slow down his dictation, he'd *roll his eyes to the ceiling* and heave a deep sigh…. (내가 그에게 조금만 천천히 말해 달라고 부탁할라치면 그는 어이없다는 듯 눈알을 휙 올려 위를 바라보며 깊은 한

숨을 쉬었다.) — J.Olsen

But if Hart wins the two pivotal June 5 primaries, says a Mondale aide, *eyes rolling heavenward*, "it will be a war." 〔미국 민주당 대통령 후보를 결정하는 예비 선거 관련 기사〕 (먼데일의 보좌관은 혹시 하트 후보가 6월 5일 두 개의 중요한 예비 선거에서 승리를 거머쥐게 된다면 "그땐 전쟁이다."라고 말한다. 그렇게 됐다가는 큰일이라고 말하듯 그는 눈알을 굴려 하늘을 본다.) — *Time*, 1984

roll one's eyes up 눈알을 위로 향하다. ((눈을 치뜨다; 영탄, 비탄, 기탄 등의 의미를 지닌 눈짓)) 유 roll one's eyes to heaven / turn one's eyes up / turn the whites of one's eyes up

"Don't cry," I whispered. "It's all right. Don't cry." He raised his head and *rolled his eyes up* in agony. ("울지 마. 이제 괜찮으니까."라고 내가 위로하자 그는 얼굴을 들고 걱정스러운 듯 눈을 위로 치떴다.) — J.H.Griffin

He just stood there with his arms folded, his head down so that *his eyes were rolled up*. (그는 팔짱을 끼고 서 있었는데, 머리를 아래로 숙이는 바람에 눈을 위로 치뜨게 되었다.) — R.Kost

★ NB: roll one's eyes up은 눈을 굴려 위를 보는 동작 전반을 나타내며, roll one's eyes to heaven이 가지는 탄식의 의미도 포함된 표현이다. 다만 up보다는 to heaven을 쓰는 것이 신의 자비를 구하는 듯한 감정을 표현하는 데 더 적합하다.

★ NB: 일본 소설에 나오는 '눈 치뜨기(上目づかい)'가 roll up one's eyes at someone의 번역어로 쓰이는 경우도 있다.

(어머니에게 잔소리를 듣고) 에쓰코는 빨갛게 물든 얼굴을 아래로 떨구더니 눈을 치켜뜬 채 엎드렸다. — 다니자키 준이치로, 『가랑눈(細雪)』
Etuko flushed and hung her head, and rolled timid eyes up at her mother.
— E. G. Seidensticker 옮김

one's eyes are rolled up into one's head 눈알이 위로 휙 하고 돌아가 흰자위 투성이가 되다. 눈이 뒤집히다. ((발작, 실신 등)) 참 roll one's eyes up

Her eyes were rolled up into her head, and she took a step backward and fell. (그녀는 눈이 뒤집혀서 뒤로 한 발 주춤 물러서더니 털썩 쓰러졌다.) — K.Peterson

round one's eyes 눈을 동그랗게 뜨다. ((기쁨, 기대, 흥분, 놀람 등으로 인해;

(종종 순진한 어린아이가) 설레는 순간이나 놀랐을 때 하는 눈 모양》 **유** one's eyes grow round

round one's eyes

The children'*s eyes rounded* with delight and they listened when she told them to be good. (그녀가 얌전히 있으라고 지시하자 아이들은 기뻐서 어쩔 줄 모르는 듯 눈을 동그랗게 뜨고 그녀의 말에 따랐다.) — D.Robins: 12

one's eyes rove (around [over] …) 여기저기를 유심히 살피다. 《무언가를 찾는 듯한 눈 동작》 **참** one's eyes dart around (…)

"I've got water boiling in the pot in the washhouse," the cook announced from the center of the kitchen, *her eyes roving over* Edwin's filthy clothes that dripped water, and his mud-spattered face. 〔집주인 아들 에드윈이 흠뻑 젖은 채로 돌아온 상황〕 (요리사는 주방 한복판에서 "지금 세탁장에서 뜨거운 물을 끓이는 중이에요."라고 말했다. 그녀는 에드윈의 물이 뚝뚝 떨어지는 더러운 옷이며 진흙이 덕지덕지 묻은 얼굴을 유심히 쳐다보았다.) — B.T.Bradford

★ NB: one's eyes rove around…와 one's eyes dart around…는 시선을 이곳저곳으로 옮긴다는 점은 같으나 그 속도에 차이가 있다. 전자는 눈을 지속적으로 천천히, 그리고 유심히 살피며 움직이는 데 비해 후자는 재빠르게 훑듯이 움직인다.

★ NB: "He has a roving eye."는 그는 계속 다른 여자에게 한눈을 파는 남자라는 의미로 '그는 바람둥이다.'라는 뜻이다.

rub one's eyes 눈을 비비다. 《졸릴 때, 피곤할 때, 눈물이 나올 때; 눈앞이 부옇게 잘 보이지 않을 때 좀 더 잘 보기 위해서; 눈이 의심스러울 정도로 놀라운 것을 의미하는 비유 표현》 **유** rub one's HAND over one's eyes

He *rubbed his eyes*. He hadn't slept well last night…. (그는 눈을 비볐다. 지난밤 잠을 잘 자지 못했던 탓이다.) — J.Deveraux

Declan turned toward the window…. He pressed his hands to his eyes, his great shoulders shaking…. Declan turned to her, frantically *rubbing his eyes*. (데클란은 창문 쪽으로 몸을 돌렸다. 그는 흐르는 눈물을 참지 못해 손으로 눈을 누르며 어깨를 떨었다. 그는 눈물에 젖은 눈을 마구 비비며 그녀를 향해 다시 몸을 돌렸다.) — J.Cooper: 1

George and Esther had never quite been able to take in the fact that they had produced so charming a boy; they were still inclined, from time to time, to *rub their eyes* and wonder what good fairy had deposited this welcome… bundle in any cradle of theirs. (조지와 에스더는 이렇게 예쁜 아들이 자기 부부 사이에서 태어났다는 사실이 믿기 어려웠다. 도대체 어떤 훌륭한 요정님께서 이런 황송한 짐을 우리 집 요람에 부려 놓고 간 걸까, 지금까지도 가끔 (꿈이 아닐까) 눈을 비비고 싶을 정도였다.) — L.Auchincloss: 2

run one's eyes over someone 상대를 위에서 아래로 유심히 훑어보다. 《타인을 값을 매기듯 쳐다보는 무례한 시선》 유 one's eyes travel from the top of someone's head to his toes

She asked whether there was not a smaller inn. The guard scratched his chin, and *ran his eyes over her* thoughtfully. (그녀는 좀 더 작은 숙소는 없냐고 물었다. 수위는 턱을 긁적거리며 '도대체 뭐 하는 여자야?' 하듯 그녀를 위에서 아래로 유심히 훑어보았다.) — G.Heyer: 1

scratch someone's eyes out 눈알을 할퀴다. 《독점욕 또는 질투심이 강한 여성이 남성에게 휘두르는 폭력을 가리키는 관용구—실제 행동이라기보다는 협박용으로 많이 사용되는 표현》

"Don't you go on at me, Cole, not if you value your eyes, for I'll *scratch 'em out* o' your head as soon as I spit at you…." ("그만하지 못하겠어, 콜? 그렇게 눈이 소중한 걸 모른다면 내가 침을 뱉고 눈알을 파 버리겠어."라고 으름장을 놓는다.) — C.Rayner

"… Why, Major McGill, if you have a rendezvous with another woman I'll *scratch your eyes out*. I swear I'll! And hers, too!" 〔임지로 떠나는 연인을 배웅하는 장면〕 (그녀는 "맥길, 거기서 다른 여자와 만난다면 이 손으로 당신의 눈을 파내 줄 테야. 정말! 꼭! 그리고 그 여자 눈도!"라고 경고한다.) — B.T.Bradford

screen one's **eyes (with** one's **hand(s))** ➡ shade one's eyes

Estragon: … There, don't move, and watch out. (Vladimir scans horizon, *screening his eyes with his hand*….) (움직이지 말고 계속 지켜보라는 명령에 블라디미르는 손으로 눈 위에 그늘을 만들고 지평선을 꼼짝없이 지켜본다.) — S.Beckett

screw one's **eyes up** 눈을 가늘게 뜨다. ((눈이 부실 때나 눈이 매울 때 무언가 좀 더 잘 보기 위해 등)) 유 narrow one's eyes / squint (one's eyes) / wrinkle one's eyes

"You remember my father," said Judith. Dr. Franklin started, shied nervously, *screwed up his eyes* and peered at me, then stuck out a hand, saying awkwardly: "Of course, of course, how are you?…" (주디스가 "우리 아버지를 기억하실 거예요." 하고 말하자 프랭클린 박사는 움찔하며 쭈뼛쭈뼛 뒤로 몸을 빼면서 눈을 가늘게 뜨고 내 얼굴을 꼼꼼히 뜯어보고는 "물론입니다. 물론이에요. 잘 지내셨지요?"라고 겸연쩍은 인사를 하며 한 손을 내밀어 악수를 청했다.) — A.Christie: 7

She… stood in front of Adele. She cocked her head on one side and *screwed up her eyes*, looking at the dress carefully and critically. (그녀는 아델 앞에 섰다. 그녀는 고개를 갸웃거리며 눈을 가늘게 뜨고 아델이 입은 드레스를 찬찬히, 그리고 조심스럽게 살펴보았다.) — B.T.Bradford

search someone's **eyes** 상대의 눈을 탐색하듯 살펴보다.

Daphne looked suddenly troubled and he *searched her eyes*…. "Do you want to sit down, Miss Fields? Something tells me that you have a problem." (다프네의 얼굴이 갑자기 어두워지는 것을 보고 그는 그녀의 눈을 조심스럽게 살펴본다. 문제가 있다는 것을 간파한 그는 그녀에게 의자에 앉으라고 권한다.) — D.Steel: 2

shade one's **eyes** 눈 위에 손을 올려 그늘을 만들다. ((눈이 부실 때)) 유 screen one's eyes (with one's hand(s))

Shading my eyes, I stared over the valley. A dizzying expanse of space opened up before me…. 〔나무가 울창한 길을 가다가 갑자기 시야가 탁 트인 상황〕 (나는 눈 위에 손을 얹고 계곡 일대를 바라보았다. 눈이 부실 정도로 넓은 공간이 눈앞에 펼쳐졌다.) — A.Hyde

one's **eyes are shifty** 침착하지 못한 눈짓(눈빛)을 하다. ((타인의 눈을 지나치

게 신경 쓰는 눈빛; 무언가를 숨기거나 상대를 속이려는 눈짓(눈빛) 등》

His hair was dark, but *his eyes were* blue and *shifty*, seldom meeting a glance squarely. (그의 머리카락은 검은색이었지만 눈은 푸른색이었고 상대와 눈빛을 제대로 마주치지 못하는 것이 어딘가 뒤가 구려 보였다.) — A.Christie: 5

★ NB: 수상한 눈빛으로 남을 바라보는 것은 give someone a shifty look이라고 한다.

one's eyes shoot daggers at someone 무서운 눈으로 상대를 노려보다. 《적의, 증오를 발산하는 눈빛 등》 유 kill someone with one's eyes

"Darling," I said, "that dress doesn't fit you as well now as when you bought it—how long ago was it?—three years ago?" *Her eyes shot daggers at me*. ("지금은 그 옷이 샀을 당시만큼은 잘 맞지 않는군. 언제 산 거지? 3년 전인가?"라고 아내에게 말하자 그녀는 무서운 눈빛으로 나를 노려보았다.) — L.Levi

one's eyes show white ➡ show the whites of one's eyes

The foreman glared. "You did it. You put this bolt in?" Rollie's face betrayed him. *His eyes showed white* from sudden fear combined with weariness. 〔볼트 하나 때문에 기계가 일제히 멈춰 버린 상황〕 (감독이 "네가 한 짓이냐?" 하고 윽박지르자, 롤리의 얼굴 표정이 이를 인정해 버렸다. 피로와 갑자기 찾아온 공포가 겹쳐 그의 눈이 허옇게 뒤집혔다.) — A.Hailey: 7

show the whites of one's eyes 흰자위를 보이다. 《주로 무서움, 공포로 인해》

"He was *showing the whites of his eyes* just like a dog does when you're going to whip him." ("그는 마치 얻어맞은 개처럼 무서워하며 흠칫흠칫 흰자위를 보였다.") — D.du Maurier: 2

★ **영일비교** 사람은 무언가에 겁을 먹으면 위 눈꺼풀이 순간적으로 올라가고 눈을 크게 뜬 채 대상을 응시한다. 이때 검은자위 위로 흰자위가 크게 나오고 검은자위가 아래로 짓눌리는 듯한 모습이 되면서 한껏 겁먹은 눈초리가 된다. 응시하지 않아도 무서워하며 치뜬 눈으로 머뭇머뭇 보면 검은자위 아래에 흰자위가 나온다. 모욕하듯 곁눈질로 힐끔 보면 검은자위의 측면에 흰자위 부분이 넓어진다. 이러한 모습 가운데 어떤 경우의 흰자위에 주목해서 일정한 기호 표현으로 삼았는지는 영어와 일본어 사이에 차이가 있다. 일본어 '백안시하다', '흰 눈을 부라리다', '흰 눈으로 노려보다'라는 말은 '냉담한 눈초리로 보다', '증오의 감정을 담아 보다'라는 의미를 나타낸다(『다이지린』). 이때 '흰 눈'은 주로 심술궂게 곁눈질로 힐끗 볼 때 넓어지는 흰자위를 가리킨

다. 한편 영어에서는 one's eyes show white 등으로 표현하는데 이때 흰자위가 나타내는 것은 겁먹은 눈이지 곁눈질로 노려보는 눈이 아니다.

shut one's eyes ➡ close one's eyes

The spoon came nearer. He held his breath, *shut his eyes* and gulped. A delicious taste ran round his mouth. 〔감기 때문에 약을 먹는 상황〕 (스푼이 점점 가까이 다가왔다. 그는 숨을 멈추고 눈을 꾹 감은 뒤 꿀꺽 삼켜 버렸다. 뜻밖에 입 속으로 맛있는 느낌이 퍼졌다.) — P.L.Travers

one's eyes sink in one's head **눈이 쑥 들어가다. 《피로, 수면 부족, 마음고생 등으로 인해》**

His eyes had *sunk* deeper *in his head*. Gray beard had sprouted on his face…. 〔철야를 한 후의 피로한 모습〕 (그의 눈은 평소보다 움푹 꺼져 있고, 희끗희끗한 턱수염이 자라 있었다.) — R.Macdonald: 8

one's eyes sparkle **눈이 반짝반짝 빛나다. 《활기, 재기, 흥미, 흥분, 행복, 기쁨, 즐거움 등으로 빛나는 눈의 모습》** 유 one's eyes dance / one's eyes gleam / one's eyes glisten / one's eyes glitter / one's eyes twinkle

He watched as she opened the present. *Her green eyes sparkled* with pleasure… as she took three ivory bangles out of their box and immediately tried them on. (그는 그녀가 선물 상자를 여는 모습을 지켜보았다. 그녀는 무척 기쁜 듯 녹색 눈을 빛내며 상자에서 상아로 된 팔찌 세 개를 꺼내어 당장 손목에 끼워 보았다.) — R.Harris

…*the* brown *eyes sparkled* with intelligence, or at least looked as if they did. (그의 갈색 눈은 지성으로 빛나고 있었다. 최소한 겉으로 보기에는 그러했다.) — K.Peterson

★ NB: 눈이 빛나는 모습을 표현할 때는 경우에 따라 각각 다른 동사를 사용한다. 주로 사용되는 동사는 다음과 같다.

sparkle 활기, 흥미, 재기, 기쁨, 행복 등 주로 긍정적인 이미지와 결부되어 타인의 마음을 매료시킬 만큼 밝게 빛나는 눈을 묘사하는 데 사용된다. 드물게 분노의 빛을 뿜어내는 눈에 사용될 때도 있다.

twinkle sparkle과 같이 긍정적인 이미지로 빛나는 눈을 묘사할 때 사용된다. twinkling smile 또는 twinkly smile이라고 할 정도로 웃음과 강하게 결부되어 있다. 재미있는 것, 유쾌한 것, 가슴 설레는 것, 너무도 즐거워 어쩔 줄 모르는 것 등에 의해 일렁이는 눈을 가리킨다(one's eyes dance).

glisten 기본적으로는 눈물이나 빗물 등이 빛을 반사할 때의 반짝거림을 가리킨다.

주로 슬픔 또는 기쁨의 눈물 때문에 빛나는 눈을 표현할 때 쓰이나, 가끔 분노 때문에 빛을 내는 눈을 묘사할 때 쓰이기도 한다.

gleam 무언가에 촉발되어 감정이 끓어 넘치는 순간의 눈빛, 감정의 흐름이 눈에 떠오르는 순간의 눈빛을 가리킨다. 어둠 속에서 번쩍 빛나는 고양이의 눈을 표현할 때 이 동사가 자주 사용되는 것에서 알 수 있듯이 gleam은 순간적으로 나타나는 희미한 빛을 특징으로 한다. 눈에 gleam을 나타나게 할 수 있는 감정은 아주 다양하여 기쁨, 승리, 희망, 흥미, 행복, 자랑 등의 긍정적인 감정으로부터 분노, 적의, 복수, 탐욕, 색욕 등의 부정적인 감정까지 폭넓다.

glitter gleam보다도 반짝반짝 강한 빛을 내는 눈을 가리킨다. 이 동사가 보석의 빛을 묘사할 때 사용되면 sparkle과 달리 부정적인 평가가 함의되어 있다. 또 즐거움으로 빛나는 눈을 표현할 때에도 그다지 호감이 가지 않는 사람에게 사용하는 경우가 많다. 이 눈빛은 통상 적의, 악의 등 공격적인 감정을 나타내는 것으로 여겨진다.

spit in someone's eye

상대의 눈에 침을 뱉다. ⟪실제의 행동보다는 would like to spit in someone's eye 등과 같이 격렬한 분개, 초조, 모욕을 나타내는 표현; 상대를 모욕하는 것을 의미하는 비유 표현⟫ 유 spit in someone's FACE

"If you talk to the black laundry worker about the 'privilege' of continuing to work after 65, she'll *spit in your eye*." 〔정년 연장 문제를 논의하는 기사에서 언급한 세간의 목소리 중 하나〕 ("만일 당신이 흑인 세탁 작업자에게 65세를 넘겨서도 일할 수 있는 것을 '특권'이라고 이야기한다면, 그녀는 무슨 말도 안 되는 소리를 하냐며 눈에 침을 뱉을 것이다.") — *Time*, 1977

★ NB: 서구에서는 예로부터 침에 그 사람의 혼이 녹아 있어 그를 지키는 초자연적인 힘이 있다고 생각했다. 그래서 evil eye를 가진 사람을 길에서 우연히 만났을 때 사람들은 악으로부터 자신을 보호하기 위해 길바닥에 침을 뱉었다. 그러나 오늘날에는 호신의 의미는 사라졌고, 대신 상대의 얼굴에 침을 뱉는 일이 보란 듯이 상대를 불길한 것으로 취급하는 모욕적인 의미를 가지게 되었다(Morris, 1985).

squeeze one's eyes shut

눈을 꾹 감다.

He *squeezed his eyes shut*, then opened them and shook his head vigorously, as if somebody had thrown water in his face. "I don't believe it." (그는 눈을 꾹 감았다가 다시 뜨고는 "도저히 못 믿겠어."라며 누가 자기 얼굴에 물이라도 끼얹은 양 격하게 머리를 흔들었다.) — M. Lewty: 3

squint (one's eyes)

(1) 눈을 가늘게 뜨다. 눈을 찡그리다. ⟪초점을 맞춰 좀 더 잘 보려고 할 때; 빛이나 연기로 인해 눈이 따가울 때⟫ (2) 곁눈질하다. 유 narrow one's eyes / screw one's eyes up

"Jesus, you really are a wreck." "Thanks so much," he said *squinting his eyes* against the smoke. ("세상에, 당신 정말 많이 야위었군요."라고 듣기 거북한 말을 하는 상대에게 그는 빈정거리듯 "거참 고맙습니다."라고 말하고는 담배 연기 때문인지 눈을 찡그렸다.) — R.Lawrence

The glittering sun made Katherine's sinuses hurt, and she *squinted her eyes*. (콧속이 찡할 정도로 눈부신 햇빛에 캐서린은 저도 모르게 눈을 찡그렸다.) — A.Lurie: 2

Gerry *squinted her eyes*, trying to visualize what Scotti would look like in the coat. [연인에게 선물할 코트를 고른 상황] (게리는 눈을 가늘게 뜨고 스코티가 이것을 입었을 때의 모습을 마음속에 그려 보았다.) — B.Paul: 2

"Put away that gun. I promise I won't sound the alarm." He *squinted* at me distrustfully. "How do I know you mean it?" ("경보를 울리지 않을 테니 그 총을 버려라." 하고 말하자 그는 의심스럽다는 듯 눈을 흘겼다.) — L.Levi

one's eyes stare **의심의 눈길을 보내다. 뚫어지게 보다. 물끄러미 바라보다. ((눈을 믿을 수 없는 것, 무서운 것을 보았을 때; 특별히 관심이 가는 대상을 물끄러미 바라볼 때; 놀라거나 질렸을 때 등))** 유 fix one's eyes on…

She… began hesitatingly, choking back her tears, her hands twitching nervously, *her eyes staring* and wide. (그녀는 솟아오르는 눈물을 참고 더듬더듬 이야기를 시작했다. 손은 신경질적으로 실룩실룩 움직이고, 크게 떠진 눈은 한곳을 응시하고 있다.) — B.T.Bradford

★ NB: stare는 사람을 주어로 하여 he stares at… 의 형태를 띠는 것이 일반적이다. 또한 명사 stare에 형용사를 붙여 give someone an icy [a dreamy, a glassy, etc.] stare의 형태로 쓰는 경우도 많다.

★ NB: 동사 stare가 사람을 볼 때의 모습을 표현하는 경우 look과 비교하여 (1) 눈이 상대의 한곳에 집중하는 모습, (2) 눈을 크게 뜨고 거의 깜빡이지 않는 모습, (3) 강한 눈빛이 오랫동안 지속되는 모습 등의 의미를 포함한다.

★ NB: fix one's eyes on someone의 경우 위에 언급한 (1), (3)의 특징은 갖고 있으나 (2)의 특징은 없다. 오히려 주의를 집중하다 보니 눈이 아주 작아진다.

stare into someone's eyes **상대를 물끄러미 바라보다. ((사랑하는 상대, 증오하는 상대, 모욕하는 상대 등을 눈을 크게 뜨고 바라보는 눈짓))** 유 look into someone's eyes

It was a kind of place his friends made fun of: corny and romantic, full of couples *staring into each other's eyes*…. (그녀를 데려가려고 하는 식당은 그의 친구들에게 웃음거리가 될 만한 곳으로, 서로 물끄러미 바라보는 연인들이 가득한 느끼하고 로맨틱한 곳이었다.) — R.Lawrence

★ **영일비교** 일본과 똑같이 영미의 아이들도 '눈싸움'을 하며 논다. 이 놀이는 the game of 'stare-you-down'(문자 그대로 해석하면 눈빛으로 상대를 고개 숙이게 하는 게임)이라고 부른다. 일본에서는 상대를 먼저 웃게 하는 쪽이 이기지만 영미의 눈싸움에서는 상대의 눈을 빤히 쳐다볼(stare into the eyes of the opponent) 때 그 눈빛에 상대가 먼저 눈을 깜박이거나 시선을 떨어뜨리면 승리한다. 말 그대로 진정한 눈싸움이다. 일본의 눈싸움이 아이에게 낯가림하지 말고 상대를 보라고 가르치는 놀이라면, 서구의 눈싸움은 성인 사회의 눈에 불꽃 튀는 대결에서 눈 한 번 깜박이지 않고 상대의 시선을 버티는 담력을 기르기 위한 예비훈련이라고 할 수 있다. 상대의 응시를 받아들임과 동시에 상대와 응시하는 힘을 겨루는 이 놀이를 통해 아이들은 '강철처럼 강한' 마음을 지닐 필요가 있음을 배운다(Guthrie, 1976).

one's eyes travel from the top of someone's head to his toes 머리끝부터 발끝까지 유심히 훑어보다. 《사람을 무례하게 훑어보는 모습》

유 run one's eyes over someone

"I know you would not want me running up and down stairs and arriving on stage out of breath." Quaglia'*s eyes traveled* slowly *from the top of her head* down *to her toes*, and then slowly all the way back up again. He said nothing, but his meaning couldn't be clearer: If you'd lose forty pounds, you wouldn't get out of breath climbing stairs. 〔오페라 무대 뒤에서 주고받는 대화〕 (상대역에게 늙었다고 한 소리를 들은 여가수는 "계단을 급하게 오르락내리락해서 숨이 잔뜩 찬 채로 무대에 나가서는 안 되잖아요." 하며 변명했다. 그는 그녀를 머리끝부터 발끝까지 훑어보더니 발끝부터 머리끝까지 다시 한 번 훑어보았다. 그는 한 마디도 하지 않지만 그의 눈은 말보다 더 설득력 있게 살을 40파운드만 빼면 계단을 오르락내리락해도 숨이 차지 않을 거라고 말했다.) — B.Paul: 2

★ NB: 위의 표현을 좀 더 일반적인 관용구로 표현하면 look at someone up and down 또는 look at someone from head to toe가 된다. 이 동작이 모욕적인 행동거지로 여겨지는 이유는 눈으로 상대의 개인적인 보디 존을 무신경하게 침입하거나 자신의 호기심을 충족시키기 위해 쳐다보는 무례를 범하는 것은 상대와의 정상적인 교류를 원하는 사람의 행동이라고 볼 수 없기 때문이다.

turn one's eyes up ➡ roll one's eyes up

"… We also have boy-friends. Ah, Norwegian men…" They clasped their hands and *turned up their eyes*. (여자들에게는 노르웨이인 남자친구가 있다. 그들은 자신의 남자친구들이 최고라고 말하듯 손을 모아 쥐고 감정을 듬뿍 실은 눈으로 위를 쳐다보았다.) — L.Peake: 2

turn up the whites of one's eyes ➡ roll one's eyes up

I felt, with gratitude, that Miss Beth had shown much forbearance towards me. But, alas, it was not her nature to display this virtue long, and as many days passed in unsuccessful seeking, she *turned up* increasingly at table *the whites of her eyes* with many mournful and martyred sighs…. (베스는 내게 충분히 너그럽게 굴었다고 생각했다. 하지만 그녀는 또 그렇게 한없이 대범하고 느긋하게 구는 사람이 아니었다. 일이 제대로 풀리지 않은 채 하루, 이틀 질질 끌기 시작하자 그녀는 내가 왜 이렇게 괴로운 일을 겪어야 하나며 밥상 앞에서 슬프게 한숨을 쉬며 흰자위가 보이도록 천정을 노려보는 일이 잦아졌다.) — A.J.Cronin: 4

one's eyes twinkle 눈이 반짝반짝 빛나다. 유 one's eyes sparkle

His clear blue *eyes twinkled* as he said, "If you can drag your gaze away from that fetching creature for a brief moment, perhaps we can have a little decent conversation, my boy." 〔아버지와 함께한 식사 자리에서 아들이 옆자리의 연인에게 열중하는 상황〕 (아버지는 눈을 장난스럽게 빛내며 아들을 향해 "옆에 앉은 사랑스러운 아가씨로부터 잠시 눈을 떼렴. 그래야 진지한 얘기를 할 수 있을 것 같구나." 하고 농담조로 말했다.) — B.T.Bradford

one's eyes wander (about…) 시선이 이리저리 헤매다. 눈이 공허하게 움직이다. 《시선이 초점 없이 멍하게 움직이는 모습》

"Mother, I have something to ask you," he said. *Her eyes wandered* vaguely *about* the room. She made no answer. (오랫동안 두려워하던 일을 아들의 입으로 직접 듣게 된 어머니는 아무 대답도 하지 못했다. 그녀의 눈은 멍하니 방 안을 둘러볼 뿐이었다.) — O.Wilde: 5

one's eyes waver 주눅이 들거나 갈등하는 것이 눈에 언뜻 비치다.

"I tell you, Masters," roared H. M., "you're barking up the wrong tree! At least…" And *his eyes wavered*, uncertainly, and he rubbed a hand across his forehead. 〔범죄를 수사하는 상황〕 (H. M.은 소리를 버럭 지르더니 "당신은 엉뚱한 짓을 하고 있어. 최소한…." 하고 말끝을 흐렸다. 그의 눈에는 망설임의 기색이 역력했다. 그는 생각을 하려는 듯 손으로 이마를 문질렀다.) — C.Dickson: 1

wide-eyed 눈을 크게 뜨고 《공포, 놀람, 호기심 등으로 크게 뜬 눈》 유 one's eyes widen

Mrs. Palissey··· arrived punctually at nine-thirty and told me *wide-eyed* that she'd seen on the morning television news about the Sheik being killed at the party. (팔리시 여사는 아홉 시 반에 시간을 맞춰 도착하였고, 세이크가 파티에서 살해당한 사건을 아침 텔레비전 뉴스에서 보았다며 눈을 크게 뜨고 나에게 얘기했다.) — D.Francis: 3

Herschel stood *wide-eyed* and trembling as the clinical staff tried to revive his benefactor. 〔생명의 은인이 돌연 발작을 일으켜 눈앞에서 쓰러진 상황〕 (의료진이 그의 의식을 회복시키기 위해 응급처치를 하는 곁에서 허셸은 망연자실하여 눈을 크게 뜨고 몸을 부들부들 떨며 서 있었다.) — E.Segal

Annie had remained silent but *wide-eyed* and agog with curiosity during this discourse. (애니는 이야기를 나누던 내내 조용히 입을 다물고 있었지만 눈을 크게 뜬 채 흥미진진한 표정을 짓고 있었다.) — B.T.Bradford

★ NB: wide-eyed는 듣고 보는 모든 것에 일일이 화들짝 놀라는 단순한 인물을 헐뜯을 때 사용하는 형용사이기도 하다.

Even when she was playing the *wide-eyed* governess on the soap opera *Dark Shadow*, Alexandra Isles never made such a dramatic entrance. [검찰 측 증인으로서 옛 애인인 피고에게 불리한 증언을 한 여배우 알렉산드라 아일즈에 관한 기사] (그녀는 일찍이 연속극 〈검은 그림자〉에서 세상물정 모르는 가정교사를 연기했을 때조차 이번처럼 극적으로 무대에 등장하지는 않았다.) — *Time*, 1985

one's eyes widen 눈을 크게 뜨다. 《흥미나 흥분 때문에; 놀람 또는 무서움 때문에》 유 one's eyes dilate / one's eyes grow large / one's eyes grow wide / open one's eyes wide

"I love to ask these delegates to name me a single state south of the Mason-Dixon line··· that Walter Mondale can carry," says Hart Adviser Patrick Caddell. "*Their eyes widen* with fright. They can't name a single one." 〔미국 민주당 대통령 후보 먼데일 대 하트의 선거전에 관련한 기사〕 (하트 진영의 선거참모 중 한 명은 대의원들에게 메이슨-딕슨 라인(메릴랜드 주와 펜실베이니아 주의 경계선으로 미국 남부와 북부를 가른다) 이남에서 먼데일이 이기고 있는 주를 단 하나라도 들어 보라고 하는 것이 재밌어 죽겠다고 말하면서 그들이 무섭다는 듯 눈만 크게 뜨고 한 개의 주도 거론하지 못하기 때문이라고 덧붙였다.) — *Time*,1984

one's eyes widen

wink 한쪽 눈을 찡긋 감았다 뜨다. 윙크하다. ⟪기본적으로는 비밀 공유의 신호; 제3자에게 들키지 않도록 주의하라는 눈짓; 지금 말하는 것은 농담이라는 의미의 눈짓; 시선이 마주쳤을 때 상대를 알아봤음을 알리는 우호적인 신호; 미지의 이성에게 대해 성적 관심을 표시하는 신호 등⟫ 유 close one eye

wink

Before she got out of the car she kissed me good-by and told my parents, "Now don't worry. I promise I'll only come once a month… And it's not to see you, Herb. Or you either, Barbara. I've got to keep an eye on my Margaret—that's all." Grandma *winked* at me. 〔공항까지 배웅 나온 아들 부부와 헤어지는 상황〕 (할머니는 차에서 내리면서 부모님께 "이제부터는 한 달에 한 번씩만 놀러올 테니까 걱정하지 마라. 그것도 너희가 보고 싶어서 오는 게 아니라 손녀 마가렛을 감시하기 위해 오는 거다."라고 딱 잘라 말했다. 그러고는 나에게 찡긋 윙크했다.) — J.Blume: 3

"All right, boys, drink up and pass your best wishes to Leonard Barsevich for a successful evening." He *winked* broadly. (몸가짐이 헤픈 여자와 데이트를 하게 된 동료를 위하여 건배하며 그는 "성공적인 하룻밤을 위하여!"라고 말하고는 한쪽 눈을 찡긋했다.) — H.M.Petrakis

He touches his hat to Mrs. Pearce who disdains the salutations and goes out. He *winks* at Higgins, thinking him probably a fellow-sufferer from Mrs. Pearce's difficult dispositions, and follows her. (피어스 부인은 모자를 잡고 인사한 그를 무시하고 나가 버린다. 그는 이 까칠한 가정부를 히긴즈도 필시 당해 내지 못했을 것이라고 생각하며 히긴즈에게 윙크를 하고 그녀의 뒤를 쫓는다.) — G.B.Shaw: 3

★ **영일비교** wink는 일본어의 '눈짓' 또는 외래어 '윙크'에 해당한다. 일본인은 '눈짓'을 할 때 한쪽 눈을 감는 일은 거의 없고, 『다이지린』에서 설명하듯 '재빨리 시선을 던지거나 눈을 깜박여서' 신호하는 것이 보통이다. 일본인은 이 눈짓을 제삼자가 알아차리지 못하게끔 상대에게 은밀히 보낼 때가 많고, 서구에서처럼 비밀 공유를 즐기는 신호로는 그다지 쓰지 않는다. 한편 '윙크'는 일본인들이 서구에서 자연스레 받아들인 것으로 젊은이가 이성에게 관심을 표시할 때 주로 사용한다.

영미인의 wink가 한쪽 눈을 감는 것이긴 하나 눈을 감는 방식에는 두 가지가 있다. 하나는 한쪽 눈을 천천히 감아 보여 주는 것이고, 다른 하나는 한쪽 눈의 아래 눈꺼풀을 재빠르게 위로 쭉 끌어당기는 눈에 띄지 않는 wink이다(Critchley, 1975).

wink는 기본적으로 '비밀 공유'의 신호로 본다. 그런데 비밀 공유에는 득이 되는 이야기를 둘이서 마무리 짓겠다는 수상쩍은 것도 있고, 내부 사람끼리 아는 사항을 슬쩍 즐기는 우호적인 것도 있다. 눈에 띄지 않는 윙크를 하는 것은 전자일 때이고, 후자일 때는 제삼자도 알 수 있게끔 눈으로 신호하고 비밀의 '공모자'로서 연대감을 즐기는 구석이 있다. 이와 같은 wink에서 감은 한쪽 눈은 두 사람만의 비밀이 여기에 숨어 있다는 상징적인 의미를 지닌다(Morris, 1985). 감은 눈은 상대방에게 향하고 다른 눈으로는 그의 반응을 보고 즐기는 것이다. '알지 못하게 숨기는' 일이 있음을 거리낌 없이 나타내는 이런 종류의 wink는 일본인의 '눈짓'과 상당히 다른 신호이다.

wink는 비교적 편한 사이에 오고가는 몸짓으로 격식을 차린 상황에서는 잘 사용하지 않는다. 성적인 신호로 쓰는 wink도 서로 아는 남녀가 호의를 은밀하게 표시하기 위한 것이 아니라 남성이 자신의 눈에 든 여자에게 수작을 거는 첫 신호로 여기에 여성이 wink로 응답했을 때 본격적인 접촉이 시작된다. 그런 의미에서 상당히 아슬아슬한 신호라고도 할 수 있다. 또 wink는 대중적인 희극배우의 중요한 '장사 도구'이다. 가령 배우는 한쪽 눈을 감는 것만으로도 관객으로 하여금 예사로운 대사에서 아슬아슬한 의미를 끌어내도록 한다. 그러나 최근에는 이러한 wink의 사용이 영미의 생활에서 서서히 자취를 감추고 있다는 지적도 나오고 있다. 다음 인용문은 영국의 상황에 비추어 그러한 지적을 한 것이다. 동시에 지금까지 wink가 그들의 생활 속에서 얼마나 널리 쓰였는지 그 다채로운 모습을 보여 주고 있다는 점에서 흥미롭다.

"…Winking? No doubt it continues in private, in remote unexplored northern valleys, …but as a major feature of British Way of Life, it seems to have died out. The sly wink of the diplomat, often accompanied by the laying of a finger to the nose, the confiding wink of the comic, the jolly wink of the gay young curate stretching the limits of the permissible at parochial parties, the meaning wink of the bookies' hangeron, the insulting wink of reveller at the unprotected female, the wink which, between financiers, is as good as a nod, — they have all vanished from fiction and all but banished from life, which has become, in consequence, less colorful and dangerous and much more prim. (윙크는 지금도 남들 모르게 자기들끼리 하고 있을지도 모른다. 북부의 외진 골짜기에서는 볼 수 있을지도 모른다. 그러나 이른바 영국인 생활의 중요한 부분에서는 모습이 사라진 듯하다. 코 옆에 손가락을 대며 몰래 한쪽 눈을 감는 외교관의 윙크, '내가 무슨 말 하는 건지 다들 아시겠죠?' 하고 관객에게 아슬아슬한 의미를 넌지시 알리는 희극배우의 윙크, 교구 파티에서 그 정도는 눈감아 주겠다며 종교상의 허용 범위를 넓혀 보이는 젊은 부목사의 유쾌한 윙크, 마권업자 똘마니의 우쭐대는 윙크, 남성에게 에스코트 받지 못한 젊은 아가씨에게 시끄러운 주정뱅이가 무례하게 보내는 윙크, '그거 좋군.' 하고 고개를 끄덕이는 것이나 다름없는 큰 투자가들끼리의 윙크, 이런 모든 것이 허구에서도 현실에서도 사라지고 말았다. 그 결과 생활이 그만큼의 재미와 아슬아슬함을 잃고 고지식하고 딱딱해지고 말았다.) — *Punch*, 1962

wipe (at) one's eyes 눈을 훔치다.

I bent down to her and held her in my arms and after a while she calmed down. She *wiped her eyes* with the back of her hands and essayed a smile. (나는 몸을 숙여 그녀를 팔로 안았고, 잠시 후 그녀는 차분해졌다. 그녀는 손등으로 눈을 훔치고는 웃으려 했다.) — I. Shaw: 3

wrinkle one's eyes ➡ screw one's eyes up

He *wrinkled his eyes*, trying to remember. (그는 어떻게든 기억을 떠올리려 눈을 찌푸렸다.) — E. Summers: 1

EYEBROW

- '눈썹'을 뜻하는 영어 단어로는 eyebrow와 brow(대개 복수로 쓰임)가 있다. 일반적으로 사용되는 것은 전자이고, 후자는 일정 관용구 또는 문어적인 표현에 주로 사용된다.

- 눈썹은 얼굴에서 가장 표정이 풍부한 곳으로 커뮤니케이션에 큰 역할을 한다. 눈썹과 관련된 표정에는 인류 공통의 희로애락은 물론 문화권의 특성을 반영하는 것도 있다. 전자의 경우, 영어에서는 다음과 같이 유형화하여 표현한다. 이를테면 사람은 경악했을 때 눈썹을 위로 올리고(eyebrows raised), 화났을 때 눈썹을 아래로 내리며(eyebrows drawn down), 걱정스러울 때 눈썹을 모은다(eyebrows drawn together). 이 가운데 영어와 일어 간에 완전한 일치를 보이는 것은 '(걱정으로) 눈썹을 모으다' 뿐이고 나머지는 약간 차이를 보인다. 후자의 경우, 작위적인 눈썹의 움직임은 영미인이 많이 사용하는 것으로 질문, 의심, 속수무책, 이해 불가, 뜻밖의 일 같은 감정을 표현한다.

arch one's eyebrows **눈썹을 올리다. 《놀람, 의심, 불신, 의혹, 비난, 반대를 노골적으로 드러내는 작위적인 표정; 비난, 반대를 의미하는 비유 표현-눈썹 중 미간 쪽을 특히 높게 올린다.》** 유 raise one's eyebrows

"Your book?" *Her eyebrows arched* as she pointed to the stamps on the page. "Did you say this was your book?" 〔도서관의 책을 자신의 것이라고 우기는 사람을 비난하는 장면〕 (도서관 사서는 도서관의 스탬프가 찍혀 있는 페이지를 가리키면서 눈썹을 추켜올리고 힐문한다.)

But American conservatives may have *arched their eyebrows* well above the hairline when they glimpsed the latest issue of *National Review*. There on the cover was the headline: The Time Has Come; Abolish the Pot Laws. (『내셔널 리뷰』 최신호 표지에 실린 '마리화나 단속법 폐지의 시기가 왔다'라는 표제어를 보고 미국의 보수파 독자는 이게 무슨 말도 안 되는 소리냐고 화를 낼 것임에 틀림없다.(비유적)) — *Time*, 1972

★ NB: 미간 쪽을 높게 올리고 양 끝을 완만하게 내린 arched eyebrow는 눈썹의 위치가 평소 때보다 높다. 이런 눈썹 모양은 곧 상대를 경멸하는 듯한(disdain) 표정이 되기 쉽다. 또한 이 표현에는 같은 의미를 가진 raise one's eyebrows에는 없는

'거만함'이 함의되어 있다. 덧붙여 '업신여기다', '깔보다', '거만한 태도를 지니다'라는 뜻을 가진 supercilious라는 단어는 눈썹을 의미하는 라틴어 supercilium에서 유래했다고 한다. 이처럼 영미권에서는 상대방을 거만한 태도로 바라볼 때 눈썹을 상당히 효과적으로 사용한다.

one's **eyebrows climb** ➡ one's eyebrows rise

"Major Duncan is going to write me a book. At least he's going to talk me one and Helen will write." "Well," said Menkin, *his eyebrows climbing*, "that's news." ("덩컨 씨가 나에게 원고를 줄 거예요. 적어도 그가 나에게 이야기를 하고 헬렌이 받아쓰더라도 말이에요."라고 자신만만하게 말하자, 멘킨은 눈썹을 올리며 금시초문이라고 했다.) — F.Baldwin: 1

cock an eyebrow ➡ raise an eyebrow

"Yes, what about that, eh?" The Senator *cocked an* inquiring *eyebrow*. (상원의원은 "그것에 대해서는 어떻게 할 거냐?"라며 한쪽 눈썹을 휙 추켜올리며 따져 물었다.) — A.Hailey: 4

"Wherever did you find them?" "Friends of Millicent," Ted replied dryly. "Picked them up in a field." "Oh, I see." Mike *cocked an eyebrow*. "Fruits of the land." [사냥을 끝낸 뒤 남자들끼리 나누는 대화] (낯선 여자를 데려온 테드에게 "어디서 만났어?"라고 묻자, "밀리센트의 친구야. 벌판에서 만났어."라고 대답했다. 마이크는 "그렇군. 땅의 열매구나."라고 하면서도 한쪽 눈썹을 찡긋 올려 네 여자 관계에 질렸다는 표정을 지었다.) — J.McIlvaine

one's **eyebrows come together** 양 눈썹을 찡그려 한데 모으다. 《우려스러운 일이 있을 때, 도대체 이해할 수 없어 당혹스러울 때, 불안함을 느낄 때; 불쾌하거나 불편할 때 등》 유 draw one's eyebrows together

draw one's eyebrows down

Kitty's *eyebrows came together* over her little nose. "A pill?" she said. "Is that American slang?" 〔상대의 비속어 사용이 귀에 거슬린 상황〕 (키티는 "pill? 미국 속어 pill을 말하는 거야?"라며 눈썹을 찡그리며 따져 물었다.) — J. Weidman

draw one's eyebrows down 눈썹의 앞쪽을 확 내리다. 《분노, 불만, 불쾌, 의혹 등으로 미간에 세로 주름이 잡힐 정도로 일그러진 얼굴》 유 one's BROWs come down / lower one's eyebrows / lower one's BROWs 참 draw one's eyebrows together

His eyebrows drew down and his voice was cold. "That would be impossible!" he said in that tone of haughty withdrawal. (그는 "말도 안 되는 얘기다."라고 고압적으로 딱 잘라 퇴짜를 놓았다. 그는 미간을 잔뜩 찌푸렸고 목소리도 냉랭했다.) — G. L. Hill: 5

Duroc, *his* tufted *eyebrows drawn down* over blue penetrating eyes, looked suspicious. 〔상대방이 거짓말을 할 때 노려보는 표정〕 (그는 예리한 푸른 눈 위의 숱 많은 눈썹을 모으고 의심스러운 얼굴을 했다.) — C. Dickson: 3

★ **영일비교** 사람들은 다소 공격적으로 언짢음이나 화를 얼굴에 드러낼 때 눈썹주름근(皺眉筋), 눈살근(鼻根筋)을 움직여서 눈썹의 안쪽 끝을 콧부리 쪽으로 당긴다(eyebrows drawn down at the inner corners). 눈썹 안쪽 끝이 내려가면 눈썹꼬리는 상대적으로 위로 올라가는데, 일본어에서는 화가 치밀어 눈썹꼬리가 거꾸로 바짝 올라간 모습에서 '눈썹을 곤두세우다'라는 관용구를 만들어 험악한 얼굴을 나타내는 데 쓴다. 한편 영어에서는 눈썹꼬리가 아니라 끌어내려진 눈썹 안쪽 끝에 주목한다.
눈썹 안쪽 끝은 머리끝까지 화가 치밀지 않고 그저 불끈하기만 해도 밑으로 당겨진다. draw one's eyebrows down은 이처럼 공격적인 감정을 담은 찌푸린 얼굴을 나타낼 때 주로 사용된다. 걱정이나 곤혹스러움, 슬픔 등의 비공격적인 감정을 동반하는 찌푸린 얼굴에는 draw one's eyebrows together가 쓰인다. 일본어 '눈살을 찌푸

draw one's eyebrows together

리다'가 의미하는 찡그린 얼굴은 전자보다 후자에 가깝다.

draw one's eyebrows together 눈썹을 모으다. 미간을 찌푸리다. ((슬픔, 걱정, 불안, 의심, 수상함, 곤혹, 못마땅함, 불쾌, 심사숙고 등을 나타내는 표정)) 유 one's eyebrows come together / draw one's BROWs together / knit one's BROWs / furrow one's BROWs / pucker one's BROWs / wrinkle one's BROWs 참 draw one's eyebrows down

He took in their appearance and *his eyebrows drew together* in a grim line as he noted his cousin's woebegone expression and Anne's pale face. (조카의 수심에 찬 표정과 앤의 파랗게 질린 얼굴을 보고 그는 그 심상찮은 모습에 불안을 느끼며 미간에 깊은 주름을 새겼다.) — C.Rossiter

elevate an eyebrow ➡ raise an eyebrow

"Why should you care?" growled Wallie. "She's certainly been mean enough to you." "Cross, maybe," Sally admitted. "Not mean…" Wallie *elevated one eyebrow* mysteriously. [친구를 염려하는 샐리와 남자 친구 윌리의 대화] ("왜 네가 그 친구를 걱정하는데? 그 애는 너에게 충분히 못되게 굴었어."라고 윌리가 으르렁거리듯 말했다. 샐리가 "일부러 못되게 군 게 아니라 그냥 기분이 뒤틀렸던 것뿐이야."라고 말하자, 윌리는 의미심장하게 한쪽 눈썹을 추켜올렸다.) — L.C.Douglas: 3

give someone a (long [disapproving, etc.]) look from under one's eyebrows ➡ look at someone from under one's BROWs

He paused and *gave me a long look from under his eyebrows*. "You seem to be excessively interested in Catherine. Why?" (캐서린이라는 여성에게 지나치게 흥미를 보이는 아들이 마음에 걸린 그는 아들의 얼굴을 의미심장하게 바라보더니 대뜸 왜 그러냐고 묻는다.) — M.Wibberley

one's eyebrows go up ➡ one's eyebrows rise

O'Donnell'*s eyebrows went up* as he noted Coleman's experience and record. (신입 의사 콜맨의 경력서 및 이력서를 읽은 오도넬은 그의 뛰어난 경력 때문에 자기도 모르게 눈이 크게 떠지고 눈썹이 위로 올라갔다.) — A.Hailey: 2

one's eyebrows go up and down ➡ wiggle one's eyebrows

He said experimentally, "She's OK. Nice legs. She's got her eye on Beamish, I think." Aunt Nell'*s eyebrows went up and down* in bewilderment. Uncle Roger at last managed a proper grin. (그는 숙부 내외의 반응을 보려고 "그녀는 괜찮아요. 다리가 참 예쁘죠. 그런데 그녀의 눈은 비미쉬에게 가 있던 것 같아요."라고 일부러 저속한 얘기를 떠들어 댔다. 숙모 넬은 평소와 다른 그의 모습에 당황하여 눈썹을 두세 번 위아래로 움직였다. 숙부 로저는 겨우 알아차린 듯 뒤늦게 빙그레 웃음을 지었다.) — S.Sallis

knit one's eyebrows ➡ knit one's BROWs

"Mr Dorian Gray? Who is he?" asked Lord Fermor, *knitting his* bushy white *eyebrows*. (도리언 그레이의 이름을 처음으로 들은 그는 "도대체 그가 누군데?"라고 미심쩍은 듯 양 눈썹을 모으며 물었다.) — O.Wilde: 5

lift an eyebrow ➡ raise an eyebrow

"Art was acknowledged to be one of the six best steeplechase riders in the country, and his upright incorruptible character has been a splendid example to young jockeys just starting in the game…." Joanna *lifted an eyebrow* at me…. (TV 스포츠 뉴스에서 해설자는 장애인 경마 기수인 아트를 추켜세우며 "그의 청렴결백한 성품은 다른 젊은 기수들의 모범이 될 만하다."고 과장된 찬사를 늘어놓았다. 그의 타락상을 나에게 전해 듣고 있던 조안나는 나를 향해 한쪽 눈썹을 추켜올리며 '이게 어떻게 된 거냐?'는 듯한 표정을 지었다.) — D.Francis: 2

Only last week, when asked about his relations with Carter in a television show, the theatrical Schmidt sighed, *lifted an eyebrow* and paused—gestures clearly belying his answer: "They are very good." (공식적인 미국 방문을 앞두고 서독의 슈미트 수상은 TV 인터뷰에서 카터 미국 대통령과 사이가 좋지 않다는 소문이 있는데 사실이냐는 질문을 받는다. 몸짓이 요란한 슈미트는 일부러 한숨을 푹 내쉬고 한쪽 눈썹을 추켜올리며 뜸을 들이다가 "아주 좋다."라고 대답한다. 그런 동작은 그의 말이 사실이 아님이 확실히 보여 준다.) — *Time*, 1978

look at someone from under one's eyebrows ➡ look at someone from under one's BROWs

"Did you tell him so?" asked Stephen, *looking at him from under his eyebrows*. Joseph's absurdly cherubic countenance set into worried lines. "Well, yes, but…." (스테판은 그를 깔아 보며 "그에게 그렇게 말했어?" 하고 물었다. 조지프는 무척이나 순진한 얼굴에 걱정의 빛을 잔뜩 드리우고는 횡설수설 대답했다.) — G.Heyer: 7

lower one's eyebrows ➡ draw one's eyebrows down

"I beg your pardon." He turned the rest of the way around, *his eyebrows lowering* to form a thick bushy line that hooded his eyes. (자신이 저지르지 않은 일로 고발을 당한 그는 도저히 흘려들을 수 없다는 태도로 몸을 돌렸다. 그의 양 눈썹이 가운데로 확 당겨 내려오는 바람에 덥수룩한 눈썹이 하나로 이어져 눈 위를 덮었다.) — J.Dailey: 2

not twitch an eyebrow 눈썹 하나 꿈쩍이지 않다. ((표정의 변화가 전혀 없는 얼굴 또는 그 비유 표현)) 유 not bat an EYELASH / not bat an EYELID 참 one's eyebrows twitch

"… We desire that the transaction be made in U.S. dollars and not in German marks. That's all." Klausen had regained his cool. He did *not twitch an eyebrow*. "That's all?" "That's all," restated Melenkov. (클라우젠은 "독일 마르크가 아닌 달러로 거래하고 싶다."는 말을 듣고 내심 동요하나, 겉으로는 전혀 그런 내색 없이 눈썹 하나 움직이지 않고 대화를 이어 갔다.) — P.E.Erdman

★ NB: 이 표현은 일본어의 '눈썹 하나 꿈쩍하지 않다'와 그대로 대응하나, 관용 표현으로 제대로 정착했다고는 볼 수 없다. 관용적으로는 눈썹보다는 눈, 속눈썹, 눈꺼풀, 머리카락이 미동조차 하지 않는 것으로 '의연한 모습'을 상징하는 경우가 많다.

push an eyebrow up ➡ raise an eyebrow

The Duchess *pushed one eyebrow up* into a mean inverted V and stood up. "I don't take that kind of order from anyone, my dear," she said softly. (상대방의 태도에 화가 난 공작 부인은 한쪽 눈썹을 무섭게 추켜올리며 자신은 남의 지시를 받지 않노라고 차분한 목소리로 말한다.) — D.Wells

raise an eyebrow 한쪽 눈썹을 추켜올리다. (('어이없다', '설마' 등 놀람과 의심이 뒤섞인 감정과 '이상하다', '수상하다' 등의 불신감, 그리고 '글쎄, 잘 모르겠는데?'와 같이 찬성하지 않음을 나타내는 동작; 또는 불신, 놀람, 어이없음을 의미하는 비유 표현)) 유 cock an eyebrow / elevate an eyebrow / lift an eyebrow / push an eyebrow up / quirk a BROW / cock one's EYE

"You find me amusing?" he demanded coldly, *raising one eyebrow* in an imperious gesture…. 〔여자가 은밀히 자신을 비웃고 있다는 것을 눈치 챈 상황〕 (그는 한쪽 눈썹을 추켜올리며 힐난조로 "그렇게 재밌나?"라고 냉랭하게 물었다.) — A.Neville

"… Of course, if my mother called at four a.m. and a girl answered, she might *raise an eyebrow*." ("우리 어머니가 새벽 네 시에 내게 전화를 걸었는데 만일 여자애가 받는다면 그녀는 이게 도대체 무슨 일이냐고 생각할 거야." (비유적)) — F.G.Herbert

raise an eyebrow

★ NB: raise [elevate, lift] an eyebrow와 cock an eyebrow [quirk a brow]는 둘 다 의도적으로 한쪽 눈썹을 추켜올리는 동작을 나타내나, 엄밀하게 구별하자면 눈썹을 올리는 정도와 그것이 내포하는 의미에 차이가 있다. cock an eyebrow는 한쪽 눈썹을 찡그리듯 내리는 동시에 다른 한쪽 눈썹을 약간 과장스럽게 추켜올리는 동작으로, 위로 추켜올린 눈썹이 내포하는 의미는 주로 '네?', '뭐?' 등의 표현처럼 의문을 제기하는 것이다. 한편 raise [elevate, lift] an eyebrow는 cock an eyebrow와 달리 한쪽 눈썹을 찡그리듯 내리지 않는다. 그저 한쪽 눈썹은 약간 내리고 나머지 눈썹을 살짝 올리는 것인데, 여기서 올린 눈썹이 내포하는 의미는 주로 놀람, 특히 '설마', '세상에', '어이없어' 등의 느낌이다.
이러한 표정은 좌우 비대칭인 것이 특징으로, 내려간 쪽 눈썹에는 상대를 비난 또는 문책하는 등의 공격적인 감정이, 올라간 쪽 눈썹에는 의문, 놀람이 담겨 있다. 그 결과 좌우를 합쳐 약간의 비난이 가미된 의문 혹은 놀람의 표정이 된다. 영미권에서는 여성보다는 남성이 이 표정을 자주 짓는다(Morris, 1985).

raise one's eyebrows 양 눈썹을 올리다. ((놀람, 감탄, 의심, 이해할 수 없음, 의문, 비난 등을 나타내는 표정; 또는 비난, 불신, 반대함 등을 의미하는 비유 표현)) 유 arch one's eyebrows / one's eyebrows rise / raise one's BROWs

They rode the gleaming elevator to the fifth floor, then turned down a birch-paneled corridor…. He had *raised his eyebrows* and Mary smiled. "It's a little awesome, isn't it? I'm still impressed myself." (사치스러운 인테리어의 사무실로 안내받은 그는 양 눈썹을 올리고 놀란 듯 눈을 휘둥그레 떴다.) — P.Kent

"Tell us about this mystery man, Senator." "Mystery man?" He *raised*

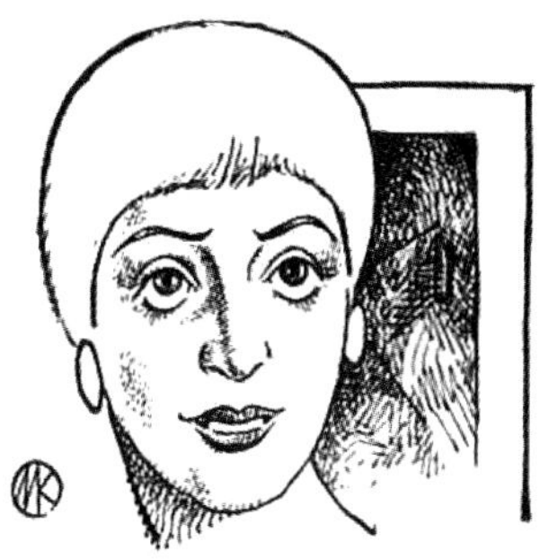

raise one's eyebrows

his eyebrows slightly. "I can't imagine anyone less mysterious than M.T." (이미 가까이 알고 지내는 인물에 대해 상대방이 '수수께끼의 남자'라고 하자, 그는 상대의 진의를 짐작하기 어려워 양 눈썹을 살짝 올리고 "수수께끼의 남자라니?" 하고 되물었다.) — A. Hailey: 4

Jane's eyes met Philip's, returning his sympathetic smile. The antipathy she had felt for him vanished as he *raised his eyebrows* in a comical gesture, as though wondering how she had already managed to get his brother-in-law's back up. (성격이 까다로운 형의 집에서 더부살이하는 의붓동생이 새로 온 가정교사에게 공감의 눈길을 보내는 장면. 제인은 일을 맡자마자 집주인의 기분을 상하게 하여 잔소리를 듣고, 필립은 참 빨리도 형을 화나게 만들었다는 듯 장난스럽게 눈썹을 들어 올리며 미소를 짓는다. 그녀는 이를 보고 그에게 갖고 있던 반감을 지운다.) — A. Neville

Eyebrows were raised last December when the Deputy Prime Minister hired attractive Shanghai-born Junie Morose, 41, as his personal secretary. (부총리가 상하이 태생의 매력적인 여성을 개인 비서로 고용하자 모두가 어이없어 했다.(비유적)) — *Time*, 1975

★ NB: 비난, 불신 등을 나타내는 비유 표현으로 쓰일 때는 단수형을 사용한 raise an eyebrow가 좀 더 일반적이다.

★ **영일비교** 일본어에서 올라간 눈썹에 초점을 맞추어 표정을 묘사한 예는 그리 많지 않다. 주로 보이는 것은 분노의 표정(눈썹을 치켜세우다; 눈썹을 곤두세우다), 결의의 표정(눈썹을 딱 올리다) 등이고, 가끔 놀람의 표정(눈썹을 올리며 바라보다)을 묘사하는 데 그친다. 이와 대조적으로 영어 자료에는 raised eyebrows를 묘사한 예가 많다. 놀람의 표정을 중심으로 싫증, 감탄, 의심, 의문, 불가해, 곤혹, 속수무책 등 나타

내는 의미도 그야말로 다채롭다.

눈썹을 올린 표정에는 '놀람' 등을 나타내는 정서적인 것과 '불가해' 등을 나타내는 작위적인 것이 있다. 적어도 전자에 관해서는 일본인도 영미인과 마찬가지로 눈썹이 올라가지만, 일본어에서는 올라간 눈썹보다 오히려 크게 뜬 눈(눈이 휘둥그레지다, 눈이 둥그렇게 되다)으로 놀람을 나타낸다. 반면 영어에서는 눈과 눈썹 모두 놀람의 표정이 깃드는 장소로서 표현의 대상이 된다.

one's eyebrows rise 눈썹이 올라가다. (놀람, 어이없음, 의심, 의문, 불신, 비난 등을 나타내는 표정) 유 one's eyebrows climb / one's eyebrows go up / raise one's eyebrows / one's eyebrows shoot up / one's BROWs rise

"The meeting will be in the Privy Council chamber." He saw the Finance Minister'*s eyebrows rise* with a mild surprise. Most small policy meetings usually took place informally in the PM's office. (참가자가 적은 정책회의는 대개 총리실에서 격식 없이 열렸다. 이 회의가 추밀원에서 열린다는 얘기에 재무부 장관은 살짝 놀라 눈썹을 올렸다.) — A.Hailey: 4

"Let's suppose you need an operation and the surgeon is a wellknown son of a bitch"—Proude watched Margaret's eyebrows to see if *they* would *rise*, she didn't believe in the freedom of language that young people enjoyed in company; her eyebrows didn't move and he admired her control. (배심원 중 한 사람이 의논 중 'a son of bitch'라는 비속어를 사용한다. 그 자리에는 평소 그런 거친 말을 아무렇지도 않게 내뱉는 젊은 이들의 풍조를 못마땅하게 여기던 여자가 있었고, 남자는 그녀의 눈썹이 올라갈 것이라 생각하고 주목한다. 하지만 그녀는 눈썹을 조금도 꿈쩍하지 않고 감정을 훌륭하게 억제한다.) — B.Siegel

★ NB: one's eyebrows rise는 눈썹이 올라가는 것을 중립적으로 나타낸 표현이다. 이에 비해 one's eyebrows climb은 "으응?" 정도의 놀람이나 어이없음 등으로 서서히 눈썹이 올라가는 모습을, one's eyebrows shoot up은 "엇!"과 같은 놀람으로 눈썹이 번쩍 올라가는 모습을 과장하여 표현한 것이다.

one's eyebrows shoot up ➡ one's eyebrows rise

His eyebrows shot up. "Oh no! Don't say we've flattened the headquarters of the Darrowy Golf Club!" (골프장의 클럽하우스 본부를 이쪽의 실수로 파손시켰다는 얘기를 듣고 그는 깜짝 놀라 눈썹을 번쩍 올렸다.) — J. Herriot

one's eyebrows twitch 눈썹을 위로 씰룩거리다. (상관없음, 할 말 없음 등을

나타내는 부인(否認)의 동작; 초조함, 동요 등 불안정한 심리를 나타내는 눈썹의 움직임》

As the inquisition proceeded, one of his instructors repeated an impertinent remark of the boy's and the Principal asked him whether he thought that a courteous speech to make to a woman. Paul shrugged his shoulders slightly and *his eyebrows twitched*. "I don't know," he replied…. 〔교장실에 불려 간 남학생이 유들유들한 태도를 보이는 장면〕 (그런 말을 하는 건 윗사람인 여성에 대해 실례라고 생각하지 않느냐고 교장이 묻자 학생은 어깨를 슬쩍 움츠리고 눈썹을 씰룩 위로 올리며 모르겠다고 대답한다.) — W.Cather: 4

★ NB: 눈썹을 살짝 위로 움직이는 동작은 shrug의 일종이라 할 수 있다(Morris, 1985). 때문에 이 표현은 예문과 같이 어깨를 움츠리는 동작과 함께 사용되는 경우가 많다. 다시 말해 나와는 상관없다, 어쩔 수 없다, 어찌할 도리가 없다 등 shoulder shrug가 나타내는 의미를 눈썹으로 표현하는 것이라 할 수 있다.

wiggle one's **eyebrows** 눈썹을 위아래로 씰룩거리다. 《놀람, 의심, 이해할 수 없음, 빈정거림, 어이없음 등의 감정을 작위적으로 표현하는 동작》 유 one's eyebrows go up and down / wriggle one's eyebrows

Martha: Your potential's fine. It's dandy (*wiggles her eyebrows*). Absolutely dandy. (마르타는 남편을 보고 "당신은 잠재 능력이 뛰어나. 참 훌륭해."라고 말하며 눈썹을 두어 번 위아래로 씰룩거려 칭찬이 아니라 빈정거리는 것임을 나타낸다.) — E.Albee

Mr. Clarkson had everything put where he wanted it as Freddy watched; and while they were there he had the men turn his bed the other way to improve the view. The men *wiggled their eyebrows* at each other, but were patient about doing this extra work. (새로운 숙소로 짐을 옮기는 김에 클락슨은 다소 어거지로 침대의 위치까지 바꾸어 버린다. 짐을 지시대로 가져다 놓는 것 말고 다른 일까지 덤으로 하게 된 짐꾼들은 얼굴을 마주 보며 어이없다는 표정으로 눈썹을 두어 번 위아래로 씰룩대지만 군소리 없이 시키는 대로 한다.) — M.Cockrell

wriggle one's **eyebrows** ➡ wiggle one's eyebrows

… That is why he *wriggles his eyebrows* when he hears wealthy Easterners proclaim a distaste for fancy living and a love of the underprivileged. (미국 동부의 부자가 화려한 생활에 대해 혐오감을 표명하거나 사회적 혜택에서 소외된 사람들에게 동정심을 갖고 있다고 공언하는 것을 들으면 그는 믿을 수 없는 얘기라는 듯 눈썹을 찌푸린다.(비유적)) — *Time*, 1976

EYELASH

- eyelash(집합적으로는 eyelashes)는 속눈썹을 가리키는 단어로, 생략 형태인 lash(es)도 쓰인다.

- 영미권의 소설에서는 주로 여성이나 어린이의 외모를 묘사할 때 속눈썹을 언급하곤 하는데, 특히 같은 눈 동작이라도 여성성을 강조할 때는 속눈썹을 주체로 표현하는 경향이 있다. 예를 들어 '눈을 내리깔다'라는 표현 대신 '속눈썹을 내리다(e.g. lower one's eyelashes)'라고 표현하거나, 남성에게 애교스럽게 눈을 깜빡이는 모습을 '속눈썹을 펄럭이다(e.g. flutter one's eyelashes)'로 표현하는 것이다.

- 긴 속눈썹은 아기나 여자아이의 사랑스러움을 표현하는 중요한 요소다. 또한 영미권의 로맨스 소설에서는 청순하고 아름다운 여주인공을 표현할 때 거의 어김없이 '길고 짙은 속눈썹'이라는 묘사가 들어가고, 그 매력을 과장하여 표현하는 경우가 많다. 다음 문장은 그러한 경향을 보여 주는 예다.

  Her eyes were downcast, and Randal could see how long and dark the lashes were as they swept against her cheeks. (그녀는 아래쪽을 내려다보고 있었다. 내리깐 속눈썹이 그녀의 뺨에 드리워지자, 그녀의 속눈썹이 얼마나 길고 짙은지 랜달의 눈에 잘 보였다.) — B.Cartland: 6

flap one's eyelashes ➡ flutter one's eyelashes

We walked about sixty feet to the next bar. A pair of old girls on the two front stools *flapped their eyelashes* at us as we went in. (우리는 조금 걸어 다음 바에 들어갔다. 우리가 들어서자 바에 앉아 있던 나이 든 여자 둘이 요란하게 눈을 깜빡이며 추파를 던졌다.) — R.Macdonald: 7

flutter one's eyelashes

눈을 깜짝이다. 눈을 깜빡거리다. ((졸음을 쫓으려 할 때(one's eyelashes flutter의 형태로); 남성에게 마음이 있다는 것을 보여 주는 작위적인 눈 깜빡임; 윙크, 곁눈질; 또는 추파를 보내다, 알랑거리다를 의미하는 비유 표현−두세 번 연달아 깜박이는 모습)) 유 flap one's eyelashes / move one's eyelashes up and down / wave one's eyelashes up and down / bat one's EYEs / flutter one's EYELIDs

Her eyelashes fluttered and she opened her eyes. "What happened?" she asked bewildered, not even sure of where she was. (의식을 회복한 그녀의 속눈썹이 가늘게 움직이더니 이윽고 눈을 떴다. 그녀는 자신이 지금 어디에 있는지도 모르는 듯 "이게 어떻게 된 거냐?"며 어리둥절하여 물었다.) — R.Harris

She smiled at him. "We'll see," she leaned forward, *fluttering her lashes*. "Now tell me all about you." (그녀는 그에게 미소를 지었다. 그러고는 몸을 앞으로 기울이고 애교스럽게 눈을 깜빡이며 "자, 이제는 당신의 이야기를 들려 줘요."라고 졸랐다.) — E.Loring: 4

But it is too simple to say that he *fluttered his eyelashes* and led them on. 〔영국의 사회주의 운동가 비번의 인기를 분석한 기사〕 (그가 사람들에게 아양을 부려 자신의 편으로 끌어 온다고 보는 것은 지나치게 단순한 시각이다.(비유적)) — *The Spectator*, 1987

★ NB: flutter는 여성의 요염한 눈길을 표현할 때 관용적, 상투적으로 사용된다. flap은 딱딱하게 굳은 속눈썹 또는 가짜 속눈썹이 뻣뻣하게 움직이는 모습을 야유하거나 놀리는 듯 표현할 때 쓰인다. 앞의 두 동사에는 눈을 빠르게 깜빡인다는 뜻이 들어 있으나 move, wave에는 속도에 대한 뜻이 담겨 있지 않다.

★ **영일비교** flutter one's eyelashes (at someone)는 엄밀하게 말하면 2단계의 몸짓으로 이루어진다(Morris, 1985). 먼저 눈을 크게 뜨고 상대를 본다. 그런 다음 큰 눈으로 '세상 물정 모르는 철부지인 나'(➡ wide-EYEd)를 연기해서 남자의 보호 본능을 자극한다. 이어서 재빨리 눈을 깜박여서 추파를 던지며 교태를 부린다.
일본에서도 젊은 여성이 순진함이나 사랑스러움을 드러내려 남성을 향해 눈을 크게 뜨고 재빨리 움직이면서 응석을 부리기도 한다. 일본어에서 이 표현에 가까운 동작은 '(순진하게) 눈을 굴리다'로 묘사되고 눈썹에는 초점을 두지 않는다.

look at someone **from under** one's **eyelashes** 눈을 내리깔고 사람을 보다. ((주로 젊은 여성의 부끄러움, 수줍음, 조신함을 담은 시선; 정숙함을 가장하며 교태를 부리는 눈짓)) **유** look at someone through one's lowered eyelashes

She *looked at him* fleetingly *from under her lashes* and then hid again under the brim of her hat. (그녀는 슬쩍 눈을 내리깔아 그를 훔쳐보고는 다시 모자 챙 아래로 얼굴을 감췄다.) — C.Rossiter

look at someone **through** one's **lowered eyelashes** ➡ look at someone from under one's eyelashes

Without seeming to pay any attention to the newcomer, she *watched him through lowered lashes*. He really was incredibly handsome. (그녀는 짐짓 못 본 척하며 살짝 눈을 내리깔고 새로 온 사람을 보았다. 그는 믿을 수 없을 정도로 잘생긴 남자였다.) — L. Levi

lower one's eyelashes 눈을 내리깔다. 시선을 아래로 떨어뜨리다. 《특히 젊은 여성이 수줍어하는 모습》 유 lower one's EYEs / drop one's EYELIDs / lower one's EYELIDs

Mary caught a glimpse of his face and *lowered her eyelashes*. (메리는 슬쩍 그의 얼굴을 보더니 바로 눈을 내리깔았다.) — F. P. Keyes: 1

★ 영일비교 서구에서 long eyelashes는 특히 젊은 여성의 '사랑스러움', '아이 같은 순진함'과 결부된다(Guthrie, 1976). 영어 소설에서는 순진한 젊은 아가씨가 눈을 내리까는 모습을 종종 lowered eyelashes로 표현한다.
일본어에서는 그와 같은 모습을 보통 '내리깐 눈'으로 나타낸다. 영어에서도 lowered eyes로 표현하는데 여기에는 꺼림칙함, 곤혹스러움, 의기소침 등의 감정이 담길 때도 있다. lowered eyelashes에는 그런 부정적인 의미는 없다.

move one's eyelashes up and down ➡ flutter one's eyelashes

"It would give you the horrors, honey." She *moved her eyelashes up and down* a few times, to indicate shocked surprise. ("무서운 꼴을 당하게 될지도 모른다."라는 얘기를 듣고 그녀는 쇼크라는 듯 눈을 몇 번 깜빡거렸다.) — R. Macdonald: 6

★ NB: 위의 예문은 추파가 아니라 있는 대로 놀란 티를 내기 위해 눈을 깜빡거리는 모습이다. 이처럼 연기를 가미하여 '놀람'을 나타내기 위해 눈을 깜빡이는 경우는 유혹을 위한 그것과 달리 일부러 천천히 깜빡이는 것이 특징이다.

not bat an eyelash 속눈썹을 하나도 꿈쩍이지 않다. 《안색이 전혀 변하지 않음을 의미하는 비유 표현》 유 not bat an EYE / not bat an EYELID / not blink an EYE / not an eyelash flickers / not twitch an EYEBROW

Spoke to that girl for an hour about hellfire and damnation—*never batted an eyelash*. Laughed at me. 〔아버지가 한탄하는 장면〕 (몸가짐을 바르게 하지 않으면 지옥에 갈 거라고 한 시간 동안 얘기했는데 딸은 속눈썹 하나 까딱하지 않은 채 나를 비웃기만 했다.) — F. H. Herbert

The executive has a real skill for telling the other men to drop dead *without batting an eyelash*. (그 경영자에게는 자신과 대립하는 상대에게 낯

빛 하나 바꾸지 않고 어디 한번 맘대로 해 보라고 말할 수 있는 역량이 있다.) — V. Packard

★ 영일비교 not bat an eyelashes [eyelid]는 달리 말하면 눈 한 번 깜박이지 않는 것(unblinking)을 의미한다. 영어 문화권에서 눈을 깜박이지 않는 것은 동요하지 않는 모습을 상징적으로 나타낸다. 한편 일본어에서 '눈 한 번 깜박이지 않다'라는 표현은 눈을 깜박이는 것조차 잊을 만큼 열심히 남의 이야기에 귀를 기울이는 것을 의미한다. not bat an eyelash [eyelid]에 대응하는 일본어 표현은 '눈썹 하나 움직이지 않다'이다.

not an eyelash flickers ➡ not bat an eyelash

"Get out!" he yelled. "Get out, do you hear me!…" Emma remained perfectly still. *Not even an eyelash flickered*. ("썩 꺼져!"라고 그가 소리를 질렀다. 그러나 에마는 태연히 앉아 눈썹 하나 까딱하지 않았다.) — B. T. Bradford

★ NB: '눈 깜빡할 사이에'를 영어로 표현하면 in the flicker of an eyelash라고 한다(e.g. He grasped the situation in the flicker of an eyelash.).

wave one's eyelashes up and down ➡ flutter one's eyelashes

"And how about your own romances?…" "You only ask me that to break my heart? You know I think of no other man." Caroline *waved her eyelashes up and down* at him jokingly. (친구인 남자가 "연애 사업은 잘 되어 가지?"라고 묻자, 캐럴린은 "너 말고 다른 남자는 눈에 들어오지도 않는 나에게 그런 말을 하는 건 좀 너무하는 거잖아."라고 농담조로 대답하며 장난스럽게 눈을 깜빡였다.) — M. Binchy

EYELID

- upper eyelid는 위쪽 눈꺼풀, lower eyelid는 아래쪽 눈꺼풀을 가리키며 생략형으로 lid를 사용하기도 한다. 상하를 구별하지 않고 eyelid로만 쓰는 경우는 통상 위쪽 눈꺼풀을 가리킨다.

- 서구에서는 외모를 묘사할 때 쌍꺼풀을 새삼스럽게 주목하여 거론하는 경우가 거의 없다. 이는 누구나 쌍꺼풀이 있기 때문이다. 물론 영어 표현 중에 홑꺼풀을 가리키는 single-edged eyelid와 쌍꺼풀을 가리키는 double-edged eyelid가 있기는 하나 실제 외모를 묘사할 때 쓰이는 경우는 거의 찾아보기 힘들다.

- 영미권에서 사람의 외모를 묘사할 때 눈꺼풀에 주목하는 경우는 매력적인 눈꺼풀일 때보다는 그 반대의 경우가 많다. 예를 들어 thick-lidded eyes(부어 있는 눈), hooded eyes(위쪽 눈꺼풀이 덮여 표정을 읽기 힘든 눈), drooping eyelids(위쪽 눈꺼풀이 축 늘어져 있는 눈)의 경우처럼 눈의 표정을 읽기 힘들 때 눈꺼풀에 주목한다.

---

one's eyelids droop 눈꺼풀이 늘어지다. 《잠이 쏟아질 때; 생각에 잠겨 있을 때의 반쯤 감긴 눈》 유 one's eyelids fall

"Are you wanting to sleep?" asked Dawn, noting *the drooping of* Sandra'*s eyelids*. (눈꺼풀이 축 늘어져 졸린 듯 보이는 산드라의 모습을 보고 어머니는 "졸리니?"라고 물었다.) — A. Hampson

He looked her over in his searching fashion, and then composed himself, with *his lids drooping* and his fingertips together, to listen to her story. 〔여성 의뢰인의 이야기를 듣는 탐정 홈즈의 모습〕 (홈즈는 탐색하듯 그녀를 훑어보더니 자세를 고쳐 앉아 눈을 반쯤 감은 채 두 손의 손가락 끝을 모으고 그녀의 이야기에 귀를 기울이기 시작했다.) — A.C. Doyle: 1

drop the corner of one's eyelid 살짝 윙크하다.

"The story was contradicted in court," said Bobby solemnly. He slightly *dropped the corner of his eyelid*. "Oh, I see," breathed Mrs. Rivington, enraptured. (보비는 "그 이야기는 법정에서 반박되었어요."라고 자못 근엄한 어조로 말하면서 가벼운 윙크를 날렸다. 그 뜻을 알아들은 리빙턴 부인은 무척 기뻐하며 "오, 그렇군요."라고 맞장구쳤다.) — A. Christie: 1

drop one's eyelids ➡ lower one's eyelids

She had never believed in *dropping her eyelids* in pretending modesty. She gave him her full wide gaze. (그녀는 얌전해 보이기 위해서 눈을 내리깔아야 한다고 믿지 않았다. 그녀는 눈을 크게 뜨고는 그를 똑바로 쳐다보았다.) — D. Eden

one's **eyelids fall** ➡ one's eyelids droop

Her eyes flickered in his direction and then *the* heavy *lids* began to *fall*. "I'm tired," she complained weakly. (그녀는 그를 힐끔 보았지만 곧 눈꺼풀이 무거운 듯 눈을 감았다. 그러고는 "피곤해."라고 가냘프게 투정했다.) — C.Rossiter

Then *her eyelids fell* and she sagged sideways in the chair. Afterwards he was to think of it as having been beautifully done but at that time he saw it only as a genuine faint. 〔경찰이 보여 준 남편의 사진을 보고 여자가 정신을 잃은 척하는 모습〕 (눈꺼풀이 반쯤 감긴 그녀는 의자에 옆으로 기대며 축 늘어졌다. 그는 나중에 정말 대단한 연기였다고 생각하게 되지만, 그 당시에는 진짜 실신한 줄로만 알았다.) — R.Rendell

one's **eyelids flicker** 눈꺼풀이 미세하게 움직이다. 살짝(재빨리) 눈을 깜빡이다. 《미세한 눈짓》

Beamish looked steadily at Grimshaw and let *his eyelids flicker* fractionally to remind him that two outsiders were present. 〔비미시 경관이 상사에게 무언가를 보고하려는 상황〕 (비미시는 그림쇼의 얼굴을 지그시 바라보며 슬쩍 눈짓을 던져 아직 방 안에 외부인이 있다는 것을 알렸다.) — J. Greenwood

flutter one's **eyelids** 눈을 깜빡이다. 눈을 끔벅대다. 《졸음을 쫓을 때(one's eyelids flutter의 형태로); 여성이 남성에게 보내는 교태의 일종–두세 번 연달아 깜박이는 모습》 유 flutter one's EYELASHes

"*His eyelids* just *fluttered*," Leonard said. "Better take a look at it." … Leonard squatted and pulled open one of my eyelids. (정신을 잃고 쓰러진 내가 눈꺼풀을 움찔거리자 레너드는 쭈그리고 앉아 정신이 들었는지 확인하기 위해 나의 눈꺼풀을 뒤집어 보았다.) — R.Macdonald: 1

"You look positively blooming, I must say." "Jim! Do I really?" *Her eyelids fluttered* at him. "It must be this fabulous weather…." ("너 정말 예쁘다."라는 짐의 얘기에 그녀는 그를 향해 요염하게 눈을 깜빡이며 "정말? 날씨가 너무 좋아서 그런가 봐."라고 말했다.) — M.Manning

★ NB: 남자에게 아양을 부리는 여성의 눈짓을 나타내는 표현 중 flutter one's eyelashes가 좀 더 관용적으로 많이 쓰인다.

one's **eyelids fly open** 눈을 번쩍 뜨다. 《눈을 감고 있다 놀랐을 때의 눈짓》

"By the way, I got in touch with your mother. I telephoned her and told her you would be all right." *Her* white *eyelids flew open*. "Oh, but that was kind of you!" she said. Her heart warmed because it really was kind, and unexpectedly thoughtful…. 〔여자가 가족들에게 연락할 새도 없이 바삐 출장을 떠난 상황〕 (동행하는 남자가 "내가 당신의 어머니에게 연락해 당신은 잘 있다고 전했다."라고 말하자 그때까지 서먹서먹하게 굴던 그녀의 눈이 대번에 커졌다. 전혀 생각도 못했던 그의 친절에 마음이 따뜻해진 그녀는 마음에서 우러나오는 감사 인사를 했다.) — P. Kent: 1

kiss someone's eyelids 눈꺼풀에 키스하다. ((애정 표현))

He *kissed her eyelids*. "Don't look so sad, Jenny…." 〔남편에게 그의 외로웠던 어린 시절 이야기를 들은 상황〕 (그는 "제니, 그런 슬픈 표정 짓지 말아요."라고 말하며 그녀의 눈꺼풀에 키스했다.) — M.H.Clark: 2

lower one's eyelids 눈을 내리깔다. ((부끄러움, 수줍음 등 때문에)) 유 drop one's eyelids / lower one's EYEs / lower one's EYELASHes

"But, Major, is it usual to escape without even leaving a clue?" *His eyelids lowered*. "Who told you that nonsense?" 〔독일군 포로가 탈주한 것에 관하여 신문기자가 포로 수용소 소장인 소령으로부터 사정을 듣는 장면〕 ("아무 단서도 남기지 않고 탈주하는 것이 자주 있는 일입니까?"라는 질문에 소령은 "누가 그런 말도 안 되는 소리를 했습니까?"라고 반박했다. 그러나 책임감 때문인지 그의 시선은 아래를 향했다.) — B. Greene

not bat an eyelid 눈 하나 꿈쩍하지 않다. ((표정에 아무 변화가 없는 의연함을 뜻하는 비유 표현)) 유 not bat an EYE / not bat an EYELASH / not blink an EYE / not an EYELASH flickers / not twitch an EYEBROW

"… So what do you think about going along to chase up Carli and see if he can send something in? He w*on't bat an eyelid*. He's used to our eccentric habits of eating." 〔상사가 비서에게 단골 가게의 요리사 칼리에게 야식 배달을 부탁하라고 말하는 장면〕 ("우리 식사 시간이 불규칙한 것은 칼리도 잘 알고 있으니, 이런 시간에 주문해도 어리둥절해하기는커녕 눈 하나 깜짝하지 않을 거야.") — M. Lewty: 1

She had taken the news of her true birth *without batting an eyelid* and just said, "Oh, how interesting…." (자신의 출생의 비밀을 알게 된 그녀는 태연히 "재미있는 이야기네요."라고 했다.) — G. Heyer: 11

★ NB: not bat an eyelid에는 '한숨도 자지 않다'라는 의미도 있다.

FACE

- face는 얼굴, 즉 눈, 코, 입이 있는 두부의 전면을 가리킨다. 사실 얼굴과 머리의 경계선은 분명하게 정해져 있지 않으나 이마에서 머리카락이 나기 시작하는 부분을 그 경계로 보는 것이 일반적이다. 그 결과 이마부터 턱까지, 그리고 양쪽 귀 사이를 얼굴이라고 한다. 그런데 영어에서는 귀 언저리를 칭할 때 face보다는 the side of the head를 사용하는 경향이 있다(e.g. rub the side of one's head).

- 얼굴은 인간의 신체 중에서 감정이 가장 많이 드러나는 부위로, 표정근의 변화만으로도 무려 2만여 가지의 감정 표현이 가능하다는 주장도 있다(Birdwhistell, 1952). 얼굴의 각 부분이 만들어 내는 복합적인 표정 변화를 사람들이 얼마나 정확히 읽어 내고 있는지에 대해서는 아직 충분한 연구가 이루어지지는 않았으나, 한 학자가 표정 사진을 사용하여 행한 실험에서는 기쁨, 슬픔, 놀람, 무서움, 화남, 혐오의 표정을 사람들이 비교적 정확히 읽어 내는 것으로 나타났다(Ekman, 1969(b)).

- 사람이 희로애락의 감정에 의해 짓게 되는 표정은 인류 공통의 것으로 문화에 따라 차이가 생기는 일은 거의 없다. 다만 문화에 따라 어떤 경우에 어느 정도 희로애락을 표출해도 되는지 용인되는 정도에는 분명한 차이가 있다. 전문가들은 감정의 표현 정도를 규제하는 관습적 규칙을 가리켜 정서표현규칙(display rules)이라고 하는데, 사람들은 이에 따라 마음속에서 솟아오르는 감정을 억누르거나 중화하거나 강화한다. 그 결과 희로애락의 표정에조차 문화 고유의 형태가 배어들게 된다. 동양인들이 서양 사람들과 만나서 이야기할 때 그들의 감정 표현이 과장되었다고 느끼는 것, 또 반대로 서양인들이 자신들은 자유롭게 표현하는 감정들을 동양인들은 내면에 감춰 두고 있다고 느끼는 것(Brosnahan, 1988)은 정서표현규칙의 차이로 설명할 수 있다.

- '표정'은 마음속에 일어나는 감정에 따라 일제히 반응하는 눈썹, 눈, 입 등 얼굴 각 부분의 움직임을 총체적으로 가리키는 것이다. 즉 얼굴은 눈, 눈썹, 입 등의 배우들이 연기를 펼치는 무대라 할 수 있다.
  얼굴에서 일어나는 이런 복합적인 표정 변화를 한마디로 표현한다는 것은 힘든 일이다. 그래서 실제로 표정을 묘사할 때는 얼굴 전체보다 각 부위의 변화에 주목하여 이를 묘사하는 경우가 많다. 물론 얼굴 각 부위의 개별적 묘사를 버리고 얼굴을 전체적으로 묘사하는 경우도 있는데, 대부분 다음의 세 가지 경우에 해당된다. 첫 번째는 얼굴의 변화 및 기분의 좋고 나쁨을 나타내는 경우(e.g. one's face turns pale(얼굴이 파랗게 질리다), one's face clouds over(얼굴이 어두워지다)), 두 번째는 표정근의 전체적인 변화를 나타내는 경우(e.g. one's face hardens(얼굴이 굳다)), one's face is contorted(얼굴이 일그러지다)), 세 번째는 화난 얼굴, 웃는 얼굴 등 표정에 이름을 붙여 표현하는 경우(e.g. a long face(시무룩한 얼굴), a straight face(빼기는 얼굴))다.

- 사람은 얼굴 표정을 바꾸는 것뿐 아니라 얼굴의 방향을 바꿈으로써 자신의 감정과 태도를 표현한다. 영어에서는 head와 face 모두 그 움직임을 통해 감정 표현이 가능한데, 굳이 face라는 것을 강조할 필요가 없다면 일반적으로는 head를 사용한다. 예를 들어 단순히 '고개를 돌리다'라는 표현은 turn one's head away를 쓰는 것이 일반적이지만, 얼굴의 표정이나 눈물 따위를 보이지 않기 위해 돌리는 경우라면 turn one's face away라는 표현을 쓰게 된다.

- 사람은 상대방의 얼굴에서 감정이나 태도를 읽어 내는 것은 물론, 더 나아가 그의 사람 됨됨이, 성격, 가정환경 등까지 파악한다. 이때도 얼굴 전체보다는 각 부위의 생김새에 주목한다. 영미권에서는 넓은 이마는 지성(知性), 주걱턱은 굳은 의지와 행동력, 턱이 없는 것은 우유부단함, 높은 광대뼈는 좋은 혈통, 얇은 입술은 까다롭고 냉정한 성격, 통통한 입술은 관용과 친화적인 성격을 나타낸다고 본다.

one's face is ashen 얼굴이 파리해지다. 《쇼크, 공포 등》

Her naturally pale *face was ashen*. The spots of rouge stood out like raw smudges on her cheeks…. [배신을 알게 된 상황] (평소에도 혈색이 좋지 않은 그녀의 얼굴이 한층 더 파리해졌다. 볼에 마치 얼룩처럼 홍조가 떠올랐다.) — B.T.Bradford

★ NB: ashen은 '파리한 얼굴', '창백한 얼굴'을 나타낼 때 일반적으로 쓰이는 형용사 pale보다 더 핏기가 없는 낯빛을 가리킨다.

avert one's face ➡ turn one's face away

This was said with such obsequiousness Adam winced and *averted his face*, so that Murgatroyd would not see the look of disgust in his eyes. (머거트로이드의 너무도 속 보이는 아첨에 당황한 애덤은 저도 모르게 떠오른 혐오의 눈빛을 들키지 않기 위해 고개를 돌렸다.) — B.T.Bradford

one's face beams 기쁜 듯 환한 표정을 짓다.

Mrs. Hewitt was setting the table for his supper. "There yer are, Joe," she cried, *her face beaming*. (휴이트 부인은 조를 위한 저녁상을 차리고 있었다. 식탁을 차리던 중 그가 일터에서 돌아오자 그녀는 "어서 와요." 하며 환한 얼굴로 맞았다.) — B.T.Bradford

one's face blazes 갑자기 얼굴이 발끈 달아오르다. ((격노, 흥분 등으로 인해)) 유 one's CHEEKs blaze

"It's not like that, Emma!" Paul cried furiously, *his face blazing*. [여자가 자신이 속았다고 화를 내는 상황] ("그런 게 아니야, 에마!"라며 폴은 발끈 달아오른 얼굴로 맹렬하게 부정했다.) — B.T.Bradford

one is blue in the face 얼굴에 피곤한 기색이 역력하다. ((보통 'till one is blue [black] in the face'의 형태로 관용구처럼 쓰이며 '기력이 다할 때까지'를 의미한다.))

I've talked to Harriet until *I was blue in the face*. (나는 지쳐 나가떨어질 때까지 해리엇에게 이야기했다.) — N.Milford

★ NB: '기력이 다할 때까지'를 의미하는 관용구는 주로 남의 말을 듣지 않는 상대방에게 사력을 다해 항의, 불만, 충고를 하거나 필사적으로 상대를 설득하는 경우에 사용된다. 그러니까 blue in the face는 젖 먹던 힘까지 다 짜낸 후의 얼굴빛을 의미한다.

one's face bulges 얼굴의 힘줄이 튀어나올 듯하다. ((분노가 폭발하기 직전의 험악한 표정)) 유 one's CHEEKs swell up 참 pout one's LIPs

The policeman'*s face bulged* again with anger. (화가 난 경찰은 또다시 험악한 표정을 지었다.) — A.Hailey: 7

★ **영일비교** one's face bulges의 글자 그대로의 뜻은 '얼굴이 부루퉁하다'이다. 일본어로 '얼굴이 부루퉁하다'라고 말하거나 간단히 '뿌루퉁하다'라고 할 때는 불평불만이 어린 표정을 가리키는 것이다. 할 말을 하지 못해 쌓인 불만으로 '배가 불룩해지는 기분'을 억누르면서 언짢게 입을 꾹 다물고 볼을 부풀려 보란 듯이 토라진 마음을 나타낼 때 짓는 표정이다.
영어에서는 이와 같은 언짢은 표정을 불만 때문에 삐죽 내민 입술(➡ pout one's LIPs)로 인지하고 부풀린 볼에는 주목하지 않는다. 영어에서 얼굴이 '부루퉁하다'라고 볼 때는 위의 예처럼 핏대를 세우며 울컥 화를 내는 얼굴, 흥분해서 상기한 얼굴(e.g. one's face is puffed) 등 흥분에 대한 생리적 확장 반응이 나타나는 경우에 해당한다.

bury one's face in [into] one's hands ➡ put one's face

in one's hands

"He was very special··· you just didn't know···." I *buried my face in my hands* and I cried. 〔할아버지가 죽었다는 소식을 전해 들은 상황〕 (나는 "할아버지는 나에게 특별한 사람이었어."라고 탄식하며 두 손에 얼굴을 파묻고 울었다.) — J.Blume: 4

Finally he crumpled into a chair and *buried his face into his hands* so he wouldn't have to look at anybody. He mumbled, "Mr. Springler didn't do it. I did." 〔범행을 자백하는 장면〕 (결국 그는 맥없이 의자에 주저앉아 누구의 얼굴도 보지 않겠다는 듯 두 손에 얼굴을 파묻고 "내가 범인이다."라고 중얼거렸다.) — B.Paul: 1

bury one's face in someone's lap ➡ put one's HEAD in someone's lap

"Mother, mother, I am so happy!" whispered the girl, *burying her face in the lap of* the faded, tired-looking woman. (딸은 수척한 어머니의 무릎에 얼굴을 묻고는 "엄마, 나는 정말 행복해요."라고 속삭였다.) — O.Wilde: 5

bury one's face in [into] someone's neck 상대방의 목 언저리에 얼굴을 파묻다. 《친밀한 접촉 동작》 유 burrow one's HEAD in someone's neck

Quickly Jimmy sat down beside her and put his arm around her shoulders, and immediately Lucy turned and *buried her face in* Jimmy'*s neck* while muttering, "It's been awful···." (지미는 루시의 곁으로 급히 다가가 앉아 그녀의 어깨에 팔을 둘렀다. 루시는 이내 몸을 돌리고 "정말 끔찍했어."라고 투덜거리며 그의 목에 얼굴을 파묻었다.) — C.Cookson: 3

claw someone's face 상대방의 얼굴을 할퀴다(쥐어뜯다, 마구 긁어대다). 《주로 여성의 히스테릭한 폭력》

But the next moment Fiona had jumped down from the witness box and was crossing the well of the court toward Pendle, screaming abuse···. I thought she was going to *claw* Pendle'*s face*···. 〔증인석에 앉아 있던 피오나가 피고 측 변호사 펜들의 심문에 발끈한 상황〕 (다음 순간 피오나는 증인석에서 뛰어 내려가 변호인석을 가로질러 펜들에게 다가가 욕설을 퍼부었다. 나는 그녀가 당장에라도 그의 얼굴을 할퀴는 게 아닌가 생각했다.) — J. Cooper: 3

one's face clears 개운한 표정을 짓다. 《걱정, 분노, 불쾌함이 가시고 밝은 기색을 찾은 얼굴》 유 one's BROW clears

Riordan (who had been frowning at the floor) glanced at her and *his face cleared* as he smiled. "It's not a very exciting place. Perhaps Brian will have us up some weekend if you're curious." (기분이 나빠 고개를 숙이고 있던 라이오던은 그녀를 힐끗 보며 한결 밝아진 얼굴로 미소를 지었다. 그러고는 "그다지 변변한 곳은 아니지만, 그래도 가 보고 싶다면 언제 주말에 브라이언(별장 주인)에게 초대를 받아 가 보자."고 했다.) — W.P.McGivern

one's face closes (upon someone) 사람이 다가가지도 못할 만큼 굳은 얼굴을 하다.

"Darling…" I follow him to the door. "Don't you want any breakfast?" "Haven't time." *His face has closed upon me*; there's nothing there. "But… when shall I see you?" Philip looks at me as though he'd like to buzz for his secretary and have me shown out. (기분이 몹시 나쁜지 아무것도 먹지 않고 나가려는 필립에게 나는 아침은 안 먹을 거냐고 묻는다. 그는 말조차 붙일 수 없는 얼굴로 시간이 없다고 대답한다. 내가 다음에 또 언제 만날 수 있냐고 묻자 그는 마치 비서라도 불러 나를 쫓아 버리고 싶은 듯한 표정을 짓는다.) — S.Lowe & A.Ince

one's face clouds (over) 갑자기 안색이 어두워지다. 《걱정, 슬픔, 분노 등의 감정에 의한 표정 변화》

Jenny'*s face clouded*. "Oh, we'd love you, sweetie, we really would. But we're going right down to Sheerness…." 〔유랑극단에 끼워 달라고 조르는 여자아이를 달래는 장면〕 (극단 단원 제니는 미안한 듯 안색이 어두워지며 "얘야, 우리는 널 데리고 가고 싶어. 하지만 다음 공연지로 바로 갈 예정이라서 안 된단다."라고 설득했다.) — B.Ashley

the color drains from one's face 얼굴에서 핏기가 사라지다. 《공포, 충격, 분노 등 때문에》

"Happy birthday, honey," he said quietly. He watched as *the color drained from her face*. (남편은 조용히 "여보, 생일 축하해."라고 말했다. 그는 아내의 얼굴에서 핏기가 싹 가시는 것을 보았다. (아마도 자신의 생일에 일어났던 꺼림칙한 사건이 생각났던 모양이다.)) — M.H.Clark: 3

★ **영일비교** 일본어에는 '실색(失色)하다'라는 관용구가 있다. 이것은 얼굴에서 핏기가 가시는 모습을 나타내는데 일반적으로 '매우 놀라 허둥대는 모습'을 의미한다(일본

『국어관용구사전』). 영어의 the color [blood] drains from one's face는 일본어로 말하면 '얼굴에서 핏기가 싹 빠지다'에 해당한다. 충격으로 창백해진 얼굴, 공포나 내향적인 분노가 담긴 얼굴, 망연자실한 얼굴을 나타내는 것이다.

the color rises in one's face 얼굴에 붉은 기가 돌다. 《부끄러움, 공포 등으로 인해》

"I must go now." *The colour had risen in her face* and she backed away slightly, a little embarrassed at his exuberance. (그가 지나치게 들뜬 모습을 보이자 그녀는 약간 당황한 듯 얼굴을 붉히며 "저는 지금 가야 해서요."라고 말하곤 뒷걸음질로 살짝 빠져나왔다.) — B.Grey

one's face is contorted 얼굴이 일그러지다. 《고통, 고뇌, 분노 등으로 인해》 유 one's face is twisted

Dr. Schneider was getting to his feet, *his face contorted* with indignation. "It is you who are insane!" he exploded in German. (슈나이더 박사는 분노로 얼굴을 일그러뜨린 채 벌떡 일어나 "미친 사람은 당신이오."라고 독일어로 소리쳤다.) — R.Macdonaid: 5

one's face is convulsed 얼굴(특히 볼)이 심하게 떨리다. 《격노 등 마음에 동요가 일어날 때》 유 one's CHEEKs shake

His red *face was convulsed* with anger, and the Grand Army man ducked his head when he saw the spark in his blue, blood-shot eyes. (격노로 붉어진 그의 얼굴이 부들부들 떨리고 핏발 선 푸른 눈에선 불꽃이 튀었다. 이를 본 북군 군인회의 대표가 움찔 고개를 수그렸다.) — W.Cather: 3

cover one's face 얼굴을 두 손으로 가리다. 《부끄러움, 슬픔, 공포 등의 이유로》 유 cup one's HANDs over one's face / put one's HANDs to one's face 참

cover one's face

hold one's face

Covering her face awkwardly with spread hands, she began to sob: a loud, uneven, tearing noise. (그녀는 두 손을 펼쳐 부자연스럽게 얼굴을 가리고 엄청나게 큰 소리로 울기 시작했다.) — A.Lurie: 2

cover someone's face with kisses **상대방의 얼굴에 키스를 퍼붓다. 《감격적인 순간의 친밀한 접촉 동작》**

"My darling child!" she cried, folding the little girl in her arms and *covering her face with kisses*. "Where in the world did you come from?" (할머니는 눈물을 흘리며 소녀를 두 팔로 끌어안고 얼굴에 키스를 퍼부었다. 그러고는 "어디서 오는 길이냐?"라고 물었다.) — L.F.Baum

one's face creases (into a frown [smile]) **얼굴에 주름이 지다. 《걱정, 의심, 불쾌, 기분 나쁨 등으로 찡그린 얼굴; 웃음으로 주름이 잔뜩 진 얼굴 등》**
유 one's face crinkles (into a smile)

The cup slipped from her hand and the coffee splattered on the couch. "Jenny, darling. Why are you so nervous?" Eric'*s face creased into worried lines*. (제니가 손에 들고 있던 커피 잔을 떨어뜨리자 커피가 긴 의자 위로 쏟아졌다. 에릭은 걱정스러운 듯 얼굴을 찌푸리고 "제니, 왜 그렇게 안절부절못하는 거야?" 하고 물었다.) — M.H.Clark: 2

Mrs. Simmon'*s* kind *face creases into a happy smile*. "Oh," she says cheerfully. "How nice for Mrs. Forester Jones…" (사이먼 부인은 착한 얼굴에 주름이 가득 생기도록 행복한 웃음을 지으며 "포레스터 존스 부인께는 정말 좋은 이야기군요."라고 쾌활하게 말했다.) — S.Lowe & A.Ince

one's face is creased **얼굴(특히 눈꼬리, 미간, 입가 등)에 주름이 지다. 《나이가 들어 주름진 얼굴; 정신을 집중하느라 찌푸린 얼굴; 고통, 걱정, 불쾌, 기분 나쁨 등으로 주름진 얼굴; 웃어서 주름진 얼굴》**

He frowned, *his* young *face creased*, groping for recollection…. (그가 기억을 더듬어 내려고 안간힘을 쓰면서 얼굴을 잔뜩 찌푸리자 그의 앳된 얼굴에 주름이 졌다.) — V.Holt: 4

His face was deeply *creased* today. She knew he must be nearly sixty years old, and today he looked every bit of it. (그의 얼굴에 오늘은 깊은 주름이 졌다. 그녀는 그의 나이가 예순에 가깝다는 것을 알고 있었지만 오늘은 더더욱 얼굴에서 그의 나이가 보였다.) — M.H.Clark: 3

one's face crinkles (into a smile) 얼굴이 쪼글쪼글해지다. ((주로 웃음 등으로)) 유 one's face creases (into a frown [smile])

Bill laughed, *his* very ordinary *face crinkling*. (빌이 웃자 그의 평범한 얼굴이 쭈글쭈글해졌다.) — J.Deveraux

Setti'*s face crinkled into a* gnomish *smile*. "Not so bad an idea, my friend!" (엉뚱한 제안에 세티의 진지한 얼굴이 갑자기 일그러지더니 마치 땅 신령과 같이 쭈글쭈글하게 웃는 얼굴이 되었다. 그러고는 "나쁘지 않은 얘기다."라며 맞장구를 쳤다.) — B.Paul: 2

★ NB: one's face crinkles와 one's face creases는 둘 다 입가에 웃음 주름이 지는 것을 가리킨다. 다만 앞쪽이 기분 좋은 상태와의 연관성이 더 크고 주름도 깊지 않다.

one's face crumples 얼굴이 찡그려지다. ((울음을 터뜨려서))

Emma'*s face crumpled*. Tears welled into her eyes and spilled out over the rims and rolled down her cheeks silently. [아버지의 죽음을 알게 된 상황] (에마의 얼굴이 일그러졌다. 눈에서 눈물이 솟아 흘러넘치더니 소리도 없이 볼을 따라 흘러내렸다.) — B.T.Bradford

cup someone's face in one's hands 두 손으로 포근하게 상대의 얼굴을 감싸다. ((친밀한 접촉 동작)) 유 hold someone's face between one's hands

"Jenny, you dressed especially for me. I love you in green." She *cupped his face in her hands*. "I always dress for you. I always will." (그는 제니가 자신을 위해 특별한 옷을 입자 너무나도 기뻐했다. 그런 그가 사랑스러운 나머지 그녀는 그의 볼을 두 손으로 따스하게 감싸고 "앞으로도 당신을 위해 입을게요." 하고 말했다.) — M.H.Clark: 2

one's face becomes dark 험악한(불쾌한, 우울한) 표정을 짓다. 유 one's face darkens

Aunt Dahlia'*s face grew darker*…. But never have I seen it take on so pronounced a richness as now. (달리아 숙모는 갑자기 험악한 표정을 지었다. 나는 그녀가 이렇게까지 노발대발하는 모습은 처음 보았다.) — P.G.Wodehouse: 5

"Nellie's my second—and last. I have two awful kids. Not by her." He added hastily. "There's a subject—children." *His face grew dark* as he said it. (그는 전처와의 사이에 지독한 아이가 둘이 있다고 얘기한 후 아이들이 문제라고 말하며 어두운 표정을 지었다.) — I.Shaw: 3

★ NB: '얼굴에 먹구름이 끼다(one's face clouds over)', '활짝 갠 얼굴을 하다(one's face clears)' 등 표정 변화를 날씨에 비유하는 표현들이 있다. one's face grows dark는 우울하고 어두운 얼굴에서 먹구름이 잔뜩 드리운 듯한 험악한 얼굴로 변하는 것을 나타낸다. 이 표현은 상대방에 대한 분노, 악의, 적개심 등의 감정이 전제될 때 쓰이는 경우가 많다. 이러한 감정이 점점 고조되면 dark 정도에 그치지 않고 one looks as black as thunder, with a face as black as thunder와 같은 표현을 쓰게 된다.

one's **face darkens** ➡ one's face becomes dark

As he came towards her she watched *his face darken* and then he said, "You may be sorry you didn't listen…." (그녀는 그가 자신에게 다가올 때 표정이 어두워지는 것을 보았다. 그러더니 그는 "당신은 아마도 내 말을 듣지 않은 것을 후회하고 있을 거야."라고 말했다.) — C.Cookson: 1

one's **face is drawn** 얼굴이 바싹 여위다. 얼굴이 신경질적으로 굳어지다. ((피로, 마음의 부담, 고뇌, 병 등으로 인해; 쇼크 등으로 인해)) 유 one's face is haggard / one's face is pinched

I stared at her. Always slim, she now looked gaunt, *her face drawn* and pale, her eyes filled with pain. Unhappiness was etched in the lines about her mouth. (나는 그녀를 물끄러미 바라보았다. 그녀는 원래 날씬한 사람이었지만 지금은 너무 여위어 얼굴이 홀쭉하고 창백한 데다 눈에 고통이 가득했다. 입가에는 불행이 주름으로 새겨져 있었다.) — S.Streshinsky

Her face was pale and *drawn* tight over the delicate bones of her cheeks and jaw. There had been a gay and youthful beauty in her face, but it was pinched by a bitter interior wind. (그녀의 얼굴은 창백하고 가냘픈 볼과 턱은 피골이 상접할 정도로 여위었다. 예전에 젊은이 특유의 아름다움이 깃들었던 얼굴도 지금은 마음속에 부는 고된 바람으로 인해 수척하기가 이를 데 없었다.) — R.Macdonald: 5

He took his time about turning to face me, and when he did, I didn't like what I saw. *His face was* dark and *drawn*, angry. (그는 천천히 나를 돌아보았고, 그때 나는 못 볼 것을 보았다고 생각했다. 그의 얼굴이 분노로 험상궂게 굳어 있었기 때문이다.) — B.Paul: 1

★ NB: 홀쭉한(여윈) 얼굴은 종종 a drawn look으로 표현된다. drawn은 '끌어당기다'라는 뜻을 가진 draw의 과거분사로부터 만들어진 형용사인데, 기본적으로 얼굴의 근육이 '죄어든(오그라든)' 상태를 의미한다. 이 단어는 마지막 예문에서처럼 분노 등

으로 근육이 긴장한 얼굴에 사용되는데, 동시에 심적 고통, 불행, 병 등으로 여윈 얼굴에도 사용된다.
마음고생, 고통, 불행에 시달리는 사람의 표정은 일반적으로 비관적, 내향적이 되고 안면 근육이 아래로 끌려 내려간다. 그 결과 입꼬리가 처지고, 아래턱은 고통을 견디느라 뻣뻣하게 굳어지고, 볼은 움푹 패여 광대뼈가 도드라지며 피부도 아래로 처지게 된다. 이것이 a drawn look의 전형적인 얼굴이다.

★ NB: 안면 근육의 작용에 주목하여 홀쭉한 얼굴을 묘사하는 영어 표현으로는 one's face is pinched도 있다. 이 표현과 a drawn look은 표정에는 실질적인 차이가 없으나, 사용하는 대상에 차이가 있다. drawn이 심적 고통, 고뇌, 불행 등 정신적 고통을 겪고 있는 사람과 연관되는 경향이 있는 데 비해 pinched는 추위, 배고픔, 결핍, 노령 등 생활고에 찌든 사람과 연관되는 경향이 강하다.

one's face drops ➡ one's face falls

"With that chart, I just can't figure out how you came to marry Mr. Grey." Her tone was suddenly serious, and Saddie'*s face dropped*. 〔별점을 보는 점쟁이에게 남편과의 궁합을 보는 장면〕 (점쟁이가 갑자기 진지하게 "당신이 왜 그레이 씨와 결혼한 건지 이 별점으로는 이해하기 힘들군요."라고 말하자, 사디는 실망을 감추지 못했다.) — S. Quinn

drop one's face into one's hands ➡ put one's face in one's hands

For an instant, she *dropped her face into her hands*. Don't think about it, she told herself. It's no use. 〔무서운 생각이 마음속에 떠오른 순간〕 (그녀는 순간 흠칫하며 얼른 얼굴을 두 손에 묻었다. 생각해 봐야 다 쓸데없는 일이니까 그만두자고 그녀는 스스로에게 말했다.) — M. H. Clark: 3

face to face 직접 얼굴을 마주하다. 《특히 적대적인 사람, 의견을 달리하는 사람, 직접 만나고 싶지 않은 사람, 무서운 사람 등과 얼굴을 마주하는 경우; 곤란한 상황 등에 직면한 것을 의미하는 비유 표현》

"I know how trite this sounds," she said to Elaine when they inadvertently came *face to face* in the hallway, "but I really never meant to hurt you." (그녀는 복도에서 우연히 정면으로 마주친 일레인에게 "물론 진부한 얘기란 건 알지만, 당신에게 상처 줄 생각은 아니었어요."라고 말했다.)
— J. Fielding

one's face falls 실망한 얼굴(어두운 표정)을 하다. 유 one's face drops

Pleased with the distinction of serving the Prime Minister, the waiter rattled off the name of each dish…. "Just give me a little beef and salad," Howden said. As the man'*s face fell*, Margaret whispered, "Jamie!" and Howden added hastily, "And also some of whatever it was my wife was recommending." (수상의 주문을 받는다는 영광에 웨이터는 힘차게 메뉴 이름을 하나하나 소개했다. 그러나 정작 하우덴 수상이 주문한 것은 쇠고기와 샐러드뿐이었다. 웨이터의 시무룩한 표정을 보고 수상 부인 마가렛이 그에게 귓속말을 하자 수상은 허둥지둥 그것 외에 아내가 주문하는 요리도 추가해 달라고 웨이터에게 부탁했다.) — A.Hailey: 4

★ NB: 영어에서 얼굴이 'fall'한다는 것은 단순히 고개를 숙이는 동작이 아니라 얼굴 전체가 아래쪽으로 늘어지는 것을 말한다. 기대에 어긋나 맥이 빠지면 긴장되어 있던 안면 근육이 느슨해지면서 턱과 입이 축 늘어져 얼굴 전체가 내려앉은 것처럼 보이는데, 이를 관용적으로 표현한 것이 바로 one's face falls [drops]이다. 이 표현을 들으면 몹시 기가 죽어 고개를 숙인 모습을 연상하기 쉬우나 이러한 모습은 hang one's head라는 관용적인 표현을 사용해야 한다.

fall (flat) on one's face **앞으로 확 엎어지다. ⟪넘어지거나 앞으로 납작 엎드릴 때; 발이 걸려 넘어질 뻔할 때; 또는 보기 좋게 실패하는 것을 의미하는 관용구⟫** 유 fall (flat) on one's NOSE

Because of the density of the smoke… Edwin did not see the iron ring attached to the trapdoor in the floor and he caught his foot in it, *falling flat on his face*. 〔불타오르는 창고에서 탈출하려는 장면〕 (앞이 안 보일 정도로 꽉 찬 연기 때문에 마루 위에 있는 비밀 통로의 손잡이 고리를 미처 보지 못한 에드윈은 발이 걸려 앞으로 고꾸라졌다.) — B.T.Bradford

You were bound to *fall flat on your face* at one time or another…. There was nothing to do but go ahead, without showing a trace of embarrassment. (남 앞에서 실수를 저지르는 건 종종 있는 일이다. 그럴 때는 겸연쩍어하는 모습을 보이지 말고 태연하게 그대로 나아가는 수밖에 없다.) — J. P.Marquand

one's face is flushed **얼굴이 빨갛게 상기되다. ⟪운동 후; 발열이나 더위 때문에; 부끄러움 때문에; 의기양양, 흥분 등 때문에⟫**

The door opened and in ran Gena, looking exquisite, *her face flushed* from a run down the stairs. (문이 열리고 지나가 뛰어 들어왔다. 계단을 달려 내려온 탓에 그녀의 볼이 빨갛게 상기되어 매우 아름다웠다.) — J.Deveraux

David was suddenly at her side, *his face flushed* with victory, his arm around her waist. (데이비드는 방청석에서 재판을 지켜보던 아내에게 다가가 그녀의 허리에 팔을 둘렀다. 그의 얼굴은 승소의 기쁨으로 상기되어 있었다.) — J. Fielding

one's face is gray 얼굴이 창백하다. ((피로, 쇼크, 걱정, 병 등으로 생기를 잃은 얼굴)) 유 one's face is pale

The younger man'*s face was gray* with anxiety, but he bore himself well. [아들을 유괴당한 상황] (젊은 남자는 마음의 고통으로 심하게 창백해진 얼굴을 하고 있으나 잘 견뎌내고 있었다.) — M.H.Clark: 3

The news made them look older…. Mam's thin shoulders stooped more under the navy blue cardigan she wore, and Dad'*s face looked grey* and set while he painted the new extension…. (아들이 체포되었다는 소식을 접한 부모는 갑자기 늙어 버린 것처럼 보인다. 감색 카디건을 두른 어머니는 이전보다 부쩍 구부정해지고, 증축한 집의 벽을 칠하던 아버지는 얼굴이 굳고 안색이 창백해졌다.) — M.Binchy

one's face is green 안색이 창백하다. ((멀미, 급체 등으로 인해 핏기를 잃은 얼굴; 쇼크를 받아 망연자실한 얼굴; 생기를 잃은 얼굴)) 유 one's face is pale

I sat motionless, listening to my thumping heart, then I looked over my shoulder and saw the lorry disappearing at high speed round a bend; in passing I studied Tristan's face—I had never seen such a completely *green face* before. (두근두근 뛰는 심장소리를 들으며 나는 몸을 꿈쩍도 하지 않은 채 앉아 있었다. 이윽고 어깨 너머로 뒤쪽을 보니 내 차를 들이받은 트럭이 맹렬한 속도로 커브를 틀며 도망치는 것이 보였다. 옆에 탄 트리스탄의 얼굴은 지금까지 한 번도 본 적이 없을 정도로 새파랗게 질려 있었다.) — J. Herriot

one's face is haggard 얼굴이 수척해지다. ((눈 아래에 다크 서클이 드리워진 초췌한 얼굴; 병, 수면 부족, 마음고생 등으로)) 유 one's face is drawn / one's face is pinched

Her face was haggard and etched with worries and while the coffee dripped through, she excused herself and went off to the bathroom, looking a bit better when she came back. (그녀의 얼굴은 홀쭉하게 야위어 마음고생의 흔적이 확연히 보였다. 그녀는 커피가 만들어지는 동안 화장을 고치러 잠시 자리를 비웠고, 돌아왔을 때는 아까보다 조금 나아진 모습이었다.) — A. Hyde

one's face hardens 딱딱한 표정을 짓다. ((분노를 밖으로 발산하지 않고 안으로 꾹꾹 누르고 있을 때; 타인에게 곁을 주지 않을 것 같은 불쾌, 불만, 적의 등이 쌓인 표정)) 유 one's face narrows / one's face stiffens / one's face tightens 참 one's face softens

"You are or were Dr. Edgar Highley's patient?" Anna Horan'*s face hardened*. "Yes, I was that murderer's patient." 〔의료 과실을 조사하는 형사와의 대화〕 (안나 호란 부인에게 "현재 또는 과거에 닥터 하일리의 환자였습니까?" 하고 묻자 그녀는 얼굴이 굳어지더니 대뜸 "나는 그 살인자의 환자였어요."라고 대답했다.) — M.H.Clark: 4

hold one's face 얼굴을 두 손으로 감싸다. ((몸과 마음의 고통, 비난 등으로 일그러진 얼굴을 가리는 동작)) 참 cover one's face

The great knot of grief in his throat swelled upward and he gave in utterly and *held his face* and wept. (그는 북받쳐 오르는 슬픔에 두 손으로 얼굴을 감싸고 흐느꼈다.) — S.Bellow: 2

★ NB: cover one's face와 hold one's face는 얼굴을 덮는 방법에 차이가 있다. 전자는 얼굴을 '감추는' 것이 목적이므로 얼굴을 양손으로 푹 덮는데 반해 후자는 자신의 얼굴을 꽉 '붙드는' 것이 목적이므로 고개를 숙여 아래로 향한 얼굴을 손가락 끝으로 누르듯이 받친다. 즉 입의 양쪽에 엄지손가락을 대고 이마에 나머지 손가락을 대어 얼굴을 손가락으로 붙잡는 것이 전형적인 hold one's face다. 이때 손은 둥글게 굽게 되므로 손바닥이 얼굴에 닿지 않는다. 이 점도 cover one's face와 다른 점이다.

hold someone's face (between [in] one's hands) 상대의 얼굴을 두 손으로 꽉 잡다. ((애무 등 친밀한 접촉 행동)) 유 cup someone's face in one's hands / take someone's face in one's hands

Ray tucked a quilt around Nancy. "You are so cold, darling," he said. For an instant he *held her face between his hands*. Tears tricked from under her closed eyelids and dampened his fingers. 〔차가운 빗속에서 행방불명된 아이를 찾아다니던 부부〕 (레이는 담요로 낸시를 덮어 주고는 "몸이 차가워요, 여보."라고 말하며 그녀의 얼굴을 잠시 두 손으로 꽉 잡았다. 그녀의 감은 눈에서 눈물이 흐르자 그는 손가락으로 눈물을 닦아 주었다.) — M.H.Clark: 2

★ NB: hold someone's face between one's hands는 상대의 얼굴을 양 손바닥 사이에 끼우듯 잡는 행위를 나타낸다. 이때 in one's hands로 표현하면 손바닥보다 손가락에 힘을 주어 상대의 얼굴을 잡는다는 의미가 된다.

hold one's face up 얼굴을 들어 올려 내밀다. ((키스 등을 받기 위해)) 유 put

one's face up / hold one's CHEEK up / proffer one's CHEEK

"Oh, hello," he said and moved to the side of the banister, *holding up his face* for a kiss. (그는 그녀에게 인사를 하고 난간 옆쪽으로 몸을 옮겨 키스를 받기 위해 얼굴을 내밀었다.) — L. Auchincloss: 2

keep one's face straight 진지한 표정을 짓다. 정색하다. 유 a straight face

Could the girl *keep her face straight*, telling such a lie? (그 소녀가 그런 거짓말을 하면서 시침을 떼고 있었다는 건가?) — M. Hunter

laugh in someone's face 면전에 대고 마구 비웃다. ⟪비웃음, 냉소 같은 무례한 행동을 의미하는 비유 표현⟫

Gerald *laughed in her face*. "Come on, don't give me that! I know you had Edwin's child. There's no denying it…" (에드윈의 아이를 낳은 적 없다는 그녀의 말을 제럴드는 조금도 믿지 않았다. 그는 그런 말도 안 되는 소리 하지 말라고 그녀의 면전에 대고 조소하며 집요하게 자백을 요구했다.) — B.T. Bradford

lay one's face on someone's shoulder 타인의 어깨에 얼굴을 대다. ⟪친밀한 접촉 동작⟫

Then suddenly his loving little heart told him that he'd better put both his arms around her neck and kiss her again and again, and keep his soft cheek close to hers; and he did so, and she *laid her face on his shoulder* and cried bitterly, holding him as if she could never let him go again. (소공자는 어머니의 슬퍼하는 모습을 한눈에 알아보고 그녀를 끌어안아 키스를 퍼붓고 다정하게 볼을 부비며 위로해 주어야겠다고 생각하고는 그렇게 했다. 아들의 다정한 위로를 받으며 어머니는 두 번 다시 이 아이를 보내지 않겠다는 듯 그를 바짝 끌어안아 그 어깨에 얼굴을 대고 격하게 울음을 터뜨렸다.) — F.H. Burnett

one's face lengthens 얼굴이 늘어지다. ⟪시무룩한 얼굴, 우울한 얼굴; 입이 딱 벌어질 정도로 놀란 얼굴⟫ 유 one's face turns long / a long face

"Did he mention the shooting of another man fifteen years ago?" Chalmer'*s face lengthened* in surprise. "What on earth do you mean?" ("15년 전 다른 남자를 쏘아 죽인 사건에 대하여 그가 언급한 일이 있나?"라는 의외의 질문에 챌머는 놀란 얼굴이 되어 "도대체 그게 무슨 소리죠?"라고 되물었다.) — R. Macdonald: 8

lie face down 얼굴을 아래로 하고 엎드리다.

The men ordered them into a back room and told them to *lie* on the floor, *face down*. [가게에 강도가 들어온 상황] (그는 사람들을 뒷방으로 몰아넣고 바닥에 엎드리라고 명령했다.) — B.Greene

Barbara delivers all the information *lying face down* on the coverlet in a tone of weariness. (바버라는 남편의 얼굴도 보지 않고 침대 위에 엎드린 채 아주 걱정스러운 말투로 모든 이야기를 전했다.) — S.Turow

lift one's face 얼굴을 들어 올리다. 유 raise one's HEAD

Her face lifted defiantly to his. "Do you really still believe that a woman should stay faithful to a man till death does them apart?" ("죽음이 두 사람을 갈라놓을 때까지 여자는 남자에게 정절을 지켜야 한다고 아직까지 진심으로 믿고 있는 거야?"라며 그녀는 반항적으로 얼굴을 쳐들고 그를 몰아붙였다.) — L.Peake: 4

I walked into the brightness of California Street and *lifted my face* for the sun to warm. (밝게 빛나는 캘리포니아 스트리트를 걸으며 나는 햇빛을 받고자 얼굴을 위로 들어 올렸다.) — S.Streshinsky

lift someone's face 상대방의 얼굴을 들어 올리다. 유 tip someone's face up / lift someone's CHIN

Travis's smile faded, and he *lifted her face* to meet his imploring eyes. "Tell me you'll go with me, Kitty. Please." (트래비스의 얼굴에서 웃음기가 사라지고 그는 자신의 애원하는 눈을 봐 달라는 듯 그녀의 얼굴을 들어 올렸다. 그러고는 "제발 나와 함께 가겠다고 얘기해 줘, 키티."라고 말했다.) — P. Hagan

★ NB: have one's face lifted는 성형수술을 받아 얼굴이 팽팽하게 당겨졌다는 의미다. 여기서 동사 lift는 노화로 처진 얼굴 조직(sagging tissues)을 '들어 올리다'라는 뜻으로 쓰인다.

one's face lights up 얼굴이 확 밝아지다.

"... Mother! Mother, I'm back." The old woman was sitting in the chair and *her face lit up*. ("엄마! 엄마, 나 돌아왔어요."라는 딸의 목소리가 들리자 의자에 앉아 있던 늙은 어머니의 얼굴이 확 밝아졌다.) — M.Binchy

Just then she heard the man call out to her. "Wait a minute! I do happen to have a $ 2.50 ticket left…" Pat'*s face lit up* into a smile. (가장 싼 표는 다 팔렸다는 얘기를 듣고 풀이 죽어 물러서는 소녀의 귀에 한 장 남았다는 창구 남자 직원의 목소리가 들렸다. 소녀의 얼굴이 확 밝아지며 웃음이 피어났다.) — M. Welder & E. Cohen

the lines in [of] one's face turn down [downward] 얼굴의 주름이 아래로 향하다. ((눈가나 입가의 주름이 얼굴 바깥쪽을 향해 아래로 처진 모습; 비탄, 낙담, 걱정의 표정)) 참 the lines in one's face turn up

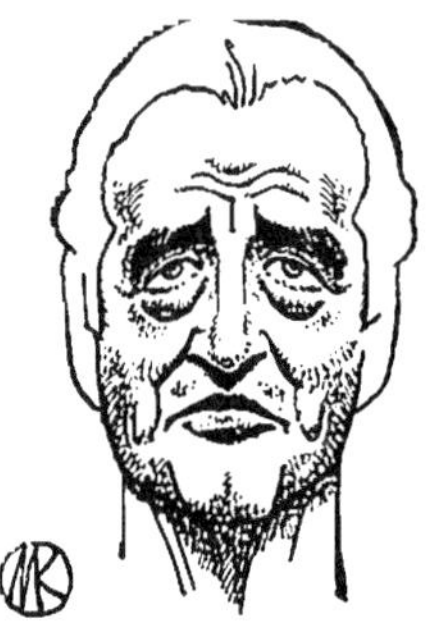

the lines in one's face turn down

the lines in one's face turn up

All *the lines of his face turned downward*; the eyebrows over the large sunken eyeballs were inverted U's. The mouth was a convex semicircles; from the nostrils to the corners of the mouth ran two folds of exhausted flesh. The entire face was in the process of collapse. (그의 얼굴 주름들은 모두 아래로 향했고, 움푹 들어간 커다란 눈 위의 눈썹은 거꾸로 된 U자를 그렸다. 입은 볼록한 반원이 되어 두 개의 피로한 주름이 콧구멍에서 양쪽 입꼬리까지 이어졌다. 꼭 안면 붕괴가 진행 중인 것 같았다.) — B. Plain: 2

the lines in [of] one's face turn up [upward] 얼굴 주름이 위를 향하다. ((눈가 및 입가의 주름이 얼굴 바깥쪽 위를 향하다; 웃음, 기쁨의 표정)) 참 the lines in one's face turn down

He remembered… the expansive feeling of bringing his mother in to see that tiny office after hours… Bliss, watching all *the lines in her face turn up* with pride and pleasure. (그는 처음으로 갖게 된 작은 사무실에 업무를 마친 후 어머니를 살짝 모셔왔을 때의 그 으쓱한 기분을 기억했다. 어머

니의 얼굴이 자랑스러움과 기쁨으로 환하게 밝아지는 것을 보는 것만으로도 행복했다.) — A.T.Wallach: 2

★ **영일비교** 같은 주름이라도 얼굴의 어느 부분에 나타나는 어떤 주름이냐에 따라 표정이 달라진다. 일반적으로 미간이나 굳게 다문 입가에 지는 세로 주름은 마음고생이나 피로가 낳은 것으로 표정을 어둡게 한다. 한편 눈꼬리에 지는 주름 같은 가로 주름은 활기찬 행복감 때문에 생긴 것으로 표정을 밝게 한다. 게다가 이런 가로 주름이 좌우 양쪽으로 당겨져서 turn up하게 되면 한껏 만족하는 표정이 된다. 이것은 생리 현상을 충실하게 옮긴 표현인데, 일본어에서는 영어만큼 충실하게 감정의 명암에 따라 표정 근육이 좌우 양쪽으로 오르락내리락 움직인다고 보지는 않는다.

one's face is livid 얼굴이 납빛이 되다. 《격노한 얼굴》 **유** one's face is purple / one's face is red

He stood toweringly over his son, his fist raised in anger and ready to bring it down hard on the boy. *His face was livid* with volcanic wrath and his eyes flared dangerously. (그는 아들 앞에 우뚝 서서 주먹을 치켜든 채 당장이라도 아들을 내리칠 태세였다. 화산 폭발과 같은 격렬한 분노로 그의 얼굴은 납빛으로 물들었고 눈은 위험하게도 형형한 빛을 냈다.) — B.T.Bradford

a long face 음울한 얼굴, 기운 없는 얼굴, 심각한 얼굴 **유** one's face lengthens / one's face turns long

a long face

"Well, good morning, everybody," she said with a smile. "Let's not all have such *long faces*; it's too depressing with the weather outside." Rosey wouldn't look at her···, Nan looked as though she were about to commit suicide, and Randy just looked exasperated.

〔대통령 부인에 대한 가십성 기사 때문에 백악관의 분위기가 가라앉은 상황〕 (그녀는 "좋은 아침이에요, 여러분." 하고 웃으며 인사하고 "우울한 얼굴 하지 마세요. 바깥 날씨만으로도 충분히 우울하니까요."라고 말했다. 그러나 로지는 그녀를 보려 하지 않았고, 난은 자살해 버릴 듯한 표정이었고, 랜디는 짜증이 가득한 표정이었다.) — S.Quinn

"What's up with you?" he asked. "You've got *a face* as *long* as a fiddle on you." (그는 "무슨 일 있어? 왜 그렇게 기운 없는 얼굴을 하고 있는 거야?" 하고 물었다.) — J.Lingard

★ **영일비교** 마음이 개운하지 못하고 무기력하면 안면근육도 긴장을 잃고 아래쪽으로 처진다. 당연히 얼굴의 기본적인 부분인 눈, 코, 입 등도 늘어져서 얼굴 전체의 느낌이 흐리멍덩해진다. 영어에는 이런 얼굴의 하강선과 의기소침을 연관 짓는 경향이 있는데, 맥 빠진 얼굴을 a long face라고 표현하는 것도 그런 예다.
이것에 대응하는 일본어로는 대체로 불정존(佛頂尊, 석가모니불의 정수리에 깃든 공덕을 인격화해 숭배의 대상으로 삼은 불상)의 무서운 얼굴에서 비롯되었다는 '붓초즈라(仏頂面)'를 들 수 있다. 『다이지린』에 따르면 이 말은 '무뚝뚝한 얼굴, 언짢은 얼굴, 뿌루퉁한 얼굴'을 의미하는데, 마지못해 승낙하는 얼굴이란 뜻의 '후쇼즈라(不承面)'에서 뜻이 바뀌었다는 설도 있다. 요컨대 마음에 들지 않는 상대에게 향하는 얼굴이 '붓초즈라'이고, 언짢은 표정이라는 점에서 a long face와 겹치는 부분이 있다. 그러나 '붓초즈라'에는 상대를 의식한 일종의 긴장감이 담겨 있기 때문에 낙담한 나머지 자기 얼굴 표정을 추스를 기력도 없는 a long face와는 기본적인 의미에서 차이가 있다.
a long face는 얼굴을 이루는 기본 부위가 힘없이 늘어진 듯한 표정을 말한다. 반대로 마음을 고쳐먹고 밝은 표정을 짓는 것은 lift a long face up으로 표현한다.

She jostled the boy as he passed her in the doorway. "*Lift up the long face*, Johnny. You look like judgement day." (소년은 세상이 끝나기라도 한 양 한심한 얼굴을 하고 있었다. 문간을 지날 때 누나는 "그런 얼굴은 집어치우고 좀 더 밝은 표정을 지어." 하고 소년의 어깨를 쿡 찔렀다.) — R. Macdonald: 7

look someone in the face **상대방의 얼굴을 똑바로 쳐다보다.** **((두려움 없는 태도; 또는 두려움 없는 모습을 의미하는 비유 표현))** **유** look someone (right) in the EYE(s)

Emma noticed that his hands shook and he was quite unable to *look her in the face*. (에마는 그의 손이 부들부들 떨리고 그가 자신의 얼굴을 똑바로 쳐다보지 못한다는 것을 알아챘다.) — B.T.Bradford

★ NB: 이 표현은 위의 예문처럼 부정적인 문장에서 사용되는 경우가 많다.

look into someone's face **상대방의 얼굴을 빤히 들여다보다.** 유 look into someone's EYEs

"Where are you going?" "Where am I going?" She moved back to him and *looked into his face*. Then when he didn't speak, she said, "What's the matter?" 〔사건이 일어났다는 것을 모르고 평소처럼 출근한 상황〕 (수위가 "어디 가십니까?" 하고 묻자 그녀는 뒤로 물러서서 "어디 가냐고요?"라고 되물으며 그의 얼굴을 빤히 들여다보았다. 그가 대답하지 않자 그녀는 "무슨 일이 있나요?"라고 물었다.) — C.Cookson: 3

make a (little, etc.) face [faces] **얼굴을 찡그리다. 《불만, 불쾌, 고통 등 때문에 찌푸린 얼굴; 타인을 웃기거나 놀리거나 깜짝 놀래 주기 위해 코를 찡그리거나 입을 쫑긋하게 내미는 동작》** 유 pull a (little, etc.) face [faces] / make a MOUTH

make a face at someone

Henry *makes a face* at Nannie while her back is turned, forgetting all Nannies have eyes in the back of their heads. (유모가 뒤로 돌아선 틈을 타 헨리는 얼굴을 찡그려 짓궂은 표정을 짓는다. 유모는 뒤에도 눈이 있다는 사실은 까맣게 잊은 채.) — D.Sutherland

"Did you meet Jason? Most arrogant son of a bitch I've encountered…. Don't *make faces*, Rosaline, you know I'm right…," Trevor said. 〔트레버가 아내 앞에서 그녀도 아는 사람에 대한 소문을 친구와 함께 이야기하는 장면〕 ("제이슨 알지? 그렇게 콧대 높은 녀석은 난생 처음이야. … 그런 표정 짓지 마, 로잘린. 내 말이 맞잖아." 하고 트레버가 얘기했다.) — R.Lawrence

My father used to say women were like horses. You had to use a tight rein on some and a slack rein on others. He always smiled at my mother and said, "I use a very loose rein, myself," and she would *make a little face* at him and say, "You'd just better, sir!" Then they would both laugh. (아버지는 여자는 말과 같아서 고삐를 바짝 당기는 것이 좋은 여자가 있는가 하면 느슨하게 하는 것이 좋은 여자도 있다고 말하곤 했다. 이 이야기가 나올 때면 아버지는 언제나 어머니를 보고 빙그레 웃으며 자신은 고삐를 아주 느슨하게 하는 쪽이라고 말했고, 어머니는 살짝 얼굴을 찡그리며 "주인님, 앞으로도 그러는 게 좋을 거예요."라고 말했다. 그리고 두 사람은 소리 높여 웃었다.) — A.S.Turnbull: 1

★ NB: 얼굴을 수차례 찌푸리거나 표정을 다양하게 바꿀 때는 face를 복수형으로 사용한다. 그리고 얼굴을 찌푸리고 있는 대상을 나타낼 때는 make a face [faces] at someone이라고 한다.

★ NB: 아이가 짓궂은 표정을 짓는 것에 대해 훈계할 때 다음과 같은 표현을 쓰곤 한다.

If you make a face like that and the wind changes, it'll stay that way. (그런 표정을 짓고 있을 때 바람의 방향이 바뀌면 얼굴이 그 표정 그대로 굳어 버린다.) — D. Sutherland

one's face narrows 얼굴이 경직되다. ⟪긴장, 적의, 분노 등으로 인해⟫ 유

one's face hardens / one's face tightens

When he reaches the diaphragm he pauses with some apparent emphasis. "A contraceptive device was not the only item you failed to find, is that right, Detective?" Green'*s face narrows*. The question can't be answered. 〔피고의 변호인이 검찰 측의 증거불충분을 지적하기 위해 담당 형사를 심문하는 장면〕 (변호인은 문제의 피임기구 이야기가 나오자 자못 의미심장하게 뜸을 들이며 "증거품으로 찾아내지 못한 건 피임기구만이 아니지 않습니까?" 하고 몰아세운다. 그린 형사의 얼굴이 긴장으로 경직된다. 그 질문에는 대답할 수 없다.) — S.Turow

one's face is pale 얼굴이 창백하다. ⟪공포, 충격, 마음고생 등 때문에⟫ 유

one's face is gray / one's face is green / one's face is white

Always slim, she now looked gaunt, *her face* drawn and *pale*, her eyes filled with pain. Unhappiness was etched in the lines about her mouth. (그녀는 원래도 날씬한 사람이었지만 지금은 너무 여위어 얼굴이 홀쭉하고 창백한 데다 눈에 고통이 가득했다. 입가에는 불행이 주름으로 새겨져 있었다.) — S.Streshinsky

★ **영일비교** 감정에 따라 변하는 안색은 크게 핏기 없는 '백색' 계열과 핏기 오른 '적색' 계열로 나뉜다. 흰 얼굴은 두말할 필요 없이 공포, 충격, 걱정 등 혈관의 수축을 동반하는 감정에 의해 나타나고 일본어에서는 이것을 '파란 얼굴'이라고 부른다. 그저 '파란 얼굴'이라고 하기에 충분하지 않은 안색은 더욱 강조해 '새파랗다'고 표현한다. 한편 영어에서는 핏기 없는 얼굴을 일반적으로 a pale face(a colorless face)라고 부르고 이런 안색을 강조할 때는 deathly pale, pale as death, chalk-white, white as a sheet 등으로 묘사하여 하얀색을 강조한다(➡ one's face is white). 또 감정 때문이라기보다 병, 피로, 마음고생으로 혈색이 나쁜 얼굴은 gray라고 나타낸다. 일본어에서 파란색은 파란색(파란 하늘)과 녹색(신호등의 파란불) 둘 다를 가리킨다. 일본어가 핏기 없는 얼굴에서 bluish와 greenish 중 어느 쪽을 인지해 '파란 얼굴'이라고 부르는지는 확실하지 않다. 하지만 영어에서 '파란(blue)' 얼굴이라고 하면 혹독한 추위에 혈액의 흐름이 나빠져서 피부가 보랏빛으로 보이는 얼굴, 청색증을 일으킨 아기의 얼굴, 목이 졸리거나 힘을 주었을 때 울혈을 일으킨 얼굴 등을 주로 가리킨다(➡ one is blue in the face). 울혈 상태가 심해지면 purple로도 바뀌므로 계통적으로 적색 계열에 속하게 된다. 이에 비해 greenish한 안색은 '백색' 계열에 속하며 핏기 없는 피부에 생기 없고 병적인 푸르스름한 색이 더해진 상태를 가리킨다. greenish는 심한 충격과 같은 정신적인 동요와 결부되기도 하지만 육체적인 이상, 특히 멀미나 체증 등으로 식은땀이 나고 당장에라도 토할 것 같을 때의 안색을 뜻한다. 영어에서는 핏기 없는 안색을 나타낼 때 pale, green, white 등의 뒤에 about [around] the gills라는 전치사구를 붙이기도 한다(e.g. Why is everybody looking so green about the gills?). the gills는 턱 부분과 귀 밑 일대를 가리키는 옛 속어(*OED*)인데 이 주변(엄밀하게는 코의 양 끝에서 입의 양 끝에 걸친 얼굴 아래쪽)에 나쁜 혈색이 두드러진다고 보는 것이다.

pat someone's face

상대의 볼을 가볍게 두드리다. ((주로 손윗사람이 손아랫사람에게 행하는 위로 혹은 애정이 담긴 동작)) **유** pat someone's CHEEK(s) / tap someone on the CHEEK(s)

"You'd better, sweet heart, or I'll send you back to the Army." Garvald *patted his face*. "And you wouldn't like that, would you?" 〔명령에 따르겠다고 약속한 부하에게 다시 한 번 주의를 주는 상황〕 (가발드는 그에게 "그렇게 하는 것이 좋을 것이다. 그러지 않으면 군대로 돌려보내겠다."고 말하며 그의 볼을 가볍게 톡톡 치고는 이렇게 덧붙였다. "군대로 돌아가고 싶지는 않을 거야. 그렇지?") — J.Higgins

one's face is pinched

얼굴이 창백하고 몹시 앙상하다. ((질병, 나이듦, 기아, 궁핍, 고뇌 등으로 인해)) **유** one's face is drawn / one's face is haggard

No words came. Her eyes were enormous. *Her face* had *grown pinched* and old in a few days. (아직도 연락이 오지 않았다. 절망적인 생각

이 들기 시작한 며칠 동안 그녀의 얼굴은 수척해지고 갑자기 확 늙어 버려 눈이 퀭해 보였다.) — D.Robins: 9

one's face is pink 얼굴에 엷은 붉은 빛이 돌다. 《생기발랄한 낯빛; 가볍게 흥분하거나 발끈할 때의 낯빛; 운동 등으로 생기가 도는 모습; 부끄럽거나 겸연쩍을 때의 얼굴》

The girl flushed under this fixed scrutiny and *her face turned pink*. (너무 뚫어지게 쳐다보자 소녀는 살짝 들떠 볼이 분홍빛으로 물들었다.) — B.T. Bradford

a poker face 포커페이스, 무표정을 가장한 얼굴

"Did Winston say how Edwin reacted when he learned you were behind his fall from power at the Gazette?" Emma nodded. "Apparently he kept *a poker face*…." ("가제트 신문사를 탈취하여 그를 권좌에서 끌어내린 추방극의 배후가 바로 당신이라는 것을 알았을 때 에드윈이 어떻게 반응하더라는 얘기를 윈스턴에게 들었나요?"라는 질문에 에마는 고개를 끄덕이며 "그는 전혀 얼굴에 감정을 드러내지 않았다고 했어요."라고 대답했다.) — B. T. Bradford

"So, my boy," he asked, "what's new today?" "I found a cure for cancer," Seth answered with *a poker face*. "That' s nice," his father mumbled, his primary attention on the box score of last evening's baseball game. 〔병원에서 근무하는 아들이 집에 돌아온 상황〕 (아버지가 "얘야, 뭔가 새로운 일은 없었니?" 하고 묻자 아들은 시침 떼는 얼굴로 "제가 암의 치료법을 발견했어요."라고 대답했다. 신문의 야구 기사에 열중하고 있던 아버지는 "멋지구나."라며 관심 없는 듯 중얼거렸다.) — E.Segal

★ NB: a poker face는 통상 keep, assume, wear, have 등의 동사와 함께 쓰인다. 전치사구 with a poker face의 형태로도 자주 쓰인다.

★ NB: a poker face는 포커 게임에서 나온 표현이다. 포커를 할 때 이기기 위하여 아주 좋은 패가 손에 들어와도 짐짓 아무렇지 않은 듯한 무표정한 얼굴을 하여 상대방을 속이는 것이다. 이런 식으로 시치미를 뚝 떼는 표정은 a dead pan이라고 표현하기도 한다.

pucker one's face (up) 얼굴을 찌푸리다. 《울음이 터져 나오려 할 때; 생각에 몰두해 있을 때; 불쾌, 심적 고통, 우려 등으로 인해》

Her face puckered suddenly, and I thought she was going to cry. (그녀의 얼굴이 갑자기 일그러져 곧 울음을 터뜨릴 것만 같았다.) — V.Holt: 4

His face puckered in thought. He took a pencil from his pocket and began to sketch on a page of a pocket notebook. (그는 얼굴을 찌푸리고 생각에 잠겼다. 이윽고 주머니에서 연필을 꺼내어 수첩에 스케치를 하기 시작했다.) — W.J.Lederer & E.Burdick

"I wish I could look so intelligent." "Oh, but you do look intelligent, Karen. Don't you think Karen looks intelligent, Dick?" "Very intelligent," I said. Karen *puckered up her* pretty, youthful *face* in an expression of pique…. (똑똑해 보였으면 좋겠다고 투덜거리는 귀여운 소녀 카렌에게 남자들은 충분히 똑똑해 보인다며 빤히 보이는 소리를 했다. 카렌은 토라졌다는 듯 예쁜 얼굴을 부러 잔뜩 찡그렸다.) — J.Brooks

one's face is puffed 얼굴이 부풀어 있다. ((병 때문에 부은 얼굴; 힘을 주거나 긴장했을 때; 정신을 집중하고 있을 때 등))

He gazed out the window, *his face puffed* with concentration. "But you know—it is a great idea…." (그는 정신을 집중하여 생각을 정리하느라 약간 부은 얼굴로 창밖을 응시했다. 그리고 "아주 좋은 아이디어야."라고 말했다.) — J.H.Griffin

one's face is puffy 얼굴이 부어 있다. ((건강하지 못한 얼굴; 생기 없는 얼굴))

His shoulders drooped as he returned from the window. In the harsh sunlight *his face was* a grainy white, and *puffy* like boiled rice. (창가에서 돌아올 때 그의 어깨는 힘없이 축 늘어져 있었다. 강한 햇살을 받은 그의 얼굴은 창백했고 마치 밥알처럼 부어 있었다.) — R.Macdonald: 7

He was a neat-looking sort with carefully brushed hair and a face that was still handsome, although *it* was beginning to *go puffy* in places. (그는 말쑥한 남자로 머리 손질도 잘 되어 있고 얼굴도 여전히 꽤나 잘생겼다. 다만 여기저기 살이 붙기 시작하긴 했다.) — A.Lyons

pull a (little, etc.) face [faces] ➡ make a (little, etc.) face [faces]

To her relief Max left the library at lunch time, telling her that he was going out to lunch. "Have those notes typed out by this evening," he said curtly. Jane *pulled a face* at his departing back. (까칠한 상사가 낮에 외출하면서 비서에게 속기록을 저녁까지 모두 쳐 놓으라고 천연덕스럽게 명령했다. 그의 뒷모습에 대고 그녀는 얼굴을 찡그렸다.) — A.Neville

"… He's still a terror, isn't he?" She jerked her head backwards. Then *pulling a small face*, she smiled, adding, "I shouldn't say that, should I?…" (그녀는 등 뒤에 있는 상사의 사무실을 머리로 가리키며 "그는 여전히 끔찍해요. 안 그래요?"라고 말했다. 그러고는 살짝 얼굴을 찡그렸다 웃으며 "내 입으로 말해서는 안 되는 것이지만…"이라고 덧붙였다.) — C.Cookson: 3

"Have you brought the lollipops you promised me, Uncle Renny?" Renny *pulled a wry face*. "I've forgotten them!" ("레니 삼촌, 전에 주기로 약속했던 막대 사탕 가져왔어요?"라고 묻자, 레니는 면목 없는 듯 쓴웃음을 지으며 "깜박했어."라고 말했다.) — M.Hilton: 1

pull one's face together 점잖은 표정을 짓다. 체면치레하다. 《타인의 눈을 의식하여 하는 동작》

"Get him out here anyway, will you?" "Not tonight. I've had it. I don't have to *pull my face together* and put on a front for Dick now." ("그를 여기로 데리고 나올 수 있겠어?" 하고 묻자 "오늘밤은 안 돼. 나도 지긋지긋해. 내가 지금 일부러 녀석 때문에 표정을 관리해 가며 체면치레해야 할 필요는 없잖아."라고 단칼에 거절한다.) — R.Macdonald: 6

one's face is purple 얼굴이 보랏빛(검붉은 빛)을 띠다. 《힘을 아주 세게 주었을 때의 얼굴; 분노했을 때의 얼굴》 유 one's face is livid / one's face is red

Her face was purple with rage and the look in her eyes were murderous. 〔남자에게 폭언을 들은 상황〕 (분노한 그녀의 얼굴은 보랏빛을 띠었고 눈에는 살기가 등등했다.) — B.T.Bradford

put one's face in one's hands 두 손에 얼굴을 묻다. 《갑작스러운 슬픔, 낙담 등으로 인해》 유 bury one's face in one's hands / drop one's face into one's hands / put one's HEAD in one's hands

To her disbelief, Aria *put her face in her hands* and burst into tears. (도무지 믿기지 않는지 아리아는 두 손에 얼굴을 묻고 마구 울기 시작했다.) — J. Deveraux

put one's face into someone's (face) 상대방의 얼굴에 자신의 얼굴을 가까이 들이대다. 《으름장을 놓을 때, 협박할 때 등》

"… I'll find the kid and bring her back to you." "Oh, no," Kyle said. "No, you don't. I say no, I mean no." I *put my face into his*. His breath smelled of martini and peanuts. "If you don't button it up," I said with as much control as I had left, "I'm going to hurt you." (사립

탐정이 가출한 딸을 찾아 데려다 주겠다고 말하자 아버지는 절대 그런 짓 하지 말라고 몇 번이나 반복해서 얘기했다. 그러한 태도에 화가 난 탐정은 그에게 얼굴을 불쑥 들이대고 평정심을 최대한 발휘하여 "이 이상 입을 놀리면 가만히 두지 않겠소."라고 으름장을 놓았다.) — R.B.Parker: 2

put one's face up ➡ hold one's face up

When she arrived she had taken his hand, *put up her face* for a kiss, inquired after Dora and the girls. (그녀는 도착하자 그가 내민 손을 잡고 키스를 받기 위해 얼굴을 쳐들고는 도라와 딸들의 안부를 물었다.) — R.Rendell

one's face is red 얼굴이 빨갛다. ((들뜸, 흥분, 낭패, 당혹, 곤혹, 수치, 분노 등으로 나타나는 낯빛)) 유 one's face is livid / one's face is ruddy / one's face is scarlet

She turned and waved her racquet at him and came over to the fence behind which he was standing. *Her face was red* and her hair was wet with perspiration. (그녀는 돌아서서 펜스 뒤쪽에 서 있는 아버지에게 라켓을 흔들고 가까이 다가섰다. 그녀의 얼굴은 빨갰고 머리카락은 땀으로 젖어 있었다.) — I.Shaw: 3

She raised her glass. "The toast is··· to the British Commander Howe." Washington'*s face went red* in blotches. "You mock us, Miss Moncrieffe···." 〔미국 독립전쟁 당시의 이야기〕 (영국군 사령관을 위해 건배의 잔을 치켜든 미스 몬크리프에게 미군 사령관 워싱턴은 화가 났다. "지금 우리를 조롱하느냐."며 항의하는 그의 얼굴이 얼룩덜룩하니 붉게 물들었다.) — G.Vidal

"And zip up your fly. You don't want to be held in contempt of court, do you?" Hitz'*s face went red* and he was struggling with the zipper as Strand led the way into the courtroom. (법원 대기실에서 원고 히츠의 바지 지퍼가 열려 있는 것을 보고 스트랜드가 "법정 모욕죄로 체포되고 싶지 않다면 얼른 잠그도록 해."라고 주의를 주었다. 히츠는 쑥스러움에 얼굴이 발갛게 물들고 지퍼를 잠그려 애썼다.) — I.Shaw: 3

★ NB: 형용사 red-faced는 분노로 달아오른 얼굴 또는 당황하거나 수치스러워 빨갛게 된 얼굴을 표현하는 데 한정되어 쓰인다.

J. Eric Humphrey sat red-faced and uncomfortable in the elevated, hardbacked witness chair. (험프리는 불편한 심기가 드러난 시뻘건 얼굴로 불편하고 높은 증인석에 앉았다.) — A. Hailey: 8

★ NB: have a red face, with a red face는 분노의 의미로는 사용되지 않고 당황, 부끄러움, 수치 등의 표정을 나타내는 데 사용된다.

He was the one who ended up with the red face. (결국 창피를 당한 것은 그였다.) — S. Barstow

one's face relaxes 편안한 얼굴이 되다. 《긴장이 풀린 때》

"I'll be fine. I promise. I just needed a little cry… Just watch." She turned and sashayed out of the room. "That's my girl." Rosey laughed and *his face relaxed* for the first time in days. (그녀는 신경 써 주는 로지에게 "이제 괜찮아. 그냥 좀 운 거야."라고 말하고는 일부러 씩씩하게 방을 나섰다. 그는 "역시 내 아내야."라며 활짝 웃고 오랜만에 개운한 표정을 지었다.) — S.Quinn

She looked from the magazine to her reflected image. "Marvelous," she murmured, and Mrs. Pemberley'*s face relaxed* into a smile. (그녀는 거울에 비친 자신의 모습과 잡지(에 나온 모델의 모습)를 비교하며 "아주 좋은데요."라고 소곤거렸다. 이 얘기를 들은 펨벌리 여사(드레스 제작자)의 얼굴에서 긴장이 사라지고 편안한 미소가 감돌았다.) — J.Michael: 2

rock one's face between one's hands 양손에 얼굴을 끼우고 좌우로 움직이다. 《"이거 큰일인데. 어떡하지?"와 같은 상황에서 나오는 자기 접촉 행동》

"I gotta get an angle," crooned the young man, *rocking his face between his hands*. "I simply gotta get an angle." The bartender slammed his beer down in front of him unsympathetically…. (젊은이는 어떻게든 사건 해결의 실마리를 잡아야 한다고 바텐더에게 투덜거리며 양손에 자신의 얼굴을 끼우고 좌우로 흔들어 댔다. 바텐더는 냉정하게 그의 앞에 맥주잔을 탁 하고 내려놓았다.) — H.Eustis

rub one's face 얼굴을 문지르다. 《기분이 울적하고 답답할 때; 무척 피곤할 때; 곰곰이 생각할 때 등》 유 pass one's HAND across one's face

No one these days had to work for such a demanding and dictatorial employer…. She *rubbed her face* wearily. ('요즘 같은 시대에 이 정도로 심하게 독재적인 사람 밑에서 참고 일할 필요는 없어.' 그녀는 이렇게 생각하며 녹초가 되어 얼굴을 문질렀다.) — A.Neville

"You couldn't pin down the address in Pacific Palisades for me?" He *rubbed the side of his face*… "I can tell you where it is." ("퍼시픽 팰러세이즈 내의 주소를 정확히 알아낼 수 있나?"라는 말에 탐정은 골똘히 생각하는

듯 얼굴을 문지르더니 "어딘지 가르쳐 줄 수 있다."고 답했다.) — R.Macdonald: 6

one's face is ruddy 얼굴이 붉다. ((혈색 좋은 건강한 얼굴; 차가운 바깥바람을 쏘여서 붉어진 얼굴; 일을 하느라 잔뜩 힘을 주어서 붉어진 얼굴; 부끄러울 때의 낯빛; 화낼 때의 낯빛)) 유 one's face is red

He wore a rather shabby-looking tweed jacket, a wool tie…. *His face was ruddy* from the cold. (그는 조금 허름해 보이는 트위드 재킷에 양모로 된 넥타이를 맸다. 차가운 바깥바람을 맞아 그의 얼굴이 불그스레했다.) — S.Quinn

one's face is scarlet 얼굴이 새빨갛다. ((낭패, 당혹, 수치 및 격노 등으로 인한 낯빛)) 유 one's face is red

She walked out with the satisfaction of seeing the woman'*s face turn scarlet*. (그녀는 그 뻔뻔스런 여자가 낭패감에 얼굴이 새빨개지는 것을 보고 만족하며 그곳을 떠났다.) — C.Cookson: 3

screw one's face (up) 얼굴을 찌푸리다. ((당장이라도 울음이 터질 것 같을 때; 기분이 언짢을 때; 심사숙고할 때 등))

Her face screwed as if she were going to cry. (그녀는 잔뜩 울상이 되어 얼굴을 찌푸렸다.) — B.Clearly: 1

He *screwed up his face* as though considering. (그는 생각에 잠긴 듯 얼굴을 찌푸렸다.) — A.Christie: 2

"… Do you like perfume, Sophie?" Sophie *screwed up her face*. "No," she said violently. "I hate it!" [소피가 향수병을 만지작거리는 상황] ("소피, 향수를 좋아하니?"라고 묻자 그녀는 얼굴을 찌푸리며 "아니, 난 향수를 싫어해." 하고 거칠게 말했다.) — A.Mather

one's face is set 굳은(경직된) 얼굴을 하다. ((엄격한 얼굴; 표정의 변화가 없는 얼굴; 감정을 억제한 얼굴; 단호히 결의하는 얼굴))

The news made them look older… Mam's thin shoulders stooped more under the navy blue cardigan she wore, and Dad'*s face looked* grey and *set* while he painted the new extension…. (아들이 체포되었다는 소식을 접한 부모는 갑자기 늙어 버린 것처럼 보인다. 감색 카디건을 두른 어머니는 이전보다 부쩍 구부정해지고, 증축한 집의 벽을 칠하던 아버지는 얼굴이 굳고 안색이 창백해졌다.) — M.Binchy

★ NB: set one's face against …는 어떤 설득에도 귀를 열지 않고 꿋꿋이 반대의

입장을 고수하는 모습을 비유적으로 나타낸 표현이다.

slap someone's face 따귀를 때리다. 《주로 여성이 사용하는 공격적인 동작》
유 slap someone's CHEEK

He was beginning to regret his words, but before he could even decide whether he ought to make an apology, he was stunned by her unexpected reaction. Shannon Edwards *slapped his face*, hard. (그는 그런 무례한 말은 하지 않는 편이 나았다고 후회하기 시작했다. 그러나 사과를 할지 말지 결심이 좀처럼 서지 않는 가운데 그는 섀넌에게 호되게 따귀를 얻어맞고 아연실색했다.) — S.Stanford

"I won't; I can't do it." For a moment her father looked at her and then *he slapped* Sorella sharply *across the face*. "You'll do as I tell you," he said, "or I'll beat you within an inch of your life…!" (아버지가 하고 싶지 않은 일을 강요하자 딸은 단호하게 거부한다. 아버지는 딸을 잠시 쳐다보더니 이내 힘껏 그녀의 따귀를 때리고는 말을 듣지 않으면 반쯤 죽여 버리겠다고 윽박지른다.) — B.Cartland: 6

★ NB: 관용구 a slap in the face는 타인의 협력, 호의 등을 매몰차게 거부하여 모욕을 주는 행위를 의미하는 비유 표현으로 사용된다.

"Now, look here. If you want to keep me waiting, O.K., but you should know it is *a* real *slap in the face* to anyone to be kept waiting so long. If that's what you want to communicate, go ahead, but be sure you know that you're communicating an insult…." ("나를 기다리게 하고 싶으면 그렇게 해. 하지만 사람을 한도 끝도 없이 기다리게 하면 누구라도 그것을 모욕이라고 여기게 된다는 걸 알아야 해. 만약 의도적으로 나를 모욕하고 싶은 거라면 그렇게 해. 하지만 네가 모욕을 주고 있다는 것만은 알고 있어야 해.") — E. Hall

one's face softens 표정이 부드러워지다. 참 one's face hardens

There was true warmth in Cook's voice and *her face softened* as she regarded the girl. (총애하는 하녀에게 말할 때 쿡의 목소리는 따뜻하기 이를 데 없었고 그녀를 볼 때는 표정도 아주 온화했다.) — B.T.Bradford

spit in someone's face 타인의 얼굴에 침을 뱉다. 《모욕적, 도발적 행위; 타인을 모욕하는 것을 의미하는 비유 표현》 유 spit in someone's EYE

How could I *spit in the face of* the men who were doing their damnedest to help me? (내가 어떻게 나를 도와주려 했던 사람들을 모욕할 수

있겠는가?) — J. Olsen

★ NB: 다음의 예문은 희곡에서 인용한 것으로, spit in someone's face를 일종의 욕설처럼 사용하고 있다.

Martha: Go answer the door.
George: (not moving) You answer it.
Martha: Get to that door. you. (George does not move.) I'll fix you, you….
George: (fake-spits) … to you….
(현관의 벨이 울린다. 마르타는 조지에게 현관으로 나가 보라고 말하지만 그는 꿈쩍도 하지 않는다. 마구 윽박지르는 아내에게 그는 침을 뱉는 시늉을 한다.) — E. Albee

one's face stiffens ➡ one's face hardens

"… I wish to speak to you about your father." Edwina'*s face stiffened*. "I can't imagine what you could possibly have to say about him," she snapped, deep colour flooding her face. (네 아버지에 대해 이야기하고 싶다고 어머니가 말을 꺼내자 에드위너의 얼굴이 딱딱하게 굳었다. 이제 와서 무슨 이야기를 하냐며 딱딱거리는 딸의 얼굴이 순식간에 시뻘겋게 달아올랐다.) — B. T. Bradford

a straight face 진지한 얼굴, 정색하는 얼굴 《감정을 드러내지 않는 얼굴》 유 keep one's face straight

He just said crazy things with *a straight face* and you had to figure out whether he was being serious. (그는 진지한 얼굴로 말도 안 되는 이야기를 하므로 네가 농담인지 진담인지 잘 판단해야 했다.) — L. Kauffman

Sister Teresa said primly, "Very well. I'll eat. But I promise you, I won't enjoy it." It was all Lucia could do to keep *a straight face*. (수녀 테레사는 "좋아요. 먹겠어요. 하지만 절대 즐기지는 않겠다고 약속할게요."라고 점잔을 빼며 말했다. 배고파 죽을 지경이면서 오기를 부린다고, 이 모습을 지켜보던 또 한 명의 수녀 루시아는 간신히 웃음을 참고 진지한 얼굴을 유지했다.) — S. Sheldon: 7

★ NB: a straight face에는 주로 동사 keep이 붙는다. 전치사 구문 with a straight face의 형태로도 쓰인다.

★ NB: 영미권에서는 코미디에서 웃기는 역할이 돋보이도록 진지한 역할을 하는 코미디언을 일컬어 a straight man이라 부른다. 그리고 a straight face는 희극적인 상황

임에도 절대 웃지 않는 경우에 사용된다. 특히 농담, 장난으로 속이기 위해 지어낸 이야기, 말도 안 되는 이야기 등을 할 때 정색하는 표정을 표현하는 데 쓰인다.

straighten one's face 표정을 가다듬다. 정색하다. 《얼굴에 드러난 감정을 수습하는 모습》

Ben bit his lip and frowned again. After a while he *straightened his face* and looked over to Hank. "Listen to me. … What I want is your promise not to talk to anybody—anybody at all—about what you heard today." (벤은 입술을 깨물며 다시금 얼굴을 찌푸렸다. 잠시 후 그는 표정을 가다듬고 행크를 보며 "잘 들어. 오늘 들은 얘기는 절대로 누구에게도 얘기하지 않겠다고 약속해." 하고 말했다.) — B.Plain: 2

one's face is strained 얼굴이 경련하다. 얼굴에 쥐가 나다. 《힘든 일을 하느라 얼굴에 잔뜩 힘을 주었을 때; 격심한 통증을 느낄 때; 극도의 긴장, 감정의 억제, 정신적인 중압감 등으로 피로할 때 등》

He was shaking now and *his face was strained* and grey. He looked down at her. "You bitch!" he hissed. (그의 몸은 분노로 부들부들 떨렸고 얼굴은 흙빛이 되어 경련하고 있었다. 그는 그녀를 내려다보며 낮은 목소리로 "개 같은 년!"이라고 말했다.) — B.T.Bradford

stroke someone's face 타인의 얼굴을 쓰다듬다. 《애무, 친밀한 접촉 동작》 유 caress someone's CHEEK

He reached out and *stroked her face*. "I don't think you have any idea of how much I love you…." (그는 손을 뻗어 그녀의 얼굴을 쓰다듬으며 "내가 당신을 얼마큼 사랑하는지 당신은 전혀 모를 거예요."라고 말했다.) — M.Binchy

take someone's face in one's hands ➡ hold someone's face between one's hands

She *took his face in her hands* and kissed him tenderly. Then she held him at arm's length. Smiling through her tears she said, "I'm afraid you've lost weight." (그녀는 오랜만에 재회한 그의 얼굴을 두 손으로 잡고 부드럽게 키스했다. 잠시 후 그녀는 그를 앞에 세워 두고 눈물 어린 얼굴로 미소를 지으며 "좀 마른 것 같아 걱정이구나."라고 말했다.) — C.Freeman: 1

one's face tightens 얼굴을 굳히다(긴장시키다). 표정이 딱딱해지다. 《무언가를 열심히 하고 있을 때; 경계, 긴장 때문에; 적의, 분노 때문에》 유 one's face hardens / one's face narrows

Then *his face tightened* in concentration and he irritably pushed his glasses up on his forehead and brought the picture close to his face. (그는 정신을 집중하느라 얼굴을 굳힌 채 초조한 듯 안경을 이마 위로 올리고 사진을 얼굴 가까이로 가져왔다.) — A. Hyde

She headed for the small graveyard next to the church, aware of nothing except her overwhelming grief. *Her face tightened* and darkened, and there was a chilly light in her eyes as she looked unwaveringly. 〔억울하게 돌아가신 아버지의 묘를 찾는 상황〕 (감당하기 어려운 깊은 슬픔에 휩싸인 그녀는 교회 옆의 작은 묘지로 향했다. 눈조차 깜빡이지 않고 앞을 바라보는 그녀의 얼굴은 딱딱하게 굳었고 분노가 어둡게 드리워졌으며 눈은 차갑게 빛났다.) — B.T. Bradford

tip someone's face up 얼굴을 들어 올리다. 《고개를 숙인 상대의 턱에 손을 대고 하는 동작》 유 lift someone's face / lift someone's CHIN

"Until then you'd suspected me." He *tipped up her* guiltily downcast *face* with one finger, forcing her to meet his grey gaze. ("그때까지 나를 의심했었군." 하고 말하자 그녀는 가책을 느끼며 고개를 숙였고, 그는 그녀의 얼굴을 손가락으로 들어 올려 억지로 자신의 눈을 보게 했다.) — C. Rossiter

touch someone's face 타인의 얼굴을 손으로 가볍게 만지다. 《애무; 우호적인 접촉 행동》 유 lay one's HAND on someone's cheek / touch someone's CHEEK

"I wasn't asking for personal reasons… I was just curious, really…" "Of course…" She reached out and *touched my face*. "Well… have a good day." 〔고등학생인 딸이 어머니와 섹스에 대해 대화하는 상황〕 ("개인적인 이유가 있어 물은 건 아니에요. 단지 호기심이 생겨서…"라고 얘기하자 그녀는 "당연한 거야." 하며 손을 내밀어 내 얼굴을 어루만졌다.) — J. Blume: 4

They looked directly at each other. She *touched his face*, wanting to smooth away the deep, unhappy creases in his forehead. (두 사람은 서로를 바라보았다. 그녀는 그의 얼굴을 어루만지며 그의 이마에 새겨진 깊은 불행을 날려 주고 싶다고 생각했다.) — M.H. Clark: 4

turn one's face away 얼굴을 돌리다. 유 avert one's face / twist one's face away / turn one's HEAD away

Pendle came over and took my hand. "Sorry you're sick," he said. I *turned my face away* to hide the tears. (문병을 온 펜들은 나의 손을 잡고

다정한 말을 건넸다. 나는 눈물을 보이지 않기 위해 얼굴을 돌렸다.) — J.Cooper: 3

one's face turns long 표정이 어두워지다. 음울한 얼굴이 되다. ((불쾌, 우울, 실망 등의 표정)) 유 one's face lengthens / a long face

American *faces turn long* as Reagan reports to his aides that he and Gorbachev stressed opposed views that morning. (그날 아침 레이건과 고르바초프가 반대 입장만을 확인했다는 것이 레이건 대통령이 자신의 보좌관들에게 전한 보고를 통해 세간에 드러나면 미국 국민들은 실망한 기색을 감추지 못할 것이다.) — *Time*, 1985

twist one's face away 고개를 비틀며 얼굴을 돌리다. 유 turn one's face away / turn one's HEAD away

He bent his head and kissed her, but she *twisted her face away*, her words jerking out like a sob. (마치 그녀의 입을 막으려는 듯 그는 고개를 숙여 그녀의 입술에 키스했다. 그녀는 얼굴을 돌렸고 항의의 말이 그녀의 입에서 신음 소리처럼 새어 나왔다.) — J.McNaught

one's face is twisted 얼굴이 뒤틀리다. ((고통, 분노, 증오, 공포 등으로 인한 표정)) 유 one's face is contorted

His face··· *was twisted* in pain. (그의 얼굴은 고통으로 뒤틀렸다.) — P.G. Wodehouse: 1

one's face twitches 얼굴의 근육이 씰룩거리다. ((신경질적인 모습; 울음이 터질 듯한 모습; 웃음이 터질 것 같은 모습))

His face twitches as if he were on the verge of tears. (당장이라도 울음이 터질 것처럼 그의 얼굴이 마구 꿈틀거렸다.) — E.O'Neill: 2

one's face is white 얼굴이 창백하다. ((공포, 쇼크, 분노 등으로 인한 표정)) 유 one's face is pale

Max'*s face was* suddenly *chalk-white* beneath his tan. He shook his head a little as if he was trying to clear it. (맥스의 그을린 얼굴이 핏기가 빠져나가 창백해졌다. 혼란스런 머릿속을 깨끗이 비우기라도 하려는 듯 그는 머리를 가볍게 흔들었다.) — L.Michaels

wipe one's face 얼굴을 닦다. ((땀, 빗물 등을 닦아 내기 위해))

The doctor *wiped his face*. "I'm sorry," said Duff. "This hurts me as it does you, you know. This kind of question." (타인의 프라이버시에 관

련 질문을 받은 상황] (의사는 심기가 불편해 얼굴을 쓱 닦았다. 그러고는 이런 종류의 질문은 서로 불편할 것이라며 양해를 구했다.) — C. Armstrong: 1

wipe the grin [smirk, smile] from [off] one's face

얼굴에서 웃음기를 지우다.

"Okay, Miss Cool, I'll tell you what." She *wiped the smirk from her face*, wriggled herself into a more comfortable position on Cindy's desk, and spoke to the younger woman as if she were hard of hearing. [한 여성이 직장 후배에게 설교하는 장면] ("미스 쿨, 할 얘기가 있어." 라고 말문을 연 그녀는 금세 얼굴에서 웃음기를 거두고 정색을 한 뒤 신디의 책상 위에 편안한 자세로 앉아 마치 청력이 좋지 못한 사람에게 하듯 이야기했다.) — C. Jameson

★ NB: 의미 없이 실실 웃거나 불쾌한 웃음을 지을 때 '그렇게 웃지 말라'는 의미로 하는 말 중에 "Wipe the grin [smile] off your face."가 있다. 그리고 자신의 얼굴이 아닌 타인의 얼굴에서 웃음기를 거두는 wipe the smile [grin] off someone's face라는 관용구도 있다. 이는 타인의 모처럼의 좋은 기분을 망치는 언행을 비유적으로 나타내는 표현이다.

wrinkle one's face **얼굴을 찡그리다. ((씁쓸한 표정, 기분이 좋지 못한 표정))**

Greatly annoyed, Wilhelm *wrinkled his face* at him. (짜증이 치밀어 오른 빌헬름은 얼굴을 찡그려 불쾌한 표정을 지었다.) — S. Bellow: 2

FINGER

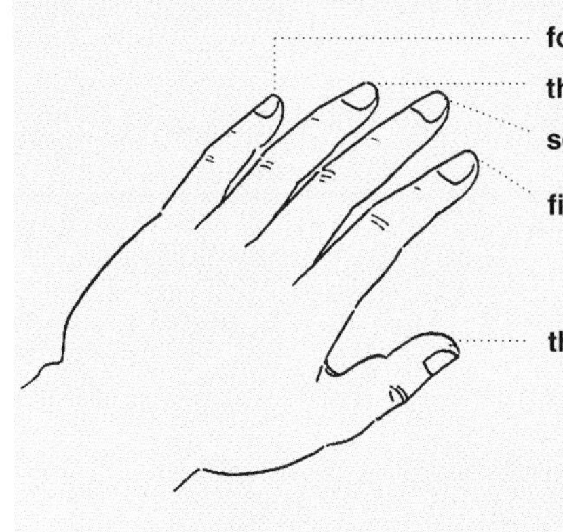

- finger는 손가락을, toe는 발가락을 지칭하는 단어다. 손가락과 발가락을 다 칭하는 digit도 있으나 이 단어는 일상생활에서는 거의 쓰이지 않는다. 엄지손가락은 다른 finger와 구별하여 thumb이라는 별칭으로 불린다. 영영사전 *COBUILD*에서는 finger를 다음과 같이 정의하고 있다. "fingers란 엄지손가락을 포함하는 경우도 있으나 보통은 엄지를 제외한 네 개의 손가락을 가리키며, finger가 단수로 사용될 경우 이는 엄지손가락을 의미하는 것이 아니다."

- finger는 검지부터 새끼손가락까지 first finger, second finger, third finger, fourth finger라고 순차적으로 번호를 매긴다.
  the **first finger** 검지에 해당한다. index finger 또는 forefinger라고도 한다. 전자는 손가락의 pointer로서의 기능을 나타내는 이름이고, 후자는 손가락들 중 맨 앞에 있다는 것을 나타내는 이름이다. 영어권에서는 검지를 단지 특정한 사람이나 방향을 가리킬 때뿐 아니라 사람을 불러들일 때(e.g. crook one's finger at someone), 타인의 주목을 끌려고 할 때(e.g. raise one's finger), 꾸짖을 때(e.g. stab one's finger at someone), 논점을 아주 강하게 강조할 때(e.g. chop the air with one's finger) 등 자신의 뜻을 강력히 표현할 때 사용하곤 한다.
  일본인은 이 손가락을 영미인만큼 공격적인 자기표현으로 사용하지 않는다. 오히려 지시 동작 외에 무언가를 갖고 싶어 하는 모습을 표현하는 관용구 '손가락을 입에 물다'처럼 장난스러운 동작이나 고개를 비스듬히 기울이고 볼에 손가락을 가볍게 가져다 대 보이는 여자아이의 애교스러운 포즈 등 어리광의 동작으로 자주 쓰인다.
  the **second finger** 제일 가운데에 위치한 손가락으로 middle finger라고도

불린다. 예로부터 서구에서는 비속하고 외설적인 동작에 이 손가락을 사용하였는데, 지금도 미국에서는 성행위를 빗대어 중지를 세운 뒤 아래에서 위로 솟구치듯 추켜올리는 모욕적인 동작을 사용하곤 한다. 관용구 give someone the finger에서 the finger는 바로 이 중지를 가리킨다(→ extend one's middle finger).

the **third finger** 약지에 해당하는 손가락으로 ring finger라고도 부른다. 왼손 약지에 약혼반지나 결혼반지를 끼는 것에서 유래한 이름이다. 그리스 로마 시대에는 이 손가락을 medical finger라고도 했다. 그 이유는 약지를 약을 혼합할 때 사용했기 때문인데, 심장과 직결되는 섬세한 신경(다른 설에 따르면 혈관)이 좌우 약지와 연결되어 있다고 여겼던 것이다. 그리하여 약에 독이 들어가면 손가락이 즉각 반응, 위험성을 심장에 알린다고 믿었다. 영원한 사랑을 맹세하는 반지를 이 손가락에 끼우게 된 것도 이 손가락이 심장과 바로 연결된다는 믿음에 기초한다(Sperling, 1981).
약지는 다섯 손가락 중 단독으로 움직이기 가장 어려운 손가락이어서 동서양 모두에서 입술에 연지를 바르거나 피부에 크림을 바르는 등 움직임이 적은 실용적 동작에 주로 사용된다.

the **fourth finger** 새끼손가락을 가리킨다. 손가락 중 가장 작은 손가락이어서 little finger라고 불린다. 미국에서는 pinkie라는 속칭도 쓰인다. 과거 영미권에서는 새끼손가락을 ear finger라고도 불렀는데, 이 명칭은 새끼손가락으로 귀를 막아 외계의 소리를 차단하고 몸속에서 울리는 소리에 귀를 기울이면 미래를 예지할 수 있다는 오래된 미신에서 유래한 것이다. 이러한 속설은 요즘 어린이들 사이에도 널리 퍼져 있는데, 예를 들어 영국 일부 지방에서는 구급차를 목격했을 때 손톱이 떨어지지 않도록 새끼손가락을 감추고, 또 두 사람이 우연히 동시에 같은 말을 했을 때 얼른 서로의 오른손 새끼손가락을 걸고 소원을 빌면 이루어진다고 믿는다(I. & P. Opie, 1959).

braid one's fingers ➡ interlace one's fingers

He *braided his fingers*, studying them, thinking hard. (그는 손가락을 깍지 끼고, 그것을 지그시 쳐다보며 생각에 잠겼다.) — Z.Popkin

bring the tips of one's fingers [one's fingertips] together 양손의 손가락 끝을 모으다. ((생각할 때, 특히 잔뜩 생각하는 티를 내고자 할 때의 동작–턱 아래나 가슴 부근에서 이루어지는 동작)) 유 form a Gothic arch with one's fingers / make an arch with one's fingertips / make a tent of one's fingers / match the tips of one's fingers / press the tips of one's fingers together / put the tips of one's fingers together / steeple one's fingers

bring the tips of one's fingers together

"I see." He *brought the tips of his fingers together* above the desk. It was a favorite gesture whenever he was thinking or mentally marking time. (그는 "그렇군요."라고 말하며 책상 위에서 양손의 손가락 끝을 모았다. 이는 그가 생각에 잠기거나 생각에 잠겼다는 티를 내어 시간을 벌려고 할 때 즐겨 하는 동작이었다.) — A.Hailey: 1

★ NB: 이 동작을 steepling이라고도 하는데, 이는 양손의 손가락 끝을 맞대면 교회의 첨탑과 비슷한 모양이 만들어지기 때문이다. 이러한 동작은 자신만만한 모습으로 사람들을 상대하는 변호사, 기업가, 성직자 등이 즐겨 하는 동작이다. 남 앞에서 심리적인 불안을 느낄 때 사람들은 종종 어찌할 바를 몰라 손을 꼼지락거리기 마련인데, 이때 손을 맞잡거나 팔짱을 끼는 것을 그런 마음의 상태를 들키고 싶지 않은 방어적 행동으로 보기도 한다. 따라서 남 앞에 손을 당당히 꺼내 놓고 '교회의 첨탑'을 만들어 보이는 이 동작은 상대의 존재에 개의치 않는 자신감을 나타내는 동작이라 하겠다(Nierenberg & Calero, 1971). 남성을 위한 예법서인 *Esquire's Guide to Modern Etiquette*에서는 이 동작이 잘난 척하는(pompous) 인상을 줄 수 있으므로 조심해서 사용하라고 조언하고 있다.

check on one's fingers ➡ tick off··· on one's fingers

"What can you do?" "Well," she said, *checking on her fingers*. "Shorthand, speed good, typing excellent. French and Italian A level. Some German···." ("할 줄 아는 게 뭐가 있나요?"라는 질문에 그녀는 손가락을 꼽으며 "속기 스피드 상, 타자 최상. 프랑스어와 이탈리아 어 A급. 독일어 약간···."이라고 자신의 특기를 열거했다.) — M.Lewty: 1

★ NB: 손가락을 꼽으며 무언가를 열거하는 모습을 나타내는 관용구로 count··· on one's fingers가 있다. 이 표현은 can을 동반하여 손에 꼽을 수 있는 정도의 수라는 것을 비유적으로 나타낼 때에도 종종 쓰인다.

chop the air with one's finger 검지로 허공을 내리치다. ((말의 중요한 포인트, 특정한 단어 등을 힘주어 강조하는 동작)) 유 punch the air with one's finger / stab the air with one's finger

chop the air with one's finger

Kingsfield'*s index finger chopped the air*, as if he were drawing an imaginary red line down an imaginary paper. 〔학생이 말한 답의 잘못된 점을 예리하게 지적하는 상황〕 (킹스필드 교수는 마치 가공의 시험지에 가공의 빨간 줄을 긋는 것처럼 허공에 검지를 세게 내리그었다.) — J.J.Osborn

clench one's fingers into one's palm(s) 손톱이 손바닥을 파고들 정도로 주먹을 꽉 쥐다. ((긴장해서; 격정을 억누르기 위해서)) 유 curl one's fingers (into a fist [fists])

The fingers clenched slowly *into the palms* of his hands until they made massive fists, the nails digging into the skin. 〔마음속에 소용돌이치는 격정을 억누르는 남자의 모습〕 (그는 양손의 손가락을 서서히 오그려 손톱이 손바닥을 파고들 정도로 주먹을 꽉 쥐어 커다란 주먹을 만들었다.) — J.Archer: 3

comb one's fingers through one's hair ➡ run one's fingers through one's hair

Dr. Worthing stepped out into the hall, firmly closing the door behind him. "I thought I heard you come in," he explained, *combing his fingers through his* white *hair* in a harassed gesture. (면회 사절을 엄수하기 위해 워딩 박사는 환자의 가족을 병실 밖 복도에서 맞았다. 그는 "발소리가 들려서 밖으로 나왔습니다."라고 말하며 피곤한 듯 손으로 하얗게 센 머리카락을 쓸어 올렸다.) — J.McNaught

crack one's finger joints 손가락의 관절을 딱딱 꺾다. ((피아노 연주 등을

위한 손가락 준비 동작; 주로 남성이 손이 심심할 때 하는 개인적인 버릇; 신경질적이며 주의가 산만한 손동작》 유 crack one's KNUCKLEs

He came to their study soon after, and sat silent for some time, *cracking his* great red *finger-joints*. (곧 교실로 들어간 그는 손가락 관절을 딱딱 꺾으며 잠시 동안 잠자코 앉아 있었다.) — T.Hughes

crook one's finger 손가락을 굽히다. 《손바닥을 위로 하여 가볍게 손을 쥔 뒤 상대를 향해 손가락을 두세 번 굽혔다 펴는 동작; 손짓하여 부르는 동작; 얼른 와서 도와 달라고 신호하는 것을 의미하는 비유 표현》

crook one's finger

Dr. Godwin appeared in the inner doorway and *crooked his finger* at me. I followed him down the hallway through a hospital door into a small cramped office. (안쪽 문에서 모습을 드러낸 의사 고드윈이 나를 손짓으로 불렀다. 나는 그의 뒤를 따라 복도를 걸어 그의 좁고 옹색한 사무실로 들어갔다.) — R.Macdonald: 3

But Moira had never had to fight for anything. She had only to *crook a* dainty *finger* and whatever she wanted was there. (모이라는 무언가를 손에 넣기 위해 싸울 필요가 전혀 없었다. 섬섬옥수로 슬쩍 손짓만 하면 어떤 바람도 즉각 이루어졌기 때문이다.) — K.Britt

★ NB: 이 동작은 "Come here."라고 말하며 상대방을 부르는 동작으로 정중함과는 거리가 멀다.

★ NB: 두 번째 예문의 경우처럼 crook one's finger가 비유적으로 쓰일 때는 finger에 little 등의 형용사가 붙게 된다. 이는 조금이라도 의사 표현을 하면 당장 누군가가

달려와 바라는 것을 이루어 줄 것을 기대하는 모습을 비유적으로 나타낸다. (to bend one's finger in order to attract the attention of another person, especially so that they run to help or do something for one —*LDEI*)

crook one's little finger [pinkie] 새끼손가락을 다른 손가락에서 떼어 살짝 굽히다. ((집안이나 혈통이 좋다는 것을 보이려는 우아한 손동작; 고상한 척하는 거드름-찻잔 등을 들어 올릴 때 자주 하는 동작))

crook one's little finger [pinkie]

The essence of snobbery is not real self-assurance but its opposite, a deep apprehension that the jungles of vulgarity are too close···. So the breed dresses for dinner and *crooks pinkies* and drinks Perrier with lime···. 〔대중을 모멸하고 상류사회를 찬미하는 스노브들에 대한 기사〕 (그들의 근본에 있는 것은 진정한 자신감이 아니라 그 반대로 저속함에 휘말리는 데 대한 깊은 불안감이다. 그래서 이 사람들은 저녁 정찬에 정장을 입고 찻잔을 잡을 때는 새끼손가락을 고상한 척 굽히고 라임을 넣은 페리에를 마신다.) — *Time*, 1982

★ NB: 찻잔의 손잡이를 잡을 때 새끼손가락을 다른 손가락들에서 떼어 구부리는 장식적인 동작은 좋은 집안에서 자란 사람들의 우아한 매너라고 여겨진다. 그러나 일설에 의하면 이 동작은 19세기 말엽 영미권의 여성 해방 운동가들에 의해 여성의 독립을 상징하는 행위에서 시작되었다고 한다(Morris, 1985). 남성에게 의존하지 않는 여성의 자세에 공감한다는 표식으로 남 앞에서 차를 마실 때 여봐란듯 새끼손가락을 따로 떼어 구부려 보이자는 운동이 일종의 유행이 되어 널리 퍼졌는데, 기원과는 반대로 예의를 갖춰 차를 마실 때의 손짓으로 정착하여 우아한 매너의 상징처럼 되어 버렸다는 것이다. 이 설의 어디까지가 진실인지는 확실하지 않으나 이 동작에 타인의 눈을 의식하는 부분이 있다는 것만은 사실이어서 고상한 동작이라기보다는 고상한 척하는 동작으로 여겨지는 경우가 많다. 이 동작을 타인에게 주목받기를 바라는 욕심에서 비롯된 거드름의 일종이라고 단정하는 경우도 있다(Sorel, 1973). 이 동작을 남성이 할 경우

심한 야유를 받게 되는데 주로 여성스러움, 연약함, 역겨운 거드름 등이 느껴진다고 여기기 때문이다. 남성을 위한 예법서인 *Esquire's Guide to Modern Etiquette*에서는 음료를 마실 때 절대 해서는 안 될 동작 중 가장 첫 번째로 이 동작을 꼽았다.

★ NB: crook one's little finger는 '손만 까딱하여' 타인을 쉽게 불러내는 것의 비유 표현인 crook one's finger의 의미로 쓰이는 경우도 있다.

cross one's fingers (1) **검지와 중지를 십자형으로 교차하다. 《검지를 뻗고 그 위에 중지를 십자형으로 겹치고 나머지 손가락을 살짝 굽히는 동작; 성공, 만족스러운 결과, 행운을 기원하는 동작; 악의 없는 거짓말을 할 때 부정을 타지 않기 위해 하는 일종의 미신적인 동작; 아이들이 놀이를 할 때 일시적인 중지(타임)를 요구하기 위해 사용하는 표시–한 손 또는 양손 모두를 사용하는 이 동작은 타인에게 보여 주려 할 때는 손을 어깨 높이로 올리고 손바닥을 상대방 쪽으로 향하여 겹친 손가락을 위로 세운다. 반대로 남의 눈에 띄지 않게 해야 할 경우에는 손을 등 뒤로 돌리고 손등을 등에 붙인 뒤 손가락을 겹친다.》** 유 hold one's crossed fingers up / keep one's fingers crossed

---

Wirthlin called with good news about the early returns. Reagan's response was to *cross the fingers* of one hand above his head and rap on wood with the other. 〔카터 대 레이건 미국 대통령 선거에 관한 기사〕 (워슬린이 개표 초반 레이건이 우세를 점하고 있다는 소식을 전화로 알려 왔다. 레이건은 한 손을 머리 위로 추켜올려 검지와 중지를 겹치고, 다른 한 손으로 나무를 탁탁 두드렸다.—두 동작 모두 행운이 달아나지 못하게 하는 미신적인 의미가 있음) — *Time*, 1980

"Good luck," she said, showing her *crossed fingers* to him. ("행운을 빌어요."라고 말하며 그녀는 검지와 중지를 교차해 보여 주었다.) — S. Stein

★ NB: 이 손 모양은 가슴에 성호를 긋지 못할 만큼 긴박한 상황에서 다른 사람의 눈을

cross one's fingers

피해 손가락으로 십자를 만들어 사악한 힘으로부터 자신을 지켜 주는 부적으로 삼았던 데서 비롯된 것이라 한다(Morris *et al.*, 1981). 그러나 오늘날에는 이러한 종교적 의미는 거의 사라졌고 신의 가호가 필요할 때 농담처럼 사용하는 동작이 되었다.

영미인은 아무리 걱정해 봐야 소용없는 상황에서 행운을 기원하는 의미로 이 동작을 사용한다. "I'm keeping my fingers crossed for you."라고 말하며 십자로 겹쳐 놓은 손가락을 보여 주며 응원하는 것이다.

그리고 거짓말의 뒤탈을 피하고 싶을 때도 이 동작을 한다. 영미권의 아이들은 앞으로 거짓말을 하지 않겠다고 맹세할 때 "I cross my fingers and hope to die, if you ever catch me in another lie."라고 말하며 이 동작을 한다. 영국에서는 아이가 거짓말을 했을 때 crossed fingers를 억지로 떼어놓는 breaking the cross라는 행위를 하는 경우도 있다. 거짓말한 아이의 교차해 있는 손가락에 다른 아이가 자기 손가락을 찔러 넣어 십자를 해체함으로써 다음에 거짓말을 하면 신의 노여움을 살 거라고 경고하는 것이다(I. & P. Opie, 1959).

cross one's fingers (2) **검지와 중지를 겹치다. ((친밀한 관계를 나타내는 동작–주로 한 손을 사용하며 (1)과 손 모양은 거의 비슷하나 중지를 굽히지 않는다. 손바닥을 아래로 하여 중지의 손끝을 검지의 손톱 위에 살짝 걸친다.))** 참 press one's two fingers together

"My daughter, she lives around the corner and she comes every day to have coffee. Half the time I throw her out to make lunch for her own kids. I swear she'd move in here if she got the chance. We're like that." Mrs. Kerner *crossed her* two middle *fingers*. ("우리 딸은 이 근처에 살아서 매일 커피를 마시러 옵니다. 그러면 나는 대개 아이들의 점심밥을 챙기라며 억지로 쫓아 보내죠. 아마 기회만 있다면 집으로 냉큼 이사를 들어올 겁니다. 나와 딸은 그런 관계니까요."라고 말하며 커너 부인은 손가락 두 개를 포개어 두 사람의 친밀함을 나타내 보였다.) — M.Gordon: 1

★ NB: (1)은 기독교의 십자가를 본뜬 것이고, (2)의 손가락 모양은 사이가 좋음을 나란히 붙어 있는 손가락을 이용해 시각적으로 나타낸 것으로 둘 사이에는 기원적으로 아무런 관계가 없다. 후자의 경우 어떤 사람은 검지에 중지를 겹치는 대신 그냥 딱 붙이기도 한다(press one's two fingers together). 그리고 손가락을 꼬든, 그냥 붙이든 상관없이 이를 수직으로 세우면 '친밀함'을 의미하고 수평으로 누이면 '연인 관계'라는 의미가 더해진다는 설도 있다(Brosnahan, 1988).

이 동작을 하면서 "They [We] are like that." 또는 "They [We] are as close as that." 등의 말을 덧붙일 때가 많고, 이 동작 때문에 친밀한 관계를 "They [We] are like crossed fingers."라고 비유적으로 말하기도 한다.

curl and uncurl one's fingers **손가락을 굽혔다 폈다 하다. ((긴장하고 있을 때나 불안할 때의 신경질적인 동작))**

I looked at my fingers. *Curled and uncurled them*. This can't all be happening, I thought. (사태가 예기치 못한 상황으로 흘러간다고 생각하며 나는 연신 굽혔다 폈다를 반복하는 손가락을 쳐다보았다.) — D.Francis: 5

curl one's fingers (into a fist [fists]) ➡ clench one's fingers into one's palm(s)

The accusation was gruff. Shannon *curled her fingers into balls* and stared straight ahead. (비난은 거칠었다. 섀넌은 그저 앞을 바라보며 두 손 모두 주먹을 쥐었다.) — S.Stanford

★ NB: 예문에 나온 것처럼 fist(s)를 대신하여 ball(s)을 쓰는 경우도 있으나 fist(s)가 더 일반적이다.

draw a cross on one's breast [chest, etc.] (with one's finger(s)) 검지(검지와 중지)로 가슴에 십자를 긋다. 성호를 긋다. 《가톨릭 신자의 기도 동작; 일상적으로는 무언가 무섭고 어려운 일에 직면했을 때 신의 가호를 구하는 동작; 주로 아이들이 거짓말을 하지 않을 것을 맹세할 때의 동작 등–엄밀하게 말하면 이마, 가슴, 왼쪽 어깨, 오른쪽 어깨 순이다.》

"My lips are sealed," he promised, *drawing a cross on his shirtfront*, his eyes full of conspirational amusement. 〔여자아이가 절대 말하지 말라고 진지하게 위협하는 상황〕 (그는 "입을 절대로 열지 않겠다."라고 가슴에 성호를 그으며 약속했다. 그의 눈에는 그녀가 세우는 음모의 한 축을 담당하는 것에 대한 즐거움이 가득했다.) — C.Rossiter

★ NB: 가슴에 십자를 그리는 동작은 make the sign of cross, cross oneself, cross one's heart 등으로도 표현된다.

draw one's fingers across one's forehead 손가락으로 이마를 가로질러 훔치다. 《피로할 때; 마음이 답답할 때; 머리가 아플 때 등의 자기 접촉 동작》

"…You're getting rather boring. It's late and I have a headache." She *drew her fingers across her forehead*. (지루한 이야기에 질려 버린 그녀는 시간도 늦었고 머리도 아프다고 말하며 귀찮은 듯 손가락으로 이마를 훔쳤다.) — R.Macdonald: 13

draw one's finger across one's throat (1) 검지를 목에 대고 가로로 당겨 긋다. 《면전에서 실언을 하는 등 해서는 안 될 무례나 실수(faux pas)를 저질렀을 때의 동작; 죽음, 해고 등의 심한 처벌을 받는 것을 의미하는 손동작; '그냥 두지 않을 거야', '죽여 버릴 거야' 등 상대를 협박하는 손동작–손등을 위로 하고 검지를 세워

목 근처에 대고 슥 가로로 당겨 그어 목을 베는 흉내를 내다.》 유 cut one's THROAT

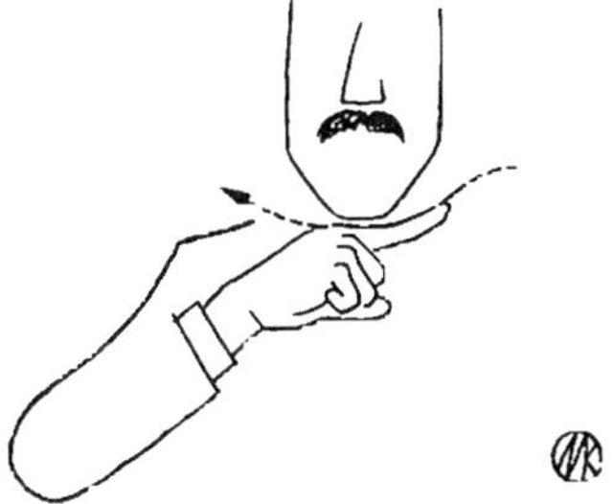

draw one's finger across one's throat

When the first Swedish navy officer boarded Gushin's submarine, the Soviet captain *drew his index finger across his throat* to indicate the direction of his career when he returns home. 〔소련의 잠수함이 영해를 침해하여 스웨덴 해군 당국에 나포되었다는 기사〕 (스웨덴 해군 장교가 조사를 위해 소련의 잠수함에 들어갔을 때 소련 함장은 귀국하면 해고될 것이라고 손으로 목을 긋는 시늉을 해 보였다.) — *Time*, 1981

"I wouldn't go bragging about it if I were you. I wouldn't go telling my ma and pa that you and Liltie are going down to the five-and-dime next Saturday afternoon and lift us some nice rings and garters and things like that. I mean it, kid." And she *drew the back of her forefinger across her throat* and made a dire face. 〔마을의 잡화점에서 도둑질을 하기 위해 토요일을 기다리는 불량배들 사이에서 큰누님뻘 되는 여자가 동료들에게 하는 이야기〕 (그녀는 "다른 사람들에게 절대로 떠벌이지 마. 부모에게도 얘기하지 마."라고 하며 만일 그런 짓을 했다가는 이렇게 만들어 주겠다는 듯 손가락으로 목을 긋는 시늉을 하고 으름장을 놓는 듯한 표정을 지었다.) — J. Stanford

★ **영일비교** 이 동작은 기본적으로 '사형 집행(execution)'을 본뜬 것으로 자신 혹은 타인이 한 짓이 '사형'에 처할 만하다(I'm [He's] for the high jump.)고 농담조로 과장해서 표현할 때 쓰인다.
일본에서도 도검류에 빗댄 손으로 목을 자르는 시늉을 한다. 옛날에 목을 쳐 처형하던 '참수형'의 흉내를 내는 것인데 목의 정면보다는 옆면을 손의 가장자리로 툭 치는 것이 일반적이다. 이 동작은 오늘날 오직 해고의 의미로 쓰일 뿐이어서 draw one's finger across one's throat가 해고를 포함해 몸의 파멸에 두루 쓰이는 것과 대비된다.

draw one's finger across one's throat (2) 검지를 목에 대고 가로로 긋다. 《'I'm fed up to here.'의 손짓으로 지겨움이나 '이제 충분하다'는 뜻을 나타내는 동작-(1)과 동작은 거의 같으나 가로로 당겨 긋는 손가락의 움직임이 더 가벼워 목에 선을 그어 위치를 표시하는 정도다.》

"Is Tony really giving you a hard time?" "I'm up to here." Declan *drew a finger across his throat*. (상사 토니 때문에 애먹고 있느냐는 질문을 받자 데클란은 "여기까지 꽉 찼다."고 말하며 손가락을 목으로 가져가 왼쪽에서 오른쪽으로 당겨 그어 얼마나 지긋지긋한지를 드러낸다.) — J.Cooper: 1

★ NB: 검지로 목에 가로줄을 긋는 대신 손바닥을 아래로 향하여 검지의 측면을 목에 가져가 대는 경우도 종종 있다.

drum one's fingers on the desk [table, etc.] 손가락으로 책상이나 테이블 위를 계속 탁탁 두드리다. 《불안, 초조 등을 원인으로 하는 주의 산만한 동작》 유 tap one's finger(s) on the desk [table, etc.]

drum one's fingers on the desk

He continually *drummed his fingers on the table*, gnawed his nails, and gave other signs of nervous impatience. (그는 손가락으로 책상 위를 탁탁 두드리고 손톱을 물어뜯고 그 외의 여러 가지 신경질적인 모습을 끊임없이 보여 주었다.) — A.C.Doyle: 5

Once I was *drumming with my fingers on my knee*. Eric suddenly said, "What are you doing that for?" "What?" "With your fingers. Are you nervous?" (나는 무의식적으로 무릎 위를 손가락으로 탁탁 치고 있었다. 에릭은 "왜 그러는 거야? 불안한 거야?"라고 한소리 했다.) — R.Kost

★ NB: 이 동작은 두 번째 예문처럼 drum [tap] on the desk with one's fingers로 표현되는 경우도 많다. 또한 오래된 관용구인 beat the [a] devil's tattoo (on the desk)를 사용하는 경우도 있다.

drum one's fingers on one's temple(s) 관자놀이를 손가락으로 가볍게 두드리다. 《검지와 중지 또는 약지를 더하여 관자놀이를 가볍게 톡톡 두드리는 성마른 동작; 어찌해야 하나 생각하는 동작》 유 beat a tattoo on one's FOREHEAD

She marks the score, after computing it by *drumming her fingers on her temple*. (그녀는 관자놀이를 손가락으로 톡톡 두드리며 열심히 계산한 후 그 숫자를 기록한다.) — G.Kanin

extend one's middle finger 중지를 세우다. 《주먹을 쥐고 손등을 상대방에게 향하도록 하고 보란 듯이 중지를 곧추세움으로써 상대방을 모욕하는 아주 비속한 동작》 유 raise one's middle finger 참 give (someone) the two-finger sign

She examined him cooly and understood. Then very casually she raised her fist. And *extended the middle finger*, straight and steady. (그녀는 그를 냉정하게 관찰하여 그의 구차한 생각을 간파한 뒤 유유히 주먹을 위로 들어 올렸다. 그러고는 중지를 우뚝 세워 보였다.) — W.Just

★ NB: 중지는 다섯 손가락 중 가장 긴 가운뎃손가락으로, 서구문화권에서는 남근을 상징하는 비속한(obscene) 손가락으로 여겨진다. 상대방에게 이 손가락을 세워 보여 주는 동작은 로마 시대에도 모욕의 동작으로 여겨졌다고 한다(Morris, 1985).

extend one's middle finger (미국)

give someone the two-finger sign (영국)

영미권에서 이 동작은 오늘날에도 강력한 모욕 행위로 여겨지며 종종 give (someone) the finger라고도 표현한다. 또 이것은 사람들이 타인을 매도할 때 사용하는 표현인 "Up yours!", "Fuck you!", "Screw you!", "Stick it up your bottom!"을 손짓으로 보여 주는 것이기도 하다. 남성들끼리는 농담으로 이 동작을 사용하는 경우도 있으나 일반적인 인간관계에서는 여전히 사용해서는 안 되는 것으로 여겨진다.

한편 중지와 함께 검지까지 들어 올려 V 사인처럼 보이게 하는 경우도 있는데, 이는 V 사인과 약간의 차이가 있다. V 사인은 보통 손등이 자기 자신을 향하는데, 이 동작은 손등이 상대방을 향한다. 또한 손의 움직임에도 차이가 있는데, 이 동작을 V 사인으로 행할 때는 동작을 강조하고 싶은 경우 뒤에서 앞으로 손을 내밀지만 모욕의 동작으로 행할 때는 아래에서 위로 추켜올린다.

flex one's fingers 손가락을 굽혔다 폈다 하다. 《뻣뻣하게 굳은 손가락을 풀어 주는 운동》

She *flexed her fingers*, trying to ease their knuckle-white grip on the steering wheel, as she slowed the Lincoln to make the curve. (그녀는 커브를 돌기 위해 속도를 줄이는 동안 잔뜩 힘을 주어 핸들을 쥐고 있던 손을 풀어 주기 위해 손가락을 굽혔다 폈다 했다.) — J. Dailey: 2

flick one's fingers 손가락을 가볍게 튕기다. 《입에서 나올락 말락 맴도는 말을 어떻게든 빨리 나오게 하려는 초조한 동작; 퍼뜩 생각이 떠올랐을 때의 동작; '그렇구나!', '좋아!', '알았다!' 등의 감정을 수반하는 동작; 타인을 업신여기는 동작 등-엄지 이외의 손가락을 사용한 동작》

His gaze slid to my face, dismissed it, focused again on my companion. Then he did a classic double-take, his eyes widening with recognition. "Tim," he said incredulously. "Tim…" he *flicked his fingers* to bring the difficult name to mind. "…Tim Ekaterin!" (그는 나를 바라보다 나의 동행에게로 시선을 옮겼다. 그러고는 동행의 얼굴을 알아보더니 놀라서 눈을 커다랗게 떴다. "팀."이라고 그는 믿을 수 없는 듯 말했다. 그는 "팀…"이라고 말하며 성을 생각해 내려는 듯 손끝을 까딱까딱 가볍게 튕겨 대다 이내 "팀 예카테린!"이라고 소리쳤다.) — D. Francis: 1

form a Gothic arch with one's fingers ➡ bring the tips of one's fingers together

"The subject isn't funny, fifteen million dollars isn't funny. I'll tell you what it depends on. You know it, but I'll tell you anyway." *His fingers formed a Gothic arch* a few inches in front of his nose. ("1500만 달러를 융자한다는 건 장난이 아니다. 융자를 받기 위해서 어떤 조건이 필요한지 당연히 알고 있겠지만, 그래도 일단 얘기해 주겠다." 이렇게 운을 띄워 놓고 그는 코에서 약간 떨어진 곳에서 두 손의 손끝을 모아 아치 모양을 만들었다.) — R. Macdonald: 1

give (someone) the two-finger sign 손등이 상대방을 향하도록 주먹을 쥔 상태에서 검지와 중지를 펴다. ((모욕을 주는 동작)) 참 extend one's middle finger

Twice during the match against Colin Dodswell, and again after he had won, Mottram *gave* his opponent *the two-finger sign*. Referee Mike Gibson said, "Mottram was aware that his gesture was unfortunately open to misinterpretation. It was made in a mixture of joy and exasperation because he felt the crowd had been against him." Immediately after the match Mottram said: "I did it because he got me browned off." (영국의 신예 테니스 선수 모트램은 콜린 도스웰을 상대로 한 경기 중에 그리고 승리한 후에 그에게 모욕적인 행동을 했다. 심판인 마이크 깁슨은 "모트램은 자신의 행동이 오해를 불러일으키기 쉽다는 사실을 알고 있었다. 승리의 기쁨과 그에게는 적대적으로 느껴졌던 관객에 대한 짜증이 중첩되어 이러한 행동을 했다."라고 말했다. 경기 직후 모트램은 "경기 상대에게 화가 나서 그런 행동을 했다."고 말했다.) — *Daily Telegraph*

hold one's crossed fingers up 검지와 중지를 십자로 겹친 뒤 손을 높이 들다. ((행운을 기원하는 손 모양을 상대방에게 보여 주는 동작; 아이들이 놀이를 할 때 일시중지(타임!)을 외칠 때의 표시)) 유 cross one's fingers (1)

"Pax!" I cried, *holding up crossed fingers*. "I'll go away and come back when the household is feeling better." (나는 "잠시만!"이라고 큰 소리로 말하며 중지와 검지를 교차하여 손을 높이 들어 올렸다. 그러고는 "나는 나갔다가 집안 분위기가 좋아지면 그때 돌아오겠다."라고 말했다.) — S. Peters: 1

hold one's fingers against one's lips 검지와 중지의 끝을 입술에 대다. ((생각에 잠겼을 때 나오는 동작))

The doctor *held two fingers against lips*, reflecting. "Why do you think the boy tried to kill you?" (의사는 검지와 중지를 입술에 대고 생각에 잠겼다가 이윽고 "왜 그 소년이 당신을 죽이려 했다고 생각하나요?" 하고 물었다.) — S. Stein

hold one's finger up [upright] ➡ raise one's finger

"How fascinating. And what has dear old Mark been up to now? Wait. Don't tell me. Let me guess." She *held a forefinger upright* in front of her now. 〔마크가 고용한 탐정과 처음 만난 상황〕 (탐정을 향해 그녀는 "그것 참 재밌군요. 도대체 마크는 무슨 꿍꿍이인 거죠?"라고 물었다. 그러고는 그가 대답을 하지 못하도록 검지를 얼굴 앞에 똑바로 세우더니 "말하지 마세요.

hold one's finger up

내가 맞춰 볼 테니."라고 했다.) — R. Macdonald: 13

hold up two fingers (1) 손가락 두 개를 세우다. 《손을 얼굴 높이로 올려 손바닥이 바깥쪽을 향하게 한 상태에서 중지와 검지는 딱 붙여서 세우고 나머지 손가락은 가볍게 접는 동작; 천주교에서 교황이 신도들에게 신의 축복을 기원할 때 하는 손동작; '축복합니다', '평안하시길' 등의 의미를 연극적으로 농담처럼 나타내는 동작》

hold up two fingers

"Tommy," said she, "I had promised that I would go for a ride with him. He's out front now, waiting for me—Mind if I go?" "Depart in peace!" Masterson *held up two fingers*, pontifically, "I'm in excellent hands." (그녀를 갑작스레 찾아온 토미. 그러나 그녀에게는 다른 남자와 드라이브 가기로 한 선약이 있다. 곤란해하는 그녀에게 토미는 "걱정 말고 가 봐."라고 허풍스럽게 말하며 손가락 두 개를 번쩍 들어 올려 보인다.) — L.C. Douglas: 2

★ NB: 가톨릭의 교의에서 엄지는 삼위일체의 중심인 '성부'를 나타내고 검지는 '성

령', 중지는 '성자'를 나타낸다. 또한 약지는 예수가 지닌 두 가지 성격 중 '신격'을, 새끼손가락은 '인격'을 나타낸다고 한다(Sorel, 1973). 중지와 검지를 세우고 약지와 새끼를 안으로 구부리는 동작은 예부터 가톨릭에서 신의 축복을 기원하는 의미로 쓰였다. 오래된 성화(聖畵)에서는 성모의 품에 안겨 있는 아기 예수가 Divine blessing의 상징으로 오른손으로 이러한 손 모양을 하고 있는 것이 종종 발견된다. 이 동작은 간혹 일상생활에서 비종교적인 컨텍스트로 전용되어 농담조로 쓰이는 경우도 있다.

hold up two fingers (2) 중지와 검지를 들어 V자를 만들다. 《승리의 V 사인》

hold up two fingers

Seeing Eric with his head raised, she *held up two fingers* in a V and blew him a kiss. He smiled, gave her a victory sign back. 〔암과 싸우는 남자아이가 어머니와 치료실에서 창문을 사이에 두고 만나는 장면〕 (에릭이 꼿꼿하게 머리를 들고 있는 모습을 본 어머니는 손가락으로 V 사인을 만들어 보인 뒤 키스를 보냈다. 그는 빙그레 웃더니 자기도 V 사인을 해 보였다.) — D. Lund

★ **영일비교** 이 동작은 Victory의 V자를 본떴다고 해서 V-sign이라는 이름으로 알려졌다. 제2차 세계대전 중에 영국 수상 윈스턴 처칠이 이 손가락 모양을 내보이며 의기소침해진 영국 국민에게 승리는 우리의 것이라고 격려한 뒤로 널리 쓰이게 되었다고 한다. 오늘날 이 동작은 문자 그대로 '이겼다!', '반드시 이기고 말 테다!'라는 의미와 함께 '힘내야지', '힘내라', '괜찮아, 잘될 거야' 등 자신이나 상대를 격려하는 신호로도 쓰인다.

이 동작은 일본에서도 국회의원이나 운동선수처럼 승패를 다투는 사람들 사이에서 승리의 상징으로 쓰이고 있다. 한편 승리와 관계없이 텔레비전의 시청자 참여 프로그램 같은 데서 참가자가 안방의 시청자를 향해 이 동작을 하거나 사진을 찍을 때 카메라를 향해 웃으며 손가락으로 이 모양을 만드는 등 일본인 특유의 용법도 있다.

hook one's little finger into someone's 상대의 새끼손가락에

자신의 새끼손가락을 얽다. 새끼손가락을 걸다. 《맹세, 약속 및 기원의 동작》

"Your first date," said Evy. "Make a wish," she held out her little finger and crooked it. Francie *hooked her little finger into* Aunt Evy's. "I wish I could always wear a white dress and carry red roses…" 〔첫 데이트를 앞둔 프랜시와 숙모 에비의 대화〕 (에비는 "네 첫 데이트구나. 소원을 빌자."고 말하며 새끼손가락을 내밀더니 살짝 구부렸다. 프랜시는 자신의 새끼손가락을 숙모의 새끼손가락에 걸고 "언제나 흰 드레스를 입고 붉은 장미를 손에 들고…"라고 소원을 빌었다.) — B.Smith: 2

★ NB: 새끼손가락을 거는 동작은 link one's little finger with someone's, they link their little fingers 등으로도 표현된다.

★ **영일비교** 오른손 새끼손가락을 서로 얽히게 하는 손가락 걸기 관습은 영미권에서는 주로 아이들 사이에서 볼 수 있는데, 그 사용법은 지역에 따라 다르다. 비교적 넓은 범위에서 볼 수 있는 관습으로는 다음 세 가지를 들 수 있다.
(1) 두 사람이 동시에 우연히 같은 말을 했을 때, 손가락을 걸고 저마다 소원을 빌면 이루어진다고 한다.
(2) 영원한 우정을 맹세할 때 손가락을 건다. 이때 "Make friends, make friends / Never, never break friends."라는 구절을 읊으면서 얽힌 손가락을 위아래로 흔들기도 한다.
(3) 거래(bargain) 조건을 꼭 지키겠다고 서약할 때 손가락을 건다. 얽힌 새끼손가락을 위아래로 흔들면서 때로는 다음과 같은 구절을 읊기도 한다. "Ring a ring a pinkie / Ring a ring a bell / If ye brak the bargain / Ye'll go to hell."(I. & P. Opie, 1959)
일본에서도 약속의 증표로 새끼손가락을 거는 건 주로 아이들이 하는 행위다. 하지만 지금처럼 이성 교제가 자유롭지 못했던 먼 옛날에는 남녀 사이에 절실한 사랑의 맹세로 쓰이기도 했다. 새끼손가락을 걸고 약속한다는 뜻의 일본어 '유비키리(指切り)'에는 다른 뜻도 있는데, 1930년대 출판된 일본의 국어사전 『다이겐카이』에 따르면 애초에 '유비키리'는 '남녀가 약속이 변함없다는 증표로 새끼손가락을 칼로 자른다.'라는 심각한 서약 행위도 의미했다고 한다. 이 관습의 흔적은 오늘날 젊은 남녀가 "그럼 약속하자."라고 반쯤은 농담 삼아 새끼손가락을 서로 얽는 친밀한 몸짓에서 볼 수 있다.

interlace one's fingers **손가락을 번갈아 끼운 형태로 두 손을 맞잡다. 양손을 깍지 끼다. 《생각에 잠겼을 때; 긴장이나 불안으로 몸이 굳었을 때; 감정을 억누를 때 등》** **유** braid one's fingers / knot one's fingers together / lock one's fingers / braid one's HANDs / clasp one's HANDs (together)

"How about it, V? The answer is yes, Isn't it?" She sat, *interlacing her fingers*, a great seriousness falling upon her face. (대답을 재촉받으

interlace one's fingers

며 그녀는 양손을 깍지 낀 채 조용히 앉아 있다. 그녀의 얼굴은 자못 진지한 표정이다.) — A.S.Turnbull: 1

interlace one's fingers around one's knees 양손을 깍지 끼워 무릎을 끌어안다.

Her fingers, interlaced round her knees, gripped until all feeling was deadened. However, she betrayed in no other way the pain his words had caused her. (그의 말에 그녀는 깊은 상처를 받지만 그것을 겉으로 드러내지는 않았다. 그녀는 그저 두 팔로 무릎을 끌어안고 손을 깍지 낀 뒤 손에 감각이 없을 때까지 꽉 힘을 주었다.) — L.Peake: 4

interlace one's fingers behind one's head 두 손을 깍지 껴 뒤통수에 가져다 대다. ((사적인 경우, 편안하고 여유 있는 자세; 공적인 경우, 자신의 지위에 안주하는 자세—이 자세를 취하면 양팔이 좌우로 넓게 벌어져 보디 존이 넓어진다.)) 유 clasp one's HANDs behind one's head

He tipped back in his chair, *interlaced his fingers behind his head*, and, smiling into her eyes, said slowly…. (그는 의자에 등을 기대고 앉아 두 손을 깍지 껴 뒤통수를 받치고는 그녀의 눈을 지그시 바라보며 미소를 짓고 천천히 이야기를 시작했다.) — L.C.Douglas: 3

interlock one's fingers under one's chin 양손을 깍지 껴 턱 아래에 놓다. ((생각하는 동작))

She paused, then asked, "When was the last time you saw Vangie Lewis?" He leaned back in the chair. *His fingers interlocked under his chin*, revealing immaculately clean nails. (그녀는 "밴지 루이스를 마

지막으로 본 게 언제죠?" 하고 물었다. 그는 의자에 등을 기대고 깨끗하게 정돈된 손톱을 드러내며 손을 깍지 껴 턱 아래에 놓았다.) — M.H.Clark: 4

jab one's finger 검지로 세게 찌르다. ((사물에 대하여) 분노, 짜증 등의 감정을 수반한 지시 동작; (사람에 대하여) 주로 상대방에게 무언가를 따질 때 쓰는 비난, 힐책의 동작) 유 point one's finger

"That's him! That's the man, the one who took her away from her husband." She *jabbed her forefinger* at Spillman's head. 〔범인의 사진을 확인한 상황〕 ("맞아, 바로 이 남자야. 그녀를 그녀의 남편으로부터 뺏어간 사람 말이야."라고 말하며 그녀는 사진 속 스필맨의 얼굴을 찌를 듯이 가리켰다.) — R.Macdonald: 2

Boston's mayor Kevin White… was the picture of living indignation. He *jabbed a finger* toward the bold headlines in the *Boston Globe*, which charged that another scandal had been uncovered in the mayor's administration. Fumed White: "I should not be sitting in this chair if that is true, not even for five minutes." 〔신문 보도에 화가 머리끝까지 난 보스턴 시장에 관한 기사〕 (또다시 새로운 스캔들이 밝혀졌다는 지역신문의 요란한 헤드라인을 초조한 듯 손가락으로 가리키며 케빈 화이트는 "이 기사가 사실이라면 나는 이 자리에 채 5분도 앉아 있을 수 없었을 겁니다."라며 씩씩거렸다.) — *Time*, 1983

keep one's finger crossed ➡ cross one's fingers (1)

The Denver cheerleader *keeps her fingers crossed* and entreats the mountain lords. 〔미국 풋볼 관련 기사의 사진 캡션〕 (덴버 측 치어리더가 팀의 승리를 위해 검지와 중지를 겹쳐 산신의 가호를 기원하고 있다.) — *Time*, 1975

kiss one's bunched-up fingers ➡ kiss the tips of one's fingers

"What was his wife like?" The Duke *kissed his bunched-up fingers*. "So beautiful…." ("그의 아내는 어떤 사람이었어?"라는 질문에 듀크는 손끝을 오므려 가볍게 키스하며 "정말 아름다웠지…." 하고 얘기를 시작했다.) — J. Cooper: 1

kiss the tips of one's fingers [one's fingertips] 엄지와 검지를 오므리고 그 손끝에 가볍게 입을 맞추고는 손을 입술에서 떼며 손을 활짝 펴다. ((조금 떨어져 있는 사람에게 키스를 보내는 동작; 최고, 맛있음, 대단함, 섹시함 등 좋고 아름다운 것에 대한 찬미의 표현-한 손 또는 양손을 사용한 동작) 유 kiss one's bunched-up fingers

kiss the tips of one's fingers

"Is she attractive?" He blushed. "Pretty?" Salzman *kissed his fingertips*. "A little doll. On this I give you my word." ("매력적이야?" 라고 부끄러워하며 묻는 친구에게 잘츠만은 "예쁘냐고?"라며 손끝에 키스를 하고 "예쁜 인형 같아. 내가 장담할 수 있어."라고 말했다.) — B.Malamud: 2

★ NB: kiss the tips of one's fingers는 손끝에 입을 맞추는 동작뿐 아니라 나중에 오므렸던 손을 활짝 펴는 동작까지 포함하는 표현이다. 이때 손끝을 입술에서 떼는 순간에는 손등이 아래를 향한 상태가 된다. 그리고 멋지고 대단하다고 칭찬하는 경우에는 입술 바로 옆에서, 키스를 날리는 경우에는 조금 떨어진 곳에서 손을 펼친다.

이 동작의 기원을 살펴보면 과거 종교적인 예배 의식에서 그 출발점을 찾을 수 있다. 성상, 제단, 성석 등 직접 입술을 대어 숭배의 뜻을 나타내는 것이 불가능한 성물(聖物)을 향해 멀리서나마 입맞춤을 하려 한 것이 그 시작이라는 얘기다. 그 후 왕족이나 귀족 등 권력자에 대한 숭배의 동작으로 사용되기 시작하였고, 다시 궁정 내에서 윗사람에 대한 겸양의 태도를 갖춘 인사로 변모하였다. 이 인사는 16세기부터 영국 궁정에서도 사용되었으나 18세기에 이르면 손끝에 입을 맞추는 부분이 생략되고 입술 앞쪽에서 바깥쪽으로 커다란 호를 그리듯이 손을 내미는 것으로 변화하고, 19세기로 접어들면 아예 서구의 궁정 예법에서 없어지게 된다(Morris *et al.*, 1981). 하지만 지금도 사람들은 사랑하는 사람에게 보내는 연극적인 인사로, 또는 맛있고 아름다운 것에 대한 허풍스러운 감탄의 표현으로 이를 사용하고 있다.

다만 영미권에서는 이것이 라틴계 유럽인, 특히 프랑스인의 전형적인 동작으로 인식되고 있어 영국인이나 미국인이 이 동작을 하면 프랑스인을 흉내 내거나 프랑스인인 척하는 것이라고 생각한다. 그래서 이 동작은 자연스런 동작이라기보다는 연극적이고 과장적인 동작으로서 하게 되는 경우가 많다.

knot one's fingers together ➡ interlace one's fingers

She utters a low moan and turns off the lamp—sits stiffly on the edge of the sofa, *knotting her fingers together*. 〔연극의 지문〕 (소심한 그녀는 어쩌면 좋으냐고 작은 소리로 안달하다 방의 불을 끄고 신경질적으로 두 손을 깍지 끼고는 소파 끝에 뻣뻣하게 앉는다.) — T. Williams: 1

lay one's finger alongside one's nose 검지를 코 옆에 세우다. 《공모, 서로 짜기 등의 표시; 빈틈없이 잘 되어감을 나타내는 표시; 주의하라는 표시-코 옆을 탁탁 두드리는 동작(nose tapping)이 수반되기도 한다.》 참 tap one's NOSE

"That is still two more chorus singers that must be found!" "How do you know this?" Scotti asked. "Mr. Gatti tells me. You understand what all this means?" Caruso *laid one finger alongside his nose*. "Una maledizione!" (오페라 극장에서 코러스 단원의 연쇄 살인 사건이 발생하여 단원을 보충해야 할 상황이다. 도대체 이 사태가 무엇을 의미하는지 당신은 아냐고 친구가 묻자 카루소는 검지를 세워 코 옆에 두고 "천벌이다!"라고 이탈리아어로 말한다.) — B. Paul: 2

"… When you want to reach me from now on, just dial my home phone and say something innocuous. I'll get back to you within ten or fifteen minutes from an outside phone. Will that be satisfactory?" Then the ex-curator did something exceedingly curious. He made an antique gesture Delaney had read about in Dicken's novels but had never seen. Langley *laid a forefinger alongside his nose* and nodded wisely. Captain Delaney was delighted. "Exactly," he nodded. 〔경감과 그의 협력자가 비밀스럽게 연락할 방법을 의논하는 장면〕 (경감은 "나에게 연락하고 싶으면 일단 집으로 전화해서 아무 얘기나 해. 그러면 내가 바깥 전화로 10분이나 15분 안에 다시 전화를 걸지."라고 협력자에게 제안했다. 그러자 협력자는 검지를 코 옆에 세워 보이며 고개를 끄덕였다. 옛날 옛적 디킨즈의 소설에서나 읽었을까, 실제로는 한 번도 본 적이 없는 아주 예스러운 동작이었다. 경감은 이것을 보고 아주 기뻐하며 "그럼 합의 본 거네."라며 고개를 끄덕였다.) — L. Sanders: 2

lay a finger on… …에 손가락을 대다. 《나쁜 의도를 가지고; 여성 또는 어린아이에게 위해를 가하거나 괴롭히는 것을 의미하는 비유 표현》

"… I suppose he thinks your wife is his business and he is prepared to tear anyone limb from limb who *lays a finger on* her." ("그 개는 당신 아내를 지키는 것이 자신의 임무라고 생각하여 그녀에게 손가락 하나라도 대려는 자가 있으면 발기발기 찢어 놓을 태세였다.") — A. Christie: 3

level one's finger at someone 검지의 끝을 상대방에게 향하다. 《말을

강조할 때 수반되는 동작; 주의를 환기시키는 동작; 누군가를 꼭 집어 비난할 때의 동작》
유 point one's finger (at someone)

"I tell you that they don't for a minute think that the rabbi did this. But"—he *leveled a forefinger at* them for emphasis—"he has to be considered…." (유대인 회의 장로 중 한 사람이 "경찰은 랍비의 범행이라고는 조금도 생각하고 있지 않다. 그러나…."라고 말하며 자신의 말을 강조하기 위해 검지를 모두를 향해 뻗고는 말을 이어 갔다.) — H. Kemelman: 1

lick one's finger(s) 손가락을 핥다. 손가락을 빨다. 《주로 음식을 만진 손가락을 핥아 깨끗하게 하려는 실용적인 동작; 맛있는 것을 의미하는 비유 표현》

Maggie finished her sandwich and *licked her fingers*. (매기는 샌드위치를 다 먹고는 끈적해진 손가락을 핥았다.) — P.M.Carlson

… "Pst, Mrs. Levenson. Have I got a chicken for you. You'll *lick your fingers* from it." 〔안면이 있는 주부에게 정육점 주인이 말을 거는 모습〕 ("잠시만요, 부인. 부인께 안성맞춤인 닭이 한 마리 있어요. 먹어 보면 너무 맛있어서 손가락을 핥게 될 겁니다.") — S. Levenson

link and unlink one's fingers 양손의 손가락을 꼬았다 풀었다 하다. 《주의 산만하고 안절부절못할 때 나오는 동작》

Victoria *linked and unlinked her fingers*. "Well, that was—very thoughtful of you, of course, but I would rather get up—if you don't mind?" 〔아파서 쉬고 있는 가정교사에게 집주인이 갑자기 병문안을 온 상황〕 (빅토리아는 우물쭈물 손가락을 꼬았다 풀었다 하며 "그냥 누워 있으라고 친절하게 말씀해 주신 것은 참으로 감사하나 이제 일어나야겠어요."라고 말했다.) — A. Mather

lock one's fingers ➡ interlace one's fingers

"This," said Angela, "is dreadful." She sat…, *her fingers locked* agitatedly in her lap—and it took a lot to agitate Angela. (안젤라는 "끔찍해."라고 말하며 주저앉았다. 무릎 위에 놓인 손은 단단히 깍지를 끼고 있었는데, 그 손 또한 동요를 감추지 못했다.) — J. Michael: 2

lock one's fingers on one's chest 가슴 언저리에서 양손을 모아 깍지 끼다. 《의자에 등을 기대고 심사숙고하며 앉아 있는 자세》

He replaced the record with one of Lotte Lehmann singing Schubert lieder, which Bill, *his* stubby *fingers locked on his chest*, listened contentedly. (그는 레코드를 바꾸어 로테 레만이 부른 슈베르트의 가곡을 틀었다. 빌은 등을 뒤로 기대고 가슴께에서 뭉툭한 손가락을 깍지 끼고는 만족스러워하며 음악을 들었다.) — B.Malamud: 2

make an arch with one's fingertips ➡ bring the tips of one's fingers together

James White leaned back and *made an arch with his fingertips*. (제임스 화이트는 몸을 뒤로 젖히고 양손의 끝을 모아 아치 모양을 만들었다.) — E. Anthony: 1

make a circle [circles] with one's finger around the side of one's head 머리 옆, 즉 관자놀이 부근에서 검지를 빙빙 돌리다. 《미쳤음, 제정신이 아님을 의미하는 동작》 유 spiral one's finger around one's ear / twirl one's finger at one's head 참 tap one's TEMPLE / tap one's FOREHEAD

make circles with one's finger around the side of one's head

"Who's he?" Folstrom asked, pointing to Moshe. "The hero." "Should I get a statement?" Folstrom asked. "You can try, but he's a little…." Marge *made a circle with her index finger around the side of her head*. ("이번 사건의 영웅인 그의 코멘트를 따야 하지 않을까?"라고 펄스럼이 묻자 여기자 마지는 "한번 해 봐. 하지만 그는 조금…."이라며 관자놀이 옆에서 검지를 빙글빙글 돌려 그가 제정신이 아니라는 의미의 손짓을 했다.) — F.Kellerman

★ NB: 이 동작을 표현하는 관용구는 없다. 그 때문에 소설 등에서 이 동작을 묘사할 때는 작가에 따라, 또 캐릭터에 따라 각양각색의 다양한 표현이 나타난다. make a circle [circles] around the side of one's head; twirl one's finger at one's head 등이 비교적 많이 쓰인다.

★ **영일비교** 일본에서는 머리가 이상한 사람을 '왼 가마'라고 부른다(머리 가마가 왼쪽으로 감긴 사람은 정상이 아니라는 속설에서 비롯됨). 이런 사람을 몸짓으로 나타내면 위에 나온 영미인의 몸짓과 일치한다. 그러나 영미인의 동작은 he has got a screw loose(머리의 나사 하나가 느슨하다)를 몸짓으로 나타낸 것으로 '왼 가마'와는 관계없다. 일본인은 이 외에도 머리 옆에서 오므린 다섯 손가락 끝을 활짝 펴는 동작도 사용한다.

make a tent of one's fingers ➡ bring the tips of one's fingers together

He *made a tent of his fingers*. "Of course, all loans of the size of what you have in mind must be taken up at the directors' meeting⋯." 〔은행가가 융자를 의뢰하러 온 기업가를 응대하는 상황〕 (은행가는 천천히 양손 손끝을 모아 삼각형으로 만들더니 "말씀하신 금액을 융자해 드리기 위해서는 우리 은행에서도 임원회의의 검토를 거쳐야 합니다⋯."라고 설명했다.) — J. McIlvaine

match the tips of one's fingers [one's fingertips] ➡ bring the tips of one's fingers together

"Your wife, has she found work?" "No, sir. Not yet." The Dean *matched his fingertips* and swiveled his chair around to the side. ("자네 안사람은 일자리를 찾았나?"라고 학부장이 묻자 그는 "아직이요."라고 대답했다. 학부장은 생각에 잠긴 듯 양손의 손끝을 가볍게 모으고 회전의자를 돌려 옆쪽을 향했다.) — B. Smith: 1

move one's fingers across one's palm 한쪽 손의 손가락을 다른 손의 손바닥 위에서 그림을 그리거나 글씨를 쓰는 것처럼 움직이다. ((생각에 빠지거나 심리적으로 불안할 때 나오는 자기 접촉 동작))

"⋯ What was it that we said that interested you?" Jack watched the young man *move his fingers* slowly *across his palm* before he spoke. ("우리 이야기에 흥미가 있어?" 하고 물은 잭은 얼른 대답하지 못하고 무언가 생각하는 듯 손가락으로 다른 손 손바닥을 긋고 있는 젊은이를 보았다.) — J. P. Marquand

nibble at the tip of one's finger [one's fingertip] 손끝을 심심풀이로 지그시 물다. ((주로 아이들이 손가락을 가지고 노는 동작; 안절부절못할 때, 감정의 기복이 있을 때, 신경질이 나 있을 때, 멍하니 생각에 잠겨 있을 때 등)) **참** bite one's FINGERNAIL(s)

She *nibbled* pensively *at the tip of her* little *finger*. (그녀는 수심에 잠겨

nibble at the tip of one's finger

새끼손까락 끝을 물어 댔다.) — C.Gluyas

offer one's two fingers 중지와 검지를 내밀다. ((손바닥을 아래로 향한 채 손가락 두 개만을 내미는 여성 특유의 옛날식 악수법))

There were some who betrayed their lack of good breeding even in this simple act, as the lady to *offer "two fingers"* to people whom she did not care about; she was always a person who fancied herself and who felt very fine…. [20세기 초, 여주인이 손님을 맞을 때의 매너를 논하는 구절] (악수라는 일반적인 행위에서조차 태생이 좋지 못한 티가 나는 여성들이 있다. 예를 들어 그녀는 마음에 들지 않는 손님에게는 손가락을 두 개밖에 내밀지 않는다. 그녀는 스스로 자신이 참으로 훌륭하다고 자만하는 사람이다.) — J. Wildeblood

★ NB: 악수는 본래 손바닥을 펴고 직접 접촉하는 것이다. 그런데 이렇게 손가락 두 개만을 내밀면 상대와 손바닥이 전혀 닿지 않은 채 악수를 하게 된다. 즉, 굉장히 도도하고 쌀쌀맞은 태도가 되는 것이다.
다만 20세기 초까지 영국 상류 사회에는 정식 사교 모임에서 미혼 여성이 이성과 악수를 하는 경우에는 손가락 두 개만 내미는 것이 좋다는 사고방식이 퍼져 있었다. 그다지 친하지 않은 상대에게 필요 이상의 친밀감을 표현하는 것이 옳지 않다고 본 것이다. 다음의 예문에서 그러한 사고방식의 흔적을 엿볼 수 있다.

"Now walk toward me, Elizabeth. Turn. Walk away. Turn. Smile. Extend your hand. Two fingers for an acquaintance, three for family friends. Now that's much better. Right. Now sit." (사교계로 진출할 딸을 위해 어머니가 걷는 법, 미소 짓는 법 등을 실습시킨 뒤 악수하는 법을 가르친다. 얼굴을 아는 정도의 상대에게는 손가락 두 개, 가족이나 친한 친구들에게는 손가락 세 개를 내밀라고 한다.) — J. Hawkesworth

pass one's finger(s) across one's moustache 손가락으로 콧수염을 쓰다듬다. ⟪생각할 때; 심리적으로 불안할 때의 자기 접촉 동작⟫

"… but there are no excuses possible for his scandalous behavior last night. Good God!" Austin Wade *passed a finger across his moustache*. 〔딸에게 말을 거는 고용인의 모습을 아버지가 목격한 상황〕 ("지난밤 녀석의 짓거리는 말도 안 되는 짓이라 변명의 여지조차 없어. 절대로!"라고 말하자, 오스틴 웨이드는 불쾌한 듯 손가락으로 콧수염을 쓰다듬었다.) — D.Robins: 1

place (the tips of) one's fingers on one's eyelids ➡ press (the tips of) one's fingers to one's eyes

My head began to ache blindingly. I closed my eyes and *placed the tips of my fingers* lightly *on my lids*. (머리가 심하게 아파 오기 시작했다. 나는 눈을 감고 손가락 끝으로 눈꺼풀을 가볍게 눌렀다.) — R.Burghley

point one's finger 검지로 사물이나 사람을 가리키다. ⟪방향, 장소, 사물을 가리키는 지시 동작; (눈앞의 상대를 손가락으로 가리키는 경우) 강조, 주의 환기 또는 모욕, 비난, 꾸짖음 등을 의미하는 동작; (…at someone의 형태로) 누군가를 콕 집어 비난하는 것에 대한 비유 표현⟫ 유 jab one's finger / level one's finger at someone / stab one's finger / thrust one's finger out / thrust one's finger under someone's nose

If you want to find Cherry-Tree Lane all you have to do is ask the Policeman at the cross-roads. He will push his helmet slightly to one side, scratch his head thoughtfully, and then he will *point his* huge white-gloved *finger* and say; "First to your right, second to your left, sharp right again, and you're there. Good-morning." (체리트리 거리가 어디 있는지 알고 싶다면 사거리에 있는 경찰에게 물어 보면 된다. 그러면 그는 자기 헬멧을 살짝 옆으로 젖히고 신중한 태도로 머리를 긁적이다 이내 흰 장갑을 낀 커다란 손으로 어딘가를 가리키며 길을 가르쳐 줄 것이다.) — P.L.Travers

"Edna, tomorrow when the police come, you and I will tell them everything we know about Mrs. Lewis' frame of mind. But listen to me now." He *pointed his finger* at her and leaned forward. Unconsciously, she stepped back. "I don't want Mrs. Lewis' name mentioned by you to anyone—anyone, do you hear?" (루이스 부인을 살해한 의사는 그를 의심하기 시작한 에드나에게 루이스 부인의 정신 상태를 경찰에게 어떤 식으로 얘기하라고 꾀며 그녀의 입을 봉하려 했다. 그가 꼼짝 말라는 듯 그녀를 손가락으로 가리키며 루이스 부인의 이름을 절대 말하고 다녀서는 안 된다고 말하자, 그녀는 무심코 뒷걸음질을 했다.) — M.H.Clark: 4

point one's finger at someone

In Sweden, scientists *pointed the finger at* the Soviet Union—which maintained a nerve-racking silence. When Kremlin finally spoke, it called the charges that Europe's radiation came from a Soviet nuclear-power accident "utterly groundless." (스웨덴의 과학자들은 유럽에서 방사능의 양이 늘어난 것은 체르노빌 사고의 영향이라고 소련을 콕 집어 거론하며 비난했다. 이에 대해 소련은 집요하게 침묵을 지켰으나 이내 입을 열어 아무 근거도 없는 비난이라고 응수했다.(비유적)) — *Newsweek*, 1987

★ NB: 앞서 **유**에 나열된 일련의 표현들 중 〈at+인물〉 형태의 표현은 단순히 상대를 가리키는 동작이 아닌 상대를 비난하는 동작을 의미한다. 그 중에 point one's finger at someone은 이 동작을 나타내는 중립적인 표현이다. level one's finger at someone은 상대에게 총구를 겨눈 것 같은 정적인 이미지를 강조하는 표현인 데 비해, jab [stab] one's finger at someone는 상대를 칼로 격하게 찌르는 것 같은 동적인 이미지를 강조하는 표현이다. 그리고 thrust one's finger out at someone, thrust one's finger under someone's nose는 손가락을 빠르게 꺼내 상대방에게 들이대는 동작을 의미한다.

★ **영일비교** 일본에서나 영미권에서나 집게손가락으로 장소나 사물을 가리키는 것은 지시 동작으로서 흔히 쓰인다. 하지만 사람을 손가락으로 가리키는 것은 설령 멀리 있는 제삼자라 할지라도 피해야 할 행위로 간주된다. 따라서 대놓고 상대를 집게손가락으로 가리키는 행위는 예의에 어긋난다는 비난이나 질책을 받는다. 영미인에 비해 대놓고 사람을 비난하기 꺼리는 경향을 지닌 일본인이 이 손가락 모양을 사용하는 일은 드물다. 따라서 그러한 동작의 대상이 되었을 때 질책이나 모욕을 받았다는 느낌은 일본인이 영미인보다 강하게 받는다(Brosnahan, 1988).
사람을 지명해서 서슴없이 비난하는 것을 영어로는 point a finger at someone이라는 관용구로 표현한다. 같은 비난의 손가락이라 하더라도 일본어에서는 대놓고 가리키기보다 등 뒤에서 손가락질하며 비난하는 '뒷손가락질하다'라는 표현을 관용적으로 사용한다.

point one's finger at one's breast [chest, etc.] 자신의 가슴을 검지로 가리키다. 《자신을 가리키는 지시 동작》 참 jab one's CHEST with one's finger

point one's finger at one's breast [chest]

The boat turned and came in, slowing down. A girl with dark hair and dark glasses was at the wheel. She *pointed a finger at her* brown *breast* and cocked her head questioningly. "You want me?" I nodded and she brought the boat in. (보트가 속도를 줄이며 들어왔다. 어두운 선글라스를 낀 검은 머리의 젊은 여성이 배의 키를 잡고 있었다. 그녀는 자신의 가슴을 손가락으로 가리키며 "나에게 볼일이 있나요?"라고 고개를 갸우뚱하며 물었다. 내가 그렇다고 고개를 끄덕이자 그녀는 배를 이쪽으로 가져왔다.) — R.Macdonald: 7

★ 영일비교 영미인은 자기를 가리키는 데 집게손가락 외에 엄지손가락을 쓰기도 한다. 일본인은 자신을 가리킬 때 집게손가락으로 가슴을 가리키기도 하지만 코를 가리키는 쪽이 더 일반적이다.

point one's finger with one's thumb cocked 검지를 상대방에게 향하는 동시에 엄지를 수직으로 세우다. 《손으로 권총 모양을 만들어 농담조로 '쏴 버린다', '죽여 버린다' 등을 표시하는 손짓》

Hawk *pointed his finger* at Cesar *with his thumb cocked*. He grinned and dropped the thumb. "Bang," he said. Cesar never blinked. (호크는 쏴 버리겠다는 듯 세자르에게 검지를 뻗고 엄지를 세웠다. 그는 빙그레 웃고는 엄지를 아래로 내리며 "빵!" 하고 총소리를 냈다. 그러나 세자르는 눈도 깜빡이지 않았다.) — R.B.Parker: 3

poke one's finger into someone's ribs 타인의 옆구리를 검지로 쿡 지르다. ((주의를 줄 때; 가볍게 타이를 때; 장난처럼 가볍게 따지거나 을러댈 때 하는 우호적인 접촉 동작))

Mrs. Flore *poked a finger into the ribs of* a mild-looking man seated in a chair beside her and said, "I don't know where your wits have gone a begging, Tom Ramford! Get up and offer your place to Lady Serena!" (플로르 부인은 그녀의 옆에 놓인 의자에 앉아 있는 순해 보이는 남성의 옆구리를 손가락으로 쿡 지르더니 "톰 램포드, 왜 이렇게 눈치가 없는 거예요! 얼른 세레나 부인께 자리를 양보하세요!"라고 말했다.) — G.Heyer: 1

press one's fingers together and tap them against one's lips 양손의 검지 끝을 붙이고 그 끝으로 입술을 가볍게 두드리다. ((턱 밑에서 두 손을 깍지 껴 맞잡은 손 모양의 변형; 곰곰이 생각할 때 무의식적으로 나오는 동작))

press one's fingers together and tap them against one's lips

"We haven't forgotten," Delaney said. "Glad to hear it." Geltman *pressed his fingers together, tapped them against his lips* a moment, then straightened up, sighing. (약속을 잊지 않았다는 델러니의 말에 남자는 그것 참 다행이라고 말했다. 그러나 무언가를 곰곰이 생각하는 듯 양손의 검지 끝을 붙여 입술을 톡톡 두드리더니 천천히 한숨을 내쉬며 몸을 일으켰다.) — L. Sanders: 2

press (the tips of) one's fingers to [against] one's eyes [eyeballs] 눈꺼풀 위를 손가락으로 꾹꾹 누르다. ((피로, 두통 등으로 인해; 무언가를 기억해 내려 하거나 부정하려 하거나 환각이 아닐까 의심할 때)) 유 place (the tips of) one's fingers on one's eyelids.

A moment later, he was staring at the empty bed which had not been slept in…. He felt his legs give way under him, but just saved himself from falling. He *pressed his fingertips against his eyeballs*, withdrew them. But still the room was empty…. 〔아버지가 아들의 방에 들어온 상황〕 (잠시 후 그는 누워 있던 흔적조차 없이 텅 비어 있는 침대를 보고 망연자실했다. 다리에 힘이 풀리는 것을 느끼지만 간신히 버티고 선 그는 환각이 아닐까 의심하며 눈꺼풀을 손가락으로 꾹꾹 누르고는 한 번 더 확인했다. 그러나 역시 방은 텅 비었다.) — A.J.Cronin: 3

"… The priests came that night to hear confession. That meant there was going to be a battle the next day, you knew that. Some of the boys called the priests the 'blackbirds of death'." He stopped, leaned forward and *pressed his fingers to his eyes*. ("그날 밤도 사제가 고해성사를 위해 찾아왔다. 그것은 다음 날 전투가 있다는 뜻이었다. 병사들은 사제를 '죽음의 검은 새'라고 불렀다." 그는 그렇게 말하다 이야기를 멈추더니 몸을 앞으로 숙이고 눈에 선한 광경을 지우려는 듯 눈을 손가락으로 꾹 눌렀다.) — S. Streshinsky

press (the tips of) one's fingers to one's forehead 손끝으로 이마를 누르다. ((두통, 현기증 때문에; 고뇌, 마음의 고통 등으로 인해))

She caught quick glances between them. "What's that all about?" "Nothing," Nat said quickly. Sabrina *pressed her fingers to her forehead*. Now what have I done wrong? 〔새롭게 가족이 된 사브리나가 실언과 실수를 연발하는 상황〕 (그녀는 가족들이 자신을 흘깃 쳐다봤다는 것을 눈치챘다. 그녀가 왜 그러냐고 묻자 냇은 황급히 아무것도 아니라고 대답했다. 사브리나는 자신이 또 뭔가 잘못을 저지른 게 아닐까 하며 이마를 손끝으로 눌렀다.) — J.Michael: 2

press (the tips of) one's fingers to one's temples 양쪽 관자놀이를 손가락으로 누르다. ((두통, 고뇌, 머릿속의 복잡함, 마음의 동요 등으로 인해))

"Let me think!" Joseph begged, *pressing his fingers to his temples*. "It was all a nightmare. It seemed—it still seems—unreal, fantastic!" (그 사건은 악몽과 같아서 조지프는 아직도 그것이 실제 일어난 일인지 믿기 힘들다. 상대방이 그 당시의 이야기를 해 달라고 하자 그는 마음의 동요를 잠재우려는 듯 관자놀이를 손가락으로 세게 누르며 생각을 정리하게 해 달라고 부탁한다.) — G.Heyer: 7

press the tips of one's fingers [one's fingertips] together ➡ bring the tips of one's fingers together

He sat looking at me over the tops of his glasses, *pressing the tips of his fingers together*, a look of mock concern on his face. (그는 양손의 손끝을 맞대고 짐짓 이쪽을 생각해 주기라도 하는 듯한 표정을 하고 안경 너머로 나를 보며 앉아 있었다.) — E. Hervey

press one's two fingers together 검지와 중지 두 손가락을 (쭉 편 상태에서) 딱 붙이다. 《마음이 통하는 사이임을 나타내는 손짓; 중지 끝을 검지 끝에 가볍게 얹는 손동작》 참 cross one's fingers (2)

But there was no confusion in his mind over his role in government or his relationship with Ford. *Pressing two fingers together*, he declared: "We're like that." 〔포드 대통령 정권에서 부통령을 지낸 넬슨 록펠러에 관한 기사〕 (록펠러는 정부 내에서 해내야 할 그의 역할이나 자신과 포드 대통령과의 관계에 대해서 불확실한 것은 전혀 없다고 했다. 그는 손가락 두 개(검지와 중지)를 세워 딱 붙이며 자신과 대통령과의 관계가 "이와 같다."고 선언했다.) — *Time*, 1975

pull at one's fingers 손가락을 쭉쭉 잡아당기다. 《침착하지 못한, 신경질적인 자기 접촉 동작》

"Legal separation? Or divorce?" She was suddenly discomfited, *pulling at her fingers*. "I don't know…" ("법적 별거 중입니까? 아니면 이혼한 사이입니까?"라고 묻자 그녀는 갑자기 당황한 듯 자기 손가락을 잡아당기며 "잘 모르겠어요." 하고 대답했다.) — Z. Popkin

pull the wishbone with one's little finger 뼈의 한쪽 끝에 새끼손가락을 걸고 당기다. 《오리나 닭으로 식사를 한 후 남겨진 V자 모양의 뼈다귀 양 끝을 두 사람이 잡아당기며 소원을 비는 일종의 장난으로, 뼈가 부러졌을 때 좀 더 긴 쪽을 갖게 된 사람이 그 소원을 이룰 수 있다는 미신이다. 소원이 이루어질 때까지 아무에게

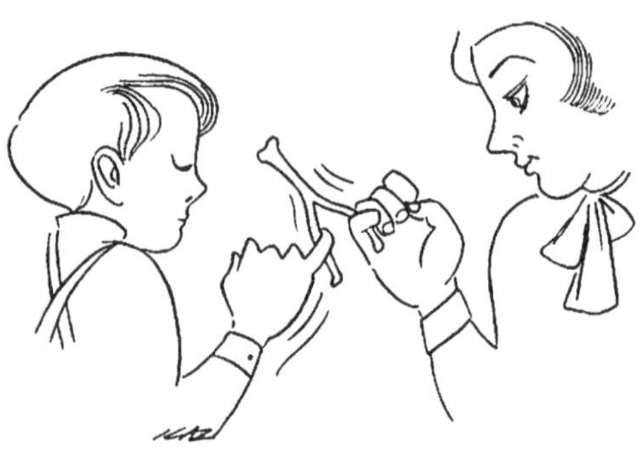

pull the wishbone with one's little finger

도 소원의 내용을 가르쳐 주면 안 된다.》

After dinner Freddy and Hope *pulled the wishbone with their little fingers* as they had done since they were children, because for some reason Mr. Fentriss liked to see them do it. Hope got the long end and Freddy··· was not surprised. "What did you wish for?" Hope's father asked her, but she wouldn't tell him. (프레디와 호프는 어린 시절 그랬던 것처럼 식사가 끝나자 남아 있는 가슴뼈에 새끼손가락을 걸어 잡아당겼다. 호프의 아버지는 두 사람이 이 놀이를 하는 것을 보는 걸 좋아했다. 호프가 긴 쪽을 갖게 된 것을 본 아버지가 어떤 소원을 빌었냐고 묻지만 그녀는 대답하려 하지 않았다.) — M.Cockrell

punch the air with one's finger ➡ chop the air with one's finger

"Exactly." Sam *punched the air with his finger*, emphasizing the point. ("바로 그거야."라고 샘은 검지를 허공에 휘두르며 중요한 점을 강조했다.) — J.Dailey: 2

put one's finger in one's mouth and make an obscene noise 손가락을 입에 넣고 입술을 오므려 휘파람 소리를 내다. 《모욕, 야유의 동작》

The women thought I was looking at them, and one of them opened *her mouth, put her finger in and made an obscene noise*. (내가 그녀들을 보고 있다고 생각했는지, 그 가운데 한 여자가 입에 손가락을 넣고 (나를 향해) 천박한 휘파람을 불어 댔다.) — W.Graham

put one's finger(s) inside one's (shirt) collar 셔츠의 깃 안쪽에 손가락을 넣다. 《더위에 지칠 때; 짜증 날 때; 심리적 불안을 느낄 때 남성이 하는 동작-옷깃 부근을 느슨하게 하려는 모습》 유 run one's finger(s) inside one's (shirt) collar

He began to feel very warm. He restrained himself from wiping his forehead or *putting his fingers inside his shirt collar*. 〔법정의 배심원이 된 상황〕 (그는 더위를 느끼기 시작했다. 하지만 이마를 훔치거나 셔츠 깃에 손가락을 넣는 등의 행동을 하지 않고 참아냈다.) — B.Siegel

★ **영일비교** 영어에서는 조바심이 났다거나 화가 났을 때, 상대의 공격에 쩔쩔매며 동요했다거나 얼굴이 달아오를 만큼 흥분했을 때 관용적으로 get hot under the collar라는 표현을 쓰기도 한다. 이것은 neck을 초조한 감정의 통로로 여기는 영어 문화권의 관점을 전제로 한 것이다(➡ NECK).

put one's finger inside one's (shirt) collar

특히 남성의 복장은 옷깃 언저리가 꼭 끼기 때문에 그들은 get hot under the collar가 되면 궁여지책으로 갑갑한 옷깃 사이로 손가락을 넣어 어떻게든 통풍을 하려고 한다. 이 모습을 고스란히 서술해 나타낸 것이 put [run] one's finger(s) inside one's (shirt) collar이다. 더 간략하게 pull one's collar away, pull at one's collar라고도 표현한다. 영어 소설에서 묘사되는 collar-pull gesture는 몹시 더워서 하는 실용적인 동작이라기보다 냉정을 잃은 남자의 몸부림을 나타내는 기호 표현일 때가 많다.

목 언저리가 낙낙한 기모노 문화가 있는 일본에는 get hot under the collar에 대응하는 관용구가 없다. 소설에서도 목 언저리를 느슨히 하는 동작으로는 넥타이를 느슨하게 풀거나 와이셔츠 단추를 풀어 편하게 하는 동작이 일반적이다. 하지만 이것은 대립 상황에서 공공연히 옷깃을 느슨하게 할 수 없기에 옷깃 안쪽으로 손가락을 넣어 열기를 내보내는 collar-pull gesture와 그 의미가 다르다.

put one's finger to one's head and pull the trigger **검지 끝을 관자놀이 부근에 대고 방아쇠를 당기다(당기는 흉내를 내다). 《권총 자살을 의미하는 행위; 절체절명의 순간에 더 이상 해 볼 도리가 없음을 표현하는 손동작; 못된 짓을 한 상대에게 '쏴 버리겠다'라고 협박하는 동작》**

"How do you feel, Marcus?" He *put his finger to his head and pulled the trigger*. "That bad?" [연상의 여인에게 차인 상황] (친구가 "마커스, 기분이 어때?"라고 묻자 그는 검지를 자신의 관자놀이에 대고 방아쇠를 당기는 흉내를 냈다. "죽고 싶을 만큼 그렇게 힘든 거야?" 하며 친구가 되물었다.) — H. Mazer

put one's finger to one's lips **검지를 세워 입술에 대다. 《'조용히 하세요', '입 다물어', '비밀이야', '아무에게도 얘기하지 마' 등의 신호》** 유 cross one's LIPs with one's finger

---

He heard her suck in breath, and he *put his finger to his lips*. (그녀는

그의 이야기를 듣다 무심코 헉하고 숨을 들이쉬었다. 그는 '이건 비밀이야.'라는 듯 손가락을 입술에 댔다.) — N.Katkov

"I'm sorry, Nick. You…" He *put his finger to his lips*, still smiling. "Thanks, love. No sympathy!" (그에게 일어난 불행한 사건에 대해 동정의 말을 건네자 닉은 그런 말은 하지 말라는 듯 웃음 띤 얼굴로 손가락을 입에 가져다 대며 마음은 고마우나 동정은 원치 않는다고 말했다.) — D.Robins: 1

★ **영일비교** 다문 입 앞에 집게손가락을 세워서 '조용히!'라는 신호를 보내거나 '쉿(shhh)'이라는 소리를 동시에 내는 것은 일본인과 영미인이 똑같다. 단, 형태상으로 볼 때 영미인이 반드시 집게손가락을 입술에 직접 대는 데 비해 일본인은 입술에서 조금 떨어진 곳에 손가락을 세운다는 사소한 차이가 있다(Brosnahan, 1988).

영미인·일본인　　　　일본인(선택적)

또 일본어에서는 '손가락을 입에 대다'라고 표현하는 것이 표준이지만 영어에서는 일반적으로 mouth보다 lips를 써서 나타낸다.

put one's finger to someone's lips 상대방의 입술에 검지를 가볍게 대다. 《친한 사이에서 상대의 말을 가볍게 막는 동작》

"What say we take a little stroll? There's a summer house I'd like to show you…" She *put her finger to his lips*. "Ian, dear, I wasn't born yesterday, my sweet. I'm staying here where I'm safe…" (이안은 꼭 보여 주고 싶은 여름 별장이 있다며 그녀에게 산책하러 가자고 꼬였다. 그녀는 그의 입술을 손가락으로 막으며 "이안, 나를 갓난아이로 여기고 있구나. 나는 지금의 이 안전한 장소에 있을 거야."라고 단칼에 거절했다.) — M.Wibberley

put one's fingers to one's mouth 손가락을 입에 대다. 《가운데 세 개의 손가락을 입술에 대고 '헉' 하고 숨을 삼키며 입을 막는 동작; 놀라거나 무서워서 조마조마할 때》

"… And Stanley is dead. He was buried with my spade." Mrs. Snow *put her fingers to her mouth*. "Buried in the garden?" (스노우 부인은 스탠리가 죽었고, 삽으로 땅에 파묻혔다는 얘기를 듣고 깜짝 놀라 무심코 손가락으로 입을 막았다. 그러고는 "정원에 묻힌 거야?"라고 물었다.) — R.Macdonald: 12

★ NB: put one's fingers to one's mouth와 put one's finger to one's lips는 전혀 다른 동작을 가리킨다. 전자는 놀람, 공포 등의 불안한 심리 상태에서 나타나는 자기 접촉 동작이고, 후자는 타인에게 조용히 하라고 요구하는 동작이다.

put the tips of one's fingers [one's fingertips] together ➡ bring the tips of one's fingers together

Siegfield settled back comfortably on his chair, *put his fingertips together* and assumed a judicial expression. (지그필드는 기대듯 의자에 편안히 앉아 양손의 손가락을 뾰족하게 모으고 엄격한 표정을 지었다.) — J.Herriot

raise one's finger 검지를 세우고 손을 위로 치켜들다. ((숫자 1을 표시할 때; 타인의 주의를 끌 때; 타인을 불러 세울 때; 발언을 하려 할 때; 경고나 충고를 할 때; 사람이 많은 곳에서 자신을 찾는 사람에게 '여기 있다'라고 존재를 알릴 때; raise [lift] a finger의 형태로 쓰일 때는 '최소한의 노력을 하다'를 나타내는 비유 표현)) 유 hold one's finger up

He *raised one finger* to the club waiter and ordered the general a large scotch and water. (그는 검지를 들어 올려 클럽의 웨이터를 부르고 장군의 술을 주문했다.) — E.Anthony: 2

When Richard Mitchell… is asked why on earth a man would want to buy his own press…, he squashes his soft hat down on his head, *raises one finger* in a hark-the-angel-gesture, and proclaims, "The spirit of Gutenberg stood before me and said, 'Mitch….'" (사람들은 왜 군이 자기 신문을 사려고 하는 걸까 하는 물음에 리처드 미첼은 중절모를 자연스럽게 집어 쓰고 천사의 말씀을 들으라는 듯 검지를 위로 추켜올리고 "구텐베르크의 영혼으로부터 고지를 받았기 때문에…."라고 대답한다.) — *Time*, 1979

The boy received a generous income, but it was an income that could be stopped at any moment that Julia liked to *raise a finger*. (소년은 어머니 줄리아에게 돈을 많이 받고 있지만, 그것은 그녀가 손가락 하나만 까딱하면 언제라도 끊길 수 있는 것이었다.(비유적)) — D.Robins: 3

★ **영일비교** 집게손가락을 세워서 '1'을 나타내는 것은 영일 공통이지만, 그 밖에 주의

를 환기하거나 발언을 요구하거나 자신의 존재를 드러내는 신호를 보낼 때 일본인은 집게손가락만 들기보다 손을 드는 경향이 있다.

예로부터 서구에서는 하나만 세운 집게손가락은 설교의 손가락, 경고의 손가락, 견책의 손가락으로 쓰였는데(Critchley, 1975), 이때 집게손가락은 상대의 주의를 끄는 역할을 했다. 주의 환기라는 기본적인 작용은 '(명령을 내리기 위해) 사람의 주의를 끌다', '(자기가 이야기하는 내용에) 사람의 주의를 끌다', '자기가 이야기하겠다며 발언 기회를 요구하다', '자기 이야기가 끝날 때까지 기다리라며 상대의 발언을 막다' 등 오늘날 이 손가락 모양이 쓰이는 모든 상황에 계승되었다.

raise one's middle finger ➡ extend one's middle finger

As the trio passed Hitz, Hitz *raised his middle finger* in a derisive, obscene gesture. Romero stopped walking and for a moment Strand was afraid he was going to leap at Hitz. (세 사람이 지나가자 히츠는 타인을 조롱하는 비속한 의미로 가운뎃손가락을 치켜들었다. 로메로가 걸음을 멈췄고, 순간 스트랜드는 그가 히츠에게 달려드는 건 아닐까 걱정했다.) — I. Shaw: 3

rub one's fingers over one's forehead 이마를 손끝으로 훔치다.

《피로, 심적 고통, 짜증 등이 깊어질 때; 쩔쩔매며 궁리할 때》 유 rub one's FOREHEAD

I *rubbed my fingers over my forehead* from sheer lack of inner energy, and Charles half made, and then stopped himself making, a protective gesture of support. (나는 기력이 다해 맥없이 이마를 훔쳤다. 이를 본 찰스는 도와주려는 듯하다 이내 그만두었다.) — D. Francis: 5

rub one's fingers together 손가락을 모아 비비다.

《한 손을 내밀어 손등을 아래로 하고 엄지와 다른 손가락(특히 검지와 중지)를 모아서 비비는 동작으로 돈을 의미》

rub one's fingers together

The members of the gang pulled up alongside in a Citroën and pelted Chase's car with pebbles while the men inside *rubbed their fingers together* as a signal for money. 〔미국의 부호 게티의 아들의 유괴 사건에 관한 기사〕 (게티 측 대리인인 체이스가 지정된 장소에서 기다리고 있자, 시트로엥 자동차를 탄 일당이 옆으로 지나가며 그가 탄 차에 돌멩이를 던졌다. 차 안의 일당들은 돈을 가지고 왔냐는 의미로 손가락을 마주 대고 비볐다.) — *Time*, 1974

★ **영일비교** 일본인은 '돈'을 나타낼 때 금화 모양을 본떠 손가락을 둥글게 만들어 보인다. 한편 영미인은 돈 자체보다 돈을 다룰 때의 손놀림을 흉내의 대상으로 삼는다. 그 하나가 여기에 제시된 화폐를 셀 때의 손놀림이다. 이 화폐를 세는 시늉은 돈을 의미하는 일반적인 동작으로도 쓰이지만, 앞으로 손에 넣을 돈이나 돈벌이에 대한 기대(expectation of money)를 나타낼 때가 많다. 이 밖에 잘 쓰이는 돈에 관한 몸짓으로는 손바닥을 위로 펼쳐 상대에게 내미는 '돈을 줘(돌려 줘)'라는 동작(hold one's hand out, palm upward), 바지의 양 호주머니 속을 끄집어내 보이는 '무일푼'의 동작(e.g. pull out the insides of one's trouser pockets) 등이 있다.
영미권에는 일본처럼 돈을 부정한 것으로 여겨 직접 입에 담기를 꺼리는 규제 의식이 적다. 따라서 '돈'에 관한 동작을 서슴없이 하는 편이며 돈 이야기에 재미를 더해 농담조로 이야기할 때도 많다. 반면 일본인은 돈이 없어서 난처할 때 손가락으로 원을 만들어 염치없이 돈을 요구하거나 다른 사람의 지갑 사정을 구차하게 추측할 때와 같이 돈 이야기에 뒤가 켕기는 느낌이 유난히 강할 때 이 몸짓을 사용하는 경향이 있다.

run one's finger and thumb down one's moustache

검지와 엄지로 콧수염을 쓰다듬다. 《느긋하게 생각에 잠길 때; 손이 심심할 때의 자기 접촉 동작》 **유** comb one's moustache with one's fingers (→ BEARD) / stroke one's moustache (→ BEARD)

He was having a hard time, I thought. He *ran a finger and thumb down his* large black *moustache* and waited for comments from us that still didn't come. (나는 그가 힘든 시간을 보내고 있다고 생각했다. 그는 검고 긴 콧수염을 검지와 엄지로 연신 쓰다듬으며 누군가가 무슨 말이라도 좀 해 주기를 기다렸다.) — D. Francis: 6

run one's finger(s) inside one's (shirt) collar → put one's finger(s) inside one's (shirt) collar

"You saw the woman dead! Is seeing proof of death?" Mr. Stewart *ran an index finger inside his shirt collar*. 〔법정에서 검찰측 증인을 심문하는 장면〕 ("당신이 그 여성이 죽어 있는 것을 보았다고는 하나, 보았다는 것 자체가 피해자가 죽었다는 것의 증거가 되는 거냐?"며 피고측 변호인이 날카롭게 파고들자 증인인 스튜어트는 갑갑한 듯 와이셔츠의 깃 안에 검지를 넣어 이리저리

움직였다.) — Z.Popkin

run one's fingers over one's hair 손가락으로 머리카락을 쓰다듬다. 《머리카락을 정돈하는 동작; 주의가 산만할 때 하는 의미 없는 동작》

Mrs. White *ran her fingers over her hair* to see if it was in order. (화이트 부인은 손가락으로 머리카락을 가지런히 다듬었다.) — L.Levi

run one's fingers over someone's hair 상대방의 머리카락을 손가락으로 쓰다듬다. 《사랑의 감정이 담긴 접촉 동작; 주로 부모가 어린 자식에게 그리고 연인끼리 하는 동작》 유 run one's HAND over someone's hair / smooth someone's HAIR / stroke someone's HAIR

His head was so close to her hand that she hardly knew what she was saying. By scarcely moving she could have *run her fingers over his hair*, touched his cheek. (그의 얼굴이 자신의 손 가까이에 있으니 그녀는 무슨 말을 해야 할지 몰랐다. 그녀는 거의 움직이지 않고도 얼마든지 그의 머리를 쓰다듬거나 뺨을 만질 수 있었다.) — K.Blair: 2

run one's fingers through one's hair 손가락으로 머리를 빗질하듯 하다. 《주의가 산만할 때; 안절부절못할 때 등의 자기 접촉 동작》 유 comb one's fingers through one's hair / run one's HAND through one's hair

Memories chiefly of Nicky, sitting at that table writing his play, *running his* nervous *fingers through his* thick, black *hair*. (니키에 대한 기억은 주로 저 탁자에 앉아 희곡을 쓰며 손가락으로 짙고 검은 머리카락을 신경질적으로 빗질하듯 하던 모습이다.) — D.Robins: 1

run one's fingers through someone's hair 상대방의 머리카락을 손가락으로 빗질하듯 하다. 《사랑의 감정이 담긴 접촉 동작; 어린아이 또는 연인에게 하는 동작》

He's got thick, wavy brown hair, the kind that you want to *run your fingers through*, and beautiful brown eyes that make you melt when you look at him. (그의 웨이브가 있는 풍성한 갈색 머리카락은 당신으로 하여금 그것을 손가락으로 쓸어 보고 싶게 만들고, 그의 아름다운 갈색 눈은 그를 바라보는 당신의 마음을 녹아내리게 만든다.) — J.Dailey: 1

shake one's finger 검지를 흔들다. 삿대질하다. 《'알았지?', '잘 들어!' 하며 자신의 생각을 상대방에게 주입하려고 할 때; 비난, 훈계, 경고 등을 할 때의 공격적인 동작》 유 wag one's finger / waggle one's finger

shake one's finger (at someone)

Tip O'Neill had heard enough. Incensed by an attack on Democratic legislators by Republican Congressman Newt Gingrich of Georgia during a debate last week, the House Speaker dropped his gavel and strode angrily onto the floor…. O'Neill *shook a finger* at Gingrich and roared, "You challenged their patriotism, and it is the lowest thing that I have ever seen in my 32 years in Congress!" (지난 주 국회 토론에서 공화당 의원 뉴트 깅리치가 민주당 의원들을 공격하는 것을 보고 격분한 하원의장 오닐은 의사봉을 내팽개치고 의원석으로 다가가 깅리치를 향해 마구 삿대질을 하며 "당신은 그들의 애국심을 의심하고 있다. 당신의 행위는 내가 32년 동안 의원 생활을 하며 본 중 최악이다."라고 언성을 높였다.) — *Time*, 1984

"But my point is that it's still the same thing…." Mrs. Barringer *shook a finger* at her daughter. "The same thing! How can you say that?"…. ("결국은 같은 거야."라는 딸의 말에 베링거 부인은 마구 삿대질을 하며 "같은 거라니! 어떻게 그런 말을 할 수 있어?"라고 딸을 몰아세웠다.) — J. Blume: 1

Poirot was smiling, and at the same time *shaking an* eloquent *finger* at me. "Have I not told you at least thirty-six times that it is useless to conceal things from Hercule Poirot?" he demanded. (포와로는 비록 웃는 얼굴이었지만 손가락을 흔들어 나를 힐책했다. 그는 "탐정 에르큘 포와로에게는 감추려 해 봐야 소용없다고 적어도 서른여섯 번은 말하지 않았나?"라고 말했다.) — A. Christie: 5

★ NB: shake [waggle] one's finger는 상대방을 향해 검지를 까딱까닥 위아래로 움직이는 동작(backwards and forwards)과 좌우로 움직이는 동작(from side to side) 모두를 나타내는 표현이다. wag도 전후, 좌우, 상하로 움직이는 모든 동작에 사용되나 좌우로 움직일 경우에 가장 많이 쓰인다. 한 마디 한 마디 따지듯 공격적으

로 비난, 힐책, 경고, 설교 등을 하는 경우에는 주로 손가락을 위아래로 까딱거리고, 'No'의 의미를 품고 있는 경고나 금지, 조롱과 힐책의 경우에는 손가락을 좌우로 흔든다. 전자에는 주로 shake [waggle]가, 후자에는 주로 wag가 사용된다.

backwards & forwards

from side to side

★ **영일비교** Morris(1982)는 이야기의 핵심을 강조하는 손동작을 지휘봉에 비유해 baton signals라고 총칭한다. 이런 손동작 중에서 상대를 향해 손가락을 내리치다가 확 치켜드는 raised forefinger baton이 표현력이 가장 강렬하다. 들어 올린 손가락은 지휘봉이라기보다 상징적으로 곤봉(club)에 가깝고, 거기에는 자기 뜻에 따르지 않으면 나중에 무서운 일이 벌어질 거라는 위협의 요소가 담겨 있다. 이 손가락을 교사가 교실에서 쓰는 지시봉(pointer)의 소형판으로 보는 견해도 있다(Brosnahan, 1988).

영미권에서는 위력 있는 이 손가락이 아이들에게 설교, 주의, 훈계, 경고를 할 때 늘 따라붙는 것으로 여긴다. 부모가 자식에게 다시는 같은 말을 하지 않을 테니 머리에 넣어 두라(Will you get it into your head?)고 한 마디 한 마디 머리에 새기듯 이야기할 때 이 손가락을 사용한다.

아이를 대상으로 하지 않은 경우, 이 손동작을 가장 흔히 사용하는 예는 변호사, 목사, 정치가 등 설득이 생업인 사람들이 연설할 때다. 강조해야 할 핵심을 청중에게 납득시키는(drive a point home) 데 꼭 필요한 동작인 것이다. 사적인 대화에서는 이 동작이 상대의 의견에 대한 반론, 도전, 비난 등 공격적인 성격을 띨 때가 많다.

일본에서는 경고나 금지의 의미로 세운 손가락을 옆으로 흔드는 일이 거의 없다. 다만 세운 손가락을 아래위로 흔드는 동작은 아랫사람을 훈계할 때, 특히 강조하고 싶은 말이 있을 때 한다. 그러나 영미와 달리 온 국민이 즐겨 쓰는 동작은 아니다.

snap one's fingers 손가락으로 소리를 내다. (('맞아, 그거야!', '알았다!' 등 무언가 생각났을 때; '좋아!', '오케이!' 등 기운차게 대답할 때; '쳇!', '젠장(Damn!)' 등 후회나 분함을 느낄 때; '얼른!', '우물쭈물하지 마!'라고 재촉할 때(Make it snappy!); "Just like that."과 같이 '간단하게', '편하게', '가뿐하게' 등을 손으로 예시해서 보여 줄 때; 상대방의 주의를 환기시킬 때; 음악에 맞추어 흥을 낼 때; '권위를 무시하다', '경

멸하다' 등을 의미하는 비유 표현-엄지와 중지를 맞부딪혀 딱 소리를 내는 동작》

"No don't tell me…" His brow furrowed; then he *snapped his fingers*. "Finn, that's it, Finn." ("나한테 말하지 마."라며 그는 이마에 주름을 잡았다. 그러고는 손가락으로 딱 소리를 내며 "핀, 맞아, 핀이야."라고 말했다.) — D. Francis: 2

"She was majoring in French. Virginia's always been crazy about French language and literature. But she dropped it, just like that." He tried to *snap his fingers*; they made a sad squeaking sound. ("그녀는 프랑스어를 전공했어. 버지니아는 언제나 프랑스어와 프랑스 문학에 열중했지. 그러나 그것을 확 집어치웠어, 이런 식으로."라고 말하며 그는 손가락으로 딱 소리를 내어 그녀가 얼마나 확실하게 포기했는지 나타내려 했다. 그 딱 소리는 마냥 기운 없고 슬프게만 들렸다.) — R.Macdonald: 2

Budge looked up and *snapped his fingers*, and a captain came hurrying over to the table. "Dominic, bring Mr. Stevens some paper and a pen." (버지는 고개를 들고 손가락으로 딱 소리를 냈고 급하게 달려온 급사장에게 용건을 말했다.) — S.Sheldon: 2

George: (*snapping his fingers* at Nick) You, Hey, you! You want to play bringing up baby, don't you?
Nick: (hardly civil) Were you snapping at me?
(조지: (닉을 향해 손가락으로 딱 하고 소리를 내며) 이봐, 너! 너는 아기 키우기 놀이를 하고 싶은 것 아니냐? 닉: (무뚝뚝하게) 지금 나한테 손가락을 딱딱 거린 거냐?) — E.Albee

A cook who marries a butler can *snap her fingers* in his face because she can earn just as much as he can. (집사와 결혼한 요리사는 그녀의 벌이가 남편과 엇비슷하기 때문에 그가 말하는 것을 무시하는 경우가 종종 생긴다.) — W.S.Maugham: 2

★ **영일비교** 서구에서 finger snapping은 예부터 노예를 부르거나 지시를 내릴 때 쓰였다고 한다(『영미고사전설사전』). 그리고 오늘날에는 그 흔적이 웨이터 등 서비스 업종에 종사하는 사람에게 주문하거나 용무를 알리는 신호로 남아 있다. 그 밖에 보통 인간관계에서 손가락으로 소리를 내어 상대의 행동을 다그치거나 주의를 재촉하는 일은 모욕적인 행위가 될 수 있다(위의 네 번째 예문 참조).
영미인은 간단함, 민첩함의 예를 들 때도 손가락으로 소리를 낸다. 손가락으로 딱 하고 소리를 내는 동작을 특별한 노력 없이 순식간에 해버리는 행위의 대표적인 예로 여긴다. 참고로 관용구 in a snap of one's fingers는 '순식간에'라는 의미이고,

with a snap of one's fingers는 '거뜬히, 간단히, 쉽게'라는 의미를 나타낸다. 일본에서는 손가락으로 소리를 내는 동작을 주로 젊은 남녀가 하는데, 사람을 대상으로 하기보다 음악의 박자를 맞추거나 '쳇', '야단났다', '좋은 생각이야!', '맞아, 생각났어'라는 의미로 쓸 때가 많다. 명령이나 지시를 위해 주의를 환기하는 신호로도 쓰지만 사용 빈도는 영미만큼 높지 않다. 레스토랑 등에서 웨이터를 부를 때 영미인이라면 손가락으로 소리를 내겠지만 일본인은 대개 손을 들어 신호를 보낸다.

spiral one's finger around one's ear ➡ make a circle [circles] with one's finger around the side of one's head

He *spiraled his finger around his ear*. "Nuts," he pronounced. "Harmless." (그는 검지를 귓가에 대고 빙글빙글 돌리며 "미친놈이긴 하지만 해를 끼치지는 않는다."라고 말했다.) — H. Wolitzer

stab the air with one's finger ➡ chop the air with one's finger

From the Labor benches jumped M. P. Dennis Skinner, a militant leftist. *Stabbing the air with his finger*, he roared, "Same old story!" 〔영국 의회에서 야당 의원이 대처 수상에게 따지고 드는 장면을 보도한 기사〕 (노동당의 좌익 투사 데니스 스키너 의원은 의원석에서 벌떡 일어나 검지를 허공에 찌르며 "뻔한 이야기다!"라고 언성을 높였다.) — *Time*, 1981

"Then why did he betray me?" she *stabbed the air with her finger* like a prosecutor. (그녀는 검찰관이 종종 그러듯 검지를 허공에 찌르며 "왜 그는 나를 배신한 거죠?" 하고 따졌다.) — R. Macdonald: 13

stab one's finger ➡ point one's finger

"… Since you had a blue flower stuck in your jacket, we presume the man was you. That was you, right?" He *stabbed a finger* at him, but didn't touch. 〔경찰서에서 형사가 용의자를 심문하는 장면〕 ("당신이 푸른 꽃을 재킷에 달고 있었기 때문에 우리는 그 남자가 당신이라고 생각해. 당신 맞지?"라고 추궁하며 그는 검지를 뻗어 용의자를 찌를 듯이 들이댔지만, 몸에 닿지는 않았다.) — B. Ashley

"The bugger moved my car? Wait till I see him! Nobody, nobody—" he *was stabbing his index finger* at the doorman's chest and he repeated, "Nobody, Sam, moves my car!…" (다른 사람이 자기 차를 멋대로 운전한 것에 격노한 그가 도어맨의 가슴께에서 검지로 마구 삿대질을 하며 다시는 절대 누구도 내 차를 몰게 하지 말라고 몇 차례 윽박지른다.) — C. Cookson: 1

steeple one's fingers ➡ bring the tips of one's fingers together

He leaned back in his chair and *steepled his fingers*. "I have a very profitable little sideline, Miss Whitney, and I take great pleasure in sharing those profits with my colleagues…." (그는 편안하게 의자에 몸을 기대고 양손의 손가락을 첨탑 모양으로 모았다. 그러고는 휘트니에게 "나에게는 수익이 많은 부업이 있는데 나는 그 수익을 동료들과 나누는 것을 큰 기쁨으로 여겨요."라고 말했다.) — S. Sheldon: 2

stick one's fingers in one's ears 귀에 손가락을 집어넣다. 《소리의 차단》

Night after night, though she *stuck her fingers in her ears*, the groans and screams sounded louder and more urgent. (매일 밤 그녀는 귀를 손가락으로 틀어막았지만 부상병의 신음 소리와 울부짖음은 더욱 강렬하고 절실하게 들려왔다.) — B. Grey

tap one's finger into the palm of one's hand 자신의 손바닥을 검지로 톡톡 두드리다. 《주의를 환기하려 할 때; 포인트를 강조할 때; 생각에 잠길 때 등의 동작》

He *tapped a* thick blunt *forefinger into the palm of his hand*. "Here was the situation I faced…." (그는 짤막하고 두터운 검지로 자신의 손바닥을 톡톡 두드리며 "내가 현재 직면한 상황은…." 하고 말을 시작했다.) — W. P. McGivern

tap one's finger on someone's chest 상대방의 가슴을 검지로 톡톡 치다. 《주의 환기》 유 poke someone's CHEST

Rengale, …, disrupted his nostalgic reflections by *tapping him on the chest with his forefinger*. (이야기 도중 상대방이 옛날 일에 대한 추억에 빠져버리자 그는 상대방의 가슴을 검지로 톡톡 쳐서 현실로 돌아오게 만들었다.) — W. P. McGivern

tap one's finger(s) on the desk [table, etc.] ➡ drum one's fingers on the desk [table, etc.]

Quaglia was *tapping a finger on the armrest of the chair* to help him think better. "Why do we not hire bodyguards for ourselves?" 〔오페라 극장에서 일어난 연쇄 살인 사건 때문에 자구책을 강구하려 가수들끼리 이야기하는 장면〕 (콸리아는 좀 더 나은 생각을 하기 위해 앉아 있는 의자 팔걸이를 손가락

으로 톡톡 두드리다 이윽고 보디가드를 고용하자고 제안했다.) — B.Paul: 2

I pressed the receiver tighter against my ear…. I rested my other hand on the desk and began *tapping on the desk surface with one of my fingers*. (나는 한 손으로 수화기를 꽉 쥐고는 귀에 바싹 대고 눌렀다. (전화가 연결되기를 기다리는 동안) 나는 안절부절못하고 다른 손을 책상 위에 올려놓고 손가락으로 톡톡톡 두드리기 시작했다.) — C.Webb

tap one's finger on one's lips 손가락으로 입술을 가볍게 톡톡 두드리다. ⟪기억을 더듬거나 생각에 잠겼을 때의 자기 접촉 동작; 손가락 대신 연필이나 펜을 사용할 때도 종종 있음⟫

The girl lifted her eyes to study him, *one finger tapping her* full red *lips* in pretended reflection. (소녀는 새빨간 입술을 손가락으로 톡톡 두드리며 눈을 들어 그를 빤히 쳐다보았다.) — E.Loring: 5

tap (on) one's finger with a pen [pencil, etc.] 펜 등을 잡아 다른 손의 검지를 가볍게 두드리다. ⟪짜증스럽게 안절부절못하는 모습; 곰곰이 생각할 때; 손이 심심할 때 등⟫

"I see." He took up a pen and leaned forward, *tapping it against his forefinger*. (그는 "알겠다."라고 대답하고 펜을 들어 올리더니 몸을 앞으로 기울였다. 그리고 그 펜으로 다른 손의 검지를 톡톡 쳤다.) — P.G.Wodehouse: 2

thrust one's finger out ➡ point one's finger

He brooded over that for a while, then *thrust out an* accusing *finger*. "Why did you lie to him about me?…" (그는 상대방이 말한 것을 잠시 곰곰이 생각하더니 다음 순간 갑자기 삿대질을 하며 "왜 나에 대해 그에게 거짓말을 했지?" 하고 따졌다.) — C.Rossiter

thrust one's finger under someone's nose 타인의 코앞까지 검지를 들이대다. ⟪힐책, 비난의 동작⟫ 유 point one's finger / thrust one's finger out

He *thrust a* trembling *finger under* Warren'*s nose*. "I'm going to break you. I'm not without influence…." (그는 분노로 부들부들 떨리는 검지를 워렌의 코끝에 들이대며 "너를 파멸시켜 주겠다. 나에게 그 정도 힘은 있다."라고 으름장을 놓는다.) — D.Bagley

tick off… on one's fingers 손가락을 사용하여 …의 수를 세다. ⟪왼손을 펴고 오른손 검지로 왼손의 엄지부터 차례로 수를 세는 동작; 하나하나 예를 들며 수를

셀 때의 동작》 유 check on one's fingers

tick off··· on one's fingers

He held up his hand and *ticked off on his fingers* the points as he made them. (그는 손을 내밀어 손가락으로 엄지부터 차례차례 꼽아 가며 핵심을 하나하나 열거했다.) — H. Kemelman: 1

★ **영일비교** 보통 대화 중에 숫자를 셀 때 일본인은 한 손만 쓴다. 어느 쪽이든 한쪽 손의 손바닥을 위로 향하고 엄지손가락부터 새끼손가락까지 차례대로 꼽으며 1, 2, 3, 4, 5라고 숫자를 세고 이어서 6부터 10은 새끼손가락부터 엄지손가락까지 차례대로 펴면서 센다. 반면 영미인의 경우에는 한쪽 손은 숫자판 역할을 하고 다른 한 손의 집게손가락은 지시봉을 대신해 두 손으로 숫자를 센다. 즉 왼손(왼손잡이라면 오른손)을 손바닥이 위로 보이게 쫙 펼친 다음 오른손 집게손가락으로 엄지손가락부터 차례대로 짚으면서 1, 2, 3, 4, 5라고 센다. 그다음에는 손을 바꾸어 오른손 엄지손가락부터 순서대로 6부터 10까지 센다.
숫자를 세는 손가락 모양의 차이 때문에 일본어의 '손가락을 꼽아 세다'라는 표현을 영어로 옮길 때는 count on one's fingers라고 표현한다.

tie a string around one's finger 손가락에 실을 묶다. 《약속 등을 잊지 않기 위한 미신적인 행동》

"To engrave the lessons it teaches on our minds," said the rabbi. "It's a mnemonic, *a string around the finger*···" 〔유대교의 축일에 왜 그렇게 요란한 의식이 필요하냐는 질문을 받은 상황〕 (랍비는 "가르침을 마음속에 확실히 새겨 두기 위한 것이다. 꼭 기억하겠다고 마음먹었을 때 손가락에 실을 묶는 것과 마찬가지다."라고 설명했다.) — H. Kemelman: 4

★ NB: 영미권에서는 중요한 것을 잊지 않기 위한 미신적인 방편으로 예로부터 왼손 손

가락 중 하나를 실로 묶곤 했다. 요즘에는 이러한 행위는 사라지고 대신 고무줄을 감거나 반지를 다른 손에 옮겨 낀다. 그러나 이와 관련된 표현은 여전히 남아 있어 반드시 기억해야 할 것이 있을 때 "I must put [tie] a string around the finger."라고 말하곤 한다. 영국의 일부 지역에서는 같은 의미로 손수건 끝을 묶기도 하고, 타인에게 잊지 말라고 주의를 줄 때 "tie a knot in one corner of your handkerchief." 라고 말하기도 한다(山田, 1986).

one's fingers toy with the ring [buttons, etc.] **반지, 윗옷의 단추 등을 만지작거리다. 《불안 등 마음의 동요가 있을 때 무의식적으로 나오는 주의 산만한 동작》**

… his only sign of discomfort was the nervous trembling of *the fingers* that *toyed with the buttons* of his overcoat. (오버코트의 단추를 연신 만지작거리는 손가락의 신경질적인 움직임이 그의 불편함을 드러내고 있었다.) — W.Cather: 5

twine one's fingers together ➡ twist one's fingers together

More shaken than she cared to admit, Anne stared before her, *her fingers twining together* in her lap, until a light touch roused her and she looked up to see Ivo offering her a glass. (그녀는 스스로 생각해도 한심스러울 정도로 동요했다. 앤은 줄곧 앞을 응시하며 무릎 위에서 양손의 손가락을 단단히 마주 잡았다. 이보가 술을 한잔 권하자 그녀는 그제야 겨우 정신을 차렸다.) — C.Rossiter

twirl one's finger at one's head ➡ make a circle [circles] with one's finger around the side of one's head

The girl looked at him. Marcus realized he was blocking the U.S. Mail and stepped aside. "You look like a good kid," he said. Walking away the girl *twirled her finger at her head*. (편지를 우체통에 넣기 위해 온 소녀가 그를 보았다. 마커스는 자기가 우체통을 가로막고 있다는 사실을 깨닫고는 살짝 옆으로 비켜섰다. 그는 "넌 착한 애 같아."라고 말을 걸었지만 소녀는 그가 미쳤다는 듯 머리 옆에서 검지를 빙글빙글 돌리며 멀찍이 걸어갔다.) — H.Mazer

twirl a pencil [a pen, etc.] between one's fingers **손가락 사이에 연필 등을 끼우고 빙글빙글 돌리다. 《무료할 때, 손이 심심할 때; 멍하니 생각에 잠겨 있을 때 등의 동작》**

He had been *twirling a pencil between his fingers*, but he put it down at this and sat a little tighter in his chair. "Are you sure of that?" he asked, watching Giles intently. (그는 연필을 손가락 사이에 끼우고 빙글빙글 돌리고 있었지만 상대의 얘기를 듣고는 연필을 내려놓고 자세를 고쳐 앉았다. 그는 자일스의 얼굴을 물끄러미 바라보며 "확실한 얘기야?"라고 물었다.) — G. Heyer: 5

twist one's fingers together 양손의 손가락을 단단히 맞잡다. 《불안, 당혹, 걱정 등 마음의 평정을 잃었을 때; 심리적으로 불안정할 때의 자기 접촉 동작》 유 twine one's fingers together

"Now what is it you want to ask me?" The boy *twisted his fingers together*. He put one bare foot on top of the other. ("지금 나에게 묻고 싶은 게 뭐야?"라고 묻자 소년은 양손을 단단히 마주잡고 두 발을 포개며 머뭇거렸다.) — L. Levi

twist one's ring [a piece of string, etc.] around one's finger 끼고 있는 반지를 빙글빙글 돌리며 (실을 손가락에 칭칭 감으며) 손장난을 하다. 《거북하거나 답답할 때; 당혹, 부끄러움 등으로 주저주저할 때》

"I just want to tell you," she said, *twisting her wedding ring around her finger* and avoiding his eyes, "That it can't happen again." 〔뜻밖의 사건으로 남편 이외의 남자와 관계를 갖게 된 후〕 (그녀는 그의 시선을 피해 고개를 숙인 채 결혼반지만 빙글빙글 돌리며 "내가 말하고 싶은 건 이런 일이 두 번 다시는 없을 거라는 거야."라고 했다.) — R. Harris

She caught a thread in the bed cover and *twisted it round her finger*. She stared down at the thread cutting into her flesh…. (그녀는 침대 커버에서 풀려 나온 실오라기를 주워 손가락에 칭칭 감으며 실이 살 속으로 파고드는 것을 물끄러미 바라보았다.) — J. Lingard

wag one's finger 검지를 세워 좌우로 살살 흔들다. 《비난, 설교; 가벼운 나무람, 농담 반 진담 반의 질책》 유 shake one's finger / waggle one's finger

"Remember now, I'm trusting you," he said. "Any gossip about this around school, Miss Knowlton, I'll look to you." He *wagged a finger* at her, making a playful gesture. 〔학교 내부의 비리를 여교사에게 들킨 교감이 입막음을 하는 장면〕 ("어쨌든 이 일에 관해 학교에서 조금이라도 이야기가 돌면 놀튼 자네가 소문낸 것으로 생각할 거야."라며 교감은 경고의 제스처로 손가락을 좌우로 흔들었다.) — A. T. Wallach: 2

"Oh God, I knew it, you're in love." She *wagged a finger* at her. "Just don't tell me you're getting married. At least not until we finish the movie." 〔여류 작가가 조수가 사랑에 빠졌다는 것을 알게 된 상황〕 ("결혼할 거라는 얘기는 꺼내지도 마. 최소한 작품의 영화화 작업이 끝날 때까지는 말이야."라고 그녀를 향해 손가락을 좌우로 흔들며 장난스럽게 경고했다.) — D. Steel: 2

Undaunted by baleful stares from his mother and grandmother, he pulled out his miniature ceremonial dagger and began poking holes in the dress of Diana's niece Laura Fellowes, 6. When his victim *wagged a finger* of rebuke, the second in line to the British throne trumped her with a silent, but definitive Bronx cheer. 〔영국 찰스 왕세자의 장남 윌리엄 왕자(4세)가 숙부의 엄숙한 결혼식에서 보여 준 장난에 대한 기사〕 (어머니와 할머니가 무서운 얼굴로 노려보는데도 그는 전혀 기죽지 않고 의식용 소형 단검을 꺼내 다이애나 비의 여섯 살 먹은 조카 로라 펠로우즈의 드레스에 구멍을 내기 시작했다. 로라가 하지 말라며 손가락을 좌우로 흔들자 영국 왕위계승 2인자인 윌리엄 왕자는 조용히 입술 사이로 혀를 내밀어 흔드는 야유의 동작으로 응수했다.) — *Time*, 1986

waggle one's finger ➡ shake one's finger

Suddenly I felt a tap on my fanny. I span around. He was a man with one of those tight expressionless little face and a hairline moustache. I never like that type. I *waggled my index finger* in front of his nose. "That's a no-no. Mustn't touch." That was my automatic answer to tappers and pinchers. 〔스튜어디스의 엉덩이를 만지는 남자 승객 퇴치법〕 (나는 누군가 엉덩이를 가볍게 두드리는 것이 느껴져 획 뒤를 돌아보았다. 그는 표정 없는 딱딱한 얼굴에 가느다란 콧수염을 기른 남자였다. 내가 싫어하는 타입이다. 나는 그의 코앞에서 검지를 흔들며 "만지면 안 됩니다."라고 경고했다. 그것이 엉덩이를 만지거나 꼬집는 남자에 대한 나의 자동반사적인 응대법이다.) — T. Baker & R. Jones

Now he begins to *waggle a finger* in Max's face. "You won't see a penny of the proceeds from this house. Directly it goes to the children, with me as the only executor." 〔아버지가 죽은 딸의 전남편에게 재산을 한 푼도 줄 수 없다며 목소리를 높이는 장면〕 (그는 맥스의 얼굴에 대고 손가락을 흔들기 시작한다. 그러고는 "이 집을 처분한 돈을 자네는 땡전 한 닢도 받지 못할 걸세. 내가 유일한 집행인으로서 아이들에게 직접 나눠 줄 거니까."라고 말한다.) — B. Raskin

wave one's finger 검지를 세워 흔들다. 《주의, 경고의 신호》

She *waved her finger* to the bartender and smiled at him. (그녀는 바텐

더를 향해 미소를 지으며 손가락을 들어 가볍게 흔들었다.) — L.Levi

Nim protested, "But it should also be said···" Prichett *waved an* admonitory *finger*. "That's enough, Mr. Goodman! Please remember I am asking the questions." 〔발전소 건설 계획에 관한 청문회〕 (환경보호단체의 일방적인 발언에 전력회사 측의 님이 항의하려 하자 환경보호단체의 프리쳇이 검지를 치켜들고 흔들며 "질문하는 것은 이쪽이라는 걸 잊지 마세요."라고 경고했다.) — A.Hailey: 8

wet one's finger and stick it up 검지에 침을 묻혀 높이 치켜들다. ((바람의 방향을 알아내기 위한 동작; 젖은 손가락이 바람을 맞으면 차갑게 느껴진다는 것에 착안한 동작))

(Jay enters from the terrace, followed by Martha with a breakfast tray···. He stands by the table, *wets finger and sticks it up* above his head to test the breeze.)
Jay: This seems a quiet spot. I'll finish here. (Martha puts tray on table···.)
((제이가 테라스에서 들어오고 아침 식사가 담긴 쟁반을 든 마르타가 그 뒤를 따른다. 그는 테이블 옆에 서서 바람의 상태를 보기 위해 손가락에 침을 묻혀 머리 위로 치켜든다.) 제이: 이곳은 바람이 그다지 불지 않는 곳이니 여기서 식사를 하겠소. (마르타는 테이블 위에 쟁반을 내려놓는다.)) — M.Reed

★ NB: 이 동작은 기회주의자를 상징하는 동작으로 여겨지기도 하는데, 기회주의적인 태도를 stick [put] up a finger to see which way the wind is blowing이라는 관용구를 사용하여 비유적으로 표현하는 데서 이를 확인할 수 있다.

with a finger beside one's mouth 입가에 손가락을 두다. ((생각에 잠긴 모습))

He paused, pondering the matter *with a finger beside his mouth*. (그는 잠시 말을 멈추고, 꾹 다문 입가에 손가락을 대고는 곰곰이 생각에 잠겼다.) — M. Lewty

★ **영일비교** 일본인도 영미인과 똑같이 '그나저나 대체 어찌된 일이지?' 하고 생각할 때 무의식적으로 얼굴 일부에 손가락이나 손을 댄다. 이런 무의식적인 행동과 별개로 일본인(주로 젊은 여성)에게는 한쪽 손의 집게손가락을 입 가까이 대고 고개를 갸웃해서 뭔가 바라는 듯한 모습을 의식적으로 나타내는 동작이 있다.
이 동작은 '입에 손가락을 물다'라는 관용구를 구체적인 행동으로 나타낸 것으로 바라지만 손에 넣을 수 없는 것을 곁에서 부럽게 쳐다보는 어린아이의 모습을 흉내 낸 것이라고 할 수 있다. 일본 전통 무용에서도 입가에 댄 손가락이 '부러움'을 나타내는 춤사위로 쓰이기도 한다. 이것은 젊은 여성의 유아적 성향에 너그러운 일본인이기에 나타날 수 있는 동작일 것이다.

FINGERNAIL

- 원칙적으로 손톱은 영어로 fingernail, 발톱은 toenail이라고 한다. 물론 nail이라고 통칭하여 부르는 경우도 흔하다. 한편 엄지손톱을 특정할 때는 thumbnail이라는 단어를 사용한다.

- 영어 문화권에서 손톱은 사회적 계층을 나타내는 지표로 여겨졌다. 특히 여성의 길고 아름답게 다듬어진 손톱은 예로부터 가사에서 해방된 유한 계급의 상징이었다. 오늘날 많은 여성들이 길게 기른 손톱에 다양한 색깔의 매니큐어를 칠하는 행동 속에는 이러한 과거의 상징적인 의미가 남아 있는 것이다. 그리고 남성의 경우 때가 끼지 않은 clean fingernails는 화이트 칼라를, 더럽게 때가 낀 dirty fingernails는 블루 칼라를 상징한다. 이는 손톱에 검은 때가 낀 사람은 기계의 윤활유가 손톱 밑으로 들어간 사람, 즉 육체 노동자를 의미하기 때문이다. 다음의 인용문은 이러한 상징적 의미를 잘 보여 준다.

  He belonged, he once said, to the "dirty-fingernail set as opposed to the folk heroes of TV. I'm a working stiff…." 〔『시카고 데일리 뉴스』 워싱턴 지국장의 사망을 알리는 기사〕 (자신의 몸을 던져 취재하는 것을 자랑으로 여긴 그는 텔레비전에서 인기를 끄는 영웅들과는 대조적으로 자신은 '더러운 손톱'의 일원, 즉 육체 노동자라고 생전에 늘 말했다.) — *Time*, 1976

  During the primary campaign, Bush's background hurt him. William Loeb effectively sneered at him in New Hampshire as a "clean-fingernails Republican." 〔공화당의 대통령 후보인 부시의 예비 선거전에 관련한 기사〕 (명문가 출신이라는 점이 예비 선거에서 부시에게 불리하게 작용했다. 윌리엄 로브는 그를 '손톱이 깨끗한(손을 더럽히며 일해 본 적 없는) 공화당원'이라 일컬으며 비웃었다.) — *Time*, 1980

bite one's fingernail(s) 손톱을 물어뜯다. 《마음이 안정되지 않을 때; 불안하고 신경질적으로 되었을 때; 멍하니 생각에 잠길 때》 유 chew (at) one's fingernail(s) / nibble (at) one's fingernail(s)

"… be sure to ask him to revive the ball." "Yes, indeed I will." Lying, pretending I knew all about it; and in the car going home, I sat in my corner, *biting my thumbnail*…. (남편에게 댄스 파티를 부활시켜 줄 것을 여쭈어 달라는 부탁을 받고 나는 냉큼 그러겠다며 모든 것을 아는 양 거짓말을 했다. 집으로 돌아가는 차 안에서 나는 어쩐지 마음이 불안하여 엄지손톱을 잘근잘근 물어뜯었다.) — D. du Maurier: 2

★ NB: 손톱을 물어뜯는 동작의 일반적인 표현은 bite one's fingernail(s)이다. chew (at) one's fingernail(s)는 손끝을 입에 넣고 질겅질겅 물어뜯는 모습을 구체적으로 기술한 표현이다.

chew (at [on]) one's fingernail(s) ➡ bite one's fingernail(s)

"… You don't have anything more tangible than curiosity. Or do you?" She paused a minute and *chewed on a thumbnail* while she thought it over. "No," she muttered finally. "That's all it is. Curiosity." [어떤 문제에 대해 관심을 두는 이유를 묻는 상황] ("네게 호기심 외에 다른 것은 없어. 혹 다른 무엇이 있는 거냐?" 하고 묻자 그녀는 금방 대답하지 않고 엄지손톱을 입에 넣은 채로 곰곰이 생각했다. 그러고는 "호기심뿐이에요."라고 낮은 목소리로 말했다.) — S. Greenleaf

dig one's fingernails into one's palms 손바닥에 손톱이 파고들 정도로 주먹을 세게 쥐다. 《극도의 긴장; 격정, 격노 및 공포 등을 억제하는 모습》

Suppose Clive were to become drowsy too? Then he would lose mastery of the plane and they would go dashing down to the destruction in the ocean. The thought appalled her. She *dug her nails* down deeply *into her palms* and bit her lip to keep from screaming. (부조종사 클리브마저 졸게 된다? 그러면 그는 비행기를 제어할 수 없게 되고 결국 바다에 빠지게 될 것이다. 이런 생각만으로도 그녀는 온몸이 오싹했다. 그녀는 손톱이 손바닥에 파고들 정도로 주먹을 꽉 쥐고, 비명이 새어 나오지 않도록 입술을 깨물었다.) — A. Hailey: 1

The obvious implication that Katherine was not gently bred made Victoria so angry she *dug her fingernails into her palms*. (딸 캐서린이 품행이 단정하지 않다는 듯한 상대방의 말투에 화가 난 빅토리아는 저도 모르게 손톱이 손바닥을 파고들 정도로 세게 주먹을 쥐었다.) — J. McNaught

examine one's **fingernails** ➡ study one's fingernails

"Somebody at that very minute, was preparing to commit murder because of 'em," said H. M. Beaumont, a shade pale, *examined his fingernails*. 〔아마추어 탐정 H. M.이 살인 사건을 조사하는 장면〕 ("바로 그때 누군가가 살인을 위한 준비를 했을지도 모른다."라고 하는 H. M.의 말에 보몬트는 창백한 얼굴로 자신의 손톱만 물끄러미 바라보았다.) — C. Dickson: 1

nibble (at [on]) one's **fingernail(s)** 엄지손톱을 깨물다. 《마음이 불편할 때; 불안할 때; 멍하니 생각에 빠져 있을 때》 유 bite one's fingernail(s) / chew (at) one's fingernail(s)

"Pamela, tell me something, you took Latin. What does *cui bono* mean?" She *nibbled a thumbnail*. "For who? For whom? For whose benefit? Whatever made you think of that?" (남편이 뜬금없이 라틴어로 된 어구의 의미를 물어보자 아내는 엄지손톱을 물어뜯으며 어설프게 대답하고는 왜 갑자기 그런 것이 생각났냐고 묻는다.) — Z. Popkin

polish one's **fingernails on** ··· 손톱을 갈아서 다듬듯 ···에 문지르다. 《우쭐함, 자만의 손짓》

We burst into spontaneous applause. He *polished his nails on* the lapel of his jacket and smiled with smug superiority. "I thought you would like it." 〔남자가 친구에게 마술을 보여 주는 장면〕 (그의 현란한 손놀림에 박수가 터져 나오자 그는 "좋아할 거라고 생각했지."라고 득의만만하게 웃으며 말했다. 그러고는 여봐란듯 윗옷의 깃에 손톱을 가는 흉내를 냈다.) — L. Levi

★ NB: 이 자만의 동작은 가슴에 달린 가상의 훈장에 손톱을 갈며 여봐란듯이 우쭐대는 표정을 지어 보이는 것이다. 그러니까 손가락을 가볍게 접은 손을 입으로 가져가 손톱에 입김을 훅 불고는(blow on one's fingernails) 가상의 훈장이 드리워진 가슴께에 가볍게 손톱을 문지르는 것이다.

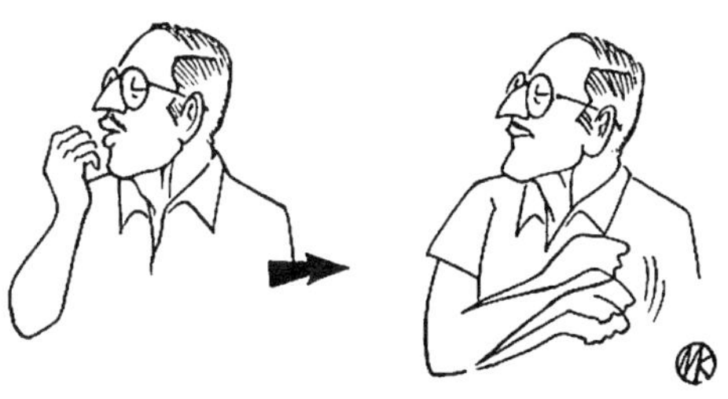

blow on one's fingernails **polish one's fingernails on the front of one's body**

scrape dirt from beneath one's fingernails 손톱의 때를 파내다. (남 앞에서 행할 경우 상대방에 대한 배려가 없는, 상대방을 무시하는 태도로 여겨짐)

He boredly *scraped dirt from beneath his fingernails* as George stood, trembling before him. (그는 그의 앞에 조지가 덜덜 떨며 서 있는 것을 전혀 신경 쓰지 않는 듯 유유히 손톱의 때만 파냈다.) — E. Kazan

study one's fingernails 자신의 손톱을 물끄러미 바라보다. (상대방과 시선을 맞추지 않기 위한 동작) 유 examine one's fingernails / study one's HAND(s)

"Finn··· do you know of any reason why Mathews should have wished to end his life?" I hesitated a fraction too long before I turned round, so that a plain "No" would have been unconvincing. I looked at Corin Kellar, who was busy *studying his fingernails*. (매튜가 자살한 이유에 대한 질문을 받고 나는 한참을 머뭇거렸다. 그러니 단지 '모른다'라고 한마디로 대답하면 납득할 리 없을 것이다. 옆에 있는 코린 켈러를 보니 긁어 부스럼 만들기 싫다는 듯 손톱만 마냥 내려다보고 있었다.) — D. Francis: 2

FIST

- fist는 '주먹'에 상응하는 단어다. fist가 아닌 knuckles로 쓰는 경우도 있다.
- 사람은 긴장, 치밀어 오르는 분노 또는 격정을 느끼면 주먹을 꽉 쥐게 된다. 예를 들어 집회 등에서 연대 의식의 고양을 위해 주먹을 쳐드는 경우도 있고, 연설 중 내용의 정당성을 강조하기 위하여 주먹으로 탁자를 내리치는 경우도 있다. 또 위협의 의미로 주먹을 들어 보이는 경우도 있다. 이처럼 주먹은 투지, 공격, 신념, 결의, 격정 등을 강하게 드러내는 표현 수단이다.

ball one's fist(s) ➡ clench one's fist(s)

He had begun to grasp that he was being ragged. Very suddenly his face turned dusky red under the tan. He *balled his* right *fist* on his knee. (그는 자신이 패거리들 사이에서 봉으로 취급되고 있다는 사실을 알게 됐다. 검게 그을린 그의 얼굴이 붉게 달아올랐다. 그는 무릎 위에 놓인 오른손에 힘

을 주어 주먹을 꽉 쥐었다.) — R. Macdonald: 7

bang one's fist on… 주먹으로 …을 세게 치다. ((자신의 말을 강조하기 위해; 위협하기 위해; 짜증, 분개 등 때문에)) 유 slam one's fist on… / strike one's fist on… / thump one's fist on…

"… if that is so, why the argument?" "Why?" Swayne *banged a fist on* the arm of his chair. "Because you can still deplore something even though there's nothing you can do to force a change." ("(개혁을 실행하는 것이 무리이건만) 왜 굳이 논쟁을 하는 것이냐?" 하는 질문에 스웨인은 "왜냐고?"라고 반문하며 의자 팔걸이를 주먹으로 내리치고는 "개혁을 할 수는 없어도 개혁이 필요한 이 상황에 대해 한탄할 수는 있는 것 아니냐."며 힘주어 말했다.)

beat one's fists against one's forehead 주먹으로 자신의 이마를 때리다. ((비탄에 빠졌을 때))

"I know what Volkov's like! I know what he does to Irina!" He leapt from his chair and *beat his* clenched *fists against his forehead*. It was a primeval gesture of rage and agony. 〔딸이 인질로 붙잡혀 있는 상황〕 ("나는 볼코프가 어떤 놈인지 알고 있고, 그놈이 내 딸 이리나에게 무슨 짓을 할지도 알고 있다!"라며 그는 의자에서 벌떡 일어나 주먹을 꽉 쥐고 자신의 이마를 때렸다. 이는 분노와 괴로움을 표현하는 원시적, 본능적 동작이었다.) — E. Anthony

beat one's fist [fists] against one's thigh [thighs] 주먹으로 허벅지 부근(손을 양옆으로 내렸을 때 자연스럽게 닿는 위치)을 연신 퍽퍽 치다. ((유감, 분함 등을 드러내는 동작))

Suddenly Rachel stopped, *beat her fists against her thighs*: "Damn, damn, damn." In our rush we'd left our luggage and purses back at the center. (레이첼이 갑자기 멈추더니 "이런 빌어먹을."이라며 주먹으로 허벅지를 마구 쳤다. 너무 서둘렀던 탓에 우리가 짐이며 가방을 죄 센터에 놓고 왔던 것이다.) — T. Baker & R. Jones

beat one's fist into one's palm 주먹으로 자신의 손바닥을 연신 치다. ((짜증이나 마음의 동요에 수반하는 동작; 곰곰이 생각할 때 수반되는 동작)) 유 slam one's fist into one's palm

"We've lost almost three days." "I know! I know!" Joe Pearson was *beating a* bulky *fist into his palm*, uncertainty around him like a mantle. ("우리는 벌써 3일이나 쓸모없이 흘려보냈다."라고 말하자 조 피어슨은 "알아! 알고 있다고!"라고 말하며 한쪽 손의 주먹으로 반대쪽 손바닥을 퍽퍽 때려댔다.) — A. Hailey: 2

clench one's fist(s) 주먹을 쥐다. ⟪긴장 때문에; 상대방을 때리고자 할 때; 분노, 격정을 억제하는 동작⟫ 유 ball one's fist(s) / bunch one's HAND [hands] into a fist [fists] / clench one's HAND(s) / curl one's HAND [hands] into a fist [fists] / grip one's HAND [hands] into a fist [fists]

Anger bubbled up in him. He *clenched his fists* and stepped towards the butler. I'll kill him! he thought. (머리끝까지 화가 치솟은 그는 주먹을 쥐고 집사를 향해 다가갔다. 그는 집사를 죽여 버리겠다고 생각했다.) — B. T. Bradford

★ NB: '주먹을 쥐다'를 나타내는 여러 영어 표현 중 가장 일반적인 것이 clench one's fist(s)이다. 이는 주먹을 꾹 쥐는 힘을 강조한 표현이다. ball one's fist(s)는 주먹을 쥐었을 때의 둥근 모양에 초점을 두고 있고, bunch one's hand [hands] into a fist [fists]는 손가락을 펴고 있는 손 모양에 대비하여 손가락을 한꺼번에 안쪽으로 오므리는 것에 초점을 두고 있다. curl one's hand [hands] into a fist [fists]는 주먹을 쥔 후 서서히 힘이 들어가는 것에 초점을 맞춘 표현이다.

dig one's fists into one's ribs 주먹을 겨드랑이께에 붙이다. ⟪arms akimbo와 거의 비슷한 도전적인 자세⟫ 유 (with one's) ARMs akimbo

"So you are Bobby Merrick!" Her eyes narrowed. She *dug her* little *fists into her ribs* with a defiance that would have seemed absurd had the occasion been less serious. 〔반감을 가진 남자에게 젊은 여자가 도전적인 태도를 취하는 장면〕 ("당신이 바비 메릭이로군요!"라며 그녀는 날카로운 눈으로 상대를 바라보며 주먹을 겨드랑이께에 딱 붙였다. 이렇게 심각한 상황이 아니었다면 우스꽝스럽다고 해도 될 듯한 동작이었다.) — L.C.Douglas: 2

drum one's fist(s) against one's forehead 주먹으로 자신의 이마를 콩콩 치다. ⟪자신의 어리석음, 멍청함 등을 깨달았을 때 자책하는 행동⟫

Wenford brought his fist to his forehead and *drummed against it*. "I'm a fool! There's no motive…." 〔살인 사건 수사 중 형사가 엉뚱한 인물을 범인으로 점찍고 주시하고 있었다는 사실을 깨달은 순간〕 (웬포드는 "정말 멍청한 짓을 저질렀어. 그에게는 범행 동기가 없잖아."라며 주먹으로 이마를 연신 때렸다.) — R.Rundell

make a fist and extend one's finger and cock one's thumb 주먹을 쥔 뒤 검지를 내밀고 엄지를 세우다. ⟪손으로 권총 모양을 만들다; '쏴 버리겠다'를 의미하는 손동작⟫

She *made a fist and extended her index finger and cocked her thumb*.

Bang. Bang bang. (그녀는 손으로 권총 모양을 만들고는 입으로 빵빵 소리를 내며 총 쏘는 흉내를 냈다.) — W.Just

pound one's fist(s) on someone's chest 주먹으로 타인의 가슴팍을 연달아 치다. ((주로 여성이 남성에게 또는 아이가 어른에게 울분을 터뜨릴 때의 동작))

Later the women will learn how to *pound their fists on their* husbands' *chests* in childlike rage. "Men love it," says the movement's founder and guru. 〔페미니즘에 반대하여 여성다움을 강조하는 미국 여성 운동에 관한 기사〕 (회원들은 남성의 보호 본능을 자극하는 여성적인 몸가짐, 즉 말귀를 못 알아듣는 아이마냥 남편의 가슴팍을 주먹으로 토닥거리며 분통을 터뜨리는 방법을 배운다. 이 운동의 창시자와 지도자는 "남자들은 그것을 사랑한다."라고 말한다.) — *Time*, 1975

put one's fist [fists] on one's hip [hips] 주먹을 쥐고 손등을 허리춤에 가져다 대다. ((서 있는 상태에서 취하는 도전적인 자세)) 유 put one's HAND [hands] on one's hip [hips] / (with one's) ARMs akimbo

"Ma'am," said H. M., leaning one hand on the glass counter and *putting his* other *fist on his hip*. "I'm the old man." He let the grandeur of this sink in. 〔실종 사건을 조사하는 아마추어 탐정 H. M.이 한 여성의 진술에서 애매한 점을 발견하고는 집중 심문하는 장면〕 (H. M.은 유리를 깔아놓은 카운터에 한 손을 얹고 기대 서서 반대편 손으로 주먹을 쥐어 허리춤에 가져다 댔다. 그는 "부인, 바로 내가 그 노인입니다."라고 말하고는 그녀의 반응을 살폈다.) — C.Dickson: 1

"Speaking of Jimmy, did you happen to see him in costume before the first act of *Carmen* Friday night?" She stopped stock still and *put both fists on her hips*. "Gerry. How did we get from Gerry flappers to Jimmy Freeman's costume?" (금요일 밤 〈카르멘〉 공연 중에 일어난 범죄를 수사하는 과정에서 용의자 중 하나인 지미가 언제 무대의상을 입고 있었는가가 중요한 관건이 된다. 지미의 결백을 믿고 있는 한 여가수는 함께 공연하는 게리로부터 지미를 용의자 취급하는 듯한 질문을 받고는 '아니, 뭐라고?'라고 말하듯 주먹을 쥔 두 손을 허리에 대더니 왜 하필 지미의 무대의상 문제로 화제를 바꾸는 거냐며 화를 낸다.) — B.Paul: 1

★ NB: 이러한 자세를 취할 때 허리에 hand를 대는 것보다 fist를 대는 것이 한층 더 적대적인 자세라고 한다.

raise one's fist 주먹을 들어 올리다. ((때리기 위해; 항의나 이의를 표시하기 위한

행동))

raise one's fist

He stood towering over his son Winston, *his fist raised* in anger and ready to bring it down hard on the boy. (그는 화가 나서 주먹을 번쩍 쳐들고는 당장이라도 후려칠 듯이 아들 윈스턴 앞에 우뚝 서 있었다.) — B.T.Bradford

Catherine Deneuve, who presented the award, pleaded futilely for the mob to give the director a chance to defend his honour. But the catcalls delighted Pialat. "If you don't like me," he proclaimed, "I can tell you, I don't like you either." He *raised a* defiant *fist*. More boos, more hoots. 〔제40회 칸 영화제에 참석한 프랑스의 영화감독 모리스 피알라의 수상에 관련한 기사〕 (수상에 반대하여 소란스러운 대중들을 앞에 두고 시상자 까뜨린느 드뇌브는 감독에게 자신을 변호할 기회를 주자고 요청해 보지만 야유의 소리는 잦아들지 않았다. 그러나 감독은 오히려 밝은 모습으로 "당신들이 나를 싫어한다면, 나도 당신들을 싫어해 주겠다."라며 반골정신으로 가득한 항의의 주먹을 번쩍 치켜들었다. 이에 야유의 함성은 더욱 커졌다.) — *Time*, 1987

rap one's fists together 좌우의 주먹을 맞부딪히다. ((불안할 때의 동작; 어찌할까 곰곰이 생각할 때의 동작-양손을 주먹을 쥔 상태에서 손등이 바깥을 향하게 마주한 뒤 손가락 관절 부위(knuckles)를 딱딱 부딪히는 동작))

Truttwell *rapped his fists together* several times. "We have to get him back before he talks his life away." 〔패거리 중 하나가 경찰에 체포되어 자백을 강요받는 상황〕 ("그가 너무 많은 것을 털어놓기 전에 우리가 그를 데려와야 합니다."라는 얘기에 두목은 두 주먹을 톡톡 부딪치며 생각을 거듭했다.) — R. Macdonald: 8

★ **영일비교** 주먹 쥔 두 손을 한두 번 맞부딪치는 동작은 영어권에서 '다툼'이나 '싸움'을 의미한다(Brosnahan, 1988). 일본에서는 집게손가락으로 칼싸움을 흉내 내 '싸움'을 표현하지만 영미인은 두 주먹을 맞부딪쳐서 힘과 힘의 충돌을 표현한다.

shake one's fist(s) **움켜쥔 주먹을 흔들다. (('그냥 두지 않겠다'로 표현되는 감정이나 강한 분노를 나타내는 동작; 승리의 순간 등 저도 모르게 주먹을 높이 치켜들고 흔들며 기뻐서 어찌할 줄 모르는 감정을 표현하는 동작))**

shake one's fist

As Mike drove past he saw Beauford *shaking his* clenched *fist* at the receding truck. (마이크는 뷰포드의 차를 앞질러 가면서 뷰포드가 멀어져 가는 자신의 트럭을 향해 주먹을 쳐들고 부르르 떨고 있는 모습을 보았다.) — J. McIlvaine

Then suddenly all of the young people were up out of their seats, screaming and shouting, doing small dances, *shaking* clenched *fists* in triumph and exaltation. [환희의 순간] (갑자기 모든 젊은이들이 의자에서 일어나 큰 소리를 지르며 덩실덩실 춤을 추고 기쁨에 못 이겨 주먹을 쳐들고 흔들어 댔다.) — P. Hamill

★ NB: shake one's fist(보통 단수를 사용)는 자신을 도발한 상대에게 몸싸움도 불사하겠다는 것을 보여 줄 때 가장 많이 사용된다. 그런데 이 동작은 상황에 따라 조금씩 달라진다. 난폭운전으로 폐를 끼쳐 놓고 멀리 가 버린 경우처럼 상대가 멀리 있을 때는 주먹을 머리 부근까지 치켜들어 손등을 바깥쪽으로 향한 상태에서 팔을 앞뒤로 움직이고, 상대가 바로 앞에 있을 경우에는 그의 코앞에 주먹을 들이대고 두세 번 흔든다. 기뻐서 어쩔 줄 모를 때의 shake one's fist(s)(단수, 복수 모두 사용)는 승리 선언을 들은 권투선수처럼 어쩔 줄 몰라 하며 주먹을 쳐들고 여러 차례 흔드는 모습을 표현한다.

★ NB: 양손의 주먹을 흔드는 동작이 또 하나 있다. 손을 겨드랑이 높이로 들어 올려 손가락 쪽을 바깥으로 향한 상태에서 얼굴을 찌푸리며 두세 번 흔들어 '불만'을 나타내는 동작이 그것이다(Brosnahan, 1988).

slam one's fist into one's palm **자신의 손바닥을 주먹으로 치다. ((짜증, 감정의 폭발, 흥분, 분노 등))** 유 beat one's fist into one's palm / thrust one's fist into one's palm

The president *slammed a fist into his palm*. "Goddam, Jim! You're adroit at turning a man's own words against him." 〔자신의 말이 의도와 다르게 곡해된 상황〕 (대통령은 주먹으로 다른 손의 손바닥을 탕탕 치고 "제기랄, 짐! 자네는 남의 말꼬투리를 잡아 악용하는 재주가 있군." 하며 분노를 터뜨렸다.) — A. Hailey: 4

★ NB: slam one's fist into one's palm은 주먹으로 손바닥을 팡팡 힘주어 치며 폭발적인 감정을 표출하는 것을 나타낸 표현이다. 이 표현에 thrust를 사용하면 주먹으로 손바닥을 미는 힘이 강하다는 것을 나타내고, beat를 사용하면 손바닥을 여러 차례 두드린다는 것을 나타낸다.

slam one's fist on … ➡ bang one's fist on …

Parkland *slammed a* beefy *fist* in frustration *on* the desk top. (파크랜드는 짜증이 난 나머지 주먹을 쥐고 책상을 세게 내려쳤다.) — A. Hailey: 7

smite one fist upon the other **한쪽 손의 주먹을 세운 뒤 다른 손의 주먹으로 내려치다. ((결의에 찬 모습; 짜증스러워 하는 모습))**

"… and if this is the way they feel the country should be run, and they can't do it without Yankee troops, why…" He rose to his feet and *smote one fist upon the other*. "I just can't take it, that's all…" ("미군의 협력 없이는 국가로서의 존속이 어렵다고 한다면…"이라고 말하며 그는 벌떡 일어나 한 손의 주먹으로 다른 손의 주먹을 내려쳤다. 그러고는 "나는 정말 그 사실을 받아들일 수가 없다."라고 말했다.) — D. du Maurier: 1

★ NB: smite는 strike보다 예스러운 느낌의 동사다.

strike one's fist on … ➡ bang one's fist on …

"Do you think I ought to buy the horse?" Piers *struck his fist on* the table. "Never—never without seeing him first!" ("말을 구입해야 할까?" 하며 의견을 묻는 질문에 피어스는 주먹으로 탁자를 치며 "직접 보지 않고는 절대 말을 사면 안 돼!"라고 힘주어 말했다.)

stuff one's fist(s) into one's mouth 주먹으로 입을 틀어막다. ((울음이나 웃음이 터져 나오는 것을 막기 위한 자제 행동)) 유 press one's KNUCKLEs to one's mouth

The camera was going to be used at any moment, just as soon as Rosie could stop *stuffing her fists into her mouth* to keep herself from giggling out loud, and use her hands to operate the camera instead. (카메라를 담당한 로지가 웃음을 참느라 손을 쓰지 못해 촬영을 시작하지 못했다. 그녀는 웃음이 터져 나오는 것을 막기 위해 두 주먹을 입에 쑤셔 넣었다.) — H. Cresswell

thrust one's fist into one's palm ➡ slam one's fist into one's palm

"God help me!" he said aloud, *thrusting his fist into his palm*. Then he began to walk around the apartment. (어찌해 볼 도리가 없어서 그는 한 손의 주먹으로 다른 손의 손바닥을 치며 저도 모르게 큰 소리로 "신이여, 도와주소서."라고 말했다. 그러고는 아파트를 배회하기 시작했다.) — B.Plain: 2

thump one's fist against one's chest 주먹으로 자신의 가슴을 툭툭 치다. ((주로 남성이 자신의 육체적, 지적 우월성을 과시하는 동작; 자신을 과장하여 가리키는 동작)) 유 thump one's CHEST

"Gerry!" he cried happily. "Look at me. Like Hercules, eh?" He *thumped a fist against his chest*. "Now I'm ready to move mountains, to swim oceans, to sing! Am I not the picture of health?" 〔병으로 공연을 하지 못한 남성 오페라 가수가 완전히 나았다며 자신만만하게 말하는 장면〕 (그는 주먹으로 자신의 가슴을 툭툭 치며 "게리, 날 봐. 헤라클레스 같지 않나? 산을 움직일 수도, 바다를 헤엄쳐 건널 수도 있을 것 같고, 물론 노래도 할 수 있지. 건강 그 자체 아닌가?"라고 말했다.) — B.Paul: 1

thump one's fist on … ➡ bang one's fist one …

"We must beat them to the border," he kept repeating as he *thumped his fist on* the leather dashboard. 〔첩보원들이 도망 중인 남자를 쫓는 상황〕 (리더는 차의 대시보드를 주먹으로 세게 두드리며 "어떻게 해서든 그보다 먼저 국경에 도착해야 한다."라고 반복해서 말했다.) — J.Archer: 4

wave one's fist(s) ➡ shake one's fist(s)

He watched carefully as the taxi turned left again and in order to keep in contact he veered in front of a bus so suddenly it was forced to slam on its brakes. Several passengers, thrown from their seats, *waved their fists* at him as the bus's horn blared. (그가 차로 택시 뒤를 쫓기 위해 내달리고 있는 버스 앞으로 급하게 끼어들자 버스는 급브레이크를 밟았다. 좌석에 앉아 있던 승객 몇 명이 나동그라지자 버스는 경적을 울리고 험한 꼴을 당한 승객은 그를 향하여 주먹을 치켜들고 흔들어 댔다.) — J.Archer: 4

What they sounded like right then was a gang of revolutionaries getting ready to storm the Bastille. They were shouting and *waving their fists* and clumping about the stage with unnecessarily heavy feet. (오페라 극장의 출연자들은 화가 치밀어 올라 마치 바스티유 감옥 습격에 나서는 혁명군 부대처럼 무시무시한 분위기가 되었다. 그들은 크게 소리를 지르며 주먹을 휘두르고 필요 이상으로 발소리를 크게 내며 무대 위를 돌아다녔다.) — B. Paul: 2

FOOT

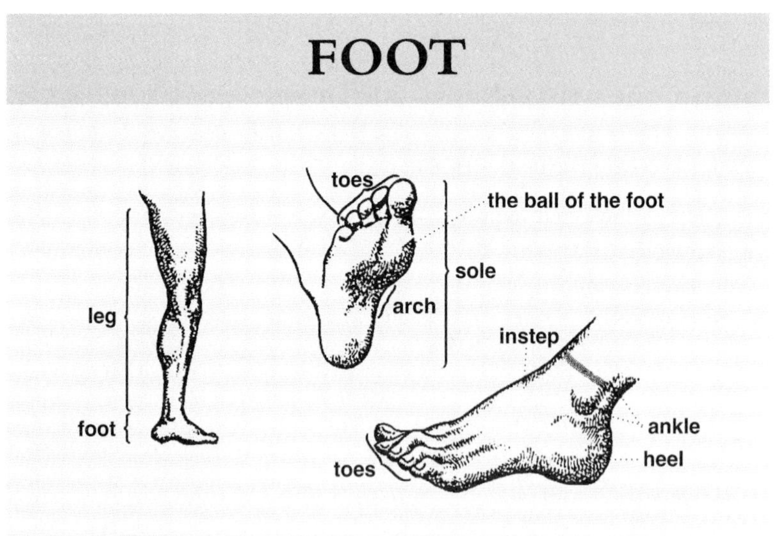

- foot은 '발'을 가리키는 단어로, 발목 아래 부분을 가리킨다.

- 영어에는 걷기나 서기 등 foot과 leg가 동시에 관여하는 동작을 나타낼 경우 둘 중 어느 쪽의 움직임으로 볼 것인가는 언어 습관에 의해 결정된다. 동작에 따라 leg, foot 어느 쪽을 써도 상관없는 경우도 있으나(e.g. walk as fast as one's feet [leg] carry 전속력으로 걷다; walk one's feet [legs] off 다리가 뻣뻣해질 정도로 걷다), 통상 둘 중 어느 한쪽으로 치우쳐서 사용된다. 예를 들어 앉아 있던 상태에서 몸을 일으키는 경우 영어에서는 주로 발에 중심을 두어 표현한다(e.g. rise to one's feet; help someone to his feet).

- 발은 발바닥(sole)과 발등(instep)으로 구별된다. 영어 문화권에서는 일반적으로 발등이 높은 것을 좋게 생각했는데, 이는 경주마의 혈통을 감정할 때 눈여겨보는 것 중 하나가 발등의 높이라는 것과 무관하지 않다. 소설 등에서는 등장인물의 혈통이 좋다는 사실을 설명할 때 서러브레드(thoroughbred)를 언급하며 '발등이 높다'고 비유적으로 표현하기도 한다.

  I should have thought the young lady too high in the instep to have encouraged the attention of a mere nobody! (나는 그녀처럼 태생이 좋다면 작위도 없는 평범한 남자의 관심을 끌기 위한 짓은 하지 않을 것이라고 생각했다.) — G.Heyer: 1

- 발바닥은 보통 중앙부가 쏙 들어가 있는데 영어에서는 이 부분을 일컬어 arch라 부른다. 영미인은 이 부분에서 발의 피로를 확인하는데, 장시간 서 있거나 걸어서 발이 피로한 경우 발이 부어 아치가 사라지고 평발처럼 된다고 말한다(e.g. my feet feel as flat as duck's; I feel as if my arches were flattened).

- 발바닥 중 엄지발가락의 뿌리 부근에 두둑하게 살점이 붙은 부분이 있는데, 영어에서는 이 부분을 일컬어 the ball of a foot이라 부른다. 일본인들은 이 부분의 존재에 주목하지도 않았거니와 변변한 일본어 명칭도 없다. 이에 비해 영미인들은 이 부위를 행동력의 근원으로 간주하여 기민하게 대응할 수 있는 상태를 일컬어 be on the balls of one's feet이라고 비유적으로 표현할 정도다. 다음의 예를 보자.

  His White House aides··· spread the words that the President had bounced back. "He'*s up on the balls of his feet*," said one staffer. (보좌관의 이야기에 따르면 대통령이 모든 것을 털고 일어나 지금은 새로운 사태에 기민하게 대응할 수 있는 태세를 갖추고 있다고 한다.) — *Time*

이 부위에 대한 영미권과 일본의 관심도 차이는 양 문화의 전통적인 보행법 및 신발에 그 유래가 있다고 보인다. 일본의 전통적인 '난바(ナンバ)' 자세(오른발을 내밀 때 오른손을 내밀고 왼발을 내밀 때 왼손을 내미는, 즉 보통과는 반대로 행하는 동작)를 기본으로 하는 보행, 지면에 밀착하는 평면적인 조리, 짚신 등의 신발에서는 엄지발가락이 추진력의 기본이 된다. 이에 비해 손발이 좌우로 교차하는 영미인의 탄력적인 보행법에서는 무지구(拇指球, the ball of the foot)가 추진의 중심을 맡는다. 게다가 구두와 같은 신발은 발에 신기 좋고 나쁨이 무지구에 중심을 둔 상태에서 판가름 난다. 그렇기 때문에 이 부위를 의식하는 정도 또한 높아지게 된 것이다(小倉, 1977).

● 영어에는 발과 연관된 관용구가 상당히 많다. 그중 발에 대한 영미인들의 관점은 다음과 같다.

자립 영어에서도 자립하는 것을 '제 발로 서다'라고 표현한다(e.g. stand on one's own feet(자립하다), set someone on his feet(타인이 자립할 수 있도록 도와주다)). 그리고 병이 나아 일상생활로 돌아가는 것도 일종의 자립이라 하여 비슷한 표현을 쓴다(e.g. be on one's feet again, get back on one's feet). 또 어느 정도 착실하게 자립의 길을 걸어 기반을 다진 경우에는 발을 땅에 디디고 서 있다는 표현을 사용한다(e.g. keep one's feet (set, planted) (firmly) on the ground).

발붙일 곳 어느 장소에 발을 들이는 것을 영어에서는 보통 set foot on [in]으로 표현한다. 발을 들이려는 장소가 폐쇄적이라 좀처럼 들어가기 힘든 경우에는 get [put] a foot in the door of…라고도 한다. 또 환영받지 못하는 것을 알면서도 코앞에서 문이 닫히려는 순간 잽싸게 발을 끼워 넣어 그 벌어진 문틈을 통해 들여보내 달라고 애원하는 사람을 쫓아 버린다는 의미의 관용구 "Take your (big) foot out of my doorway."도 있다.

조직 등에 성공적으로 들어가면 get a foot in, 이후 새로운 환경에 잘 적응하게 되면 find one's feet이 된다. 또 조직이 두 개로 갈라지는 상황에 직면하여 양쪽 모두와 잘 지내게 되면 have [keep] a foot in both camps가 된다.

대인 관계 타인과의 만남이 순조롭게 잘 시작되었는지 아닌지를 표현할 때 영어에서는 get off on the right [wrong] foot이라는 관용구를 사용한다. 이 표현의 기원에 대해서는 남의 집 문지방을 왼발(the wrong foot)로 넘어가면 불운이 찾아온다는 오래된 미신에서 비롯된 것이라는 설과 행진할 때 처음에 발이 틀리면 끝까지 발이 맞지 않아 고생하게 되기 때문에 모두가 같은 발로 출발(get off on the right foot)해야 했던 데서 생겨났다는 설이 있다.

또 사람을 만날 때 첫인상을 좋게 하고자 하는 것도 미국에서는 발을 내딛는 법에 비유하여 표현한다(put one's best foot forward—이는 영국에서는 최선을 다한다는 의미다.)

그 밖에 대인 관계를 엉망진창으로 만들 정도의 실언을 했을 때는 비유적으로 put one's foot in it 또는 put one's foot in one's mouth(엉뚱한 곳에 발을 집어넣다)라고 표현한다.

drag one's feet 발을 질질 끌며 걷다. ((느릿느릿 걷는 모양; 마지못해 걷는 무거운 발걸음; 의욕 없는 태도, 비협조적 태도를 의미하는 비유 표현)) 유 drag one's

HEELs 참 pick up one's feet / shuffle one's feet

Von Hannmerstein beckoned the two girls forward. They came reluctantly, *dragging their feet* and pouting. (본 헨머스테인은 두 소녀에게 앞으로 나오라고 손짓했다. 그들은 뿌루퉁한 얼굴로 마지못해 느릿느릿 걸어 나왔다.) — I.Fleming: 2

… I'm ready to hazard an opinion, to which I came, I confess manfully, with *dragging feet*, that Harry S. Truman will eventually win a place as President alongside Jefferson and Theodore Roosevelt. (트루먼 전기의 저자가 결국 트루먼은 제퍼슨, 루스벨트와 어깨를 나란히 하는 미국의 위대한 대통령으로 꼽힐 것이라고 의견을 피력하는 장면으로, 자신이 이런 결론에 수월하게 도달한 것이 아니라 마지못해 인정하게 되었다고 남자답게 고백한다.(비유적)) — M.Miller

help someone to his feet 상대방이 일어날 수 있도록 돕다.

The doctor dropped to his knees again beside him and applied his stethoscope. "Yes," he said. "Yes, he has gone…" Richard stepped forward to *help him to his feet*. (의사는 침대 옆에 무릎을 꿇고 청진기로 진찰한 후 그가 죽었다는 것을 확인했다. 그의 아들 리처드가 앞으로 걸어 나와 의사를 일으켜 세워 주었다.) — E.Hervey

jump to one's feet 벌떡 일어서다. 유 leap to one's feet / spring to one's feet

"… After rehearsal I will give you a breathing exercise." I was so astounded I couldn't say a word at first. Emmy Dustin was right: the man wanted to run everything. I *jumped to my feet* and shrieked. 'There's nothing wrong with my breath control!" (신임 연출가는 나의 노래를 들은 후 호흡이 좋지 못하다며 리허설이 끝난 뒤 연습을 하자고 말했다. 처음에는 너무 충격적이라 한 마디도 입 밖으로 꺼내지 못했다. 에미 더스틴이 옳았다. 역시 그는 만사를 제멋대로 주무르려는 인간이다. 나는 의자에서 벌떡 일어나 내 호흡에 문제 따위는 없다고 신경질적으로 소리쳤다.) — B.Paul: 1

leap to one's feet ➡ jump to one's feet

"It isn't like that!" Jane cried, *leaping to her feet*, desperate to exonerate herself. (사실이 곡해되었다는 사실을 알게 된 제인은 의자에서 벌떡 일어나 누명을 쓰지 않기 위해 필사적으로 항변했다.) — A.Neville

look (down) at one's feet 자신의 발치로 시선을 떨어뜨리다. 《시선을 회피하는 모습; 양심의 가책, 부끄러움, 겸연쩍음 등으로 고개를 숙인 모습; 주눅 든 모습》

Jonathan *looked down at his feet*, avoiding Robin's glaring countenance. (로빈이 밉살스럽게 흘겨보자 조나단은 슬그머니 시선을 피하며 고개를 숙였다.) — B.T.Bradford

Tomorrow he'd be penitent, *look at his feet*, attack nobody. 〔별거 중인 아내와 화해의 대화를 나누기로 한 날을 하루 앞둔 남자의 속마음〕 (내일 그는 미안했다며 잘못을 인정하고, 기가 죽은 모습을 보여 주고, 아무도 헐뜯지 않을 것이다.(비유적)) — S.Middleton

pick up one's feet 힘차게 발을 높이 들고 걷다. 《발을 질질 끌지 않고 탄력 있게 땅에서 들어 올렸다 내리는 바람직한 걸음걸이》 참 drag one's feet / shuffle one's feet

One mother writes: "I have a girl who shuffles as she walks. I have tried everything to make her *pick up her feet* but it does no good." Answer: "You should tell her that ladies never shuffle as they walk, but *pick up their feet gently*, walk straight ahead, toes straight." (발을 질질 끌며 걷는 딸의 버릇이 도저히 고쳐지지 않는다는 상담에 대한 답변이다. "숙녀는 걸음을 걸을 때 발을 끌지 않고 땅에서 사뿐히 발을 들어 올려 발부리를 똑바로 내어 걷는 거라고 말해 주세요.") — A.Vanderbilts

★ NB: pick up one's feet과 대조적인 걸음걸이로는 drag one's feet과 shuffle (one's feet)을 들 수 있다. 전자는 평소 보통 걸음걸이로 걷던 사람이 어느 순간 의욕이 떨어져 무거운 발걸음으로 발을 질질 끌며 걷는 경우에 주로 사용된다. 이에 비해 후자는 a flat-footed method of walking의 전형으로 환자나 노인이 천천히 발을 끌며 걷는 모습이나 일정한 직업이 없는 하층민이 무기력하고 칠칠치 못하게 걷는 모습을 가리킨다. 발등이 높으면 태생이 좋은 사람이라고 여기는 영어 문화권에서는 pick up one's feet은 발등이 높은 신사나 숙녀의 걸음걸이로, shuffle은 발등이 낮은 하층민의 걸음걸이로 연결 지어 생각하는 경향이 있다.

play footsie 발을 간질이다. 《남녀가 은밀히 테이블 아래서 성적 관심을 표현하는 장난스러운 행동》

After we left the restaurant, Sadie was blazing with anger. "That man spent the whole evening *playing footsie* with me under the table. And his wife was sitting across from us. I'll give him footsie when I get him in the office tomorrow." (사무실 동료들과 레스토랑에서 회식을 한 뒤 세이디가 분개하는 장면이다. 그녀는 저녁 내내 동료 남성 하나가 자기 아내를 눈

play footsie

앞에 두고 테이블 아래에서 그녀의 발을 희롱했다며 내일 사무실에 출근하면 그놈을 걷어차 줄 거라고 말한다.) — L.Levi

★ NB: footsie는 foot의 유아어다. play footsie는 남녀가 은밀하게 눈이 맞은 것 혹은 타인과 은밀하게 거래하는 것을 비유적으로 표현한 관용구다.

prop one's feet on a desk 발을 책상 위에 올리다. 유 sit with one's feet on a desk

---

Jake walked down to his office and sat down at his desk; but after fiddling idly with a letter opener, he *propped his feet on the desk* and tried to think. (사무실까지 걸어온 제이크는 책상에 놓인 편지칼을 하릴없이 만지작거리다 책상 위에 발을 올려놓고 생각에 잠겨 보려 했다.) — S.Sallis

pull someone (up) to his feet 상대를 잡아끌어 일으키다. ((앉아 있는 상대에게 일어나라고 재촉하는 동작))

"Come on!" Edwin cried. He *pulled* Emma *up to her feet* and with urgency. "The weather is so unpredictable on these wretched moors. You never know when a storm will blow up." Together they scrambled up the hill. ("습지대는 날씨가 변덕스러워 언제 돌풍이 불어올지 알 수 없어. 자, 빨리 떠나자!"라며 에드윈은 마음 놓고 앉아 있는 에마를 잡아끌듯 일으켜 언덕을 올랐다.) — B.T.Bradford

put one's foot down 한쪽 발로 땅을 탁 구르다. ((완고한 태도를 취하는 것을 나타내는 비유 표현; 남이 뭐라고 하든 절대 물러서거나 양보하지 않는 태도를 일컫는 표현)) 참 stamp one's foot

---

"I don't think it would be wise to *put one's foot down* too decidedly," said Venetia. "Opposition might only make him obstinate." ("그렇게 너무 완고하게 반대의 태도를 취하는 건 현명하지 못하다고 생각한다. 외려 그를 더욱 옹고집으로 만들어 버릴 수도 있다."라고 베네치아는 말했다.(비유적)) — W.S.Maugham: 3

★ NB: 화나 짜증이 나서 진짜로 한쪽 발을 바닥에 쿵 하고 구르는 동작은 보통 stamp one's foot으로 표현한다.

put one's feet up 두 발을 발받침 등에 올려놓고 앉다. ((잠깐 휴식을 취할 때, 편하게 앉을 때의 자세; 잠깐 휴식을 취하거나 편하게 앉아 있음을 의미하는 비유 표현))

put one's feet up

When the last guests had gone, Aunt Sarah *put her feet up* on a footstool, Liza kicked off her pumps and Dunmore and Dan loosened their ties as they all sat in the library to talk it over. 〔파티가 끝난 후 가족들의 긴장 풀린 모습〕 (그들이 모두 서재에 모여 앉아 파티 이야기를 나누는 동안 숙모인 새라는 발받침에 두 발을 올려놓았고, 리자는 신발을 벗었으며, 던모어와 댄은 넥타이를 풀어 헤쳤다.) — A.S.Turnbull: 1

Happy Rockefeller will not be standing on ceremony with any of them. "I just want everyone to feel they can have a good time and *put their feet up* and relax." 〔새로 단장한 미국 부대통령 관저를 공개하는 자리에서〕 (록펠러 부통령 부인은 사람들이 격식을 차리느라 불편하게 굴지 않았으면 한다고 하며 "모든 사람들이 이곳을 편하게 느꼈으면 좋겠다."라고 인사말을 한다.) — *Time*, 1975

rise to the balls of one's feet 발꿈치를 들어 올려 발끝으로 서다. ((언제라도 기민하게 행동할 수 있는 빈틈없는 자세))

He *rose to the balls of his feet*, rapped briskly on the door of Room 312 with his left hand, his right hand low at his side, shoulders forward, knees bent, but only slightly. 〔무엇이 있는지 알 수 없는 방에 위험을 무릅쓰고 들어가려는 장면〕 (민첩하게 행동할 수 있도록 그는 발의 앞쪽에 무게중심을 싣고 서서 왼손으로 312호의 문을 두드렸다. 그는 오른손을 옆에 붙이고, 어깨를 앞으로 숙이고, 무릎을 살짝 굽히고 있었다.) — J.P.Marquand

rock on one's feet ➡ sway on one's feet

He begins to howl with great gasping sounds. By the time Rosetta reaches him, he is *rocking on his feet*. I can see his knees begin to buckle…. (그는 고통스러운 듯 신음을 토해 내기 시작한다. 로제타가 그의 옆으로 다가오자 그의 몸이 휘청거리고 무릎이 덜덜 떨리는 것이 보인다.) — B.Raskin

shift from foot to foot [from one foot to the other] 체중을 두 발에 교대로 싣다. ((서 있는 상태에서 안절부절 초조해 하는 모습))
유 hop from LEG to leg / move one's weight from one LEG to the other

"How do you do?" I said in my best manner, and got a nod for it, which seemed to relieve Flora, although she still tended to *shift from foot to foot*. (내가 아주 정중한 태도로 인사를 건네자 상대방도 고개를 끄떡였다. 이에 플로라도 마음을 놓은 것처럼 보였으나 그래도 여전히 안절부절 불안해 하는 모습이었다.) — D.Francis: 3

★ NB: shift one's feet으로 표현해도 된다.

shuffle one's feet (1) 발을 질질 끌며 걷다. ((발을 땅에서 떼지 않고 걷는 기력 없는 걸음걸이)) (2) 발을 바닥에서 꾸물꾸물 움직이다. ((두 발로 번갈아 바닥을 밟거나 문지르듯 움직이는 침착하지 못한 동작; 부끄러울 때 또는 뒤가 켕길 때 머뭇거리는 동작))
참 drag one's feet / pick up one's feet

Tina looked at the ground and *shuffled her feet*. Herbie and Glenn smiled, "Go ahead Tina," Herbie insisted. "Go ahead and tell Winnie." "Okay, okay," Tina said softly, still looking down…. (친구들에게 말하고 싶지 않은 것에 대한 질문을 받자 티나는 고개를 숙이고 발만 꾸물꾸물 움직이며 대답하기를 주저한다. 그러다 친구의 재촉을 받자 여전히 고개를 숙인 채 말하겠다고 대답한다.) — J.Blume: 1

Imagine the outcry if the U.S. shot down a Soviet-bloc airliner. There would be riots abroad and demands for damages. But when the Soviets do it, Europe shrugs and *shuffles its feet*. [『타임』에 실린 독자의 투고] (미국이 소련의 항공기를 공격한다면 해외에서 거세게 들고 일어나 손해배상을 청구할 것이다. 그러나 소련에서 그렇게 한다면 유럽 사람들은 어깨만 으쓱하며 머뭇머뭇할 것이다.(비유적)) — *Time*, 1987

★ NB: (2)의 의미로 쓰이는 shuffle one's feet은 비유적으로 paw the ground라고도 표현되는데, 이는 흥분하거나 화가 났을 때 앞발로 땅을 긁는 동물의 이미지를 차용한 것이다. 겸연쩍어하거나 주저하는 모습을 의미하는 관용구로도 사용된다.

If an announcement (of your promotion) is made, it must be on the initiative of your own company. If you are asked, of course, you do not blush or *paw the ground* instead of supplying a picture and biographical material needed for a press release. (승진 발표는 귀하의 회사에서 진행될 것. 신문 공고에 필요한 사진 및 경력 등을 요구받을 경우 부끄러워하거나 주저하지 말고 제공해 줄 것.) — *Esquire* Magazine Editors

sit with one's feet on a desk 책상에 발을 올리고 앉다. ((남성의 느긋하고 개방적인 앉는 자세)) 유 prop one's feet on a desk

Ehrickmann was a good person to work with; you always got a fair hearing from him. He had a nice sense of humor, and was never curt. He would *sit with his feet on the desk* and talk ideas…. [닉슨 대통령의 보좌관인 에릭만에 대한 아랫사람의 평판] (에릭만은 사람들의 말에 공평하게 귀를 기울이기 때문에 함께 일하기 좋은 사람이었다. 그는 유머감각도 풍부하고, 쌀쌀맞게 구는 일도 없었다. 책상에 발을 올리고 앉아 허물없이 이야기하는 소탈한 사람이었다.) — *Time*, 1973

★ NB: 자신의 발을 책상 위에 올리고 앉는 자세는 보디 존의 확대로 연결된다. 그러므로 우위성을 과시하거나 상대에게 관심이 없음을 나타내는 행위 또는 상대방을 사람같이 보지 않는 무례한 행위도 된다. 그런데 미국에서는 사무실에서 잡담을 할 때에 동료 또는 윗사람이 아랫사람 앞에서 이러한 자세로 앉는 것을 무례한 행동으로 여기지 않는다. 오히려 자신을 무방비한 상태로 내보일 정도로 개방적이고 소탈한 사람임을 나타낸다고 한다. 다음의 예문에서 볼 수 있듯 a chat with one's feet on the desk는 흉금을 털어놓고 솔직하게 이야기하는 것을 비유적으로 표현한 것이다.

For all their differences—and because of them—George Bush and Mikhail Gorbachev both stand to gain from a feet-up-on-the-table, let's-get-to-know-each-other chat. [미소 정상이 지중해 상에서 회담하게 된 것에 대

한 기사] (부시 대통령과 고르바초프 서기장 사이에는 많은 차이가 있다. 그러나 그렇기 때문에 오히려 서로를 이해하기 위해 격의 없는 태도로 이야기를 나눈다면, 분명 두 사람 모두 원하는 것을 얻게 될 것이다.) — *Time*, 1989

sit with one foot tucked under the other 한쪽 발을 반대편 다리의 허벅지 아래에 넣고 앉다. ((주로 젊은 여성이 선호하는 자세))

"Well, you might as well sit down some place," she said. I chose the couch. She picked out one of the easy chairs and sank into it, *tucking her* right *foot underneath her*. Many women sat down that way and I could never figure out why. (그녀가 어쨌든 좀 앉는 게 좋겠다고 얘기해서 나는 소파를 택하고, 그녀는 안락의자를 골라 몸을 깊게 묻고는 오른발을 반대편 다리의 허벅지 아래에 넣고 앉았다. 많은 여자들이 이런 식으로 앉는데, 나로서는 왜인지 이해할 수 없었다.) — G.Cravens

sit with one foot tucked under the other

spring to one's feet ➡ jump to one's feet

Flora *sprang to her feet*. The colour rushed into her cheeks. "I know why you say that," she cried. "··· You're afraid! But I'm not···" (플로라는 갑자기 의자에서 벌떡 일어났다. 그러고는 얼굴에 홍조를 띠고 "당신이 그런 말을 하는 건 무서워서겠지. 하지만 ···." 하고 항의했다.) — A.Christie: 5

stamp one's foot 발을 강하게 한 번 구르다. ((울컥 짜증을 내는 동작)) 참 put one's foot down

"He thinks I'm saying so—to shield Ralph." "And aren't you?" I asked gravely. Flora *stamped her foot*. "You, too, Dr. Sheppard! Oh! it's too bad." (연인 랄프를 감싸기 위해 거짓말을 하고 있는 것 아니냐고 의사 셰퍼드에게 의심을 받자 플로라는 울화통을 터뜨리며 발을 강하게 굴렀다.) — A.Christie: 5

★ NB: stamp one's foot으로 표현되는 사람을 앞에 두고 발로 바닥을 구르는 동작은 짜증을 노골적으로 드러내는 무분별한 행위로 여겨진다. 이는 대개 고집을 부리거나 생떼를 쓰거나 자신이 주장하는 바를 강조하고자 할 때 나타나는 행위다.

stamp one's feet **두 발을 동동 구르다. ((추운 날 밖에 서 있을 때 발의 혈액순환을 촉진시키기 위한 실용적인 동작; 아기가 짜증을 내며 발을 버둥거리는 행위; 모임 등에서 칭찬, 불만 등을 나타내는 집단적 행위))**

On Seventy-first street the snow was deep. We stood *stamping our feet*, watching people stranded in their cars. (눈 쌓인 71번가에 서서 우리는 발을 동동 구르며 눈 때문에 사람들이 자신의 차를 탄 채 오도 가도 못하는 모습을 지켜보았다.) — L.Levi

She glared at her sister, made a big crisscross motion in the air with her hand, and shouted, "Cross out Beezus!" Then she threw her crayons on the floor, *stamped her feet*, burst into tears and ran into her room. [자매간의 싸움에서 진 여동생이 분해하는 장면] (그녀는 언니를 흘겨보며 허공에 커다랗게 가위표를 그리고 "언니가 틀렸어!"라고 소리를 질렀다. 그러고는 바닥에 크레용을 집어던지고 두 발을 동동 구르더니 급기야 울음을 터뜨리며 자기 방으로 뛰어 들어가 버렸다.) — B.Cleary: 2

The people in the audience were actually *stamping their feet* while they cheered. Oh, it was a glorious moment! (관객들은 열렬한 박수 갈채를 보내며 말 그대로 발을 구르고 있었다. 아아, 진정 영광스러운 순간이었다.) — B. Paul: 1

She said··· she was afraid audiences would think the movie was not satire but the truth, which is exactly what many audiences did think about *Network* as they *stamped their feet*, howled and hooted at the most controversial movie of 1976. [개봉 당시 많은 논란을 불러일으킨 영화 〈네트워크〉의 주연 여배우의 이야기] (그녀는 관중이 이 영화를 풍자로 받아들이지 않을까 봐 걱정했는데, 아니나 다를까 보이는 그대로 진실로 받아들이는 바람에 불만에 차 발을 구르거나 고함을 지르고 야유를 보냈다.) — *Time*, 1976

★ NB: 청중은 연설자에게 지지를 나타낼 때 박수를 치며 발을 구른다. 이와 반대로 비난할 때는 "부~부~(boo)" 하며 발을 구른다. 또 연설이 늦어지는 것에 대해 빨리 진행하라고 짜증을 부릴 때는 고의로 느릿느릿하게 손뼉을 치며 발을 구른다.

★ **영일비교** 영어 문화권에서는 두 발로 바닥을 구르는 동작을 유아의 칭얼대는 행위로만 여긴다. 그래서 일본 소설에 성인인 등장인물이 '발을 구르며 분해하다'라고 과장

스럽게 표현되었을 때, 영어 번역문에는 종종 '아이처럼'이 덧붙여져 stamp one's feet like a child라고 쓰인다.

stand (with one's) feet apart 두 발을 벌리고 서다. ((당당하게 서 있는 모습))

"Eric!" The C. I. D. man *stood* across the table from him, *his feet apart*. "Now, all we want to know is about that girl you were talking to…" 〔행방불명된 아이를 찾는 경찰이 그 아이와 비슷한 소녀와 이야기를 나누던 남자를 심문하는 장면〕 (경관은 그와 테이블을 사이에 둔 채 두 발을 벌리고 우뚝 서서 "에릭! 지금 나는 당신과 얘기하던 그 소녀에 대해 알고 싶을 뿐이다."라고 말했다.) — B. Ashley

Clients are even taught how to stand for success. John T. Molloy, one of the most successful image makers, says that the "power stance" is with arms hanging down, *feet apart*, almost in a military fashion. 〔사회에서 성공하는 사람이 되도록 하는 이미지 트레이닝을 도와주는 '이미지 메이커'에 관한 기사〕 (의뢰인은 심지어 성공을 위해 서 있는 자세까지 가르침을 받는다. 가장 성공한 이미지 메이커 중 한 사람인 존 T. 몰로이는 실력을 보여 주는 자세로서 팔을 늘어뜨리고 군대 스타일로 발을 벌리고 서는 것이 좋다고 추천한다.) — *Time*, 1985

★ NB: stand with one's feet apart는 보통 두 발을 약 45도 정도 벌리고 서는 것이다. 군인, 경찰 등이 취하는 전형적인 자세로 그들의 권위를 나타내며, arms akimbo를 취하고 있을 때의 발의 자세이기도 하다.

step on someone's foot 남의 발을 밟다. ((누군가 실언을 했을 때 제3자에게 들키지 않게끔 슬쩍 주의를 주는 의도적인 행위)) 유 dig one's HEEL into someone's instep

"Grandma watched us like hawks. Wouldn't let us out of her sight." "As if we were criminals," Penny muttered. Linda *stepped on* Penny'*s foot*. 〔언니가 경찰에 체포되자 할머니의 집에 잠시 맡겨졌던 두 여동생이 다시 집으로 돌아와 부모와 이야기를 나누는 상황〕 (할머니가 너무 감시를 심하게 하는 바람에 마치 '범죄자' 취급을 당하는 것 같았다고 페니가 투덜거리자, 린다가 그녀의 발을 밟아 입조심을 시켰다.) — Z. Popkin

stop on one foot 갑자기 멈춰 서다. 멈칫하다. ((다음 발이 앞으로 나가려는 찰나에 놀라 하는 행동))

The new comer turned and I *stopped on one foot*. (신입 사원이 돌아봐서

나도 걸음을 멈칫했다.) — L.Andrews

struggle to one's feet 간신히 일어서다.

"All right, Knowlton, I'll talk to Luke, although I don't know if it will do any good." "Good." Nash *struggled to his feet* and used the walker to move awkwardly across the nearly empty dining room. 〔다리가 불편한 노인 내시가 지인에게 무언가를 부탁하기 위해 클럽으로 간 상황〕 (루크에게 이야기해 보겠다는 지인의 말에 안심하며, 내시는 어렵사리 몸을 일으켜 지팡이를 짚고 거의 비어 있는 식당을 조심스럽게 가로질러 걸었다.) — W.J. Coughlin: 1

sway on one's feet 서 있는 상태에서 몸이 휘청거리다. ⦅실신하여; 현기증이 나서; 술에 취해서⦆ 유 rock on one's feet

He passed a hand across his face and Vicki suddenly realized that he was *swaying on his feet*. (그는 고단한 듯 얼굴을 천천히 문질렀고, 비키는 그의 몸이 휘청거리고 있다는 것을 문득 알아챘다.) — S.Field

★ NB: 술에 취해 다리가 휘청거릴 때는 be unsteady on one's feet이라는 표현을 사용하기도 한다.

sweep someone off his feet 사뿐히 들어 올리다. ⦅여성을 순식간에 사랑의 포로로 만들어 버리는 것, 단숨에 타인의 마음을 사로잡는 것 등을 의미하는 비유 표현⦆

Their dance embodied every girl's hope of *being swept off her feet*. 〔댄스에 관한 비평 기사〕 (모든 소녀들은 한번쯤은 누군가가 갑자기 자신을 번쩍 들어 올려 주는 것과 같은 사랑을 하고 싶다고 소원할 텐데, 그들의 춤은 그러한 소원을 그대로 표현한 것만 같았다.) — *Time*

Indeed, it had been Thomas Bradford's enticing offer of foreign sightseeing that had *swept* the lonely girl *off her feet* and into disaster. (해외여행에 데려가 주겠다는 토머스 브래드퍼드의 유혹적인 제안에 외로운 소녀는 마음이 혹하면서도 낭패감을 느꼈다.) — L.C.Douglas: 3

tap one's foot 발로 땅을 가볍게 한 번 탁 치다. 발로 땅을 조급하게 딱딱 연달아 부딪히다. ⦅안절부절못하거나 짜증났을 때의 동작⦆

Mr. Staleybridge sat and *tapped his foot* with rhythmic impatience for ten minutes, uttered a few attention-getting coughs, and eventually jumped up, strode over to her desk and said in a voice of controlled rage: "I don't know if you realize who I am…" 〔재계의 거물

tap one's foot

이 방문 접수처에서 기다리며 짜증을 내는 장면〕(스탤리브리지는 앉은 채로 10분 가량 한 발을 바닥에 딱딱 규칙적으로 부딪히고 주의를 끌기 위한 헛기침을 수차례 했다. 그러다 결국은 참지 못하고 벌떡 일어나 안내 여직원에게 다가가 노한 음성으로 말했다. "도대체 내가 누군지 알고 이러느냐?") — A. Lowe & A. Ince

She *tapped her foot* petulantly. "I wish you'd told me, dear," she answered. "It did make me frightened to wake up all alone, and I couldn't find you." (그녀는 짜증 난 모습으로 발을 바닥에 딱딱 부딪히며 말했다. "미리 말해 줬으면 좋았잖아. 얼마나 무서웠는지 몰라.") — J.P. Marquand

wag one's foot 발을 까딱까딱 움직이다. 《심심하고 따분할 때 두 발을 뻗고 앉아 하는 동작》

She was resting one heel on the glass cocktail table in front of the sofa. She began to *wag her* bare *foot* slowly from side to side. (그녀는 소파에 앉아 앞에 놓인 유리 테이블 위에 한쪽 발을 올려놓고 따분한 듯 천천히 좌우로 움직이기 시작했다.) — E. Kazan

walk on the balls of one's feet 발의 앞쪽에 무게중심을 두고 걷다. 《경쾌하게 걷는 모습》

Philip had fourteen ushers, and with the exception of Teddy they were all large self-assured Harvard athletes who *walked on the balls of their feet*. (필립의 결혼식에는 신부를 에스코트하는 사람이 열네 명이나 있었다. 테디 한 명을 빼고는 모두 하버드대 운동선수로 당당한 체격에서 자신감이 흘러나오고 걸음걸이에서도 경쾌함이 넘쳤다.) — L. Auchincloss: 2

FOREHEAD

- '이마'에 해당하는 영어단어는 forehead와 brow(단수형)가 있다. 일반적으로 이마를 지칭할 때는 전자를 사용하고, 후자는 주로 관용구에 쓰여 문어적으로 이마를 나타낼 때 사용된다. (→BROW)

- 이마는 주름이 나타나는 부위여서 표정에 크게 영향을 끼친다. 이마의 주름은 놀라거나 무서워서 눈썹을 올릴 때도, 얼굴을 찌푸리며 눈썹을 모을 때도 나타난다. 하지만 '이마에 주름이 지다'라고 하면 기본적으로 찡그린 얼굴, 특히 걱정, 우려, 의심, 숙고 등으로 찡그린 얼굴을 의미한다.

- 이마와 연관된 동작들은 주로 무언가 생각해 내려 하거나, 퍼뜩 떠오르거나, 겨우 생각나거나, 왜 그런 것이 생각나지 않았을까 후회하는 등 사고에 수반하는 자기 접촉 동작이 많다.

- 구미에서는 예로부터 사람 됨됨이를 외모로 판단하는 경우 꼭 이마를 눈여겨보았다. 이는 유럽에서 한때 유행한 골상학의 영향을 받은 결과로, 일반적으로 좋은 혈통, 탁월한 지적 능력 등이 이마에 나타난다고 믿기 때문이다.

  He had a fine, intelligent forehead. She could believe that nothing escaped Fred Rowland. (프레드 롤런드의 이마는 무척 멋지고 지적이었다. 그녀는 그가 그 무엇도 피하지 않을 것이라고 생각했다.) — D. Robins: 11

  Montgomery was a tall noble figure with a handsome somewhat stupid-looking face due to a low brow (=forehead) that sloped back from his nose like one of those English dogs who, bred for speed, lose in the process the usual canine complement of intelligence. (몽고메리는 키가 크고 풍채도 좋으며 잘생겼지만 이마가 좁아 머리가 나빠 보였다. 마치 빠르게 달리게만 길러져 본래의 지능을 잃어버린 영국 개마냥 이마가 우뚝하지 못하고 콧대에서 바로 뒤로 넘어간 모양을 하고 있었다.) — G. Vidal

- 영어에서는 이마의 특징을 묘사할 때 주로 '넓다(broad)', '좁다(narrow)'를 사용하나, 그와 더불어 '높다(high)', '낮다(low)'도 빈번히 사용한다. '이마가 높다'고 표현하는 경우는 이마가 눈 위로부터 거의 수직에 가까운 각도로 우뚝하고, 머리카락이 나기 시작하는 선이 눈썹보다 한참 위에 있을(high hairline) 때다. 반대로 '이마가 낮다'는 표현은 이마가 그다지 솟지 않고 머리

카락이 나기 시작하는 곳이 눈썹과 가까워 이마가 좁은 경우에 사용한다(위에 제시된 Vidal의 예문 참조). 이마를 높고 낮음으로 판단하는 것은 이마의 발달 정도와 뇌의 발달 정도가 비례한다는 시각 때문이다. 이는 원숭이를 비롯한 유인원들에게는 이마라고 할 만한 것이 없고 뇌가 발달하여 두개골이 커진 인간에게만 이마다운 이마가 있는 것과도 연관된다. 결국 인간의 이마 모양을 나타내는 high, low에는 지성이 높고 낮음의 의미가 포함되어 있다고 할 수 있다.

beat a tatoo on one's forehead 손가락 또는 손바닥으로 이마를 톡톡 두드리다. 《무언가를 생각해 내려 할 때의 모습》

"Oh, gosh, let me think! When was it? Where was it? Wait a moment, and it'll come." He *beat a* hectic *tatoo on his forehead* with his gloved palm. ("지금 곧 생각해 낼 테니까 기다려 보세요."라고 말한 그는 장갑을 낀 손으로 이마를 톡톡 두드리며 사건을 목격한 장소와 시간을 기억해 내려 했다.) — J.Tey: 1

one's forehead creases 이마에 주름이 잡히다. 《찡그린 얼굴; 언짢거나 불쾌한 표정; 곤혹스럽거나 의심이 나거나 이해할 수 없을 때의 표정; 심사숙고하여 골똘히 생각하는 표정》 유 wrinkle one's forehead / one's BROW creases / knit one's BROW

one's forehead creases

"I'll ask the questions, Kevin." It wasn't said roughly, but nevertheless the boy looked as if no one had spoken like that to him before. *His* low *forehead creased* and his mouth pouted. (경관이 그다지 거칠게 말한

것도 아닌데 케빈은 지금까지 그런 식으로 말하는 건 들어 본 적도 없다는 듯한 표정을 지었다. 그의 좁은 이마에는 주름이 잡히고 입은 뿌루퉁해졌다.) — R. Rendell

Their chins pushed forward to express pugnacious determination, the corners of their mouths turned sharply down, and *their foreheads creased* with worry lines. They represented to perfection the face of "tough power." 〔대결 중인 실력자들의 표정 묘사〕 (턱은 한 치도 물러서지 않겠다는 결의를 나타내듯 앞으로 나와 있고, 입술은 양 끝이 아래로 내려가 있으며, 미간에는 세로 주름이, 이마에는 가로 주름이 잡혀 있어 전형적인 '강한 표정'이 되었다.) — M. Korda: 1

★ NB: worry lines는 미간의 주름(the lines between one's eyebrows)을 뜻한다. their forehead creased with worry lines는 눈썹이 팔자 모양이 되어 미간에 세로 주름이 생기고 그 결과 이마 중앙에 가로 주름이 생긴 모습을 나타낸 표현으로 아주 심각한 표정이다.

hit one's forehead ➡ strike one's forehead

He *hit his forehead* with a clenched fist, trying to remember where he put that letter. (그는 편지를 어디에 두었는지 어떻게든 기억해 내려고 꽉 쥔 주먹으로 이마를 쳤다.) — L. Levi

hold one's forehead 한 손으로 이마를 붙잡다. ((두통 때문에; 후회, 절망, 낙담 등의 감정 때문에 무심코 자신의 이마를 붙잡는 자기 접촉 동작)) 유 hold one's BROW

I expect, of course, that this concession will bring from Barbara the radiance of victory…. Instead Barbara puts down her pen and *holds her forehead*. She says, "Oh, God." I wait. I know something awful is going to happen. (나는 바버라가 필시 의기양양한 얼굴을 하고 있을 거라 기대하지만 그녀는 펜을 놓고 이마를 손으로 붙잡으며 "아이고, 하느님!"이라고 얘기한다. 나는 뭔가 끔찍한 일이 일어날 것이라는 걸 안다.) — S. Turow

kiss someone's forehead 이마에 키스하다. ((부모 자식, 친한 남녀 사이에서 행하는 우호적인 접촉 동작))

When we got there he smoothed my hair away from my face. "Good night, Kat…" he said, *kissing my forehead*. (헤어질 때 그는 나의 얼굴 위로 드리워진 머리칼을 쓸어 올리고 이마에 키스하며 "잘 자."라고 인사했다.) — J. Blume: 4

★ NB: 정수리 또는 이마에 키스를 하는 것은 부모가 어린 자녀에게 하는 애정 표현이다. 성인 사이에 이러한 키스를 하는 경우는 키스하는 사람이 스스로를 상대방의 보호자라 생각하여 그에게 "당신은 착한 아이군요."라고 얘기하는 듯한 느낌을 드러내는 것이다(Morris, 1982).

mop one's forehead 이마를 닦다. 이마를 훔치다. ((더위로 땀이 나서; 흥분하거나 신경 쓰거나 쩔쩔매느라 땀이 나서)) 유 mop one's BROW / wipe one's BROW

"Let's consider it sufficient, for the present, that I'm going to Europe with my daughter." He *mopped his* broad *forehead* vigorously. ("지금으로서는 딸과 함께 유럽에 갈 것이라는 것 외에는 얘기하고 싶지 않다."라고 말하며 그는 널찍한 이마를 마구 닦아 댔다.) — L.C.Douglas : 2

★ NB: '이마의 땀을 훔치다'는 관용구 mop one's brow로도 표현한다.

pucker one's forehead ➡ wrinkle one's forehead

"Did you know they were coming?" "Yes, I did." "What do they expect?" She *puckered her forehead*, pushed at her bright hair, as if she needed to concentrate on this…. [사이가 틀어진 젊은 부부를 걱정하여 아내의 부모님이 그들을 찾기로 한 상황] ("당신 부모님은 우리한테 뭘 기대하는 거지?" 하는 남편의 물음에 그녀는 마치 어떻게 대답해야 좋을지 정신을 집중할 필요가 있는 것처럼 이마에 주름을 잡고 금발을 쓸어 올렸다.) — S.Middleton

rub one's forehead 이마를 쓸다. 이마를 문지르다. ((피곤할 때; 짜증을 억누를 때; 곤혹스러울 때; 어찌할 바를 몰라 생각에 잠길 때–손가락 또는 손바닥으로 하는 동작)) 유 rub one's BROW / draw one's FINGERs across one's forehead / pass one's HAND across one's forehead / run one's HAND across one's forehead

He *rubbed his forehead* with his fingers, his grey eyes baffled and helpless. (그는 이마를 손가락으로 문지르며 어찌할 바를 몰라 당황할 뿐이었다.) — S.Field

He *rubbed his forehead* with the flat of his hand before he got up and went over. "I hate to tell you this, Clarence, …" (그는 손바닥으로 이마를 문지르고는 천천히 일어나 방 안을 왔다 갔다 했다. 그러고는 "클레런스, 너에게 이런 얘기를 하고 싶지는 않았다."라며 말을 꺼냈다.) — Z.Popkin

scratch (at) one's forehead 이마를 긁다(긁적이다). ((당황스러울 때; 어떻게 된 일인지 생각할 때; 생각이 정리되지 않아 안절부절못할 때)) 유 scratch one's

HEAD

Mr. Wilhelm *scratched his forehead* like he was trying to come up with an answer for me. (빌헬름 씨는 나를 위한 해결책을 떠올리려는 듯 이마를 긁적였다.) — B.Greene

slap one's forehead ➡ strike one's forehead

"He had a genius with color," she said, "but I think he wasted it on this canvas. If I can have it authenticated, I might go three thousand dollars." Pelegrine *slapped his forehead* with exaggerated annoyance. "My dear lady, that would be out of the question." 〔여성 미술 수집가와 미술상과의 대화〕 (그녀는 "이 작품은 색에 대한 그의 천재적인 감각이 살아 있지 않은 졸작이다. 진품인 것이 확인된다면 3000달러 정도 줄 수 있다."라고 말했다. 미술상은 너무 심한 얘기라는 듯 과장스럽게 이마를 두드리며 "말도 안 된다."고 불평했다.) — W.J.Coughlin: 1

Caruso *slapped his forehead*. "Per dio! I must remember—stay out of things··· say nothing. It will be hard, very hard." 〔카루소가 범인 수색에까지 참견하려 하자 형사가 이미 주의를 주지 않았냐고 핀잔을 주는 상황〕 (카루소는 손으로 이마를 쳤다. 그러고는 주의 사항을 지키는 것은 정말 어렵지만 어쨌든 명심하겠다고 말했다.) — B.Paul: 1

smite one's forehead ➡ strike one's forehead

"I must be crazy," Emma *smote her forehead*. "What can you think of me?" she asked. "I remember now, but what with the worry over my grandmother and then with Terry, the whole thing went out of my mind." (에마는 집안의 걱정거리 때문에 중요한 약속을 잊어버리고 말았다. 그녀는 이마를 치며 "내가 미친 것 같아. 나한테 질리지 않았어?"라고 물었다.) — D. du Maurier: 1

strike one's forehead

이마를 치다. ((실수, 과실 등으로 '이런, 큰일났다!'와 같은 말을 외칠 때의 동작; 자신의 어리석음, 우매함 등을 뼈저리게 느꼈을 때의 동작; 충격 받음, 질려 버림 등을 나타내는 동작; 좋은 생각 또는 생각해 내야 할 것이 떠오르지 않을 때의 짜증이 드러나는 동작)) **유** hit one's forehead / slap one's forehead / smite one's forehead / clap one's HAND on one's forehead / put one's HAND on one's forehead / slap one's HAND against one's forehead / slam one's PALM against one's head

Joseph *struck his forehead* with the clenched fist. "Fool that I was! But I never thought—never dreamed···" (앞일을 제대로 보지 못한 자신의

어리석음에 조지프는 꽉 쥔 주먹으로 무심코 이마를 쳤다.) — G.Heyer: 7

"Oh God!" Mrs. Tavern burst out. There was a bitter note of oh no, not again, in her cry and Julia *struck her forehead* with her hand and raised her eyes to heaven. 〔가축의 병에 대한 좋지 못한 소식을 들은 상황〕 (터번 부인은 "맙소사!"라며 소리를 지르고, 줄리아는 이게 무슨 일이냐는 듯 손으로 이마를 치고는 눈을 들어 하늘을 쳐다보았다.) — J.Herriot

Suddenly Appel *struck his forehead* with the heel of his hand. "I should have been to see him," he groaned. (아펠은 갑자기 자신의 이마를 손으로 치며 "나는 그를 보러 갔어야 했어."라며 거기까지 생각이 미치지 못한 자신의 어리석음을 한탄했다.) — L.Sanders: 1

strike one's forehead

★ NB: 이마를 치는 동작을 나타낼 때 가장 일반적으로 쓰이는 동사는 strike와 slap이다. 전자는 손을 펴고 칠 때나 주먹 쥐고 칠 때 모두에 쓰이나 후자는 손을 펴고 칠 때에만 쓰인다. smite도 양쪽 모두에 쓰이나 약간 예스러운 표현이다. 이 동사들은 모두 강하게 치는(hit *hard*) 것이 특징이다.

tap one's forehead **검지로 이마(특히 관자놀이 부근)를 톡톡 두드리다. ((제정신이 아니라는 것을 나타내는 손짓; 머리가 좋다는 것을 나타내는 손짓))**

Lestrade looked sadly at my companion. Then he turned to me, *tapped his forehead* three times, shook his head solemnly and hurried away. 〔홈즈의 기묘한 이야기를 들은 상황〕 (레스트레이드 경감은 내 동행을 슬프게 쳐다보았다. 그러고는 내 쪽을 보며 혹시 정신 나간 것 아니냐는 듯 검지로 이마를 세 번 두드리고 심각해 보이는 표정으로 머리를 흔들더니 황급히 자리를 떠나 버렸다.) — A.C.Doyle: 1

"Uh-huh. I remember his face. I got good memory for faces." He *tapped his* low *forehead* lovingly. ("아. 그 사람 기억나요. 내가 사람 얼굴은 아주 잘 기억하거든요."라며 그는 자신의 솝은 이마를 사랑스럽다는 듯 톡톡 두드렸다.) — R.Macdonald: 13

tie one's forehead into a knot ➡ wrinkle one's forehead

It was one thing to find your son a problem, quite another to give him up. He *tied his forehead into a knot* and bit his thumb. 〔행방불명된 아들을 걱정하는 아버지의 모습〕 (못된 자식 때문에 속을 썩는 것과 그 자식을 아예 없는 셈 치고 포기하는 것에는 큰 차이가 있다. 그는 이마에 주름을 잡고 엄지손가락을 물어뜯으며 자식을 걱정했다.) — R.Macdonald: 9

touch one's forehead 이마에 가볍게 손을 대다. ((현기증을 느꼈을 때; 마음고생으로 피로할 때; 머리가 복잡할 때; 곤혹스러울 때; 가볍게 생각을 떠올릴 때)) 유 put one's HAND on one's forehead

"… Would you like me to carry the trunk down to the car for you?" The trunk? Cathie *touched her forehead*, …. That was why she had come here in the first place—for the trunk. That seemed an eternity ago. (트렁크를 차로 옮기느냐는 질문을 받고 캐시는 잠시 어떻게 된 일인가 이마에 손을 얹고 생각한 뒤, 그녀가 애초에 이곳에 온 이유가 트렁크를 가지러 온 것이라는 걸 기억해 냈다. 중간에 이런저런 일이 많았던 터라 그런 것이 마치 까마득히 먼 옛날의 일처럼 느껴졌다.) — J.Dailey: 1

wrinkle one's forehead 이마에 주름을 잡다. ((걱정, 우려; 곤혹; 의심; 언짢음; 숙고, 정신 집중 등)) 유 one's forehead creases / pucker one's forehead / tie one's forehead into a knot / one's BROW creases / furrow one's BROW / knit one's BROW / pucker one's BROW / wrinkle one's BROW

"When did you see the tin there?" I asked. "Haven't a clue. Not all that long ago, I wouldn't have thought, but time goes so quickly." "Since Moira died?" He *wrinkled his forehead*. "No, probably not…." (내가 그 통조림을 언제 보았냐고 묻자 그는 "도통 모르겠어. 그렇게 오래전 일은 아니었어."라고 말했다. 내가 모이라가 죽은 뒤냐고 재차 묻자 그는 이마에 주름을 잡으며 잠시 생각하더니 "아마도 그건 아닐 거야."라고 대답했다.) — D. Francis: 6

"And what'd these tourists do? Pinch things?" "Some of them tried to," Helen admitted, *her forehead wrinkling*. ("여행자들 중에 무례하게 발굴품을 가지고 가 버리는 사람들이 있느냐?"는 질문을 받자, 고분 발굴팀의 헬

렌은 이야기하기 곤란한 듯 이마에 주름을 잡으면서도 그런 사람들도 있다고 사실을 인정했다.) — C. Dickson: 1

HAIR

• hair는 원래 머리카락뿐만 아니라 모든 체모를 통틀어 가리키는 단어다. 그런데 인간은 다른 동물들과 달리 머리를 제외하고는 털이 수북이 난 곳이 없기 때문에 hair라고 하면 보통 머리털을 의미한다. '머리숱이 풍성하다'는 have a good head of hair라고 표현한다.
일본어에서는 원칙적으로 두발은 다른 체모와 구별해 전자를 머리카락(かみ 또는 かみの毛)으로, 후자를 털(毛)로 칭한다. 머리카락(かみ)은 머리, 즉 '위(かみ)'에서 온 단어로 여겨진다. 머리카락을 그냥 털로 칭하는 경우도 있으나 일정한 문맥으로 범위가 한정된다(e.g. 최근 (머리)털이 몹시 빠진다). 또 일본어에서 머리카락은 머리 모양을 의미하기도 한다.

• 머리카락과 관련된 동작 중 타인과 접촉하여 이뤄지는 동작은 매우 드물어서 친한 사이에 하는 애정 어린 동작과 싸우는 상대를 공격하는 동작, 이 두 가지 정도뿐이다. 그 외에 대부분은 자신의 머리카락을 만지는 자기 접촉 행위인데 이는 '머리카락을 쓸어 올리다', '머리카락을 쓰다듬다' 등 심리적인 불안을 회복하기 위한 '정돈 행동(preening gestures)'이 주를 이룬다.

• 머리 모양은 예로부터 어느 사회에서나 기호론적인 의미를 지닌 것으로 여겨졌다. 과거에는 성별, 연령은 물론이고 계급, 직업 등에 따라 머리 모양에 대한 엄격한 사회적 규제를 두었던 국가도 있었다. 현대에도 특이한 머리 모양은 부정적인 평가를 받기 쉽다. 예를 들어 제2차 세계대전 이후 미군이 유행시킨 crew cut은 체제를 지지하는 보수 우익의 머리 모양으로 강직, 권력과 결부되었지만, long hair는 위험한 반체제 사상을 가진 사람의 머리 모양으로 치부되었던 것이 그 좋은 예다.

• 소설에서는 머리 모양이 나이를 드러내는 데 종종 사용된다. 예를 들어 '단발머리'와 비슷한 bobbed hair는 주로 젊은 여성의 머리 모양으로 여겨지는데, 이는 제1차 세계대전 이전까지의 틀어 올리는 머리 모양을 과감히 거부한 젊은 여성들이 선택한 머리 모양이기 때문이다.
braids [plaits, pigtails]는 땋은 머리 모양으로 현대판 ponytail(주로 미국)이라

bobbed hair **pigtails**

할 수 있다. 주로 10대(12~16세) 소녀들이 이 머리 모양을 많이 한다. 그래서 소녀 시절부터 알고 지냈다는 뜻으로 "I've known her since she was in pigtails."라는 표현을 쓰기도 한다.

- 머리카락은 인종에 따라 다르게 타고나는데 일반적으로 황인종은 straight, 흑인종은 crinkly, 백인종은 wavy, curly가 많다. 인종이 복잡하게 뒤섞인 구미 사회에서는 사람을 제대로 파악하기 위해서는 반드시 머리 모양을 살펴야 한다고 여긴다. 백인 문화 일변도였던 과거에는 알맞게 웨이브진 머리를 남녀 공통의 이상적인 머리 모양으로 꼽았으나 최근에는 저마다 타고난 모발의 특징을 중요하게 여기는 풍조가 강해지고 있다.

- 영미권은 다인종 사회여서 눈동자 색깔과 더불어 다양한 머리색이 사람의 외적 특징을 묘사하는 중요한 요소가 된다. 소설에서도 등장인물의 외모를 묘사할 때 머리색은 '반드시'라고 해도 좋을 정도로 자주 언급된다.
  구미의 로맨틱한 이야기에서는 남자 주인공과 여자 주인공이 거의 dark-haired man과 fair-haired girl로 정해져 있다시피 하다. 지금은 이러한 고정관념이 사라지긴 했지만 1960년대까지만 해도 일반적으로 dark hair는 머리색이 까맣고 피부도 거무스름하며 눈동자 또한 다갈색인 남성적이고 늠름한 외모를, fair hair는 금발에 흰 피부, 파란 눈을 지닌 청순하고 아름다운 여성의 외모를 상징했다. 할리우드 영화에서도 연약한 여인, 좋은 아내, 공주 등은 주로 fair hair의 여배우가, 의지가 강하고 행동력 있는 여성, 남성을 매혹하는 요부 등은 주로 dark hair를 가진 여배우가 캐스팅되었다. 전자에 속한 머리색으로는 blonde, ash blonde, platinum blonde, golden, pale, yellow, flaxen 등이 있고, 후자에 속하는 머리색으로는 brunette, brown, chestnut brown, auburn, black 등이 있다.
  한편 red hair는 fair hair와 dark hair 어느 쪽에도 속하지 않는 특별한 머리색으로 여겨진다. 이는 주로 아일랜드인, 스코틀랜드인 등 켈트 계통의 인종에게 많이 나타나며, 주근깨가 많은 흰 얼굴과 자연스레 연결된다. 과거에는 예수를 배신한 유다가 붉은 머리였다고 하여 red-haired person은 신용하지 못할 사람이라는 편견이 있었으나, 지금은 강한 개성, 발랄한 성품을 나타낸다고 여겨진다.

- 영어의 관용구에서 hair는 다양하게 사용되는데, 주된 의미는 다음과 같다.

이성 hair는 head의 의미를 대신하여 이성, 분별을 상징하는 데 쓰인다. lose one's hair는 이성을 잃고 발끈하는 것(lose one's head, blow one's top)을, keep one's hair on은 흥분하거나 당황하지 않고 냉정을 유지하는 것(keep one's head)을 뜻한다.

공포 사람들은 공포를 느낄 때 머리카락을 포함하여 온몸의 털이 쭈뼛 선다고 이야기한다. 영어에서도 make someone's hair curl, make someone's hair stand on end 등의 털이 곤두선다는 표현을 사용하여 공포를 비유적으로 묘사한다. 최근에는 무섭다는 뜻의 scary 대신 hairy를 쓰는 경우도 있다.

아주 적음 머리카락은 가늘다는 특징 때문에 아주 적음을 의미하거나(Unemployment declined only a hair) 사소한 것을 상징하기도 한다. 그래서 바늘구멍처럼 작고 사소한 것에 집착하는 어리석음을 split hairs로, 아주 짧은 거리를 a hair's breadth로 표현한다. 또 not turn a hair(머리털 하나 꿈쩍하지 않다, 전혀 동요하지 않다), not harm a hair on someone's head(머리털 하나 다치지 않다, 아주 작은 위험도 입지 않다) 등에서 알 수 있듯이 '머리털 하나'로 '아주 적음'을 표현하기도 한다.

짜증 머리카락에 이나 벼룩이 돌아다니면 매우 불쾌해지는 것에서 유래한 표현도 있다. 남을 짜증 나게 하는 것을 get into someone's hair로, 반대로 점잖게 행동하며 남을 괴롭히지 않는 것을 keep [stay] out of someone's hair로 표현하는 것이 그것이다.

---

blush to the roots of one's hair **머리카락의 뿌리까지 붉어질 정도로 얼굴이 새빨개지다. 《아주 새빨간 얼굴을 가리키는 과장 표현》**

"··· How long did it take you before you could ride?" I *blushed to the roots of my hair*. I could hardly utter the shameful words. ("자전거를 탈 수 있을 때까지 얼마나 걸렸어?"라는 물음에 나는 얼굴이 새빨개졌다. 나는 도저히 그런 창피스러운 대답을 할 수 없었다.) — W.S.Maugham: 1

brush one's hair back **머리카락을 뒤로 쓸어 넘기다. 《거슬리는 머리카락을 치우는 실용적인 동작; 피로하거나 화가 날 때; 생각할 때 등》 유 push one's hair back**

Mr. Molly *brushed his hair back* from his forehead with a despairing gesture. (미스터 몰리는 자포자기한 듯 이마에 늘어진 머리카락을 뒤로 쓸어 넘겼다.) — P.G.Wodehouse: 3

"… I've gone over it in my mind thousand times… to see where I made the critical mistake." He stood and *brushed his hair back* as if to help him think. ("내가 어디서 이런 치명적인 잘못을 저지른 건지 수천 번 생각해 보았다."라고 말하며 그는 자리에서 일어나 마치 그렇게 하는 것이 생각하는 데 도움이 된다는 듯 머리카락을 뒤로 쓸어 넘겼다.) — S.Streshinsky

one's hair is dishevelled **머리카락이 마구 헝클어지다. ((머리 손질을 제대로 하지 않은 칠칠치 못한 모습; 생활에 너무도 지쳐 피로한 모습 등))**

She moved with a sluggish, apathetic tread; *her hair* at the back *was dishevelled* and her face more puffy than ever. (그녀는 움직임이 느릿느릿하고 기력이 없었다. 뒷머리는 다 헝클어졌고 얼굴은 예전보다 부어 보였다.) — A.J.Cronin: 3

★ **영일비교** 일본어에서는 차림새에 신경 쓰지 않는 모습, 필사적이거나 무아지경인 모습, 마음을 단단히 먹은 모습, 낯빛이 바뀌면서 허둥대는 모습 등을 대개 '흩뜨린 머리카락'으로 나타낸다(e.g. 여자가 머리카락을 흩뜨리면서 그곳으로 뛰어 들어왔다.). 영어에는 일본어처럼 흐트러진 모습을 '흩뜨린 머리카락'으로 비유해 나타내는 언어 관습이 없다. 외양을 신경 쓸 여유도 없는 여성의 삭막한 모습을 사실적으로 그릴 때 부스스한 머리카락을 언급할 뿐이다.
다만 영어로 흐트러짐 없이 태연한 모습을 가리킬 때 '머리카락 한 올 흩뜨리지 않는다'라고 표현하기는 한다(not turn a hair). 단, 이 표현의 바탕이 되는 것은 인간이 아니라 질주할 때 땀도 흘리지 않고 바람에 털의 결이 흐트러지지도 않는 경주마다 (Sperling, 1981).

fluff one's hair out **손으로 머리를 모양 좋게 부풀리다. ((스카프나 모자 때문에 눌린 머리 모양을 정돈하기 위한 동작))**

Finally, she sat down at the kitchen table, *fluffed out her hair* and said, "I came in a taxi." 〔밤늦게 돌연 찾아온 할머니를 맞이한 상황〕 (그녀는 결국 주방 식탁에 앉아 머리를 부풀려 모양을 가다듬고는 "택시를 타고 왔다."고 말했다.) — J.Blume: 3

give one's hair a pat ➡ pat one's hair

"May I come in?" "Yes." *Giving my hair a* last *pat*, I walked to the door, wondering what was to happen next. (기다리고 있던 남자가 도착하

자 나는 마지막으로 한 번 더 머리를 가다듬고는 이제 어떤 일이 벌어질 것인가 궁금해하며 문 쪽으로 발걸음을 옮겼다.) — M.Mackie

grab one's hair 머리카락을 붙잡다. ((경악했을 때, 절망했을 때, 몹시 놀라 평정을 잃었을 때 등))

"Idiota!" Antonio Scotti *grabbed his hair* with both hands. "Why do I not think of it? I forget, I forget!" ("이런 바보!" 안토니오는 중요한 것을 잊고 있었다는 것을 깨닫고 머리카락을 양손으로 부여잡았다. 그러고는 "왜 그걸 생각하지 못했지? 내가 그걸 잊어버리다니!"라며 후회했다.) — B.Paul: 2

let one's (back) hair down 머리를 풀 듯 느긋하게 긴장을 풀다. ((허심탄회한 모습이나 언행을 의미하는 비유 표현)) 유 take one's hair down

He hesitated, his eyes intent on my face. "On second thought, I don't think I'll *let my back hair down* any further tonight." (그는 나의 얼굴을 물끄러미 바라보며 말을 머뭇거렸다. 그러고는 "오늘 밤 숨김없이 허심탄회하게 이야기하려 했지만 생각을 고쳐먹었다."라고 말했다.) — R.Macdonald: 6

★ NB: Let one's (back) hair down의 근저에는 낮에 말끔하게 단장했던 머리를 풀어 헤치고 있는 여성의 모습이 있다. 이 표현이 긴장을 푼 여유로운 모습이나 거리낌 없는 모습을 나타내는 관용구가 된 경위에는 두 가지 해석이 있다. 그중 하나는 청교도의 관습에 얽힌 것이다. 여성의 긴 머리는 관능적인 자극이 심하기 때문에 반드시 모자와 같은 것으로 가려야 한다는 제약이 있었고, 그 때문에 여성들은 집 안에 머무는 밤에만 머리를 해방시키는 것이 허락되었던 것에서 유래했다는 설이다(Morris, 1985). 또 한 가지는 사교계의 귀부인들이 긴 머리를 틀어 올리고 아름다움을 겨루던 시대에 여성들이 집에서만큼은 사교상의 의무에서 해방되어 편안하게 머리를 풀고 있었던 것에서 생긴 표현이라는 설이다(Guthrie, 1976).

muss someone's hair ➡ ruffle someone's hair

If he could see me now speeding along like a big girl on my own, he'd be delighted and *muss my hair* and maybe bite my neck. (멋진 여인이 되어 차를 몰고 있는 나를 본다면 그는 기뻐하며 나의 머리를 마구 헝클어뜨리고는 내 목을 살짝 깨물었을 것이다.)

pat one's hair 머리 모양을 가다듬기 위해 가볍게 두드리다. ((여성의 몸단장 동작)) 유 give one's hair a pat

"Oh God. It's you, thank you for coming…." She backed off (after they held each other), *patted her hair* and smoothed her dress. "I'm embarrassed, the way I look. This is no way to greet my husband…."

pat one's hair

(따로 살고 있는 남편의 갑작스런 귀가에, 마중 나가려던 아내는 머리며 옷차림이 단정치 못하다는 데 생각이 미쳤다. "이런 꼴로는 영 창피해서 안 되겠어."라고 말하며 그녀는 머리를 손으로 매만져 모양을 가다듬고 옷의 구김을 폈다.) — C. Freeman: 1

pat someone's hair 상대방의 머리를 부드럽게 쓰다듬다. ((보호자로서의 애정 어린 행위)) 유 pat someone's HEAD

He clasped Nina in his arms and *patted her hair*, and she clung to him with a tired gratitude. (그는 니나를 꽉 껴안고는 그녀의 머리카락을 부드럽게 쓰다듬었다. 고마움에 그녀는 그에게 매달렸다.) — P. Horgan: 1

pull someone's hair 머리카락을 꺼당기다. 머리끄덩이를 잡다. ((주로 남자아이가 여자아이에게 행하는 괴롭힘; 여자들끼리 싸울 때 나오는 행동; 여자끼리의 적대 관계, 대척 관계를 의미하는 비유 표현))

Susan clutched her curls with one hand and pointed at Ramona with the other. "That girl *pulled my hair*! Ow—ow—ow." (수전은 자신의 머리카락을 한 손으로 붙잡고 다른 한 손으로 라모나를 가리키며 "저 애가 내 머리

pull someone's hair

카락을 잡아당겼어요!"라고 울부짖었다.) — B.Cleary: 2

Friends of Mother's became interested in a charity campaign. I volunteered and worked on the publicity, no pay, a lot of work and plenty of *hair-pulling* females to handle. (어머니의 친구가 관여하고 있는 자선 캠페인에 흥미를 느낀 나는 홍보 담당 자원봉사자로 일하게 되었는데 보수는 없고 일은 산더미처럼 많았다. 나는 서로 으르렁거리느라 정신없는 수많은 여자들을 상대하는 일을 했다.(비유적)) — F.Baldwin: 2

push one's hair back **머리카락을 손으로 쓸어 올리다(넘기다). 《이마나 눈 앞으로 흘러내린 머리카락을 치우는 실용적인 동작; 피곤하거나 짜증 날 때의 동작》 유** brush one's hair back

Her stance was characteristic: hands on small waist, elbows aggressively out. A moment later she had *pushed her* long *hair back*—a gesture of habit before action, like the raising of a curtain. 〔여자의 호전적인 태도〕 (그녀는 도전적으로 가는 허리에 손을 대고 양팔꿈치를 좌우로 펼치더니 잠시 후 긴 머리카락을 휙 쓸어 넘겼다. 이 동작은 무대의 막이 오르는 것과 같은 행동 개시의 신호다.) — A.Hailey: 5

★ NB: 영어 표현 중에 '그가 거슬린다'는 의미의 "He gets in my hair."가 있다. 이는 이나 벼룩이 생기면 머리가 불쾌해지는 것에서 유래한, 위생 상태가 좋지 못했던 시대에 생겨난 관용 표현이다. push one's hair back으로 표현되는 동작 역시 그런 귀찮은 존재를 떨쳐 내려는 짜증의 감정이 담겨 있다. 그리고 짜증 나는 존재를 쫓아 버리는 것은 get someone out of one's hair라고 한다.

ruffle one's hair **머리카락을 헝클어뜨리다. 《생각이 정리되지 않아 몹시 짜증 날 때의 동작》**

They were in consultation for only a few minutes, but Bruce's irritation vanished and he smoothed down his hair instead of *ruffling it*. (겨우 몇 분간의 대화로 무대감독 브루스의 기분이 나아졌다. 그는 머리카락을 헝클어뜨리는 대신 차분하게 매만졌다.) — B.Cartland: 6

ruffle someone's hair **상대방의 머리카락을 헝클어뜨리다. 《보호자로서의 애정 어린 행위》 유** muss someone's hair / rumple someone's hair / tousle someone's hair / tousle someone's HEAD

"I'm going to learn all the names, too," said Louis. "In English!" "Good for you," Eric told him, *ruffling his hair*. (루이스가 모든 것의 이름을 영어로 외울 거라고 얘기하자 에릭이 장하다며 그의 머리카락을 마구 쓰다듬

어 헝클어뜨렸다.) — J.North

rumple someone's hair ➡ ruffle someone's hair

"Who made the boats?" I asked. "That's what Eric does when the weather turns bad." She looked around the room. "We've had a lot of bad weather." "My father does them," Eric said. "I hand him things." Mrs. Cory *rumpled his hair*. "You're just modest." she said. (코리 부인이 "방에 있는 수많은 배 모형을 만든 것이 바로 에릭이에요."라고 설명하자 에릭이 "그게 아니라 만든 것은 아버지고 저는 재료를 건네 드리기만 했어요."라고 정정했다. 부인은 "겸손하기는."이라고 말하며 소년의 머리카락을 마구 헝클어놓았다.) — R.Kost

scratch (at) one's hairline 이마 위쪽 머리카락이 나기 시작하는 부근을 긁적이다. ((난처할 때의 모습; 잠시 머뭇거리며 생각하거나 무언가를 떠올리려 할 때의 모습 등)) 유 scratch one's HEAD / scratch (at) one's FOREHEAD

I interrupted his flow of information: "Do you know where he lives?" "I believe he told me once." He tilted back his cap and *scratched his hairline*. "Some place down the Peninsula, South San Francisco, …." (그의 이야기를 가로막으며 나는 그의 주소를 아느냐고 물었다. 그는 "한 번 그에게 들은 적이 있는 거 같긴 하군."이라며 쓰고 있던 모자를 들어 올려 머리가 나기 시작하는 선 언저리를 긁적이고는 "사우스샌프란시스코 페닌슐라 근처였던 것 같은데…."라며 생각나는 대로 가르쳐 주었다.) — R.Macdonald: 14

shake one's hair back ➡ toss one's hair back

Ruth *shook her hair back* angrily. "Well, what does it matter? …." (루스는 신경질적으로 머리를 획 치켜들어 머리카락을 뒤로 넘기고는 "그게 뭐가 문제냐?"라며 덤벼들었다.) — K.M.Peyton: 4

smooth one's hair 머리카락을 쓰다듬다. 머리카락을 매만지다. ((매무새를 가다듬는 실용적인 동작; 겸연쩍을 때나 짜증 날 때 혹은 생각에 빠졌을 때의 동작))

Lady Plymdale: You haven't told me her name yet! Who is she?
Dumby (coughs slightly and *smooths his hair*): She's a Mrs. Erlynne.
Lady Plymdale: That woman!
(플림데일 부인이 그녀의 이름을 캐묻자 덤비는 헛기침을 하며 머리를 쓰다듬고는 하는 수 없이 그녀의 이름을 말한다. 부인은 "그 여자가!"라고 내뱉듯이 말한다.) — O.Wilde: 1

★ NB: 머리카락을 매만지는(쓰다듬는) 동작의 가장 일반적인 표현은 smooth one's

hair이다. 앞에서 뒤로 쓸어 넘기며 매만지는 것을 나타낼 때는 smooth one's hair back, 손으로 머리카락을 쓸어내리며 매만지는 것을 표현할 때는 smooth one's hair down이라고 한다.

smooth someone's hair 상대방의 머리카락을 쓰다듬다. ((보호자로서의 애정 어린 동작)) 유 stroke someone's hair / stroke someone's HEAD

Violet put Faith's head against her own shoulder and gently *smoothed the* soft *hair*. (바이올렛은 페이스의 머리를 자기의 어깨에 기대도록 하고, 부드러운 머릿결을 상냥하게 쓰다듬어 주었다.) — A.S.Turnbull: 1

Tina's cheeks were damp with tears. Lovingly, she *smoothed* back *the* soft auburn *hair* that spilled over her forehead. (눈물범벅인 티나의 볼을 보고 어머니는 사랑을 담아 이마에 드리워진 부드러운 적갈색 머리카락을 쓸어 올려 주었다.) — M.H.Clark: 2

stroke someone's hair 상대방의 머리카락을 쓰다듬다. ((보호자로서의 애정 어린 동작)) 유 smooth someone's hair / stroke someone's HEAD

"There, there, love," Winston said, *stroking her hair*, murmuring softly to her, pressing her to his chest, comforting and tender. 〔아버지가 사고로 돌아가셨다는 소식을 듣고 딸이 쓰러져 우는 상황〕 (윈스턴은 그녀의 머리를 쓰다듬으며 귓가에 대고 "착하지, 우리 아가."라고 속삭여 주다가 위로의 마음을 담아 그녀를 자신의 품에 꼭 끌어안았다.) — B.T.Bradford

take someone by the hair of his head 머리카락을 붙들다. ((주로 아이를 꼼짝 못하게 할 때 사용하는 거칠고 억센 제재 방법; 아이를 거칠게 훈육함을 의미하는 비유 표현))

"… You're too lenient with your daughter, George. Now if she was mine…." "I know—you'd *take her by the hair of her head*. Well, I might have to do just that," he chuckled. ("너는 네 딸에게 너무 관대해. 그 애가 내 딸이었으면…."이라고 말하는 친구의 말을 가로채며, 그는 "나도 알아. 머리카락이라도 틀어쥐라는 얘기잖아. 나도 그랬어야 하는 것 아닌가 싶어."라고 웃으며 말했다.) — K.Britt

★ NB: 이 표현은 옛날 영국에서 아이가 싫다고 하는 것을 억지로 끌고 나왔을 때 머리카락을 잡아 도망가지 못하도록 한 것에서 유래했다.

take one's hair down ➡ let one's (back) hair down

"… We hadn't known each other half an hour before he was *taking his hair down* and confiding in me. Did you know he was engaged to the barmaid at the local pub?" (알게 된 지 채 30분도 되지 않아 그는 허물없이 굴며 자신이 동네 펍의 여종업원과 약혼한 사실까지 털어놓았다.) — P. G. Wodehouse: 4

take hold of someone's hair 상대의 머리카락을 붙들다. 상대의 머리끄덩이(머리채)를 잡다.

He *took hold of her hair* and gave her a shake. "Yes, you made a mistake, you got yourself in number-one trouble, kid…" (그는 "너는 실수를 저질렀어. 너는 진짜 문제 덩어리야."라고 말하며 소녀의 머리채를 잡고 흔들었다.) — J.C.Oates: 1

take hold of someone's hair

tear one's hair (out) 머리카락을 쥐어뜯다. ((분노, 짜증, 분함, 고뇌, 비탄 등에 의한 히스테릭한 모습; 비탄, 고뇌 등을 나타내는 비유 표현))

"Oh, no!" he bellows now so that the other girls turn to them. "Not Madonna!" Most of the girls in the gym start to giggle, and Amanda grins when Jack Eagan pretends to *tear out what's left of his hair*. (고등학교의 체육관에서 마루체조 연습을 하는 도중 아만다가 마돈나의 노래에 맞춰 연습하고 싶다고 코치 잭 이건에게 말한다. 절대 안 된다고 코치가 큰 소리로 말하자 학생들이 깜짝 놀라 모두 돌아본다. 하지만 무슨 일인가 알고 나서는 모두들 킬킬대며 웃는다. 영문을 모르는 코치가 얼마 남지도 않은 머리카락을 쥐어뜯는 시늉을 하자 아만다도 히죽 웃는다.) — A.Hoffman

"… She won't *tear her hair* and gnash her teeth, will she?" "Mother? *Tear her hair*? Extremely unlikely. It's not her way. I rather imagine she wants nothing more than a cosy heart-to-heart talk…" (결혼할 여자

의 어머니와 만나는 자리] (그가 "어머니가 딸을 뺏기게 되었다는 생각에 머리를 쥐어뜯거나 이를 가시는 것 아니야?" 하며 농담조로 묻자 그녀는 "우리 엄마가? 엄마는 전혀 그럴 사람이 아니야. 그냥 천천히 마음을 터놓고 이야기하고 싶어 하실 거야."라고 대답한다.(비유적)) — D.Wells

★ NB: 머리를 쥐어뜯는 이 동작은 고대 사회에서 죽은 사람에 대한 애도의 표현이었다고 한다. 극도의 비탄을 나타내기 위해 여성의 머리카락을 뽑아 시신 위에 흩뿌리는 경우도 있었다고 한다(Morris, 1985).

toss one's hair back 고개를 돌려 머리를 뒤로 넘기다. ((주로 여성이 발끈하며 화를 내거나 짜증을 낼 때-머리카락이 거추장스러운 듯 취하는 동작)) 유 shake one's hair back / toss one's HEAD (back)

"Mummy's absolutely marvellous at organizing things," explained Ruth unnecessarily. "No one," said Paula, *tossing back her hair*, "has ever yet succeeded in organizing me!" ("우리 어머니는 일을 착착 체계적으로 진행하는 데 최고야."라는 루스의 쓸데없는 설명에 폴라는 발끈 화를 내며 고개를 휙 젖혀 머리를 뒤로 넘기고 "지금까지 나를 체계적으로 다루는 데 성공한 사람은 단 한 명도 없었어."라고 잘라 말했다.) — G.Heyer: 7

tousle someone's hair ➡ ruffle someone's hair

Suppressing the urge to reach out and *tousle her* heavy *hair*, Jason went back to his room…. Wryly, he wondered why Victoria Seaton should bring out this odd streak of protectiveness in him. (손을 뻗어 그녀의 탐스러운 머리카락을 손으로 마구 헝클어뜨리고 싶다는 충동에 사로잡힌 제이슨은 자신의 방으로 돌아갔다. 그는 빅토리아 시턴은 어째서 그의 마음에 묘한 보호본능을 일으키는 걸까, 쓴웃음을 지으며 생각했다.) — J.McNaught

toy with (a strand of) one's hair 머리카락을 가지고 놀다. 머리카

toy with one's hair

락을 만지작거리다. 《젊은 여자가 할 일이 없어 멍하니 있을 때 또는 타인의 앞에서 자의식 과잉이 되었을 때 등에 수반하는 동작》 유 twist (a strand of) one's hair

Toying with a strand of hair, pulling the elbows in close to the body… are mannerisms that men studiously avoid. (머리카락을 만지작거리거나 팔꿈치를 몸에 딱 붙이는 등의 행동은 남자라면 절대 해서는 안 되는 것이다.) — S.Brownmiller

twist (a strand of) one's hair ➡ toy with (a strand of) one's hair

A few teenaged girls might still be reading novels, their fingers *twisting a strand of hair* as they did so. (그들이 그랬던 것처럼 몇몇 십 대 소녀들은 여전히 손가락에 머리카락을 빙빙 휘감으며 소설을 읽고 있을지도 모른다.) — R.Carver: 3

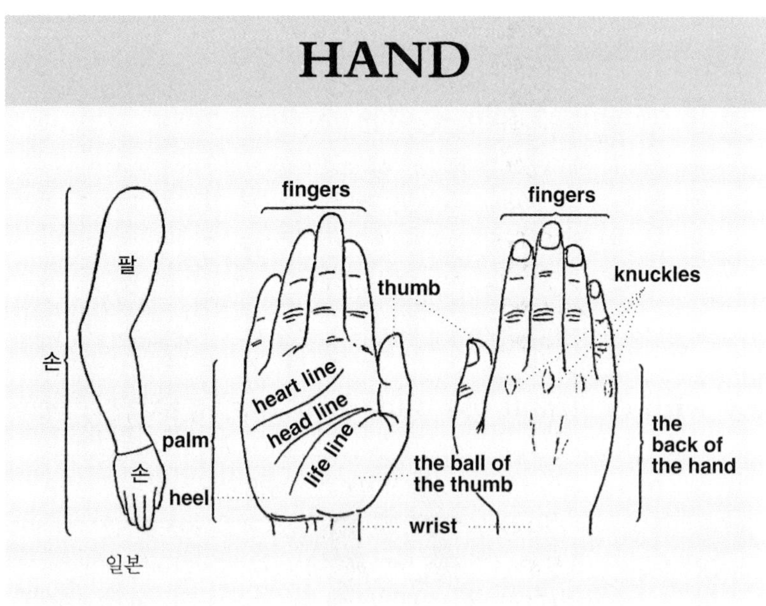

• 일본어의 손(手)은 ① 인체의 어깨에서 손끝까지의 전체, ② 손목에서 손끝 부분까지를 가리킨다. 영어의 hand는 ② 부분을 가리키고 손목을 경계로 윗부

분을 arm이라고 부르며 두 부위를 구별한다. 단 일본어에서도 손목부터 아래까지를 좁은 의미의 손, 윗부분을 팔로 구분하기도 한다.

- hand는 일차적으로 손등, 손바닥, 손가락(the back of the hand, the palm [the flat of the hand], the fingers and thumb)으로 나뉘고, 이는 다시 작게 나뉘어 각각 이름을 가지고 있다. 손가락 중에서도 엄지손가락은 다른 손가락과 독립하여 별도의 명칭을 가지고 있다(→ THUMB). 손바닥에서도 엄지 뿌리 부근의 살집이 좋은 부분은 the ball of the thumb, 새끼손가락 뿌리 부근에서 손목까지의 하단부는 the heel of the hand라고 구별지어 부른다. 손등에서는 손가락 뿌리의 제1관절, 특히 주먹을 쥐었을 때 솟아나는 관절들을 일컬어 knuckles라고 불러 다른 손가락 관절과 구별한다(→ KUNCKLE).

- 영어에는 일본어와 달리 어깨부터 손끝까지를 통칭해서 나타내는 말이 없기 때문에 일본어가 손의 움직임으로 파악한 동작을 영어는 손(hand) 또는 팔(arm)의 동작으로 구분해 파악한다. 이러한 구분에는 언어 습관으로서 자의성이 큰 영향을 미치기도 하지만 기본적으로는 동작의 의도가 선택의 결정적 근거가 된다. 예를 들어 악수를 하기 위해 손을 내민다면 hold out one's hand, 포옹을 하기 위해 손을 내민다면 hold out one's arms가 된다(상세한 것은 ARM 항목 참조).

- 손은 신체 부위 중에서 가장 왕성하면서도 정교하고 치밀한 표현력을 가지고 있다. 일정한 메시지를 의도적으로 전달하는 동작이나 암호적인 동작은 거의 모두 hand gesture로 이루어진다. 의례나 종교의 상징적인 동작 또한 손으로 하는 경우가 많다. 사물의 형태를 묘사적으로 나타내는 예시 동작과 사물이나 방향을 가리키는 지시 동작 또한 손으로 이루어진다. 말의 어조를 강하게 할 때, 상대를 위로하거나 위협을 가할 때, 애원할 때, 거절할 때 등의 상황에서 손의 움직임은 의도하는 바를 보다 확실히 보여 주는 역할을 한다. 또 주로 얼굴에서 이루어지는 희로애락의 감정 표현조차 그 표현의 일부를 손이 담당하기도 한다. 이러한 손의 역할에 대해서는 동서양의 차이가 거의 없다고 봐도 무방하다. 한편 영미인들이 타인과 대화할 때 손을 어떤 식으로, 어느 정도로 쓰는지에 대해서는 아래와 같이 정리할 수 있다.
  - 영미인은 타인과 대화할 때 상대방에게 무조건 동조하는 것보다 각자의 의견을 상호 존중하는 것에 가치를 둔다. 그래서 언제나 명쾌하고 솔직하게 의견을 교환한다. 이러한 개방적인 태도는 손동작에도 반영되어 자신의 의견을 강조 혹은 보충할 때나 상대방을 설득할 때에도 다채로운 '손의 언어'가 구사된다. 상대방의 의견을 받아들일 때도 마찬가지여서 '어쩔 수 없다', '손 쓸 방도가 없다'와 같은, 즉 자신이 졌음을 인정하는 상황에조차 개방적인 동작을 취한다(e.g. spread one's hands).
  - 영미인은 타인과의 유대 관계를 적극적으로 개발하고 유지, 강화하는 일을

중요하게 생각한다. 그들이 신체적으로 보다 밀접하게 접촉하는 것도 그러한 생각 때문이라고 볼 수 있다. 그들은 타인에게 위로, 격려, 축하 등을 전할 때 손과 손을 마주 잡거나 손으로 상대방의 신체 일부를 만짐으로써 말로는 표현하기 힘든 감정을 전달한다.
- 일본에서는 손을 사용하는 방법이 예의범절의 중요한 유의점 중 하나로 여겨진다. 상대에 대한 경의는 종종 끝 부분까지 신경이 뻗어 있는 손에 의해 표현된다. 무언가를 권하거나 내밀거나 가리킬 때 또는 무릎 위에 놓아둘 때, 손끝을 어느 정도 모으는가로 그 정중함의 정도가 결정된다. 영미권에서는 타인 앞에서 손을 두는 방법을 상대에 대한 태도의 지표로 보며, 긴장하지 않고 자연스러움을 유지하는 가운데 절도를 나타내는 것을 바람직하게 여긴다. 그들의 행동 기준으로 보면 일본적인 예의 바른 손은 오히려 자연스러움을 잃은 자의식 과잉으로 비쳐진다.

● 영어 hand와 우리말 '손'에 관련된 비유적인 의미는 '일, 작업', '수단', '방면, 방향', '소유', '지배', '원조', '필적' 등 많은 부분이 일치한다. 이는 두 문화가 공통적으로 생산, 기술 장악, 지시 등을 보편적인 손의 기능으로 여기고 있다는 것을 시사한다.

ball up one's hand [hands] into a fist [fists] ➡ clench one's hand(s)

The normally amiable and relaxed President sits up straight in his chair; his eyes flash, his lips tighten, and *his hands ball up into fists*. Throughout Reagan's political career, stopping Communism has been an idée fixe. Nicaragua, in Reagan's view, is the place and now is the time to take a stand. 〔정부의 니카라과 정책에 대한 의회의 비판적인 태도를 비난하며 정책수행을 호소하는 레이건 대통령의 모습〕 (반공 일변도의 태도를 취해 온 대통령은 지금이야말로 니카라과의 공산 세력에 단호한 태도를 취해야 한다는 생각이 강하다. 평소 느긋한 태도로 미소를 짓고 있던 대통령도 오늘만큼은 등을 꼿꼿이 펴고 의자에 앉아 있다. 눈에서는 빛이 번득이고, 입술은 굳게 다물고, 양손은 주먹을 꽉 쥐고 있다.) — *Time*, 1986

behind one's hand 손으로 가리다. 《기침이나 하품을 하거나 은밀한 이야기를 할 때 손으로 입을 가리는 모습》

"It's cold enough in here to freeze the balls off a brass monkey—" Adam stopped and coughed *behind his hand*, a flicker of amusement touching his eyes as he noted Murgatroyd's discomfort. ("불알이 떨어

져 나갈 정도로 춥군." 이라고 저도 모르게 상스러운 말을 내뱉은 애덤은 말을 멈추고는 손으로 입을 가리고 헛기침을 했다. 그의 눈에는 머거트로이드가 불편해하는 모습을 즐기는 듯한 기색이 슬쩍 스쳐 지나갔다.) — B.T.Bradford

blow on one's hand(s) 손에 입김을 불어 넣다. 손에 대고 입바람을 불다.

She *blew on her* frozen *hands* and then pushed them back into her pockets, as she began her ascent up the slope that would lead her to the cottage. (그녀는 꽁꽁 언 손에 입김을 호호 불고는 손을 호주머니에 찔러 넣으며 저기 보이는 작은 집을 향하여 언덕을 오르기 시작했다.) — B.T.Bradford

braid one's hands 양손을 맞잡다. 《긴장, 감정 억제, 숙고 등의 동작》 유 clasp one's hands (together) / interlace one's FINGERs

She *braided her hands* on her lap, tightly gripping, as if she wished them to break. (그녀는 무릎 위에 올려 둔 양손을 으스러져라 맞잡았다.) — Z. Popkin

bring one's hands down on one's knees 두 손으로 자신의 무릎을 철썩 때리다. 《주로 남성이 각오를 다지거나 방침을 정해 행동으로 옮길 때 수반되는 동작》 유 clap one's hands on one's knees

Aldrich again nominated Pyle…. Pyle *brought his* big *hands down on his knees* without a resounding slap, rose with a groan, and sourly promised he'd have a go at it. 〔모두가 기피하는 일을 떠맡게 된 상황〕 (다시금 지명된 파일은 어쩔 수 없이 각오를 다지며 커다란 손으로 무릎을 치지만 탁 하는 소리는 나지 않았다. 그는 몸을 무겁게 일으키며 어쨌든 해 보겠다고 찜찜하게 약속했다.) — L.C.Douglas: 2

bring one's hands down on one's knees

bring one's hand(s) down on the table [desk, etc.] 테이블(책상 등)을 손바닥으로 내리치다. ((말을 강조할 때의 동작; 분개, 짜증 등에 수반하는 동작)) 유 slam one's hand(s) (down) on the table [desk, etc.] / slap one's hand(s) (down) on the table [desk, etc.] / slam one's PALM(s) (down) on the table [desk, etc.]

The Marquis *brought his* open *hand down on the table* and the glasses jumped. "Don't lie!" he said. (후작이 손바닥으로 테이블 위를 내려치자 컵들이 들썩거렸다. 그는 "거짓말 하지 마!"라고 소리쳤다.) — G.Heyer: 1

brush one's hand across [over] one's eyes 손으로 눈을 슥 비비다. 손으로 눈을 문지르다. ((피로 또는 답답함 때문에; 눈물을 닦거나 졸음을 쫓기 위해; 무언가를 머릿속에 떠올리려 할 때)) 유 pass one's hand across one's eyes

Now his tears were for Emma…. He *brushed his hand across his eyes* resolutely, resolving to be stalwart. (에마의 불행에 가슴이 아파 눈물을 흘리던 그는 마음을 다잡으며 눈물을 떨쳐 버리려는 듯 손으로 눈을 슥 닦았다.) — B.T.Bradford

brush one's hand across [over] one's face 손으로 얼굴을 문지르다. ((얼굴에 붙은 이물질을 털어 내는 실용적인 동작; 불쾌감, 피로감에서 오는 무의식적인 동작)) 유 pass one's hand across one's face

I *brushed my hand over my face* in an involuntary effort to clear mind and vision. (나는 피곤한 머리와 눈을 맑게 하고자 무심코 얼굴을 손으로 문질렀다.) — M.H.Clark: 3

bunch one's hand [hands] into a fist [fists] ➡ clench one's hand(s)

He smiled without speaking, *bunching his hand into a fist* and pushing it playfully toward her chin. (그는 아무 말 없이 웃으며 한 손으로 주먹을 쥐더니 장난스럽게 그녀의 턱에 들이댔다.) — L.Peake: 2

chop the air with one's hand 한 손으로 계속 허공을 가르다. ((공격적인 대화를 할 때, 포인트를 강조할 때—마치 송판을 격파하는 것 같은 손놀림)) 유 chop the air with one's PALM

At an academic symposium, psychoanalyst Erich Fromm angrily *chops the air with his hand* and argues that pigeons are not people…. Skinner wonders whether he can increase Fromm's air chopping by nodding and smiling each time the psychoanalyst's arm comes

down. 〔행동주의 심리학자 스키너에 관한 기사〕 (정신분석학자 에리히 프롬은 학회의 심포지엄에서 행동주의를 비판하면서 마치 허공을 가르듯 손을 격렬하게 내리치며 비둘기는 인간이 아니라고 주장한다. 스키너는 이를 보고 그의 행동주의 이론을 시험할 기회라는 듯, 프롬의 손이 아래로 내려갈 때마다 자신이 고개를 끄덕이거나 미소를 짓는다면 프롬의 행동을 더 증가시킬 수 있지 않을까 생각한다.)
— *Time*, 1983

circle one's hand ➡ flip one's hand

He assumes a sudden look of tragical sobriety and begins to speak of Carolyn's sudden death. "She was just—" He *circles his hand* for the word···. (그는 갑자기 침울한 얼굴을 하고 돌연히 죽어 버린 캐럴린에 대해 이야기하기 시작한다. "그녀는 단지···."라고 말한 뒤 그는 다음 말을 떠올리려는 듯 한 손을 가볍게 돌린다.) — S. Turow

clamp one's hand(s) over one's mouth 손으로 입을 막다. 《비명이나 놀라서 지르는 소리 등을 억제할 때》 유 put one's hand(s) over one's mouth

Emma stifled a cry of amazement when she entered the room and saw the clothes Adele had pulled out of the wardrobe strewn all over the floor in chaotic heaps···. She *clamped her hand over her mouth*, horror-stricken, and stood perfectly still···. (아델의 방에 들어선 에마는 소스라치게 놀라 소리를 지를 뻔했다. 그녀의 옷들이 죄 옷장 밖으로 꺼내져 바닥 위에 널브러져 있었던 것이다. 에마는 두려움에 사로잡혀 비명을 억누르듯 손으로 입을 막고 마냥 서 있었다.) — B. T. Bradford

clap (one's hands) 손뼉을 치다. 《청중, 관중의 박수(applause); 주의를 환기할 때; 큰 기쁨이나 찬성을 나타낼 때》 유 clap one's PALMs

clap one's hands (기쁨)

clap one's hands (여러분! 잘 들으십시오!)

When Lucy Hilliard heard the news she *clapped her hands*. (소식을 들은 루시 힐리어드는 손뼉을 치며 기뻐했다.) — L.Auchincloss; 2

"I'll come to your rescue. Jilly, there's a short white dress…. It's got pink flowers embroidered all over the skirt. Will that do?" Jilly *clapped her hands*. "Can I try it on?" 〔학예회에 뭘 입고 갈지 고민하던 질리가 조언을 구하는 상황〕 (아주머니가 옷자락에 분홍색 꽃 자수가 놓인 이 흰색 드레스가 어떠냐고 묻자 질리는 손뼉을 치며 기뻐하고 한번 입어 봐도 되냐고 물었다.) — L.Peake: 4

Mrs. Russo, the superintendent, *clapped her hands* for attention. "Let's have quiet, boys and girls," she said. "It's time to make plans for our Christmas-carol programme and Nativity scene." 〔크리스마스 행사를 준비하는 상황〕 (자기들끼리 숙덕거리는 꼬마들의 주의를 끌기 위해 루소 원장선생님은 탁탁 손뼉을 치고는 "자, 조용히 하세요. 지금은 크리스마스 캐롤 프로그램이랑 예수님 탄생 장면을 어떻게 해야 할지 결정하는 시간이에요."라고 말했다.) — B.Cleary: 3

★ NB: 동사 clap은 타동사로도 자동사로도 쓰이나 '박수를 치다'의 의미로 사용될 때는 자동사로 쓰이는 경우가 많다(e.g. Everyone clapped enthusiastically.).

★ **영일비교** 일본인이나 영미인 모두 집단의 한 사람으로서 강연이나 연기에 칭찬의 뜻을 나타낼 때 손뼉을 친다. 또 개인으로서 좋아서 덩실거릴 듯한 기쁨을 나타낼 때도 손뼉을 친다. 전자를 의례화한 '박수'에서는 일본인이나 영미인이나 짧은 간격을 두고 반복적으로 손뼉을 맞부딪치지만 사용법과 형태에서는 사소한 차이가 보인다.
일본의 청중이나 관중에게는 연설 도중에 찬동의 표현으로 박수를 치거나 탁월한 연주, 연기, 강연이 끝난 뒤 자리에서 일어나 열광적으로 박수를 치는 관습(standing

ovation)이 정착되어 있지 않다. 그리고 대체적으로 서구인은 박수의 세기와 길이로 칭찬의 정도를 표현하지만, 일본인은 일정한 박수를 누구에게나 보내는 것을 '바른 예절'이라고 여긴다. 또 박수의 손 모양에서도 일본인은 일반적으로 양쪽의 손바닥을 세우고 균등하게 힘을 주어 맞부딪치지만, 영미인은 위로 향한 한쪽 손바닥에 다른 쪽 손바닥을 교차시키듯 맞부딪치는 경향이 있다.

박수에 숨은 심층심리를 분석한 Morris(1972)는 사람이 연극이 끝났을 때 두 손을 맞부딪치는 것은 '잘했다'고 등을 두드려 노고를 치하하고 싶은 상대가 손에 닿지 않는 곳에 있기 때문에 자신의 손을 대신 쓰는 것이라고 해석한다. 이와 같은 심리가 작용하는 박수에서는 두 손이 균등하게 맞부딪치지 않는다. 위를 향해 내민 한쪽 손바닥을 연기자의 등이라도 되는 양 다른 쪽 손바닥으로 두드리는 모습이 영미인의 박수 형태인 것이다.

clap one's hands (박수)

손뼉을 치는 행위는 또한 아랫사람을 불러들이는 신호로 옛날부터 세계 각국에서 쓰였다. 이 행위에는 덮어놓고 사람을 면전으로 불러들이는, 말하자면 royal command적인 요소가 강하다. 그 때문에 영미 등지에서는 권위나 권력을 믿고 으스대는 동작이라고 기피하여 오늘날에는 많이 쓰지 않고, 대신에 손가락으로 소리를 내는 동작(snap one's fingers)이 서비스를 요구하는 신호로 쓰인다. 일본에서는 손님을 맞이하여 가장이 아내나 고용인을 부를 때, 요정에서 서비스를 요구할 때와 같이 일정한 상황에서 손뼉을 치는 동작을 지금도 쓰고 있다.

clap one's hand on [over, to] one's forehead [brow]

손바닥으로 이마를 치다. 《'바보 같으니!', '아차!', '아이고' 등의 감정에 수반되는 동작》

유 slap one's hand against one's forehead / strike one's FOREHEAD

"What is your name?" he demanded. "Frances what?" "Frances Whitney." He *clapped a hand to his brow*. "That's all we needed! Dr. Frances Whitney! And you turn out to be a woman!" (부임 인사를 온 여

의사에게 의료소장은 이름을 묻자, 그녀는 "프랜시스 휘트니."라고 대답했다. 소장은 원래 '프랜시스'라는 이름의 의사가 오기로 했던 사실은 알고 있었으나, 남녀의 구별이 쉽지 않은 이름이라 멋대로 남자 의사가 올 거라고 생각하고 있었다. 그런데 여의사라는 것이 밝혀지자 아차 싶은 듯 손바닥으로 이마를 탁 쳤다.) — I. Chace

clap one's hand on [over, to] one's head 자신의 머리를 탁 (철썩) 치다. 《'이런!', '젠장' 등 자신의 어리석음, 과실 등을 깨달았을 때; 매우 놀랐을 때 등》 유 put one's hand on one's head (1)

He *clapped a hand to his head*. "My God!—I checked his credit. I doubted his check…." ("이런, 맙소사! 그의 신용을 조사하고 수표를 의심하다니…."라며 그는 자신의 머리를 탁 쳤다.) — M. Lewty: 3

clap one's hand on someone's knee 상대방의 무릎을 손바닥으로 철썩 때리다. 《상대방의 기운을 북돋우는 동작; 주로 남성이 행하는 우호적인 접촉 동작》 유 put one's hand on someone's knee / pat someone's KNEE

"Cheer up! It's not the end of the world, you know." said Richard, *clapping a hand on my knee*. ("기운 내! 세상이 끝난 것도 아니잖아!"라고 말하며 리처드는 의기소침해 있는 나의 기운을 북돋우려는 듯 무릎을 철썩 때렸다.) — L. Levi

★ NB: 무릎을 때리는 방법 및 때리는 의도를 좀 더 명확하게 나타내기 위해 명사 clap에 형용사를 붙여 give someone an encouraging [a friendly, etc.] clap on the knee로 표현하기도 한다.

clap one's hands on [over] one's knees ➡ bring one's hands down on one's knees

Mr. Havemyer drew in a long breath, almost a sigh, and *clapped his hands over his knees*. "Well, Miss Wyckoff, I think you must realize the pressure on me now…. I have to ask you to resign as of now." (해브마이어 교장은 한숨이라도 쉬려는지 숨을 길게 들이마시고, 더 이상 주저해서는 안 된다는 듯 두 손으로 무릎을 쳤다. 그런 다음 와이코프에게 해고를 통고하였다.) — W. Inge

clap one's hand(s) over one's mouth 손으로 입을 탁 막다. 《갑자기 생각났을 때; 말, 웃음, 비명 등을 억누르는 자기 억제 동작》 유 put one's hand(s) over one's mouth

When Betty Ford said that Mao had lighted upon seeing Daughter

Susan, an American reporter laughed. "There's life in the old boy yet." Officials of the U.S. mission in Peking *clapped their hands over their mouths* in horror at such irreverance. 〔중국 방문 중인 미국 영부인 베티 포드의 베이징 기자회견〕 (베티 포드가 마오쩌둥 수상이 자신의 딸 수전을 보고 얼굴이 밝아졌다고 했을 때, 한 미국 기자가 그런 노인에게 아직도 생기가 남아 있냐며 소리 높여 웃었다. 마오쩌둥에 대한 이런 엄청난 무례에 베이징 주재 미국 외교관들은 저도 모르게 입을 턱 막고 말았다.) — *Time*, 1975

"… Dad has a surprise for you—" he *clapped his hands over his mouth*. "I wasn't supposed to say anything about it!" (소년은 아버지의 깜짝 선물 계획을 무심코 얘기해 버리고는 "이런, 말하면 안 되는 거였는데!"라며 두 손으로 입을 탁 막았다.) — S. Field

clasp and unclasp one's hands 두 손을 맞잡았다 풀었다 하다. ((불안하며 안절부절못할 때의 동작; 주의 산만한 동작))

Stephanie was *clasping and unclasping her hands* and Sabrina knew she was nervous because she wasn't being honest. (두 손을 꽉 맞잡았다 풀었다 하는 스테파니를 보고, 사브리나는 그녀가 안절부절못하는 것은 무언가를 감추고 있기 때문이라고 생각했다.) — J. Michael: 2

clasp someone's hand 상대방의 손을 꽉 잡다. ((마음을 담은 악수; 애모, 열정, 간청, 감사 등의 특별한 감정을 담은 접촉 동작))

clasp someone's hand (in one's hands)

"All right. It's a bargain. Shake." He *clasped* Sheila'*s hand* in his and looked straight into her blue eyes. ("좋아요. 그렇게 타협하죠. 이제 악수해요."라고 말하는 실라의 손을 꽉 잡고 그는 그녀의 파란 눈을 지그시 바라보았다.) — J. Steele

"Dr. Powers!" cried Heinz, *clasping* the man's right *hand* between both of his. "Thank God, thank God, thank God, and thank you." 〔기다리던 아기가 태어난 상황〕 (하인츠는 분만실에서 나온 담당 의사의 오른손을 두 손으로 꽉 붙들고 감격의 말을 반복했다.) — K. Vonnegut, Jr.: 2

★ NB: clasp someone's hand는 양손 또는 한 손으로 상대의 손을 강하게 잡는 행위다. 여기에 in [between] one's hands가 붙으면 상대의 손을 자신의 양손 사이에 끼우고 좌우 균등한 힘을 가해 세게 쥐거나 상대의 손을 한 손으로 잡고 그 위에 다른 한 손을 포개어 강하게 꽉 잡는 동작이 된다.

clasp one's hands (together) **두 손을 맞잡다. ((절망, 간청, 감격, 기쁨, 긴장, 불안, 기원 등으로 인해 가슴 앞에서 두 손을 굳게 맞잡는 동작; 무릎이나 탁자 위에서 손을 맞잡는 동작))** **유** braid one's hands / clench one's hands / clutch one's hands / grip one's hands / hold one's hands (in one's lap) / lock one's hands / interlace one's FINGERs

clasp one's hands in delight

"Why don't you and Mama come down and spend a couple of weeks with me this summer? …." "Oh, Adam," Mama exclaimed, *clasping her hands* at this long-hoped-for invitation. (애덤이 "이번 여름 너와 엄마가 이리로 내려와 나와 함께 보내는 게 어떠냐?"라고 묻자, 이러한 초대를 오랫동안 염원해 온 엄마는 크게 기뻐하며 가슴 앞에서 양손을 맞잡고 감격한 듯 "오, 애덤." 하고 목소리를 높였다.) — A.J.Cronin: 2

"I shall go down at night and look for your bogle, and have a talk with him." "Oh, no! Oh, no!" "Oh, yes! I shall go and sit on his rock." She *clasped her hands together*: "Oh, please!" (청년은 그녀가 봤다고 하는 유령을 찾아내서 유령과 대화를 하고 오겠다고 말한다. 그녀는 하지 말라며 두

손을 모으고 간청한다.) — J.Galsworthy

Her small *hands were clasped together* in a fervent prayer. (그녀는 작은 두 손을 꽉 맞잡고 흐트러짐 없이 기도하고 있었다.) — C.Dickson: 2

"··· But to be honest I have a slight headache and I am rather tired, what with the journey and all. But thank you anyway." He *clasped his hands together* in mock despair. "Maybe some other time, Cindy?" ("호의는 감사하지만 여행이다 뭐다 해서 피곤하기도 하고, 사실 머리도 좀 아파서요."라고 말하며 그는 정말 유감이라는 듯 두 손을 가슴께에서 맞잡았다. 그러고는 "아마 나중에 기회가 있겠죠, 신디?" 하고 말했다.) — C.Jameson

Nettles did not at that moment give the impression of a man lucky in love. His bowed head with the hair just thinning on top, *his* narrow *hands clasped* tightly on his knees, his voice soft and gloomy, painted a picture of a man condemned. (네틀즈는 여자의 사랑을 쟁취한 행운의 사내라는 인상이 느껴지지 않았다. 그는 머리카락을 넘겨 빗어 머리숱이 엷은 정수리를 가린 머리 모양을 하고, 무릎 위에는 굳게 맞잡은 가냘픈 두 손이 놓여 있고, 목소리는 연약하고 어두운 것이 마치 유죄 선고를 받은 사람 같았다.) — R.Billington

He leaned forward in his chair, *hands clasped* loosely, arms resting along his knees. (그는 의자에 앉아 몸을 앞으로 숙여 팔을 무릎에 편히 올려놓은 채 두 손을 가볍게 맞잡고 있었다.) — M.Lewty: 1

clasp one's hands loosely

★ NB: '두 손을 맞잡는' 동작을 표현하는 대표적인 동사구로는 clasp [clench, clutch, grip, lock] one's hands를 들 수 있다. 이 중 clasp은 잡는 힘의 세기에

관계없이 두루 쓰이는데, 부사 lightly, loosely 등을 보충하여 가볍게 맞잡는 경우에도 쓰일 수 있다. 이에 비해 grip, clench, lock은 강하게 맞잡는 경우에 한정되며, 계속 힘주어 잡고 있다는 의미를 포함하고 있다. clutch는 갑자기 손을 강하게 맞잡는 불안한 손 모양을 나타낸다.

clench [clutch, grip, lock] one's hands는 통상 분노, 불안, 긴장 등의 감정을 억제할 때 수반되는 긴장된 손 모양을 나타낸다. 그중에서 lock은 자기만의 세계에 빠져 타인에게 곁을 주지 않는(seal oneself from others) 분위기가 있을 때 종종 사용되고, clutch는 정신적인 미숙함이나 여린 마음 등이 엿보일 때 선택되는 경향이 있다. 사전 *COBUILD*에서는 clench가 주로 분노의 감정과 결부되는 데 비해 clutch는 두려움이나 심리적 불안과 결부된다고 설명하고 있다.

★ **영일비교** clasped hands는 기도의 손으로, 열렬하게 기도함으로써 손가락이 무심코 서로 얽히고 손바닥이 맞닿은 손을 가리킨다. 기독교 신자의 기도는 손가락 끝을 신에게 향하고 두 손바닥을 맞대는(press one's palms together) 것이 표준이다. 이러한 기도의 모습이 정착하기 전에 초기 기독교 교회에서는 십자가를 본떠 두 손을 크게 좌우로 벌려 기도했다고 한다. 그러다가 신께 겸허하게 자신의 영혼을 내보이려면 조용히 머리를 떨구고 자신과 신 사이에 있는 모든 것에 눈길을 주지 않은 채 오직 두 손을 맞대는 겸손한 자세가 걸맞다고 보아 오늘날과 같은 모습이 자리 잡게 되었다(Sorell, 1973). 현재 영미권에서 일상적인 상황에 clasped hands를 의도적으로 쓸 때는 주로 감동이나 감격을 거창하게 표현하거나 연극조로 애원을 하거나 절망을 과장해서 표현할 때다.

불교에서는 기도할 때 손가락 끝을 위로 향해 두 손바닥을 서로 맞대고(합장), 염불과 함께 맞댄 손바닥을 서로 문지른다. 일본어에는 이러한 손 모양에서 비롯된 '두 손을 모으다', '(간청, 사죄, 아첨 등의 표시로) 손을 비비다'라는 관용구가 있다. 일본 『국어관용구사전』에서는 '손을 모으다'를 '두 손 모아 비는 몸짓으로 신불과 은인 등에게 하며 탄원하거나 허락을 구하는 몸짓'이라고 설명한다. 하지만 오늘날 일본인이 비종교적인 상황에서 착실하게 '두 손을 모으는' 것은 식탁에 앉아 잘 먹겠다는 감사의 말을 할 때 정도이고, 그 외에는 '마음속으로 두 손을 모을' 때가 많다. 농담조로도 쓰는데 "미안", "부탁해" 등의 말을 가볍게 할 수 있는 사이에서 다소 무리한 부탁을 할 때 이 동작을 연기하듯 하기도 한다.

'손을 비비다'라는 표현은 '애원, 사죄, 목숨을 구걸하는 모습, 받은 은혜에 고마워하며 답례하는 모습, 감사하는 모습'이라고 같은 사전에서 설명하고 있다. 그러나 이것도 오늘날에는 허물없는 사이에 부탁을 할 때 주로 쓰인다. 맞댄 손을 상대에게 향하고 그 사람의 인정에 기대어 응석을 부리는 이러한 동작은 사람들 사이에 널리 쓰이면서 '빌다시피 사정사정하다'라는 관용구까지 낳았다.

clasp one's hands around one's knees 무릎을 껴안고 두 손을 맞잡다. 《편안한 자세》 **유** clasp one's ARMs around one's knees / put one's ARMs around one's knees

She sat, *hands clasped round her knees* on the floor at James's feet, staring into the fire. (그녀는 제임스의 발치에 무릎을 껴안고 두 손을 맞잡은 채로 앉아 난로의 불빛을 물끄러미 바라보고 있었다.) — J. Archer: 2

clasp one's hands behind one's back 손을 등 뒤로 돌려 맞잡다. 뒷짐을 지다. 《곰곰이 생각할 때의 자세; 권위, 자신감을 보여 주는 자세》 유 lock one's hands behind one's back

clasp one's hands behind one's back

He faced the window with *his hands clasped behind his back*. The trees were in full leaf…. Everything was beginning, he thought. (그는 뒷짐을 지고 창가에 서 있었다. 창밖으로 이파리가 무성한 나무들이 보였다. 그는 모든 것이 시작되었다고 생각했다.) — D. Mulien

Northrup *clasped his hands behind his back* and rocked forward on the balls of his feet, looking solemn. "For nine generations, my family has been born and has died in service to the Fieldings, …." [저택에서 얼마나 오래 일했느냐는 질문을 받은 상황] (집사 노스럽은 뒷짐을 지고 자못 엄숙한 표정으로 몸을 벌떡 일으켜 앞으로 걸어 나가며 "우리 집안은 9대째 필딩스 가문을 모시고 있다."라고 우쭐대듯 말했다.) — J. McNaught

★ **영일비교** '뒷짐을 진 손'은 차분히 생각하려고 좁은 공간을 서성이거나 창가에 우두커니 선 남성의 모습에서 종종 볼 수 있으며 일본인과 영미인을 가리지 않는다. 미국의 비언어행동 전문가 중에는 혼자 있을 때 등 뒤로 두 손을 마주 잡는 동작을 앉았을 때 발목 부근에서 두 발을 서로 얽는 locked ankles와 계통이 같은 자제의 몸짓(self-control)으로 보는 사람도 있다(Nierenberg & Calero, 1971).
이에 비해 사람 앞에서 손을 뒤로 돌려 잡는 것은 일반적으로 자신의 우위성에 대한 흔들림 없는 자신감의 표현으로 간주된다. 이 해석은 가슴팍에서 팔짱을 끼는 자기방어적, 폐쇄적인 자세와 대조적으로 뒷짐을 지는 자세를 하면 가슴, 배, 목 등을 무방비하게 드러낸다는 점에서 나왔다(Morris, 1985). 영국에서는 정치가나 왕족이 그들을 위해 마련된 행사를 안내인과 함께 시찰할 때 보이는 전형적인 동작의 하나다. 또 군대나 경찰 등 상하관계가 뚜렷한 조직에서 상급자가 하급자에게 훈시할 때, 혹은 상대에게 위엄을 내보일 필요가 있을 때 종종 이러한 동작을 한다. 뒷짐을 지면 가슴이 쑥 튀어나오고 턱이 앞으로 들린다. 때로는 두 번째 예문에 나오듯 엄지발가락 뿌리 부분에 체중이 실려 상대에게 위압감을 주는 힘 있는 자세가 된다.

clasp one's hands behind one's head 손을 깍지 껴서 머리 뒤에 대다. 《편안한 자세》 유 put one's hands behind one's head / interlace one's FINGERs behind one's head

clasp one's hands behind one's head

I hung up and sat in my chair and *clasped my hands behind my head* and put my feet up. (나는 전화를 끊고 의자에 걸터앉아 두 손을 머리 뒤에 대고 다리를 탁자 위에 올려놓았다.) — R.B.Parker: 1

★ NB: 두 손을 깍지 껴 머리 뒤에 대고 앉으면 양 팔꿈치가 좌우로 활짝 펴지면서 보디 존이 확장된다. 그래서 이 자세에 '어디 덤벼 봐!'와 같은 자신감이나 자신의 확고부동한 우위에 대한 주장이 배어 있다고 보기도 한다(Pease, 1984). 영미권에서는 권위적인 상사가 부하를 면담할 때나 자신만만한 변호사들끼리 대화 중에 이 자세를 취하기도 하나, 일반적으로는 사적인 장소에서 취하는 편안한 자세로 여겨진다.

clasp one's hands between one's knees 손을 깍지 껴서 양 무릎 사이에 넣다. 《풀 죽은 모습》

Molly was sitting with *her hands clasped between her knees* when he came into the room. She raised her eyes, heavy from weeping, to his. (그가 방에 들어왔을 때 몰리는 풀이 죽은 듯 무릎 사이에 깍지 낀 손을 집어넣고 앉아 있었다. 그녀는 울어서 퉁퉁 부은 눈을 들어 그를 보았다.) — J.Cooper: 2

clasp one's hands under one's chin 두 손을 깍지 껴서 턱 아래에 놓다. 《혼자 곰곰이 생각하는 모습; 앞에 있는 사람을 평가하는 태도로 바라보는 모습》 유 fold one's hands in front of one's face

"I didn't finish listing my assets, actually," said Jimmy. He paused and leaned back in his chair as if he were contemplating them. He rested both elbows on the arms of the chair and *clasped his hands under his chin*. (자신의 장점을 줄줄이 늘어놓던 지미는 잠시 말을 멈추고 그것들에 대해 생각하려는 듯 의자에 몸을 기댔다. 그는 의자 팔걸이에 팔꿈치를 대고 양손을 깍지 껴서 턱 아래에 두었다.) — S.Quinn

★ NB: 사람을 앞에 두고 양손을 깍지 껴서 두는 위치는 상, 중, 하 세 부분으로 구분할 수 있다. 상단부는 턱 아래와 얼굴 앞(under the chin; in front of the face), 중단부는 책상 위(on the desk) 또는 무릎 위(on the lap), 하단부는 사타구니나 허벅지 앞(in front of the crotch [in front of one])이다. 손을 어느 위치에 두는지를 보면 상대의 생각이나 의견에 어느 정도 마음을 열고 듣고 있는지 파악할 수 있다고 하는데 비언어 행동 실험 결과에 따르면 손을 두는 위치가 높으면 높을수록 폐쇄성이 강하다고 한다(Pease, 1984).

clench and unclench one's hand(s) 주먹을 쥐었다 폈다 하다. 손을 쥐락펴락하다. 《분노, 짜증으로 인해; 분노, 짜증 등의 감정을 억제하기 위해 등》

This made Mr. Bagthorpe genuinely feel like murdering Uncle Parker. He *clenched and unclenched his hands* and it was nearly a full minute before he trusted himself to speak. (청년은 진짜로 파커 숙부를 죽일 것만 같이 느껴졌다. 그는 이제 말을 해도 괜찮겠다는 생각이 들 때까지 1분 가까이 두 손만 쥐락펴락했다.) — H.Cresswell

clench one's hand(s) 손을 꽉 움켜쥐다. 주먹을 쥐다. 《긴장했을 때; 감정을 억제할 때; 한 대 칠 생각일 때 등》 유 ball up one's hand [hands] into a fist [fists] / bunch one's hand [hands] into a fist [fists] / clasp one's hands (together) / curl one's hand [hands] into a fist [fists] / grip one's hand [hands] into a fist [fists]

That would be too frightful. She *clenched her hands* at her sides at the thought of it. (생각하는 것만으로도 무서운 일이라 그녀는 양손을 꼭 움켜쥐었다.) — D.Robins: 1

★ NB: clasp one's hands는 양손을 맞잡는 동작만을 나타내지만 clench one's hands는 양손을 맞잡는 동작과 위의 예문처럼 좌우의 손을 각각 움켜쥐는 동작 모두

를 나타낼 수 있다.

cling to someone's hand ➡ hang on someone's hand

People were slapping him on the back, congratulating and thanking him…. The waitress *clung to his hand*, smiling silent like a delighted child. (사람들은 그의 어깨를 두드리며 그에게 축하와 고마움의 말을 건넸다. 웨이트리스는 기뻐서 어쩔 줄 모르는 어린아이처럼 마냥 싱글벙글 웃으며 그의 손을 붙들고 늘어졌다.) — A.Lurie: 2

clutch (at) someone's hand 상대방의 손을 붙잡다. 상대방의 손을 힘주어 잡다. ((궁지에 몰린 기분, 상대에게 매달리고 싶은 기분 등이 고조되어 저도 모르게 상대의 손을 꽉 잡을 때; 상대의 행동을 무의식적으로 억제하려고 할 때 등)) 유 grab (at) someone's hand

"If anything has happened to Sammy and you need a shoulder or an ear… you know where to find me." Elizabeth *clutched at his hand* and for an instant held it against her cheek. ("만에 하나 그에게 무슨 일이 생겨서 당신에게 의논 상대가 필요해지면 나에게 연락하시오. 연락 방법은 당신이 알고 있을 것이오."라고 말하자 엘리자베스는 그의 손을 덥석 붙잡아 자신의 뺨에 가져다 댔다.) — M.H.Clark: 6

clutch one's hands 두 손을 세게 맞잡다. ((공포, 설렘 때문에; 공포나 설렘을 억제하기 위해 등)) 유 clasp one's hands (together)

"If you feel rotten, you should, you know, you deserve it. It's the price you pay for—for being bad," Rosaline said, *clutching her hands* in her lap. [좋은 가문의 아가씨가 약혼자의 부정을 알게 되어 따지는 장면] ("당신도 기분이 나쁠지 모르지만, 못된 짓을 한 벌이라고 생각하면 이 정도는 당연한 거예요."라고 말한 로잘린은 두 손을 무릎 위에서 어색하게 맞잡고 있었다.) — R.Lawrence

cover someone's hand 상대방의 손을 자신의 손으로 감싸다. ((위로하거나 용기를 북돋우는 등의 우호적인 접촉 동작)) 유 lay one's hand on someone's arm [hand, etc.]

My grandmother reached over and *covered one of my hands* in both of hers. "That won't be the last time you'll go to a doctor in your life," she said. "And with a bit of luck, they won't do you too much harm." [손자가 편도선 수술을 하고 돌아온 상황] (할머니는 두 손으로 내 손을 감싸고는 "앞으로도 의사에게 종종 신세 질 일은 있겠지만 운이 좋다면 그다지 큰 일은 치르지 않고 살게 될 거야."라고 위로했다.) — R.Dahl

cover someone's hand

Rick's hand *covered hers* and squeezed them. "Forget it," he advised. "Jake isn't a bad sort, really…" 〔제이크에게 심한 장난을 당한 상황〕 (릭은 그녀의 손에 자신의 손을 겹쳐 얹고 지그시 힘을 주며 "그냥 잊어버려. 사실 제이크가 그렇게 나쁜 놈은 아닌데…"라고 말했다.) — P.Kent: 1

cross one's hands 두 손을 포개어 놓다. 《예의를 갖춰야 할 때의 손 모양—앉아 있을 때는 무릎 위, 서 있을 때는 몸 앞쪽에 손이 위치한다.》 유 hold one's hands (before one) / hold one's hands (in one's lap)

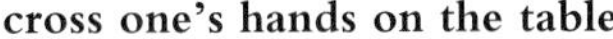

cross one's hands on the table **cross one's hands before one**

He stood in the background…, *his hands crossed* before him, solemn and subdued, as if he were waiting for a coffin to be carried out. (그는 조심스러운 태도로 뒤쪽에 서서 마치 발인을 기다리는 사람처럼 두 손을 얌전하게 포개어 놓고 있었다.) — W.Cather: 2

★ NB: cross one's hands는 서 있을 때는 before one, 앉아 있을 때는 in [on] one's lap으로 놓는 곳이 정해져 있어서 이를 굳이 표현하지 않을 때가 많다. 특히

후자는 생략하는 경우가 많다.

cross one's hands on [over] one's chest [breast] 가슴께에서 두 손을 교차하다. 《어린아이들이 약속을 지키겠다고 맹세하는 의식 행위-왼손 끝은 오른쪽 어깨를, 오른손 끝은 왼쪽 어깨를 향함》

"… I may not get the chocolate cake made tomorrow, but I promise I will the next day." "Cross your heart and hope to die." Solemnly she went through the ritual, *crossing both hands on her breast*…. (아이가 초콜릿 케이크를 만들어 달라고 조르자 그녀는 내일은 무리일 것 같고 모레는 꼭 해 주겠다고 약속한다. 아이가 맹세하라고 하자 그녀는 두 손을 가슴 위에서 교차시키며 엄숙하게 맹세한다.) — S.Field

★ NB: "Cross your heart and hope to die."에는 검지를 세워 자신의 가슴에 십자를 긋는 동작이 수반되곤 한다.

cross one's hands on [over] one's stomach 배 위에 두 손을 포개어 놓다. 《주로 아랫배가 나온 남성이 상체를 뒤로 젖혀 만족스럽고 편안하게 앉아 있는 모습》 유 fold one's hands on one's stomach

He *crossed his hands on his belly* and smiled contentedly. (그는 배 언저리에 두 손을 포개어 놓고 만족스럽게 웃고 있었다.) — J.Deveraux

cup one's hands around one's mouth 두 손을 나팔 모양으로 만들어 입가에 대다. 《목소리를 멀리까지 들리게 하기 위하여》 유 make a trumpet of one's hands

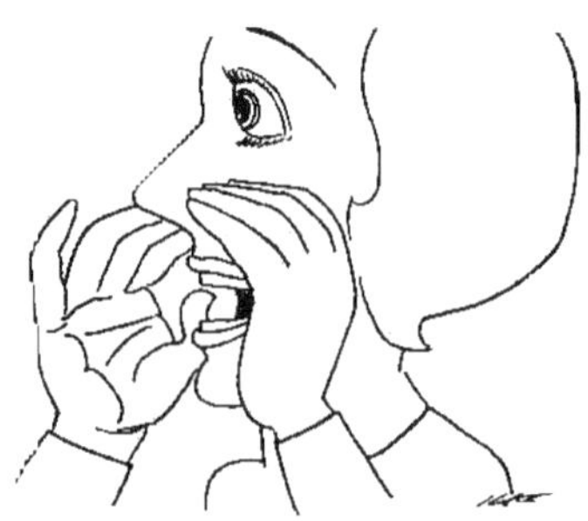

cup one's hands around one's mouth

She aimed herself at his apartment, *cupped her hands around her mouth* and bellowed. (그녀는 그의 아파트 쪽을 향해 손나팔을 만들어 크게 소리를 질렀다.) — K.M.Peyton: 4

cup one's hand behind [to] one's ear 손을 둥글게 구부려 귀 뒤에 대다. ((좀 더 잘 듣기 위해; 잘 들리지 않으니 크게 말해 달라는 손짓 신호)) 유 cup one's EAR

cup one's hand behind [to] one's ear

"I'm looking for Ray Buzzell." One of the boys *cupped his hand behind his ear* and said, "Hey?" ("나는 레이 버젤을 찾고 있단다."라고 말을 걸자 소년들 중 하나가 잘 들리지 않는다는 듯 "네?"라고 말하며 귀 뒤에 손을 가져다 댔다.) — R. Macdonald: 13

The problem was more pronounced if the person speaking had a high-pitched voice. Then the President would typically *cup a hand to his* right *ear*, lean toward the speaker and ask, "What?" (레이건 대통령의 난청 문제에 관한 기사 내용이다. 대화 상대가 아무리 큰 소리로 말을 해도 대통령은 손을 오므려 오른쪽 귀에 대고 몸을 내밀어 "뭐라고?"라고 묻는다.) — *Time*, 1983

cup one's hands in [on] one's lap 무릎 위에 손을 포개어 놓다.

cup one's hands in [on] one's lap

《손을 예의 바르게 두는 모습-손등을 둥글게 오므려 그 손을 다른 손 위에 겹쳐 놓음》 유 hold one's hands (in one's lap)

She supposed she must be the very picture of outward calm, her eyes level with her father's, *her hands cupped* patiently *in her lap*. (그녀는 아버지의 눈을 똑바로 바라보며 얌전히 두 손을 무릎 위에 포개어 놓았다. 그녀는 자신의 모습이 아주 차분해 보일 거라고 생각했다.) — Z. Popkin

cup one's hands over one's ears ➡ put one's hands over one's ears

She *cupped her hands over her ears* so she wouldn't have to hear any more. "Stop it!" Cathie cried. (캐시는 두 손으로 귀를 틀어막고 "그만해!"라고 소리치며 울었다.) — J. Dailey: 1

cup one's hand(s) over one's eyes 손을 둥그렇게 오므려 눈 위에 올리다. 《빛을 가리기 위해; 먼 곳을 좀 더 잘 보기 위해》

They could see the white shirt-sleeves and grizzled hair of the lodge keeper, peering out with *his hands cupped over his eyes*. (그들은 산장지기의 하얀 셔츠 소매와 반백이 된 머리를 볼 수 있었다. 그는 두 손을 눈 위에 올리고 바깥을 보고 있었다.) — C. Dickson: 1

cup one's hands over one's face 살짝 오므린 손으로 얼굴을 가리다. 《빨개진 얼굴, 우는 얼굴을 숨기기 위해; 무서운 것을 보지 않기 위해 눈을 가릴 때 등》 유 put one's hand(s) (up) to one's face

I saw him huddled in a corner of the room. *His hands were cupped over his face* and he was crying silently. (나는 방 한구석에 몸을 웅크리고 있는 그를 보았다. 그는 두 손으로 얼굴을 가리고 소리 죽여 울고 있었다.)

curl one's hand [hands] into a fist [fists] ➡ clench one's hand(s)

She felt *her hands curl into fists*. How great to hit him, stop the sound of his voice. (그녀는 서서히 주먹을 쥐었다. 그리고 그를 한 대 후려쳐 입을 다물게 할 수 있다면 얼마나 좋을까 생각했다.) — A. T. Wallach: 2

cut the air with one's hands 두 손을 힘차게 양쪽으로 내리치다. 두 손으로 크게 가위표를 그리다. 《의논 결렬, 완고한 거부, 말이 필요 없음 등 이론의 여지를 남기지 않는 단호한 태도-가슴께에서 두 손을 교차한 뒤 허공을 가르듯 내리침》 유 make a sweeping gesture with one's hands / slice the air with one's hand(s)

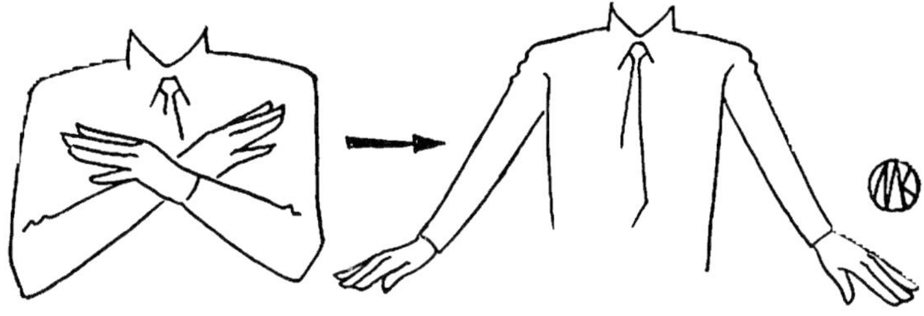

cut the air with one's hands

Frey *cut the air with his hands* as though slicing it away. "I won't stand for it! No matter how sorry I am for this poor chap…. I won't let you marry him…." 〔고생길이 훤히 보이는 결혼을 말리는 상황〕 (프라이는 두 손을 힘차게 좌우로 내리그으며 "이 가난한 남자에게는 정말 미안한 짓이지만 너와 그를 절대로 결혼시키지 않을 것이다."라고 딱 잘라 말한다.) — D.Robins: 11

drag (at) someone's hand ➡ pull (at) someone's hand

"Mama, come on," begged Ramona, *dragging at* her mother'*s hand* but her mother waited until the Kemps caught up. (라모나는 얼른 가자고 엄마의 손을 당기며 재촉했지만 엄마는 가만히 서서 이웃집 사람들이 따라오는 것을 기다렸다.) — B.Cleary: 2

drag one's hand across [around] the back of one's neck 손으로 뒷목을 천천히 쓸다. 《짜증, 당황 등》 유 rub (the back of) one's NECK

… then he was *dragging a hand* irritably *around the back of his neck*. "Oh, hell!" he cursed. (그는 짜증 나는 듯 손으로 뒷목을 쓸며 "제기랄!"이라고 내뱉었다.) — K.Allyne

★ NB: drag one's hand across [around]…는 손을 억지로 마지못해 움직이는 듯한 모습을 나타낸다. 이에 반해 거리낌 없이 가볍게 움직이는 모습을 나타낼 때는 draw [pass] one's hand across… 등의 표현을 사용한다.

drag one's hand across one's lips 손으로 입술을 좌우로 문지르다. 《입술에 묻은 것을 닦아 내는 듯한 동작》

Wrenching herself free, Anne *dragged a hand across her lips*, trying to wipe away all feeling of his kiss. (몸을 비틀어 빠져나간 앤은 그가 남긴 저주스러운 키스의 뒷맛을 닦아 내려는 듯 입술을 손으로 문질렀다.) — C.Rossiter

drop one's hands to one's sides 두 손을 힘없이 아래로 툭 떨어뜨리다. ((좌절, 낙담 등에 수반되는 동작)) 유 one's hands fall to one's sides / one's ARMs drop to one's sides

"Yes, and then it's these things that cause the whites to say we're not worthy of first-class citizenship." "Ah…," he *dropped his hands to his sides* hard in frustration. ("우리 흑인들에게 이런 문제가 있기 때문에 백인들이 흑인에게 당당한 시민권을 인정받을 가치 따위는 없다고 말하는 거다."라고 말하자 그는 좌절하여 넓게 벌렸던 두 팔을 툭 떨어뜨렸다.) — J.H.Griffin

extend one's hand ➡ hold one's hand out

Across the littered coffee table, Sommers *extended his hand*. "It's a deal, Mr. Haylow…." 〔두 사람 사이에 합의가 이루어진 상황〕 ("그렇게 합시다."라며 소머즈가 어질러진 테이블 너머로 손을 내밀어 악수를 청했다.) — H.V. Slyke

one's hands fall to one's sides ➡ drop one's hands to one's sides

Patrick let go of his wife, *his hands falling to his sides*. "I'm sorry," he said stonily. (패트릭은 아내를 잡았던 손을 거두어 힘없이 늘어뜨린다. 그는 "미안해."라며 굳은 표정으로 말했다.) — J.McNaught

flap one's hand ➡ flip one's hand

Jerry *flapped his hand* in a deprecating way. "Actually I haven't been able to do anything yet…." (제리는 상대가 감사의 말을 전하자 이를 사양하듯 손을 가볍게 내저으며, 사실 아직 아무것도 한 것이 없지 않다고 말했다.) — R. Macdonald: 3

"What about this woman, Olga…?" His expression turned even more sour. "She wishes to marry me. On the day before I die, I may let her—but not one minute sooner." He *flapped his hand*. (올가는 어떻냐고 묻자 그는 조금 더 떨떠름한 표정을 지었다. 그러고는 "그녀는 나와의 결혼을 바라고 있기 때문에 곤란해. 내가 죽기 직전에나 그 소원을 이뤄 줄 수 있을까. 그 전에는 절대 안 돼."라고 말하더니 손을 휘휘 저으며 퇴짜 놓는 시늉을 했다.) — A.Hyde

flap one's hands 양손을 좌우로 휘휘 젓다. ((허둥지둥하거나 곤혹스러울 때; '하지 마', '됐어' 등과 함께 당황스러움을 나타내는 동작 등))

Emmy laid a hand against his forehead. "No fever." she confirmed. Caruso *flapped both hands* at her. "Do not fuss so!…" (에미가 혹시 열나는 것 아니냐며 카루소의 이마를 만지자 그는 그녀를 향해 양손을 휘휘 내저으며 "호들갑 떨지 마."라고 말했다.) — B.Paul: 2

flip one's hand 손을 휘휘 내젓다. ((' 됐어', '그만해' 등을 의미하는 제지, 부정의 신호; 거절의 몸짓; 동의할 수 없을 때; 말로는 제대로 표현하기 힘들 때; 가볍고 격의 없는 인사; 그 외 손을 휙 움직이는 일반적인 동작-팔꿈치를 굽힌 상태에서 손에 힘을 빼고 손목을 이용하여 하는 동작)) 유 circle one's hand / flap one's hand / make a flutter with one's hand / make an impatient gesture with one's hand / flip one's WRIST

"… Now that he knows I'm alive, he'll track me down here." "Not if we call the police." He smiled. "I can hardly do that." I *flipped my hand*. "It was a long time ago, Mr. Brightman…" (브라이트먼은 어두운 과거를 지니고 있고, 현재 거처가 밝혀져 살해당할지도 모르는 위험에 처해 있다. 그는 경찰의 도움은 받을 수 없을 거라고 말한다. 이를 듣고 나는 부정하듯 손을 내저으며 사건에 연관되었던 것은 벌써 오래전 이야기가 아니냐고 말한다.) — A.Hyde

Jimmy Lake *flipped a hand* at Nigel, then resumed his trance like brooding over the photographs. (지미 레이크는 방에 들어온 나이젤에게 손을 가볍게 흔들어 인사를 건네고는 이내 무언가에 홀린 듯 음울하게 그 사진에 정신을 팔기 시작했다.) — N.Blake

one's hand flies to one's cheek [mouth, throat, etc.] / one's hands fly to one's cheeks [mouth, throat, etc.] 손을 뺨(입, 목 등)으로 가져가다. ((일정한 감정에 수반하여 반사적으로 행하는 자기 접촉 동작)) 유 put one's hand(s) (up) to one's face

"Hullo, Harriet, darling," said Simmon. "Simm! Oh, my God," whispered Harriet. "What are you doing here?" *Her hand flew to her cheek*. (자신을 버리고 떠나 소식이 없던 남자가 돌연 나타난 상황이다. 사이먼이 말을 걸자 흠칫 놀란 해리엇은 도대체 여기서 뭐 하는 거냐고 물으며 저도 모르게 손을 뺨에 가져갔다.) — J.Cooper

"Which murder are you talking about?" She opened her mouth. *The hand flew up to cover it*. She forced her hand down to her side and stood very still. (그녀가 무심코 살인 사건에 대해 떠벌이자 탐정이 어떤 살인 사건 얘기를 하는 거냐고 되물었다. 그녀는 대답하려는 듯 입을 열다 퍼뜩 정신을 차리고 저도 모르게 손을 재빨리 입가로 가져갔다. 그러고는 서둘러 팔을 억지로

떨어뜨리고는 꼼짝 않고 가만히 서 있었다.) — R.Macdonald: 7

"Can we see him?" Jason asked. "Yes, but I must warn you both not to do or say anything to upset him." Victoria's *hand flew to her throat*. "He isn't—isn't going to die, is he, Dr. Worthing?" (허겁지겁 달려 온 제이슨과 빅토리아에게 의사는 환자를 자극할 만한 언동을 삼가 달라고 주의를 주었다. 빅토리아는 깜짝 놀라 그 정도로 위중하냐며 손을 무심코 목께로 가져갔다.) — J.McNaught

★ NB: 몸 일부에 손을 가져다 대는 동작을 나타낼 때 사용하는 영어 표현 중 가장 중립적인 표현은 〈주어+put+one's hand(s)+전치사+신체 각 부분 명칭〉이다. 다만 저도 모르게(in spite of oneself) 몸이 먼저 반사적으로 움직였음을 강조하고 싶을 때는 one's hand(s)를 주어로 두고 동사 fly를 사용하는 경우가 종종 있다. fly에는 손이 순간적으로 움직인다는 의미가 내포되어 있다. fly 대신에 go를 사용하는 경우도 있다.

She had paled perceptibly···. *One hand went to her throat* and her mouth opened, saying my name in a choked voice, "Lee···" (그녀는 눈에 띄게 창백해졌다. 그녀의 손은 목 언저리로 향했고 입을 다물지 못한 채 쥐어짜는 듯한 목소리로 내 이름을 불렀다.) — M. Mackie

fold one's hands (before [in front of] one) ➡ hold one's hands (before one)

At the curtain calls, however, Pavarotti was humility itself, bowing to the audience with *hands folded in front of him* like a bashful schoolboy. 〔처음으로 오페라 감독을 맡은 이탈리아의 성악가 파바로티에 관한 기사〕 (초연하던 날 커튼콜을 받고 무대에 나타난 그는 겸손 그 자체였다. 마치 부끄러움을 타는 초등학생처럼 두 손을 몸 앞에 얌전히 모으고 관객에게 고개 숙여 인사했다.) — *Time*, 1989

fold one's hands in front of one's face 두 손을 얼굴 앞에서 맞잡다. 《생각에 잠길 때 등-팔꿈치를 괸 상태에서》 유 clasp one's hands under one's chin

He *folded his hands in front of his face*, wondering how much he might say. (그는 두 손을 얼굴 앞에 모으고 어느 정도로 말을 할까 생각했다.) — S.Stein

fold one's hands (in [on] one's lap) ➡ hold one's hands (in one's lap)

He seated himself, carefully crossed his long legs and *folded his hands in his lap*. 〔중역 후보가 사장과 면담하는 장면〕 (그는 자리에 앉아 긴 다리를 조심스럽게 꼬고 손도 예의 바르게 무릎 위에 포개어 놓았다.) — T.H.White

Gracefully, but firmly, *her* tightly *folded hands* the only sign of nervousness, she easily fielded the grounders. 〔미국에서 여성 최초로 대법원 판사에 임명된 코너의 기자회견 스케치〕 (코너는 야구로 치면 땅볼에 가까운 질문을 너끈히 잘 받아냈다. 그녀의 태도는 우아하면서도 똑 부러졌다. 그녀에게서 긴장이 엿보이는 곳은 무릎 위에서 단단히 잡고 있는 손뿐이었다.) — *Time*, 1981

fold one's hands on [over] one's stomach ➡ cross one's hands on one's stomach

---

Lanigan leaned back in his seat and *folded his hands over his belly*, obviously much pleased with himself. (라니건은 의자에 등을 기댄 채 배 위에 두 손을 깍지 껴 올렸다. 아주 만족스러운 듯한 모습이었다.) — H.Kemelman: 3

gather someone's hands in one's ➡ take someone's hands in one's

---

He *gathered her hands in his*, held them clasped against his breast. (그는 그녀의 손을 자신의 손으로 부드럽게 감싸 꼭 쥐고는 자신의 가슴으로 가져다 댔다.) — G.Heyer: 3

get one's hands on someone 타인을 붙들다. ((거칠게 타인을 붙잡거나 닦달하는 것을 의미하는 관용구))

She was a very good judge of people…. And she did not like Lloyd Stark. She said she'd just like to *get her hands on* Lloyd, and there were times when I would not mind if she could have. (그녀에게는 사람을 보는 눈이 있다. 그런 그녀가 로이드 스타크를 싫어해서 예전에 한 번 그에게 호되게 맛을 보여 주고 싶었다고 말했다. 사실은 나도 그녀가 그렇게 했다면 좋았겠다고 생각하던 때가 있었다.) — M.Miller

give someone the back of one's hand 손등으로 따귀를 때리다. ((실제 행위보다는 "I'll give you…." 식의 표현으로 위협하는 문구로 사용될 때가 많다.))

"I'll *give you the back of my hand* if I catch you stealing apples again," Mrs. David shouted at the fleeing boy. (사과를 훔쳐 달아나는 소년을 향해 데이비드 부인은 "다음에 또 걸리면 따귀를 갈겨 줄 거야." 하고 소리쳤다.) — L.Levi

give someone one's hand ➡ hold one's hand out

He came to the foot of the stairs to meet them, *giving his hand* first to his cousin, but Anne knew that his eyes were upon her. (그는 사촌 형제에게 인사하기 위해 계단 아래까지 다가가 그들에게 손을 내밀었다. 그러나 앤은 그의 눈이 온통 자신에게 쏠려 있다는 것을 알아챘다.) — C.Rossiter

give someone one's hands ➡ hold one's hands out

"Jason, lovely to see you." Sandy *gave* Jason *both her hands*, but did not proffer her cheek. (샌디는 제이슨에게 만나서 반갑다고 인사를 하며 두 손을 내밀었지만 볼은 내밀지 않았다.) — J.Symons

give someone a hand to his feet 일어나려고 하는 상대방에게 손을 빌려 주다. 《의례적 행동》

He *gave her a hand to her feet*, holding on to it for a moment as though reluctant to let her out of sight. (그녀가 자리에서 일어나려고 하자 그는 그녀에게 손을 빌려 주었다. 그러고는 이대로 그녀를 시야에서 벗어나게 하고 싶지 않은 듯 잠시 손을 잡고 놓지 않았다.) — K.Thorpe: 2

grab (at) someone's hand 와락 상대의 손을 잡다. 유 clutch (at) someone's hand

"Lieutenant O'Halloran! You are here!" He *grabbed* O'Halloran'*s hand* and pumped it up and down···. (그는 찾고 있던 오 할로런 경감의 모습을 발견하고 여기에 있었냐는 듯 그의 손을 꽉 쥐고 위아래로 마구 흔들며 요란하게 악수를 했다.) — B.Paul: 2

grip one's hands ➡ clasp one's hands (together)

She put the glass down and sat back. She hid her hands under the table and *gripped them* together to steady them. 〔상사와 심각한 대화를 나누는 상황〕 (그녀는 들고 있던 잔을 내려놓고 의자에 걸터앉았다. 떨리는 손을 테이블 아래에 감추고 진정하려는 듯 주먹을 꽉 쥐었다.) — E.Anthony: 3

grip one's hand [hands] into a fist [fists] ➡ clench one's hand(s)

The very position she took up, sitting forward, stiff-backed with *her hands gripped into fists*, portrayed the antagonist instead of the colleague. (그녀가 고른 자리는 바로 그의 맞은편 자리였다. 그녀는 등줄기를

꼿꼿하게 펴고 앉아 두 손을 꽉 주먹을 쥐고 있었는데, 동료가 아닌 적을 마주한 듯한 모습이었다.) — E. Anthony: 3

hand in hand 서로 손을 잡고 《친밀한 접촉 동작》 유 hold hands

The music stopped; *hand in hand*, Charlie and I wandered back to our table. (음악이 멈추자 찰리와 나는 손을 잡고 우리 자리로 어슬렁어슬렁 돌아왔다.) — J. Cooper: 5

one's **hands hang** at [by] one's **sides** 두 팔을 양 옆으로 늘어뜨리다. 《무기력, 허탈함, 피로 등으로 인해; 긴장감의 해소, 자연스러운 자세, 아무렇지도 않은 태도 등》

George Haredon stood, watching them, *his* great *hands hanging* helplessly *at his sides*. 〔관심 있는 아가씨에게 이미 동행이 있는 상황〕 (조지 헤어던은 두 팔을 늘어뜨리고 어찌해 볼 도리가 없다는 듯 그들을 바라보며 서 있었다.) — J. Plaidy

"Do you have much experience with these··· kinds of procedures?" I pushed on. He let *his hands hang* loose *by his sides* and stared at me. "What is it, miss?" he asked. "Are you scared, is that it?" (내가 이런 일(=낙태)에 경험이 있는지 묻자 그는 으름장을 놓는 듯 두 팔을 옆으로 늘어뜨리고 나의 얼굴을 빤히 쳐다보며 "뭐야? 겁나는 거야?"라고 물었다.) — S. Streshinsky

★ NB: stand with one's hands [arms] hanging at one's sides는 어깨에 힘을 빼고 두 팔을 늘어뜨리고 서 있는 모습을 가리킨다. 이 경우 팔이 늘어진 상태, 발이 벌어진 정도, 얼굴 표정 등에 따라 자신만만한 모습이 되기도 하고, 반대로 기운이 쭉 빠진 무기력한 모습이 되기도 한다. 전자의 자신감 있는 팔은 hang loose(ly)로, 후자의 힘 빠진 팔은 hang limply로 상태부사를 다르게 사용하여 표현한다.
손을 옆으로 늘어뜨리고 서 있는 모습은 두 손을 주먹을 꽉 쥐고 서 있는 모습과 대조를 이룬다. 이러한 자세, 즉 힘을 뺀 자연스러운 모습으로 사람을 대하려면 나름의 자신감이 필요하기 때문에 이는 강인함을 나타내는 자세로도 여겨진다. 미국의 이미지 메이킹 전문가 J. T. Molloy는 이 자세를 power stance라 일컬으며 상대방에게 강한 인상을 심어 주는 데 가장 효과적인 포즈라고 했다(*Time*, 1985).

one's **hands hang between** one's **knees** 무릎 사이로 팔을 축 늘어뜨리다. 《피로, 탈진, 패배 등으로 인해; 긴장감 없이 앉아 있는 자세》

On one end, alone, with quite a space between him and the nearest player, Romero sat, bent over, staring at *his hands hanging* loosely *between his knees* and never looking at the field, as though he had no connection with what was happening there. (다른 선수들과 멀찍이 떨어져 벤치 끝에 혼자 앉은 로메로는 몸을 구부린 채 무릎 사이로 늘어뜨린 팔만 쳐다보고 있었다. 마치 그라운드에서 진행 중인 경기와 자기는 아무 상관없다는 듯한 모습이었다.) — I. Shaw: 3

hang on someone's hand 타인의 팔에 매달리다. ((여성이 남성에게, 아이가 부모 등 어른에게 어리광을 피울 때 하는 친밀한 접촉 동작)) 유 cling to someone's hand / hold on to someone's hand / hang on someone's ARM

Young Chris always rushed out to meet him and *hung on his hand*…. 〔어머니가 돌아가신 후 아이가 지인에게 맡겨진 상황〕 (어린 크리스는 언제나 그를 맞으러 달려 나가 그 팔에 매달렸다.) — M. Way: 2

★ NB: hang on…과 hang on to…는 모두 무언가에 매달린다는 뜻을 가진 표현이나 전자와 달리 후자에는 절대 놓치지 않을 정도로 꽉 붙잡는다는 의미가 있다. 따라서 아이가 어머니에게 어리광을 부리며 손을 꽉 붙들고 엉겨 붙는 모습을 가리키는 표현은 "The child hung on his mother's hand."가 맞으나, 밤길이 무서워서 어머니의 손을 꽉 잡는 상황이라면 hang on to…가 더 적합하다.

have one's hand out 손을 내밀다. 손을 벌리다. ((돈을 받기 위해; 돈을 밝히는 모습을 의미하는 비유 표현)) 유 hold one's hand out / hold one's hand out, palm up (1)

"When I was broke I just went out and robbed some more. We ran everything. We paid the lawyers. We paid the cops. Everybody *had their hands out*." 〔미국 갱 일당의 밀고 내용을 보도하는 기사〕 ("나는 돈이 궁하면 냉큼 강도짓을 했다. 우리들은 무엇이든 했다. 변호사나 경찰들에게도 돈을 주었다. 모두들 돈을 받겠다고 손을 내밀었다.") — *Time*, 1986

About this getting rich in politics…. There were fellas who *had their hands out* for crooked money. (정치로 돈을 모아 부자가 되겠다는 이야기…. 세상에는 더러운 돈에 손을 벌리는 녀석들이 있다.) — M. Miller

hold someone's hand 상대방의 손을 잡다. ((우호적인 접촉 동작; 어려운 처지에 놓인 상대를 격려하거나 기운을 북돋우는 것을 뜻하는 비유 표현))

He walked out of the room, *holding* the child'*s hand* and not looking at the woman once. (그는 아이의 손을 잡고 방을 나서면서 그 엄마에게는 눈길도 한번 주지 않았다.) — F. H. Burnett

In the winner's circle, she had given him a congratulatory handshake, and he *held her hand* for an extra few seconds. (우승마 표창식장에서 우승마의 여성 마주가 기수에게 축하의 악수를 건네자 그는 그녀의 손을 몇 초 동안 잡고 있었다.) — R.Lawrence

"It's my job to look after Jilly's needs, not play the devoted wife and *hold your hand*." He smiled, closing the gap between them. "*Hold my hand*. Yes, it's a long time since we did that, isn't it?" He moved to her side and his left hand found her right one. ("내가 해야 할 일은 어린 질리를 돌보는 것이지 헌신적인 아내 놀음을 하며 당신의 손을 붙잡아 주는 것이 아니야."라고 말하자 그는 두 사람 사이의 간극을 메우려는 듯 웃음을 지었다. 그러고는 "내 손을 잡아 줘. 우리 서로 손 잡은 지도 오래됐지?"라고 말하며 옆으로 다가가 그녀의 오른손을 잡았다.) — L.Peake: 4

hold hands 서로 손을 잡다. 《친애의 감정을 담은 친밀한 접촉 동작》 유 hand in hand

He and Abby *held hands* all night and he kept kissing her when they danced. (댄스 파티에서 그와 애비는 밤새도록 서로의 손을 놓지 않았고, 춤을 추는 동안 그는 그녀에게 연신 키스를 했다.) — M.H.Clark: 1

Julie strips away the image of her mother as "Plastic Pat" to show a woman who *held hands* with her husband in White House receiving lines when she thought no one was looking…. 〔닉슨 대통령의 딸 줄리가 자기 가족에 대해 쓴 책의 소개 기사〕 (줄리는 '플라스틱 팻'이라는 별명이 무색할 만큼 인간미 넘치는 어머니의 모습 중 하나로 백악관 리셉션에서 손님을 맞이하는 남편과 나란히 서서 아무도 보지 않는다고 생각하고 남편의 손을 꼭 잡는 모습을 그리고 있다.) — *Time*, 1986

hold one's hands apart 두 손을 마주보게 하여 간격을 벌려 보이다. 《사물의 크기를 보여 주는 예시 동작》

"How big are they?" Belina *held her hands* about two feet *apart*. "The twins were this big when they were a day old." She thought again, and narrowed the distance. "Well, perhaps, this big." (막 태어난 쌍둥이가 얼마큼 크냐는 질문에 벨리나는 "태어난 지 하루째 되던 날은 이 정도였어."라며 두 손을 60센티미터 정도 벌려 보였다가 다시 생각을 바꾸어 "아니, 이 정도였어."라며 좀 줄였다.) — K.Follett: 3

hold one's hands (before [in front of] one) 몸의 앞쪽에 양손을 포개어 놓다. 《서 있을 때 예의 바른 손 모양》 유 cross one's hands / fold one's hands (before one)

The man who had measured me was standing at the bottom, smiling and *holding his hands* together *in front of him*. (나에게 치수를 재어 달라고 했던 남자는 웃으며 두 손을 몸 앞쪽에 얌전히 포개어 놓은 채 계단 아래에 서 있었다.) — C.Webb

hold one's hands (in [on] one's lap) 무릎 위에 두 손을 포개어 놓다. 《앉았을 때 예의 바르게 손을 두는 방법》 유 clasp one's hands (together) / cross one's hands / cup one's hands in one's lap / fold one's hands (in [on] one's lap)

hold one's hands in [on] one's lap

Janet sat down opposite the two men, *holding her hands* demurely *in her lap*. (자넷은 두 남자의 건너편에 무릎 위에 두 손을 포개어 놓고 앉았다.) — A.Neville

★ **영일비교** hold [cross, fold] one's hands in [on] one's lap은 어느 것이나 demurely, primly 등의 부사가 종종 곁들여질 만큼 영미 사회에서 예의 바르게 손을 놓는 방법을 가리키는 전형적인 동작이다. 다른 사람 앞에서 볼썽사납게 허둥대는 손을 보이지 않도록 두 손을 맞잡아 두는 것이 바람직하다는 배려에서 나온 것이라고 할 수 있다.

이런 손 모양은 예의상 나무랄 데 없는 것으로 간주되지만 인물의 기호 표현으로는 꼭 긍정적으로 평가되지는 않는다. 앉아 있을 때는 무릎 위, 서 있을 때는 몸 앞에서 손을 맞잡는 이 자세에서 사회적, 심리적으로 자신의 처지를 방어하려는 요소가 배어 나오기 때문이다. 사람을 꾸밈없이 자연스럽게 대하는 것을 바람직하다고 보는 영미권에서는 이러한 손 모양이 자신감이 결여된 태도나 상대가 감싸 주기를 기대하는 태도를 나타낸다는 평가를 받기도 한다(Sorell, 1973). 또 일종의 욕구불만, 비개방적

성향을 나타낸다고 해석하기도 한다(Nierenberg & Calero, 1971).

한편 일본에서는 남성이 바른 자세로 앉을 때는 두 손을 맞잡지 않고 각각의 손을 가볍게 쥔 채 무릎 위에 얹는 것이 기본이다. 여성은 쭉 뻗은 손을 손바닥을 아래로 향하게 해서 무릎 위에 얹고 두 손끝을 겹치는 것이 예의 바른 모습으로 여겨진다. 이러한 손 모양의 원형은 다회에 참가한 사람들이 무릎 위에 얹은 손 모양에서 찾을 수 있다. 이러한 전통적인 손 모양을 바탕으로 일본 소설에서는 손으로 예의 바름을 나타낼 때 '손을 무릎 위에 얹다', '무릎 위에 손을 겹치다'라고 표현한다. '양손을 맞잡다', '양손을 맞쥐다'라는 표현이 쓰일 때는 오히려 적은데, 이 표현이 쓰일 때는 긴장, 조마조마한 심정 등 영어의 clasp one's hands tightly에 가까운 의미를 띤다. 또 이렇게 예의 바른 손 모양을 하는 것은 보통 종적 인간관계에서 하위에 있는 사람이고 그러한 경우에 한해 겸허함, 성실함, 고상함과 같은 긍정적인 기호 표현으로 그려진다.

hold one's hand [hands] in one's pocket [pockets] with the thumb [thumbs] sticking out 엄지손가락만 밖으로 나오게끔 손을 주머니에 찔러 넣다.

hold one's hands in one's pockets with the thumbs sticking out

Gary Hart has brushed back his hair with the same gesture that Kennedy used, walked with the same gait, *held his hand in his jacket pocket with the thumb sticking out*, just as JFK did. 〔미국 민주당 대통령 후보인 게리 하트의 행동이 케네디를 베낀 것이라고 지적한 기사〕 (게리 하트는 머리를 쓸어 넘기는 손짓, 걸음걸이, 상의 주머니에 손을 찔러 넣을 때 엄지손가락을 밖으로 나오게끔 하는 것까지 케네디가 했던 그대로다.) — *Time*, 1987

★ NB: 주머니에 손을 넣을 때 엄지만 밖으로 빼는 동작은 thumb이라는 힘의 상징을 다른 이들에게 보여 주는(thumb-display) 행동으로, 자신이 위라는 것을 의식하는 권위 의식과 자신감이 가득한 동작이라 한다(Nierenberg & Calero, 1971; Pease, 1984).

한편 주머니에 손을 넣는 동작은 일반적으로 불안한 감정일 때 나오는 경우가 많은데, 그중에서 엄지만 밖으로 빼는 이 동작은 그럼에도 불구하고 세상에 대한 도전 의식과 공격적인 의지를 드러내려는 것이라는 해석도 있다(Sorrel, 1973).

hold one's hand out **한 손을 내밀다. 《악수를 하기 위해; 물건을 받기 위해; 그 외 한 손을 내미는 일반적인 동작》** 유 extend one's hand / give someone one's hand / have one's hand out / hold one's hand out, palm down [downward] / hold one's hand out, palm up [upward] (1) / offer one's hand / put one's hand out / stick one's hand out

---

"Glad to know you," he said. He *held out his hand*, which I shook. (그는 "알게 되어 반갑습니다."라고 인사하며 손을 내밀었다. 나는 그의 손을 잡고 악수했다.) — D.Francis: 3

He *held out his hand*. "Well, Mrs. Peters, it would seem I have a great deal to thank you for." Ignoring the outstretched hand, she disclaimed, "I only did what anyone else would have done." (그는 위급한 상황에서 도움을 준 피터스 부인에게 감사의 뜻을 표하기 위해 손을 내밀어 악수를 청했으나 부인은 아무나 할 수 있는 일을 했을 뿐이라며 그가 내민 손을 잡지 않으려 했다.) — S.Field

★ NB: hold one's hand out은 '손을 내미는' 동작을 있는 그대로 표현한 동사구다. 이 표현은 손을 앞으로 내미는 것뿐만 아니라, 옆으로 내밀거나 뒤로 내미는 등 손을 몸에서 멀리 내미는(move away your hand from your body) 동작 전반에 사용할 수 있다. put one's hand out도 마찬가지로 '손을 내미는' 행동을 표현한 동사구지만 원칙적으로 손을 앞으로 내미는(move your hand forward from your body) 경우에만 사용할 수 있다(*COBUILD*).
한편 extend one's hand; give someone one's hand; hold one's hand out, palm down [downward]; offer one's hand는 주로 악수를 하기 위해 손을 내미는 경우에, have one's hand out; hold one's hand out, palm up [upward]은 주로 물건을 받기 위해 손을 내미는 경우에 사용된다.

hold one's hands out **두 손을 내밀다. 《두 손으로 악수를 하기 위해; 한 손으로는 받을 수 없는 물건을 받기 위해; 그 외 두 손을 내미는 일반적인 동작》** 유 give someone one's hands / put one's hands out 참 hold one's ARMs out

---

"James," she said, *holding out both her hands*, "it's been too long." "You're looking lovely, Mousie," said James, taking her hands and holding them a little too long. (오랜만에 찾아온 제임스를 환영하며 그녀는 양손을 앞으로 내밀었다. 그는 인사치고는 꽤 긴 시간 그녀의 손을 잡고 "넌 참 예

hold one's hands out

뻐."라고 말했다.) — J.Cooper: 1

★ NB: hold one's arms out은 '품에 안기다(포옹)'를 의미하는 동작으로, 상대방의 몸을 안을 수 있을 정도로 두 팔을 넓게 벌리고 팔꿈치를 편 상태에서 팔을 내민다. 이에 비해 hold one's hands out은 '손을 잡다'를 의미하는 동작으로, 두 팔을 어깨 넓이 정도로 벌리고 팔꿈치를 약간 굽혀 손을 내민다.
사람을 만났을 때 양손을 내미는 동작은 오랜만에 만났을 때, 감격적인 상봉의 순간, 불행이나 역경을 경험한 상대에게 동정, 위로 등의 감정을 표출할 때 주로 여성들 사이에서 나타난다(Nierenberg & Calero, 1971).

hold one's hand out in a kiss-my-ring gesture ➡ hold one's hand out, palm down (1)

Neither woman rose to greet the visitors. "Mrs. Martland?" Delaney asked pleasantly. "I," the older woman said, "am Dora Martland." She *held out her hand in a kiss-my-ring gesture*. (두 여인은 방문자를 맞이하기 위해 굳이 일어서려 하지 않았다. 딜레이니 경감이 "마틀랜드 부인은요?"라고 예의를 갖춰 묻자, 나이가 많은 쪽이 "내가 도라 마틀랜드요."라며 손을 잡는 걸 허락한다는 듯 손등을 위로 올린 상태로 한 손을 내밀었다.) — L.Sanders: 2

hold one's hand out, palm down [downward] (1) 손바닥을 아래로 향한 상태로 한 손을 내밀다. 《자신이 우위에 있다는 것을 의식하며 손을 내미는 모습》 유 hold one's hand out / hold one's hand out in a kiss-my-ring gesture

Aria *held out her hand* to the woman, *palm downward*. Through some basic instinct that years of American freedom had not erased, the woman took Aria's fingertips, then half curtsied. 〔왕족 아리아가 변

hold one's hand out, palm downward

장한 채 미국에서 쇼핑을 즐기는 상황] (아리아는 품위 있게 손바닥을 아래로 하여 여주인에게 손을 내밀었다. 그 여주인은 자유의 나라 미국에서 산 지 벌써 몇 년이나 되었지만 아직 다 지워지지 않고 남아 있는 본능 때문에 반사적으로 그녀의 손끝을 잡고 무릎을 굽혀 경의를 표했다.) — J. Deveraux

★ NB: 과거 서구 사회가 확실한 계급 사회였을 무렵, 신분에 차이가 있는 사람들 간에는 인사를 할지 말지 선택권을 가진 상위 계급 쪽에서 먼저 손을 내미는 것이 관례였다. 또 상위 계급자가 "내 손을 잡는 영예를 내리노라." 하는 뉘앙스로, 손등을 위로 하고 손을 내밀면 하위 계급자는 이를 공손히 받들며 무릎을 굽히고는 고개를 숙이거나 손에 키스를 하여 경의를 나타냈다.
그러나 오늘날에는 악수의 주도권을 여성이나 연장자가 갖고 있을 뿐, 악수를 하는 방법을 통해 신분의 차이를 드러내는 경우는 거의 없다. 그러나 세세한 곳까지 살펴보면 미묘한 차이가 있다는 지적도 있다. 보통 동등한 사람들이 악수를 할 때는 손바닥을 수직으로 펴서 상대의 손을 마주 잡는다. 이에 비해 상대보다 지위가 높거나 상대를 뜻대로 제어할 수 있다고 자부하는 사람은 무의식적으로 손등을 위로 하여 내미는 경우가 많고, 반대로 상대의 뜻을 따라야 하거나 지위가 아래인 사람은 손바닥을 약간 위로 하여 내미는 경향이 있다는 연구 결과가 있다(Pease, 1984).

hold one's hand out, palm down [downward] (2) 손바닥을 아래로 하여 한 손을 내밀다. 《키 등 높이를 예시할 때의 동작》

"Russell's only this big," she said, *holding her hand out, palm down,* two feet from the floor. ("러셀의 키는 대략 이 정도야."라고 말하며 그녀는 바닥에서 60센티미터 정도 높이로 한쪽 손을 들어 보였다.) — R. Baker

hold one's hand out, palm up [upward] (1) 손바닥을 위로 하여 한쪽 손을 앞으로 내밀다. 《물건을 받을 때; 물건을 빨리 달라고 재촉할 때》 유 hold one's hand out / have one's hand out

He *held out his* brown *hand with the palm upward*. I gave him the sheaf of bills. (그는 손바닥을 위로 하여 손을 내밀며 돈을 달라는 시늉을 했다. 나는 그에게 돈다발을 건넸다.) — R. Macdonald: 3

★ **영일비교** 일본에서도 용돈이나 심부름 값 따위를 조르다시피 요구할 때 손바닥을 위로 해서 한쪽 손을 내민다. 때로는 다소 농담조로 두 손의 손바닥을 겹쳐 상대의 얼굴 앞으로 내밀기도 한다. 이것은 한 손일 때보다 저자세로 '조르는' 모양이 된다.
일본에서는 한 손에 다 들어가는 물건일지라도 공손하게 받을 때는 두 손으로 받는 것을 예의로 여기는데, 이는 두 손으로 받는 관습이 반영된 것이다. 이와 같은 관습이 없는 영미권에서는 아이들이 '조를' 때 두 손을 내밀면 많이 받기를 바라는 몸짓으로 여겨 어머니가 "Don't be so greedy."라고 타이른다.

hold one's hand out, palm up

hold one's hand [hands] out, palm [palms] up [upward] (2)

손바닥을 위로 하여 양손을 으쓱하며 올리다. 《'어쩔 수 없다', '방법이 없다', '잘 모르겠다' 등을 나타내는 동작-팔꿈치를 굽힌 상태에서》 **유** spread one's hands / turn one's hand(s) out / open one's PALMs

"What's your interpretation of this?" Dr. Haraki *held out his hands, palms up*, and shook his round head. (하라키 박사는 "당신은 이 현상을 어떻게 해석하느냐?"는 질문에 전혀 모르겠다는 듯 둥그런 머리를 가로저으며 손바닥을 위로 하여 양손을 좌우로 펼쳐 보였다.) — A. Lurie: 2

hold one's hand up ➡ raise one's hand

His employer eyed him sternly. "I won't worry, long as you lay off the juice." The service manager *held up a hand*. "Not a teaspoonful till this is over. I promise." (상사가 "자네가 술을 마시지 않는다면 걱정하지 않을 거야."라고 하자 서비스 매니저는 한 손을 올리며 "일이 완료될 때까지는 한 잔도 입에 대지 않겠습니다."라고 금주를 맹세했다.) — A. Hailey: 7

"Essie, you're talking nonsense," said Abe. Charles Wilmont *held up his hand*. "Hold on, let her finish," he said. ("에시, 네 말은 말도 안 되는 소리야."라고 아베가 그녀의 말을 가로막자, 찰스 윌몬트는 손을 올려 이를 제지하며 그녀에게 "끝까지 얘기해 봐."라고 말했다.) — S. Birmingham: 1

He *holds up his hand*, palm toward me, in a Hollywood redskin gesture. "Friend." 〔솔직한 조언을 한 뒤 기분을 풀어 주려는 행동〕 (할리우드 영화에 나오는 인디언처럼 그는 우정의 신호로 한 손을 들어 손바닥을 내 쪽으로 향해 보였다.) — S. Barstow

hold one's hands up ➡ raise one's hands

"All right. You know me better than I know myself. Yes, I hate to see the old man like that, can't bear people who're ill, detest hospital visiting, you know it all." He *held up his hands* in mock surrender. "Bad behavior, yes. I'll see him next week." 〔입원 중인 숙부께 오랫동안 가 보지 않은 그가 사촌 형제에게 싫은 소리를 들은 상황〕 (그는 "내가 노인도 싫어하고 환자도, 환자 병문안도 싫어하는 걸 너도 알고 있잖아."라고 인정하고는 두 손을 들어 올려 항복의 몸짓을 해 보이며 다음 주에 병문안을 가겠다고 약속했다.) — J. Symons

On the way out, he stopped in front of a couple of boys. Ali began to shadowbox with them…. The boys *held up their hands* and backed off. (무하마드 알리는 회장을 나서던 도중 두 명의 소년을 앞에 두고 섀도 복싱을 시작했다. 소년들은 자신들은 적수가 못 된다는 듯 두 손을 번쩍 들고는 움찔 물러섰다.) — B. Greene

hold on to someone's hand ➡ hang on someone's hand

Cindy's mother was still *holding on to her hand*. "Darling, thank you for coming so quickly…." 〔딸이 아버지가 아프다는 소식을 듣고 달려온 상황〕 (어머니는 신디의 손을 꽉 잡고 "빨리 와 줘서 고맙구나."라고 말하며 좀처럼 손을 놓지 않았다.) — C. Jameson

kiss someone's hand 남성이 여성의 손에 키스하다. ((여성에게 행하는 의례적인 경의의 표현))

Bas was about five inches taller than Tony and decidedly attractive in a sleek, wicked, Latin way. He *kissed* Maud'*s hand*, then turned it over and buried his lips in her wrist. (바스는 형 토니보다 키가 크고 라틴계의 불량한 느낌이 굉장히 매력적인 멋쟁이다. 그는 모드의 손등에 키스를 하고는

손을 뒤집어 손목 안쪽에 입술을 묻었다.) — J.Cooper: 1

★ NB: hand-kiss는 여성이 인사를 나누고 싶은 남성에게 손을 내미는 것으로 시작된다. 보통은 손등을 위로 하고 손가락을 살짝 아래로 향한 상태로 오른손을 내민다. 그러면 남성은 상체를 가볍게 굽힌 상태에서 여성의 손을 공손히 받들고 입술을 가져다 대며 인사를 건넨다. 이때 실제로는 손등에 키스를 하지 않고 시늉만 하는 경우가 많다. 이 의례 행위는 본래 유럽의 궁정에서 왕이나 귀족들에게 경의를 표하기 위해 행해지던 것으로, 영국에서는 비교적 최근까지 여왕을 알현할 때, 관직을 임명받을 때 등 특정한 상황에 한하여 hand-kiss가 행해졌다. 요즘에는 왕족들도 일반적인 사회 관행을 따라 handshake를 사용하고 있으나, 신임 수상이 여왕을 최초로 알현하는 일은 아래의 예문에 나오는 것처럼 the kissing of hands라고 일컫는다.

Even before making the traditional visit to Queen Elizabeth at Buckingham Palace for the "kissing of hands," the new Prime Minister sternly warned factions on both Labor's left and right wings that he intended to maintain party unity at all costs. (노동당에서 선출된 신임 수상은 버킹엄 궁전에 가서 엘리자베스 여왕에게 인사를 하기에 앞서 당의 우파와 좌파에게 어떤 대가를 치르더라도 당을 통일 체제로 이끌어 나가겠다는 결의를 표명했다.) — *Time*, 1976

한편 일상에서는 이 동작이 친한 친구들 사이에서 부러 공손한 척하며 익살을 부리는 경우에 사용되곤 한다.

knead one's hands 양손을 맞잡고 주물럭대다. 《안절부절못할 때; 불안, 걱정 등 때문에》 **유** wring one's hands

Bathed in the bright glare of television lights, he squirms nervously, *kneading his hands* together tightly, his knuckles whitening. (TV 인터뷰 프로그램에 출연하여 강한 조명 아래서 짓궂은 질문 공세를 받던 그는 심기가 불편한 듯 마냥 머뭇거린다. 두 손을 맞잡고 주물럭대는데, 어찌나 힘을 꽉 주었는지 관절이 허옇게 보일 정도다.) — *Time*, 1981

lay one's hand in the crook of someone's **elbow** 상대의 팔꿈치 안쪽으로 손을 집어넣다. 《팔짱을 끼기 위해》 **유** tuck one's hand in (the crook of) someone's arm

Without pausing for any conversation, Tubby presented an elbow of the old school and Audrey *laid her hand in the crook of it*. They marched to the dining room in silence. (토비는 옛 관습에 따라 팔꿈치를 굽혀 내밀고, 오드리는 그의 팔꿈치 안으로 손을 넣고는 함께 아무 말 없이 식당으로 들어갔다.) — L.C.Douglas: 1

lay one's hand in the crook of someone's elbow

lay one's hand on [against] someone's arm [cheek, forehead, hand, knee, shoulder, etc.] 상대의 팔(뺨, 이마, 손, 무릎, 어깨 등)에 손을 대다. 《우호적인 접촉 동작》 유 place one's hand on someone's shoulder [knee, etc.] / put one's hand on someone's arm / put one's hand on someone's knee / pur one's hand(s) on someone's shoulder(s)

"I knew as soon as I saw you that my little girl had not exaggerated 'Uncle Joe's' kindness," declared Mrs. Dean, *laying a hand on his arm* and gently squeezing it. (딘 부인은 "'조 아저씨'가 친절한 사람이라는 딸의 말이 과장이 아니라는 것을 당신을 만나자마자 금세 알 수 있었어요."라며 그의 팔을 살포시 잡고 가볍게 힘을 주었다.) — G. Heyer: 7

I was silent. He *laid his hand on my arm*. "I'm afraid you are rather shocked…." (나는 할 말을 잃었다. 그는 나의 팔을 살그머니 잡으며 "많이 놀란 것 같아서…."라고 말했다.) — V. Holt: 7

"… Can you be ready to leave in a week? July fifth? My dear—" Victoria *laid her hand on* Katherine'*s cheek*—"forgive me if I seem a trifle autocratic." (빅토리아는 딸 캐서린에게 "일주일이면 여기서 떠날 준비가 될까?"라고 묻고는 딸의 얼굴에 손을 가져다 대며 "엄마가 너무 멋대로 구는 것 같다면 용서해 주렴."이라고 말했다.) — J. Michael: 1

Emmy *laid a hand against his forehead*. "No fever," she confirmed. (에미는 그의 이마에 손을 가져다 대며 "열은 없어." 하고 단호하게 말했다.) — B. Paul: 2

"Oh! Dr. Sheppard, let us go at once to this M. Poirot. He will find out the truth." "My dear Flora," I said gently, *laying my hand on hers*. "Are you quite sure it is the truth we want?" (플로라는 "명탐정 포와로에게 가서 사건의 진상을 밝혀 달라고 하겠어요."라고 하고, 셰퍼드 박사는 "정말 진실을 알고 싶은 겁니까?"라고 거듭 물으며 위로하듯 자신의 손을 그녀의 손 위에 포갰다.) — A.Christie: 5

She *laid her hand on his knee*. "Don't worry, you'll be safe…" 〔망명객이 신변의 위험을 느끼는 상황〕 (그녀는 그를 안심시키려는 듯 그의 무릎에 손을 얹으며 "괜찮습니다. 당신은 안전합니다."라고 말했다.) — E.Anthony: 1

I bent over him and *laid my hand on his shoulder*. "What is it, Father?" I asked him. He looked at me with those blue eyes which were full of tragedy. (아버지의 등 뒤에서 딸은 몸을 수그려 한 손을 그의 어깨에 올리고 "무슨 일 있어요, 아버지?"라고 물었다. 딸을 보는 아버지의 창백한 눈에는 슬픔이 가득했다.) — V.Holt: 7

★ NB: 타인의 신체 일부분에 손을 대는 동작은 〈put+one's hand+전치사+신체 명칭〉으로 표현하는 것이 가장 일반적이다. put 대신 lay가 쓰일 때는 손을 대는 방법에 '부드럽게', '상냥하게', '살며시', '조심스럽게' 등의 의미가 포함되는 경향이 있다. place가 쓰일 때는 손을 '의도적으로', '확실히', '신중하게' 놓는 경우가 많다.

lift one's hand ➡ raise one's hand

To get the attention of a waiter, it is customary to *lift a hand* or a finger in a summoning gesture. (웨이터의 주의를 끌기 위해서는 손 또는 손가락 하나를 높게 올리는 것이 일반적이다.) — A.Vanderbilts

He waved to her from the pavement, and she *lifted her hand* in reply. (그는 인도에서 손을 흔들고 그녀는 이에 화답하듯 한 손을 치켜들었다.) — C. Cookson: 1

"What you do in your spare time is your own business, Joe. Within limits, of course, and I needn't tell you what those limits are." "Have there been any complaints?" He *lifted his hand* as if warding off attack. "I don't mean that at all, Joe." ("여가 시간에 무엇을 하든 네 맘이지만 분명 한계는 있어. 그 한계가 어떤 건지 굳이 말할 필요는 없겠지."라고 주의를 주었다. 그러자 조는 내가 언제 불평이라도 했냐며 덤벼들었고, 나는 정색하고 덤비지 말라는 듯 손을 들어 그를 제지하며 "그런 뜻으로 얘기한 건 아니었어, 조."라고 말했다.) — J.Braine: 1

The clapping went on for a while. The poet *lifted his hand* as if in benediction and there was silence. "Thank you, friends," he said 〔시 낭독이 끝난 순간〕 (잠시 동안 박수가 끊이지 않았다. 시인이 청중들에게 마치 교회에서 축복 기도를 하는 것처럼 한 손을 높게 올리자 곧 주위가 조용해졌다. 그는 청중에게 감사의 말을 전했다.) — R.Macdonald: 7

★ NB: 기독교에서 축복 기도를 할 때 성직자는 손바닥이 신도들에게 향하도록 한쪽 팔을 쭉 뻗어 높이 들어 올린다. 위의 예문에서 손을 들어 올린 모습을 '축복 기도를 하는 것처럼'이라고 한 것은 손의 위치가 높고 엄숙해 보인다는 의미다.

lift one's hands ➡ raise one's hands

"I won't if you'll agree to come with me to Carmel…." Laughing, she *lifted her hands* in mock surrender. "I'll come…." (카멜까지 동행해 달라는 그의 억지 부탁에 그녀는 웃음을 짓더니 당신에게는 못 당하겠다는 듯 양손을 올리는 동작을 해 보이며 동행을 수락했다.) — J.Dailey: 2

A look of puzzlement came over the fellow's face. "Gawd Almighty," he said, *lifting his hands* to the heavens to express his amazement. (그는 당혹스러운 표정을 지으며 두 손을 하늘을 향해 높이 치켜들더니 "하느님 맙소사."라고 말하여 놀람을 나타냈다.) — *Time*, 1974

"They can't move the body until the coroner gets here," Mina *lifted her hands* in high woe. ("시신은 검시관이 올 때까지 여기서 움직일 수 없다."라고 말하며 미나는 비통하게 양손을 들어 올렸다.) — P.Horgan: 1

★ NB: 비통한 감정을 과장되게 표현하는 방법 중에는 주먹을 쥔 손을 머리 언저리까지 쳐드는 것도 있다.

lock one's hands ➡ clasp one's hands (together)

Leah, Emily, Marian and Meg hovered around Hennie, who sat without speaking. *Her hands were locked* tightly in her lap and her face was gray. (아무 말 없이 가만히 앉아 있는 헤니 근처에서 친구인 레아, 에밀리, 마리안, 메그가 갈팡질팡했다. 그녀의 두 손은 서로 깍지를 낀 채 무릎 위에 놓여 있었고 얼굴은 잿빛이었다.) — B.Plain: 2

lock one's hands behind one's back ➡ clasp one's hands behind one's back

"Why should you want to find her?" Charlotte turned her back and stood for a moment with *her hands locked* together *behind her back*. (샬럿은 "왜 그녀를 찾고 싶어 하느냐?"라는 질문을 받자 등을 홱 돌리고 양손을 뒤로 돌려 단단히 맞잡은 채 잠시 서 있었다.) — M. Way: 2

look down at one's hands 자신의 손을 내려다보다. ((부끄러움, 양심의 가책, 불안 등으로 인해 시선을 회피하는 것))

"I don't want you to give anything—I mean anything—away in court. ··· You *look down at your hands*. Try it. OK. That's good." "How long?" "When you get tired of *looking down at your hands*, look at the spot on the table. When you get tired of that, go back staring at your hands. I don't want the judge to see your face···." (법정에 소환당한 사람에게 미심쩍은 구석을 간파당하지 않는 방법을 전수하는 장면이다. 시선을 손 언저리에 두는 것이 무난하다며, 한번 해 보라고 한다. 얼마 동안이나 봐야 하는지를 묻자 "지겨워질 때까지 봐. 싫어지면 책상의 얼룩이라도 보고, 그게 또 지겨워지면 다시 또 손을 봐. 어쨌든 판사에게 얼굴을 보이지 마."라고 알려 준다.) — S. Stein

make a flutter with one's hand ➡ flip one's hand

"Mrs. Kyle," Susan said, "do you want your daughter back?" "Yes." She looked at her husband. "Yes, but Harry··· I··· Could I get you some coffee? And some cake? And we could sit down and try to···." She *made a flutter with her* right *hand* and stopped talking. [학교 상담교사가 가출한 학생의 집을 방문한 상황] ("카일 부인, 따님이 집에 돌아오기를 바라시나요?" 하고 수전이 물었다. 그녀는 "그럼요."라고 답하다 남편의 얼굴을 보더니 "커피 한잔 하시겠어요? 아님 케이크라도? 자리에 앉으시는 게···."라고 말을 늘어놓다가 손을 휘휘 내젓고는 입을 다물어 버렸다.) — R. B. Parker: 2

make an impatient gesture with one's hand 짜증스러운 손짓을 하다. ((얼굴 앞에서 성가시게 구는 벌레는 쫓는 것처럼, 그만 좀 하라는 듯 손목의 스냅을 이용하여 바깥쪽으로 손을 펄럭인다.)) 유 flip one's hand

Riordan *made an impatient gesture with his hand*. "··· Now, we've had enough interruptions. Noble, I'd like some details on what you can do for me before I sign the contract." (라이오던은 벌레를 쫓듯 짜증스런 손짓을 하며 "계약서에 서명하기 전에 제공해 줄 수 있는 서비스에 대해 자세히 말해 주시오."라고 말했다.) — M. P. McGivern

make a sit-down gesture with one's hand(s) 손으로 의자(자리)를 권하다. (((한 손의 경우) 손바닥을 위로 하고 의자(자리)가 있는 방향으로 손을 내

민다; (양손의 경우) 양손의 손바닥을 위로 하여 의자(자리)가 있는 방향을 가리킨다.》

He *made* courteous *sit-down motion with his hands*, and the five of us sank into pale gold brocade. (그는 두 손으로 일동에게 정중하게 자리를 권했다. 그의 권유에 따라 모두 엷은 금색 양단 의자에 깊게 걸터앉았다.) — D. Francis: 5

make a sweeping gesture with one's hands ➡ cut the air with one's hands

"Oh, no. That would never have done…." She *made a sweeping gesture with her* long *hands*. ("아니야. 절대 제대로 될 리가 없어."라며 그녀는 호리호리한 손을 가슴께에서 좌우로 내리그었다.) — J. Weitz

make a time-out sign '휴식', '중지' 등을 뜻하는 수신호를 하다. 《한 손은 펴서 수평으로 손바닥을 아래로 하고, 나머지 한 손은 펴서 수직으로 세워 두 손으로 time-out의 T자를 만들어 보이다; 스포츠 경기 중 '타임'을 요구하는 신호로 널리 사용되고 있다.》

make a time-out sign

"Suzie," I *made a time-out sign* by putting one hand horizontally on top of the other one held vertical. "Time to go. I told April I wouldn't force her, and I won't." (에이프릴의 설득을 중단하고 다른 곳으로 떠나야 할 시간이 되어 나는 그 사실을 수지에게 알리기 위해 '일시 중지'의 수신호를 해 보였다.) — R. B. Parker: 2

make a trumpet of one's hands ➡ cup one's hands around one's mouth

"Lord Severn!" Masters shouted wildly. Only the rain answered. He *made a trumpet of his hands* and bellowed: "Lord Severn!" (집사는 빗

속에서 양손을 트럼펫처럼 만들어 입에 대고 사라진 주인의 이름을 필사적으로 불러 댔다.) — C.Dickson: 1

make a two-handed wave 양손을 설레설레 흔들다. 《대화를 중단하거나 권유를 거절할 때 강조의 의미로 하는 동작》

"Jim, I apologize, I really do. I should have told you ages ago but—well, I kept putting off and that was stupid." "My dear Jane." He *made an* expansive *two-handed wave*. "Don't think for a moment that we care⋯." (나중에 얘기해도 된다고 생각하여 해야 할 말을 빨리 하지 않았던 소녀는 그 때문에 청년에게 폐를 끼치게 되었다. 거듭 사과하며 용서를 구하는 소녀에게 청년은 자기들이 마음에 둘 거라고는 추호도 생각하지 말라며 강하게 부정하듯 두 손을 가슴께에서 마구 내저었다.) — D.Wells

move one's hand in an undulating horizontal curve 손을 펴서 수평으로 내밀어 파도치듯 너울너울 움직이다. 《대충, 그럭저럭, 적당히 등을 의미하는 신호》 유 flip one's PALM back and forth

If you see Susanna, mention my name, will you, Lev? I mean, if you can do it gracefully. He *moved one hand in an undulating horizontal curve*. (그는 "수잔나와 만날 일이 있으면 내 이름을 한번 넌지시 언급해 줄래? 만약 이 정도로 우아하게 말할 수 있으면 말이야."라고 말하며, 손을 펴서 수평으로 내밀어 파도치는 것처럼 한두 번 너울너울 가볍게 움직여 보였다.) — R. Macdonald: 6

offer one's hand ➡ hold one's hand out

offer one's hand

Devery: Billie, this is Senator Norval Hedges I've told you so much about. (Hedges *offers his hand*. Billie takes it.)

Hedges: How do you do?
Billie: How do you do?
〔처음 만난 자리에서 인사를 나누는 모습〕 (헤지스 상원의원은 소개받은 빌리에게 악수를 건네기 위해 손을 내민다.) — G. Kanin

on one's hands and knees 엎드려, 네 발이 되어

She was *on her hands and knees*, cleaning up a lot of water on the kitchen floor. (그녀는 납작 엎드려 부엌 바닥으로 넘친 물을 닦았다.) — P. Pearce

★ NB: 이 동작을 on all fours라고도 표현한다.

pass one's hand across [over] one's eyes 손으로 눈을 가볍게 문지르다. 《졸음, 눈의 피로, 피로, 마음고생 등 때문에; 생각에 잠길 때, 무언가를 생각해내려 할 때 등》 유 brush one's hand across one's eyes / rub one's hand over one's eyes

He *passed a hand over his eyes* wearily. "I should never forgive myself if through my despicable behaviour she was deprived of the first chance she has had to learn from someone she respects and admires." 〔딸의 가정교사가 그만두려는 상황〕 ("딸이 이제 겨우 존경할 만한 선생님을 만나 배울 수 있게 되었는데, 나의 비열한 태도 때문에 그런 선생님을 잃게 된다면 나 자신을 절대 용서할 수 없을 겁니다."라고 말하며 그는 고단한 듯 눈을 비볐다.) — A. Mather

He moved uncomfortably, *passing the palm of one hand over his eyes*. "I can't recall it verbatim…." 〔무언가를 알려 달라고 하는 상황〕 (그는 손바닥으로 눈을 문지르고 불편한 듯 몸을 자꾸 꿈틀댔다. 그리고 "다 생각나지는 않지만…."이라며 말하기를 주저했다.) — D. Francis: 2

pass one's hand across [over] one's face 손으로 얼굴을 문지르다. 《피로, 울적함, 불쾌한 기분 등 때문에》 유 brush one's hand across one's face / rub one's hand over one's face / run one's hand across one's face / rub one's FACE

He *passed a hand across his face* and Vicki suddenly realized that he was swaying on his feet. (그는 고단한 듯 얼굴을 천천히 문질렀고, 비키는 그의 몸이 휘청거리고 있다는 것을 문득 알아챘다.) — S. Field

Corin Keller kept *passing his hand over his face* from forehead to chin, still down on one knee beside his jockey. His face was colorless, his hand shaking. 〔경마장에서 기수의 사망 사고가 일어난 상황〕(마주는 기수의 옆에 한쪽 무릎을 꿇고 앉아 자신의 이마부터 턱까지 손으로 쓸어 내리기를 반복했다. 그의 얼굴은 창백했고 손은 덜덜 떨렸다.) — D.Francis: 2

pass one's hand across [over] one's forehead [brow] 이마를 손으로 훔치다. ((울적함, 불쾌한 기분, 두통, 피로 등으로 인해; '십년감수했다!', '이런!', '맙소사' 등의 감정으로 인해–땀을 닦는 것과 비슷한 동작)) 유 run one's ARM across one's forehead / run one's hand across one's forehead / rub one's FOREHEAD

The actor *passed the back of his hand across his brow*. He was clearly regretting that final drink. (배우는 이마를 손등으로 훔쳤다. 그는 마지막 한 잔은 마시는 게 아니었다고 후회하고 있었다.) — B.Ashley

Dorian Gray *passed his hand over his forehead*. There were beads of perspiration there. He felt that he was on the brink of a horrible danger. (엄청난 위험이 가까이 다가왔다는 것을 느끼고 도리언 그레이는 이마에 맺힌 땀방울을 훔쳤다.) — O.Wilde: 5

She *passed her hand across her forehead*. "Headache, my dear?" inquired Nick, solicitously. (그녀가 이마를 만지작거리자 닉은 걱정스레 머리가 아프냐고 물었다.) — M.Pargeter

The front door closed. I *passed a hand across the brow*. (평소에 대하기 껄끄러웠던 부인에게 돌아가라는 말을 듣고 밖으로 나온 나는 현관문이 닫히자마자 '어휴, 십년감수했네.'라고 생각하며 이마를 훔쳤다.) — P.G.Wodehouse: 6

pass one's hand through someone's arm 상대방의 팔 안쪽으로 손을 넣다. ((팔짱을 끼기 위한 우호적인 접촉 동작)) 유 put one's ARM through someone's

---

Going quickly to the other girl's side, she *passed her hand through her arm*. "You must not mind our being surprised," she said. 〔친구의 비밀결혼을 알게 된 상황〕(친구 곁에 재빨리 다가간 그녀는 팔짱을 낀 뒤 "얘기를 들었을 때 우리 모두 모두 깜짝 놀라긴 했지만, 신경 쓰지 말았으면 해."라고 말했다.) — A.Christie: 5

pass one's hand through one's hair ➡ run one's hand through one's hair

---

He was pacing restlessly. Occasionally he *passed a hand through his* still disordered *hair*. (그는 안절부절못하고 이리저리 왔다 갔다 하면서 가끔씩 부스스한 머리를 손으로 긁적였다.) — W.P.McGivern

pat someone's hand 상대방의 손등을 가볍게 툭툭 두드리다. ((용기를 북돋우기 위해, 위로하기 위해 등; 주로 윗사람이 아랫사람에게 행하는 친밀한 표현)) 유 tap someone's hand

Mr. Fullerback reached over and *patted my hand*. "Some day, Tony—some day I hope you'll join the company, too. After college, of course." "Of course," I said, "sir." (풀러백은 손을 뻗어 나의 손을 툭툭 두드리며 "물론 대학을 졸업한 후의 이야기지만, 토니 자네가 우리 회사에 들어와 줬으면 좋겠군." 하며 의중을 전했다.) — J.Blume: 2

"… he's just about the most unlikeable man I've ever met." Mrs. Warrent leaned across the bed and *patted* her daughter*'s hand* placatingly. "You mustn't judge too soon, dear…" 〔잠자리에 든 모녀의 대화〕 (딸은 그날 만났던 남자가 지금까지 만난 사람 중 최고로 비호감이라고 단정하듯 말했다. 어머니는 사람은 그렇게 성급하게 판단해서는 안 되는 거라며 옆 침대에서 몸을 내밀어 달래듯 딸의 손을 가볍게 탁탁 두드렸다.) — M.Lewty: 1

place one's hand on [over, etc.] one's chest ➡ put one's hand on one's chest (1)

"Ladies and gentlemen, please rise for 'the Star-Spangled Banner'…." As Barney *placed his* right *hand* in patriotic salute *upon the left side of his chest*, he could feel his heart racing. ("국가가 연주될 예정이오니 모두 기립해 주십시오."라는 소리가 들렸다. 국기에 대한 경례로 오른손을 왼쪽 가슴에 얹은 바니는 그의 가슴이 격렬하게 뛰고 있음을 느낄 수 있었다.) — E.Segal

place one's hand [hands] on one's hip [hips] ➡ put one's hand [hands] on one's hip [hips]

Gerry walked slowly to the edge of the stage, *placed her hands on her hips*, and glared at the man on the podium. "If you insult me one more time," she informed Quaglia evenly, "I'm going to come down there and ram that baton down on your throat." 〔오페라 여가수와 지휘자의 대결 장면〕 (게리는 천천히 무대 끝까지 걸어오더니 양손을 허리에 대고 지휘자를 노려보며 "한 번만 더 나를 모욕하면 그리로 내려가 지휘봉을 목에다 쑤셔 넣어 주겠어."라고 경고했다.) — B.Paul: 2

place one's hand on someone's shoulder [knee, etc.]

상대의 어깨(무릎)에 손을 얹다. 《우호적인 접촉 동작》 유 lay one's hand on someone's shoulder [knee] / put one's hand [hands] on someone's shoulder [shoulders]

As Stern paces by our table, he *places his hand on my shoulder* and I cover it with mine. (증인인 스턴이 내가 앉은 피고석 옆을 지나가다 나의 어깨에 손을 올려놓는다. 나는 내 손을 그 위에 겹쳐 놓는다.) — S.Turow

★ NB: 몸의 일부분에 손을 얹는 동작은 'put+one's hand+전치사+신체 각 부위명'으로 나타내는 것이 일반적이다. put 대신 place나 lay를 쓰는 경우 어떤 의미가 더해지는가는 lay one's hand on someone's arm [cheek, etc] 항목의 NB를 참조하라.

press someone's hand ➡ squeeze someone's hand

"… This marriage is quite right. I did not think so at first, but I admit it now. The gods made Sibyl Vane for you. Without her you would have been incomplete." "Thanks, Basil," answered Dorian Gray, *pressing his hand*. "I knew that you would understand me…" ("처음에는 이 결혼에 찬성하지 않았지만, 이제는 진심에서 우러나오는 찬성을 보낸다. 시빌 베인은 너를 위해 신이 보내 주신 여자다."라고 친구 바실이 말하자, 도리언 그레이는 자신을 이해해 주어서 고맙다며 그의 손을 꽉 잡았다.) — O.Wilde: 5

press someone's hand to [against] one's cheek ➡ put someone's hand to one's cheek

"I will do what I can," he said in a tone of gruff tenderness. "I shall do my best to get in touch with this man, and then we shall see." For answer she caught his hand and *pressed it against her* wet *cheek*, and in that moment, somehow, Sexton Blake knew that he would do everything that lay in his power to help her. (섹스턴 블레이크가 무뚝뚝하지만 친절한 어조로 "그 인물과 연락이 닿을 수 있도록 최선의 노력을 기울이겠습니다."라고 말하자 그녀는 잠자코 그의 손을 잡더니 눈물에 젖은 자신의 볼에 가져다 댔다. 순간 그는 그녀를 도울 수 있다면 자신의 힘이 닿는 것은 무엇이든 하겠다고 생각했다.) — G.H.Teed

★ NB: 손을 뺨에 '세게 누르듯이' 대는 동작을 표현할 때는 전치사 to보다는 against를 선택하는 경향이 있다.

press one's hand(s) to [against] one's chest [breast,

etc.] ➡ put one's hand(s) on one's chest (2)

"He took a knife to his father before he was out of high school. He would of killed him, too. Now he really is a murderer." She *pressed her* clenched *hands to her bosom*. ("그는 고등학교를 나오기도 전에 아버지에게 칼을 들이댔다. 그러더니 결국 진짜 살인을 저질렀다."라고 말하며 그녀는 무서운 듯 꼭 쥔 주먹으로 가슴께를 세게 눌렀다.) — R.Macdonald: 7

press one's hand(s) to [against] one's eyes ➡ put one's hand(s) over one's eyes

Declan turned toward the window…. He *pressed his hands to his eyes*, his great shoulders shaking. (데클란은 눈물을 보이지 않기 위해 창문 쪽으로 돌아섰다. 그는 커다란 어깨를 떨며 손으로 눈두덩을 눌렀다.) — J.Cooper: 1

press one's hand(s) to [against] one's forehead ➡ put one's hand(s) on one's forehead

Joyce surveyed the litter on the bed with a pitiable attempt at casualness. Helen… *pressed both hands* tightly *to her forehead* in a gesture of despair…. 〔침대가 엉망진창으로 어질러진 상황〕 (조이스는 아무렇지도 않다는 듯 침대 위의 지저분한 것들을 쳐다보았지만, 헬렌은 양손으로 이마를 강하게 누르며 절망적인 동작을 했다.) — L.C.Douglas: 2

press one's hand(s) to [against] one's mouth ➡ put one's hand(s) over one's mouth

Audrey Vane, her slim body rigid, *pressed her hands to her mouth*. "No!" cried Audrey. "No, no, no, no!" She didn't explain what she meant, she did not define the cold fear which rang in her voice. 〔방 안의 장식품 하나가 없어졌다는 소식을 들은 장면〕 (오드리 베인, 그녀의 늘씬한 몸은 뻣뻣하게 경직되었고, 자신의 손으로 입을 세게 틀어막았다. 그녀는 "안 돼!"라고 반복하여 소리를 질러 댔다. 그러나 과연 무엇이 '안 돼!'인지, 목소리를 떨게 하는 공포의 실체가 무엇인지는 설명하지 않았다.) — C.Dickson: 1

Sarah stood with *her hands pressed against her mouth*, her blue eyes wide. "Papa will never forgive you," she said breathlessly, "and he will make life intolerable for the rest of us if you don't yield. Oh, Jessica, why won't you reconsider…?" 〔아버지의 뜻을 거스르는 행동을 하려 하는 언니에게 여동생이 다시 생각해 보라며 필사적으로 설득하는 장면〕 (사라는 두 손으로 입을 굳게 틀어막고 파란 눈을 커다랗게 뜬 채 언니 제시카의 방문께

에 우뚝 서 있었다. 이윽고 그녀는 목소리를 쥐어짜 “아빠는 절대 용서하지 않을 거야. 그리고 언니가 굽히고 들어가지 않으면 가족 모두의 생활까지 전부 엉망으로 만들어 버리고 말 거야. 제발 다시 생각해 주겠어?” 하며 간청했다.) — B.Grey

press one's **hand(s) to [against]** one's **stomach** ➡ put one's hand(s) on one's stomach

"I should hate you to feel that you must resign because of me." Victoria *pressed a hand to her stomach*. "Resign?" (“나는 당신이 나 때문에 퇴직해야 한다고 느끼는 것이 정말 싫어.”라는 말에 빅토리아는 강한 불안을 느껴 무심코 명치 언저리를 강하게 눌렀다. “퇴직이라고?”) — A.Mather

press one's **hands to [against]** one's **temples** ➡ put one's hands to one's temples

He *pressed his hands to his temples*. "Curse it all, there's some very simple explanation of this, if only…" (“실낱같은 단서 하나만 있어도 쉽게 풀릴 것 같은데…”라고 말하며 그는 두 손으로 관자놀이를 세게 눌렀다.) — C. Dickson: 2

press one's **hand(s) to [against]** one's **throat** ➡ put one's hand(s) to one's throat

With a gasp, she sat up abruptly in the bed, *pressing a hand to her throat*, to still her racing pulse, and remained absolutely still for a moment…. 〔악몽을 꾸다 깨어난 순간〕 (숨을 쉬기 힘들 정도로 놀란 그녀는 침대에서 몸을 벌떡 일으켜 세차게 두근대는 가슴을 가라앉히려고 목 언저리를 손으로 세게 누르며 잠시 가만히 앉아 있었다.) — A.Mather

pull (at) someone's **hand** 손을 끌어당기다. 《재촉할 때, 주의를 환기시킬 때 등》 유 drag (at) someone's hand

Ramona *pulled at* her mother'*s hand*. "Come on, Mama." (라모나는 엄마의 손을 끌어당기며 “엄마, 얼른.”이라고 재촉했다.) — B.Cleary: 2

pump someone's **hand** 상대의 손을 위아래로 크게 흔들다. 《과장스러운, 힘이 넘치는, 원기 충만한 악수》

"Lieutenant O'Halloran! You are here!" He grabbed O'Halloran's hand and *pumped it* up and down, grinning like a child who's just been given an unexpected treat. (그는 찾고 있던 오할로런 경감을 발견하고 여기에 있었냐는 듯 그의 손을 꽉 쥐고 위아래로 마구 흔들며 요란하게 악수를 했

다.) — B.Paul: 2

push someone's hand away 상대방의 손을 밀쳐내다. ⟪나에게로 향하는 상대의 손을 거부하는 동작⟫

The girl who before marriage enjoyed his putting his hand around her waist now *pushes his hand away* as she snaps, "Don't mess up my dress and stop pawing me all the time." (그 젊은 여자는 결혼 전에는 그가 허리에 팔을 둘러 주는 것을 좋아했지만 지금은 "내 옷차림을 망치지 마. 나를 만지지 마."라며 쌀쌀맞게 그의 손을 밀쳐낸다.) — A.H.Chapman, M.D.

put one's hands around someone's neck 타인의 목을 손으로 잡다. ⟪목을 조르기 위해; 주로 협박 문구로 사용된다.⟫

He wanted to *put his hands around her neck* and squeezed and squeezed until she had no life left in her. (그는 그녀의 목을 두 손으로 잡고 숨이 완전히 끊어질 때까지 조르고 조르고 또 조르고 싶었다.) — B.T.Bradford

put one's hands behind one's head 양손을 머리 뒤에 대다. ⟪의자 등 편안한 곳에 기대어 앉아 있는 모습; 무기가 없다는 것, 무기를 사용할 의도가 없다는 것을 나타내는 동작⟫ 유 clasp one's hands behind one's head

put one's hands behind one's head

The little man leaned back in his large chair and *put his hands behind his head*. That was as relaxed as Asa Myers ever got. (키 작은 남자는 자신의 커다란 의자에 기대고 앉아 양손을 머리 뒤에 댔다. 이는 아사 마이어스가 타인을 앞에 두고 있을 때 취하는 가장 편안한 자세였다.) — W.J.Coughlin: 1

With 15 rocks on his person, Frog was promptly busted. He was also thrilled. "The cop made me *put my hands behind my head*," he boasts. 〔미국의 미성년자 마약 범죄에 관한 기사〕 (프로그는 록(코카인)을 소지하고 있다는 이유로 즉각 체포됐다. 그 순간 스릴을 느꼈다는 소년은 "형사가 손을 머리 뒤에 대라고 명령했다."며 자만에 차 이야기했다.) — *Time*, 1988

put one's hand [hands] in one's pocket [pockets] **손을 주머니에 넣다. 《추위를 피하기 위해; 불안, 긴장 등으로 떨리는 손, 주먹 쥔 손 등을 감추기 위해; 무의식적으로 나오는 방어 동작》** 유 shove one's hand [hands] in one's pocket [pockets] / thrust one's hand [hands] in one's pocket [pockets]

"When and where did you last see him?" She *put her hands in her pockets*, clenched them into fists. Of course, it had had to come out. But why this way? 〔전 남편의 행방불명을 수사하는 상황〕 (경찰관이 마지막으로 그를 본 것이 언제냐고 묻자 그녀는 양손을 주머니에 넣고 감정을 억제하려는 듯 주먹을 꼭 쥔다. 물론 사실(얼마 전에 한 번 만났다는 사실)은 어차피 밝혀질 거지만, 이런 식은 아니지 않은가?) — M.H.Clark: 2

★ NB: 윗옷이나 바지 주머니에 손을 찔러 넣고 타인과 대화를 나누는 모습은 편안하고 느긋해 보일 수 있다. 그러나 이 자세가 감정을 민감하게 전달하는 기관인 손을 타인에게 내보이지 않으려는 잠재적인 방어 자세라는 해석도 존재한다. 손동작을 통해 타인의 성격을 판단하는 전문가 중에는 습관적으로 주머니에 손을 넣는 사람은 스스로에게 불안감을 갖고 있으며 타인에게 본심을 보이려 하지 않고 경계심이 강하다고 이야기하는 사람도 있다(Sorrel, 1973).

★ NB: 손을 주머니에 그냥 '넣는' 것보다 '찔러 넣다', '쑤셔 넣다' 등으로 표현하는 게 적절할 경우에는 shove, thrust 등의 동사를 사용한다.

★ NB: put one's hand in one's pocket이 문자 그대로의 동작이 아니라 관용구로 쓰일 때는 '돈을 꺼내기 위해 호주머니에 손을 넣다'의 뜻을 가지게 되어 비유적으로 '비용을 부담하다', '돈을 내다'를 의미하게 된다.

put one's hand on someone's arm **상대방의 팔(손목과 팔꿈치의 중간 정도)에 손을 얹다. 《'힘내', '고마워', '잘 부탁해' 등 위로, 감사, 부탁 등 우호적 감정 전반에 쓰이는 접촉 동작; 동성 간 또는 남녀 간에 쓰이는 우호적인 접촉 동작; 상대를 억제하는 동작》** 유 lay one's hand on someone's arm / touch someone's ARM

"What a lousy trick. I'm really sorry." Danielle *puts her hand on* Erica'*s arm*, a comforting gesture. "That's all right." Erica shifts nervously, causing her friend's hand to fall off; she dislikes being touched and hates to be pitied. (험한 꼴을 당한 친구를 동정하며 다니엘라는 에리카의 팔 위에 그녀의 손을 살포시 얹는다. 남이 자신의 몸을 만지는 것도, 동정받는 것도 질색인 에리카는 괜찮다며 쭈뼛쭈뼛하고, 그 바람에 그녀의 손이 떨어진다.) — A.Lurie: 1

"I rang up Personnel and resigned, too," said Ursula importantly. "I'm not working for a police state any more." Oh, Christ, thought Declan, that means I'll have to pay her salary until she gets another job. But he *put a hand on her arm*. "Thanks, darling. That was very loyal of you." ("나도 당신을 따라 그만두었다. 더 이상 그런 경찰국가 같은 회사(방송국)에서 일하지 않겠다."라며 그의 비서 우르술라가 자못 엄숙하게 말했다. 데클란은 내심 그녀가 다른 일을 구할 때까지 자신이 그녀의 급여를 책임져야 할 것 같다는 낭패감을 느꼈다. 그러나 그는 내색하지 않고 그녀의 팔에 손을 얹고 "나에게 충성을 보여 줘 고맙다."고 말했다.) — J.Cooper: 1

Marchbank: (He rises timidly, and *puts his hand* appealingly *on* Morell'*s forearm*) Stand by me, won't you? (마치뱅크는 머뭇머뭇 일어나, 상대방의 팔에 손을 얹고 애원하듯 "내 곁에 있어 줘. 응?"이라고 부탁한다.) — G.B.Shaw: 1

"And you can call me anytime." "I know," she said. She *put her hand on my arm* and stopped me. "I want to say thank you…." 〔떠나가는 여자에게 변함없는 배려를 보이는 남자〕 ("필요하면 언제라도 전화해."라고 하자 그녀는 "그래." 하고 대답했다. 그녀는 손을 내 팔에 올리며 말을 가로막고는 "고맙다는 말을 꼭 하고 싶어."라고 말했다.) — R.B.Parker: 1

put one's hand on [over] one's chest (1) 한 손을 가슴 위에

put one's hand on [over] one's chest

대다. 《국기에 대한 경례(오른손을 왼쪽 가슴에 댄다); '지금 말하는 게 본심이다. 절대 거짓이 아니다', '마음 깊은 곳에서부터'를 나타내는 일상적인 동작》 유 place one's hand on one's chest / spread one's hand(s) on one's chest

Salute if you're in uniform. In mufti, remove your hat and hold it over your left chest; if hatless, *put your right hand over your left chest*. (군복을 입은 경우에는 거수경례를 한다. 평상복인 경우에는 모자를 벗어 그것을 왼쪽 가슴에 대고, 모자를 쓰지 않은 경우에는 오른손을 왼쪽 가슴에 댄다.) — *Esquire* Magazine Editors

He *put one hand over his heart* and smiled brilliantly. "I promise you no more talk of Max, Simon or Margot…" (더 이상 다른 사람들의 이야기를 하지 않겠다고 맹세하며 그는 한 손을 가슴 위에 얹고는 싱긋 웃었다.) — A. Neville

★ NB: 오른손을 왼쪽 가슴에 대고 충성, 정직, 헌신을 나타내는 관습은 고대 그리스 시대부터 내려온 것으로 여겨진다. 그리스의 노예들은 주인의 명을 받을 때마다 이 동작을 취했는데, 이는 존경의 마음이 이 동작을 함으로써 생겨난다고 믿었기 때문이다. 이 동작은 오늘날에는 대통령을 비롯한 정무 대표가 국기 게양, 국가 연주 시 경의를 표하거나 선서할 때 사용된다(Morris, 1985; Nierenberg & Calero, 1971). 동시에 일상에서는 '심장' 가까운 곳에 손을 댐으로써 자신의 말이나 약속에 거짓이 없음을, 진심을 이야기하고 있음(I am telling you from my heart.)을 강조할 때 행한다.

honesty

put one's hand(s) on [over, to] one's chest [breast, etc.] (2) 양손 또는 한 손을 가슴에 대다. 한 손을 가슴에 대고 지그시 누르다. 《주로 여성이 가슴을 가리키는 동작; 심장의 고통을 억누르려는 동작; 불안, 공포, 놀람, 쇼크 등을 진정시키려는 동작》 유 press one's hand(s) to one's chest / spread one's hand(s) on one's chest

put one's hand over one's chest

I *put my hand over my heart*. It was making such a noise. I was going to learn something terrifying unless I stood up at once and announced the fact that I was here. (나는 쿵쿵 뛰는 가슴에 손을 얹었다. 지금 당장 벌떡 일어나 내가 여기 있다는 것을 알리지 않으면 무언가 무서운 소리를 듣게 될 것만 같았다.) — V.Holt: 4

Turning, seeing Cornelia, Miss Carraway *put a hand to her breast* like an actress in a bad soap opera. "Mrs. Fuller. You startled me…." (캐러웨이가 뒤를 돌아보자 그곳에 평소 알고 지내던 풀러 부인이 서 있다. 그녀는 깜짝 놀라 싸구려 드라마의 여주인공마냥 가슴에 손을 얹는다.) — A.T.Wallach: 2

put one's hand(s) on [to, against, etc.] one's forehead **이마에 손을 얹다. 《곤란하거나 곤혹스러울 때; 피로, 두통을 느낄 때; (두 손을 쓸 경우) 마음의 고통이나 절망적인 감정을 드러내는 동작; (손등을 대는 경우) 절망 등으로 인한 비탄의 감정을 과장스럽게 표현한 동작》** 유 press one's hand(s) to one's forehead / hold one's BROW

She *put a hand to her forehead* as if she could wipe away the confusion she felt there. (그녀는 마치 여전히 느껴지는 이 혼란스러움을 씻어낼 수 있다는 듯이 이마에 손을 얹었다.) — M.Lewty: 1

He *put a hand against his forehead*. "Oh, what a hangover. My head is splitting in half." (숙취 때문에 머리가 쪼개질 것처럼 아프다며 그는 손을 이마에 댄다.) — D.Mulien

"How'd it go?" "Not so bad. He didn't *put the back of his hand to his forehead* and gasp, 'Goodbye forever' or anything like that." ("어떻게 됐어?"라는 질문에 그는 "나쁘지는 않아. 어쨌든 그 녀석 자기가 멜로드라마 배우

인 양 손등을 이마에 대고 마구 헉헉거리며 '영원히 안녕' 같은 소리를 지껄이지는 않았어."라고 대답한다.) — D.Wells

★ NB: 손등을 이마에 대면 손바닥을 대는 것보다 팔꿈치가 더 많이 벌어지게 되어 동작이 연극적으로 커 보이게 된다. 영국의 연극에서는 예로부터 영원한 이별, 절망 등 비극적인 감정을 과장하여 표현할 때 손등을 이마에 대는 동작을 하곤 했다. 그리고 일상에서는 자신에게 닥친 불운을 농담처럼 한탄할 때 이 동작을 사용한다.

put one's hand on someone's head 타인의 머리에 손을 얹다. ((‘착하다', '똑똑하구나' 등을 표현하는 보호자로서의 친밀한 표현))

"She couldn't come to the meet because she was sick. She just wanted you to know that." The coach nods and stands next to Charlie. He *puts one hand on* Charlie'*s head*. ("누나가 대회에 나가지 못한 건 아팠기 때문이에요. 누나는 코치님께서 그것을 알아주셨으면 해요."라고 이야기를 전하자, 코치는 고개를 끄덕이며 누나를 생각하는 마음이 기특하다는 듯 찰리의 머리에 손을 얹는다.) — A.Hoffman

put one's hand(s) on [to] one's head (1) 머리에 손을 대다. ((두통, 피로 등을 느꼈을 때의 동작; '설마', '그럴 리가' 등 믿지 못하겠다는 생각이 들 때의 동작; '큰일 났다'와 같은 당혹스러운 감정, '이게 어떻게 된 거야?'와 같은 경악스러운 감정, '이제 어떡해야 하나'와 같은 막막함과 후회의 감정 등에 수반되는 동작)) 유 clap one's hand on one's head / clutch one's HEAD / slap one's HEAD

"Oh, My God!" Dr. Stavely *put a hand on her head* in an incredulous gesture. "Do you really believe that…?" [제약업계의 실체를 알게 된 순간] (여의사는 "세상에!"라고 경악하다 "정말 그렇단 말이에요?" 하며 믿을 수 없다는 듯 머리에 손을 올린다.) — A.Hailey: 6

"I'm having an affair." Then, as if she had no energy left, she collapsed against the cushion and waited for a response. Jenny didn't say anything…. Finally, Jenny whispered, "Holy shit!" Then she leaned back and *put her hand on her head*. (그녀는 불륜을 저지르고 있다고 털어놓고는 온몸에 힘이 빠져나간 것처럼 쿠션 위에 무너지듯 주저앉았다. 제니는 잠시 아무 말도 하지 않고 있다가 결국 "제기랄!"이라고 중얼거리고는 몸을 뒤로 젖히고 손을 머리에 가져다 댔다.) — S.Quinn

"Oh God," replied Butterfield, "I was hoping you wouldn't ask that." He *put his hand to his head* and seemed shaken. [워터게이트 사건 관련 기사가 난 뒤, 대통령 집무실에서의 대화는 모두 녹취되고 있느냐는 질문에 대한

답변〕(버터필드는 "그런 질문이 나오지 않았으면 좋겠다고 생각했다."라고 대답하면서 머리에 손을 댔다. 그는 동요하는 듯이 보였다.) — *Time*, 1973

"But, Richard, if they are determined somehow to kill you—well, will Deepings be any safer now than it was before?" He *put a hand to his head* in a gesture at once indescribably weary and very youthful. ("하지만 리처드, 그들이 당신의 목숨을 노리고 있다면 이제 와 디핑즈로 간다고 해도 지금보다 더 안전할 거라는 보장은 없지 않아요?"라고 지적하자 그가 머리에 손을 얹는다. 그것은 극심한 피로에 지친 듯한 동작이면서 동시에 아주 젊어 보이는 동작이다.) — M. Stewart

She *put a hand to her head*. "Why didn't someone stop me? I was talking like a pompous idiot!" 〔사정도 잘 모르면서 거만하게 떠들어 댄 것을 후회하는 상황〕(그녀는 머리에 손을 올리고 "도대체 왜 아무도 나를 말리지 않았어? 나는 정말 구제불능이야!"라고 투덜댄다.) — L. Peake: 4

★ NB: put one's hand(s) on [to] one's head라는 표현에서는 손이 어디로 움직이는지는 알 수 있으나 어떤 움직임인지는 구체적으로 알 수가 없다. 그에 비해 clap, clutch, slap은 손의 특징적인 움직임을 포착한 표현이다. clap은 손을 재빨리 머리로 가져가 손바닥으로 머리를 누르듯 하는 동작으로, 손에 들어가는 힘의 강도에 따라 자신의 어리석음 등에 경악하는 정도가 표현된다. 여기서 감정이 한층 더 고조되면 clutch one's head가 된다. clap은 손을 평평하게 하고 머리에 대지만, clutch는 손가락 끝에 힘을 주어 머리를 꽉 붙잡는 기분으로 손을 얹는다. 이 동작을 두 손으로 하면 상당히 절망적인 동작이 된다. 이에 비해 slap one's head는 '퍽' 하고 소리를 크게 내며 손바닥으로 머리를 때리는 모습을 나타낸다. 소리가 커질수록 심각함이 더해진다.

★ **영일비교** 영어 소설에서 등장인물이 put one's hand on [to] one's head라는 동작을 하는 것은 일반적으로 사태의 예기치 못한 전개, 믿기 어려운 결말, 자신의 절망적인 처지, 과실의 중대함 등에 몹시 놀랐을 때다. 따라서 그저 머리에 손을 댄다기보다는 힘없이 고개를 떨어뜨리거나 천장을 노려보면서 망연자실한 표정을 지으며, 한 손이나 두 손으로 주로 머리 앞부분을 누르는 동작을 나타낸다.
일본 소설에도 등장인물(남성)이 '머리에 손을 대는' 동작을 하는 장면이 자주 나온다. 단어상으로 보면 이것은 put one's hand(s) on [to] one's head에 고스란히 대응하는 듯 보이지만, 그 말이 지시하는 동작의 형태와 의미는 모두 다르다. 이것은 가벼운 실패 등을 저질렀을 때 얼굴을 붉히며 고개를 살짝 옆으로 기울이고 무기력한 웃음을 띠며 머리(머리카락 부분이나 뒷머리)에 슬쩍 손을 대는 수줍은 몸짓이다. 이는 영미인의 put one's hand(s) on [to] one's head와 같이 무의식에서 나온 대자적(對自的) 몸짓이 아니라, 대부분 상대를 의식해서 부끄러워하거나 수줍어하는 모습을 내보이는 대타적(對他的) 몸짓이다. 이 동작은 면목이 없다는 것을 스스로 인정하고 상대가 웃어넘기기를 기대하는, 극히 일본적인 몸짓이라고 할 수 있다.

put one's hands on one's head (2) 양손을 머리 위로 올리다. 《무기를 갖고 있지 않다는 것 또는 사용할 의지가 없다는 것을 나타내는 동작; 투항의 신호》

put one's hands on one's head

"*Put your hands on your head*." The gun poked into my solar plexus. "You carrying a gun?" He started frisking me with his other hand. ("양손을 머리 위로 올려."라고 명령하며 그는 나의 명치 언저리에 총구를 들이댔다. 그러고는 "총을 갖고 있지 않느냐?"고 하며 다른 손으로 몸을 수색하기 시작했다.) — R. Ludlum: 2

put one's hand [hands] on one's hip [hips] 손을 허리에 대다. 《양손의 경우는 다리를 벌리고 가슴을 내밀어 당당하게 똑바로 서는 동작; 한 손의 경우는 손을 대지 않은 쪽의 엉덩이를 살짝 앞으로 내밀어 전체적으로 약간 비스듬하게 서는 동작; 양쪽 팔꿈치를 날개처럼 펴게 되는 여성의 상투적인 도전 자세》 유 place one's hand [hands] on one's hip [hips] / (with one's) ARMs akimbo (양손의 경우)

Vereker turned to look at Molly, speculatively, noting the dress, the shoes, and there was a frown on his face as if he disapproved of what he saw. Molly flared angrily. She *put her* left *hand on her hip* and faced him belligerently. (베레커는 몰리의 옷이며 신발을 훑어보고는 영 마음에 들지 않는 듯 얼굴을 찌푸렸다. 몰리는 버럭 화를 내며 허리 좌우에 손을 올리고 불만이 있으면 말로 하라는 듯 도전적인 자세를 취했다.) — J. Higgins

He shut off the mower. "You are in my way," he said. "I want to tell you something," I said. "Go ahead." I *put my hands on my hips*. "You know what, Moose! You are a liar…" (그는 잔디를 깎는 기계를 멈추고는

내가 자신의 앞을 막고 있다고 말했다. 나는 양손을 허리에 얹고 "할 말이 있어. 당신은 거짓말을 했어."라며 그를 몰아세웠다.) — J.Blume: 3

put one's hand on someone's knee 상대방의 무릎에 손을 얹다. 《성인이 가볍게 친밀감 또는 위로를 담아 행하는 우호적인 접촉 동작; 억제 동작》 유 clap one's hand on someone's knee / lay one's hand on someone's arm [knee, etc.] / put one's hand on someone's thigh

put one's hand on someone's knee

He *put his hand on* Wake'*s knee* and squeezed it. "It's good to see you looking so fit…." (그는 웨이크의 무릎에 손을 얹고 지그시 힘을 주어 정을 표현했다. 그러고는 "당신이 건강해 보여서 참 좋아."라고 말했다.) — M.de la Roche

put one's hand [hands] on someone's shoulder [shoulders] 상대방의 어깨에 손을 얹다. 《위로, 격려 등의 친밀함을 담은 우호적인 접촉 동작; 주의 환기, 억제 등을 위한 동작》 유 lay one's hand on someone's arm [shoulder, etc.] / place one's hand on someone's shoulder / rest one's hand [hands] on someone's shoulder [shoulders] / touch someone's shoulder

He *put his hand on his* friend'*s shoulder* and squeezed down hard. (그는 친구의 어깨에 손을 얹고, 위로의 마음을 담아 손에 힘을 주어 꼭 잡았다.) — Z.Popkin

"How do you do, grand-aunt?" said Fauntleroy. Lady Lorridaile *put her hand on his shoulder*, and after looking down into his upraised face a few seconds, kissed him warmly. (소공자가 인사하자 대고모인 로

리데일 여사는 소년의 어깨에 손을 얹었다. 그러고는 자신을 쳐다보는 소년의 얼굴을 바라보다 따뜻한 태도로 키스했다.) — F.H.Burnett

Marcel had reached out and *put his hands on her shoulders*… and stared into her eyes. "Leave, Elizabeth. Don't stay in Paris. The Germans are on their way…." (마르셀은 손을 뻗어 두 손으로 아내의 어깨를 잡고 그녀의 눈을 들여다보며 "엘리자베스, 빨리 파리를 떠나. 독일군의 진입이 촌각을 다투고 있어."라고 말했다.) — D.Mulien

She advanced to greet Valentine, *putting both hands on her shoulders* in a gesture that was not quite a hug, yet more friendly than a handshake. (그녀는 앞으로 걸어 나와 발렌타인의 어깨에 두 손을 올리고 인사했다. 그 동작은 포옹만큼은 아니지만 악수보다는 친밀한 것이었다.) — J. Krantz: 2

Cindy was on her feet instantly but the doctor *put a* restraining *hand on her shoulder*. "Just a minute, young lady. He's asking for your mother…." (신디는 병실에 있는 아버지에게 달려가려 했다. 그러나 의사가 그녀의 어깨를 잡으며 "지금 아버님은 어머님과 만나고 싶으시답니다."라고 말했다.) — C.Jameson

Jonathan was outraged. Fletcher, seeing his face, *put a hand* sharply *on his shoulder* and said, "Don't say anything you might regret…." (격노한 조나단의 얼굴을 보고 플레처는 그의 어깨에 손을 올려 자제시키며 "나중에 후회할 만할 말은 하지 마."라고 말했다.) — K.M.Peyton: 5

★ NB: 어깨에 양손을 올릴 때는 보통 자연스레 상대를 바라보게 되므로 한 손을 올릴 때보다 더 강한 감정을 나타내게 된다.

put one's hand(s) on [to] one's stomach 손을 배에 대다.

《복통을 느낄 때; 긴장, 공포, 불안 등으로 위에 통증이 느껴질 때 등》 유 press one's hand(s) to one's stomach

Why did Saddie feel her stomach clutch? She instinctively *put her hand to her abdomen*. 〔좋아하는 남성의 여자 관계를 듣게 된 순간〕 (사디는 무언가가 위를 쥐어짜는 듯한 느낌이 들어 본능적으로 손을 배에 갖다 댔다.) — S.Quinn

★ 영일비교 영어에서는 오싹한 기분을 one's stomach jumps, 깜짝 놀란 심정을 one's stomach falls [drops], 공포나 불안으로 가슴 답답한 기분을 one's stomach is tied in knots 등으로 표현해 위(胃)와 관련 지어 파악할 때가 많다. 그래서 영어 소설에는—일본인에게는 이상해 보이겠지만—불안이나 두려움을 느끼는 장면에서 '배에 손을 얹는' 동작이 나온다.

put one's hand on someone's thigh 상대방의 허벅지에 손을 얹다. ((남성 간의 우호적인 접촉 동작; 남녀 간에는 성적인 의미가 있는 접촉 동작)) 유 put one's hand on someone's knee

"How did you screw up the courage to come and meet me?" asked Rupert, *putting his hand on her thigh* as they turned off the motorway. 〔내성적인 젊은 여인이 루퍼트를 만나러 온 상황〕 (루퍼트는 그녀가 운전하는 차의 조수석에 앉아 무람없이 그녀의 허벅지에 손을 올리고 "어떻게 나를 만날 용기를 냈지?"라고 말을 걸었다.) — J.Cooper: 1

put one's hand out ➡ hold one's hand out

"I'm Faith Moore," she told me, shifting a large portfolio she was carrying so that she could *put out her* right *hand* to shake mine firmly. I had never shaken hands with a woman before. I couldn't think of what to say, except, "I'm Hollie, Hollie Duer." (그녀는 "페이스 무어예요."라며 들고 있던 커다란 포트폴리오를 고쳐 들더니 악수를 하기 위해 오른손을 내밀었다. 나는 지금까지 여성과 악수를 해 본 적이 없어 인사말도 제대로 못하고 "홀리 듀어입니다." 하고 이름만 겨우 말했다.) — S.Streshinsky

She *put out a hand* and urged me gently back into the room. (그녀는 손을 앞으로 내밀어 '자, 어서요.'라는 듯 다시 한 번 나에게 방으로 들어오라 재촉했다.) — N.Blake

put one's hands out ➡ hold one's hands out

Paul smiled, shrugged his shoulders and *put out his hands* in a gesture of a simple man bewildered. 〔설명을 전혀 알아듣지 못한 상황〕 (폴은 씩 웃으며 어깨를 으쓱하더니 당황스러운 듯 양손을 좌우로 펼쳐 보였다.) — A.Lurie: 2

put one's hands over one's ears 두 손으로 귀를 막다. ((듣고 싶지 않은 소리나 말이 들려 올 때)) 유 cup one's hands over one's ears / cover one's EARs

Nick: …I'm going to be a personal screwing machine!
Honey (she *puts her hands over her ears*): Dear, you mustn't… you mustn't, you mustn't.

(닉이 음란한 말을 하자 아내가 두 손으로 귀를 막고 그러면 안 된다고 나무란다.) — E. Albee

put one's hand(s) over [to] one's eyes 손으로 눈을 가리다. ((차마 눈을 뜨고 보기 힘들 때; 부끄러워서 타인의 얼굴을 똑바로 볼 수 없을 때; 눈물을 보이지 않으려 할 때; 두통이나 슬픔, 마음의 고통을 느낄 때의 동작)) 유 press one's hand(s) to one's eyes

She *put a hand over her eyes*. "How awful! Poor, poor Roger! I never dreamed he was feeling it all as badly as that…" 〔어떤 사건으로 인하여 로저가 죽음을 택했다는 이야기를 들은 순간〕 (그녀는 "가엾은 로저, 어떻게 그런 끔찍한 선택을 했을까?"라고 침통해하며 손으로 눈을 가린다.) — G. Heyer: 5

★ NB: 이 동작은 친한 사이에서의 과실, 특히 멍청하게 물건을 잃어버렸을 때 면목이 없는 것을 우스꽝스럽게 나타낼 때 종종 사용한다(Brosnahan, 1988).

put one's hand(s) over one's mouth 손을 입에 대다. ((말해서는 안 되는 것을 말했을 때, 퍼뜩 실수를 깨달았을 때, 부끄러울 때, 타인 앞에서 하품, 웃음, 비명, 오열을 억누를 때, 깜짝 놀랐을 때, 무서운 것을 보거나 들었을 때 등)) 유 clamp one's hand(s) over one's mouth / clap one's hand(s) over one's mouth / press one's hand(s) to one's mouth / cover one's MOUTH with one's hand(s)

George (sharp): Shut up, Martha!
Martha (*her hand over her mouth* in a little girl gesture): Oooooops.
(조지가 "입 닥쳐, 마르타!"라고 말하자, 아내는 어린 여자아이가 하듯 입 위에 손을 얹고는 "세상에!"라고 한다.) — E. Albee

"Oh!" said Mrs. Pomfret suddenly. She *put one hand over her mouth* in consternation. "I'm sorry! I am sorry. I am sorry! But really! There had been so many dreadful things! The cablegram from Cairo!" 〔전보가 왔다는 것이 생각난 순간〕 (가정부 폼프렛은 갑자기 '헉' 하며 깜짝 놀라서 손을 입으로 가져갔다. 그녀는 정말 너무 죄송하다며 거듭 사과했다.) — C. Dickson: 1

He yawned without even *putting his hand over his mouth*, showing teeth without a single stopping. (그는 입을 쩍 벌리고 하품을 했다. 손으로 입을 가리지도 않은 터라 충치 하나 없는 이가 전부 다 보였다.) — J. Cooper: 1

put one's hand over someone's mouth 손으로 상대방의 입을 막다.

"Where's the little prick?" He made a face. She *put her hand over his mouth*. "Don't say that. Don't be mean, please don't…" (그는 얼굴을 찌푸리며 "그 멍청한 자식은 어디에 있냐?" 하고 물었다. 그녀는 그런 상스러운 소리를 하지 말라며 남편의 입을 자신의 손으로 막았다.) — Z.Popkin

put someone's **hands to [against]** one's **cheek** 상대의 손을 자신의 뺨에 가져다 대다. 《친밀한 접촉 동작》 유 press someone's hand to one's cheek

She was still holding my hand, and now she *put it up against her cheek*. "Why is it that old friends are always so dear?" she asked. (그녀는 줄곧 나의 손을 잡고 있다 자신의 뺨으로 가져다 대며 "왜 오랜 친구는 언제나 사랑스럽게 느껴지는 걸까?"라고 물었다.) — B.T.Bradford

put one's **hand(s) to** one's **cheek and lay** one's **head on one side** 두 손을 모아 한쪽 볼에 대고 그쪽으로 고개를 기울이다. 《'잠'을 의미하는 손짓, 시늉–종종 이 동작과 동시에 눈을 감으며, 한 손만 쓰는 경우도 있다.》

put one's hands to one's cheek and lay one's head on one side

The man *put his hand to his cheek and laid his head on one side*. "Dormire." (남자는 볼에 두 손을 모아 대고 고개를 기울여 잠자는 시늉을 하며 프랑스어로 '잠' 이라고 말했다.) — I.Fleming: 5

put one's **hands to** one's **temples** 관자놀이에 손을 대다. 《머리가 아플 때; '큰일이네. 어쩌지?'와 같은 당황스러운 감정, '어쩌다 이렇게 된 걸까?'와 같은 탄식, 슬픔, 마음의 고통 등에 수반되는 동작》 유 press one's hands to one's temples / hold one's TEMPLEs

"I'm sane enough to see that you knew a lot more about Ben's death than you admitted." Meg *put her hands to her temples*. "Oh, God, I can't believe the things I've heard!" [벤의 죽음을 둘러싸고 가족끼리 말다

툼을 하는 상황] (그녀는 시누이 메그가 자신이 인정하는 이상으로 벤의 죽음에 대해 더 많은 것을 알고 있을 거라고 말한다. 메그는 손으로 관자놀이를 누르며 자신의 귀를 믿을 수 없을 정도로 심한 말이라고 탄식한다.) — B.Plain: 2

put one's hand(s) to one's throat **목에 손을 대다. 《(강하게 댈 때) 쇼크, 공포, 헉 하며 놀랄 때 수반되는 동작; (가볍게 댈 때) 살짝 놀랐을 때, 동요했을 때, 답답할 때 등의 자기 접촉 동작》** 유 one's hand [hands] flies [fly] to one's throat / press one's hand(s) to one's throat / raise one's hand(s) to one's throat / clutch (at) one's THROAT

He looked like a man who had come to the end of his rope. Abby *put her hand to her throat*. "Oh, Rafe, what is it?" (모든 것이 끝났다는 듯한 그의 표정을 보고 애비는 깜짝 놀라 두 손을 자신의 목에 가져다 대며 "레이프, 도대체 어떻게 된 거야?"라고 물었다.) — C.Armstrong: 2

put one's hand under [beneath] someone's chin **상대의 턱 아래에 손을 대다. 《상대의 얼굴을 잘 보려 하거나 상대로 하여금 자신의 얼굴을 보게 만들려 할 때; 때로는 키스를 하기 위해; 통상 나이가 많은 사람이 아랫사람에게, 남성이 여성에게 행하는 접촉 동작-주로 얼굴을 들어 올리기 위한 동작이다.》** 유 tilt someone's CHIN / tip someone's CHIN up 참 lift someone's CHIN

He held her away, looked down into her face, and *put his hand under her chin*. "You're a sight for sore eyes, mavourneen. It's grand to see you up and about." (그는 사랑하는 그녀를 자신에게서 조금 떨어지게 하고는 얼굴을 들여다보며 그녀의 턱 아래에 손을 댔다. 그러면서 "당신 정말 보기 좋군요. 이렇게 건강이 회복되다니 매우 기뻐요."라고 말했다.) — B.T.Bradford

"Look at me," he whispered, *putting his hand beneath her chin* and tipping it up. (그는 자신의 얼굴을 보라고 속삭이듯 말하며 그녀의 턱 밑에 손을 대고는 얼굴을 쳐들었다.) — J.McNaught

put one's hand under [beneath, to] someone's elbow **상대의 팔꿈치 아래쪽에 손을 대다. 《큰길을 건널 때, 차 등을 타고 내릴 때 에스코트하는 상대의 팔을 받쳐 주는 의례 행위》** 유 take someone's ELBOW

The lieutenant *put his hand under her elbow* once again as they trod the muddied path back through the wood. (숲 속 진흙투성이의 오솔길로 접어들며 중위는 올 때와 마찬가지로 그녀의 팔꿈치 아래쪽에 손을 대어 에스코트했다.) — D.du Maurier: 1

"This way," said Gray Lawrence, and he *put a hand to* Toni*'s elbow*

put one's hand under [beneath] someone's elbow

to guide her to the right, through the crowds of pedestrians and window-gazers. The small gesture was part of his courtesy code, no doubt, but she was acutely aware of the pressure of his fingers on her arm and wished he would take them away. (그레이 로렌스는 "이쪽입니다."라고 말하며 혼잡한 인파 속에 있는 토니의 팔꿈치 아래에 손을 대어 오른쪽으로 안내했다. 그의 행동은 어디까지나 예의를 차리기 위한 것이었지만, 그녀는 자신의 팔에 느껴지는 그의 손가락이 신경 쓰여 손을 그냥 떼어 줬으면 좋겠다고 생각했다.) — M.Lewty: 1

put one's hand up ➡ raise one's hand

The last words produced a burst of handclapping. He *put up a hand* for silence, and went on. (그 마지막 단어가 엄청난 박수갈채를 일으켰다. 그는 조용히 해 달라며 한 손을 치켜들고는 연설을 계속했다.) — A.Hailey: 8

She *put her hand up* in a helpless fluttering gesture and continued in a lowered voice. "What do I care what other people say? Do you think they could say more about me or my family than they already have?…" 〔자신에 대한 악의로 가득한 소문이 퍼진 상황〕 (그녀는 한 손을 번쩍 추켜올리며 어쩔 수 없다는 시늉을 해 보였다. 그러더니 목소리를 낮춰 "남들이 떠드는 소문 따위는 신경 쓰지 않아. 이미 나와 가족에 대해 떠들 만큼 떠들었는데 더 나올 말이 있겠어?"라고 말했다.) — J.McIlvaine

put one's hands up ➡ raise one's hands

She looked at Nim, *putting up her hands* in a gesture of helplessness. Resigned, … he told her, "Okay." (그녀는 어쩔 도리가 없다고 양손을 번쩍 쳐들며 님을 바라보았다. 체념한 듯 그는 "알겠다." 하고 말했다.) — A.Hailey: 8

Willy: *Put up your hands*. Goddam you, *put up your hands*! 〔두 팔을 축 늘어뜨린 아들에게 화가 난 상황〕 ("두 손을 번쩍 들어! 제기랄, 양손을 번쩍 치켜들란 말이야!") — A.Miller

put one's hand [hands] (up) to one's cheek [cheeks] ➡ put one's hand(s) (up) to one's face

"But Anne! Oh dear, I must think about this." Sally *put her hands up to her cheeks*,···. 〔지금 결정해야 한다는 앤의 재촉을 받은 상황〕 (샐리는 "하지만 앤, 난 좀 더 찬찬히 생각해 봐야겠어."라고 말하며 두 손을 볼에 갖다 댄다.) — B.Cartland: 2

She *put hands to* pale *cheeks*. She had grown unbearably tense and experienced a frightened trembling inside which she knew must not under any circumstances be allowed to show. (숨을 쉬기 힘들 정도로 긴장감이 점점 심해져 몸이 부들부들 떨렸기 때문에 그녀는 창백해진 볼에 손을 댔다. 그녀는 어떠한 상황에서도 이런 모습을 보여서는 안 된다는 걸 알았다.) — L. Peake: 4

put one's hand(s) (up) to one's face 얼굴에 손을 가져다 대다. ⟪붉게 달아오른 얼굴을 감추며 부끄러워하는 동작; 우는 얼굴을 감추는 동작; 놀람, 공포, 당황, 동요에 수반되는, 주로 여성의 자기 접촉 동작; 한 손의 경우, 생각을 하거나 타인의 말을 곰곰이 생각하며 들을 때 등⟫ 유 cup one's hands over one's face / put one's hand [hands] (up) to one's cheek [cheeks] / put one's PALM [palms] to one's cheek [cheeks]

She *put her hands up to her face* and cried involuntarily, "Oh God! How can I tell you?" (그녀는 두 손을 얼굴에 가져다 대고는 저도 모르게 울먹이며 "세상에! 내가 어떻게 그런 얘기를 해요?"라고 소리쳤다.) — B.T.Bradford

"And I was thinking how adorably pretty you look···." "Oh!" she said under her breath and *put* two slender *hands up to her* hot *face* to hide it from him. ("당신이 참 사랑스럽고 예쁘다는 생각이 들었어."라는 이야기를 들은 그녀는 "오!" 하고 숨을 내뱉고는 부끄러워 얼굴을 감추려는 듯 붉어진 볼에 가느다란 두 손을 가져다 댔다.) — D.Robins: 8

raise one's hand 한 손을 올리다. ⟪발언을 하기 위한 신호, 타인의 주의를 끌기 위한 신호; 집단에서 결정을 내릴 때 의사를 표시하는 신호; 이름이 불렸을 때 본인이라는 것을 알리는 신호; 선서할 때; 타인의 언동을 제지하기 위한 '잠시만', '기다려'의 의미를 가진 신호, 정숙을 요구하는 신호; 위로하는 동작; 상대를 때리려는 동작; '그래서 어쩌라고?', '뭐 어쩌란 얘기야?'와 같은 성의 없고 의욕 없는 모습; 멀리 있는 상대에게 인사하는 동작 등) 유 hold one's hand up / lift one's hand / put one's hand up / put one's PALM up / raise one's PALM

He always sat in the front row at every lecture and filled page after page with frantic scribbling, but would never *raise his hand* or ask questions either during or after class. (그는 모든 강의에서 제일 앞줄에 앉아 엄청난 기세로 필기를 하지만 손을 들거나 질문을 하는 일은 전혀 없었다.) — E. Segal

On Saturday, a telegraph boy came into the newsroom shouting out, "Hallie Duer." I *raised my hand*, and he said, "Telegram from Chicago." (토요일, 전보 담당 소년이 "헤일리 듀어 씨."라고 큰 소리로 부르며 편집실 안으로 들어왔다. 나라고 손을 들자 그는 시카고에서 전보가 왔다고 말했다.) — S. Streshinsky

Edwin had made her swear not to tell, and she had even had to say, "Cross my heart and hope to die," as a reassurance to Edwin, making the appropriate gesture as well, crossing her heart and *raising her* right *hand* solemnly. (에드윈은 두 사람의 비밀스러운 대화를 다른 사람에게 절대 말하지 말라며 소녀에게 다짐을 받았다. 그래도 안심이 되지 않는지 소년은 소녀에게 맹세의 문구를 읊으며 가슴에 십자를 긋고 오른손을 올려 서약하는 동작까지 시켰다.) — B. T. Bradford

"I want to speak to you alone, mother." Caroline had *raised her* thin *hand*. "At this hour?" she said. (딸이 둘이서만 얘기하고 싶다고 하자 캐럴라인은 의욕 없는 모습으로 야윈 오른손을 들어 올리며 "이런 늦은 시간에?"라고 말했다.) — J. Cooper: 4

The senator *raised an* admonitory *hand*. "I entreat you; please hear me out…" 〔상대가 자신의 말을 끊고서 발언하려는 순간〕 (상원의원은 진정하라는 듯 손을 들어 올리더니 "내 말을 끝까지 들어 보세요."라고 말했다.) — A. Hailey: 4

"Barney, I want you to stop working yourself to death. For the rest of the time you're at Columbia, I'll pay all your expenses so you can just study." Barney *raised his hand* to protest but she cut him off. (어머니는 "바니, 나는 네가 고된 아르바이트를 그만했으면 싶다. 대학을 다니는 동안 필요한 비용은 다 내가 댈 테니 학업에 전념하렴."이라고 말했다. 아들은 거절의 의사를 표하고자 손을 들었지만 어머니가 그의 말을 가로막았다.) — E. Segal

He *raised his hand* as if to strike her. Blackie, astonished and enraged…, moved with swiftness, catching Gerald's arm as it came down, neatly deflecting the blow. (제럴드는 그녀를 한 대 칠 것처럼 손을 치켜들었다. 이를 보고 놀라 화가 난 블래키가 막 내리치려고 하는 그의 팔을 붙잡았다.) — B.T.Bradford

He *raises a hand* in instant apology. "Sorry, sorry. There is nothing you can say about that young woman which doesn't produce a double entendre." 〔상대방이 강하게 비난하는 것을 겸허하게 받아들이는 상황〕 (그는 한 손을 가볍게 들어 올려 즉각 사과한다. 그는 "이러쿵저러쿵 소문이 무성한 그 여성에 대해서는 어떤 얘기를 해도 저변에 음탕한 뉘앙스가 깔려 버린다는 것을 고려했어야 했다."며 자신의 부주의를 거듭 사과한다.) — S.Lowe & A.Ince

He said something to the older man and they both looked in his direction, and Benjamin smiled and *raised a hand* courteously. (그는 나이가 지긋한 남자에게 뭐라고 말했고, 두 사람은 벤자민이 있는 쪽을 바라보았다. 벤자민은 얼굴에 미소를 짓고 예의 바르게 손을 들어 올렸다.) — M.Lewty: 1

★ NB: raise one's hand라는 표현은 손을 올리는 것과 동시에 나타나는 제스처의 유형에 따라 상당히 다른 의미를 가지게 된다.

발언 요청, 의사 표시, 주의 환기 손가락 전부를 편 상태 또는 검지만 편 상태(raise one's finger)로 손을 들어 올린다. 올리는 방향은 상황에 따라 다른데, 팔꿈치를 펴서 팔을 높게 위로 뻗거나 팔꿈치를 굽히고 팔이 어깨와 수평이 되도록 들어 올린다.

선서 손을 펴서 손가락을 모두 붙인 상태로 팔꿈치를 굽혀 어깨 높이로 올린다.

언동 제지, 정숙의 신호 팔꿈치를 굽혀 아래팔을 위로 올리고 제지하고자 하는 발언 또는 박수, 웅성거림 등이 일어나는 방향으로 한 손 또는 두 손의 손바닥을 향하게 한 뒤 견제하듯 내민다. 억제력의 중심이 손바닥에 있기 때문에 종종 put up one's palm(s), raise one's palm(s) 등으로도 표현된다.

발언 요청, 의사 표시

선서

언동 제지, 정숙

위로 손바닥을 살짝 앞으로 숙이고 위에서 아래로 살며시 누르듯 하며 손을 앞으로 내민다.

관심 없음 한쪽 어깨를 한껏 움츠리고 팔꿈치를 굽혀 손바닥을 위로 향한 상태에서 그다지 흥미가 없다는 듯 손을 올린다. 두 손을 쓰는 경우도 종종 있다.

raise one's hand (인사)

먼 곳에 있는 사람에게 인사 인사할 상대를 향하여 손바닥을 활짝 편 상태에서 팔을 번쩍 올린다. 이때 손목을 가볍게 안쪽에서 바깥쪽으로 흔드는 경우도 있다.

raise one's hands **양손을 들어 올리다. ((항복의 신호; '어쩔 도리가 없다', '맙소사', '두 손 다 들었다' 등의 속수무책, 포기, 곤혹의 동작; 놀람이나 쇼크에 수반되는 동작; 상대를 위로하는 동작; 정숙을 요청하는 신호, 언동을 제지하는 신호 등))** 유 hold one's hands up / lift one's hands / put one's hands up / throw one's hands up (in the air)

Quaking, Jack *raised his hands* above his head. A husky sergeant opened the car door. "Keep your hands where they are," he ordered. (잭은 덜덜 떨며 두 손을 머리 위로 치켜들었다. 건장한 경찰이 그의 차 문을 열고는 두 손을 그대로 들고 있으라고 명령했다.) — B. Taylor

"All right." Nicholas *raised his hands*. "Don't get mad at me now. I'm on your side." (니콜라스는 상대를 진정시키려는 듯 두 손을 들고 "나에게 화내지 마. 나는 네 편이야."라고 말했다.) — L. Auchincloss: 2

She *raised her hands*, and the cheering and applause died down almost instantly. (그녀가 박수갈채를 쏟아 내는 청중에게 정숙해 달라는 듯 두 손을 올리자 순식간에 조용해졌다.) — K. Follett: 3

"··· I look in the bedroom window just to check if everything's all right. And the things I've seen!" She *raised her hands* and rolled her eyes. ("모든 것이 제대로 되어 있나 점검하려 침실 창문을 슬쩍 들여다보다 그 일을 보고 말았다."라고 말하며 그녀는 학을 뗐다는 듯 두 손을 치켜들고는 눈알을 굴렸다.) — B. Smith: 1

"What the devil do you mean by that crack?" "No harm meant," said Abbot, *raising his hands* in mock fright. (가시 돋친 빈정거림을 들은 상대는 도대체 무슨 뜻으로 한 말이냐며 물고 늘어졌다. 수도원장은 악의는 없는 말이었다고 대답하며 '어이쿠, 무서워라.'라는 듯 두 손을 번쩍 들어 올렸다.) — D. Bagley

★ NB: 정숙 요청의 신호, 언동 제지의 신호, '어쩔 수 없음'의 신호, 위로의 신호 등으로 손을 위로 올릴 때는 한 손을 올리든 양손을 올리든 의미에는 별 차이가 없다. 하지만 항복의 신호일 경우에는 반드시 두 손을 사용해야 한다. 깜짝 놀랐을 때, 겁나서 벌벌 떨 때 등 반사적으로 손이 올라가는 경우도 통상 두 손이 올라간다. 두 손을 사용하는 경우 의미에 따라 손의 움직임을 아래와 같이 특징지어 구분할 수 있다.

항복의 신호 Hands up! 명령에 따라 손을 위로 올릴 경우, 보통은 팔꿈치를 펴고 두 손을 높게 올리고 손에 아무것도 갖고 있거나 감추고 있지 않다는 것을 보여 주기 위해 손바닥을 상대에게로 향한다. 다만 이 동작은 장시간 지속하기 힘들기 때문에 두 손을 머리 뒤에 대거나(→ put one's hands behind one's head) 정수리 부근을 손바닥으로 덮듯이 두 손을 머리 위로 올리기도 한다(→ put one's hands on one's head (2)).

놀라거나 무서워하는 모습 머리보다 약간 높은 위치에 두 손을 올리고 손바닥을 상대방을 향하게 한 뒤 손 뒤편에서 몸을 슬쩍 움츠리듯 한다. 무서운 것으로부터 자신의 몸을 보호하려는 방어적인 동작이다. '어이쿠, 무서워라.'라는 의미를 농담조로 말할 때도 이런 동작을 한다.

raise one's hand before one's mouth 입 앞으로 손을 올리다. ((기침, 재채기 등을 할 때))

He *raised his hand before his mouth* and coughed. (그는 입 앞으로 손을 올리고 기침을 했다.) — K. Brown

raise one's hand to [against] someone 상대방에게 손을 올리다. ((상대를 때리려는 동작; 완력을 휘두른다는 의미의 비유 표현))

"How dare you *raise your hand to me*! When I think how I suffered bringing you up into the world; the sacrifices I made for you…." ("네가 감히 나에게 손을 올리다니! 너를 번듯하게 키우기 위해 내가 어떤 고생을 했는지, 어떤 희생을 치렀는지 아니…."라며 어머니는 언성을 높인다.) — B. Smith: 1

Danielle once threw a can of soup at Leonard…, but Erica has never *raised her hand against* anyone. (다니엘은 레너드에게 수프 깡통을 던진 적이 한 번 있었다. 하지만 에리카는 타인에게 손을 올리는 시늉조차 한 적이 없다.) — A. Lurie: 1

raise someone's hand(s) to one's lips 상대방의 손을 자신의 입술 근처까지 가지고 오다. ((키스를 하기 위한 친밀한 접촉 동작))

As they drove back towards Belgrave Square, he took her hand and *raised it to his lips* with what was to him a familiar gesture. (파티에서 돌아오는 차 안에서 그는 아주 빤한 제스처로 그녀의 손을 잡아 자신의 입술에 가져다 댔다.) — B. Cartland: 6

raise one's hand(s) to one's throat ➡ put one's hand(s) to one's throat

"It will be a shock to you…. Poor Roger's dead." Flora drew away from him, her eyes dilating with horror. "When?" she whispered. "When?" "Very soon after you left him, I'm afraid," said Blunt gravely. Flora *raised her hand to her throat*, gave a little cry, and I hurried to catch her as she fell. (로저 숙부의 죽음을 전해 듣고 플로라는 무서운 나머지 뒤로 멈칫 물러서며 눈을 크게 떴다. 그러고는 조용히 "언제 돌아가셨나요?"라고 물었다. 숙부가 그녀와 헤어지고 바로 죽었다고 하자 그녀는 충격을 받았는지 목에 손을 대고 울음소리를 높이며 풀썩 쓰러져 버렸다.) — A.Christie: 5

raise one's **hand (vertically) beside** one's **mouth** 손을 입 옆에 세우다. 손으로 입가를 가리다. ((비밀 이야기를 할 때-손가락을 쭉 편 손으로))

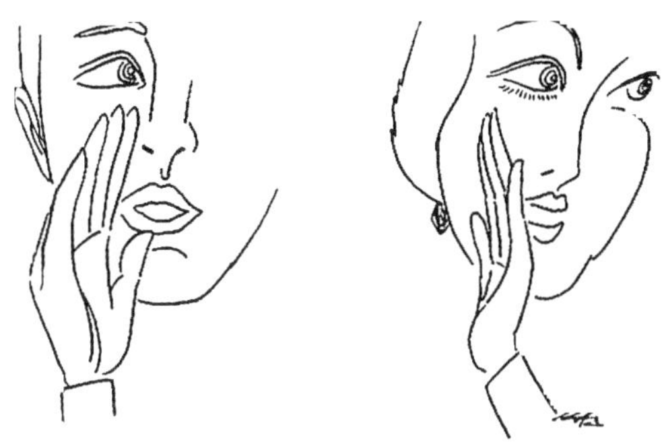

raise one's hand beside one's mouth

She made a confidential gesture, *raising her hand vertically beside her mouth*. "Just between you and me, this isn't the first time he's had trouble with her." (그녀는 손을 입가에 대고 비밀 이야기를 할 것이라는 제스처를 취하고는 "비밀인데 말이야, 그가 그녀와 싸운 건 이번이 처음이 아니야."라고 말했다.) — R.Macdonald: 7

rake one's **hand through** one's **hair** ➡ run one's hand through one's hair

Raking his hand through his gray *hair*, Charles shook his head, trying to dissuade Jason. "My house isn't in any condition to give lavish parties—" (찰스는 손으로 하얗게 센 머리를 쓸어 넘기며 머리를 가로젓더니 "우리 집은 근사한 파티를 열 수 있는 상태가 아니야."라며 제이슨을 단념시키려 했다.) — J.McNaught

reach for someone's **hand(s)** 상대방의 손을 잡기 위해 손을 뻗다.

"I have been totally, gloriously, happy this year." Faith smiled as if I had done something to make her proud. She *reached for my hand* and squeezed it. (페이스는 "올해는 완전히 영광스럽고 행복한 해였다."라고 말하며 내가 마치 그녀를 자랑스럽게 해 준 무어라도 되는 양 미소 지었다. 그러고는 손을 뻗어 나의 손을 잡더니 꽉 쥐었다.) — S. Streshinsky

Emma *reached for his hand*, pulling him to her. "And you, too, Blackie." She attempted to laugh. "Don't either of you get into any scrapes—" She stopped, her lips shaking. 〔전쟁터로 나가는 남자들을 배웅하는 상황〕 (에마는 손을 뻗어 그의 손을 잡아 자기 쪽으로 끌어당겼다. 그녀는 웃으며 작별의 말을 해 주려고 블래키에게 "위험한 일 당하지 않았으면 좋겠어."라고 하다 말을 잇지 못하고 입술만 바르르 떨었다.) — B.T. Bradford

rest one's hand [hands] on someone's shoulder [shoulders] ➡ put one's hand [hands] on someone's shoulder [shoulders]

"It's··· over?" Without answering Coleman reached out his hand. He let it *rest on* the other'*s shoulder*. 〔생사를 헤매던 신생아가 결국 숨을 거둔 상황〕 ("결국 죽은 겁니까?"라는 질문에 콜먼 선생은 아무 대답 없이 손을 앞으로 내밀어 그의 어깨에 얹었다.) — A. Hailey: 2

rub one's hands (together) 손을 비비다. ((일이 잘 되어 감에 대한 기대, 만족감, 성취감을 나타내는 동작; '어디 한번 해 볼까?' 하는 행동 개시의 동작; 상인 등의 싹싹한 응대; 빠르게 비비는 경우는 차가운 손을 따뜻하게 만드는 동작; 천천히 비비는 경우는 상대의 기분을 맞추려는 아첨의 동작; '어떻게 해야 할까?' 하고 생각할 때 등))
유 rub one's PALMs (together) 참 wring one's hands

"Hello, Mrs. Hewitt," Joe said, taking off his cap and struggling out of his coat. He hurried over to the sink, *rubbing his hands* to dispel their iciness. (조는 집에 돌아와 휴잇 아주머니에게 인사하며 방한용 모자와 코트를 벗었다. 그는 꽁꽁 언 손을 비비며 서둘러 주방 싱크대로 갔다.) — B.T. Bradford

"Is that enough?" she asked over her shoulder. "Admirable," declared the little man, *rubbing his hands*. 〔포와로의 요청으로 여자가 전날의 상황을 재현한 상황〕 ("이 정도면 됐나요?" 하고 그녀가 어깨 너머로 물었다. 이에 키가 작은 포와로는 손을 비비며 "아주 좋다."라고 말했다.) — A. Christie: 5

"What on earth can be the matter with him?" I asked. "He's looking up at the numbers of the houses." "I believe he is coming here," said Holmes, *rubbing his hands*. "Here?" "Yes, I rather think he is coming to consult me professionally…." (창밖을 보니 한 집 한 집 주소를 확인하며 걷고 있는 남자가 눈에 들어왔다. 홈즈는 "그는 사건을 의뢰하기 위해 나에게 오고 있는 것이 분명해." 하며 기대에 찬 듯 손바닥을 비볐다.) — A.C.Doyle: 1

The landlord came bowing, *rubbing his* dry *hands together*, but when he saw that his visitor was quite unattended, his manner changed. (주인은 고개를 굽실대고 마른 손을 비비며 다가왔다. 그러나 손님이 아무도 데려오지 않았음을 보고는 금세 태도를 바꿨다.) — G.Heyer: 1

As he entered he was *rubbing his hands together*. "I do apologize, Mr. M," the senator said courteously, "for bringing you here on Christmas Day…." (상원의원은 죄송스럽다는 듯 손을 비비며 방으로 들어와 "크리스마스인데 여기까지 오시게 해서 미안합니다."라고 정중하게 사과했다.) — A.Hailey: 4

★ NB: rub one's hands는 두 손바닥을 마주 비비는 동작과 손등과 손바닥을 마찰하는 동작 두 가지 모두를 표현한다. rub one's palms는 손바닥을 마주 비비는 동작을 객관적으로 묘사한 것이다. 보다 널리 사용되는 rub one's hands는 만족이나 기대를 나타내는 비유 표현으로도 사용된다.

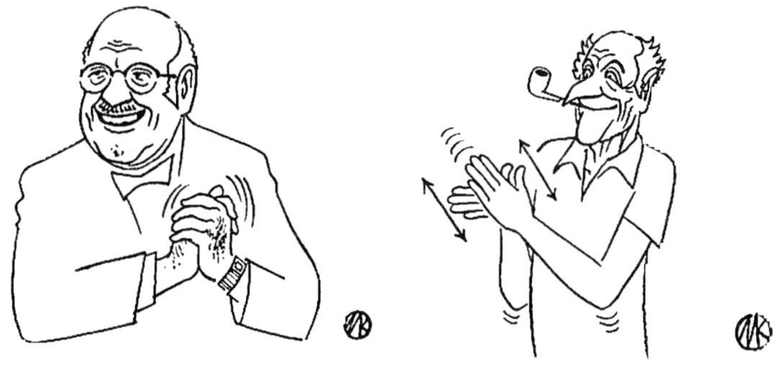

rub one's hands (together) **rub one's palms (together)**

★ **영일비교** rub one's hands로 표현하는 영미인의 동작은 크게 두 가지로 나뉜다. 첫 번째는 만족감을 나타내는 것으로 흐뭇한 표정을 지으면서 손을 힘차게 앞뒤로 문지르는 동작이다. 이때 만족감에도 두 종류가 있다. 하나는 '잘됐다', '됐다', '해냈다'라는 의미에서 이미 일어난 일에 기뻐하는 마음이다. 다른 하나는 '잘 풀릴 것 같은 이야기다', '됐다, 됐어', '슬슬 해 볼까'라는 의미가 담긴 앞으로 일어날 일에 두근거리는 기대감이다. 영미 소설에서 사용되는 예만 보면 후자의 의미로 쓰일 때가 많다. 두 번째는 상대방의 기분이 좋은지 나쁜지 마음 졸이면서 무기력한 웃음을 띠고 상대

의 모습을 살피며 아첨하는 몸짓이다. 이때는 두 손을 마주 쥐고 손바닥을 좌우로 비비거나 손등과 손바닥을 서로 비빈다. 이것은 상대의 기분이 상할까 두려워 내심 조마조마하면서 그 자리를 얼버무리려는 마음이 손의 움직임으로 나타난 것인데, 여유가 없어짐에 따라 손이 더욱 비틀어질 듯한 모양이 된다. 이렇게 된 손을 영어에서는 wring one's hands라는 별개의 표현으로 나타내기도 한다.

rub one's hands에 대응하는 일본어로는 '손을 비비다'라는 뜻의 '手をする[すり合わす]'와 '手をもむ'가 있다. 일본 소설에 사용되는 예를 보면 두 가지를 특별히 구별하지 않고 어느 쪽이나 "됐다, 됐어."라며 흐뭇하게 웃는 상황, 굽실굽실하며 상대의 기분을 맞추는 상황, 상대에게 변명할 말을 찾지 못해 조바심 내는 상황 등에 두루 사용한다. 영어의 rub one's hands와 겹치는 부분이 매우 많다고 볼 수 있다.

두 언어의 차이는 다의적인 이 동작의 중심 의미가 무엇인가, 또 관용구로 쓰였을 때 비유하는 의미는 무엇인가에 있다. rub one's hands라는 동작의 중심 의미는 잘될 것 같다는 기대감이고 비유적으로도 같은 의미로 쓰일 때가 많다.

Kissinger smiled and nodded, and Haldeman said nothing, but had a look of 'hand-rubbing expectation.' [외교문제의 해결 전망에 대한 태도] (닉슨 대통령의 국가안전보장문제 담당 보좌관 키신저는 싱글벙글 웃는 얼굴로 끄덕였고, 보좌관 홀드먼은 아무 말도 하지 않았지만 잘 풀릴 것 같다는 만족스러운 표정을 지었다.) — *Time*, 1976

일본어 표현 '手をする'와 '手をもむ'(또는 'もみ手をする') 중에서 관용구에 안정적으로 편입된 것은 후자다. 그리고 '手をもむ'라고 하기보다 'もみ手(する)'의 형태로 관용화해 쓰인다. 여기에는 상대의 안색을 보면서 알랑거리는 웃음을 지으며 어깨와 허리를 한껏 낮추어 상대를 추어올리는 비굴한 자세가 있다. 『다이지린』에서는 'もみ手(두 손을 비비는 손놀림)'에 흐뭇함이나 기쁨의 요소가 있다고 인정하지 않고, '부탁하거나 사과하거나 아첨할 때의 동작'이라고 정의한다. 이것이 비유적으로 쓰일 때는 이를테면 '두 손을 비비는 외교(もみ手外交, 비위 맞추기 외교)'라는 표현에서 드러나듯 '상대의 안색만 신경 쓰는 무기력한 태도'와 연결된다. 기분 좋은 만족감이 배어 나오는 자세와 연결되는 rub one's hands와는 대조적이다.

rub one's hand(s) against [on] one's pants [shirt, etc.] **손바닥을 바지에 문지르다. 《손의 물기를 닦아 내는 실용적인 동작; 긴장, 불안 등으로 땀이 난 손을 닦는 신경질적인 동작》** **유** wipe one's PALM(S) on one's shirt [pants, etc.]

Marc rose, felt unsteady, braced himself, *rubbed his hands against his pants* to remove the sweat from his palms and followed the anonymous man through the outer office into the Director's sanctum. (마크는 정체불명의 남자의 지시에 따라 일어났다. 다리가 후들후들 떨렸지만 마음을 다잡고 손바닥에 축축하게 밴 땀을 바지에 닦고 정체불명의 남자의 뒤를 따

라 좀처럼 발을 들인 적 없는 장관실로 들어갔다.) — J. Archer: 3

rub one's hand over one's eyes ➡ pass one's hand across one's eyes

The party director *rubbed a hand over his eyes* to relieve their tiredness. Since the Prime Minister's return from Washington, he had spent most of the intervening hours at his desk. (당 중역은 눈의 피로를 완화시키기 위해 손으로 두 눈을 비볐다. 수상이 워싱턴에서 돌아온 이래, 그는 대부분의 시간을 책상에 앉아 일했다.) — A. Hailey: 4

rub one's hand over one's face ➡ pass one's hand across one's face

Jenner yawned, *rubbed his hand over his face*, noticing several patches of whiskers he missed shaving…. (제너는 하품을 하며 얼굴을 문질렀다. 미처 면도하지 못한 수염이 드문드문 손에 만져졌다.) — D. R. Meredith

run one's hand across [around] (the back of) one's neck 목 뒤를 손으로 문지르다. ((짜증, 뒤틀린 기분 등을 억제하는 동작; 근육이 뭉친 것을 풀어 주는 동작)) 유 rub (the back of) one's NECK

Jason *ran his hand across the back of his neck*, irritably massaging the tense muscles. "You can't. If either of us cries off now—so soon after your arrival in England—there will be a great deal of unpleasant speculation about which of us cried off, and why." (약혼녀의 가족은 영국에 온 지 얼마 안 되어 제이슨에게 파혼 이야기를 꺼냈다. 그는 "파혼 얘기가 알려지게 되면 사람들이 우리 중 누구 한 사람의 어떤 이유 때문에 이런 지경이 됐다는 둥 불쾌한 추측을 하며 수군댈 것이다. 파혼은 절대 용납할 수 없다."라며 단칼에 잘랐다. 그는 거슬리는 신경 때문에 뻣뻣하게 굳은 근육을 풀려는 듯 짜증스럽게 목 뒤를 문질렀다.) — J. McNaught

He seemed to be finding it difficult to know where to begin. He *ran a hand round the back of his neck* impatiently…. (그는 어디서부터 얘기를 시작해야 좋을지 고민하는 듯 목 뒤를 손으로 문질렀다.) — A. Mather

run one's hand across one's face ➡ pass one's hand across one's face

"Nature plays strange tricks. You know, he is a lovely-looking boy. He has a sweet face and the most gentle eyes. And the mind of a five-year old." Paul *ran his hand across his face* wearily. (폴이 자신에

게 장애를 가진 아들이 있다는 사실을 고백하는 순간] (폴은 "자연이란 이상한 농간을 부린다. 내 아들은 착한 눈과 예쁜 얼굴을 지닌 아주 사랑스러운 소년이다. 그리고 다섯 살배기 정도의 지능을 가지고 있다."라고 말하고는 기진맥진한 듯 손으로 얼굴을 문질렀다.) — B.T.Bradford

run one's hand across one's forehead ➡ pass one's hand across one's forehead

He *ran his hand across his forehead*, pushing back his hair and sighed. "Squeezed for time. Tell you what. I'm rushing back to the office. Give you a lift. We can talk in the cab." [의뢰인에게 불리한 증거물이 발견되어 얼마 남지 않은 시간 동안 좋은 대비책을 만들어 내야 하는 상황] (그는 이마에 늘어진 머리카락을 쓸어 올리고 손으로 이마를 문지르며 한숨을 쉬었다. 그러고는 "시간이 없으니까 사무실로 돌아가는 차 안에서 얘기를 한번 해 보자."라고 제안했다.) — Z.Popkin

run one's hand over someone's hair 상대방의 머리카락을 쓰다듬다. ((애정을 담은 친밀한 접촉 동작; 주로 부모가 아이에게 또는 연인끼리 행하는 동작)) 유 run one's FINGERs over someone's hair

"She's fair-haired and blue-eyed." He looked at her and lifted *his hand* to *run over her hair*. There was the old possessiveness still inherent in the action. She shrank away. [여자가 과거 자신을 버린 남자와 재회한 상황] (그녀는 "태어난 딸은 금발에 파란 눈이야."라고 말했다. 그는 그녀를 바라보며 손을 뻗어 그녀의 머리카락을 매만졌다. 그 동작에서 과거의 소유욕이 느껴져 그녀는 몸을 움츠렸다.) — P.Peake: 4

run one's hand through one's hair 손으로 머리를 빗다. ((감정의 동요, 짜증 등을 가라앉히려는 동작; 곤혹스러워하며 생각에 잠길 때의 동작)) 유 pass one's hand through one's hair / rake one's hand through one's hair / run one's FINGERs through one's hair

Kennedy fidgeted, *ran his hand through his hair*, grimaced at the news that it would take $ 40 billion and ten years to get a man on the moon…. [케네디 대통령 시절 발족한 우주비행계획을 회고하는 기사] (인간을 달에 보내는 데 400억 달러와 10년의 세월이 걸린다는 소식에 케네디는 얼굴을 찌푸리며 짜증스러운 듯 손으로 머리카락을 빗어 넘겼다.) — *Time*, 1986

one's hand [hands] shakes [shake] 손이 덜덜 떨리다. ((긴장, 공포, 불안 등으로 인해))

He hurried down the corridor, down the stairs, and out into the garden. As he lit a cigarette, *his hands were shaking*. [누군가에게 쫓기는 상황] (그는 재빨리 복도를 지나 계단을 내려가 정원으로 나갔다. 담배에 불을 붙이는 그의 손이 덜덜 떨렸다.) — J.Deveraux

My hands were undeniably *shaking* as I ripped open the envelope. [시험 결과를 확인하는 순간] (편지 봉투를 뜯는 나의 손은 틀림없이 덜덜 떨리고 있었다.) — Bette Greene

shake someone's hand ➡ shake hands

"Sandy. Rusty." He clasps me once briefly on the shoulder as he *shakes my hand*…. "Have you fellas ever been up here?" Raymond takes us on a tour. (레이몬드는 나와 악수하며 다른 한 손으로 나의 어깨를 가볍게 잡는다. 그는 "여기에 처음 온 것이냐?"라고 물으며 여행 중인 우리 일행을 안내한다.) — S.Turow

As Schubert's Fifth Symphony pounded out and the credits came up, Declan most uncharacteristically could be seen getting out of his chair and *shaking* Rupert *by the hand*. [TV 인터뷰 방송을 성공적으로 마친 상황] (주제곡인 슈베르트 교향곡 1번이 흘러나오고 화면에는 크레딧이 올라가기 시작했다. 대담 내용에 만족한 데클란은 그답지 않게 의자에서 벌떡 일어나 루퍼트와 악수했다.) — J.Cooper: 1

shake hands 악수하다. ((만나거나 헤어질 때; 경조사 때; 감사의 뜻을 나타낼 때; 행운을 기원할 때; 상대의 도전을 받아들일 때; 화해할 때; 협정을 체결하거나 교섭이 타결되었을 때 등)) 유 shake someone's hand

"… I owe you a note of thanks for getting him here in time." Charles said and *shook hands* with me formally. "You saved my son's life." ("아들을 이곳으로 늦지 않게 제때 데려와 주셔서 감사합니다. 당신은 아들의 생명의 은인입니다."라고 말하며 찰스는 정중하게 나와 악수했다.) — R.Macdonald: 8

Before he went overseas, he said to Eddie, "If we come back alive and in good shape, let's go into business together." They *shook hands* on it. (외국으로 나가기 전 그는 친구 에디에게 "우리 둘 다 무사히 건강한 모습으로 돌아올 수 있다면 함께 사업을 하자."라고 제안했다. 두 사람은 그렇게 하자며 악수를 나눴다.) — M.Miller

★ **영일비교** **악수와 handshake** 일본어로는 영어의 handshake를 악수라고 부른다. 이 일본어 이름은 문자의 의미만 보면 handclasp의 역어에 걸맞으나 쥔 손을 상하

로 흔드는 shake 부분은 나타내지 않는다. 그런데 사실 handshake는 손을 상하로 흔드는 움직임 때문에 특히 남성끼리 하기에 걸맞은 의례 행동이 되었다.

비교적 최근까지 인사로 악수를 하는 것은 일본인에게 낯선 문화였다. 그러나 남녀 사이에 애정을 표현하거나 가족 사이에 기쁨을 표현하는 몸짓으로 '서로 손을 잡다', '손을 서로 마주 쥐다'라는 의미의 악수는 일본에도 옛날부터 있었다(樋口, 1976). 형태도 의미도 다른 서구의 handshake가 일본에 소개되었을 때 일본인이 이것을 '손을 마주 쥠(手の握り合う)'으로 파악했기에 악수(握手)라는 역어가 정착된 것으로 보인다. 최근에는 일본인도 일정한 상황에서 인사로 서구식의 악수를 하게 되었다. 또한 '손을 마주 쥐는' 행위에 대한 옛날 의식이 남아 있어서 남녀가 헤어질 때 악수로 친밀감을 표현하는 등 특별한 친근감을 담은 인사로도 많이 쓰인다.

이에 비해 서구의 handshake는 특별히 애정이나 친밀감을 나타내지 않는다. 상호 관계가 우호적이라거나 적대적이지 않다는 것을 서로 인정하는 의례 행동일 뿐이다. 영미권에서 특히 소개받은 남성끼리 꼭 악수를 하는 것은 예의에 맞는 행위로 긴장을 누그러뜨리고 원만한 인간관계의 시작을 서로 확인한다는 데 의미가 있다. 부부나 연인이 악수를 하지 않는 이유도 악수에 이러한 서먹함이 있기 때문으로 볼 수 있다.

사회생활에 필요한 인간관계를 개척하고 유지하는 역할을 주로 남성이 맡았던 과거의 오랜 전통에 따라 악수는 지금도 남성끼리의 인사에 가장 많이 쓰인다. 물론 남녀 사이에서도 행하지만 여성끼리의 악수는 그다지 일반적이지 않으며 남녀가 함께 모인 자리에서 남자 대 남자, 여자 대 남자의 악수가 그대로 여자 대 여자로 이어지는 데 그친다. 여성만의 자리에서는 친밀한 정도에 따라 목례, 두 손의 handclasp, 뺨 맞대기 같은 인사를 나누는 것이 더 일반적이다. 또 본격적인 사회관계를 맺지 않는 아이들도 원칙적으로 배제된다. 그런 의미에서 handshake에는 일본의 '절'과는 다르다고 할 수 있다.

handshake의 역사 handshake가 인사로서 서구에 정착한 것은 지금부터 150여 년 전이라고 한다. 그보다 앞선 시대에는 인간관계에 따라 bowing, nodding, bending knees, kissing, embracing 등 다양한 형태의 의례 행동이 있었다(Wildeblood, 1965). 손과 손의 접촉은 handclasp의 형태로 존재하기는 했지만 사교적 인사로서가 아니라 계약이나 서약의 증표로만 쓰였다고 한다. 특히 중세에는 영주 사이의 종전 체결 의식으로서, 또는 봉건 영주에 대한 신하의 충성 표시로서 handclasp를 나누었다.

어느 시대부터 상하로 흔드는 움직임이 더해졌는지 확실하지는 않지만 셰익스피어의 『뜻대로 하세요(As You Like It)』에 "they shook hands and swore brothers"라는 구절이 나온 것으로 보아 16세기 무렵에는 이미 handshake가 되었다고 본다. 그러나 handclasp에 shaking이 더해진 후에도 서약이나 계약을 이행하는 성의를 피력하는 증표로 쓰였다는 점에서는 변화가 없었다. 이것이 일반적인 인사로 쓰이게 된 때는 19세기 초에 이르러서다. 18세기 후반, 산업혁명의 파도가 유럽 여러 나라로 퍼지면서 늘어난 중산 계급 사이에서는 상업상의 계약 교섭이 흔한 일이 되었다. 그리고 비즈니스와 사교가 한데 섞이면서 상업상의 관행이던 handshake가 사교상의 관행으로 쓰이며 평등한 인격을 확인하는 의례 행동으로 정착되었다(Morris, 1972).

handshake에는 위에 서술한 바와 같이 언약을 맺는(bonding) 의례 행동을 기원으로 한 흐름과 별개로 또 다른 흐름도 있다. 그것은 남성의 여성에 대한 hand-kiss라는 오랜 인사법을 기원으로 삼았지만 시대 변화와 더불어 이러한 흐름이 쇠퇴해 handshake에 합류하게 되고 남녀 사이의 인사법으로 쓰이게 되었다는 견해다(Morris, 1972).

handshake의 에티켓 이미 지적한 대로 handshake에 두 가지 기원이 혼재하는 까닭에 악수할 때 누가 먼저 손을 내미느냐 하는 예법상의 규칙이 복잡하다. 일설에 따르면 계약이나 서약의 악수는 무기를 쥐는 손인 오른손을 상대에게 보여서 상대에게 위해를 가할 의도가 없음을 나타내는 상징적 의미가 담겨 있다고 한다. 역학 관계에서 차이가 있을 때는 약자가 먼저 강자에게 경의를 표하는 것이 일반적인 의례 원칙이라는 점에서 악수할 때도 손을 먼저 내미는 것은 약자가 된다. 그러나 이것이 확실히 관행으로 확립된 것은 우열이 뚜렷하게 나타나는 시합 같은 경우로, 이때는 패자가 승자에게 먼저 손을 내밀게 되어 있다.

한편 hand-kiss에서 바뀐 인사로서의 악수에서는 누구와 악수를 할 것인지 선택할 수 있는 권리가 여성에게 있다. 또 여성이 손을 내밀지 않는 한 남성은 손을 내밀면 안 된다는 규칙도 있다. 이것을 확대해석하면 사회적으로 우위에 있는 사람에게 주도권이 있다는 뜻이 되어 의례서 등에서는 손을 먼저 내미는 사람은 원칙적으로 여성이나 연장자라고 가르친다. 다만 이 규칙이 통할 때는 어디까지나 속속들이 알지 못하는 사람이 상대일 때이고, 친한 사이에서는 눈앞에 있는 상대가 먼저 손을 내밀 때까지 기다리는 것이 오히려 무례한 행동일 수 있다.

같은 악수라도 만났을 때 하는 것과 헤어질 때 하는 것은 인사의 의미에 차이가 있다. 만났을 때 남성끼리 악수를 하는 것은 인사로서 매우 자연스러운 행동이다. 하지만 헤어질 때는 예의 바르게 거리를 두고 사귀어야 할 상대에게만 선택적으로 악수를 한다. 따라서 인간관계가 무르익어 서로 이름(first name)을 부르는 사이가 되면 헤어질 때는 보통 악수를 생략한다. 헤어질 때 하는 악수는 경의의 표현에 가까우며 아직 허물없는 사이가 아니라는 사실을 은연중에 나타내는 행위라고 보는 견해도 있다(Brosnahan, 1988).

또 사교적인 모임에서는 상대의 연령, 지위, 성별에 상관없이 만났을 때와 헤어질 때 초대의 주체가 손님에게 먼저 악수를 요구하는 것이 관례다. 이때는 평등주의가 철저하게 지켜진다(Wildeblood, 1965).

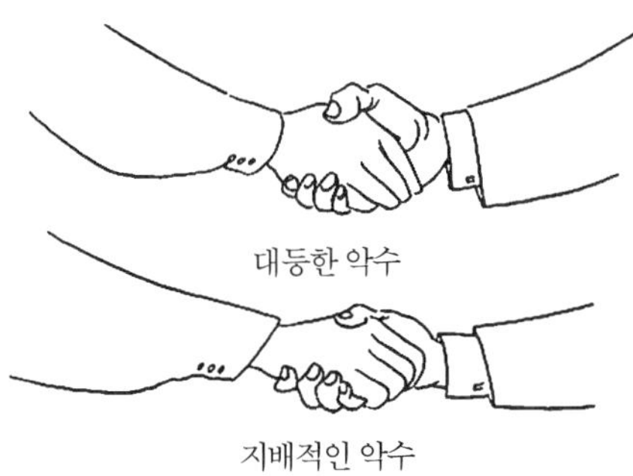

대등한 악수

지배적인 악수

악수의 형태 의례서 등에서 추천하는 표준적인 악수 형태는 힘차게, 시원시원하게 잡는 산뜻한 악수다. 악수하는 사람끼리 팔을 뻗으면 닿을 정도의 간격을 유지하며 손을 내민다. 이때 손바닥을 서로 마주 보게 세워 내미는 것이 대등한 인간관계를 상징한다(Pease, 1984). 내민 손은 서로 꽉 쥐어 두세 번 상하로 흔든 뒤 바로 손을 빼서 악수를 끝낸다. 악수를 할 때는 쥐는 힘의 세기(firmness)와 손을 흔든 뒤 접촉을 오래 끌지 않는 마무리(no prolonging)가 특히 중요하다.

악수를 절도 있는 의례 행위로 만들고 손의 다른 접촉 행위와 구별해 주는 점은 이러한 강력함과 간결함이다. 영미권에서는 동성 간의 접촉, 특히 남성끼리의 신체적 접촉에 신경을 곤두세운다. 악수할 때 손을 아래위로 움직이지도 않고 관습적으로 인정하는 시간보다 길게 잡으면 예의가 없는 것으로 여긴다(Brosnahan, 1988).

그러나 친한 친구와 오랜만에 만났을 때 혹은 위기나 역경을 함께해서 감정적으로 강하게 이어진 사람과 만났을 때라면 악수만으로는 전할 수 없는 마음을 왼손으로 거들어 나타내기도 한다. 이때 관계의 긴밀도나 감정의 세기에 맞추어 손을 대는 부분도 상대의 손목, 팔꿈치, 팔뚝, 어깨로 바뀐다. 손대는 부위가 팔뚝, 어깨로 올라감에 따라 표현하는 친밀감도 강해지는데, 이러한 행위가 자연스레 받아들여지려면 그만큼 가까운 관계여야 한다(Pease, 1984).

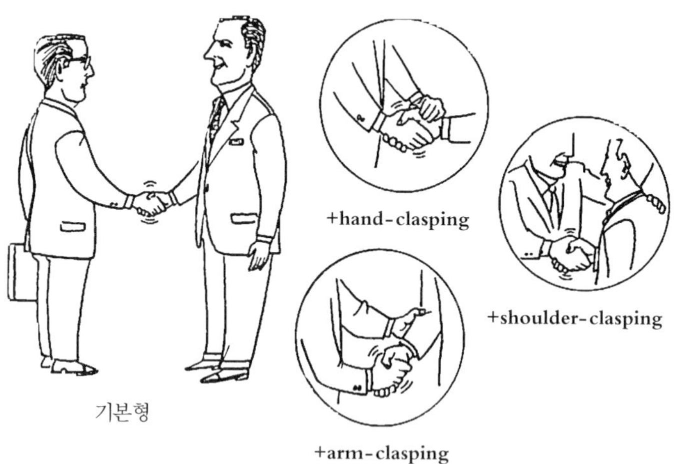

비표준적인 악수는 지나치건 모자라건 부정적으로 받아들여져서 인물의 평가를 깎아내린다. 만난 지 얼마 되지 않은 사람에게 친밀한 사이에서만 통용되는 악수, 즉 왼손으로 거드는 악수를 하면 상대방은 속셈이 있을지도 모른다고 의심한다. 표를 의식한 정치인들이 유세 현장에서 선거구민에게 이런 식으로 도에 지나친 악수를 하는 까닭에 이런 악수를 다소 경멸의 의미를 담아 politician's handshake라고 부르기도 한다.

힘찬 악수가 바람직하다고 해도 거친 사내인 척하는 남성이 곧잘 하는 악수, 즉 상대의 손이 꺾일 만큼 세게 쥐는 악수는 knuckle grinder나 bone crusher라고 불리며 기피된다. 다음은 그런 악수를 받는 쪽의 '피해'를 서술한 것이다.

Vosper's handshake was as manly as you could get, if you equated manliness with firmness of grip. James put his hands behind his back so that he could massage the one which had been injured…. (만약 악수의 악력 세기가 남자다움을 나타낸다고 할 수 있다면 그 남자는 비길 데 없이 남자다운 사람이었다. 제임스는 그 남자와 악수해서 아픈 손을 슬쩍 주무르기 위해 손을 뒤로 돌렸다.) — L. Mosley

힘이 넘치는 악수보다도 평판이 나쁜 것이 맥 빠진 limp handshake이다. 특히 손이 닿았을 때 흐느적거려 탄력이 없는 데다가 차고 끈적끈적한 땀이 배서(clammy) 죽은 물고기라도 잡은 것 같은 악수를 가장 나쁘게 본다. 이런 악수는 경멸의 의미를 담아 dead fish handshake라고 부른다. 영미인은 이런 악수를 무기력, 의지박약, 우유부단의 근거로 곧잘 판단한다.

shake someone's hand(s) off 상대의 손을 떨쳐내다. 《몸에 손이 닿는 친밀한 접촉을 거부하는 동작》

Rosaline *shook off* Trevor'*s hands* and stood up. "I have to go down there," she said. (로잘린은 남편 트레버의 손을 뿌리치며 벌떡 일어나 "아래에 좀 내려가 봐야겠어."라고 말했다.) — R. Lawrence

shake one's hands over one's head 머리 위로 손을 올려 맞잡고 흔들다. 《경기에서 우승한 사람 등이 환호하는 관중에게 보이는 동작》

shake one's hands over one's head

Now I, personally, in such a situation should have bounded out to the center with both hands aloft in a gesture of triumph, and I would probably have *shaken my hands over my head*, as Tom Wilson had told me was the proper thing for any world's champion to do at the end of a hard-fought but victorious fight. 〔시사회가 끝나고 무대에 오른 감독이 관객의 박수갈채를 받는 상황〕 (그때 내가 만일 그 감독이었다면 두 손을 높게 추켜올려 승리의 손짓을 해 보이며 무대 중앙으로 뛰어나갔을 것이다. 그리고 아마 머리 위에서 두 손을 맞잡고 흔들어 보였을 것이다. 예전에 톰 윌슨이 말하길 이것이 격렬한 싸움에서 영광스럽게 승리한 세계 챔피언들이 즐겨 하는 동작이라고 했다.) — K. Brown

one's hand shoots up 손이 번쩍 추켜올려지다. 《기세 좋은 거수 등》 유 raise one's hand

"How many people want to get rich?" he shouts to the throng, and several hundred *hands shoot up*. (강연회에 모인 사람들에게 강사가 "부자가 되고 싶은 사람 얼마나 있습니까?"라고 외치자 수백 명의 손이 번쩍 추켜올려졌다.) — *Time*, 1986

shove one's hand [hands] in [into] one's pocket [pockets] ➡ put one's hand [hands] in one's pocket [pockets]

I *shoved my hands* deep *into my pockets*, put my head down against the wind, and set off more quickly…. (나는 주머니에 두 손을 깊숙이 찔러 넣고 바람에 맞서 고개를 숙인 채 아까보다 더 빠르게 걸음을 재촉했다.) — A. Hyde

"Now, who do you wish to marry?" *Shoving his hands into his pockets*, Andrew grinned down at her enchanting face. "Who do you think I wish to marry, blue eyes?" (귀여운 말괄량이 소녀는 앤드류에게 "지금은 누구랑 결혼하고 싶어?"라고 진지하게 물었다. 소년은 겸연쩍은 듯 두 손을 주머니에 찔러 넣고 매력적인 얼굴에 미소를 가득 머금고는 "누구일 것 같아?"라고 되물었다.) — J. McNaught

sit on one's hands 멍하니 앉아 있다. 아무것도 하지 않고 앉아 있다. 《손을 엉덩이 아래에 깔고 앉기라도 한 듯 아무것도 하지 않고 있음을 나타내는 비유 표현》

"If anyone can get that airplane moved tonight," he conceded, "it'll be Joe. But meanwhile I don't want anybody *sitting on his hands* until he gets here…." 〔활주로 한가운데에서 여객기가 꼼짝 못하게 되자 공항 관리자가 정비원들에게 이야기하는 상황〕 ("오늘 밤 안에 그 여객기를 다시 움직이게 하려면 조가 있어야만 한다. 하지만 그가 도착할 때까지 아무것도 하지 않고 다들 멍하니 있어서는 안 된다.") — A. Hailey: 1

slam one's hand(s) (down) on the table [desk, etc.]
➡ bring one's hand(s) down on the table [desk, etc.]

In a sudden burst of temper Prime Minister *slammed his hands on the table* beside him. (수상은 갑자기 화를 내며 그의 옆에 있는 테이블을 두 손으로 쾅 내려쳤다.) — A.Hailey: 4

slap someone's hand 상대의 손을 탁 치다. 《주로 아이들의 장난을 멈추려 하거나 아이들에게 벌을 줄 때의 동작; 가벼운 질책, 비난을 의미하는 비유 표현》

Walter was an old friend of Torrance's but in this letter he *slapped* his friend'*s hand* for frivolity. (월터는 토랜스의 오래된 친구이나 이번 편지에서 월터는 친구의 경망스러움을 가볍게 비난했다.(비유적)) — A.Lawrence

★ NB: 성인 사이에서 가볍게 농담 식으로 이 동작을 하기도 하는데, 이 경우에는 give someone's hand a playful [light, etc.] slap 등의 문형으로 표현한다.

"Naughty boy!" Mrs. Dean scolded, *giving his hand a playful slap*. "If I didn't know that wicked tongue of yours, I should be very cross with you." (못된 말을 지껄이는 그에게 딘 부인은 "짓궂은 사람 같으니. 당신이 원래 독설가라는 걸 몰랐다면 화가 날 뻔했다."라며 그의 손을 장난스럽게 찰싹 때렸다.) — G. Heyer: 7

slap one's hand against one's forehead ➡ clap one's hand on one's forehead

"Does your mother know?" I shook my head. "Does your father?" I shook it again. Grandma *slapped her hand against her forehead*. "Be sure to tell them it's not my idea. Would I be in trouble!" (나의 갑작스런 방문에 놀란 할머니는 부모님이 여기 온 것을 알고 있느냐고 물었다. 내가 머리를 가로젓자 할머니는 낭패라는 듯 자신의 이마를 탁 치고는 나에게 "엄마, 아빠에게 이것이 내 머리에서 나온 일이 아니라고 꼭 말해야 한다. 그러지 않으면 내가 곤란해지거든."이라고 말했다.) — J.Blume: 3

slap one's hand against one's knee 무릎을 손바닥으로 치다. 《주로 남성이 포복절도할 때의 동작; 기분 좋게 맞장구치거나 동의할 때의 동작》 유 slap one's KNEE

Atkins looked at Emma and slowly sat up straight. He *slapped his hand against his knee*. "By God, I think you've got it, girl," he said softly. 〔에마의 제안이 마음에 든 상황〕 (앳킨스는 에마의 얼굴을 보며 서서히 등

을 펴서 바르게 앉더니 무릎을 탁 치고는 "바로 그거야."라고 부드럽게 말했다.)
— W.J.Lederer & E.Burdick

slap one's hand(s) (down) on the table [desk, etc.]
➡ bring one's hand(s) down on the table [desk, etc.]

His cool composure left him suddenly. He *slapped his hand on the arm of the chair*. "To hell with all this fencing," he shouted. (그는 갑자기 마음의 평정을 잃어 의자 팔걸이를 탁 치며 "빌어먹을 발뺌은 그만해."라고 소리를 질렀다.) — M.Lewty: 1

slice the air with one's hand(s) 허공을 가르듯 손을 내리치다. ((논의를 중단한다는 신호)) 유 cut the air with one's hands

"Well, that's something of the past now," Aunt Ada said, *her hand slicing the air* with a gesture of finality. (에이더 숙모는 "그것은 과거의 이야기다."라고 말하고는 이제 그 얘기는 그만하자는 듯 손을 아래로 내리쳤다.)
— Y.Whittal

slide one's hand through someone's arm 상대의 팔에 손을 찔러 넣다. ((팔짱을 끼기 위해))

"This has been quite arduous for you, what with the journey from home, and all these stairs and things." She *slid her hand through* Sandra's *arm*. (그녀는 "집에서 여기까지 오는 길에 계단이니 뭐니 많아서 꽤나 힘들었을 거야."라고 말하며 산드라의 팔에 자신의 손을 살짝 찔러 넣어 팔짱을 꼈다.) — E.Dawson

slip one's hand into someone's 손을 상대의 손 사이에 끼워 넣다. ((친밀한 접촉을 하기 위해))

"Oh, Daddy!" Cindy leaned closer to him, *slipping her hand into his* as the tears brimmed over and spilled on to her cheeks. [아버지의 불행을 알게 된 상황] (신디는 아버지에게 바짝 다가가서 "아빠!" 하며 아버지의 손 사이에 자신의 손을 끼워 넣었다. 그녀의 눈이 촉촉해지더니 이내 볼을 따라 눈물이 흘러내렸다.) — C.Jameson

speak with one's hand over one's mouth 입을 가리고 말하다. ((자신감, 적극성 등이 결여되어 보이는 습관적 동작)) 참 cover one's MOUTH with one's hand(s)

If an employee tends to *speak with his hand over his mouth*, he would reach out and brush it away. 〔전속 카운슬러가 종업원을 교육하고 있다는 한 미국 회사에 대한 소개 기사〕 (카운슬러는 입을 가리고 말하는 버릇을 가진 사람이 보이면 그 손을 치우곤 했다.) — *Time*, 1985

★ **영일비교** 말할 때 무심코 입에 손을 대어 입가를 감추는 버릇이 있는 사람은 일본과 영미권에서 모두 볼 수 있다. 일본에서는 이 몸짓을 내성적인 성격, 쑥스러움, 자신 없음과 연관 짓는다. 한편 영미권에서는 이것을 mouth-guard 등으로 부르며 본심을 감추려는 경계심의 표현으로 여긴다. 아이들이 이런 모습을 보이면 교사나 부모가 "If you don't have anything to hide from us, don't speak through your hand."라고 말하며 입을 가린 손을 떼게 할 만큼 이 몸짓을 싫어한다.

spit on [in] one's hand(s) **손에 침을 뱉다. 《승부나 힘쓰는 일을 시작하기 전에 의욕을 보여 주려는 동작; 미끄럼 방지를 위한 실용적인 동작; 기합을 넣기 위해 하는 행동–한 손 또는 양손에 침을 뱉고 두 손을 비빈다.》** **유** spit in one's PALM(s)

There is literally no eminence to which that boy will not rise, once he *spits on his hands* and starts in. (그 소년은 일단 한번 의욕을 가지고 일을 시작하면 그야말로 해내지 못할 것이 없다.(비유적)) — P.G. Wodehouse: 2

★ **영일비교** 일, 특히 힘을 쓰는 일을 하기 전에 손에 침을 뱉는 관습은 일본에서나 영미권에서나 모두 볼 수 있다. 이것은 손이 미끄러지지 않게 하려는 실용적인 행위이자 스스로 힘을 북돋우며 용기를 불어넣는 행위이기도 하다.
서구에서는 고대 그리스, 로마 시대부터 침에 마력이 있다고 여겼으며 권투 시합 전에는 부정을 타지 않기 위해 손에 침을 뱉는 관습이 있었다. 그 밖에도 재난을 피하거나 행운을 불러들이는 주술로서 침에 얽힌 것이 많이 있다. 영국의 초등학생들 사이에서는 체벌이 인정되던 비교적 최근까지 교사에게 맞은 손의 통증을 누그러뜨리는 주술로서 손을 핥거나 손에 숨이나 침을 뱉는 관습이 있었다(I. & P. Opie, 1959).

spread one's hands **양손을 좌우로 펼치다. 《모름, 어쩔 수 없음, 나와는 상관없음, 어떻게 돼도 좋음 등을 나타내는 동작–종종 어깨를 으쓱하는 동작과 함께 손바닥을 위로 향하여》** **유** hold one's hands out, palms up / open one's PALMs / throw one's PALMs out / spread (out) one's ARMs **참** turn one's hand(s) out / shrug (one's SHOULDER(s))

"Where in Los Angeles?" "I dunno." He *spread his hands*. (탐정의 질문에 그는 "나는 모른다."라며 양손을 좌우로 펼쳤다.) — R. Macdonald: 7

"… I'll need some cooperation from you and Mrs. Hellman." "What can I do?" He *spread his* large helpless *hands*. (탐정이 "당신과 헬먼 부인 두 사람이 협력해 줘야겠다."라고 말하자 그는 "내가 뭘 할 수 있지?"라며 무력

하게 좌우로 손을 펼쳤다.) — R.Macdonald: 6

"And she accepted this advice?" Timothy *spread* out *his hands*. Women, he seemed to say. Who can be sure with them? ("그녀가 충고를 받아들였어?"라는 질문에 티모시는 그저 손을 좌우로 펼쳐 들었는데, '여자들의 속을 누가 알겠냐?'라고 얘기하는 것처럼 보였다.) — R.Barnard: 1

★ NB: '어쩔 수 없다', '모르겠다'를 나타내는 이 동작은 (1) 어깨를 으쓱하고 (2) 팔을 좌우로 펼치며 (3) 손바닥을 위 또는 상대 쪽으로 향하는 움직임으로 이루어진다. 이 동작이 바로 표준적인 shrug one's shoulders다. 그러나 경우에 따라 (1) shrug one's shoulder(s), (2) spread one's hands [open one' s palms], (3) hold one's hand(s) out, palm up [upward]와 같이 한 가지 동작으로 '어쩔 수 없다', '모르겠다'의 감정을 나타내기도 한다. 다만 손바닥을 상대에게 보이는 (2), (3)의 동작에서는 자신의 무력함, 무지를 숨김없이 드러내는 개방성을 엿볼 수 있다.

spread one's **hand(s) on** [over] one's **chest** ➡ put one's hand(s) on one's chest (1) (2)

He *spread his* large *hands on his chest*, and spoke from there: "I wanted to serve her. I didn't succeed too well." (그는 커다란 손을 펴서 가슴에 얹고 마음속 깊은 곳의 진심을 말하듯 "그녀를 위해 내 모든 걸 다 바치고 싶었지만 제대로 되지 않았다."라고 했다.) — R.Macdonald: 3

spread one's **hands on** [over] **the table** [desk] **and lean** 테이블(책상)을 좌우 양손을 넓게 벌려 짚고 앞으로 몸을 기울이다. ((고압적, 공격적으로 이야기를 꺼낼 때의 자세))

He *spread his hands on the table and leaned* above me…. "Just how

spread one's hands on the table and lean

do you get to talk to your betters the way you've been talking to me?" (그는 테이블 위에 두 손을 짚고 내 쪽으로 몸을 기울이며 "손윗사람한테 어떻게 그런 말투를 쓸 수 있느냐?"라고 야단쳤다.) — R.Macdonald: 6

squeeze someone's hand 상대의 손을 꽉 잡다. ((특별한 감정을 공유하고 있다는 것을 강조하기 위해; '괜찮아', '안심해', '힘내' 등의 느낌으로 용기나 기운을 북돋거나 위로, 격려하는 동작)) 유 press someone's hand

"Ladies and gentlemen, it's my pleasure to present young Master Robert." Robert *squeezed* great-grandmother'*s hand*, stood up and walked over to the piano. (젊은 피아니스트 로버트는 사회자가 자신을 소개하자 옆에 앉아 있는 증조모의 손을 꽉 쥐었다 일어나서 피아노가 있는 쪽으로 걸어갔다.) — S.Sheldon: 3

Faith smiled, as if I had done something to make her proud. She reached for my hand and *squeezed it*. (페이스는 내가 마치 그녀를 자랑스럽게 해 준 무어라도 되는 양 미소 지었다. 그러고는 그 마음을 내게 전하려는 듯 나의 손을 붙들더니 꽉 힘주어 잡았다.) — S.Streshinsky

★ NB: 손을 잡는 동작의 의도를 보다 명확하게 나타내기 위해 give someone's hand a (friendly, gentle, reassuring, etc.) squeeze로 표현하기도 한다.

Dorothy glanced at her white face and gave her hand a friendly squeeze. The great crowd··· was now settling into an uneasy hush; everyone was looking up towards the clear sky where little Emma laboured. (하얗게 질린 친구의 얼굴을 보고 도로시는 괜찮다며 그녀의 손을 상냥하게 꼭 잡아 주었다. 엄청난 관중들은 숨을 멈춘 듯 고요해지고, 모두들 에마 호가 고군분투하고 있는 하늘을 바라보았다.) — K. M. Peyton: 1

stick one's hand out 손을 앞으로 불쑥 내밀다. 유 hold one's hand out

"You remember my father," said Judith. Dr. Franklin started, shied nervously, screwed his eyes, peered at me, then *stuck out a hand*, saying awkwardly, "Of course, of course, how are you?···" (주디스는 "우리 아버지를 기억하실 거예요."라고 말하며 나를 프랭클린 박사에게 데려갔다. 박사는 움찔하더니 눈을 가늘게 뜨고 나를 쏘아보다가 불쑥 손을 내밀며 어색하게 "그럼요. 잘 지내셨습니까?" 하고 말했다.) — A.Christie: 7

stroke someone's hand 타인의 손을 부드럽게 쓰다듬다. ((위로, 애무 등의 우호적인 접촉 동작))

"Now, Betty, now." Mr. Cameron *stroked her hand*. "That's no way to talk…" 〔딸이 저지른 범죄의 심각성에 절망하고 있는 상황〕 (베티의 손을 상냥하게 쓰다듬으며 카메론은 "그런 말은 하지 말자."라고 말했다.) — Z.Popkin

study one's hands 손을 빤히 쳐다보다. 《상대의 시선을 회피하기 위해; 고개를 숙이고 생각에 잠긴 모습 등》 유 study one's FINGERNAILs

"Well," he said; he was *studying his hands*. "I suppose when you look at it like that…" (그는 자신의 손만 쳐다보며 "음, 당신처럼 본다면…"이라며 말을 흐렸다.) — J.Knowles

take someone's hand 상대의 손을 잡다. 《악수를 하기 위해 뻗은 손을 잡을 때; 상대의 손을 잡는 행동 전반》

Under the table, Ivan *takes* Polly'*s hand*. Polly doesn't pull away, but she doesn't close her fingers around his. (아내의 기분을 달래 주기 위해 이반은 테이블 아래에서 폴리의 손을 잡는다. 폴리는 손을 놓으려 하지는 않으나 그의 손을 꼭 잡지도 않는다.) — A.Hoffman

She held out her hand, and Delaney *took it* and bent over it in a bow that was almost courtly. (딜레이니는 그녀가 인사의 의미로 내민 손을 잡고, 그 위로 몸을 숙이고는 아주 정중하게 인사했다.) — L.Sanders: 2

"She spent more than three hours there, talking with the patients and their parents, frequently *taking their hands* or touching them," Halstead recalls. ("레이건 대통령 영부인은 입원 중인 아이들 그리고 그 부모와 이야기를 나누며 손을 꼭 잡거나 어루만져 주면서 세 시간 넘게 시간을 보냈다."라고 핼스테드는 기억한다.) — *Time*, 1985

take someone's hands in one's 상대의 두 손을 자신의 손으로 감싸다. 《애정, 위로 등을 표현하는 우호적인 접촉 동작》 유 gather someone's hands in one's

"I'm going to marry Ralph, you know," she went on…. I *took both her hands in mine*. "My dear," I said, "I hope you'll be very happy." ("랄프와 결혼할 거예요."라는 딸의 말에 나는 그녀의 두 손을 내 손으로 감싸고 "우리 딸, 아빠는 네가 꼭 행복해졌으면 좋겠구나."라고 말했다.) — A.Christie: 5

Gerry *took her hands in his*. "Dorothy, I know this must be dreadful for you—and I'm truly sorry you got caught in it…" (사건에 휘말려 버린 도로시에게 게리는 마음속 깊은 곳에서 우러난 동정의 뜻을 표하며 그녀의 손을 자신의 손으로 감쌌다.) — B.Paul: 2

take hold of someone's hand 상대의 손을 꽉 잡다. ((놓치지 않기 위해))

When she sat down, she *took hold of his hand* again as she said, "Oh, it's good to see you, so good." 〔상사가 무사한 모습을 확인한 순간〕 (그녀는 그의 손을 다시 한 번 꽉 잡으며 "다시 보게 되어 정말 다행이에요."라고 말했다.) — C. Cookson: 3

tap someone's hand 타인의 손등을 손가락으로 가볍게 치다. ((주의 환기; 위로, 격려, 애정 등을 표현하기 위한 우호적인 접촉 동작)) 유 pat someone's hand

When Mrs. Masters was seated comfortably in an easy chair near the television, Greg bent to kiss her. "I'm going out now," he said. "Don't wait up—I'm a big boy." She *tapped his hand*. "Give my regards to Virginia. Have a nice time." (TV 옆 의자에 편하게 앉아 계신 할머니에게 그렉은 허리를 굽혀 키스한 뒤 "저도 이제 어엿한 어른이니까 안 주무시고 기다리지 마세요."라고 말했다. 할머니는 청년의 손을 가볍게 툭툭 치며 "좋은 시간 보내고, 버지니아에게도 안부 전해 다오."라고 했다.) — M. Wibberley

throw one's hands up [in the air] (1) 양손을 올리다. (('어쩔 수 없다', '질린다', '두 손 들었다' 등을 나타내는 동작, 그리고 그 비유 표현-손바닥을 위로 올리고 어깨는 늘어뜨리며 팔꿈치를 굽히고 양손을 어깨 높이까지 들어 올린다.)) 유 raise one's hands / throw up one's ARMs

"Have you agreed on anything?" They shouted. "Can't say," Reagan replied puckishly, *throwing up his hands* in mock despair. 〔고르바초프 서기장과 레이건 대통령의 회담에 관한 기사〕 (회담을 끝내고 나서 대통령에게 기다리고 있던 기자들이 "합의점을 찾았습니까?"라고 큰 소리로 물었다. 대통령은 "대답할 수 없다."라고 장난스럽게 대답하며 엄격한 보도관제에는 자신도 어쩔 도리가 없다는 듯 손을 들어 올렸다.) — *Time*, 1985

"··· Would you kindly explain to me why anarchists would want to harm the chorus of an opera company?" Scotti *threw up both hands*. "Who knows why anarchists do the things they do?···" 〔오페라 극장에서 일어난 연쇄살인의 범인이 아나키스트일지도 모른다는 이야기를 들은 상황〕 (한 가수가 "왜 아나키스트가 하필 오페라 극단의 코러스 가수를 노리는 걸까?"라고 묻자 스코티는 "그들이 왜 그러는지 그 이유를 누가 알겠어?"라며 두 손을 올렸다.) — B. Paul: 2

"Have you reconsidered putting off your marriage until after graduation?" "No, sir." The dean *threw his hands in the air*, shook his head impatiently and stood up. (“결혼은 졸업 후에 하는 것이 어떻겠니?”라는 학생부장의 충고에 학생이 싫다고 하자 그는 양손을 번쩍 들고 신경질적으로 머리를 흔들더니 벌떡 일어나 면담을 끝냈다.) — B.Smith: 1

★ NB: 위의 표현 외에 fling up one’s hands (in despair)도 관용적으로 사용된다. fling up one’s arms와 throw up one’s arms는 생각다 못해 포기하듯 손을 드는 의미가 강해 손을 드는 동작을 중립적으로 표현한 hold one’s hands up, raise one’s hands와 대비된다. ‘두 손 들다’의 비유 표현으로는 throw up one’s hands가 가장 널리 쓰인다.

throw one’s hands up (2) 양손을 번쩍 들다. ((기쁨, 감격의 순간에 나타나는 동작))

I didn’t expect Ogden to *throw up his hands* and cheer when he read the speech, but I was totally unprepared when Ogden, after finishing the first two pages, slammed the speech down on his desk and said, “Christ! This is awful….” (내가 준비한 연설 원고를 읽고 오그던이 두 손을 번쩍 들고 쾌재를 부를 것이라고는 생각하지도 않았지만, 그가 처음 두 페이지를 읽고서 책상을 두드리며 “이건 끔찍하다.”라고 말하는 상황에는 전혀 준비가 되어 있지 않았다.(비유적)) — S.Wilson

thrust one’s hand [hands] in [into] one’s pocket [pockets] ➡ put one’s hand [hands] in one’s pocket [pockets]

The President, a skeptic about military hardware, expected the worst. He watched in silence, *hands thrust in his pockets*. 〔최초의 유인 우주선을 쏘아 올렸을 때 케네디 대통령의 모습〕 (군의 장비를 별로 신용하지 않았던 대통령은 최악의 사태를 각오하고 주머니에 손을 찔러 넣은 채 묵묵히 우주선이 발사되는 모습을 (TV를 통해) 지켜보았다.) — *Time*, 1986

Sometimes he would pause, *hands thrust* deep *into trouser pockets*, brow creased in thought, for anything up to ten minutes at a time…. (노인은 바지 주머니에 손을 깊이 찔러 넣고 무언가를 곰곰이 생각하는 듯 이마에 주름을 잡고 가끔씩 멈추어 섰다. 길게는 10분이나 그렇게 서 있었다.) — A. Neville

thrust one’s hand into one’s shirt-front 손을 셔츠 안으로 집어넣다. ((손바닥을 가슴에 대고 손가락을 셔츠 단추와 단추 사이의 벌어진 공간으로 집어넣는 동작; 과거 정치가들이 나폴레옹을 흉내 내며 연설할 때 즐겨 하던 거만하고 자신만

만한 포즈))

"Here! Here! All you need, Mr. Senator, is *a hand thrust into your shirt-front*, and you'd be Webster replying to Hayne to the life…." [상원의원의 연설 태도에 찬물을 끼얹는 말] ("이쯤에서 셔츠 안에 손가락을 찔러 넣으면 정적 헤인에게 답변하는 웅변가 웹스터의 모습이랑 똑같아진다….") — E. Loring: 2

one's hands tighten 손에 힘을 꽉 주다. ((긴장이나 심리적 불안 등 때문에))

Cindy'*s hands tightened* on the handbag which was resting on her lap. She let her eyes drift towards the window, let the awkward silence hang between herself and the wretched man who was interviewing her. (신디는 무릎 위의 핸드백을 잡은 손에 힘을 꽉 주었다. 그녀는 창문 쪽을 물끄러미 바라보며, 불쾌하기 짝이 없는 면접자와 자신 사이에 자리한 괴이한 침묵을 어찌하지 못하고 있었다.) — C. Jameson

tuck one's hand in (the crook of) someone's arm 상대의 팔 안쪽으로 손을 집어넣다. ((팔짱을 끼기 위한 친밀한 접촉 동작)) 유 lay one's hand in the crook of someone's elbow

The young lady stepped gracefully down the coach steps, *tucked her hand in the crook of* the duke'*s arm*, and paused, gazing at the lavish four-story mansion…. (젊은 숙녀는 얌전하게 마차에서 내려 공작이 내민 팔 안쪽에 손을 넣고는 눈앞에 우뚝 선 사치스럽기 이를 데 없는 대저택을 바라보며 서 있었다.) — J. McNaught

tuck someone's hand under one's arm 상대의 손을 자신의 팔 안쪽에 집어넣다. ((팔짱을 끼기 위한 친밀한 접촉 동작))

Claire came up behind him and said "Boo," and he turned with a sweet smile and *tucked her hand under his arm*. (클레어가 그의 등 뒤로 다가가 '앗!' 하며 놀래 주자 그는 빙그레 웃으며 돌아서더니 팔짱을 끼기 위해 그녀의 손을 자신의 팔에 끼워 넣었다.) — L. Cooper: 1

turn one's hand(s) out 손바닥을 위로 하여 손을 내밀다. ((어쩔 수 없음, 모르겠음, 방법이 없음 등을 나타내는 동작)) 유 hold one's hand [hands] out, palm [palms] up / turn one's hand [hands], palm [palms] up / turn one's WRIST(s) out 참 spread one's hands / shrug (one's SHOULDER(s))

"I have confidence in the doctor and so has my wife." "I'm sorry for you then. He had me bamboozled, too, until I found out what went on in his office." Alex looked inquiringly at Goodwin. The doctor *turned his hands out* as if he was feeling for rain. [믿음직스럽지 못한 의사를 굳게 믿고 있는 알렉스에게 그 의사의 실체를 알고 있는 다른 의사가 충고하는 상황] (의사는 "당신에게는 참 미안한 얘기지만 나도 그에게 속고 있었다."라고 말했다. 알렉스는 이 말을 믿어야 할지 반신반의하며 동행한 굿윈의 얼굴만 쳐다보았다. 의사는 어떻게 생각하든 당신 자유라는 듯, 마치 비가 오는지 확인이라도 하는 것처럼 양손의 손바닥을 위로 펼쳐 보였다.) — R.Macdonald: 3

★ NB: turn one's hand(s) out은 shrug one's shoulder(s)처럼 어깨를 으쓱하거나 spread one's hands처럼 양손을 좌우로 펼치는 행동은 하지 않고 그저 한 손 또는 양손의 손바닥을 위로 펼쳐 보이는 동작이다. 세 표현 모두 그 의미는 같다.

turn one's hand [hands], palm [palms] up [upward] ➡ turn one's hand(s) out

Cindy looked up at him in silence. Zac Stone was really a…. "Say it!" Zac *turned his hands, palms upwards*, shrugging. "Just say it." "I—I was thinking you—you really are…." (신디는 말없이 그를 쳐다보았다. 그리고 속으로 '잭 스톤, 이 인간이 정말…'이라고 생각했다. 이를 간파한 잭이 어깨를 으쓱하고는 손바닥을 위로 하여 양손을 내밀며 "말을 해!"라고 하자, 그녀는 허둥지둥하며 입을 열었다.) — C.Jameson

twine one's hands ➡ wring one's hands

Mrs. Stone was getting restless, *twining her hands* in her lap. (스톤 부인은 점점 평정을 잃어 갔다. 그녀는 무릎 위의 두 손을 맞잡았다.) — R.Macdonald: 13

Elizabeth *twined her hands* together. Suppose her aunt was lying there injured and frightened, while Elizabeth ran away? (엘리자베스는 자신은 피난을 왔지만 숙모가 다쳤거나 무서워 떨지는 않을지 걱정하며 두 손을 맞잡고 마구 비틀었다.) — D.Mulien

twist one's hands ➡ wring one's hands

She was in black and sat nervously *twisting her hands* together. I was shocked by the sight of her face. All the colour had faded away from it. (상복을 입은 그녀는 신경질적으로 두 손을 맞잡고 마구 비틀며 앉아 있었다. 그녀의 얼굴은 창백해서 핏기가 하나도 없었다.) — A.Christie: 5

"My dear Mrs. Breen," cried Anne at the sight of her flushed countenance and *twisting hands*, "Whatever can be the matter?" (브린

부인이 볼이 이상하게 빨간 데다 두 손을 신경질적으로 비틀고 있었다. 그 모습을 본 앤은 "도대체 무슨 일이세요?"라고 물었다.) — C. Rossiter

one's hand [hands] twitches [twitch] 손을 경련하듯 덜덜 떨다. 《긴장, 불안, 동요 등 때문에》

Shooting little glances sideways at Anthony's immovable back, he moved softly round the table. *His hands were twitching* and he kept passing his tongue over his dry lips. (앤서니의 미동조차 하지 않는 등을 흘깃흘깃 보며 그는 테이블 주위를 소리 없이 돌아갔다. 그는 때때로 손을 경련하듯 떨고 바짝 마른 입술을 혀로 적셨다.) — A. Christie: 4

waggle one's hand(s) ➡ wave one's hand

He entered the room doing an impersonification of Richard Nixon, *waggling his hands* in a double "V" for victory. 〔리처드 앨런이 레이건 정권 초기에 대통령 보좌관을 지내다 스캔들 때문에 자리에서 물러나게 된 상황〕 (리처드 앨런은 송별회장에 나타났을 때 닉슨을 흉내 내 두 손으로 V 사인을 만들어 흔들었다.) — *Time*, 1982

wave (one's hand) 손을 흔들다. 《멀리 있는 상대에게 하는 작별 인사; 부정의 의사 표현; 권유를 거절할 때; 상대의 말을 부정하거나 가볍게 일축할 때; 멀리 있는 상대의 주의를 끌려 할 때; 방향이나 물건을 가리킬 때 등》 유 waggle one's hand(s) / wave one's ARM

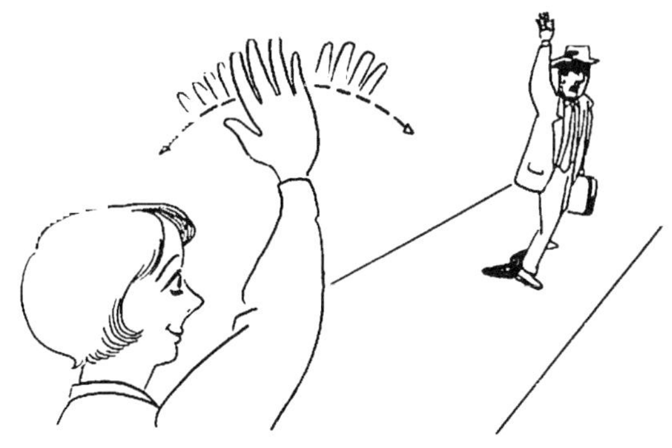

wave one's hand

She was apologizing…. Ordinarily, Marvin would have *waved a hand* saying, "Skip it, forget it…." (그녀는 깨끗하게 사과했다. 평소라면 마빈은 손을 내저으며 "됐어. 그냥 잊어 버려."라고 했을 터였다.) — Z. Popkin

When I mentioned his name, he *waved his hand* dismissively. (내가 그의 이름을 언급했을 때 그는 말도 안 된다는 듯 손을 내저었다.) — R. Billington

"Bertie! What was all about that?" I *waved a* nonchalant *hand*. "Oh, merely asserting myself. One has to take a firm line with chaps like Spode." (버티가 만만치 않은 상대를 꺽소리도 못하게 만든다. 이에 관심을 보이는 친구에게 그는 태연하게 손을 흔들어 보이며 "그런 녀석에게는 단호한 태도로 나가야 해."라고 말한다.) — P. G. Wodehouse: 2

"Is there such a thing as luck?" I asked. A small boy in the first row, *waving his hand* frantically: "Oh, call on me, please, please call on me!" was propelled by momentum of his exuberant arm··· and fell on the floor. (나는 "행운이라는 것이 과연 있을까?"라고 물었다. 그러자 맨 앞줄에 앉아 있던 작은 남학생이 "저요! 저요!"라며 열광적으로 손을 흔들더니 바닥으로 고꾸라졌다.) — B. Kaufman

In a rare display of emotion, the normally cool First Lady last week sharply defended her husband at a White House tea. *Waving her hand* at a reporter who asked if the President was sleeping well, she declared: "He is in great health and I love him dearly and I have great faith in him." 〔레이건 대통령에 대해 이러쿵저러쿵 떠드는 신문기사에 화가 난 상황〕 (늘 냉정한 낸시 레이건 영부인이 백악관에서 열린 차 모임에서 날카로운 말로 남편을 변호했다. 기자가 대통령이 숙면을 취하느냐고 묻자 그녀는 질문을 딱 자르듯 손을 흔들며 "그의 건강은 아주 좋으며 나는 그를 매우 사랑하고 절대적으로 신뢰한다."라고 말했다.) — *Time*, 1984

"Go anywhere you want to," he *waved an* expansive *hand* at the hotel in general···. (호텔 오너는 손을 크게 휘둘러 호텔 전체를 가리키며 "가고 싶은 곳은 어디든 가도 됩니다."라고 말했다.) — S. Peters: 2

★ NB: '타인에게 손을 흔들어 인사하다'는 〈자동사 wave+at [to]+someone〉의 형태를 취하는 경우가 많다.

He waves at Ivan as he gets into his car and Ivan waves back. (그는 차를 타며 이반에게 손을 흔들고 이반도 화답하듯 손을 흔든다.) — A. Hoffman

★ NB: 지시 동작으로 wave one's hand를 쓸 경우에는 전치사 at, to, toward 등이 사용된다. 한편 같은 지시 동작인 pointing이 지시 대상이 있는 방향으로 손과 손가락을 똑바로 고정시키는 정적인 동작인 데 비해 wave one's hand는 손으로 지시

대상이 있는 방향을 가리키는 동시에 손을 튕기듯이 움직이는 동적인 동작이다.

★ **영일비교** '손을 흔드는' 동작에는 일본과 영미 사이에 공통되는 부분도 있지만 다음과 같은 점에서 특징적인 차이가 있다.

인사 동작 영미인은 떨어져 지내던 상대와 만나거나 헤어질 때 손을 들어 올리거나 흔들며 인사한다. 손을 흔들어 인사할 경우 좌우로 흔드느냐 상하로 흔드느냐에 관해 다양한 견해가 있다. *COBUILD*에서는 wave your hand를 설명하면서 you move your hand from side to side in the air, especially in order to say hello or good-bye to someone or to tell them to do something이라고 서술해 만남, 헤어짐, 그 밖의 신호로 손을 좌우로 흔든다고 보았다. Morris(1982)는 손을 흔드는 방식에는 기본적으로 위아래로 흔드는 vertical wave와 옆으로 흔드는 lateral wave가 있으며, 전자를 waving의 '원시적'인 형태라고 했다. 옆으로 흔드는 동작은 위아래로 흔드는 동작보다 멀리서 잘 보이기 때문에 '원시형'의 개량형으로 평가하는 것이다. 유아는 보통 위아래로 손을 흔들고 성장하면서 옆으로 흔드는 법을 익힌다고 보아 성인 사이의 인사로는 lateral wave의 가능성이 높다는 것을 간접적으로 보여 준다.

한편 中野, Kirkup(1985)은 waving hands를 '헤어질 때의 인사'로 한정 짓고, 손을 좌우로 흔드는 일본인과 달리 영미인은 손을 상하로 흔든다고 지적했다. 그 밖에 Brosnahan(1988)도 일본인의 '이리 오라'라는 몸짓과 영어권 사람들이 헤어질 때 하는 몸짓을 구별하기 어렵다는 사실을 지적함으로써 그들이 헤어질 때 손을 위아래로 흔든다는 사실을 간접적으로 드러냈다.

goodbye (a) goodbye (b)

일본 『국어관용구사전』에는 '손을 흔들다'라는 항목에 사람에게 보내는 신호, 거절의 신호라는 설명과 함께 '사람을 맞이하는 몸짓'이라고도 쓰여 있다. 여기서 말하는 '맞이하는 몸짓'이 '손짓으로 부르는' 동작을 의미한다면 일본인도 만날 때 '손을 흔드는' 것이 된다. 이때 손은 좌우가 아니라 상하로 흔들린다. 그렇다고 해도 동작을 하는 당사자는 손을 상하로 흔든다기보다 제 몸 앞에서 아래쪽으로 손끝을 내리는 동작을 반복하면서 '손짓으로 부르는' 몸짓으로 파악하므로 '손을 흔드는' 범주에는 포함되지 않는다. 일본인이 '손을 흔들다'를 인사로 의식하는 것은 만날 때보다 헤어질 때이고 이때는 상대를 향해 손바닥을 좌우로 흔든다.

부정, 거부, 제지 동작 영미인은 일반적으로 가볍게 부정하거나 낯간지러운 칭찬을 슬쩍 받아넘기거나 권유를 거절할 때 상대를 향해 손바닥을 내밀고 좌우로 가볍게 한두 번 흔든다(flip one's hand [wrist]). 강하게 부정하거나 거부할 때는 이 움직임이 거세진다. 여기에 적대적인 감정이 더해져 상대의 말을 딱 잘라 거절하거나 쌀쌀맞게 물리치거나 화를 내며 일축할 때는 손바닥이 자기 쪽을 향해서 상대를 손등으로 치는 모양이 된다.

일본인이 부정의 의미로 손을 흔드는 방식은 영미인의 방식과 겹치는 부분이 있다. 그러나 한편으로는 일본의 국민적 버릇이라고 부를 만한 일본인만의 방식이 있는데, 바로 손을 똑바로 얼굴 앞에 세워서 액막이라도 하듯 좌우로 빠르게 흔드는 것이다. 이 방식의 특징은 손바닥의 방향에 있다. 손바닥을 상대에게 향하고 흔드는 동작에는 숨김없는 공개성과 더불어 상대를 제지하는 견제의 의미가 담겨 있다. 반면 손바닥을 안쪽으로 하고 손등으로 튕기듯 흔드는 동작에는 심리적인 연결을 일축하는 거부성이 있다. 손바닥을 어느 쪽으로도 향하지 않고 중간에 세운 손은 아무래도 일본적인 거부의 몸짓이라고 할 수 있다.

이와 같은 '거부의 손'은 특히 상대의 호의적인 권유, 칭찬의 말, 감사나 사죄의 말을 물리칠 때 '터무니없다', '당찮다'라는 심정에서 사용한다. 상대의 말을 부정하거나 거부하는 이면에는 그런 말을 들을 자격이 없다고 자신의 가치를 부정하는 요소가 강하게 작용한다. 이러한 동작은 마찬가지 상황에서 영미인들이 그런 말은 그만두라고 하며 손을 흔들어 가볍게 넘기는 것과는 대조를 이룬다.

(with one's) hand outstretched 손을 뻗다. 《주로 악수를 하기 위해》

"Why, it's Sheppard! Glad to see you." He came forward to meet me *hand outstretched*, a sunny smile lighting up his face. (그는 나를 보고 싱글싱글 웃는 얼굴로 손을 내밀며 앞으로 다가섰다.) — A.Christie: 5

wring one's hands 양손을 꽉 마주 잡다. 《가만히 있을 수 없을 정도의 불안, 염려, 고통, 절망 등으로 양손을 꽉 마주 잡고 비틀듯이 움직이는 동작》 유 knead one's hands / twine one's hands / twist one's hands / twist one's FINGERs together 참 rub one's hands

He pushed her off, so that she staggered against the wall, where she stood, white faced, and *wringing her hands*. 〔아버지와 오빠의 싸움을 중재하기 위해 방에 들어간 상황〕 (그녀는 밀쳐져 벽 앞에서 비틀거렸다. 그러고는 그저 두 손을 꽉 움켜쥐고는 창백해진 얼굴로 그곳에 가만히 서 있었다.) — J.C.Oates: 1

"I can't," she whispered, *wringing her* sweating *hands*. "Go on, darling," said Bas. "We're all on your side." 〔오페라의 주연 오디션 장면〕

wring one's hands

(그녀는 두 손이 비틀릴 정도로 꽉 맞잡고 "도저히 못하겠어요."라고 약한 소리를 했다. 그러자 바스가 "모두들 당신의 편이니까 안심하고 해 봐요."라며 격려했다.) — J.Cooper: 1

She looks at the paper with fascinated horror. Then she lets it slip through her fingers, sinks down on steps and begins to moan to herself, *wringing her hands* together in stricken anguish. (그녀는 매혹과 공포가 뒤섞인 시선으로 서류를 바라본다. 이윽고 서류가 손가락 사이에서 떨어지고, 그녀는 계단에 주저앉아 고뇌로 몸부림치며 두 손을 꽉 맞잡고 신음 소리를 내기 시작한다.) — E.O'Neill: 1

Though he included the usual accusations against the U.S., he implied exasperation with his own bureaucracy as well as Reagan's. Says a U.S. official: "All at one time, Gorbachev was *wringing his hands*, pounding his fist and holding out his hand for the President to shake." 〔군축 계획에 대한 자국의 관료와 미국 정부의 대응에 짜증이 난 고르바초프 서기장의 연설 내용에 대한 미국 정부 관계자의 코멘트〕 (고르바초프는 이번 연설 중 군축의 향방을 조마조마 걱정하며 두 손을 모아 비트는 심약한 자세, 뭘 그렇게 우물쭈물하느냐는 듯 주먹으로 탁자를 내리치는 강한 자세, 악수를 하려고 레이건 미 대통령에게 손을 내미는 협조적인 자세 등 서로 다른 세 가지 자세를 동시에 내보였다.(비유적)) — *Time*, 1986

HEAD

- 해부학적으로 인간의 '머리'는 '뇌를 담고 있는 두부 및 비강, 구강 등을 포함하는 얼굴 부위'를 지칭한다(香原, 1985). 영어의 head가 가리키는 범위 역시 이와 거의 일치한다. 즉 뇌, 눈, 입 등이 포함된 인체의 일부(the part of your body which has your eyes, mouth, brains, ete. in it—*COBUILD*)를 head라 한다.

- 일본어에서는 머리(頭)와 목(首) 두 단어가 영어의 head에 대응하나, 여기서 '목'은 관용적으로 정해진 일정한 범위에서 두부 전체를 가리키는 경우에 사용한다. 이 경우 경부(頸部)의 움직임과 연동하는 두부의 움직임(e.g. 목을 숙이다, 목을 돌리다, 고개를 갸웃하다)을 나타내는 경우가 많다. 머리는 고개의 경우만큼 관용적인 사용 범위가 한정되지는 않으며 두부 전체를 의미하는 데 쓰인다(e.g. 머리를 움직이다, 머리를 흔들다). 그러나 그런 경우에도 영어의 head와는 달리 얼굴의 이미지는 포함되지 않는다.

- 일본어에서 목(首)이 두부를 나타내게 된 것은, 상대방의 목 부분을 노리고 칼을 휘둘러 한칼에 베어 떨어뜨렸을 때 목부터 윗부분을 포함해 목으로 칭한 것에서 그 유래를 찾아볼 수 있다(➡ NECK). 한편 머리는 침이나 뜸을 놓을 때 급소로 여겨지는 숨구멍을 가리키는 단어에서 출발해 점점 전정부(前頂部)의 중심에서 두정부(頭頂部)로 이동해 결국은 두부 전체에도 쓰이게 되었다(宮地, 1979). 머리와 목 둘 다 단어 생성의 내력에서 용모를 나타내는 얼굴 관점이 포함돼 있지 않다는 것이 특징이다.

- 영어로 된 소설류를 보면 인물의 외모를 묘사할 때 face만큼이나 중요하게 언급되는 대상이 바로 head다. 이러한 관점은 인체를 바스트(bust)와 토르소(torso)로 나누어 보는 서구의 회화나 조각의 전통과 부합하며, 얼굴을 머리의 일부로 취급하는 서구의 head에 대한 입체적인 관점과도 일치한다. 아래의 예문은 두부를 바스트의 관점에서 바라보는 묘사의 예다.

  Had Roosevelt lived into the television age, with his patrician voice and strong handsome head, he would have been masterly on the small screen. (만일 루스벨트 대통령이 텔레비전 시대에 살았더라면 그의 귀족적인 목소리와 늠름하고 잘생긴 얼굴로 작은 스크린 위에서 훌륭하게 존재감을 나타냈을 것이다.) — *Time*, 1988

  He had a well-shaped head with a rounded powerful forehead. (그는

아주 잘생긴 머리의 소유자인데 특히 이마의 생김새가 훌륭했다.) — D. Eden

Her head was tipped back a little, her eyes were raised…. It unquestionably was, thought Jack, the most beautiful head he had ever seen. (그녀는 머리를 살짝 뒤로 젖히고 시선을 위로 올렸다. 잭은 자신이 지금까지 본 적 없는 아름다운 얼굴과 머리라고 생각했다.) — L.C. Douglas: 1

- 영어에서는 눈, 코, 입을 face뿐만 아니라 head의 부속으로 취급하는 경우가 많아서 그에 관련한 관용 표현도 많이 있다. 예를 들어 one's eyes nearly pop out of one's head(너무 놀라 눈알이 밖으로 튀어나올 것처럼 되다), one's eyes sink deep in one's head(눈이 푹 꺼지다), one's teeth chatter in one's head(이가 덜덜 떨리다) 등이 있다.

- 영미권에서는 목 위쪽에서 일어나는 움직임을 보통 head의 움직임으로 본다. 다만 상황에 따라 face의 움직임으로 취급하는 경우(e.g. turn one's face away)도 있는데, 이때는 대부분 head로 치환해도 의미가 바뀌지 않는다.

- 이는 영어의 head가 face의 존재를 충분히 인정하는 단어이기 때문이다. 한편 일본어에서는 동작의 중심이 두부의 전면부에 있으면 얼굴의 움직임으로 표현하는 경향이 있다(e.g. 얼굴을 돌리다, 상대의 가슴에 얼굴을 묻다). 일본어로 된 소설을 영역할 때 원문에서 얼굴로 되어 있던 것이 head로 바뀌는 것을 다음 예에서 볼 수 있다.

눈을 움직이는 방법이나 얼굴을 당당히 쳐들고 사람을 대하는 태도에서 언제부턴가 미국인의 영향이 엿보였다. — 오사라기 지로, 『여로(旅路)』
Her way of moving her eyes and holding her head up proudly, as thought confronting an audience, revealed a definite American influence.) — Ivan Morris 옮김

그러나 원수(元帥)는 불쾌한 듯 얼굴을 획 돌리고 답례도 없이…. — 미시마 유키오, 『봄의 눈(春の雪)』
But he turned his head away abruptly, looking annoyed…. — M. Gallagher 옮김

- 두부에 행하는 접촉 동작은 두 가지 극단적인 경우에 한정되는데, 연인이나 부모 자식 등 친밀한 관계에서 행해지는 접촉 동작과 적대 관계에 있는 사람에게 행하는 공격 동작이 그것이다. 이는 동서양을 막론하고 존재하는 사람의 머리는 타인이 함부로 만져서는 안 된다는 터부 의식이 작용한 결과라 여겨진다.

• head는 신체 부위를 가리키는 단어인 동시에 그 기능을 나타내는 단어로도 쓰인다. head는 지적 능력의 중심부(the center of the intellect—*RHD*)로서의 기능을 가리키는 경우가 많은데, have a good head for…(…에 재능이 있다)가 그 예다. 또 head는 감성의 자리인 heart와 대립하는 이성의 자리로서 자기 억제 기능, 판단 및 분별의 기능, 정신의 균형감각 등을 나타낸다. 이와 관련해서는 have a good head on one's shoulders(분별력이 있다); keep one's head(침착함을 유지하다); lose one's head(도가 지나치다); right in the head(분별력이 있다) 등을 예로 들 수 있다. 형용사 clear-headed도 단순히 두뇌가 명석하다는 의미가 아니라 곤란한 상황이나 위험에 직면했을 때 평정심을 잃지 않고 분별과 판단이 가능하다는 의미로 쓰인다. 한편 순수하게 지능을 가지고 '머리가 좋다'고 할 때는 one has brains처럼 head보다는 brain(s)을 사용하는 경향이 있다.

bend one's head 고개를 숙이다. ((생각에 잠겼을 때, 기도할 때, 부끄러울 때, 양심의 가책을 느껴 시선을 피하려 할 때 등)) 유 bow one's head

There were days when he rode in silence, with his reins loose and *his head bent* as if in thought. (그가 무언가를 골똘히 생각하는 듯 말고삐조차 당기지 않고 고개를 숙인 채 묵묵히 말 위에 앉아만 있을 때가 며칠 있었다.) — G. Heyer: 6

There being no adequate retort to that she *bent her head*, digging her fork savagely into the salad. "I'm pleased to see that temper doesn't spoil your appetite," he observed. (그녀는 대답조차 하지 않고 고개를 숙인 채 포크로 샐러드를 푹푹 찔러 댔다. 그는 "화가 나도 식욕이 줄지 않은 것을 보니 참 기쁘군."이라며 딴전을 피웠다.) — B.Grey

bob one's head 머리를 크게 위아래로 움직이다. ((고개를 과장스럽게 끄덕일 때 등)) 유 nod (one's head)

He wore an ingratiating smile. *His head bobbed* up and down as he spoke. He radiated anxiety to please. (그는 비위를 맞추려는 듯한 웃음을 짓고 있었다. 말을 할 때도 그는 고개를 크게 끄덕거리며 필사적으로 맘에 들기 위해 행동했다.) — J.Herriot

"Life is the pits…. That's what I think. What do you think about that?" I couldn't follow him, but *bobbed my head* agreeably. (그가 "인생은 지옥이야. 내 생각은 그래. 당신은 어떻게 생각해?"라고 물었다. 나는 그의

말에 동의할 수 없었지만 적당히 분위기는 맞춰야겠다는 생각에 지당한 말씀이라는 듯 고개를 끄덕였다.) — H.Engel

★ NB: '고개를 끄덕이는' 동작을 나타내는 영어 표현에는 bob one's head와 nod (one's head)가 있는데, nod가 좀 더 일반적인 표현이다. bob one's head는 머리를 세차게 아래위로 들썩이며 과장하여 고개를 끄덕이는 모습을 가리킨다.

bow one's head **머리를 숙이다. 《인사 등의 의례적 행위; 죽은 이에 대한 애도 혹은 신을 향한 기도; 사죄, 수치심, 굴욕, 죄책감 등을 나타내는 모습; 패배를 나타내는 모습; 근심하는 모습; 굴복을 의미하는 비유 표현》** 유 bend one's head

---

She dropped to her knees and *bowed her head*. "Holy Mother, you had a son, you can understand my grief. Holy Mother, watch over my son, Jonathan…." 〔아들의 안부를 걱정하는 어머니가 성당에서 기도하는 장면〕 (그녀는 두 무릎을 붙이고 고개를 숙인 모습으로 "성모님, 당신도 아들을 가진 어머니이니 나의 슬픔을 잘 아실 거예요. 아들 조나단을 부디 잘 보살펴 주세요."라고 기도했다.) — Z.Popkin

Kimball spotted Howard Heinrich coming toward him. "Howard!" he called out. Howard Heinrich strode over. The two men shook hands…. "Mr. President," He *bowed his head* slightly. (킴벌 대통령은 그에게로 다가오는 하워드를 발견하고는 큰 소리로 불렀다. 그러자 하워드는 성큼성큼 걸어와 악수를 하고는 가볍게 머리를 숙이며 "대통령 각하." 하고 인사를 건넸다.) — S.Quinn

"Mrs. Andersen, we wish to convey to you our condolences. We all admired Lady Lengthworth; she was gracious and unfailingly kind to everyone." Sabrina *bowed her head* in acknowledgment. (사망한 언니를 애도하고 기리기 위해 빈소를 찾은 조문객의 정중한 인사에 사브리나는 대답 대신 감사의 의미를 담아 머리를 숙였다.) — J.Michael: 2

"Did Tom say something or do something very wrong?" She sat with *her head bowed* and wouldn't answer me. ("당신 아들 톰이 무언가 잘못된 말이나 행동을 했습니까?" 하는 질문에 그녀는 힘없이 고개만 떨구고 좀처럼 대답하려 하지 않았다.) — R.MacDonald: 6

Fox was led up the narrow trading room aisles. *His head was bowed* lower and lower with dreams of dungeons, as if his vertebrae were collapsing from the weight of shame. 〔주가 조작으로 체포된 증권회사 직원이 경찰에게 끌려가는 장면〕 (감옥에 가야 한다는 생각에 그의 머리가 점점 아래로

숙여졌다. 마치 그의 척추가 부끄러움의 무게에 무너지는 듯했다.) — K.Lipper

Mary and Edward left the house together, *bowing their heads* against the relentless wind. (메리와 에드워드는 거세게 불어오는 바람에 맞서 머리를 숙이고 함께 집을 나섰다.) — S.Sheldon: 6

He refused to *bow his head* or accept the slightest shame over his daughter's pregnancy. (딸의 임신에 대한 세간의 눈총에 그는 절대 움츠러들거나 부끄러워하지 않았다.(비유적)) — Z.Popkin

★ **영일비교** 자동사 bow는 '머리 또는 상반신을 앞으로 굽히는(bend the head or upper body forward and down—*Modern Guide to Synonyms*)' 동작을 가리킨다. 이 중에서 머리를 숙이기만 하는 절을 a light bow(a head bow), 허리부터 상반신을 굽히는 절을 a deep bow(a bow from the waist)라고 한다. 옛 관습에서는 정식 무도회에서 남성이 여성에게 춤을 신청할 때 후자처럼 절하는 것이 원칙이었지만, 오늘날 영미권에서는 연주가나 배우가 관객의 박수에 정중하게 응할 때에나 이런 절을 볼 수 있다. 왕족이나 국가원수에게 정식으로 예를 갖출 때에도 남성은 상반신을 기울이지 않고 머리만 숙이는 것이 일반적이다. 이때 머리를 숙인다고 해도 턱을 당겨서 머리를 가볍게 앞으로 기울일 뿐 시선은 유지한다. 오늘날 영미인이 무조건 머리를 숙이는 경우는 신 앞에 섰을 때다. 이때 일본인의 묵도에 가까운 자세로 (때로는 무릎을 꿇고) 머리를 떨군다.

a bow from the waist

영미 소설에서 bow one's head라고 표현하는 자세는 크게 세 가지 다른 상황과 이어진다. 첫 번째는 신에게 기도를 올리는 모습이다. 두 번째는 격식을 갖추어야 하는 상황에서 목례, 인사를 하는 모습이다. 그리고 세 번째는 의기소침, 패배, 치욕 등으로 머리를 떨군 모습이다. 세 번째 모습은 의연히 고개를 든 모습(e.g. hold one's head high)과 대비되고 보통 부정적인 인상을 풍긴다. 이와 관련해 지난 세기에 영국의 시인 W. H. Henley가 "my head is bloody, but unbowed(내 머리는 피투성이지만 숙이지 않았다)"라고 했던 말은 오늘날에도 즐겨 인용된다. 영미의 문화적 맥락에서 bowed head는 굴복, 굴종, 패배를 상징하는 의미가 강하다.

일본에서 절은 지금도 여전히 인사 행동의 중요한 요소이다. 『다이겐카이』에 따르면 원래 절(お辞儀, おじぎ)이라는 말은 계절 인사를 뜻하는 '時儀(じぎ)'에서 나왔다고 한다. 일본어에서 신불 앞에서 머리를 숙이는 것을 보통 절이라고 하지 않는 것도 이 말이 어원적으로 사람에 대한 인사를 의미하기 때문일 것이다. 일본에서 절은 그야말로 사람끼리 행하는 의례 행동인 것이다.

절은 보통 고개를 숙이는 예법으로 보지만 일본의 절은 서서 하건 앉아서 하건 숙인 머리보다 굽힌 몸이 기본이다. 몸을 굽히지 않고 머리만 숙이는 서구의 head bow와 형태가 다르다. 일본의 의례서에도 절의 미학은 허리를 굽히면서도 고개는 떨어뜨리지 않고 목덜미를 곧게 유지하는 데 있다고 쓰여 있다(小笠原清信, 1971).

미국의 비즈니스맨을 위한 최신 의례서 중에 일본식으로 서서 하는 절의 방법을 설명한 것이 있는데 여기에서도 해설의 중심은 오직 몸을 굽히는 방법에 있다(Baldridge, 1985). 선 채로 하는 절조차 과도하게 몸을 굽히도록 강요하는 인사법으로 생각하는 영미인에게 앉아서 하는 절은 노예처럼 평신저두(平身低頭, 코가 땅에 닿도록 몸을 굽히고 머리를 숙인다는 뜻으로 공경하고 두려워하는 모습을 비유하는 말)하는 굴종(prostration)의 모습으로 비쳤던 모양이다. 사람끼리 하는 인사라면 서서 하는 것이 당연하다는 '입식 문화'에서 자란 그들에게는 앉아서 하는 절을 인사의 하나로 받아들일 수 있는 문화적 기반이 없다. 일본에 대한 이해가 깊었던 E. S. Morse조차 이것에 심한 심리적 저항을 느낀 듯하다. 그는 자신의 저서 『일본의 하루하루(Japan Day by Day)』에서 여관의 지배인이나 여주인이 방에서 물러날 때 앉아서 절을 하는 모습을 언급하며 "여기에 익숙해지기까지 긴 시간이 필요했지만 지금도 내 앞에서 누가 이런 식으로 제 몸을 낮추는 것을 보면 기분이 언짢아진다."라고 썼다.

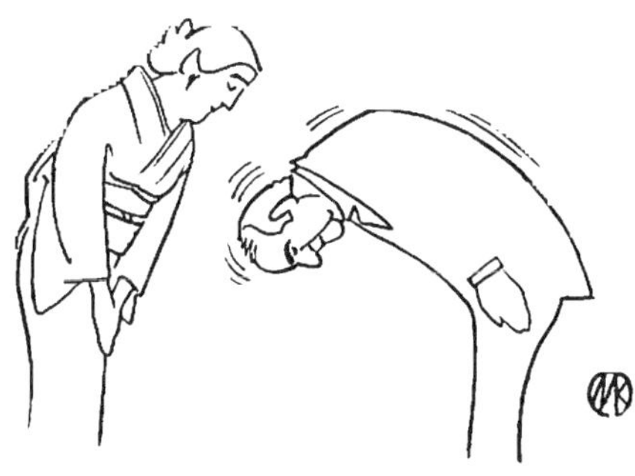

일본의 절

burrow one's head in [into] someone's neck 상대방의 목에 자신의 얼굴을 깊게 묻다. ((친밀한 접촉 행동)) 유 bury one's FACE in someone's neck

"Mummy!" The word was squealed by a fair-haired bundle who threw herself… into Maria's arms. She crouched down and *a head burrowed into her neck*. (마리아의 모습을 알아보고 아이가 "엄마!"라고 외치며 그녀의 품으로 뛰어들었다. 웅크려 앉은 그녀의 목에 아이는 자신의 얼굴을 깊게 파묻었다.) — L.Peake: 4

bury one's head in someone's chest 상대방의 가슴에 얼굴을 묻다. 《친밀한 접촉 행동》

Cressida had *buried her head in his chest*. 〔비극적인 사건으로 마음에 상처를 입은 상황〕 (크레시다는 그의 가슴에 얼굴을 파묻었다.) — R.Barnard

bury one's head in someone's lap ➡ put one's head in someone's lap

Saddie wanted just once to have Rosey *bury his head in her lap*. In seventeen years, she had never seen him falter. She imagined that somewhere inside his body was an endless reserve. She couldn't crack it. (사디는 17년간의 결혼생활 동안 남편 로지가 자신감을 잃은 모습을 본 적이 없었다. 하지만 그녀에게는 굳건하게 자신을 억제하려고만 하는 남편이 한 번쯤은 자신에게 기대거나 응석을 부려 줬으면 하는 바람이 있었다.) — S.Quinn

clutch one's head 머리를 양손으로 강하게 누르다. 《두통 때문에; 비탄, 고뇌, 절망 등 때문에》 유 hold one's head

The telephone rang and he *clutched his head* groaning. 〔심한 숙취로 머리가 쪼개질 것만 같은 순간〕 (전화벨이 울리자 그는 머리를 두 손으로 누르며 신음 소리를 냈다.) — J.Krantz: 2

Johnny was being absolutely outrageous now about his exploits with his leading ladies…. The lawyers were *clutching their heads*. (한 영화배우가 TV 인터뷰 방송에 출연하여 주연 여배우를 유혹한 이야기를 하자 난리가 났다. 변호사들은 명예훼손으로 고소당하는 건 아닌지 속을 태우며 머리를 싸매고 있었다.) — J.Cooper: 1

cock one's head (on [to] one side, sideways) 머리를 홱 한쪽으로 돌리다. 《일정한 방향으로 주의를 집중할 때; 남의 말에 귀를 기울일 때; '응?', '뭐라고?' 하고 물을 때 등》 유 put one's head on one side / tilt one's head (to one side)

"Hush!" breathed Lucas, when Anna-Marie's feet scrunched in the untrodden snow. Then he gripped her by the wrist and stood still, *cocking his head sideways*…. (아무도 밟지 않은 눈 위로 사박사박 소리를 내며 안나 마리가 걸어가자, 뒤따르던 루카스가 "쉿!"이라고 속삭이며 그녀의 손목을 꽉 잡았다. 그는 어디선가 들려오는 소리의 정체를 알아내기 위해 소리의 방향으로 고개를 돌리고 가만히 멈추어 섰다.) — J. Aiken

"Now I understand," Betty Cameron said slowly, "and I think it is outrageous." Wilkes *cocked his head*. "The kind of money we're prepared to offer isn't outrageous at all. Consider how much you are paying Hirsch. Fifty thousand? More?" [출판사 관계자가 비행을 저지른 딸에 관한 책을 출간하면 틀림없이 베스트셀러가 될 것이라고 제안한 상황] (베니 카메론이 "말도 안 됩니다."라며 상대하지 않으려 하자 윌크스는 머리를 팩 돌리더니 "우리 쪽에서 제시하려는 돈의 액수를 생각하면 말도 안 되는 일이 아니죠. 변호사에게 들어가는 돈도 무시할 수 없을 텐데요."라며 다그쳤다.) — Z. Popkin

She *cocked her head on one side* and screwed up her eyes, looking at the dress carefully and critically. (드레스가 잘 어울리는지 묻자 그녀는 머리를 돌려 눈을 가늘게 뜨고는 드레스를 세심하고 꼼꼼하게 들여다보았다.) — B. T. Bradford

★ NB: cock one's head 뒤에 특정 방향을 나타내는 부사구가 수반되지 않을 때는 통상 to [on] one's side를 의미한다. 이 표현은 전형적으로 '남의 말에 귀를 기울이는' 모습을 나타내며, 휙 머리를 드는 동시에 재빨리 한쪽으로 고개를 돌리는 비교적 민첩한 움직임을 나타낸다. '머리를 돌리는' 모습을 나타내는 여러 표현 중에 cock이라는 동사를 쓰는 경우는 동물이 소리가 들리는 방향으로 귀를 쫑긋 세우고 고개를 돌릴 때와 같은 반사적인 동작을 가리키는 경우가 많다. 이때 귀를 기울이는 대상은 정체불명의 소리나 호기심을 자아내는 이야기, "뭐라고?"는 반문을 일으키는 이야기, "무슨 소리야?"라는 반발을 일으키는 이야기 등이다.

cradle one's head against someone's shoulder ➡ put one's head against someone's shoulder

Ed Corrigan seemed to sense the tragedy first. He reached out to put an arm around his wife. Grace Corrigan's look of puzzlement turned to tears. She *cradled her head against* her husband'*s shoulder*. [챌린저 호에 탑승한 우주비행사의 부모가 우주선의 공중 폭발을 지켜보는 모습] (이 비극을 먼저 알아챈 아버지 에드 코리건이 곁에 있는 아내에게 한 팔을 뻗어 그녀의 몸에 자신의 팔을 둘렀다. 그레이스 코리건의 당혹한 표정은 곧 눈물로 바뀌고 이내 남편의 어깨에 얼굴을 기댔다.) — *Time*, 1986

cradle one's head on one's arms ➡ lean one's head on one's arms

"We the jury find the defendant, Elizabeth Cameron, guilty of murder," the clerk read. "No. Oh, no," Buffie cried. She sagged into her chair, *head cradled on her arms*. (살인죄라는 유죄 판결이 내려졌다. 피고는 경악하여 의자에 털썩 주저앉더니 양팔 위에 얼굴을 얹고 엎드렸다.) — Z.Popkin

draw one's head into the collar (of one's coat) 고개를 옷깃 안으로 깊게 파묻다. ((추위 등으로 인해)) 유 draw one's CHIN into the collar (of one's coat)

They stood in a huddled group shivering. Vlademir *drew his head into his collar* and shrank considerably. (모두들 굳은 몸을 덜덜 떨며 서 있었다. 블라디미르는 옷깃에 고개를 파묻고는 몸을 웅크렸다.) — P.Horgan: 1

one's head droops 고개를 떨구다. ((슬픔, 후회, 굴욕감, 낙담 등 실의에 빠진 모습))

For a moment a hideous sense of humiliation came over the woman. *Her head drooped*. She wiped her eyes with shaking hands. (순간 끔찍한 굴욕감이 여자에게 엄습했다. 그녀는 고개를 떨구고 떨리는 두 손으로 눈을 닦았다.) — O.Wilde: 5

drop one's head 머리를 아래로 툭 떨구다. ((실망이나 부끄러움 때문에, 시선을 피하기 위해 등))

From the corner of his eye he saw Emma approaching and he *dropped his head*, his heart in his mouth. (그는 곁눈질로 에마가 다가오고 있는 것을 보았다. 그는 조바심을 내며 고개를 숙였다.) — B.T.Bradford

drop one's head in [into] one's hands ➡ put one's head in one's hands

"She wouldn't tell me his name," said Ackroyd slowly. "As a matter of fact, she didn't actually say that it was a man. But of course…" "Of course," I agreed. "It must have been a man. You've no suspicion at all?" For answer Ackroyd groaned and *dropped his head into his hands*. ("그녀는 그 남자의 이름을 대려 하지 않는 정도가 아니라 아예 남자라는 얘기조차 하지 않았다. 하지만 물론…"이라고 아크로이드는 말끝을 흐렸다. "당신은 당연히 남자일 거라고 생각하시는 거군요."라고 내가 재차 확인하자 그는 대답 대신 신음 소리를 내며 얼굴을 손으로 덮었다.) — A.Christie: 5

drop one's **head on** someone's **shoulder** ➡ put one's head against someone's shoulder

That kind, reassuring grip on her elbow, … made Polly want to *drop her head on his shoulder* for a moment. (팔꿈치를 잡아 주는 그의 친절한 손길이 폴리로 하여금 그의 어깨에 얼굴을 기대고 싶게 만들었다.) — W.Cather: 4

one's **head drops on** one's **chest** 고개가 앞으로 툭 떨어지다. ((낙담할 때, 의기소침할 때; 꾸벅꾸벅 졸 때 등)) 유 one's head sinks (on) to one's chest

Normally, he moved with a jaunty youthful stride, but as if he realized he didn't have to pose for the time being, he abandoned all pretence. *His head dropped on his chest*, his square shoulders slumped, and I saw him age twenty years. 〔월트 디즈니에 관한 일화〕 (그는 언제나 경쾌한 젊은이 같은 걸음걸이를 보였지만, 남들에게 보일 필요가 없다는 것을 알게 되면 몸가짐을 싹 포기해 버리곤 했다. 머리는 축 늘어지고 어깨에도 힘이 빠져 내 눈에는 스무 살쯤 더 나이를 먹은 것처럼 보였다.) — L.Mosley

duck one's **head** 머리를 살짝 숙이다. ((시선을 피하기 위해; 머리를 위험에서 보호하기 위해 등)) 참 duck one's head between one's shoulders

Hatsy turned very beautifully pink and *ducked her head* almost into her plate, then looked up boldly and said, "Jah, jah, I'm marrit now soon!" (딸은 빨갛게 물든 얼굴을 그릇 속에 파묻을 것처럼 고개를 숙이더니 이윽고 당당하게 조만간 결혼하겠다고 선언했다.) — K.A.Porter

His red face was convulsed with anger and the boy *ducked his head* when he saw the spark in his blue, blood-shot eye. (그는 시뻘겋게 달아오른 얼굴로 미친 듯이 화를 냈다. 남자아이는 핏발이 선 푸른 눈에 언뜻 위험한 기운이 비치는 것을 보자마자 슥 고개를 숙였다.) — R.Macdonald: 2

★ **영일비교** duck one's head는 기본적으로 무언가를 피해 슬쩍 고개를 숙이는 (move one's head quickly downwards) 반사적인 방어 동작을 가리킨다. 위쪽의 낮은 문틀, 날아오는 공, 주먹 등의 물리적 공격에서 몸을 지키는 동작이 이 자세의 기본이다. 동시에 이 표현은 탐색하는 시선을 받았을 때 그 위협에서 벗어나려고 무심코 고개를 숙이는 동작에도 쓰인다.
일본 소설의 영역본이나 일영사전에서는 일본어의 '목을 움츠리다'라는 표현을 duck (one's head)로 옮기기도 한다. 그러나 일본어의 '목을 움츠리다'와 영어의 duck one's head 사이에는 동작의 형태와 의미에서 차이가 있다. 먼저 형태상으로 일본어의 '목을 움츠리다'는 목을 웅크려서 새끼 거북이처럼 어깨 사이로 당겨 넣는 위축 동작이 기본이다. 이것은 창피해서 작아지고 싶은 마음을 나타낸 것으로 건방진 발언이나 실언, 실패를 했을 때 쑥스러움을 감추는 데 주로 쓰인다. 이 동작이 물리적 충격에 대해 반사적으로 이루어질 때가 있다면 무심코 몸을 움츠릴 만한 추위나 엄청난 소음 같은 것이 있을 때다.

일본어 표현 '목을 움츠리다'를 영어로 적확하게 나타내면 duck one's head between one's shoulders가 된다. 영미권에서는 이 동작을 장난치다 붙잡힌 아이에게서나 볼 수 있을 뿐 그다지 일반적이지 않기 때문에 표현 자체도 일본어만큼 일반적으로 쓰이지 않는다. 일본에서도 '목을 움츠리다'는 장난이나 실수가 많은 아이들에게서 가장 많이 볼 수 있지만, 성인 사이에서도 쓰임새가 인정된 까닭에 쑥스러움이나 황송함을 천진하게 나타내는 일본적인 대인 행동의 하나가 되었다.

duck one's head between one's shoulders 어깨 사이로 목을 쑥 집어넣다. ((주로 아이가 난처할 때, 사고를 쳤을 때 행하는 동작)) 참 duck one's head

"Dave," called my mother as she rapped on the door. "You know what time it is? What do you do in there!" He grimaced, *ducking his head between his shoulders*, as if we were, both of us, naughty boys. (출근 전 아버지는 당시 아이였던 나를 데리고 욕실로 들어가 느긋하게 수염을 밀고 있었다. 도대체 지금이 몇 시인 줄 알고 있는 거냐며 어머니가 재촉하자 아버지는 마치 우리 둘이 장난치다 걸린 꼬맹이인 양 어깨 사이로 목을 쑥 집어넣은 채 우거지상을 지었다.) — E.L.Doctorow

one's head falls back 머리가 뒤로 젖혀지다.

My father led Aunt Dorothy to the window side of the livingroom and began whispering in her ear. Suddenly *her head fell back* and she laughed like a woman who wants to please a man. (아버지는 도로시 숙모를 거실로 데려가 귓가에 뭐라고 속삭였다. 숙모는 갑자기 얼굴을 뒤로 젖히고 환하게 웃었다. 남자를 기쁘게 해 주고 싶어 하는 여인의 웃음이었다.) — Bette Greene

fling one's head back ➡ put one's head back

"By the way··· who is the young man with the very dark hair and eyes, and the handsome face? He walks with *his head flung back* and an easy smile on his lips." ("그런데··· 그 검은 머리와 검은 눈동자를 가진 잘생긴 청년은 도대체 누구니? 그는 언제나 당당하게 고개를 뒤로 젖히고 입가에 미소를 띠고 걷더구나.") — A.Christie: 5

fling one's head up 머리를 번쩍 치켜들다.

She *flung up her head* in a gesture that was vaguely familiar. "Is it really necessary to ask all these questions?" 〔경찰의 심문을 받는 모습〕 ("그런 것을 물을 필요가 있느냐?"라고 되물으며 고개를 번쩍 치켜드는 그녀의 동

작이 왠지 낯익게 느껴졌다.) — A.Christie: 5

one's head goes up and down 고개를 위아래로 움직이다. 고개를 끄덕이다. 유 nod (one's head)

"But he'd drunk some, huh?" "Umhum," Mitch'*s head went up and down* affirmatively. ("그 녀석도 마신 거잖아, 응?"이라는 물음에 미치는 동의의 뜻으로 고개를 끄덕였다.) — C.Armstrong: 1

hang one's head 고개를 떨구다. ((부끄러움, 비참함, 꺼림칙함, 의기소침, 체면 손실 등 때문에))

She *hung her head* before his penetrating gaze. (마음을 꿰뚫어보는 듯한 눈길이 자신을 응시하자 그녀는 고개를 떨구고 말았다.) — C.Rossiter

Yesterday he thought this could be a happy occasion. He should have known better. He *hung his head* as he spoke. (갑자기 바뀐 날씨 때문에 즐거워야 할 여행이 재난으로 바뀌어 버렸다. 그는 자신이 좀 더 제대로 알아봤어야 한다는 책임감에 사과를 하며 고개를 떨구었다.)

have one's head up 고개를 똑바로 쳐들다. ((한눈팔지 않고 만전을 기하는 태세; 그런 태세에 대한 비유 표현))

Human error seemed the most probable cause. As U.S. Federal Aviation Administrator put it: "Apparently not everybody *had his head up*." (항공기 사고는 사람의 실수에 의한 것이 가장 많다. 이에 미합중국 연합 항공국장은 "반드시 모두가 정신을 바짝 차리고 만전을 기하고 있었다고는 볼 수 없다."라고 했다.) — *Time*, 1977

★ NB: 초등학교 수업 중에 교사가 학생들의 딴짓을 중지시키고 자신에게로 주의를 집중시키려 할 때 "Heads up! Pay attention."이라고 한다.

hold one's head 머리를 짚다. ((현기증, 두통, 쇼크, 절망, 고뇌 등으로 인해 손으로)) 유 clutch one's head

Laura *held her head*, for she was going dizzy. A nurse came up and asked solicitously, "Laura, are you all right?···" (로라는 쇼크를 받은 나머지 비틀비틀하다 자신의 머리를 짚었다. 간호사가 걱정스러운 듯 옆으로 다가와 괜찮냐고 물었다.) — E.Segal

hold someone's head against one's chest 상대의 얼굴을 품에 넣고 꼭 껴안다. ((친밀한 접촉 동작))

She smoothed his hair and *held his head against her breast*, cradling him in her arms. (그녀는 그의 얼굴을 품에 안고 그의 머리카락을 부드럽게 쓰다듬으며 그를 꼭 껴안았다.) — B.T.Bradford

hold one's head high 목덜미를 꼿꼿하게 펴다. 얼굴을 똑바로 치켜들다. 《긍지를 보여 주는 동작, 높은 자존심을 나타내는 동작; 불운한 사건에도 불구하고 약한 모습을 보이려 하지 않는 태도; 역경에 굴하지 않고 당당한 태도를 취하는 것을 의미하는 비유 표현》 유 hold one's head up / keep one's head up

She sat in front of her mirror on this first evening in her home with *her head held high*, her cold hands locked in her lap and her voice very carefully controlled so that her new maid should not see how frightened she was. (자신의 집에서의 첫날 저녁에 그녀는 내심 떨리지만 새로운 메이드에게 속마음을 들키지 않기 위해 고개를 당당하게 치켜들고 거울 앞에 앉았다. 차가운 두 손을 무릎 위에 단단히 고정시키고 목소리가 떨리지 않도록 매우 조심했다.) — E.Goudge

★ 영일비교 일본어는 처세의 자세를 몸을 일으킨 정도에 비유해서 나타낼 때가 많다. '머리가 낮다', '허리가 낮다'는 보통 겸허함이나 정중함이라는 긍정적인 태도 평가로 이어진다. 그리고 '머리가 높다'는 거만함이나 건방짐이라는 부정적인 태도 평가로 이어진다.
반면 영어에서는 머리를 낮추는 동작(bow one's head)이 약함, 체념, 자존심 상실 등 부정적인 의미를 지닌다. 머리를 높이는 동작(hold one's head high [up])은 의연한 태도라는 긍정적인 의미가 강하다.

hold one's head up 얼굴을 들어 올리다. 《부끄러움 없이 꼿꼿하고 당당한 태도》 유 hold one's head high / keep one's head up

"… Go to bed, get some rest. And starting tomorrow, *hold up your heads*, you hear me, *hold your heads up*." [부모가 자식이 살인 혐의로 체포되어 볼 낯이 없다고 말한 상황] (그들의 친구는 얼른 잠자리에 들어 푹 쉬고 내일부터 다시 당당하게 고개를 들라고 조언한다.) — Z.Popkin

★ NB: hold one's head high와 hold one's head up은 둘 다 당당한 태도를 나타내는 비유 표현이다. 다만 전자는 역경에 굴하지 않고 당당하게 행동하는 모습을, 후자는 세상의 시선에 비굴하게 굴지 않는 당당한 모습을 나타내는 경향이 있다.

incline one's head 고개를 살짝 숙이다. 《가벼운 인사; 경청 또는 상대방의 말에 대한 관심 표시》 유 nod (one's head)

"Enchanté, mademoiselle, enchanté!" "Monsieur," Cindy *inclined her head* politely, waiting for him to release her hand. 〔서로 만나 인사하는 장면〕 (재회의 기쁨을 말하는 그의 말에 신디는 예의 바르게 고개를 살짝 숙이는 가벼운 인사로 응수하며 꽉 잡은 손을 놓아주기만 기다렸다.) — C.Jameson

"… But I would like you to know that your books have given me a great deal of pleasure." He *inclined his head* and she sensed he was pleased with her reply. "Thank you, Vi." ("당신의 책을 언제나 즐겁게 읽고 있어요."라고 말하자 그는 가볍게 고개를 숙이며 예의 바르게 답례했다. 그녀는 그가 자신의 대답에 기뻐하고 있다는 것을 알아챘다.) — S.Field

Carrying his hat in his hand, he *inclined his head* now and then to catch remarks. (모자를 손에 쥔 그는 이야기를 잘 듣기 위해서 때때로 고개를 앞으로 숙였다.) — P.Horgan: 1

★ NB: incline one's head는 원칙적으로 앞쪽으로 고개를 숙이는 동작을 가리킨다. 이는 동사 incline이 방향을 특정하여 나타내는 부사 어구를 수반하지 않는 경우 통상 앞쪽 아래 방향을 의미하기 때문이다. *Lexicon*에도 incline의 뜻 중 하나로 to move downward를 들고 있으며, 그 예시로 "He inclined his head (in greeting)"라는 문장을 들고 있다.

★ NB: incline one's head로 표현하는 동작에는 두 종류가 있다. 하나는 '머리를 살짝 앞으로 숙이는' 인사다. 이는 '머리를 살짝 숙여' 인사하는 head bow (➡ bow one's head)의 일종이나 bow만큼 두드러지게 고개를 숙이지는 않는다. 그야말로 살짝 고개를 숙이는 이 동작은 가벼운 의례 행위로서 만남이나 헤어짐의 인사로 사용되거나 타인에게 호의, 찬사를 보낼 경우에 사용된다. 다만 하기에 따라서 도도하거나 거들먹거리는 동작이 될 수도 있다.
다른 하나는 열심히 듣는 태도를 표현하는 경우다. 상대의 이야기에 관심을 갖고 말 한마디 한마디를 곱씹어 가며 듣기 위해 내밀듯이 머리를 숙이는 모습을 가리킨다.

incline one's head toward… **…의 방향으로 머리를 기울이다. 《방향 지시 동작》** 유 jerk one's head toward… / tilt one's head toward…

She *inclined her head toward* the closed door of his private office and said in a half whisper, "She's still in there." (그녀는 문이 닫혀 있는 그의 사무실 쪽으로 머리를 기울이며 "그녀가 아직 저기 있어요."라고 작은 목소리로 얘기했다.) — S.Stanford

jerk one's head toward… **…의 방향으로 머리를 획 움직이다. 《방향 지시 동작》** 유 incline one's head toward…

"Can I persuade you to leave now, Mr. Archer? I've been quite patient with you and your questions. And please take this one with you." He *jerked his head toward* Peter as if the fat young man didn't quite belong to the human race. (그는 탐정의 질문에 대답할 만큼 했으니 이제 거래를 해 달라고 말을 꺼냈다. 그러고는 돌아갈 때는 이 녀석도 가져가라며 이 뚱뚱한 녀석은 사람 취급해 줄 필요도 없다는 듯 머리를 획 움직여 피터를 가리켰다.) — R. Macdonald: 2

jerk one's head up 고개를 번쩍 들다. ((가슴이 철렁 내려앉을 정도로 놀랐을 때; 갑자기 움찔하며 놀랐을 때 등)) 유 snap one's head (up)

"Ziegler, this killer—do you think that is what he wants? To close the Metropolitan Opera?" Ziegler'*s head jerked up*. "Why, I don't know··· that hadn't occurred to me. Why would anyone want to close us down?" ("지글러, 범인이 혹시 메트로폴리탄 오페라 극장의 폐쇄를 노린 건 아닐까?" 하고 묻자 그는 고개를 번쩍 치켜들더니 "난 그런 건 생각해 본 적도 없어."라고 대답했다.) — B. Paul: 2

keep one's head down 머리를 가만히 수그리고 있다. ((상대의 주의를 끌지 않기 위해 취하는 자세; 위험이나 곤란을 피하는 것을 의미하는 비유 표현))

He *kept his head down*, pretending to be scribbling on his pad, since he was sure his emotions must be visible···. (감정이 얼굴에 드러나고 있다는 것을 느끼고 그는 종이 위에 황급히 글을 쓰는 척하며 고개를 수그렸다.) — Z. Popkin

keep one's head up ➡ hold one's head up

He's lonely. I know how he feels. A fellow needs a little feminine encouragement to help him *keep his head up*. (고독한 그가 어떤 기분인지 나는 너무도 잘 안다. 그가 기죽지 않고 잘해 나가기 위해서는 여자의 응원이 필요하다.) — E. O'Neill: 2

kiss (the top of) someone's head 머리(정수리)에 키스하다. ((보호자적인 애정 표현))

"When do you think Miss Binney will forget me?" Ramona asked her mother. Mrs. Quimby *kissed the top of* Ramona'*s head*. "I doubt if she will ever forget you," she said. "Not ever, as long as she lives." (비니 선생님이 자기를 잊어버리는 것은 아닐까 걱정하는 라모나에게 엄마는 "괜찮아. 선생님은 죽을 때까지 널 기억해 주실 거야."라며 아이의 머리에 부드럽게 키스했다.) — B. Clearly: 2

★ NB: 머리에 하는 입맞춤은 부모가 자녀에게 행하는 전형적인 애정 표현이다. 만약 어른에게 이러한 행동을 한다면 상대를 대등한 어른으로 여기는 것이 아니라 보호를 필요로 하는 '착한 아이'로 취급하는 것이라 할 수 있다(Morris, 1982).

knock their heads together **두 사람의 머리를 맞부딪히다. 《아이들이 싸웠을 때 양쪽 모두에게 벌을 주는 방법; 대립 중인 쌍방에게 따끔한 맛을 보여 주어 자중하게 만드는 것의 비유 표현》**

Jerry Ford is a very decent, honest, open President. He just isn't the kind of guy to go around *knocking heads together*. But the President's got to do it. (제리 포드 대통령은 예의 바르고 정직하며 개방적인 인물이다. 무례한 인물들을 거칠게 붙들어 양쪽 모두 따끔하게 벌을 주는 사람이 아니다. 그러나 대통령은 지금 그러지 않으면 안 될 처지다.) — *Time*, 1976

lean one's head back **머리를 뒤로 젖히다. 《의자 등받이에 머리를 기댄 편안한 자세; 얼굴을 위로 향하고 골똘히 생각하는 모습 등》**

"I'm so weak with her!" She *leaned her head back* and closed her eyes. ("나는 그녀가 말하는 대로 되어 버릴 거야!"라고 약해 빠진 자신을 책망하며 그녀는 고개를 위로 향한 채 눈을 감았다.) — S. Stanford

lean one's head on one's arms **얼굴을 두 팔에 얹고(파묻고) 엎드리다.** 유 cradle one's head on one's arms / rest one's head on one's arms

lean one's head on one's arms

She couldn't sleep. She got up from her cot and went into the front room and sat at the window. She *leaned her head on her arms* and waited to die. [자신이 천연두에 걸려 죽을 거라고 굳게 믿고 있는 상황] (그녀는 잠들지 못하고 일어나 방의 창가에 앉아 두 팔에 얼굴을 대고 엎드려 죽음을 기

다렸다.) — B.Smith: 2

lift one's head ➡ raise one's head

Stung by his arrogance, she *lifted her head* sharply to glare at him. (그의 거만함에 화가 난 그녀는 얼굴을 휙 들어 올려 그의 얼굴을 매섭게 쏘아보았다.) — J.Dailey: 2

lower one's head 고개를 숙이다. ((양심의 가책, 부끄러움, 슬픔 등 때문에; 저돌적으로 앞으로 돌진하는 태세))

There was a long silence. Nicole *lowered her head*. "I'm very embarrassed," she said at last. "And I'm very sorry." (긴 침묵이 이어졌다. 니콜은 줄곧 고개를 푹 숙이고 있다가 이윽고 입을 열어 "정말 부끄러웠어. 그리고 너무 미안해."라며 사과했다.) — J.Fielding

"What are my parents saying?" "Guess." She *lowered her head*. "Buffie's a very bad girl." [살인 사건의 용의자로 체포된 여자와 변호사의 대화] (부모님은 뭐라고 하시냐고 묻자 변호사는 뭐라고 하셨을 거 같냐고 되물었다. 딸은 고개를 푹 숙인 채 "못된 딸이라고 했겠죠."라고 대답했다.) — Z.Popkin

New York Times Associate Editor Max Frankel asked a follow-up question that offered Ford a chance to retreat, but Ford *lowered his head* and charged into a trap of his own making…. Then instead of retracting his misstatement… he bullheadedly stuck to what he had said. (포드 미 대통령에게 실언을 만회할 기회를 주기 위해 『뉴욕 타임즈』의 부편집장이 보충 질문을 했다. 그러나 마치 머리를 낮추고 돌진하는 황소처럼 포드 대통령은 자신이 파놓은 함정에 그대로 달려들어 진술의 오류를 바로잡기는커녕 자신의 주장을 고집스럽게 우기는 꼴이 되었다.) — *Time*, 1976

move one's head from side to side ➡ shake one's head

It can't be true! There has been a mistake! A ghastly error! Emma cried inwardly, *moving her head from side to side*, denying the words. Joe could not be dead. (조의 갑작스런 죽음을 통보받은 에마는 그럴 리가 없다고 마음속으로 절규한다. 그녀는 죽음이라는 단어를 부정하듯 머리를 좌우로 마구 흔든다.) — B.T.Bradford

"Then explain to me what all this conversation is about." Clay sighed, *his head moving from side to side* in exasperation. (이 대화가 도대체 무엇인지 납득이 가게 설명해 달라고 재촉하자 클레이는 짜증이 나는지 고

개를 설레설레 저으며 한숨을 쉬었다.) — J. Dailey: 1

nod (one's head) 고개를 끄덕이다. ((긍정, 승낙, 시인, 찬동, 이해를 나타내는 동작; 가벼운 인사; 지시 동작 등)) 유 bob one's head / one's head goes up and down / incline one's head

"I'm worried about the fat one, what's his name, juror number three. He kept *nodding his head* at each point Casper made." "That was just to show he was not really asleep. I used to do the same thing myself in class." (피고 측 관계자 중 한 사람이 "배심원 중에 캐스퍼 검사의 진술 포인트에 맞춰 고개를 끄덕이는 사람이 있다."라며 신경 쓰이는 듯 말하자 다른 사람이 "그것은 그냥 졸고 있지 않다는 것을 보여 주는 것에 불과하다. 나도 학교 다닐 때 수업 중에 그런 짓을 했었다."라고 한다.) — B. Siegel

People knew I was Aryeh Lev's son; they patted my head, pinched my cheek, smiled, *nodded* indulgently at my drawings…. (유명한 아버지를 둔 덕에 나는 주위 어른들에게 귀여움을 많이 받았다. 그들은 귀엽다고 머리를 쓰다듬거나 볼을 꼬집거나 내가 그린 그림에 대해 고개를 끄덕여 가며 칭찬하곤 했다.) — C. Potok

"Let's go in there and have a beer." He *nodded his head* at a tavern that we were passing. "I could do with a beer." (그는 길가의 술집을 머리로 가리키며 한잔하러 가자고 제안했다.) — R. Macdonald: 5

There was a knock on the door and Dean Niccolo… walked in. He *nodded* to Noble, and said, "Sorry if I'm late, Gary." (노크를 하고 방으로 들어온 딘 니콜로는 그가 도착하기를 기다리고 있던 노블에게 꾸벅 고개를 숙여 인사하고 늦었다면 미안하다고 말했다.) — W. P. McGivern

★ **영일비교** 대화에서 '고개를 위아래로 흔드는' 동작은 일본에서나 영미권에서나 상대의 의견에 대한 동감, 긍정적 태도의 표명, 상대의 지시에 대한 이해, 승낙의 신호로 쓰인다. 다만 일본인은 긍정하기 어려운 이야기를 들을 때에도 분위기를 망가뜨리지 않기 위해 이야기가 마무리되기 전까지는 "예, 예." 하고 추임새를 넣으며 고개를 끄덕이기도 한다. 이런 종류의 끄덕임은 이야기를 경청하고 있다는 신호로 보내는 일본인 특유의 맞장구 표현이다.
영미권에서도 이야기를 듣는 사람이 언어적, 비언어적 맞장구 표현을 이용해 대화의 원활한 흐름을 꾀한다. 그러나 '예스'와 '노'의 구분을 희생하면서까지 감정적인 동조를 꾀하지는 않는다. 그들이 head nod를 쓰는 것은 동의할 수 있는 이야기에 관심을 나타낼 때에 한정된다. 대화 중 별개의 의례 행동으로 head nod를 사용하기도 한다. 일설에 따르면 원래 head nod는 bow의 간략한 형태였다고 한다(Morris,

1985). 오늘날 영미권에서는 소개 인사를 할 때, 만남이나 헤어짐의 인사를 나눌 때, 무례에 대해 사죄할 때 등 일본인이라면 당장 절을 하는 상황에서 이 동작을 사용한다. 그 밖에 머리로 사람이나 방향을 가리키거나 행동에 착수하라고 명령하는 지시 동작에도 쓰인다. 일본에서도 이런 종류의 지시 동작을 경찰이 용의자에게 오라고 명령할 때 한다는 보고도 있다(Brosnahan, 1988).

pat someone's head 다른 사람의 머리를 가볍게 쓰다듬다. 《'똑똑하네', '착하구나' 등을 나타내는 보호자로서의 친애 표현; 상대방을 약자 혹은 아랫사람으로 여기는 보호자적 태도를 의미하는 비유 표현》 유 pat someone's HAIR

She had been so small when he died that she could remember little except his icy voice and the patronizing manner in which he had *patted her head* and given her sixpence one Christmas just before his death. (아버지가 죽었을 때 그녀는 어린아이여서 아버지에 대한 기억이라곤 그의 냉랭한 목소리와 죽기 바로 전 크리스마스 때 그녀의 머리를 쓰다듬으며 6펜스를 주던 그 모습뿐이었다.) — D.Robins: 3

On a campaign swing through the South, President Ford turned up one day with Alabama football coach Paul Bryant at his side. While a crowd watched and TV cameras whirred, Bryant smiled benevolently, reached over and *patted* the President *on the head*. "That was worth 100,000 votes in football-crazy Mississippi," said a happy Ford aide later. (남부 유세 중인 포드 대통령이 어느 날 유명한 풋볼 코치 브라이언트와 함께 나타났다. 군중이 지켜보고 TV 카메라가 돌아가는 앞에서 코치는 자애로운 미소를 지으며 손을 뻗어 대통령의 머리를 쓰다듬었다. "풋볼 팬이 많은 미시시피 주에서 이러한 제스처는 10만 표의 가치가 있다."고 포드 측 선거참모 중 한 명이 밝게 말했다.) — *Time*, 1976

… and well-meaning businessmen still give her *head-patting* lectures to explain balance sheets. Whitman smiles at the condescension and responds with her ultimate put-down: a stunning soliloquy on international economics. 〔여성 경제 전문가 휘트먼에 관한 기사〕 (비즈니스맨들은 좋은 의도로 여전히 그녀에게 대차대조표를 마치 아이에게 알려 주는 양 시시콜콜하게 설명한다. 이럴 때면 그녀는 슬쩍 미소를 지으며 국제경제론을 기세 좋게 설파하여 상대방을 아연실색하게 만든다.) — *Time*, 1978

perk one's head 고개를 번쩍 들다. 《주의를 집중하는 모습》

She *perked her head* suddenly, as if to hear some distant sound; her eyes squinted, then closed together. (그녀는 멀리서 들려오는 소리에 주의

를 기울이기 위해 갑자기 머리를 휙 쳐들었다. 그러고는 눈을 가늘게 뜨더니 이내 감아 버렸다.) — T. Capote: 4

pick one's head up 고개를 꼿꼿하게 들어 올리다. ((고개를 푹 숙이고 있는 등의 의기소침한 상태에서 벗어나는 것을 의미하는 비유 표현))

"Get rid of the hangdog attitude that somebody is after you," he declared. "You don't need me to be a nursemaid of any sort. You are all strong. *Pick up your heads*, and let's get going…" 〔뼈아픈 사회적 비판을 받고 의기소침해져 있는 FBI 요원들을 격려하는 장관의 말〕 ("남이 늘 뒤를 밟으며 노리고 있다고 생각하며 벌벌 떨지 마라. 제군들은 내가 챙겨 줄 필요가 없는 강한 사람들이다. 이제 당당히 고개를 들고 임무를 수행하라.") — *Time*, 1978

★ NB: pick up one's head는 의기소침해 있는 사람을 격려하는 말로서 명령형으로 사용되는 경우가 많다. 의미상으로는 pull oneself together에 가깝다.

poke one's head in [into a room] ➡ put one's head around the door

Marvin *poked his head into the room*, looking haggard, hot. "Hello. Sorry to be late…. I'll wash up, be right down." (귀가가 늦은 마빈이 초췌한 모습으로 가족과 손님들이 기다리고 있는 방에 머리를 쑥 내밀었다. 그는 늦은 것에 대해 사과한 뒤 손을 씻고 돌아오겠다고 말했다.) — Z. Popkin

put one's head against [on] someone's shoulder 타인의 어깨에 머리를 기대다. ((친밀함, 위안, 안도감, 마음의 소통 등을 원할 때 행하는 친밀한 접촉 동작)) 유 cradle one's head against someone's shoulder / drop one's head on someone's shoulder / rest one's head against someone's shoulder / rest one's head in the hollow of someone's shoulder

put one's head against [on] someone's shoulder

She got up and went over to him and *put her head against his shoulder*. "David, I'm so happy for you··· for all of us···." (그녀는 자리에서 일어나 그에게로 다가가 그의 어깨에 얼굴을 기대고 "데이비드, 당신을 위해서도, 모두를 위해서도 이렇게 되어 정말로 행복해."라고 말했다.) — S.Streshinsky

★ NB: put one's head against [on] someone's shoulder라는 표현에서는 상대방의 어깨에 직접 닿게 되는 것이 얼굴인지 머리인지 알 수 없다. 따라서 마주 본 상대방의 어깨에 얼굴을 대고 있을 때도, 등 뒤에 있는 상대방의 어깨에 뒤통수를 대고 마치 베개처럼 베고 있을 때도 이 표현을 사용할 수 있다.

put one's head around the door 문가에 얼굴을 슬쩍 내비치다. 유 put one's head in / poke one's NOSE into a room

Any moment now the Professor would *put his head round the door* and tell her to be ready in some impossibly short time. (교수님은 지금이라도 당장 문으로 얼굴을 내밀고 즉각 나갈 준비를 하라며 말도 안 되는 이야기를 할 것이다.) — B.Neels: 4

put one's head back 머리를 뒤로 젖히다. 《크게 웃을 때, 심호흡할 때; 만족하는 모습, 으스대는 모습; 화날 때; 굳게 결의할 때 등》 유 fling one's head back / throw one's head back / tilt one's head back / tip one's head back

He *put back his head* and laughed, showing his splendid white teeth. (그는 새하얀 이를 보이며 머리를 뒤로 젖힌 채 웃었다.) — G.L.Hill: 5

★ NB: fling one's head back은 throw one's head back보다 머리를 더 빠르고 강하게 젖히는 모습을 나타낸다.

put one's head between one's knees 상반신을 푹 숙여 무릎 사이에 머리를 넣다. 《심하게 술에 취했을 때, 빈혈이 일어났을 때, 아주 의기소침할 때 등–앉아 있는 상태에서 취하는 동작》

"It's all right, it's all right. Sit down and *put your head between your knees*. Right down," said the policeman. "That's it." After a while she muttered, "I'm all right. I'm all right." (경찰에게 남편이 중태라는 이야기를 들은 여자가 정신을 잃을 것 같아 보이는 상황. 경찰은 그녀를 앉히고 상체를 깊이 숙여 머리를 무릎 사이에 넣으라고 지시했다. 그녀는 잠시 그렇게 있다 "이제 괜찮아요."라고 중얼거렸다.) — C.Cookson: 1

★ NB: put your head (down) between your knees는 빈혈을 일으킨 사람에게 행하는 응급처치다.

put one's head in one's hands 두 손으로 얼굴을 덮다. 두 손바닥에 얼굴을 묻다. 《비탄, 절망 등으로 인해》 유 drop one's head in one's hands / bury one's FACE in one's hands / drop one's FACE into one's hands / put one's FACE in one's hands

"My stepfather called to say my mother was dying of cancer. I didn't believe him, so I didn't go home." Johnny *put his head in his hands*. "But she died the next day…." ("새아버지가 어머니가 암으로 위독하다고 전화를 했지만 거짓말이라고 생각해 집으로 돌아가지 않았어. 그런데 다음 날 어머니가 정말 돌아가셨어."라고 얘기하며 조니는 두 손으로 얼굴을 가렸다.) — J. Cooper: 1

put one's head in someone's lap 타인의 무릎에 얼굴을 묻다. 《주로 아이가 부모에게 어리광 부릴 때 행하는 접촉 동작》 유 bury one's head in someone's lap / bury one's FACE in someone's lap

"Eric wants so much to be in charge of his own destiny… and yet part of him wants to *put his head in my lap* and howl for help." 〔불치병에 걸려 투병 중인 상황〕 (에릭은 자신의 운명을 자신이 책임지기를 간절히 원하고 있다. 그러나 한편으로는 어머니의 무릎에 얼굴을 묻고 도와 달라고 큰 소리로 울부짖고 싶은 생각도 있다.) — D. Lund

put one's head on [to] one side 고개를 살짝 기울이다. 《상대방의 말에 귀를 기울이는 모습; 생각하는 모습》 유 cock one's head (on one side, sideways) / tilt one's head (to one side)

Mr. Crew *put his head on one side* and made a play of studying her critically. Yes, he said, there was a resemblance, but he thought it was chiefly in the expression. 〔어떤 인물과 똑 닮았다는 이야기를 듣는 소녀를 만난 상황〕 (크루 씨는 고개를 살짝 기울이고 자못 신중하게 쳐다보는 시늉을 했다. 그러고는 "그래. 닮은 구석이 있네."라고 말하나 사실은 표정만 좀 닮았다고 생각했다.) — J. Plaidy

put [get] their heads together 머리를 맞대고 상의하다. 《문제 해결을 위해 상의하는 것을 의미하는 비유 표현》

Roger put his head around my door. "The old man's expecting our proposals for the new sales campaign. Have you given it any thought yet?" "It's something we need to *put our heads together* on. Can we talk about it over lunch tomorrow?" (판매 촉진을 위한 새로운 캠페인 아이디어를 상사에게 내야 할 날이 다가오고 있다며 생각해 둔 것이 있냐고 물어오는

로저에게 그는 "둘이서 머리를 맞대고 상의하는 편이 나을 거 같은데, 내일 점심이라도 같이 먹으면서 이야기해 볼까?"라고 제안했다.) — L.Levi

raise one's head 고개를 들다. 유 lift one's head / rear one's head / lift one's FACE

He didn't answer. "Well, isn't it? *Raise your head*. Do *raise your head* and look at me." (아이는 고개를 숙인 채 대답을 하지 않았다. 애가 탄 엄마는 "자, 고개를 들어 보렴. 고개를 들어 엄마를 보고 대답해 보렴."이라며 아이를 얼렀다.) — B.Plain: 2

rear one's head ➡ raise one's head

My sudden declarative tone surprised even me. Raymond, who has momentarily resumed his consideration of a lapful of papers brought along from the office, *rears his head* and fixes me with an astute gray eye. (나의 갑작스런 선언의 말투는 나 자신조차 놀랄 정도였다. 사무실에서 가져온 서류를 훑어보기 시작한 레이몬드는 깜짝 놀라 고개를 들고 날카로운 잿빛 눈으로 나를 쳐다보았다.) — S.Turow

Her head reared like an angry horse, her thin and haggard face was transfigured, as she confronted Marie Emmanuel with a menacing air. 〔남편을 빼앗은 여자와 마주 선 장면〕 (성난 말처럼 분연히 고개를 치켜들고 그 여자의 앞에 우뚝 선 그녀의 가늘고 여윈 얼굴은 원래의 모습과는 한참 달라져 있었다.) — A.J.Cronin: 5

★ NB: rear one's head는 raise one's head보다 문어체적인 표현이다.

★ NB: 무언가 바람직하지 않고 유쾌하지 않은 것이 표면화되는 것을 rear [raise] its (ugly) head라고 비유적으로 표현하기도 한다.

rest one's head against [on] someone's shoulder ➡ put one's head against someone's shoulder

Crossing Tremont Street I took her hand, and when we got to the other side I kept it. She *rested her head* briefly *against my shoulder*. (나는 길을 건너가던 중 잡은 그녀의 손을 건너편에 도착한 후에도 놓지 않았다. 그녀는 나의 어깨에 가볍게 머리를 기댔다.) — R.B.Parker: 1

rest one's head in the hollow of someone's shoulder ➡ put one's head against someone's shoulder

When Stephen kissed her for the first time at the entrance to her apartment, …she sighed and *rested her head in the hollow of his shoulder*. (스테판이 그녀의 아파트 입구에서 처음으로 키스를 하려는 순간, 그녀는 긴 한숨을 내쉬고는 그의 어깻죽지에 얼굴을 기댔다.) — D.Mulien

rest one's head on one's arms ➡ lean one's head on one's arms

She sat at the table, and *resting her head on her arms*, gave way to tears. Her grief was almost uncontrollable. (주체할 수 없는 슬픔에 그녀는 테이블 위에 엎드려 얼굴을 팔 위에 얹고 펑펑 울었다.) — W.H.Dickinson

rub the back of one's head 손바닥으로 뒤통수를 문지르다. 《'아, 이런…', '허, 참…' 등의 감정에 수반되는 짜증 섞인 동작; 당혹스럽거나 곤혹스러운 모습》 유 rub (the back of) one's NECK

"… Is that asking too much—is it rotten of me? I want you to help me, Peter." He *rubbed the back of his head*. "But how—I mean—what can I do? …" (도와 달라는 여자의 집요한 간청에 피터는 귀찮다는 듯 뒤통수를 문지르며 "도대체 내가 뭘 할 수 있다는 거냐?"라고 물었다.) — D.Robins: 6

rub the side of one's head 얼굴 옆을 문지르다. 《'어떻게 된 영문이지?' 등의 생각이 들 때 하는 동작-주로 귀 언저리를 문지르는 동작》

With his left hand Jerry *rubbed the side of his head*, like a schoolboy pretending to think. (제리는 왼손으로 얼굴 옆을 문질렀다. 마치 곰곰이 생각하는 학생 같은 모습이었다.) — J.Le Carré

★ NB: the side of one's head(두부 측면)는 손바닥으로 귀를 덮었을 때 가려지는 부분이다. 일본어에서 '얼굴'로 칭하는 부분 중 일부가 포함된다.

one's head sags 고개가 늘어지다. 《의기소침, 실망, 녹초가 된 모습》

When Captain Joseph Hazelwood heads for the mailbox these days, he no longer waves to his neighbors in Huntington Bay, N.Y. Instead, *his head sagging*, he hurries back indoors…. 〔알래스카 연안 일대에 석유 누출 사고를 일으켜 비난의 대상이 되고 있는 유조선의 선장의 근황을 전하는 기사〕 (조지프 선장은 우편물을 가지러 밖으로 나갈 때도 더 이상 이전처럼 이웃들에게 손을 흔들지 않는다. 그저 고개를 푹 숙인 채 재빨리 집 안으로 돌아와 버린다.) — *Time*, 1989

scratch one's head 머리를 긁다. ((이해할 수 없음, 곤란함, 망설임, 짜증, 불만 등을 나타내는 모습; 곤란함을 의미하는 비유 표현)) 유 scratch (at) one's FOREHEAD / scratch (at) one's hairline (→HAIR)

scratch one's head

Gatti turned to the stagehand. "Whose job is it to see the trap door is properly bolted?" The stagehand *scratched his head*. "Don't rightly know…." 〔무대 위에 있는 트랩 도어에서 일어난 추락 사고를 조사하는 모습〕 (가티는 무대 스태프에게 "트랩 도어가 제대로 잠겼는지 확인하는 담당자가 누굽니까?"라고 물었다. 그는 잘 모르겠다며 당혹스러운 듯 머리를 긁적였다.) — B. Paul: 2

The names Japanese automakers give their cars often cause their countrymen to twist their tongues and foreigners to *scratch their heads*. 〔일본의 자동차 회사에서 신차에 특이한 이름을 붙인 것에 대한 기사〕 (자동차 회사에서 그들의 자동차에 붙인 이름은 일본인에게는 발음하는 게 힘들고, 외국인에게는 그 의미가 무척 당황스럽다.(비유적)) — *Time*, 1986

★ **영일비교** 일본 『국어관용구사전』에서는 '머리를 긁적이다'를 '머리카락을 긁적이는 것, 비행이 드러나 당황하거나 잘못을 인정하거나 실패를 반성하는 몸짓'이라고 설명한다. 그런데 이 표현이 소설 등에 쓰인 예를 보면 터무니없는 잘못이 드러난 상황이 아니라 사소한 쑥스러움, 겸연쩍음에 뒤따르는 상황에서 일상적으로 사용하고 있다. scratch one's head는 영문을 알 수 없을 때 무심코 하는 동작으로 때때로 미간을 찌푸린 떨떠름한 표정을 동반한다. 일반적으로 영장류는 어떤 이유로 심리적 위협을 받으면 침착함을 잃고 몸의 일부를 '치장하듯' 쓰다듬는 displacement grooming actions를 해서 안정을 되찾으려는 습성이 있다(Morris, 1967). scratch one's head는 이러한 습성을 직접적으로 나타내는 동작의 하나다.

일본인도 '머리카락에 손가락을 쑤셔 넣고 긁적여서' 초조함을 떨쳐낸다. 하지만 관용구 '머리를 긁적이다'가 표현하는 몸짓은 이와 달리 사람 앞에서 머리를 긁는 시늉을 해 보이는 '대인적' 행위다. 야단을 맞든 칭찬을 듣든 실수를 저지르든 사람은 자칫하면 자의식 과잉 상태가 되어 침착함을 잃게 된다. 이때 일본인은 '이번 일에 관해서는 아무쪼록 잘 부탁합니다.'라는 의미에서 상대에게 동정과 관용을 구하는 신호로 머리를 긁적여 보인다. 이때 고개는 살짝 기울인 채 얼굴에는 애처로운 미소를 머금을 때가 많다. 이 몸짓의 바탕에는 '이거 참 죄송합니다, 고맙습니다.'라는 저자세가 깔려 있는데, 기원적으로는 머리를 땅에 조아리는 고두(叩頭)의 간략한 형태로 보는 견해까지 있다.
이처럼 영어의 scratch one's head와 일본어의 '머리를 긁적이다'는 쓰는 상황이나 의미가 다르다. 그 때문에 일본 소설에 나오는 이 몸짓은 영어로 옮기는 과정에서 영미 사회에서 통용되는 표현으로 손질되기도 한다.

"으응, 고마워. 하지만 네가 안내한다니…." "싫으세요?" "싫다기보다 언제가 될지 모르니까 말이야." 연극 따위 그리 좋아하지 않는 숙모의 대답을 짐짓 정면으로 받은 쓰다는 머리를 긁적여 보였다. – 나쓰메 소세키, 『명암(明暗)』
"Well, thank you. But I'm afraid to be taken there by you?" "Would it be unpleasant for you?" "No, it wouldn't be unpleasant. It's just that I hardly know when it will happen." Tsuda purposefully braved the full force of this answer of his aunt, who actually was not fond of the theater, and *scratched his head in perplexity*. — V. H. Viglielmo 옮김

shake one's head **머리를 가로젓다. 머리를 흔들다. ((반대, 부정의 신호; 좋은 의미든 나쁜 의미든 믿기 힘들다고 생각할 때; 슬픔, 의심, 갈등, 혼란 등을 머릿속에서 떨쳐 버리는 동작))** 유 move one's head from side to side / waggle one's head

---

"Are you hungry?" he asked. In response to his question, she *shook her head* from side to side. (배가 고프냐는 물음에 그녀는 말없이 머리를 가로저었다.) — E.McBain: 2

Most of Famous Artists Agency was there, *shaking their heads*. I interpreted it as "Jesus, what a lousy picture!" I later found out they were *shaking their heads* in amazement—"Wow! What a picture!" 〔영화배우 커크 더글러스가 그의 대표작인 〈챔피언〉에 대해 언급한 이야기 중 한 대목〕 (개봉 전 '실패작'이라고 소문난 이 영화의 시사회에는 페이머스 아티스트 에이전시의 회원 대부분이 참석했다. 시사회가 끝난 뒤 모두들 고개를 가로저었다. 나는 이를 영화가 너무 지루하다는 것으로 해석했는데, 나중에 영화가 너무 좋다는 의미였음을 알게 되었다.) — K.Douglas

On Capitol Hill, Speaker O'Neill recessed the House and, *shaking his head*, could only mutter, "Terrible thing. Terrible thing." 〔스페이스 셔틀 챌린저 호의 참사 소식을 접한 순간〕 (오닐 미 하원의장은 의회를 휴회하고는 슬프게 고개를 흔들며 "끔찍한 일이야."라고 중얼거릴 뿐이었다.) — *Time*, 1986

"It's incredible but true." Mrs. Straughan *shook her head* in a gesture of unbelief. ("믿을 수 없지만 사실이야."라고 말하면서도 스트로갠 부인은 아직도 믿지 못하겠다는 듯 고개를 가로저었다.) — V. Holt: 1

His face becomes sad with a memory of the bewildered suffering of the adolescent boy…. Then he *shakes his head*, flinging off his thoughts. (그는 사춘기 무렵의 혼란스러웠던 감정을 떠올리며 슬픈 표정을 짓는다. 그러고는 생각을 털어 버리려는 듯 고개를 좌우로 흔든다.) — E. O'Neill: 2

Only a few old ladies *shook their heads* over Ellen's gaudy clothes…. (몇몇 노부인들만이 엘렌의 요란한 옷차림을 보고 고개를 가로저었다.) — E. Wharton

★ **영일비교** 일본에서나 영미권에서나 '고개를 젓는' 동작은 부정, 반대를 나타내는 신호로 여긴다. 'no'를 나타내는 이 신호가 '대인적(對人的)'이 아니라 '대자적(對自的)'으로 쓰일 때가 있다. 그 하나가 자신의 마음에 깃든 의심이나 잡념을 떨쳐내기 위해 머리를 강하게 흔드는 몸짓으로 일본과 영미권에서 공통적으로 나타난다. 그 밖에 믿기 어려운 심정을 표현할 때에도 종종 쓰인다. 일본 『국어관용구사전』에는 '고개를 젓다'가 반대나 부정의 신호로만 나온다. 하지만 일본 소설에 묘사되는 예를 보면 '야단났다', '졌다', '큰일이다', '가엾다' 등의 감정을 표현하는 데에도 쓰인다.
*COBUILD*에서는 shake one's head가 부정의 신호 말고도 '믿기 어려운 심정(disbelief)'이나 '슬픔(sadness)'의 의미를 나타낸다고 설명한다. 이 두 가지 상황은 얼핏 관계가 없는 것 같지만, 어느 것이나 현실로 받아들이기 어렵다는 마음이 있다는 데 공통점이 있다. 이것은 영미인이 설마 하는 비극적인 상황에서 "Oh, no!"라는 탄성을 내뱉는 것과도 꼭 들어맞는다.

sink one's head in one's shoulders 고개를 움츠리다. 《머리를 낮춘 위협의 자세; 움츠린 어깨에 머리를 푹 파묻은 기운 없는 모습》

"Something must be done." In a tone of menace, Brande bit out words, *his head sunk* deep *in his shoulders*. (그는 막 덤벼들려는 황소처럼 머리를 낮추고 협박조로 "손 좀 봐줘야겠군."이라고 내뱉듯 말했다.) — A. J. Cronin: 3

He was lying back in his chair, *his head sunk into his shoulders*, his hands thrust deeply into his trousers' pockets. She had always known this dejected attitude to represent the lowest level of the barometer of his feelings. (그는 움츠린 어깨 사이로 머리를 푹 파묻고 바지 주머니에 손을 찔러 넣은 채 의자에 축 늘어져 있었다. 그녀는 그의 이러한 풀 죽은 모습에서 그의 기분이 얼마나 가라앉아 있는지 금세 알아차리곤 했다.) — A.J.Cronin: 5

one's head sinks (on) to one's chest 가슴 언저리까지 고개가 푹 꺾이다. 《맥이 빠져 갑자기 고개가 풀썩 꺾이는 모습》 유 one's head drops on one's chest

As Bob's head began to *sink on to his chest*, John said, "It's over. You're here. You're back…." (밥의 머리가 점점 앞으로 꺾이는 모습을 보고 존은 "다 끝났어요. 아버지는 여기 이렇게 돌아왔잖아요."라고 말했다.) — C. Cookson: 1

slap one's head 머리를 손바닥으로 때리다. 《당혹감, 곤란함을 나타내는 동작; '믿을 수 없어', '말도 안 돼'와 같은 감정을 느낄 때의 동작; 자신의 우둔함, 어리석음 등을 깨달았을 때의 동작》 유 slap one's FOREHEAD

He *slapped his head* in utter exasperation. "Idiot! Stupid! Both of you!…" [아이들의 바보 같은 짓에 기가 찬 상황] (그는 완전히 화가 나서 손으로 자신의 머리를 치며 "너희 둘 다 바보, 멍청이로구나!"라고 소리쳤다.) — M. Mackie

As Nigel unfolded his theory, the superintendent's face began to light up as briskly as a technicolor dawn. At one point he even went so far as to remove his bowler hat in order to *slap his* bald *head*—a sign of excitement now, not of perplexity. (나이젤의 사건에 관한 이론을 듣는 동안 경감의 얼굴이 순식간에 환해졌다. 그는 한때 자신의 대머리를 손바닥으로 치기 위해 쓰고 있던 중산모를 벗기까지 했는데, 이는 나이젤의 이론이 당혹스러워서가 아니라 너무 훌륭하여 반해 버렸기 때문이었다.) — N.Blake

slap the side of someone's head 타인의 따귀를 때리다.

A young punk took hold of my arm and demanded that I give him money. I said that I would not. He then *slapped me on the side of my head* sharply enough to knock off my glasses and asked more threateningly for my money. (거리의 불량배들은 나의 팔을 붙잡고 돈을 내놓으라고 강요했다. 내가 거절하자 그는 안경이 획 날아갈 정도로 세게 따귀를 때렸고, 아까보다 더욱 위협적으로 돈을 내놓으라고 협박했다.) — *Time*, 1983

snap one's head (up) 반사적으로 얼굴을 휙 들다. 《충격을 받거나 경악하는 모습, 그리고 그 비유 표현》 유 jerk one's head up

Victoria's *head snapped up*, her eyes glittering with outrage at this last insult to her intelligence. (타인을 바보 취급하는 상대의 말에 빅토리아는 발끈하여 얼굴을 획 들어 올렸다. 그녀의 눈은 분노로 번쩍번쩍 빛나고 있었다.) — J. McNaught

Across Washington, even the highest officials *snapped their heads* in disbelief upon hearing the news of the impending press conference. 〔미국으로 망명한 소련 정부 요인 비탈리 유르첸코가 행방불명되었다가 나타나 소련으로 돌아가겠다는 극적인 성명을 발표한 것에 대한 기사〕 (워싱턴의 정부 고위 관리들도 유르첸코의 기자회견이 열린다는 소식을 접하고는 믿을 수 없다는 듯 헉 하고 놀랐다.) — *Time*, 1985

★ NB: 이 동사구를 형용사화시켜 다음과 같이 사용할 수도 있다.
In a *head-snapping* acceleration of their relationship, the two leaders announced last week that they would visit each other aboard ships moored in the Mediterranean Sea December 2 and 3…. (깜짝 놀랄 정도로 미소 관계에 가속이 붙어, 양국의 최고 지도자가 다음 주 지중해에 정박 중인 배 위에서 12월 2, 3일 양일간 회담을 진행할 것이라고 발표했다.) — *Time*, 1989

stroke someone's head **타인의 머리를 쓰다듬다. ((주로 나이 어린 사람을 대상으로 하는 보호자로서의 애정 어린 행위))** 유 smooth someone's HAIR / stroke someone's HAIR

Nicky had no children, no memories, nothing to help him achieve a victory when his blood flared up. She understood. She went up to him and *stroked his head*. 〔어머니 대신 생계를 책임져 온 동생의 불행을 가엾게 여기는 누나의 마음〕 (니키에게는 피가 거꾸로 솟을 상황에서 그가 힘을 내도록 도와줄 것이 아무것도 없었다. 그에게는 아이도, 변변한 추억도 없었다. 그녀는 동생이 너무도 딱하게 여겨져 그의 옆으로 다가가 머리를 쓰다듬어 주었다.) — D. Robins: 1

swivel one's head **일정한 방향으로 고개를 획 돌리다. ((무언가를 보기 위해))** 유 turn one's head

"Dolores, please stop arranging my life!" *Heads swiveled* at other tables. Dolores flushed. "I'm sorry. I thought you needed a friend." "I do, I do, I don't mean to sound so ungrateful…." 〔자신에게 쓸데없는 잔소리를 하는 친구에게 짜증이 난 순간〕 ("돌로레스, 내 인생에 대해 이러쿵저러쿵 그만해!" 하고 버럭 소리를 질렀다. 다른 테이블의 손님들이 일제히 우리 두 사람을 돌아보았다. 돌로레스는 얼굴이 빨개져서 "미안해. 나는 그냥 너에게 친구가

필요할 거라고 생각했어."라고 사과했다.) — J.Michael: 1

An officer would tell them: "Take a look at the man on either side of you." Quite a few actually *swivelled their heads* this way and that, in the interest of appearing diligent. 〔고된 훈련을 앞둔 상황〕 (교관이 대원들에게 그들의 양쪽에 앉아 있는 대원의 얼굴을 잘 봐 두라고 했다. 대원들 중 몇몇은 시킨 대로 진짜 좌우로 고개를 휘휘 돌리며 자신이 열심히 참여하고 있음을 보여 주었다.) — T.Wolfe

throw one's head back ➡ put one's head back

throw back one's head and laugh

Carl *threw his head back* and laughed aloud. "Typical Pieter! Any other man might take advantage of your sympathy but not Pieter. I bet he was scared shitless to find himself alone with you in your room." 〔고지식한 피터의 이야기를 듣고 난 순간〕 (칼은 고개를 뒤로 젖히고 큰 소리로 웃었다. "역시 녀석이야! 평범한 남자라면 너에게 작업을 걸 기회로 여길 텐데. 나는 피터가 네 방에 너와 단둘이 있다면 틀림없이 무서워서 벌벌 떨 거라고 생각해.") — C.Rossiter

Molly *threw back her head* and took deep breaths. The air had sharpness in it. (몰리는 고개를 뒤로 젖히고 깊이 심호흡을 했다. 공기가 살을 에는 듯했다.) — A.Doyle

He bit his lip, thinking, then *threw back his head*. "We'll start the Seder. We won't wait for Johnny." (그는 입술을 지그시 깨물고는 잠시 망설이지만 이내 결심을 굳힌 듯 얼굴을 쳐들고 "조니를 기다릴 것 없이 유월절 의식을 시작하자."라고 말했다.) — Z.Popkin

She felt the tears pushing against her eyes again, felt her throat constricting··· "But the whole point is that I didn't know for sure." Jill *threw her head back* in despair, sniffing loudly and then angrily wiping the tears from her. 〔남편에게 여자가 생겼다고 확신하는 상황〕 (그녀는 생각만 해도 왈칵 눈물이 솟고 가슴이 죄어 왔다. "문제는 아직 확실한 증거를 잡지 못한 거야."라며 질은 절망적인 기분으로 머리를 뒤로 젖히고 흐느껴 울다 화난 손길로 눈물을 훔쳤다.) — J. Fielding

thrust one's head forward 머리를 앞으로 쑥 내밀다. 《당장이라도 덤벼들 듯한 도전적인 자세; 위협 혹은 강한 자기주장을 나타내는 자세–턱을 바싹 당기며 머리를 내민다.》

The woman took a step toward him and *thrust her head forward* on her neck. "You think you're a little tin god, don't you, masterminding my family's affairs···." (여자는 그를 향해 한 발을 내밀며 도전적으로 턱을 안으로 당기고 머리를 앞으로 내밀었다. "우리 가족의 문제를 당신 멋대로 쥐락펴락하면서 당신이 뭐라도 되는 사람인 양 우쭐댈 거냐."라고 신랄하게 퍼부었다.) — R. Macdonald: 3

tilt one's head back ➡ put one's head back

Her glance strayed through the window again and rested on the tall, cloaked figure, who stood, *head tilted back*, near the park railings. (그녀의 시선이 다시 창밖으로 향하더니 공원 울타리 근처에 우두커니 서 있는 사람의 그림자에 쏠렸다. 그는 키가 크고 망토로 몸을 감싸고 머리를 뒤로 젖히고 있었다.) — B. Grey

tilt one's head forward 머리를 앞으로 숙이다.

"Well, the Washington tilt is what happens to a person's neck after he or she has lived too long in this city. It comes from going to too many dinner parties and tilting your head in a listening position to hear the important words of whatever important person you happen to be talking to. It usually begins innocently with something like "Tell me, Mr. Secretary," and then you *tilt your head forward* to listen or to appear to be listening. Before you know it, after so many evenings of tilting, you find it difficult to hold your head straight. Then wherever you go, people can tell right away that you're a Washingtonian by the tilt to your head···." 〔워싱턴을 잘 아는 고참이 신참에게 '워싱턴 틸트(Washington tilt)'에 대해 농담을 섞어 설명하는 장면〕 ("워싱턴 틸트란 이 도시에서 오랫동안 살아온 사람들의 목에 나타나는 현상으로, 저녁

tilt one's head forward

식사 자리가 많은 워싱턴에서 높은 사람 옆에 앉아 그의 이야기를 경청하는 자세에서 기인한다. 대개는 당신이 "장관님, 이 문제에 대한 의견을 말씀해 주십시오." 같은 질문을 던지고 죽어라 열심히 듣는 나머지 고개를 앞으로 숙이는 것에서 시작한다. 그렇게 많은 밤을 보내게 되면 당신은 고개를 똑바로 펴지 못하게 된다. 그러면 어디를 가도 고개를 살짝 숙이게 되기 때문에 사람들은 당신이 워싱턴 사람이라는 것을 금방 알아볼 수 있게 되는 것이다.) — S.Quinn

tilt one's head (to one side) 고개를 기울이다. 고개를 갸웃하다. 《주의를 기울이거나 이야기를 경청할 때의 모습; 상대방에 대해 관심을 나타내는 모습; 질문하는 모습》 유 cock one's head (on [to] one side) / put one's head on [to] one side

tilt one's head to one side

Tilting her head to one side, lavender eyes shining seductively, she murmured, "Will you ever grow up, Travis Coltrane? We aren't newlyweds anymore." (그녀는 "트래비스 콜트레인, 이제는 좀 어른이 되어 주지 않겠어?"라고 고개를 갸웃하며 다정하게 묻고는 "우리는 더 이상 신혼부부

가 아니잖아."라고 속삭였다. 그녀의 라벤더 색 눈이 매혹적으로 빛나고 있었다.)
— P. Hagan

She stood…, erect and elegant, with *her head tilted* slightly *to one side*. It was something she always did, unconsciously, when she was either listening intently or intrigued by what she saw. (그녀는 우아하고 꼿꼿하게 서서는 고개를 약간 기울이고 있었다. 이는 일부러 그러는 것이 아니라 원래 그녀가 무언가에 귀를 기울이거나 무언가를 주의 깊게 볼 때면 저도 모르게 고개를 기울이는 버릇이 있기 때문이다.) — C. Jameson

I went back to the middle of my room, *tilted my head* and stood, squirming my toes and listening intently, thinking I'd heard something up in the attic. (다락방에서 무언가 소리가 나는 것 같았다. 나는 방 한가운데로 돌아와 고개를 갸웃하고 잔뜩 긴장하여 발가락 끝을 꼼지락거리며 귀를 기울였다.) — M. Pargeter

"I grew up with forklifts," Garth said. "Shall I have a look?" She *tilted her head* to look at him. "Do scientists do research with forklifts?" (햇병아리 과학자 가스는 자신이 지게차와 함께 자라왔다고 말하며, 지게차를 한번 봐도 되겠냐고 물었다. 그녀는 고개를 갸웃하며 그를 보더니 "과학자들은 지게차를 이용해서 연구하나요?" 하고 물었다.) — J. Michael: 2

In America, if a man wants to signal his wife that it is time to leave a party, he is likely to *tilt his head* and roll his eyes in the direction of the door. (미국에서는 파티 도중 남편이 부인을 데리고 나가려 신호를 보낼 때 고갯짓을 하며 현관 쪽으로 눈을 굴리는 것이 보통이다.) — *Time*, 1979

★ NB: 동사 tilt는 '기울이다', '숙이다'를 의미하는 동사이나 그 방향에 대해서는 중립적이어서, 방향을 특정할 때는 지시하는 부사구와 함께 쓰인다. 이 동사가 단독으로 쓰이는 경우는 주로 위로 올리거나 옆으로 기울이는 것을 의미한다(move it slightly upwards or to one side—*COBUILD*).

★ **영일비교** tilt one's head (to one side)는 가볍게 고개를 갸웃하는 모습을 나타내는 가장 일반적인 표현이다. 똑같이 고개를 갸웃한다고 하더라도 cock one's head to one side가 급히 고개를 움직이는 반사적인 동작을 가리키는 데 비해 이것은 느긋하게 고개를 기울이는 동작을 가리킨다. 이 동작은 주로 다음의 두 가지 상황에서 볼 수 있다. 하나는 이야기에 대한 높은 관심과 더불어 그것이 옳다는 생각이 들어 귀담아 들을 때, 귀를 기울일 때, 되묻고 싶은 마음이 솟아날 때 등이다. 다른 하나는 주로 여성이 호의를 품은 남성에게 '당신에게 홀딱 반하다'라거나 '당신 이야기

에 넋을 잃다'라고 남성의 마음을 자극하듯 관심을 드러낼 때다.
일본 『국어관용구사전』에 따르면 '고개를 갸웃하다'는 '의심쩍거나 이상하게 여김을 비유적으로 이르는 말 또는 그런 몸짓'이다. 일본 소설의 용례에서는 정말로 의심할 때뿐 아니라 이치에 맞지 않는 이야기, 동의하기 어려운 이야기, 대답하기 어려운 물음에 '글쎄' 하고 생각하는 모습을 나타낼 때에도 쓰인다. 상대에게 분명하게 이의를 제기하는 것을 되도록 피하는 일본인이 어느덧 몸에 익힌 표현법이라고 할 수 있다. 일본 소설에서 등장인물이 일본인답게 '생각하는 척'을 하며 이 몸짓을 보일 때, 영어 번역문에서는 때때로 과감하게 의역을 한다.

"이상하군." 료스케는 고개를 갸웃하며 생각하는 시늉을 했다. — 오사라기 지로, 『여로(旅路)』
"Very strange," said Ryousuke and he pretended he was racking his brains. — I. Morris 옮김

tilt one's head toward··· ➡ incline one's head toward···

She picked up the tray to carry it into her office. "Napkins," she said to Alexandra, *tilting her head toward* a cupboard in the corner. (그녀는 사무실로 가져가려고 쟁반을 든 순간 자신이 냅킨을 깜빡한 것을 알아챘다. 그녀는 알렉산드라에게 냅킨 좀 꺼내 달라고 말하며 머리로 찬장 쪽을 가리켰다.) — J.Michael: 2

tip one's head back ➡ put one's head back

And then she laughed. She smiled widely; crinkles appeared in the corners of her brown eyes; she *tipped her head back* so that her chin pointed forward···. (그녀가 활짝 미소를 짓자 갈색 눈의 눈꼬리에 웃음 주름이 졌고, 머리를 뒤로 젖히고 웃는 바람에 턱이 앞으로 나왔다.) — K.Follett: 3

tip one's head to one side ➡ tilt one's head (to one side)

She did not blush beneath his frank appraisal, nor did she turn away from it. She simply *tipped her head to one side* as if she was waiting for him to finish. (값을 매기듯 뚫어지게 쳐다보는 그의 눈초리를 느낀 그녀는 뺨을 붉게 물들이지도 시선을 피하지도 않았다. 그녀는 마치 그의 품평이 끝나기를 기다리듯 고개를 살짝 기울였다.) — J.McNaught

toss one's head (back) 머리를 끄덕이다. 고개를 튕기다. 《도전적인 태도; '흥' 하며 깔보는 거부의 태도; 화가 난 모습; 짜증 난 모습 등》 유 toss one's HAIR back

Whenever she met Harry Gordon, she *tossed her head* and flashed at him a look which plainly said "What in hell do you want with that?" (그녀는 해리 고든과 만나면 늘 고개를 한 번 튕기며 "그런 여자가 어디가 좋다고?"라고 말하는 듯한 표정을 지었다.) — W. Cather: 2

Almost defiantly she *tossed back her head* and looked at her father directly. (그녀는 마치 반항하듯 고개를 한 번 탁 튕기고는 아버지의 얼굴을 똑바로 쳐다보았다.) — C. Jameson

★ NB: toss one's head는 머리를 보통 위치에서 급격하게 뒤로 젖힌 뒤 다시 원래 위치로 돌아오는 민첩하고 신속한 동작(the head tiles sharply back and then returns to the neutral posture-Morris, 1985)을 가리킨다. 위의 예는 모두 반항적, 도전적으로 머리를 홱 뒤로 돌리는 큰 동작이나 이보다는 눈에 띄지 않는 작은 동작의 head toss도 있다. 영미인의 경우 다음과 같은 두 가지 상황에서 가벼운 동작의 head toss를 사용한다(Morris, 1985). 그중 첫 번째는 멀리 있는 지인을 알아봤을 때의 우호적이고 격의 없는 인사의 의미이고, 두 번째는 대화 중 '아, 그렇군요. 맞습니다!'("Ah, yes, of course!") 등 갑자기 납득을 했을 때의 신호이다. 이러한 가벼운 head toss는 소설 등에서 보통 nod(one's head), bob one's head 등으로 나타난다.

tousle someone's head 상대방의 머리카락을 손으로 헝클다. ((보호자로서의 애정 어린 표현)) 유 ruffle someone's HAIR

Ray *tousled* Mike'*s head* and leaned over to kiss Missy. (레이는 어린 아들 마이크의 머리를 마구 헝클어 놓고, 어린 딸 미시에게는 몸을 숙여 키스했다.) — M. H. Clark: 3

turn one's head 고개를 돌리다. 유 swivel one's head

"I read faces," he said gravely. "And what do you see in mine?" she *turned her head* to ask. (그가 자신이 관상을 본다고 말하자, 그녀는 "내 얼굴에서 뭐가 보이나요?"라며 얼굴을 돌렸다.) — B. Grey

He had not even *turned his head* to glance at her since they had come into the drawing room. (그들이 응접실에 들어왔는데도 그는 그녀를 보기 위해 고개를 돌리지 않았다.) — B. Grey

Every now and then a rich flea will marry a show girl, or a movie star, or a singer, or even a gorgeous cigarette girl. Someone who makes people'*s heads turn* when she walks into a room. (대단치 않은

부자가 가끔 나이트클럽의 쇼걸, 여배우, 가수, 심지어는 매력적인 나이트클럽 담배 판매 여직원 등과 결혼하는 경우가 있다. 방에 들어오면 모두가 고개를 돌려 쳐다볼 정도로 예쁜 여자들이다.) — M.E.Barrett

turn one's head away 외면하다. 시선을 돌리다. 《고개를 돌리는 모습》 유 turn one's FACE away

They are outcasts. They are nameless. If you met them in the street you would *turn your head away*. (그들은 세상에서 버려진 이름 없는 사람들이다. 당신이 길을 가다 그들을 만난다면 고개를 돌리고 외면할 것이다.) — O. Wilde: 5

waggle one's head ➡ shake one's head

"So the missing glass would make thirteen?" Greer knows this is peculiar. He *waggles his head*. "I guess so." 〔피고 측 변호사의 심문에 증인이 범죄 현장의 사진을 보며 답하는 장면〕 ("현장에서 사라진 컵을 포함하면 전부 13개가 된다는 건가요?"라고 유도심문을 하자 그리어는 이상하다는 듯 머리를 흔들며 "그런 것 같다."고 말했다.) — S.Turow

HEEL

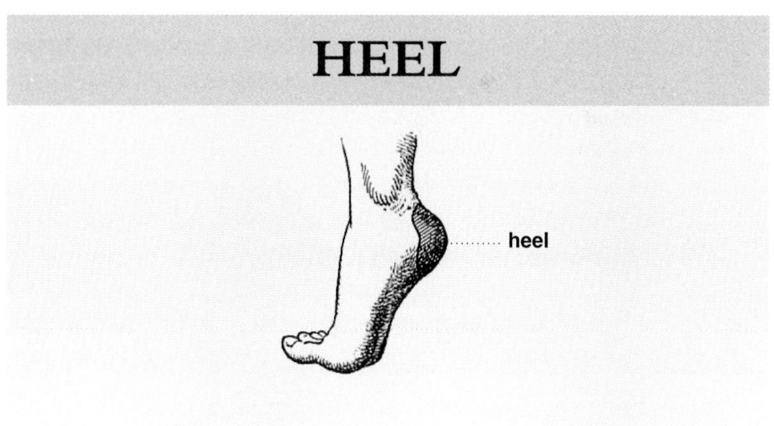

● 영어의 heel은 일본어의 뒤꿈치(かかと, 〔문〕 きびす)와 거의 일치한다. 단, 사전적 정의로는 그것이 나타내는 범위에 다소 차이가 있다. 즉 일본어 사전에는 이 부위를 '발바닥의 뒤쪽 부분'으로 정의하는 경우가 많고, 『다이겐카이』 등에서는 '발에서 지면을 밟고 서는 곳'이라고 평면적으로 보고 있다. 이에 비해 영어

사전에서는 발의 뒤쪽 부분으로 복사뼈 부근의 아래와 후배부(the rounded posterior portion of the human foot under and behind the ankle-*AHD*)를 포함한 부위를 입체적으로 나타낸다. 실제의 용법상으로는 일본어도 영어의 사전적 정의에 가까운 의미로 사용되고 있다(e.g. 뒤꿈치가 신발에 쓸렸다.).

- 몸가짐과 관련된 영어 표현 중에 뒤꿈치가 나오는 경우는 군대식으로 신발의 뒤꿈치를 힘차게 모으는 농담 섞인 경의의 표현(e.g. click one's heels)이나 신발 뒤꿈치로 상대방의 발을 밟아 입을 막아 버리는 거친 억제 동작(e.g. dig one's heel into someone's instep) 등 손에 꼽을 수 있는 정도뿐이다. 다만 영어에서는 걸음걸이, 서 있는 자세 등의 특징을 heel 또는 toes에 체중을 싣는 방법으로 묘사하기 때문에(e.g. rock back and forth on one's heels; a heel-to-toe stride) 이 같은 동작을 묘사할 때는 heel을 자주 사용하는 편이다.

---

click one's heels **뒤꿈치를 붙여 탁 소리를 내다. ((명령을 받았을 때, 보고가 종결되었을 때 등을 나타내는 군대의 의례 동작))** 유 snap one's heels together

"… You are a tiny bit late… hours late." "I must humbly apologize, Nurse Cook." He *clicked his heels* and bowed, inclining his head in a stiff salute, then grinned. 〔근무교대 시간에 늦어 간호사에게 따끔한 소리를 들은 젊은 의사가 상관 앞에 선 졸병 흉내를 내며 유머러스하게 사과하는 장면〕 ("진심으로 사과드립니다. 간호사 선생님."이라고 말하며 그는 뒤꿈치를 일부러 탁 소리가 나게 모으고 고개를 가볍게 숙이며 온갖 예의를 차리더니 이내 씩 웃었다.) — L.Cooper: 1

★ NB: click one's heels는 원래 독일의 군대에서 상관에게 보고를 마치거나 명령을 받았을 때 하는 의례 행위였다. 영미권에서 이 동작이 사용될 때는 명령조로 나오는 상대에게 복종하겠다는 의사를 익살스럽게 나타낼 때다.

dig one's heels in **뒤꿈치가 땅을 파고들다. ((끄떡도 하지 않음, 요지부동, 완강하게 타인의 말을 들으려 하지 않는 태도, 자신의 의견을 고집하는 태도를 의미하는 비유 표현))**

"Shelly, ever since we've been here, you've been forcing me to go to hunt breakfast and cocktail parties and buffets with your buddies. Now when I say that I want to go out, you *dig in your heels*…" ("셸리, 나는 언제나 당신의 사냥 친구들 모임에 억지로 끌려 나갔어. 그런데 정작 당신은 내가 나가자고 하면 내 말을 들을 생각도 하지 않잖아.") — J.McIlvaine

★ NB: 줄다리기를 할 때 뒤꿈치로 땅을 파고 힘껏 버티며 상대에게 끌려가지 않도록 하는 것에서 나온 비유 표현이다. heels 대신 toes를 사용할 수도 있다.

dig one's heel into someone's instep 타인의 발등을 신발 뒤꿈치로 꽉 밟아 누르다. ((따끔한 맛을 보여 주기 위해; 타인에게 거칠게 주의를 주거나 행동을 제지하려는 동작 등)) 유 step on someone's FOOT

Elly flashed a dark look at her husband. "Ralph, dear," she said, very nicely, but *digging her heel into his instep*. 〔랄프가 사람들 앞에서 조심성 없이 말하는 바람에 곤란해진 상황〕 (남편 때문에 아내 엘리의 얼굴에 어두운 빛이 스쳤다. 남들이 보는 앞이라 말은 조심조심 부드럽게 했지만 그녀는 뒤꿈치로 그의 발을 사정없이 밟았다.) — L.Gould

drag one's heels 발을 질질 끌다. ((의욕 없음, 마지못해 하는 것을 의미하는 비유 표현)) 유 drag one's feet(→FOOT)

"You've got to meet this man!" Markham enthused. "He's incredible, Frank. Come here!" he encouraged his guest who seemed to hang back and *drag his heels*. ("당신에게 꼭 만나게 해 주고 싶은 사람이 있어! 정말 대단한 사람이야."라고 강조하며 마컴은 프랭크를 안내하려 했다. 그러나 정작 그는 꽁무니를 빼며 그다지 탐탁지 않아 하는 모습을 보였다.) — A.Lawrence

fall back on one's heels 몸을 뒤로 젖히다. 몸이 뒤로 자빠지다. ((깜짝 놀랐을 때))

She put her hand on his face and on his heart. He was dead. She *fell back on her heels* and stared at the body with terror. (누워 있는 그의 얼굴과 가슴에 손을 대 보고 그가 죽었다는 사실을 알게 된 그녀는 깜짝 놀라 뒤로 자빠지더니 공포에 벌벌 떨며 시체를 바라보았다.) — R.Macdonald: 1

heel-and-toe 힐 앤드 토 보행 ((경보할 때와 같이 성큼성큼 걷는 걸음걸이))

"... See you later." He set off down the sidewalk with shoulder blades still drawn together and his feet doing a nimble *heel-and-toe*. ("다음에 또 봅시다."라고 작별 인사를 한 뒤 그는 가슴을 펴고 가벼운 발걸음으로 성큼성큼 걸어갔다.) — C.Armstrong: 1

★ NB: heel-and-toe는 경보의 정식 보행법으로 여겨진다. 경보를 할 때는 앞에 내민 발의 발뒤꿈치(heel)가 지면에 닿으면(and) 뒷발의 발가락 끝(toe)을 지면에서 뗀다. 보통 걸음걸이에서 민첩성이나 신속성을 강조하고 싶을 때 위의 예와 같이 heel-and-toe 보행으로 표현하는 경우가 있다.

heel-to-toe 활기 있는 시원시원한 걸음걸이, 성큼성큼 걷는 모양

Just as he noted Sally was walking with a very firm *heel-to-toe* stride towards the car. She walked that way only when she was angry about something and was making up her mind to take action. (샐리가 차를 향해 성큼성큼 기세 좋게 걸어오고 있었다. 그녀는 뭔가에 화가 났거나 무언가를 하기로 마음먹었을 때 이렇게 걸었다.) — K.Blair

★ NB: heel-to-toe는 앞발의 뒤꿈치를 들고 발가락 끝으로 지면을 뒤로 차면서, 그 힘으로 뒷발을 앞으로 내밀어 뒤꿈치로 착지하는 시원시원한 걸음걸이를 일컫는다.

kick up one's heels 마구 뛰어다니다. ((들뜬 것을 의미하는 비유 표현))

It was not the young but the old who were the first to *kick up their heels*, reverting instinctively to the dances of their youth. (그들이 처음으로 들떠서 춤을 춘 때는 젊었을 적이 아니라 좀 더 나이가 들었을 때였다. 그들은 젊은 시절 추던 춤을 어렵게 떠올려 가며 춤을 추었다.) — S.Levenson

rock back [backward] and forth [forward] on one's heels 몸을 앞뒤로 가볍게 흔들며 움직이다. ((안절부절 산만할 때; 마음속의 갈등을 억누르고 겉으로는 여유 있어 보이려 할 때의 동작)) 유 sway back and forth on one's heels

Caull was standing in the far corner of the room, staring out the window, his hands clasped behind him. He was *rocking back and forth on his heels*, as if preparing to make a speech. (중요한 결단을 해야 하는 정부 고위 관리 카울이 사무실 모퉁이에 서서 뒷짐을 지고 창밖을 바라보고 있었다. 그는 마치 연설을 시작하기 전처럼 몸을 가볍게 앞뒤로 움직이고 있었다.) — W.Just

… he was *rocking backward and forward on his heels* as he pursued his cross-examination. (그는 여유 있게 몸을 앞뒤로 가볍게 움직이며 반대 심문을 이어 갔다.) — J.Steele

★ NB: rock back and forth on one's heels는 사람들 앞에서 이야기를 하려는 사람이 마음을 가다듬으려 할 때 특히 많이 하는 동작이다. 청중의 존재가 야기하는 압박감과 긴장감을 체면을 잃지 않고 떨쳐 내려는 것으로, 온몸으로 헛기침을 하는 것이라고 봐도 틀리지 않다.

snap one's heels together ➡ click one's heels

"I think I'll go to bed," she said. "I'm rather tired tonight." Immediately the major was on his feet, *his heels snapped together*. ("오늘밤은 피곤하니 이제 자러 가야겠다."라고 그녀가 말했다. 그러자 소령은 벌떡 일어나 발뒤꿈치를 척 하고 모으며 직립 자세를 취했다.) — E. Anthony: 3

spin on one's heel(s) ➡ turn on one's heel(s)

She looked back at him, her delicately boned face coloring, then she *spun on her heel* and ran lightly across the coral sand to Tom, raising herself on tiptoe and kissing his cheek. (모래사장에서 장난을 치고 있던 그녀는 자신을 부르는 목소리가 들리자 뒤를 돌아 톰을 보았다. 볼이 빨갛게 물든 그녀는 방향을 바꿔 모래사장을 가로질러 가벼운 발걸음으로 뛰어가더니 발돋움해서 그의 볼에 입을 맞췄다.) — M. Way: 2

squat on one's heels 쭈그리고 앉다. 웅크리고 앉다.

He *squatted on his heels* to take a closer look at the body. (그는 시체를 좀 더 잘 보기 위해 쭈그리고 앉았다.) — R. Macdonald: 1

★ **영일비교** 웅크리고 앉는 행위는 일본과 영미 사이에 형태, 사용도, 관점에서 제법 차이가 있다. 일본인은 웅크리고 앉을 때 두 발을 땅바닥에 붙이고 발끝을 바깥쪽으로 향하며, 무릎을 조금 벌리고 엉덩이를 지면에 닿을 듯 떨어뜨린다. 반면 영미인은 발꿈치를 지면에 붙이지 않고 들어 올린 채 허리를 낮추어 발꿈치 위에 엉덩이를 얹어 (squat on one's heels) 다소 얕게 웅크린다.

일본인도 웅크리고 앉는 것을 예의 바른 자세라고 생각하지 않지만 특별히 기피하는 의식은 없다. 속이 거북해서 서 있을 수 없을 때, 또는 정원 일 등으로 몸을 구부릴 때 매우 자연스럽게 이 자세를 취한다. 한편 영미인은 일본인처럼 이렇게 앉는 것을 가장 야비하고 비문명적인 몸짓이라고 기피한다. 기피하는 의식이 지나치게 강한 탓에 어린 시절에는 자연스럽게 웅크려 앉을 수 있었던 사람들도 성인이 되고 나서는 그렇게 앉을 수 있는 능력마저 잃는다(Davis, 1971). 그 결과 일본인이 무릎이나 엉덩이가 지면에 닿는 것이 싫어 웅크려 앉을 때 영미인들은 오히려 무릎을 대거나 바닥(지면)에 앉는 것을 선호한다.

sway back [backward] and forth [forward] on one's heels ➡ rock back and forth on one's heels

Vandergelder: (*swaying back and forth on his heels* complacently) Good afternoon, Mrs. Molloy. (그는 여유만만하게 몸을 앞뒤로 가볍게 움직이며 몰로이 부인에게 인사한다.) — T. Wilder: 2

throw someone back on his heels 타인을 자빠뜨릴 정도로 크게

놀래 주다. 《충격을 주는 것을 의미하는 비유 표현》

"Of course when Anna told me on the telephone that she had become engaged I must say it rather—rather *threw me back on my heels*." (안나가 약혼했다고 전화로 알려 주었을 때 나는 놀라 자빠질 정도로 충격을 받았어.) — M.Lewty: 2

★ NB: 눈앞에서 어떤 사건이 갑자기 일어났을 때 깜짝 놀라 저도 모르게 뒤로 자빠지는 모습을 근거로 한 비유 표현이다. 주로 불쾌한 충격이나 놀람에 쓰인다. throw 대신 set을 쓰기도 한다.

turn on one's heel(s) 몸을 빙그르 돌리다. '뒤로 돌아'를 하다. 유 spin on one's heel(s) / whirl on one's heel(s)

"Don't argue with him, Sheila. I oughtn't to 've come here." He *turned on his heel* and walked head down toward the parking lot. (실라는 자신들을 문전 박대하는 사람과 입씨름을 벌였다. 그는 "애초에 내가 여기 오는 것이 아니었다."라고 실라에게 말하고는 몸을 돌려 고개를 푹 숙이고 주차장으로 걸어갔다.) — R.Macdonald: 7

★ NB: turn on one's heel을 문자 그대로 해석하면 뒤꿈치를 축으로 몸을 휙 돌리는 것을 말한다. turn 대신 spin, whirl을 쓰면 방향 전환이 빠르다는 것을 강조한 표현이 된다.

★ NB: 이 표현은 화가 나는 상황이나 불쾌한 사람 등을 참지 못하고 갑자기 등을 돌려 떠나는 경우에 자주 사용된다.

whirl on one's heel(s) ➡ turn on one's heel(s)

He stared at me blankly for a moment, then *whirled on his heel* and dashed away yelling, "Mario! Mario!" (그는 나의 제안에 잠시 어리둥절해 했다. 그러나 곧 제안을 실행에 옮기기 위해 가던 방향을 냉큼 바꾸더니 큰 소리로 하인들을 부르며 쏜살같이 달려갔다.) — B.Paul: 2

HIP

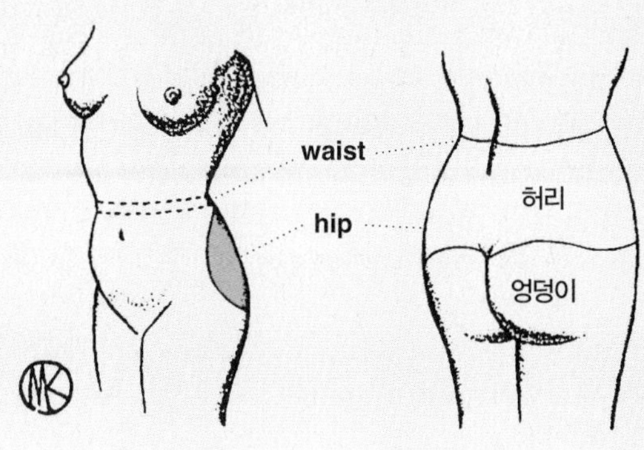

● hip은 영일 사전에 따르면 일본어의 엉덩이와 허리에 해당한다. 그러나 두 부위 모두 hip에 부분적으로 겹치는 것에 지나지 않는다. 다시 말해 일본어의 엉덩이와 허리는 주로 배면(背面)의 하반신 중앙 일부를 가리키는 단어임에 비해 영어의 hip은 하반신의 측면부를 가리키는 단어이기 때문이다. 즉 hip은 체조 등에서 "손을 허리에"라고 했을 때 손바닥이 닿는 부분 바로 아래로부터 몸통과 다리가 연결되는 부분까지 골반을 따라 옆으로 퍼져 있는 부분(the area at the side of your body between the top of your leg and your waist—*COBUILD*)을 가리킨다. 그 옆선의 상당 부분이 허리와 겹치며, 나머지 일부가 엉덩이의 일부와 겹친다.

● 일본어와 영어에서 하반신의 부위에 대한 구분법에 차이가 나는 것은 기모노와 양복의 재단법의 차이에서 오는 것이라 여겨진다. 일본어에서는 몸통을 우선 정면과 배면으로 나눈다. 배면은 동체 중앙부의 잘록한 부분을 중심으로 상반신과 하반신으로 나뉘고 다시 상반신은 등, 하반신은 허리, 엉덩이로 나뉜다. 허리와 엉덩이의 경계는 그렇게 명확한 것은 아니나 허리는 배의 뒷면에 얼추 해당하고 엉덩이는 그 아래쪽의 살점이 두둑하게 붙은 부분을 가리킨다. 그러한 구분 방법은 마치 옷감에 표시를 하듯 평면적, 직선적으로 어깨에서 허리, 허리에서 엉덩이로 배면을 횡으로 구분하는 것이 특징이다.

● 영어 또한 기본적으로는 동체를 정면과 측면으로 나누지만, 동시에 몸통을 따라 흐르는 곡선의 특징에 시선을 둔 구분 또한 행해진다는 점에서 일본어와 다르다. 영어에서는 경부(頸部)에서 둔부에 이르는 몸통의 뒷면을 일단 한

덩이로 놓고, 이 전체를 일컬어 문자 그대로 back이라 칭한다. 이 중에서 특히 살점이 두둑하게 붙은 것처럼 보이는, 엉덩이 아래쪽에 해당하는 부위는 back과 구분해 backside, buttocks 등의 이름으로 부르고 있다.

● 영어는 동시에 하반신의 측면에 보이는 인체의 곡선에도 눈을 둔다. 즉 상반신에서 몸통 양쪽으로 가장 가느다란 부분, 이른바 허리의 잘록한 부분이 waist이고, 거기서부터 골반을 따라 좌우로 펼쳐진 부분을 hip이라고 한다. 단수 hip은 양쪽으로 펼쳐진 부위에서 좌우 어느 한쪽만을 가리킨다. '여성은 남성보다 힙이 크다' 등 좌우를 합친 넓이가 중요할 때 복수형을 사용하게 된다(e.g. Women have wider hips than men.).

● 일본어의 허리(腰)와 그대로 대응하는 영어 단어가 없기 때문에 일본어에서 허리의 동작으로 묘사되는 것들을 영어로 표현할 때는 back, hip, waist 등으로 나뉘어 번역된다.

허리를 펴고 손을 올려 해를 가리며 먼 곳을 가리키고 있는 민소매 차림의 노파 — 나쓰메 소세키, 『구사마쿠라(草枕)』
··· the old woman standing beside me, her arm bare, her back straight, one hand shading her eyes and the other pointing away off into the distance — A. Turney 옮김

치에코는··· 허리를 세차게 돌리더니 앵돌아졌다 — 미시마 유키오, 『사랑의 갈증(愛の渇き)』
··· Chieko··· swayed her hips from side to side and pouted — A. Marks 옮김

기요아키는 한 팔로 두르고 있는 그녀의 허리 부근의 따뜻함을 손가락으로 느끼며··· — 미시마 유키오, 『봄의 눈(春の雪)』
One of his arms was around her waist. He felt a warmth that insinuated through his fingertips resting on her hip··· — M. Gallagher 옮김

● 성별에 따른 인체 곡선의 차이가 가장 잘 드러나는 부위가 hip과 waist로, 여성 특유의 곡선을 얼마나 매력적으로 표현할 것인가가 서구 여성 복장사의 중심 과제였다. 패션에 유니섹스 경향이 나타난 것은 최근의 일로, 그전까지는 모래시계형(hour-glass shape)을 이상적으로 여겼고 유행을 좇는 여성들은 코르셋으로 몸통을 조여서 가슴은 부풀리고 엉덩이는 크게 보이도록 하였다. 이러한 곡선에 대한 집착은 젖가슴을 띠로 옥죄고 동시에 몸통의 곡선도 가리며 가슴에서 허리까지 직선으로 이어지는 기모노 착장 모습과 대조된다.

- 모래시계 같은 인체의 곡선에 대한 집착으로 당연히 hip을 볼 때도 넓이(the way the hips swell out)를 제일 중요하게 여겼다. 일본에서는 허리 아랫부분이 펑퍼짐한 여성이 아이를 잘 낳는다고 여긴 정도이나 영어의 세계에서는 남성의 broad shoulder에 필적할 정도로 여성의 broad hips를 여체의 중요한 매력 포인트로 여겼다. 이때 broad란 한쪽 hip에서 다른 한쪽 hip까지의 간격이 넓은 것을 가리킨다.
  기모노 문화에서는 유요(柳腰)를 미의 전형으로 보는 등 가느다란 허리를 선호한다. 그리고 동시에 허리띠 아래의 풍만한 허리에도 성적 매력을 부여한다. 이 경우 '풍만함'은 폭의 풍만함보다는 살집이 두둑한 풍만함을 의미한다. 풍만한 허리는 전적으로 뒷모습의 매력으로서, 정면에서도 그 매력이 감상 가능한 양쪽 가장자리가 넓게 퍼져 있는 broad hips와는 차이가 있다.

- hip은 여성의 경우 생식 능력과 직접적으로 연관되므로 강한 성적 함의를 갖는 부위라 할 수 있다. 거의 breast만큼 강한 성적 표현력을 지니는데, 풍만한 hip을 가졌다는 것만으로도 상당한 성적 신호를 발산하는 것으로 여겨진다. 움직임에 따라서 상당히 선정적인 의미가 되기도 하므로 함부로 움직여서는 안 된다는 것이 사회적 통념이다. 하지만 이에 반하는 소위 '먼로 워크(Monroe walk)'라고 불리는 섹시한 걸음걸이도 있다(e.g. wiggle one's hips).

---

move one's hips 엉덩이를 좌우로 움직이다. 《여성의 섹시한 동작》 유 shake one's hips

She had few talents for home-making, but she could make a man crazy about her by merely looking at him and *moving her hips* a little as if she were about to dance. (그녀는 집안일에 재주가 거의 없었다. 그러나 춤이라도 추듯 엉덩이를 흔드는 것만으로 순식간에 남자를 자신의 포로로 만드는 재주가 있었다.) — B.Cartland: 6

shake one's hips ➡ move one's hips

After dinner he turned on the television. It was an old film, *Carmen Jones*. "You go for me, and I'm taboo." sang Dorothy Danbridge, *shaking her hips*. (저녁 식사 후 TV를 틀자 옛날 영화가 나오는 상황이다. 여배우가 섹시하게 엉덩이를 흔들며 노래를 부르고 있다.) — J.Cooper: 5

shift one's hips 엉덩이를 좌우로 내밀다. 《남성에게 관심을 나타내는 여성의 동작; 따분함, 정신이 팔려 산만함 등을 나타내는 무의식적인 동작-서 있는 상태에서 체중을 좌우 다리로 옮겨 엉덩이를 내미는 모습》

"Hey. What's your name?" "Ceci. Can't you read?" Ceci was embroidered on the pocket of her uniform. She *shifted her hips* and looked around the room, about to go. (레스토랑의 웨이트리스에게 관심이 있는 남자 손님은 유니폼 상의 주머니에 이름이 새겨 있는데도 불구하고 그녀의 이름을 물어보았다. "글씨 못 읽으세요?"라고 퉁명스럽게 대답한 뒤 쎄씨는 엉덩이를 좌우로 내밀며 방을 휘휘 돌아보고는 당장 갈 것처럼 굴었다.) — A. Lurie: 2

swivel one's hips 양쪽 엉덩이를 번갈아 내밀며 움직이다. 《엉덩이를 흔들며 천천히, 다소 거드름 피우는 듯 걷는 섹시한 모습》

She bent over the reclining man and flashed on a smile. "For you, babe, anything," he said, and the headrest swung up. The stewardess gave him another smile and moved on, *swiveling her hips*. 〔한 남자가 좌석을 지나치게 뒤로 젖혀 뒤에 앉은 승객에게 폐를 끼치는 상황〕 (스튜어디스는 그의 옆에 몸을 숙이고 앉아 미소를 지으며 주의를 주었다. 그는 "당신처럼 예쁜 아가씨를 위해서라면."이라고 말하고 좌석을 원위치로 세웠다. 그녀는 다시금 생긋 웃고 엉덩이를 좌우로 흔들며 걸어갔다.) — Z. Popkin

wiggle one's hips 엉덩이를 살랑살랑 흔들다. 《보폭을 좁게 하여 종종걸음을 걸으며 엉덩이를 좌우로 흔드는 섹시한 모습》 **유** sway one's BACKSIDE

"Oh, Mum!" said Justine, disgusted. "Not a film star; an actress! I don't want to *wiggle my hips* and stick out my breast and pout my wet lips! I want to act!" 〔여배우가 되고 싶은 딸에게 엄마가 몸매가 섹시하지 않아서 힘들 거라고 한 상황〕 (엄마에게 저스틴은 "나는 스타가 아니라 배우가 되고 싶어요. 엉덩이를 좌우로 살랑거리고 가슴을 불뚝 내밀고 젖은 입술을 내미는 그런 것 말고 진짜 연기를 하고 싶은 거예요."라고 항변했다.) — C. McCullough: 1

★ **영일비교** wiggle one's hips는 양쪽 엉덩이로 숫자 8을 가볍게 그리듯 번갈아 내밀며 걷는 여성의 섹시한 걸음걸이를 나타낸다. 일반적으로 서구인의 걸음걸이는 무릎을 굽히지 않고 발꿈치부터 착지하는 '허리 보행' 형으로 다리를 앞으로 뻗을 때 엉덩이가 가볍게 올라간다. 그렇게 엉덩이가 올라간 모습에 과장스럽게 흔드는 움직임(swing motion)을 더하면 이와 같은 섹시한 걸음걸이가 된다.
일본 소설에도 '엉덩이[허리]를 좌우로 흔들며' 걷는 인물이 등장할 때가 있다. 주로 섹시한 여성이 대부분이지만, 영어에서라면 hobble로 나타낼 법한 비틀거리는 걸음걸이를 묘사할 때 쓰이기도 한다. 일본인의 전통적인 '무릎 보행'에서는 무릎이 구부러지고 몸이 상하 좌우로 흔들리기 쉽다. 특히 그렇게 크게 흔들리는 걸음걸이를 등 뒤에서 파악했을 때 '엉덩이[허리]를 흔들며 걷다'라고 표현한다.

JAW

- '턱'에 해당하는 영어 단어로는 jaw와 chin 두 가지가 있다. jaw는 크게 세 가지 뜻이 있는데, 첫 번째는 구강 골격을 형성하는 상악골과 하악골을 통칭하는 것이다. 두 번째는 입을 벌렸을 때 아래쪽으로 내려가는 부분(lower part of your face below your mouth which moves down, for example when you yawn—*COBUILD*)으로, 여기서 중앙 맨 끝부분을 chin이라 부른다. 세 번째로 복수형 jaws는 치아를 포함한 입 전체(the mouth and teeth)를 가리킨다(e.g. clamp one's jaws).

- 위에 나열한 세 가지 의미 중 두 번째 의미의 jaw와 chin은 두 단어가 가리키는 부위가 부분적으로 겹친다. 그래서 이 부위의 움직임과 관련한 관용구 중에는 jut one's jaw [chin] out(턱을 앞으로 내밀다)처럼 chin이나 jaw 둘 중 어느 것을 사용해도 같은 움직임을 의미하는 경우도 있다. 한편 단호하고 억센 모습의 턱을 표현할 때는 chin만큼이나 jaw를 자주 사용한다. 그 외에 '턱을 치켜들다', '턱을 젖히다' 등의 동작을 나타낼 때는 jaw보다는 chin의 움직임으로 보는 경향이 강하다.

- 분노, 결의 등으로 인해 어금니를 악물고 턱의 근육을 바짝 당김으로써 아래턱 일대에 긴장감이 넘치는 표정을 짓게 될 때는 jaw를 사용하는 경향이 있다(e.g. one's jaw tightens).

- 영어에서 볼과 턱의 경계는 그다지 명확하지 않다. 일반적으로 볼은 안면에서 가장 살이 두둑한 곳(fleshy part)이라고 여겨지나, 사실 영미권의 중장년 중에는 턱에 볼과 비슷한 정도로 살이 붙은 사람들이 꽤 있다. 이처럼 군살이 잔뜩 붙은 턱을 영어에서는 다소 모욕적으로 jowls(보통 복수형)라고 부른다. 그런데 이 단어는 살이 잔뜩 붙은 볼을 의미하기도 한다.

- 영미권에서 용모를 묘사할 때 여성보다는 남성의 경우에 jaw를 묘사의 대상으로 삼는 일이 많다. 여성의 아래턱은 남성만큼 발달되어 있지 않아서 남성처럼 chin의 양옆 턱선(jawline)이 뚜렷하지 않다. 그 때문에 얼굴의 윤곽에 관해 "Men have jaws; women do not usually have more than a chin."이라는 말이 있기도 하다. 남성의 경우 늠름한 턱(a firm jaw), 앞으로 쭉 뻗어 나온 턱(a jutting jaw)은 보통 행동력이 넘치는 인물과 연관되며, 이는 확고한 신념, 용기, 담력의 상징처럼 여겨진다.

His jutting jaw, broad shoulders, and close-cropped hair conveying an unmistakable aura of power, John Connally strode into the White House briefing room last week…. 〔닉슨 대통령의 특별고문 존 코널리가 백악관 회견장에 나타난 모습〕 (당당하게 앞으로 나온 턱, 넓은 어깨, 짧게 자른 머리가 실력자의 분위기를 확실히 드러내 주고 있다.) — *Time*, 1973

the muscles in one's jaw bulge 아래턱(특히 양 볼의 아랫면)의 근육이 불거지다. 《격정의 억제, 심리적 갈등, 긴장 등 때문에》

"I came to ask you to give up my father," he blurted, *the muscles in his jaw bulging*. He had leaned forward. I could almost see the turmoil of him. (아버지를 돌려보내 달라고 부탁하러 왔다며 청년은 아래턱의 근육이 불거진 상태로 얘기했다. 그는 몸을 앞으로 숙이고 있었는데, 마음속 갈등이 그의 얼굴에 고스란히 보이는 듯했다.) — S. Streshinsky

clamp one's jaws 입을 굳게 다물다. 《분노, 격정의 억제; 시련, 고난을 끝까지 참고 견디려 할 때 등》 유 clamp one's teeth (→TOOTH) / clench one's teeth (→TOOTH) / grit one's teeth (→TOOTH) / set one's teeth (→TOOTH)

Jason *clamped his jaws* together so tightly that a nerve pulsed in his cheek as he bit back his wrath and nodded his head in the general direction of the servants, curtly dismissing them. 〔하인들 앞에서 호통치지 말라는 충고를 들은 순간〕 (제이슨은 입을 다물고 화를 꾹 참았는데, 그 때문에 볼이 바르르 떨렸다. 그는 하인들을 향해 쌀쌀맞게 고개를 한 번 끄덕이고는 그들을 밖으로 내보냈다.) — J. McNaught

one's jaw drops (open) 아래턱을 늘어뜨리고 입을 멍하니 벌리다. 《깜짝 놀라거나 어안이 벙벙할 때 등》 유 with a dropped jaw / one's MOUTH drops

one's jaw drops (open)

open / one's LIP falls

Mrs. Trent made a suggestion which caused Ike'*s jaw* to *drop open*. (트렌트 부인의 제안에 몹시 놀라 아이크의 입이 떡 벌어졌다.)

firm one's jaw ➡ tighten one's jaw

"Go ahead, then," she challenged, *firming her jaw*, "because you'll have to, Ken. I'm not leaving Mark! How could I after··· after what he did for me?" (그녀는 턱에 굳게 힘을 주고 "나는 마크를 버릴 수 없어. 그가 나를 위해 한 일들을 생각하면 어떻게 그럴 수 있겠어? 켄, 그러니까 새로운 생활을 구상하는 건 나를 빼고 생각해."라고 단호하게 그의 프러포즈를 거절했다.) — P. Gallagher: 2

Her jaw firmed. She raised her chin. "Impossible. It's both or none." (그녀는 단단하게 굳은 턱 끝을 휙 하고 쳐들고 "타협은 없어. 요구를 들어주거나 헤어지거나, 둘 중 하나를 선택해."라고 단호한 어조로 말했다.) — Z. Popkin

one's jaw goes rigid 아래턱이 단단해지다. ((긴장, 결의, 분노 등 때문에)) 유 tighten one's jaw

His lips tightened, *his jaw went rigid*. He finished reading the three short missives. He drew a deep breath as he replaced them in the envelope. [의외로 까다로운 내용의 공문서를 읽은 남자의 표정] (그의 입술은 꾹 다물어지고 아래턱은 단단하게 굳었다. 공문서를 다 읽은 그는 깊은 한숨을 내쉬며 그것을 봉투 안에 다시 넣었다.) — H. MacInnes: 2

jaw to jaw 턱과 턱을 마주 대다. ((서로 시비를 걸며 싸우려는 모습을 나타내는 비유 표현))

After eight quarrelsome years of Republican Presidents and Democratic majorities in Congress, there were high hopes of a new spirit of harmony between the White House and the Congress. Instead, Carter and the legislators were *jaw to jaw* from the very outset. (대통령은 공화당, 의회의 다수당은 민주당인 상태로 8년간 반목이 지속되었던 터라 백악관과 의회 간의 새로운 협력 정신이 생겨날 거라는 높은 기대가 있었다. 그러나 카터 대통령과 의원들은 애초부터 대립각을 세우고 으르렁대던 사이였다.) — *Time*, 1977

★ NB: 말싸움을 하면서 공격적으로 자신의 주장을 전개할 때 턱을 내미는(thrust one's jaw out) 모습에서 나온 비유 표현이다.

jut one's **jaw out** ➡ thrust one's jaw out

Yet the short gray hair is still carefully combed straight back, *the* lean *jaw* still *juts out*. Taut and fit as ever at fifty-nine. 〔베트남 전쟁 중 미군 총사령관 웨스트모어랜드 대장의 날래고 용맹한 모습을 전한 기사〕 (짧은 백발은 모두 뒤로 빗어 넘겨져 정돈되어 있고 군살 하나 없는 턱은 상대를 위압하듯 앞으로 나와 있다. 그는 59세임에도 변함없이 건강하고 탄탄한 신체를 갖고 있다.) — *Time*, 1974

one's **jaws move** 입을 우물거리다. 턱을 움찔거리다. ((심리적 불안 등으로 인한 무의식적이고 신경질적인 동작))

Gary sat on the edge of the couch with *his jaws moving* as if he were chewing gum. It was a mannerism he employed when he was bewildered, which was often. (게리는 껌을 씹는 것처럼 입을 우물거리며 소파 끝에 앉아 있었다. 이것은 그가 당황했을 때 자주 보이는 버릇이었다.) — C. Armstrong: 2

one's **jaw moves (from side to side)** ➡ one's jaw works

"That's enough!" She watched *his jaw moving from side to side*; his hard blue eyes were flashing their anger straight at her. (비서의 보고를 "이제 됐다." 하고 물리친 상사는 턱을 좌우로 계속 움직였다. 분노로 이글이글 타오르는 엄격한 그의 푸른 눈이 그녀를 똑바로 쳐다보았다.) — C. Cookson: 3

She gazed around at the corners of the room, her brows lowered and *her jaw moving from side to side*. At last she said, "We were discussing the father of Sigmund?" (방 한구석을 바라보는 그녀의 눈썹은 아래로 축 처지고 턱은 신경질적으로 좌우로 움직이고 있었다. 마침내 정신을 차린 그녀는 본래 주제로 돌아왔다.) — C. McCullers

protrude one's **jaw** ➡ thrust one's jaw out

Mrs. Blakeston stood close in front of her, *her* heavy *jaw protruded* and the frown of her eyebrows dark and stern. (그녀의 바로 옆에 선 블레이크스톤 부인은 미간에 주름을 잡고 무서운 표정을 지으며 살집이 두둑하게 붙은 턱을 확 내밀었다.) — W. S. Maugham: 8

pull (at) one's **jaw** ➡ rub one's jaw

"How long is it going to take?" The detective *pulled at his jaw*. "It might take another two weeks," he began…. ("사건의 조사가 완료될 때까

지 어느 정도 걸리겠는가?"라고 판사가 묻자 담당 형사는 곰곰이 생각하듯 턱을 문지르다가 "2주쯤 걸릴 겁니다."라고 말했다.) — P. Horgan: 1

push one's jaw out ➡ thrust one's jaw out

"That's my final offer," he said belligerently, glaring at us and *pushing out his jaw*. "Take it or leave it." (그는 눈을 매섭게 부릅뜨고 턱을 쑥 내밀며 "이것이 마지막으로 부르는 가격이다. 가져가든 말든 맘대로 해라."라고 시비조로 말했다.) — L. Levi

"They'll keep you away from water as if you had hydrophobia…." "Not if I can help it." *His jaw pushed out*. "I'm tired of fighting the war with the seat of my pants." 〔사회적 지위가 높은 남자가 해군에 지원한 상황〕 ("당국은 당신의 신변 보호를 위해 마치 당신이 광견병에 걸리기라도 한 양 물 근처에도 못 가게 할 것이다."라고 지인이 말하자 그는 턱을 앞으로 쑥 내밀며 "절대 그렇게 되게 하지 않을 거다. 실전에 참가하지 못하고 책상 앞에 앉아 전쟁을 하는 것은 이제 사양이다."라고 단호하게 말했다.) — R. Macdonald: 5

rub one's jaw 턱을 쓰다듬다. 턱을 어루만지다. 《생각에 잠겼을 때 나오는 무의식적인 동작》 유 pull (at) one's jaw / rub one's CHIN / stroke (at) one's CHIN

His face was thoughtful, and he bit on the ruler while he considered it. "It depends how much they want him to?" He *rubbed his jaw* and frowned…. 〔새로운 제안을 받은 상황〕 (그는 골똘히 생각에 잠긴 얼굴을 하고 제안에 대해 신중히 검토하며 손에 든 자를 깨물었다. "그것은 그들이 그를 얼마나 원하고 있느냐에 달려 있는데…"라며 그는 얼굴을 찌푸린 채 턱을 만지작거렸다.) — D. Wells

★ NB: pull (at) one's jaw는 엄지와 검지 사이에 턱을 끼우고 검지로 아래턱을 연신 쓸어내리는 동작이다.

★ NB: 엄밀히 말하면 rub one's chin은 턱 끝을 만지작거리는 동작이고, rub one's jaw는 chin을 포함한 턱 일대를 문지르는 동작이다.

scratch (at) one's jaw 턱을 긁적이다. 《당황; '흠…', '글쎄…'라고 생각할 때의 동작》 유 scratch (at) one's CHIN

"… Well, let's see. The first thing is get the facts." He *scratched his lean jaw*. (변호사는 일의 순서를 생각하며 그의 군살 없는 턱을 긁적였다. 그러고는 "가장 먼저 해야 할 일은 사실을 찾아내는 것이다."라고 말했다.) — Z. Popkin

set one's jaw 턱을 바짝 긴장시키다. 《어금니를 꽉 깨무는 바람에 턱의 근육이 팽팽해진 얼굴 모습; 한 치도 물러서지 않겠다는 굳은 투지, 단호하게 끝까지 해내리라는 각오, 굳은 결의, 격정의 억제 등을 나타내는 얼굴 모습; 단단한 결의의 표시, 패배를 인정하지 않는 완강함 등을 의미하는 비유 표현》 유 square one's jaw / set one's CHIN / square one's CHIN

When the other driver *sets his jaw* and juts his chin out in front, you know you'd better give him the right-of-way. (다른 운전자가 턱을 팽팽하게 긴장시키고 그 끝을 쑥 내밀 때는 먼저 가라고 길을 양보하는 것이 좋다.) — R.L. Whiteside

★ 영일비교 좌절에 굴하지 않고 앞으로 나아가려는 결의, 반대에 기죽지 않고 초지를 관철하려는 결의 등 온몸이 꽉 죄일 듯한 굳센 결의를 영어에서는 종종 jaw의 단단함에 주목해서 표현한다. 이런 의미에서 단단한 턱은 금방이라도 '이까짓 것'이라고 말할 듯한 투쟁심, 행동 욕구를 상징한다.
일본어에서는 역경을 참는 비장한 결의를 나타낼 때 '이를 악물다'라는 표현을 쓰기도 하지만 이를 악문 결과 단단해지는 턱에는 그다지 주목하지 않는다.

one's jaw shoots out [forward] 턱을 기세 좋게 앞으로 들이밀다. 《공격적인 자세, 한판 벌이려는 각오 등》

His jaw shot forward and his lips pressed themselves into the tight mold of determination. 〔상대가 지껄이는 말도 안 되는 소리를 듣고 화가 난 모습〕 (그는 턱은 기세 좋게 앞으로 내밀고 입은 한일자로 꾹 다물어 한 치도 물러서지 않겠다는 표정을 하고 있었다.) — V. Caspary

square one's jaw ➡ set one's jaw

Ronald Reagan *squaring his jaw* and asserting, "I am paying for this microphone, Mr. Green!" 〔금전상의 공사 구별에 관하여 인터뷰어와 격한 대화를 나누는 모습〕 (로널드 레이건은 눈앞의 마이크를 가리키면서 "이 마이크 값은 내가 내겠다."라고 말하며 턱을 바짝 긴장시킨다.) — *Time*, 1988

stick one's jaw out ➡ thrust one's jaw out

"But we've been waitin' here some time and we want gettin' home." He *stuck out his jaw* and his moustache bristled. (그는 턱을 쑥 내밀고 턱수염을 꼿꼿이 세우고는 "우리는 아까부터 기다렸고 집에 돌아가고 싶다."고 의사에게 말했다.) — J. Herriot

thrust one's jaw out 턱을 쑥 내밀다. 《강한 자기주장, 억센 태도, '한번 해 보자'라는 결의, 조금도 물러서지 않겠다는 각오, 화난 모습 등》 **유** jut one's jaw out / protrude one's jaw / push one's jaw out / stick one's jaw out / jut one's CHIN out / protrude one's CHIN / push one's CHIN out / put one's CHIN out / stick one's CHIN out / throw one's CHIN out / thrust one's CHIN out

Her handkerchief came down, *her jaw thrust out*. "These are facts and nothing else." Miss Fingerhut told the D. A. (자신이 진술한 내용에 대해 지방검사가 진실성을 의심하는 듯한 발언을 하자 증인석에 앉은 핑거허트는 입에 대고 있던 손수건을 내리고 턱을 앞으로 쑥 내밀며 "사실만을 말했다."라고 검사에게 대들었다.) — Z. Popkin

When to pause, lower one's voice; when to *thrust out one's jaw* in defiance? There simply is no easy answer. 〔정치에서 밀고 당기기가 얼마나 어려운가를 논한 기사〕 (언제 한숨을 돌리고 목소리를 낮출지, 언제 턱을 내밀지? 그 판단은 참 어려운 것이라 쉽게 답을 낼 수 없다.(비유적)) — *Time*, 1979

tighten (the muscles of) one's jaw 턱을 긴장시키다. 《굳은 결의, 최선을 다하겠다는 각오, 마음을 굳게 다짐, 분노의 억제 등을 나타내는 얼굴 모습》 **유** firm one's jaw / one's jaw goes rigid

"What fault can you find with him?" Jason'*s jaw tightened* ominously. "I don't like him." "You aren't going to marry him!" Charles shot back, his voice rising. ("이렇게 훌륭한 사람이 조카딸의 신랑감으로 어디가 모자란다는 거냐?"라고 숙부인 찰스가 묻자 제이슨은 "나는 그가 맘에 들지 않는다."라고 대답했다. 그의 턱은 불길할 정도로 단단하게 경직되어 있었다. 찰스는 언성을 높여 "자네랑 결혼하는 것이 아니지 않는가!"라고 반박했다.) — J. McNaught

"What I mean is," Dimiris said bluntly, "you did brilliantly in the war, but you are not doing well in the peace." Larry felt *the muscles of his jaw* begin to *tighten*. He felt he was being baited and he tried to hold back his anger. (전쟁 중 활약은 대단했지만 평화로운 세상으로 돌아온 지금의 일솜씨는 그다지 변변치 않다는 얘기를 면전에서 듣자 래리는 울컥 화가 치밀었지만 이를 악물고 참아 냈다. 턱 근육이 팽팽하게 긴장되는 게 스스로도 느껴질 정도였다. 그러나 화를 내면 상대의 미끼에 걸려드는 거라고 생각하며 화를 억누르려 했다.) — S. Sheldon: 4

with a dropped [fallen] jaw 입을 떡 벌리다. 《놀람》

"About the inquest," I said. "Where would you prefer it to be held? Here, or at the Three Boars?" Mrs. Ackroyd stared at me *with a dropped jaw*. "The inquest?" she asked, the picture of consternation.

(남편의 사인을 규명하기 위한 검시를 어디서 하면 좋겠냐고 의향을 묻자, 아크로이드 부인은 입을 떡 벌리고 나를 보며 "검시요?"라고 되물었다.) — A. Christie: 5

Suddenly, abruptly, as if he had received some deadly stroke, the smile faded from his face, and he stared about him *with a fallen jaw*. (마치 치명적인 공격을 받은 것처럼 순식간에 웃음이 사라지고 그는 망연자실한 표정이 되었다. 그는 입을 떡 벌리고 주위를 쳐다보았다.) — P. G. Wodehouse: 1

one's jaw works 턱이 끊임없이 움직이다. ((짜증, 심리적 불안, 감정의 억제 등에 수반되는 무의식적인 동작)) 유 one's jaw moves (from side to side)

Barsevick's *jaw was working* furiously like he was trying to chew up the right words. (정통으로 한 방 먹여 줄 말을 생각해 내려는 듯 그는 턱을 부산하게 움직이고 있었다.) — H. M. Petrakis

KNEE

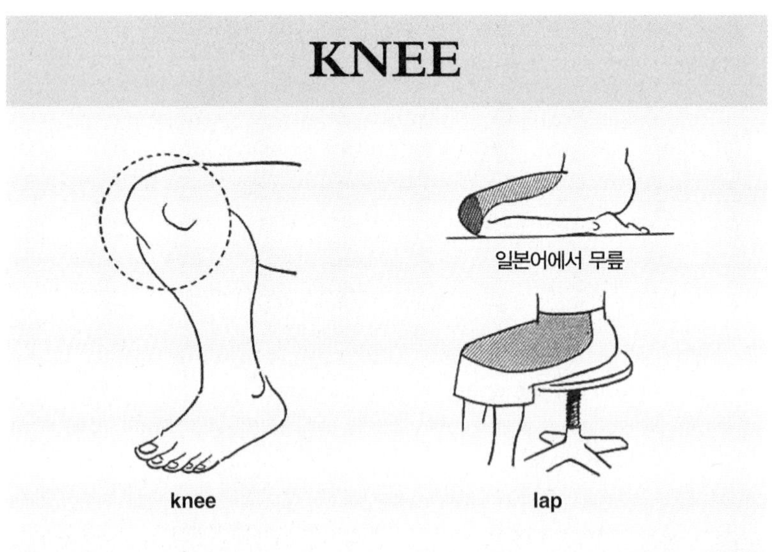

- knee는 미국계 사전(*RHD*, *ACD* 등)에는 원칙적으로 무릎 관절부만을 가리킨다고 되어 있다. 그러나 영국계 사전(*OED*, *CED*, *COBUILD* 등) 중 여러 곳에서는 무릎 관절부와 함께 허벅지의 전면부(the area around or above your knee when you are sitting down—*COBUILD*)까지 포함하여 설명하고 있다.

- 영어에는 무릎 주위를 가리키는 신체 부위의 명칭으로 knee 외에 lap이 있는데, 이는 다리를 가지런히 하고 앉았을 때 허리에서 무릎 앞쪽까지, 허벅지 윗면에 생기는 평평하면서 약간 움푹 팬 부분을 가리킨다(the flat, slightly hollow area that is formed by your thighs when you are sitting down—*COBUILD*). lap은 앉았다가 일어나는 순간 사라진다. 그 때문에 영미권에서는 예로부터 아래와 같은 수수께끼가 전해 내려온다.

  What do you have sitting down that you don't have standing up?

  — lap

- 무릎이 등장하는 영어의 관용 표현은 힘이 빠져 풀썩 무릎을 꿇는 굴복, 패배의 자세를 나타내는 경우가 많다(e.g. on one's knees(굴복하여), go down on one's knees(굴복하다), beat someone to his knees(완전히 패배시키다), bring someone to his knees (굴복시키다)). 한편 아래 예문에서는 무릎을 꿇고 있으면 서 있는 사람의 반밖에 되지 않을 정도로 왜소해진다고 생각하는 영미인의 시각을 엿볼 수 있다. 영어 비유 표현 cut someone off at the knees는 직역하면 타인의 다리를 무릎께에서 잘라 낸다는 것으로, 자신의 실제 능력 이상으로 뻐기거나 으스대는 사람에게 제 주제를 알게 한다는 의미의 비유 표현이다.

  As soon as a woman has a man at the rose-ending stage, she has him on his knees. And all men are midgets on their knees. (여자가 남자에게 장미를 선물 받는 단계에 오면, 그를 무릎 꿇린 것이나 다름없다. 모든 남자는 일단 무릎을 꿇었다 하면 난쟁이가 되고 만다.) — A. Austin

- 무릎은 공포, 불안, 긴장 등이 하반신에 야기하는 힘 빠짐을 고스란히 받아들이는 곳이다. 영어 표현 중에는 줏대 없고 믿음직스럽지 못한 사람을 가리키는 weak-kneed도 있고, 무언가에 홀리거나 반하여 해롱해롱하게 되는 느낌을 가리키는 knee-weakening도 있다.

- 무릎은 무조건반사 운동을 하는 부위이기도 하다. 영어에서는 이 점에 착안하여 사태에 기계적으로 반응하는 모습을 비유적으로 knee-jerk라고 표현하기도 한다(e.g. knee-jerk reaction).

---

one's knees buckle (under one) 무릎의 힘이 빠지다. ((망연자실, 경악, 충격, 공포, 불안, 긴장, 몹시 지치고 피곤함 등 때문에)) 유 one's knees crumple (under one) / give at the knees / go at the knees / one's knees go wobbly / one's knees sag / one's LEGs turn to jelly

She felt that if she tried to take one step down the hallway in the direction of the bridal chamber, *her knees* might *buckle underneath her*. 〔신부가 신혼 첫날밤을 걱정하는 모습〕 (그녀는 복도로 나와 신방을 향해 걷기 시작하면 무릎이 후들후들 떨려 걷지 못할 것 같다고 생각했다.) — P. Taylor

★ **영일비교** 지나친 공포나 놀라움 등으로 기겁해서 하반신이 후들거리는 상태를 일본어에서는 종종 '허리가 빠지다'라고 표현한다. 이것은 '허리에 힘이 없어져서 서 있기 어렵다'라는 뜻으로(『다이지린』) 원칙적으로 앉아 있는 상태를 전제로 한다. 즉 서려고 해도 설 수 없는 상태가 '허리가 빠지다'라는 관용구의 중심 의미다. 반면 one's knees buckle (under one)과 이것의 유사 표현은 서 있는 상태를 전제로 한다. 즉 under one이 지시하는 대로 몸을 단단히 받쳐야 할 다리가 무릎 부분이 약해지는 바람에 계속 서 있기 어려워진 것을 나타낸다.

cross one's knees 다리를 꼬다. ((앉아 있는 상태에서)) 유 cross one's LEGs 참 cross one's ANKLEs

Virginia *crossed her knees*, and for the first time he noticed that this child's figure was very well developed. Hastily Masters averted his eyes and his thoughts. (버지니아가 다리를 꼬고 있는 것을 보고 그는 처음으로 그 아이가 여성의 몸으로 성장하였음을 깨달았다. 그는 황급히 눈을 돌리며 사념을 떨쳐 버렸다.) — C. Dickson: 2

crumple to one's knees 무너지듯 무릎을 꿇다. ((망연자실할 때, 허탈할 때; 정신없이 울 때 등))

At the living-room door she *crumpled to her knees*. Burying her face in her hands, she began to sob… "Mother, Daddy, come home." 〔부모가 살해되었다는 사실도 모른 채 한밤중에 잠에서 깨 부모를 찾아 헤매는 상황〕 (그녀는 거실 문 앞에서 무너지듯 무릎을 꿇고 두 손에 얼굴을 묻은 채 "엄마, 아빠, 돌아와." 하고 울기 시작했다.) — M. H. Clark: 1

one's knees crumple [crumble] (under one) ➡ one's knees buckle (under one)

"You're sending us away from you—and staying here to be killed yourself?" *Her knees* had *crumpled* suddenly *under her*. (아버지가 가족들을 멀리 도망시키고 자신은 남아 죽음을 기다리려 한다는 사실을 알아챈 딸은 갑자기 무릎에 힘이 빠져 버렸다.) — R. Macdonald: 8

dandle a child on one's knees 어린아이를 무릎 위에 앉히고 위아래로 흔들며 어르다. ((아이를 어르는 동작; 귀여워함, 응석을 받아 줌을 의미하는 비유 표현))

"Sometimes when I talk to him I wonder if he is indeed the same laughing child that I *dandled on my knees*…." (청년의 어린 시절을 알고 있는 노인은 "가끔씩 그와 이야기를 할 때면 내 무릎에 앉혀 놓고 얼러 주면 깔깔거리며 웃던 그 아이와 이 녀석이 같은 사람인가 싶다."라고 말했다.) — B. Cartland: 5

draw one's knees (up) to one's chin [chest] 무릎을 턱에 닿을 만큼 바싹 끌어당기다. 《앉은 상태에서》

She *drew her knees up to her chin* and put her arms around them…. (그녀는 다리를 무릎이 턱에 닿을 정도로 바싹 끌어당겨 두 팔로 끌어안았다.) — J. Plaidy

drop on one knee 한쪽 무릎을 꿇다. 《한쪽 무릎을 꿇고 공손하게 감사와 존경을 표시하는 옛날의 의례 행동; 기꺼이 복종함을 의미하는 비유 표현》 유 go down on one knee

In the familiar painting of the young Victoria, she is standing on the staircase in her night clothes, and Lord Melbourne has *dropped on one knee* to inform her that she is now Queen of England. 〔빅토리아가 자신이 여왕에 즉위한다는 소식을 전해 듣는 모습을 그린 그림에 대한 설명〕 (젊은 시절 빅토리아를 그린 잘 알려진 그림들 중에는, 빅토리아가 잠옷을 입은 채 계단에 서 있고, 사자인 멜번 경이 공손히 한쪽 무릎을 꿇고 말씀을 올리는 것이 있다.) — L. Levi

drop on one knee

★ 영일비교 일본인의 한쪽 무릎 꿇기는 보통 발등을 세워 발꿈치에 엉덩이를 얹고, 한쪽 무릎을 바닥에 붙이고 다른 쪽 무릎은 바닥에서 띄우는 자세를 가리킨다. 이것은 바로 일어날 수 있게끔 앉는 자세인데, 여관의 안주인이 숙박객의 용건을 듣거나 할

때 지금도 볼 수 있다. 옛날에는 품격 있는 귀부인이 정중하게 양 무릎을 가지런히 모아 특별히 예를 갖출 필요는 없는 방문객을 현관 같은 데서 맞을 때 이런 자세를 취했다. 어느 것이나 정식으로 앉는 자세의 생략형이라고 할 수 있다.

이에 비해 영미인의 dropped knee는 한쪽 다리는 무릎을 세우고 다른 쪽 다리는 뒤로 당겨서 꿇어앉는 자세를 가리키며, 일본인의 한쪽 무릎 꿇기에 비해 앉은키가 상당히 높다. 서구에서는 양 무릎을 꿇는 two-knee kneel은 기본적으로 신에게 바치는 절의 자세이고, 한쪽 무릎을 꿇는 one-knee kneel이 인간에게 가장 극진하게 경의를 나타내는 행위로 본다. 오늘날 한쪽 무릎을 꿇는 절을 실제로 볼 수 있는 경우는 영국에서 기사 칭호를 받을 때, 영국국교회나 천주교 성당에서 사제에게 인사할 때와 같이 극히 일부 상황에 한정된다. 농담 삼아 하는 행위로는 한쪽 무릎을 꿇은 채 오른손을 가슴에 대고 왼손을 앞으로 내밀어 사랑하는 여성에게 예속을 맹세하는 허풍스러운 구애의 몸짓이 있다.

drop to [on] one's knees ➡ go (down) on one's knees

As the three of them stood helplessly looking down at him he gave one final short groan. The doctor *dropped to his knees* again beside him and applied his stethoscope. (세 사람이 임종에 이른 그를 속수무책으로 내려다보고 있었다. 그는 최후의 신음 소리를 짧게 내뱉었다. 의사는 무릎을 꿇고 앉아 청진기를 댔다.) — H.Hervey

She *dropped to her knees* and bowed her head. "Holy Mother, you had a son, you can understand my grief…" 〔가출한 아들을 염려하며 어머니가 성당에서 기도하는 장면〕 (그녀는 두 무릎을 꿇고 머리를 조아리며 "성모여, 당신도 자식을 가진 어머니입니다. 저의 슬픔을 헤아려 주실 것으로 믿습니다."라고 기도했다.) — Z.Popkin

fall on [to] one's knees ➡ go (down) on one's knees

fall on [to] one's knees

He… dropped some coins in one of the collection boxes, lit a candle and placed it in a vacant holder below a statue of the Virgin Mother. He then *fell on his knees*…. (성당에 들어간 그는 헌금함에 동전을 넣고 촛불을 켠 뒤 성모상 아래 빈자리를 찾아 초를 놓고는 무릎을 꿇었다.) — J. Archer: 4

One hand to her mouth, Anne stared at the chaos and then *fell to her knees*, snatching at the fallen papers in some vain hope of restoring some kind of order. (앤은 깜짝 놀라 손으로 입을 막은 채 혼란스러운 방의 모습을 멍하니 바라보았다. 그런 다음 무릎을 털썩 꿇고는 주변에 흩어진 서류를 닥치는 대로 주우며 정리하려 했다.) — C. Rossiter

get (down) on one's knees ➡ go (down) on one's knees

I practically *got down on my knees* to him, begged him to help me change the Virginia votes. (버지니아 주의 표를 우리 쪽에 유리하게 끌어오는 데 힘을 빌려 달라며 나는 그에게 말 그대로 무릎을 꿇고 간청했다.) — G. Vidal

get (up) off one's knees **무릎을 꿇은 상태에서 몸을 일으켜 세우다. ((문자 그대로의 뜻; 굴복 상태에서 벗어나는 것을 의미하는 비유 표현))**

"What's good enough for Lady Harpendence should be good enough for the likes of them!" snorted Birdie, *getting up off her knees* from beside the valise. (무릎을 꿇고 마루를 닦던 여인숙 여자 버디가 바닥에 놓여 있던 여행가방의 옆에서 벌떡 일어섰다. 그러고는 불만 많은 손님에게 "고귀한 하펜덴스 부인도 만족할 정도이므로 그 녀석들에게는 넘치게 좋은 것이다."라고 화를 냈다.) — B. Cartland: 3

"I would ask this congress to stop crawling to Norman Tebbit, to stop collaborating with the Tory government. *Get off your knees* and fight! That's the way to destroy him." 〔영국 노동운동계의 새로운 지도자를 비판하는 옛 지도자의 선동 연설 중 일부〕 ("노동부 장관 노먼 테빗에게 비굴한 태도로 접근하는 것을 중지해라. 보수당 정권에 협력하는 것을 중지해라. 작금의 굴욕적인 상황에서 떨치고 일어나 싸워라."(비유적)) — *Time*, 1983

give at the knees ➡ one's knees buckle (under one)

"That was a close call, Bertie," he said in a low, quivering voice. He crossed the room, *giving* a little *at the knees*. His face was a rather pretty greenish color. (그는 떨리는 목소리로 나지막이 "조금만 늦었으면 큰 일 날 뻔했군."이라고 말했다. 그는 후들후들 떨리는 무릎으로 방을 가로질러 걸어갔다. 안색도 무척 창백했다.) — P. G. Wodehouse: 2

go at the knees ➡ one's knees buckle (under one)

"You frightened the life out of me talking about Spencer-Barr working for the other side—no wonder I *went at the knees*!" 〔영국 첩보원들의 대화〕 ("당신이 스펜서 바가 소련의 앞잡이라고 이야기했을 때 죽을 만큼 깜짝 놀랐다. 무릎이 후들후들 떨렸다는 건 말할 필요도 없다.") — E. Anthony: 3

go (down) on one's knees 무릎을 꿇다. ⟪말 그대로 무릎을 꿇는 일반적인 동작; 신께 기도 드리기 위해 무릎을 꿇는 것; 간청, 사죄 등의 저자세; 망연자실할 때 등; 간청, 굴복 등을 의미하는 비유 표현⟫ 유 drop to one's knees / fall on one's knees / get (down) on one's knees / on one's knees / sink on one's knees

A note of injured maternal pride crept into her tone. "What do you want him to do? *Go down on his knees*?" 〔아들은 여자 문제를 청산하고 새 출발을 하려고 하지만, 여자가 여전히 그의 과거에 집착하는 상황〕 (어머니는 화를 억누르는 말투로 "대체 그 애가 어떻게 해야 직성이 풀리겠느냐? 무릎을 꿇고 사과라도 해야 하는 거냐?"라고 말했다.) — L. Auchincloss: 2

Carlington *went on his knees* to her. Told me so himself. She laughed at him, and there wasn't a girl in London at the time who wasn't after him. (칼링턴이 그녀를 숭배하고 있다는 것은 본인의 입을 통해 들어 알고 있었다. 런던에서 그를 좋아하지 않는 여자가 없는데도 그녀는 그저 비웃기만 할 뿐이었다.) — O. Wilde: 5

go down on one knee ➡ drop on one knee

"I don't know of any director who doesn't *go down on one knee* whenever *The Bridge on the River Kwai* or *Lawrence of Arabia* is discussed," says Steven Spielberg. ("영화 〈콰이 강의 다리〉나 〈아라비아의 로렌스〉에 대한 얘기가 나오면, 내가 아는 감독들은 모두 그 영화들의 위대함에 탄복해 무릎을 꿇는다."라고 스티븐 스필버그는 말한다.(비유적)) — *Time*, 1984

one's knees go wobbly 무릎이 후들후들 떨리다. 유 one's knees buckle (under one)

It is almost universally a catalyst of moist and turbulent emotions. Men's eyes mist over and women'*s knees go wobbly*. 〔미국 영화배우 폴 뉴먼의 매력에 관한 기사〕 (그의 얼굴을 보면 누구나 촉촉하면서도 요동치는 감정을 갖게 된다. 남성이라면 눈물로 눈앞이 흐려지고 여성이라면 무릎이 후들거린다.) — *Time*, 1982

jiggle one's knees 무릎을 덜덜 떨다. 《앉아 있는 상태에서 짜증이 나거나 주의 산만할 때의 동작》

He started *jiggling his knees*. He was so angry I was sure he couldn't contain it. (그는 무릎을 덜덜 떨기 시작했다. 내가 그가 분노를 억누르지 못하고 있다고 확신할 정도로 그는 화가 났다.) — B. Siegel

★ **영일비교** 일본인 사이에서는 특별히 명칭—'가난'이라는 뜻의 貧乏에 '흔들기'라는 뜻의 揺すり를 합쳐 貧乏揺すり라고 한다—을 붙일 만큼 무릎이나 다리를 떠는 것을 누구나 신경 쓴다. 영미인도 앉았을 때 침착하지 못하게 하반신을 움직이기는 하지만 그런 동작을 하나로 묶어 부르는 표현은 없다. 그때그때 상황에 맞추어 jiggle one's knees, one's knees do not stay still, wag one's foot 등으로 사실적으로 묘사한다.

knock their knees together 무릎을 맞대다. 《마주 보고 앉아 친밀하게 무릎을 맞댄 모습》

She had grown since those days when we *knocked our knees together* over the geometry book. (무릎을 맞대고 함께 기하를 공부하던 그때와 비교할 때 그녀는 훌쩍 성장했다.) — A. J. Cronin: 2

★ **영일비교** 일본어에서는 이야기를 나누는 사람끼리 친밀하게 마주 앉은 모습을 종종 '무릎을 맞대다'라는 관용구로 표현한다. 이것을 표면상 의미대로 영어로 옮기면 shove one's knees against someone else's이고, 앉는 방식을 중심으로 바꾸어 옮기면 sit right across from이다. 또 내용상 의미로는 have a friendly chat [have a tête-à-tête]이다(Garrison, 1990). 일본어에서 '무릎을 맞대다'라는 표현이 차분히 이야기를 나누는 상황에 대한 비유가 될 수 있는 전제에는 일본의 전통적인 다다미방이 있다. 의자도 없고 사이를 가로막는 탁자도 없는 다다미방에서 두 사람이 마주 앉았다면 이야기의 기밀성이나 흥미의 정도에 따라 '무릎으로 다가앉아서', '무릎을 섞어서' 또는 '무릎을 맞대고' 이야기를 나누게 된다.

영어에도 '무릎과 무릎을 맞대고'를 의미하는 knee to knee라는 표현이 있다. 그러나 이것은 꼭 마주 앉은 사람끼리 무릎이 서로 스치는 모습을 가리키지는 않으며 thigh to thigh의 변형 표현으로서 함께 나란히 앉은 사람끼리 무릎이 닿을 때에도 쓰인다. 게다가 일본어의 '무릎을 맞대다'처럼 적극적인 대화 태도를 비유하는 데 한정적으로 쓰이지도 않는다.

의자나 탁자에 따라 좌석이 고정되는 서구식 주거에서는 마주 앉은 사람끼리 무릎이 닿는 일은 별로 없다. 실제로 영미권에서 탁자를 사이에 두고 마주 앉는 것은 주로 일이나 공부 등의 공동 작업을 할 때다. 그리고 친밀하지 못한 사람끼리, 대립하는 사람끼리 또는 서로 바라보고 싶은 연인끼리 등 서로 '눈을 떼지 못하는 사람끼리' 앉을 때다. 가볍게 이야기를 나누는 친구 사이, 사귄 지 오래된 연인이나 부부 사이에서는

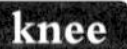

옆으로 나란히 앉는 것을 선호한다(Brosnahan, 1988).

one's knees knock together 좌우의 무릎을 맞부딪히다. ((공포, 긴장 등으로 다리가 덜덜 떨리는 것을 과장한 표현)) 유 one's knees shake (under one)

one's knees knock together

The reason I stumbled coming up the steps was that *my knees* were actually *knocking together*. (계단 중간에서 발이 걸려 넘어질 뻔한 이유는 긴장으로 다리가 후들거려 문자 그대로 무릎이 맞부딪혔기 때문이다.) — E.L.Post

on (one's) bended knee(s) 무릎을 꿇고 ((주로 간청, 애원하기 위해 몸을 낮춘 모습의 비유 표현)) 유 on one's knees

on (one's) bended knees

The accompanist for the soprano… has gone down with appendicitis, and I've spent hours almost *on my bended knees* trying to persuade Dave to step in. (소프라노 반주자가 맹장수술로 음악회에 못 나와서, 나는 지

인인 데이브에게 대타로 나와 달라고 무릎을 꿇다시피 부탁했다.) — I. Brominge: 2

on one's knees 무릎을 꿇다. 《무릎을 꿇은 자세; 복종, 굴복, 간청 등으로 무릎을 꿇은 것, 그리고 그 비유 표현》 유 go (down) on one's knees

After the spectacular dessert…, I sang the old Italian favorite, 'Mama.' But I called it 'Papa' and sang it to him *on my knees*, my hand over my heart. 〔이탈리아 현지 촬영을 마치고 축하 파티가 열린 상황〕 (나는 감독 앞에서 무릎을 꿇고 가슴에 손을 얹은 채 이탈리아인들의 오랜 애창곡인 '마마'를 '파파'로 바꿔 불렀다.) — K. Douglas

She also met with Begin, to whom she said: "It is very sad, but I am glad my husband died on his feet and not *on his knees*. 〔흉탄에 쓰러진 이집트의 사다트 대통령의 죽음에 관해 미망인이 언급한 말〕 ("슬픈 일이지만 남편이 무릎을 꿇고 죽은 것이 아니라 열심히 일하다 죽었다는 사실이 위안이 되는군요.") — *Time*, 1981

"I—do you really want me?" "Want you? Shall I beg *on my knees*?" (집안 모임에 초대받은 여자아이는 자신이 폐가 되지 않을까 하여 선뜻 응하지 않는다. "와 달라는 말만으로는 안 된다면 무릎을 꿇고 애원이라도 할까?"라고 그는 농담조로 말한다.) — E. Loring: 5

pat someone's knee 무릎을 토닥토닥 두드리다. 《위로, 달램, 어르기 등을 위하여; 친밀감을 나타내는 우호적인 행동》 유 tap someone's knee / touch someone's knee

He smiled at her and *patted her knee* under the table. "That's better," he said. "You haven't smiled much in the last few days…" (그는 옆에 앉아 있는 그녀에게 미소를 짓고 탁자 아래에서 그녀의 무릎을 토닥토닥 두드렸다. 그는 그녀가 싱긋 웃는 모습을 보고 기뻐하며 "당신이 요 며칠간 웃지 않아서…"라고 말했다.) — E. Anthony: 1

★ NB: 상대방의 무릎은 팔, 어깨처럼 가볍게 접촉할 수 있는 신체 부위가 아니다. 무릎에 손을 대는 행위를 상대방이 우호적인 표현으로 받아들이기 위해서는 그 나름의 타당한 인간관계가 필요하다. 그렇지 않으면 남녀 관계에서는 성적인 의미로, 동성 간에는 상대를 약자나 하급자로 취급해 우습게 보는 태도로 해석될 여지가 있기 때문이다 (Morris, 1982).

perch on someone's knee(s) ➡ sit on someone's knee(s)

She *perched* coyly *on his knee* and giggled. "What would my mother say if she could see me now?" (그녀는 수줍게 그의 무릎에 걸터앉아 "엄마가 지금 이 모습을 보면 뭐라고 할까?" 하고 킬킬 웃었다.) — L.Levi

press one's knees together ➡ put one's knees together

She sat on the sofa, stiffly upright, and *pressed her knees together*… She tried to think of a topic of conversation. (처음 만나는 상대를 앞에 두고 그녀는 바짝 얼어 있었다. 등줄기를 꼿꼿이 펴고, 무릎을 단단히 모은 채 소파에 앉아 무슨 얘기를 하면 좋을지 화제를 찾았다.) — A.Lurie: 2

put a child across [over] one's knee 아이를 무릎 위에 엎어서 올려놓다. ((아이의 엉덩이를 때리는 벌을 주기 위해)) 유 take a child over one's knee

"If you mention that bloody bus again, I'll *put you across my knee* and spank you, so help me." ("다음에 또 버스를 타고 싶다는 따위의 얘기를 하면 무릎 위에 엎어 놓고 엉덩이를 때려 줄 거야.") — A.Fraser

put one's knees together 무릎을 모으다. ((주로 여성이 타인의 눈을 의식하여 예의 바르고 단정하게 앉는 자세)) 유 press one's knees together / sit (with one's) knees together

put one's knees together

"Aren't you feeling the cold out here?" Father Wilson was gentle. "Oh, Father. It's you." Mrs. Briggsworthy had no deeper shade to blush, but she sat up straighter and *put her knees together* like a little girl. (술을 마시고 멍하니 앉아 있는데 "춥지 않습니까?"라고 윌슨 신부님이 말을 걸어왔다. 난처한 꼴을 보였다는 생각에 머쓱해진 부인은 얼굴이 새빨개져서 마치 소녀처럼 무릎을 모으고 똑바로 앉았다.) — R.Billington

★ **영일비교** put one's knees together는 의자에 앉을 때 예의 바른 무릎 모양을 나타내는 표현이다. 똑같이 무릎을 가지런히 모은다 하더라도 무릎 자체에 중심을 둔 이 표현에는 발목 부분을 겹쳐 우아하게 무릎을 가지런히 하는 cross one's ankles에는 없는 미숙함이란 의미가 숨어 있다. 무릎을 가지런히 한 모습에서 여자의 몸가짐이 좋은지 나쁜지 드러난다는 가르침을 받고 자란 아가씨가 억지로 무릎을 모아 앉으려 할 때 딱 들어맞는 표현이다. 또 press one's knees together는 그런 어색함이 한층 강조된 표현이다.

일본어로도 예의 바르게 앉는 방식을 무릎을 중심으로 표현한 '무릎을 가지런히 하다[바로하다]'라는 표현이 있다. 이는 전통적으로 의자가 아닌 다다미에 앉을 때 예의 바르게 앉는 모습을 가리키는 표현이다(kneel on the floor with one's knees [legs] together). 이것이 예의에 맞는 까닭은 무릎 앞면을 제대로 모으기 때문이라는 것이 일반적인 견해인데, 이 자세는 원래 좁은 다실에서 공간을 차지하지 않도록 앉는 데서 비롯되었다. 한편 이 자세가 복종, 경의를 나타내는 올바른 앉기 자세(정좌)로 인정받게 된 이유는 책상다리에 비해 일어나는 데 품이 들기 때문이라고 한다. 재빠르게 일어설 수 없다는 것은 금세 공격 자세로 바꿀 수 없다는 것이고, 그래서 공격 의도가 없는 자세로서 예법에 편입될 수 있었던 것이다(樋口, 1976).

one's **knees sag** ➡ one's knees buckle (under one)

Suddenly *her knees sagged* and she sat down heavily on the edge of the bed, her head bent to hide the tears that flooded into her eyes. (갑자기 무릎에 힘이 빠져서 그녀는 침대 모서리에 털썩 주저앉았다. 그러고는 흘러내리는 눈물을 감추기 위해 고개를 숙였다.) — M.Lewty: 1

one's **knees shake (under one)** 무릎이 덜덜 떨리다. ((공포, 불안, 극도의 긴장 등 때문에)) **유** one's knees knock together

He tried to sound calm but in spite of himself he found *his knees shaking beneath him*. (그는 침착하게 이야기하려 했지만 긴장한 나머지 무릎이 제멋대로 부들부들 떨렸다.) — A.S.Turnbull: 2

sink on [to] one's **knees** ➡ go (down) on one's knees

Then with a shuddering cry··· she *sinks on her knees* by the head of the bed and flings her arms around the dead man. [남자의 맥박이 멈췄다는 것을 알게 된 순간] (그녀는 섬뜩한 비명을 지르고는 침대 머리맡에 풀썩 무릎을 꿇고 앉아 죽은 남자를 두 팔로 격하게 끌어안았다.) — E.O'Neill: 1

sit on someone's **knee(s)** 타인의 무릎 위에 앉다. ((아이가 어른의, 여자가 남자의 무릎 위에 어리광, 애교를 부리며 앉는 친밀한 접촉 동작)) **유** perch on someone's knee(s)

In the past, girls and women had more or less fallen into his lap; sometimes they even literally *sat on his knees* with giggles and squeals at parties or in the back of cars. (예전에는 여자들 쪽에서 그의 품으로 뛰어들었다. 때로는 파티나 차 뒷좌석에서 그의 무릎 위에 올라 앉아 킬킬 웃어 대거나 소리 높여 떠들곤 했다.)

sit (with one's) knees together 무릎을 모으고 앉다. 《주로 여성이 타인의 눈을 의식해 예의 바르게 앉는 모습》 유 put one's knees together

She *sat* decorously *with her knees together*, a very small, very decorative figure on the soiled wooden chair. (그녀는 예의 바르게 무릎을 모으고 의자에 앉았다. 그 모습은 지저분한 나무 의자를 아주 작고 아주 근사한 것으로 장식해 놓은 것 같았다.) — A.S.Turnbull: 2

slap one's knee 무릎을 손바닥으로 치다. 《주로 남성이 크게 웃을 때 수반되는 동작; 기분 좋은 맞장구 등에 수반되는 동작; 퍼뜩 생각이 났을 때, 감탄할 때의 동작》 유 slap one's LEG / slap one's THIGH / thump one's THIGH / slap one's HAND against one's knee

When the sobriquet had sunk into his brain, he chuckled deep in his chest, and *slapped his knee* in appreciation. (별명의 뜻을 겨우 알았을 때 그의 가슴속에서 웃음이 솟아 나왔다. 너무 재미있어서 맘에 든 나머지 그는 무릎을 쳤다.) — G.Heyer: 9

"That's it, my boy!" the doctor *slapped his knee* with a loud laugh. ("바로 그거야!" 하고 의사는 기분 좋게 웃으며 무릎을 쳤다.) — J.Herriot

★ **영일비교** 일본어의 '무릎을 치다'에 해당하는 영어로는 slap one's knee 외에 위에 적은 유사 표현들이 있다. 이 중에서 일본어에서 말하는 '무릎을 치는' 동작을 꼭 짚어 나타낸 표현은 slap [thump] one's thigh이다. 미국 영어에서 knee는 일반적으로 무릎 앞면을 의미하고, 일본어의 무릎이 그렇듯 허벅지의 앞부분까지 포함하지는 않는다. 그래서 미국인은 이 동작을 knee보다 thigh를 치는 동작으로 의식할 때가 많다.
신체 부위에 관한 일본어의 관용구를 영어로 해설한 Garrison(1990)은 영어권 국민이 thigh를 칠 만한 일에 일본인은 knee를 친다고 굳이 설명을 덧붙였다.
영어의 slap one's knee나 일본어의 '무릎을 치다'나 모두 퍼뜩 깨닫거나 감탄할 때의 몸짓이다. 하지만 특히 영어에서는 재미있는 농담에 감탄해 웃으며 무릎을 치는 등 웃음과 강하게 연결된다. 참고로 왁자그르르 웃게 하는 농담, 익살스럽게 끝맺는 이야기, 재미있는 영화 등을 knee slapper [thigh thumper]라고 일컫기도 한다.

take a child over one's knee ➡ put a child across one's knee

Girls are getting sexy, I agree. And I do mind. I think most of these girls should be *taken over* somebody'*s knee*. (요즘 여자아이들이 섹시해지고 있다는 의견에 나 또한 동의한다. 이는 참 걱정스러운 일로, 누군가가 그 아이들을 따끔하게 혼내 줘야 한다고 생각한다.) — A. Landers

tap someone's knee 상대방의 무릎을 툭툭 치다. ((격려, 위로, 달램, 주의 환기 등을 위해)) 유 pat someone's knee / touch someone's knee

"… But don't you worry," he *tapped* Mad *on the knee*. "They didn't get a damn thing out of either of us. And never will." 〔까다로운 조사를 받은 후〕 ("우리들은 중요한 기밀은 일체 입 밖으로 내지 않았고, 그럴 생각조차 없었으니 걱정할 필요 없어."라고 매드의 무릎을 가볍게 툭툭 치며 안심시켰다.) — D. du Maurier: 1

touch someone's knee 타인의 무릎을 손으로 어루만지다. ((위로, 달램 등을 위한 우호적인 접촉 동작)) 유 pat someone's knee / tap someone's knee

"You're very thoughtful." Molly *touched his knee* affectionately. (몰리는 사랑스러운 듯 그의 무릎을 어루만지며 "당신은 참 배려심이 깊다."라고 말했다.) — M. Binchy

KNUCKLE

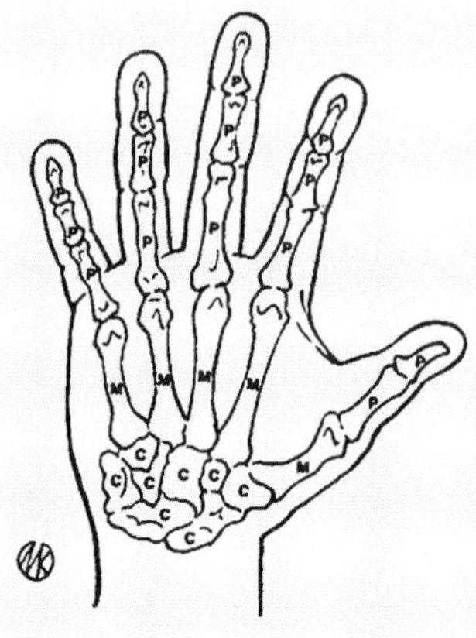

- 손가락 관절을 나타내는 영어 단어와 어구로는 finger joint와 knuckle이 있다. knuckle의 첫 번째 뜻은 손가락 뿌리 부분의 관절, 즉 제1관절을 가리킨다. 제2, 제3관절이 손가락뼈들 사이를 연결하는 관절인 데 비해 제1관절은 손가락뼈와 손허리뼈를 연결하는 관절이다. 이 관절은 주먹을 쥐었을 때 손등 쪽에 둥글게 튀어나오는 부분으로, 이 둥근 융기(rounded prominence)를 특히 knuckle이라고 부른다. 두 번째 뜻은 손가락을 굽혔을 때 각지게 튀어나오는 제2관절을 가리킨다. 이처럼 knuckle은 주먹을 쥐었을 때 튀어나오는 관절에 주목해 만들어진 단어로, 통상 복수형으로 사용되며 주먹을 뜻하는 단어로도 쓰인다(e.g. knock one's knuckles against⋯). 손가락을 구부리고 펴는 것과 관계없이 손가락의 관절을 가리킬 경우에는 대개 finger joint를 사용한다.

- knuckles는 심리적 불안을 해소하기 위한 자기 접촉 행동을 하는 데 쓰이기도 한다. 아이들이 손가락을 깨무는 것처럼 성인은 이 부위를 깨무는 행위(e.g. chew one's knuckle(s))로 심리적인 불안과 짜증을 해소한다.

- knuckles는 뭔가를 칠 때(e.g. knock one's knuckles against⋯)와 같은 실용적인 동작에 자주 쓰인다. 방문을 노크하는 것도 knuckles의 동작으로 표현한다.

- 영어권에서는 못된 짓을 한 학생이 교사에게 벌로 knuckle rapping을 받기도 하는데 아랫사람에게 경고, 주의를 주는 것을 비유적으로 rap someone's knuckles라고 하는 것은 바로 이런 이유 때문이다.

- 영어에서는 주먹을 세게 쥐었다는 것을 나타낼 때 종종 "knuckles가 하얗다." 라고 표현한다. 주먹을 꽉 쥐면 손가락 관절 부위가 하얗게 보이는 데에서 착안하여 knuckles가 하얗다는 표현이 주먹을 세게 쥔 것, 나아가 긴장이나 격한 감정 등을 의미하게 된 것이다. 몹시 노한 모습을 비유적으로 나타낸 관용구 show the whites of one's knuckles도 이러한 시각에서 생겨났다.

---

bite one's knuckle(s) ➡ chew one's knuckle(s)

Then he offered one to Louisa but she shook her head. While they drank, she sat in an armchair *biting her knuckles*. (루이저는 술을 권하는 것을 거절하고 의자에 몸을 깊게 묻은 채 주먹을 입으로 가져가 깨물었다.) — P.P. Read

chew one's knuckle(s) 손가락 관절 부근을 깨물다. ((산만하거나 안절부절 못할 때; 걱정거리를 끙끙거리며 생각할 때; 짜증이나 욕구불만에서 나오는 무의식적인 동작 등-주먹을 쥔 상태에서)) 유 bite one's knuckle(s) / gnaw (at) one's knuckle(s)

chew one's knuckles

"It isn't as though I have any idea where I could phone him back," she thought, *chewing a knuckle* with vexation. "If I couldn't have thought of anything clever to say, why didn't I just say, 'Yes, I'd love to see you again,' and make some arrangement and then have it out with Father later?" 〔교제를 반대하는 아버지 때문에 남자와의 만남을 거절한 뒤 고민하는 모습〕 (그녀는 주먹을 신경질적으로 깨물며 "그와 연락할 방법

도 모르는데 너무 성급히 일을 저질렀어."라고 고민한다. "재치 있고 영리한 말 따위는 하지 못했지만, 그래도 '좋아요. 또 봐요.'라고 한마디 해서 약속을 정해 놓고 아버지에게 나중에 얘기해도 됐을 텐데." 하고 후회한다.) — M. Burchell: 1

clench one's knuckles 주먹을 쥐다. ((긴장, 분노, 격정을 억제하기 위해; 한 대 칠 준비 또는 각오를 굳혔을 때 등)) 유 clench one's FIST(s)

He forced himself to smile, but Katie noticed that *his knuckles were clenched* and white, as if he were forcing himself to sit in his chair, not to run away…. (그는 억지로 미소를 지으려 했다. 하지만 케이티는 그가 자신의 몸을 의자에 붙들어 매 도망치지 못하게 하려는 것처럼 손가락 관절이 허옇게 될 정도로 주먹을 꽉 쥐고 있다는 사실을 알아챘다.) — M. H. Clark: 1

crack one's knuckles 손가락 관절을 뚝뚝 꺾다. ((손가락을 풀기 위한 준비 운동; 짜증, 욕구불만 등에서 나오는 동작, 특히 남성이 주로 행하는 신경질적인 동작; 개인적인 버릇)) 유 crack one's FINGER joints

I started to *crack my knuckles*, then clasped my hands tightly together. Even if I couldn't bear the thought of my playing the little organ, I could at least try something on my grand piano. (오랜만에 피아노 앞에 앉은 나는 손가락을 풀기 위해 관절을 뚝뚝 꺾어 준 뒤 두 손을 한 번 꽉 맞잡았다. 오르간을 치고 싶은 생각은 도저히 들지 않았지만, 그랜드 피아노라면 좀 쳐 볼까 싶었다.)

Tom says: "You mean what you want is for me to take it on faith?" Eric says: "Yeah, I guess so. I guess that is what I want." He *cracks* each of *his* ten *knuckles*.
〔자신의 아내와 관계를 가진 남자를 만난 상황〕 ("당신의 말을 그대로 믿으라는 얘기냐?"라고 톰이 묻자 에릭은 그렇다고 하며 무언가 껄끄러운 듯 손가락 관절을 하나하나 꺾는다.) — E. Schwamm

get rapped on the knuckles 손가락 뿌리 관절 부근을 맞다. ((교사가 학생에게 자 등을 이용하여 벌을 주는 모습; 상급자에게 야단맞는 것을 의미하는 비유 표현)) 유 rap someone's knuckles

I studied the typewritten notice which she handed me…. She glanced at me wryly. "You don't have to worry. I'm the one who *gets rapped on the knuckles*." (신참 의사인 내가 통지서를 쳐다보고 있자 베테랑 간호사인 그녀가 다분히 비꼬는 투로 "선생님은 걱정하지 않으셔도 돼요. 혼나는 건 저니까요."라고 말했다.) — A. J. Cronin: 4

★ NB: get a rap on [over] the knuckles라고도 한다.

gnaw (at) one's knuckle(s) ➡ chew one's knuckle(s)

Her right hand ascended from her pubis to her lips. She began to *gnaw the* flesh around the first *knuckle* of her middle finger as though it were her first food of the day. 〔찾아온 남자가 손님을 가장한 사립탐정임이 밝혀진 상황〕 (판매원 여자는 태도를 싹 바꿨다. 그녀는 지금까지 관능적으로 허리에 대고 있던 오른손을 입술로 가져갔다. 그러고는 불안한 듯 가운뎃손가락 뿌리 관절을 마치 오늘 처음 먹는 밥처럼 마구 깨물어 댔다.) — S. Greenleaf

one's knuckles go white 손가락 관절이 희게 보이다. 《긴장의 고조, 공포, 강한 불안, 분노 등에 의해》 유 one's knuckles whiten

A few moments later he heard the whirl of the blades as the helicopter flew across his path at a considerably lower level. Adam gripped the wheel of the car until *his knuckles went white*. (잠시 후 그는 자신의 앞을 가로막으려는 듯 저공비행을 하는 헬리콥터의 프로펠러 소리를 들었다. 그는 손가락 관절이 허옇게 보일 정도로 힘주어 핸들을 쥐었다.) — J. Archer: 4

★ NB: white-knuckle은 '긴장감이 넘치다', '너무 불안하다'라는 의미의 형용사로 쓰이는 경우도 있다(e.g. white-knuckle time).

knock one's knuckles against… …을 주먹으로 콩콩 두드리다.

The door was fastened with two bolts on the inside. H. M. *knocked his knuckles against* it. (문은 안쪽에서 두 개의 빗장으로 잠겨 있었다. H. M.은 주먹으로 쾅쾅 문을 두드렸다.) — C. Dickson: 1

press one's knuckles to one's forehead 주먹(의 관절부)으로 이마를 꾹 누르다. 《고민하는 모습》

I *pressed my knuckles to my forehead*, thinking—stop it! Such ugly hateful thinking. (나는 이마를 두 주먹으로 눌렀다. 그만두자! 이런 못난 생각을 하는 건.) — A. Maybury

press one's knuckles to one's mouth 주먹으로 입을 꽉 누르다. 주먹으로 입을 막다. 《주로 울음소리나 비명을 억누르려 할 때》 유 stuff one's FIST(s) into one's mouth

"It just can't be so," Emma groaned, *pressing her knuckles to her mouth*. Her eyes welled with tears. (믿을 수 없는 결과에 엠마는 주먹으로 입을 누르고 신음 소리를 냈다. 그녀의 눈에 눈물이 고였다.) — B.T.Bradford

rap someone's knuckles 손가락 관절(제1 또는 제2관절)을 때리다. 《학교에서 수업 중에 자 따위로 행하는 처벌; 아랫사람을 따끔하게 혼내는 것을 의미하는 비유 표현》 유 get rapped on the knuckles

She wanted to *rap their knuckles* with a stick and knock their stubborn heads together. (그녀는 말을 듣지 않는 아이들의 손가락 관절을 회초리로 찰싹 때려 주고, 그 단단한 머리통을 콩 때려 주고 싶다고 생각했다.) — P. Gallagher: 1

★ NB: 영국의 학교에서는 체벌이 금지되기 전까지 학생의 손바닥을 cane으로 때리는 hand-caning, 손목을 때리는 wrist-slapping, 연필이나 자로 손가락 관절부를 때리는 knuckle-rapping 등의 체벌이 존재했다. knuckle-rapping은 교사가 학생에게 두 손을 손등을 위로 한 상태로 책상 위로 내밀게 한 뒤, 손가락 관절부나 손가락 뿌리 관절부를 자 따위로 찰싹 때리는 것이다.

rap a piece of wood with one's knuckles 주먹 쥔 손의 관절 부분으로 나무로 된 물건을 콩콩 두드리다. 《일종의 미신》

"Why, I should be the proudest woman on earth··· I should be the happiest woman in the world!··· Ha-ha··· only I better knock wood before God the Father hears my happiness!" (She *raps with both knuckles* in a fierce tatoo *on the table*.) (그녀는 자신이 세상에서 가장 자랑스럽고 가장 행복한 여자라고 자신만만하게 이야기하고는, 신이 자신의 행복에 대해 듣기 전에 '나무 두드리기'를 해야겠다며 주먹을 쥐더니 손가락 관절로 탁자를 콩콩 세게 두드린다.) — E.O'Neill: 2

★ NB: rap one's knuckles on a piece of wood라고도 표현한다.

★ NB: knock (on) wood 또는 touch wood라 불리는 이 동작은 요즘에도 영미권에서 농담 섞인 의미로 널리 행해지고 있다. 주먹을 쥐고 톡 튀어나온 관절로 나무를 두드리는 이 행동은 흉한 운이나 불행을 쫓기 위한 액막이이자 자기 자랑을 한 뒤 질투심이 많은 신이 내리는 벌을 피하기 위한 방법이다.
이 액막이 풍습은 서구 세계에 기독교가 전래되기 전 켈트족의 신앙이었던 드루이드교에서 나온 것이라 한다. 드루이드교에서는 신이 나무에 살고 있다고 믿었기 때문에 승려나 제사장들이 소원을 빌거나 제사를 지낼 때 나무줄기를 두드리며 신을 불렀다고 하는데, 이것이 긴 세월을 지나며 신의 벌을 피하는 액막이로 널리 퍼지게 된 것이다. 지금은 살아 있는 나무보다 의자 팔걸이, 탁자 위 등 가까이에 있는 목제품을 두

touch wood

드리는 것이 일반적이다. 또 영어에서는 머리가 나쁜 사람을 blockhead라고 부르는데, 이로 인해 자신의 행운을 자랑한 뒤 가까이에 있는 blockhead의 이마를 익살스럽게 만지거나 자신의 이마를 장난스럽게 콩콩 때리는 경우도 있다.

show the whites of one's knuckles 손가락 뿌리의 관절이 하얗게 될 정도로 주먹을 세게 쥐어 보이다. ((발끈 화가 난 모습의 비유 표현))

Mog: Old Fred's the confirmed bachelor, I thought—makes his own bed and darns his own socks. But now… you've been using after-shave, boy. (sniffs) And hair tonic.
Fred: There's no law against hair tonic.
Mog: No need to *show the whites of your knuckles*, boy. I'm only envious.
(독신주의자라고 여겨지던 프레드가 면도 후 로션과 헤어토닉 등을 사용하기 시작한다. 모그가 놀리자 그는 "헤어토닉을 쓰지 말라는 법 같은 건 없어." 하고 발끈한다. 모그는 "그렇게 발끈할 필요는 없잖아. 부러워서 그러는 거야."라고 말한다.) — D.Campton

tap one's knuckles on a desk [table, etc.] 주먹의 관절부로 책상 등을 두드리다. ((잡담 금지, 정숙을 요구하는 신호))

There was an immediate buzz around the table until Sir Morris *tapped his knuckles on the desk*. (의외의 사실이 보도되자 회의석상에서 동요가 일어났다. 의장 모리스는 주먹으로 책상을 탁탁 두드리며 정숙을 요청했다.) — J. Archer: 4

one's knuckles whiten ➡ one's knuckles go white

It used to alarm me to see the veins swelling on Siegfield's forehead, *the knuckles whitening* as he gripped the phone. (시그필드가 이마에 핏대를 세우고 손가락 관절이 허옇게 될 정도로 전화기를 꽉 쥐고 있는 것을 보면 이전의 나는 몹시 허둥거리곤 했다.) — J.Herriot

LEG

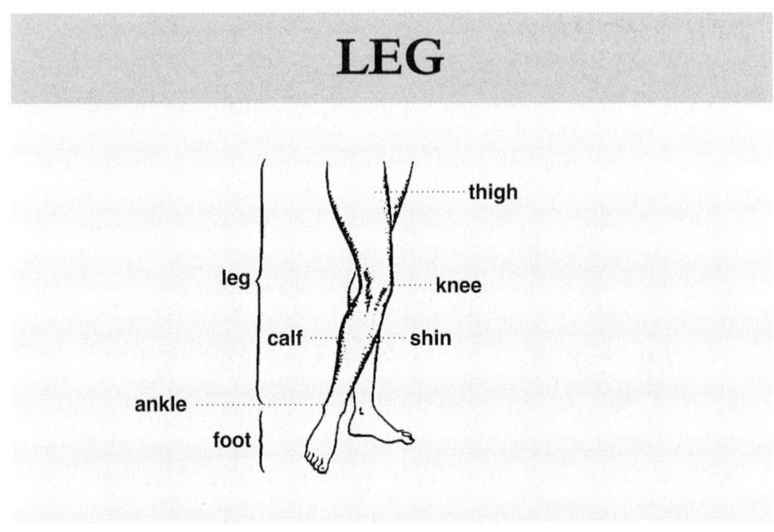

- leg는 발목을 경계로 위쪽 부분을 가리키며, 발목 아래는 foot으로 칭한다. 단, 하지 전체를 한마디로 나타낼 필요가 있을 때는 원칙적으로 leg를 쓴다.

- leg는 무릎을 중심으로 두 부분으로 나뉘는데, 무릎부터 엉덩이 아래까지의 허벅지는 thigh, 무릎부터 발목까지의 정강이에 해당하는 부분은 shin, 정강이의 뒷면, 즉 장딴지에 해당하는 부분은 calf라 칭한다.

- 영어 소설에서 다리의 기호성이 가장 두드러지게 드러나는 순간은 타인과 함께 있을 때다. 이때 어떤 자세를 취하느냐, 즉 다리를 모으느냐, 벌리느냐, 꼬느냐에 따라 상대에 대한 태도를 판단하게 된다.

- 타인과 함께 있을 때 취하는 다리 자세는 특히 여성의 경우 성적인 기호의 표현이 된다. 원래 leg는 성적인 뉘앙스가 강한 부위여서, 20세기 초까지만 해도 영미권에서는 남에게 절대 보여서는 안 된다고 여겨져 긴 치마 아래에 감추어야 했다. 그러나 치마의 길이가 현격히 짧아진 요즘, 매끈하게 드러난 여

성의 다리는 남성들에게 강력한 성적 메시지를 보내는 부위다. 관용 표현에서도 다리를 벌리는 것(spread one's legs)은 몸가짐이 정숙지 못한 것을 의미하며, 다리를 꼬아 다리 사이를 열지 않는 것(keep one's leg crossed)은 몸가짐이 바른 것을 의미한다.

- legs는 기본적으로 몸통을 받치는 두 개의 기둥이라는 시각이 강하다. 이하의 예문에서 나타나듯 나이가 먹어서 다리에 힘이 빠지는 것, 만취해서 다리가 후들거리는 것, 두려움이나 놀람, 흥분 때문에 다리에 힘이 빠지는 것 등을 표현할 때는 모두 leg [knee]를 사용한다.

  "Forgive me for not standing, but I'm not too sure on my ancient legs…." ("일어나지 못해 미안합니다. 하지만 나이를 먹어 다리가 시원찮습니다.") — M.Mackie

  I had two glasses of champagne and I feel it now in my legs. (샴페인을 두 잔 마셨더니 다리까지 취기가 내려갔다.) — E.Summers

  Something in his expression turned her legs to water. (그의 표정 속에 있는 뭔가가 그녀의 다리를 흐물흐물하게 만들었다.) — J.Olsen

- 다리에 관련된 관용 표현에는 leg와 foot 중 어떤 것을 사용해도 괜찮은 경우가 많다(e.g. find one's legs [feet]; put one's best leg [foot] forward; stand on one's own legs [feet]; walk [run] someone off his legs [feet]). leg 고유의 관용구 중 '걷다', '서다' 등 다리의 기본적인 기능을 기초로 한 비유 표현은 gain one's sea legs(배가 흔들려도 중심을 잘 잡고 걷게 되다, 배 타는 데 익숙해지다); do not have a leg to stand on(한 다리로 서는 것은 불안정하지만 그 한쪽 다리조차 없다. 즉 제대로 성립시킬 논거가 없다); on one's last legs(다리가 더 이상 버티기 힘든 상태가 되기 바로 직전의 상황, 몹시 피곤한 상태) 등과 같이 다리가 다소 불안한 상태를 기조로 한 것들이다.

---

cross and uncross one's legs 다리를 꼬았다 풀었다 하다. 《산만하고 신경질적인 동작》 유 cross one leg and the other

At last Henry began nervously to *cross and uncross his legs* and to clear his throat every few seconds. (헨리는 이야기를 쉽게 꺼내지 못하고 정신없이 다리를 꼬았다 풀었다 하면서 연신 헛기침을 했다.) — A.S.Turnbull: 1

cross one's legs 다리를 꼬다. 유 cross one's KNEEs

He seated himself, carefully *crossed his* long *legs* and folded hands in his lap. (그는 긴 다리를 조심스럽게 꼬고 앉아 손을 무릎 위에 얹었다.) — T. H. White

Slowly his arms folded, *his* long *legs crossed* as he stayed propped against the doorway. "Surely I don't detect sarcasm in you?" [방문에 기대어 선 남자가 아내와 이야기를 나누고 있다] (아내의 말에 가시가 있다고 느낀 그는 천천히 다리와 팔을 꼬고는 "혹시 지금 빈정대는 건 아니지?"라고 응수했다.) — L. Peake: 4

★ **영일비교** 다리 자세는 사람 앞에 앉든 서든 기본적으로 두 다리를 모아서 바닥에 붙이는 legs-together posture, 두 다리를 떨어뜨려 바닥에 붙이는 parted-legs posture, 한쪽 다리를 바닥에 붙이고 꼬는 crossed-legs posture의 세 종류가 있다. 사람은 상대와의 관계나 상황의 성격에 따라 이 중 하나를 선택하는데, 그런 의미에서 다리를 놓는 방식에는 기호적 의미가 있다. 서 있을 때에 가지런히 모은 다리를 격식에 맞는 자세, 벌린 다리를 상대에 대한 우위성이나 지배성을 드러내는 자세, 꼰 다리를 격식을 벗어난 편안함을 나타내는 자세로 파악하는 것은 일본과 영미가 거의 일치한다. 그러나 의자에 앉을 때는 일본인과 영미인이 다른 행동 양식을 보인다.

standing　　　sitting

cross one's legs

격식을 갖춘 자리에서 여성이 의자에 앉을 때, 비교적 최근까지 일본에서는 무릎을 가지런히 모아서 두 다리를 바닥에 나란히 놓는 자세를 예의 바르다고 여겼다. 실제로 예의범절을 다룬 책에서는 좌우의 발끝을 확실하게 모아서 무릎을 가지런히 하라고 이야기한다(小笠原淸信, 1971).

서구에서도 특히 여성의 경우에는 무릎을 가지런히 모으는 것이 올바른 앉기 자세의 첫 번째 조건임은 똑같다. 그러나 발끝을 모아서 앉는 것은 딱딱하고 부자연스럽기 때문에 그보다는 얌전하게 다리를 앞뒤에 놓거나(정확하게는 한쪽 다리의 발꿈치가 다른 쪽 발등에 오도록 놓는다), 복사뼈 부근에서 다리를 꼬아(e.g. cross one's legs at the ankles) 무릎이 벌어지지 않게끔 하는 것이 좋다고 본다.
남성의 경우 일본에서는 윗사람 앞에서는 무릎을 모으고 다리를 붙여 앉는 것이 예의다. 다리를 꼬는 것은 지나치게 스스럼없는 자세라 하여 기피한다. 반면 서구에서는 등을 꼿꼿이 세우고 다리를 꼬아 앉는(sit straight with one's legs crossed) 것이 남성에게 걸맞은 올바른 앉기 자세라고 가르치기도 한다(Wallace, 1967).

cross one's legs at the ankles 발목 언저리에서 다리를 꼬다. ((두 다리를 약간 비스듬히 해서 발을 모으는 여성들의 우아하고 바람직한 앉는 자세)) 유 cross one's ankles

---

When the candidate cannot be there, she is expected to be there to give the speech and know the issue. When he is there, she is expected to *cross her legs at the ankles* and listen adoringly. [선거에 입후보한 정치가 아내의 마음가짐을 다룬 기사] (그녀는 남편의 부재 시에는 남편을 대신해 연설도 하고, 선거의 쟁점도 잘 알고 있어야 한다. 남편이 연단에 올라가 있을 때는 단정하게 숙녀처럼 앉아 그의 연설에 반한 듯 귀를 기울이고 있어야 한다.(비유적)) — *Time*, 1974

cross one's legs tailor fashion [like a tailor] 책상다리를 하다. ((편안하게 앉는 자세))

Her legs which *were crossed tailor fashion* were bare and she was leaning forward slightly with her elbows on her knees…. (그녀는 바닥에 맨발로 책상다리를 하고 앉아 무릎에 팔꿈치를 얹고 몸을 약간 구부정하게 하고 있었다.) — W.P.McGivern

Valerie was sitting on her bed, *legs crossed like an* old-fashioned *tailor*. (발레리는 옛날 재단사처럼 책상다리를 하고 침대 위에 앉아 있었다.) — M.Binchy

★ NB: 옛날에 재단사가 바닥에 책상다리를 하고 앉아 작업한 데서 유래한 표현이다.

cross one leg and the other 다리를 번갈아 가며 꼬다. ((산만하고 신경질적인 동작)) 유 cross and uncross one's legs

---

But I can hardly sit still. I keep fidgeting, *crossing one leg and* then *the other*. (잠을 이루지 못하고 일어나 의자에 앉았지만 가만히 있을 수가 없다. 나는 연신 다리를 이리 꼬았다 저리 꼬았다 한다.) — R.Carver: 5

drape one's leg over an arm of a chair 의자 팔걸이에 한쪽

다리를 걸쳐 놓다. 《편안하게 앉아 있는 모습》 유 fling one's leg over an arm of a chair / sling one's THIGH over an arm of a chair

"You're giving me a mental heart attack," Delilah said. She had *her leg draped over an armrest* and was bobbling it around. (딜라일라는 의자 팔걸이에 한쪽 다리를 척 걸치고 앉아 다리를 대롱대롱 흔들면서 "너 때문에 정신적인 심장마비가 생겼다."라고 동생에게 면박을 주었다.) — S. Minot

drape one's leg over an arm of a chair

★ NB: drape 대신 fling, sling 등을 쓰면 다리를 갑자기 휙 의자 팔걸이에 걸치는 모습이 된다.

fling one's leg over an arm of a chair ➡ drape one's leg over an arm of a chair

I was finishing an essay my tutor was expecting the following morning when Adrian came in without knocking, dropped into my armchair, *flung a leg over one of the* tattered *arms* and said, "I'm whacked. I need a drink." (내일 아침까지 지도교수에게 제출해야 하는 에세이를 쓰고 있는데 에이드리언이 노크도 하지 않고 들어와 안락의자에 털 앉더니 의자 팔걸이에 한쪽 다리를 휙 걸쳐 놓고 "피곤해. 한잔하고 싶어."라고 말했다.) — L. Levi

one's **legs give way** ➡ one's legs turn to jelly

The Consul felt *his legs give way*. Deathly pale, he sat down upon the edge of the bed. (영사(領事)는 다리에 힘이 풀리는 것 같았다. 그는 사색이 된 얼굴로 침대 끝에 걸터앉았다.) — A. J. Cronin: 3

hop from leg to leg [from one leg to the other] 성마른 모습으로 양쪽 다리에 체중을 번갈아 가며 싣다. ((서 있는 상태에서 안절부절, 초조, 짜증 내는 모습을 과장하여 표현한 것)) 유 move one's weight from one leg to the other / shift from FOOT to foot

I thought of the man from Corporate Finance *hopping from leg to leg* with impatience while he waited for the chairman to return and knew that nothing but extreme urgency would have brought him down to the doorstep. (나는 재무부 담당자가 초조해하며 회장이 돌아오기를 기다리고 있다는 것을 기억해 냈다. 내가 알고 있는 한 어지간한 일이 아니고서는 그 사람이 여기까지 찾아올 리가 없었다.) — D.Francis: 1

keep one's legs crossed 다리를 꼰 채로 있다. ((다리 사이가 벌어지지 않도록 예의 바르게 앉은 모습; 여성이 몸가짐을 조신하게 하는 것을 의미하는 비유 표현))

"I'm serious. I'd better have a talk with that girl." "What will you tell her?" With a calm smile on her mouth, Karin said, "Will you tell her to *keep her legs crossed*?" "In essence, yes." (딸에게 설교를 해야겠다고 말하는 남편에게 카린은 "무슨 얘기를 하려고? 몸가짐을 조신하게 하라고 할 거야?"라고 차분한 미소를 지으며 물었다. "요점만 말하자면 그렇지."라고 남편이 대답했다.(비유적)) — E.Hunter: 2

make a leg 오른쪽 다리를 뒤로 빼고 허리를 숙여 존경을 표하다. ((경의를 표하는 옛날식 의례 행동))

… She took the Comte de Brionne over to the alcove, and presented him. Conde rose and *made a leg*. (그녀는 브리온느 백작을 벽감 쪽으로 데리고 가서 그를 소개했다. 콩데는 벌떡 일어나 오른쪽 다리를 뒤로하고 상체를 숙여 정중하게 인사했다.) — G.Heyer: 11

move one's weight from one leg to the other 양쪽 다리에 체중을 번갈아 가며 싣다. ((초조하거나 안달 난 모습, 산만하고 정신없는 모습–서 있는 상태에서의 동작)) 유 hop from leg to leg / shift from FOOT to foot

He *moved his weight from one leg to the other* and looked at the ground and then at us. 〔명확히 대답하지 못하는 청년의 우유부단한 태도〕 (그는 정신 사납게 몸을 좌우로 흔들면서 땅바닥을 한 번 내려다보더니 우리 쪽을 보았다.) — R.Carver: 5

pinch someone's leg 상대방의 다리를 살짝 꼬집다. ((남녀 간에 상대를 희롱하는 접촉 동작; 은밀한 신호))

"Traditionally," Mrs. Roberts said, "they're served with gigot in France." "Thank you, Linda," Mrs. Solomon said. "In Alabama we traditionally serve yams with our gigot." Under the table she *pinched* Strand'*s leg* lightly. (로버츠 여사는 식사에 나온 까치콩을 가리키며 "프랑스에서는 전통적으로 양 다리살 요리에 곁들여 먹지요."라고 말했다. 이를 받아 솔로몬 여사가 "고향인 앨라배마에서는 전통적으로 양 다리살에 얌(야생 참마)을 곁들여 먹어요."라고 말하면서 맞장구를 치라는 듯 테이블 아래로 스트랜드의 다리를 슬쩍 꼬집었다.) — I. Shaw: 3

sit with one's legs apart [open] 다리를 벌리고 앉다. ((남성의 경우, 자신감과 우월성을 드러내며 앉아 있는 자세; 여성의 경우, 도발적인 자세))

"At the moment, all I'm concerned about is that pretty little gal up there in the third row of the Diplomatic Gallery. You see her, that cute blonde on the aisle—the one *with her legs open*? If I ever saw a come-hither, that's it. Do you suppose she'd answer a note if I sent one up?" ··· There was indeed a cute little blonde, and as she caught their glance she smiled faintly and demurely crossed her legs. "Now, you see," Rick said in mock disappointment, "come-hither's been cancelled···." (미 의회의 외교사절단용 방청석에 아름다운 금발 아가씨가 다리를 벌리고 앉은 것을 보고 바람둥이로 알려진 릭 의원이 "저건 틀림없이 유혹하는 거야. 내가 편지를 보내면 답장을 해 줄까?"라고 말했다. 그러자 그녀는 그의 시선을 느꼈는지 슬쩍 웃음을 짓더니 조신하게 다리를 모았고, 그는 "아이고 이런, 유혹이 취소된 것 같군." 하고 실망한 척했다.) — A. Drury

slap one's leg 무릎 또는 허벅지 부근을 찰싹 때리다. ((밝고 쾌활한 웃음에 수반되는 동작; 좋은 생각이 떠올랐을 때 또는 잊어버렸던 것이 생각났을 때의 동작)) 유 slap one's KNEE / slap one's THIGH / thump one's THIGH

Freddy asked me, "How come you don't look like that in a sweater, Margaret?" Then he laughed hard and *slapped his leg*. 〔한 여자아이의 글래머러스한 모습에 같은 반 남자아이들이 깜짝 놀란 후〕 (프레디는 마가레트에게 "스웨터를 입어도 너는 왜 그녀처럼 보이지 않는 걸까?" 하고 놀리더니 무릎을 치면서 마구 웃었다.) — J. Blume: 3

stretch one's legs 다리를 뻗다. ((다리를 앞으로 길게 뻗고 편하게 앉아 있는 모습; 긴 시간 동안 다리를 오므리고 앉아 있다 다리를 뻗은 모습; 다리를 풀기 위해 가볍게 운동이나 산책을 하는 것을 일컫는 비유 표현))

Sitting back in the garden chair, he *stretches his* long *legs*, hooks his thumbs in the belt-loops on his trousers and stares at the tips of his brown loafers. (그는 의자 등받이에 느긋이 기대어 긴 다리를 앞으로 쭉 뻗고 바지 벨트 고리에 두 엄지손가락을 끼워 넣고는 자신의 발끝을 지그시 바라본다.) — S. Birmingham: 1

It was late dusk when the bus pulled into some little town for a stop. "We get about ten minutes here," Bill said. "Let's get off and *stretch our legs*…." (장거리 버스가 잠시 쉬기 위해 작은 마을에 정차하자 빌이 "잠시 내려서 다리 좀 풀자."라고 말했다.(비유적)) — J.H. Griffin

one's legs tremble 다리가 떨리다. 《공포, 긴장 등 때문에》

"You really saw nothing?" he asked in a low voice. She shook her head, feeling *her legs tremble*. Although she had borne up well, now that the actual event was past she had begun to feel the reaction. (어두운 곳에 갇혔던 그녀는 무서운 생각이 들었으나 훌륭하게 견뎌 냈다. 하지만 공포가 사라진 지금도 "정말 아무것도 못 봤어?"라고 당시에 대한 질문을 받으면 그녀는 저도 모르게 다리가 후들후들 떨렸다.) — C. Rossiter

one's legs turn to jelly 다리에 힘이 빠져 휘청휘청하다. 《실신, 놀람, 평정을 잃음, 공포 등 때문에》 유 one's legs give way / one's KNEEs buckle (under one)

I felt myself sinking toward the floor when O'Halloran grabbed my arm and got me seated on the sofa. "I'm not feeling faint, Lieutenant," I said as steadily as I could. "It's just *my legs* suddenly *turned to jelly*." (충격을 받고 쓰러졌을 때 옆에 있던 오 할로런 경감이 내 팔을 잡아 소파로 데려가 앉혀 주었다. 나는 그에게 "현기증이 난 것이 아니라 단지 갑자기 다리에 힘이 빠진 것뿐이다."라고 설명했다.) — B. Paul: 1

uncross one's legs 꼬았던 다리를 풀다.

"I read the proposal this morning. Twice. It wasn't at all the way I'd written it initially. I think when you took it over to improve it, you sabotaged it." Torrance *uncrossed his legs*, folded his hands on his desk and leaned toward Borchardt. The chill in his voice would have put frost on the palm tree. [완성된 계획서를 읽고는 자신의 원안을 망쳐 놨다고 버럭 화를 내는 장면] ("개선되기는커녕 다 망쳤다."라고 비난하는 토랜스의 목소리는 사람의 마음을 얼릴 정도로 차가웠다. 그는 꼬고 있던 다리를 풀며 책상 위에 손을 올려놓고 한번 해 보자는 듯 상대방 쪽으로 몸을 내밀었다.) — A. Lawrence

LIP

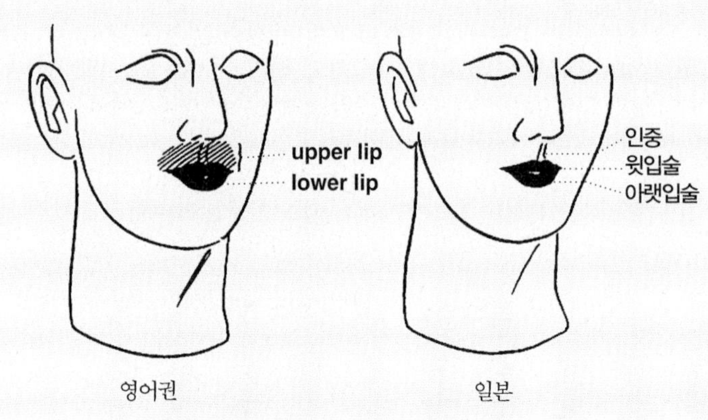

- '입술'이란 보통 입 주위의 붉은 살점을 가리킨다. 영어의 lip 또한 통상적으로는 이 부위를 말하지만 때로는 인중을 포함하기도 한다. 그래서 인중이 있는 입술 위쪽 부위를 upper lip의 일부로 여긴다. 따라서 우리가 '콧수염'이라 부르는 것이 영어에서는 윗입술에 나는 수염이고(A small moustache burgeons on his upper lip.), 코와 입술 사이의 거리나 인중의 길고 짧음도 upper lip을 이용해 표현한다(e.g. marked by the aristocratic shortness of her upper lip).

- 윗입술은 upper lip이나 top lip, 아랫입술은 lower lip이나 underlip, bottom lip이라는 명칭으로 불린다.

- 입술은 일정한 감정에 의해 뾰족해지거나, 비뚤어지거나, 오므라들거나, 입꼬리가 처지거나, 한일자로 꾹 다물어지는 등 얼굴 아래쪽의 표정을 만드는 데 주된 역할을 하는 곳이다. 이러한 입술의 표정에는 영미권이나 우리나 공통의 것이 많으나 가끔 같은 표정을 두고 다르게 묘사하거나(e.g. 입술을 삐죽거리다: draw back one's lips from one's teeth), 같은 입술 모양임에도 의미상으로는 부분적으로밖에 겹치지 않는 경우도 있다(e.g. 입술을 동그랗게 오므리다: pucker one's lips (up); 입술을 삐죽 내밀다: pout one's lips).

- 입술은 타인과의 신체적 접촉에도 중요한 역할을 하는 부위인데, 그 대표적인 행위가 바로 '키스'이다. 입술로 타인과 접촉하는 행위는 인간관계에 큰 영향을 미치는 것이기 때문에 어느 사회에나 개인이 어떤 상황에서 상대의

어느 부위에 입을 맞춰도 좋은지에 대한 일종의 사회적인 약속이 있다. 사교상의 인사로 키스를 하는 관습을 가진 서구 사회와 그러한 관습이 없는 아시아 사회에는 키스에 관한 사회적 약속에 큰 차이가 존재할 수밖에 없다.

• 입술은 영어권에서 용모를 묘사할 때 자주 주목의 대상이 된다. 영어권에서는 코카서스 인종의 특성인 얇은 입술(thin lips) 때문에 도톰한 입술(full lips)에 높은 가치를 두어 여성의 아름다움의 조건 중 하나로 꼽는다. 영미권의 로맨스 소설 속에 등장하는 여주인공은 거의 반드시라고 해도 좋을 정도로 full lips를 지닌다.

> The lips, extravagantly full, can pout or tauten resolutely or open in an elfin smile. 〔여배우 나스타샤 킨스키에 관한 기사〕 (놀랄 정도로 두툼한 그녀의 입술은 토라져서 앞으로 쑥 내밀어지기도 하고, 굳게 다물어지기도 하며, 작은 요정처럼 미소 지으며 살짝 벌어지기도 한다.) — *Time*, 1983

그리고 일반적으로 full lips가 개방적, 사교적, 낙천적인 성격과 결부되는 것에 비해 thin lips는 까다로움, 차가움, 과묵함, 비사교적인 성격과 결부되어 그려지는 경우가 많다. 다음의 예문은 얇은 입술을 냉혹함의 상징으로 그리고 있다.

> I saw the lips of the black-robed judges. They appeared to me white—whiter than the sheet upon which I trace these words—and thin even to grotesqueness; thin with the intensity of their expression of firmness—of immoveable resolution—of stern contempt of human torture. (나에게 냉혹하게 사형을 언도한 재판관들의 입술을 보았다. 핏기가 전혀 없고 이상할 정도로 얇았다. 그 얇음은 마치 일단 정한 것은 절대 바꾸지 않는 강고함과 인간의 고뇌를 깔볼 정도로 가차 없는 엄격함을 말해 주는 것 같았다.)
> — E. A. Poe

선천적인 입술 모양을 full과 thin으로 나눈다면, 입을 다무는 방법에 따라 변

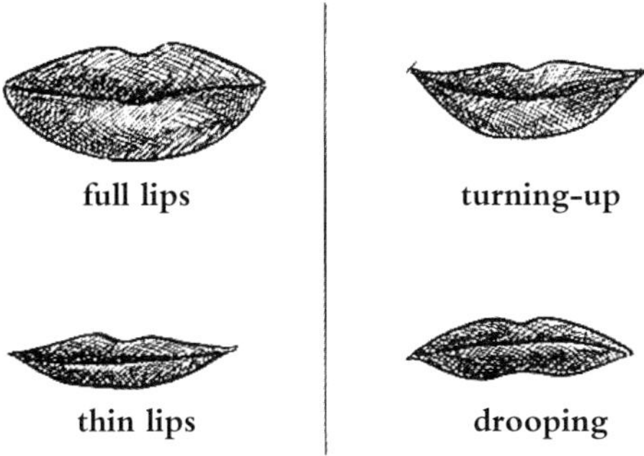

하는 후천적인 입술 모양은 turning up과 drooping으로 나뉜다. 이는 그 사람이 삶을 대하는 태도를 드러내는 것으로 여겨진다. 인생의 경험을 낙천적이고 건설적으로 보는 사람은 입꼬리가 올라가고, 반대로 비극적이고 부정적으로 보는 사람은 입꼬리가 내려간다고 보는 것이다. 이러한 시각은 "The Dear Lord gave us our face, but we make our own mouth."라는 에이브러햄 링컨의 말에도 반영되어 있다.

- 얼굴에서 입술은 입의 존재를 나타내기 때문에 입술의 표정은 입의 표정으로 묘사되는 경우가 많다(e.g. 입술(입)을 비틀다: pinch one's lips [mouth]; 입술(입)을 오므리다: purse one's lips [mouth]).

- 입이 소리 내어 말하는 기관이라는 관점에서 만들어진 영어 관용구 중에는 mouth가 아닌 lips를 쓰는 경우가 자주 있다(e.g. 직접 …의 입으로 듣다, 직접 …에게서 전해 듣다(hear from someone's own lips); 타인의 말을 한 마디도 놓치지 않으려는 듯 열심히 듣다(hang on someone's lips); 모든 사람의 입에 오르다, 구설수에 오르다(be on everyone's lips); …가 말하지 못하게 되다(…die on one's lips); 입을 다물고 아무 말도 하지 않다(keep one's lips buttoned [sealed]); 입이 가볍다(have a loose lip)). 또한 영어에서 lip은 말, 특히 건방진 말을 가리키곤 한다(e.g. 주제넘은 소리를 하다(give someone lip)).

---

bite one's lip(s) **입술을 깨물다. 《불쾌, 곤란, 화 등을 억제하려 할 때의 입 모양; 해서는 안 될 말, 분노한 목소리, 비명, 웃음소리 등을 억제하는 동작-주로 아랫입술을 깨문다.》** 유 tear at one's lip / bite one's MOUTH 참 chew (at) one's lip(s) / bite one's TONGUE

Lord Windermere *bites his underlip* in anger. Mrs. Erlynne looks at him and her voice and manner become serious. (윈더미어 공은 분노로 아랫입술을 깨문다. 이러한 그의 모습을 본 얼린 부인의 목소리와 태도는 점점 심각해진다.) — O. Wilde: 1

She *bit her lip*. She was about to tell her to go and pack and get out when the thought struck that if she didn't have anybody to replace Sue she would be tied to the house. (이 여자가 없어지면 내가 집에 묶이게 될 거야. 이런 생각이 들어 여주인은 입술을 꼭 깨물고는 지금 막 하려던 해고의 말을 삼켜 버렸다.) — J. McIlvaine

"I asked if any of you had read Mao?" "Hell no, they haven't read him," the American shouted. "And neither have I." And he *bit his lips* as if he were keeping himself from saying more. (마오쩌둥의 책을 읽어 본 사람이 있냐고 내가 재차 묻자, 한 미국인이 "그런 걸 읽는 사람은 여기에 나 자신을 포함해서 단 한 명도 없다."라고 소리쳤다. 그는 뭔가 더 말하고 싶지만 참는다는 듯 입술을 꽉 깨물었다.) — W. Lederer & E. Burdick

Drawing in her breath, *biting her lip*, trying not to scream aloud, Elizabeth sank into a chair. (엘리자베스는 숨을 죽이고 갑자기 소리를 지르지 않기 위해 입술을 깨문 뒤 의자에 몸을 묻었다.) — S. Birmingham: 1

He had a sharp Adam's apple that was, unfortunately, at my eye level, and his manner was so studied that I had to *bite my lip* to keep from laughing. (그의 울대뼈가 딱 내 눈높이에 뾰족하게 튀어나와 있는 데다가 그의 태도가 어찌나 거드름이 심한지 나는 웃음이 나오는 것을 참기 위해 입술을 깨물어야 했다.) — S. Streshinsky

bite one's lip

★ NB: bite one's lip(s)는 기본적으로는 아랫입술을 깨무는 동작이다. 아랫입술을 지그시 깨물면 윗입술이 아랫입술을 내리누르게 되므로 종종 복수형으로 쓰인다.

★ **영일비교** 일본어 관용 표현 '입술을 깨물다'는 주로 후회, 자책, 안타까움, 분을 참는 입매를 가리킨다. 타인의 인정 없는 처사가 분해서, 울음을 참기 위해서, 부끄러워서 입술을 깨물기도 한다. 어느 것이나 분함과 안타까움을 기조로 삼는다.
bite one's lip도 분을 삭이는 표정을 가리키지만 한편으로 불쾌함, 곤혹스러움, 노여움을 억누르는 입매를 표현할 때도 쓰인다. 또 울음소리, 웃음소리, 신음 소리를 죽이거나 혀끝까지 치민 말을 삼키는 입매를 묘사할 때도 쓰인다.

blow one's lips out 살짝 열린 입술 사이로 '푸우' 하고 숨을 내뱉다. 《기가 막힘, 어이없음, '아이고 맙소사!'와 같은 기분을 나타낼 때의 입 모양》 **유** puff one's lips out

"I'm sorry this has happened." Vernon *blew his lips out*. "Pooh. Happening all the time, man. I get three a day." 〔아내와 별거 중인 남자가 이혼 전문 변호사인 장인과 나누는 대화〕 ("결혼 생활을 제대로 해 나가지 못해 죄송합니다."라고 그가 사과하자, 장인 버논은 '푸우' 하고 숨을 내뱉더니 "이런 일은 내가 하루에 세 건씩 취급할 정도로 일상다반사라네."라고 위로했다.) — S. Middleton

★ NB: 감탄사 pooh, 동사 pooh-pooh(콧방귀를 뀌다, 진지하게 받아들이지 않다)는 이 입 모양에서 숨을 내뱉을 때 나는 소리를 바탕으로 만들어진 것이다.

brush one's lips against someone's cheek [forehead, lips, etc.] 입술로 상대방의 볼(이마, 입술 등)을 살짝 건드리다. 《가벼운 키스, 우호적인 접촉 동작》

He *brushed his lips against her cheek*, and then her hair and held her. "I should tell you to get out of my life. I can't do it, but I know damned well I should." (그는 그녀의 볼에, 그리고 머리카락에 가볍게 입맞춤을 했다. 그러고는 그녀를 끌어안고 "나 같은 놈하고 엮이지 말라고 말해 줘야 하는데 그럴 수가 없어."라고 말했다.) — R. Ludlum: 1

bury one's lips in someone's neck [hair, etc.] 상대방의 목(머리카락 등)에 입술을 대고 꽉 누르다. 《친밀한 접촉 동작》

He *buried his lips in the nape of her neck*. "Do you forgive me?" (그는 용서해 달라며 그녀의 목덜미에 입술을 파묻었다.) — A. Mather

chew (at [on]) one's lip(s) 입술을 잘근잘근 깨물다. 《심리적으로 불안할 때, 신경질이 날 때 입의 움직임; 짜증이 나거나 골똘히 생각에 잠겼을 때 등》 유 gnaw (at) one's lip(s) / nibble (at) one's lip(s) / scrape one's lip with one's teeth 참 bite one's lip(s)

I loved the way she *chewed* slightly *on her lip* as she decided to which blouse to put on top. (나는 어떤 블라우스를 맨 위에 넣을까 생각하면서 가볍게 입술을 깨물 때의 그녀가 참 예뻐 보인다고 생각했다.) — R. B. Parker: 3

Too often, when a chap of your acquaintance is planning to marry a girl you know, you find yourself knitting the brow and *chewing the lower lip* dubiously, feeling that he or she, or both, should be warned when there is yet time. (친구들 중 누군가가 자신이 알고 있는 여성과 결혼하게 되었다면 아직 돌이킬 수 있는 시간이 있을 때 둘 중 한 명에게 또는 둘 모두에

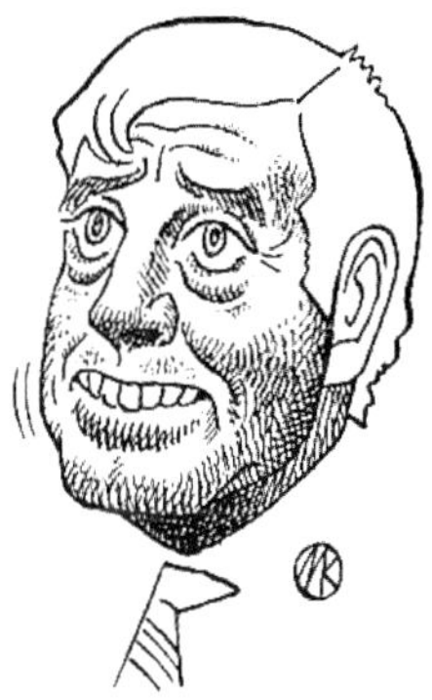

chew one's lip(s)

게 한마디 경고를 해 두는 편이 좋을지 어쩔지 이마를 찡그리고 아랫입술을 잘근 잘근 깨물며 생각하게 되는 법이다.) — P.G.Wodehouse: 5

His fingers were stained from cigarettes and he *chewed the inside of his lip* a lot. He sat in a complete silence. (그는 입술 안쪽을 잘근잘근 깨물며 한 마디도 하지 않고 있었다. 그의 손가락은 담뱃진 때문에 누렇게 물들었다.) — P.Hamill

★ NB: bite one's lip이나 chew one's lip 모두 '입술을 깨물다'로 해석할 수 있다. 그러나 실질적인 어의는 조금 달라서 한 번 꽉 깨무는 경우는 bite, 여러 차례 잘근잘근 깨무는 경우는 chew를 사용한다. gnaw나 nibble도 chew와 비슷하다. 단 gnaw는 강도가 세지 않게 질근질근 물어뜯는 것을 가리키고, nibble은 살살 조금씩 물어뜯는 것을 가리킨다. 이에 비해 scrape는 치아로 아랫입술의 각질을 벗겨 내려는 듯 물어뜯는 동작을 나타낸다.

★ NB: chew (at [on]) one's lip이라는 표현은 보통 아랫입술을 깨무는 것을 말하지만, 세 번째 예문처럼 입을 다문 상태에서 아랫입술의 안쪽 살을 우물우물 깨무는 것을 나타내는 경우도 있다(chew the inside of one's lip). 한편 드물게 복수형으로 쓰는 경우도 있는데 이때는 위아래 입술을 번갈아 가며 깨무는 것을 나타낸다.

clamp one's lips ➡ draw one's lips together

"He's the one who—" "Who what?" "You know what." She *clamped her lips*. (그녀는 그가 무엇을 하는 사람인지 말하려다 입을 다물었다. 상대방이 다음 말을 묻자 그녀는 "당신도 알고 있을 겁니다."라며 입술을 꾹 닫고 말하려 하지 않았다.) — Z.Popkin

close one's lips with a zipper 입술을 지퍼로 채우다. ((엄지를 세우거나 엄지와 검지를 모아 입술 한쪽 끝에서 반대편 끝까지 손끝을 움직이는 동작; "Zip your mouth(절대 누설하지 마)."라며 비밀, 침묵 등을 요청하는 손짓)) 참 seal one's lips

close one's lips with a zipper

As the bus moved off…, Julian asked, "What happened? Ww—where did they go?" Marshall replied, "Nothing," and then realizing that the boy was too bright to be fobbed off, made the motion of *closing his lips with a zipper* and whispered, "Secret agents maybe." (버스로 마을을 떠난 일행에 대해 줄리안이 이런저런 것들을 물어보았다. 이 똘똘한 아이에게는 어영부영 넘어가 봐야 통하지 않는다는 것을 느낀 마셜은 입술을 지퍼로 채우는 시늉을 하면서 "아마도 첩보원들인 것 같다."라고 슬며시 귓속말을 했다.) — P. Gallico

compress one's lips ➡ draw one's lips together

"A spark," he said sarcastically. "Still got your pride, I see." I *compressed my lips* and turned my back on him, and drank a lot of the Scotch. ("갑자기 발끈하는 모습을 보니 당신에게 아직 자존심이 남아 있는 모양이다."라고 그가 빈정거리며 말했다. 나는 화가 나서 입술을 꾹 닫고는 그에게 휙 등을 돌린 채 스카치위스키를 벌컥벌컥 마셨다.) — D.Francis: 5

cross one's lips with one's finger 다문 입술 앞에 검지를 세우다. ((조용히 하라는 신호; 보통 '쉿(sh)' 하는 소리와 함께 하는 동작))

He nudged the man with his elbow, *crossed his lips with his forefinger*, but the man only glared and arched his spine belligerently. (시끄럽게 구는 옆 사람의 옆구리를 찌르고 입술 앞에 검지를 세워 조용히 하라고 신호했지만,

그는 험상궂은 눈매로 노려보며 한번 싸워 보자는 태도로 나왔다.) — Z. Popkin

curl back one's lips from one's teeth **위아래 입술을 활짝 젖히다. ((강한 적의, 불쾌감, 울분 등을 나타내는 입 모양—앞니가 보일 정도로))** 유 draw back one's lips from one's teeth / bare one's teeth (→ TOOTH) 참 curl one's lip(s)

curl back one's lips from one's teeth

"… But the dirtiest trick you've ever done in your life was to pump him full of your filth." *Her lips curled back from her teeth*. ("당신의 삶에서 당신이 행한 가장 사악한 짓은 타락한 생각을 자식에게까지 주입시킨 거예요."라고 그녀는 내뱉듯이 말했다. 그녀의 입술은 이가 보일 정도로 밉살스럽게 젖혀져 있었다.) — C. Cookson: 2

★ NB: curl back one's lips from one's teeth라는 표현은 입술을 단지 젖히는 것이 아니라, 이가 보일 정도로 활짝 젖히는 것을 나타내는 표현이다. 이 표현은 적에게 이를 드러내고 으르렁거리는 개(a snarling dog)의 이미지를 인간에게 투영한 것으로 볼 수 있다.

curl one's lip(s) **입술을 젖히다. 입술을 일그러뜨리다. ((경멸, 불쾌, 불만, 조롱으로 입술을 일그러뜨리는 표정; 웃을 때의 입 모양))** 유 draw back one's lip(s) 참 curl back one's lips from one's teeth

Her lip was curled, her eyes were narrowed with disgust, her nostrils were pinched. 〔음흉한 눈으로 다가오는 남자를 쫓아 버리는 장면〕 (그녀의 입술은 일그러졌고 눈은 혐오스러움으로 가늘게 떠졌고 콧구멍은 긴장되었다.) — B. Glemser

"If you don't like the way things are being run around here, you go tell Mr. Pearson." Alexander looked directly at the senior technician. Then he said quietly, "Maybe I will." Bannister's *lip curled*. "Suit yourself…" (고참 기술관 베니스터가 신입 알렉산더의 비판적인 말에 화가 나 "검사법에 불만이 있다면 상사에게 얘기해."라고 말하자 알렉산더는 "아마도 그렇게 될 것 같아요."라고 침착하게 대답했다. "멋대로 해."라고 말하는 베니스터의 입술이 모욕감으로 일그러졌다.) — A.Hailey: 2

Goodwin's *lips curled* outward. He looked ready to spit in the other man's face. (굿윈은 밉살스럽게 입술을 젖혔다. 그는 당장이라도 상대의 얼굴에 침을 뱉을 기세였다.)

The thought of his home made *his lips curl* now with pleasure. (그는 집을 생각하면 기분이 좋아져 입술이 벙그레하게 벌어진다.) — C.Rayner

★ NB: curl one's lip(s)는 단수 lip으로 쓰는 것이 일반적이며 윗입술을 젖혀 불쾌함이나 모욕을 나타내는 전형적인 입 모양을 가리킨다. 복수형의 경우에는 주로 위아래 입술을 모두 젖힌 밉살스러운 입 모양을 가리키나, 반대로 웃음으로 헤벌어진 입 모양을 가리킬 때도 있다.

★ **영일비교** 사람의 입술은 구강점막이 뒤집혀서(evert) 외부로 노출된 것이라고 한다(香原, 1985). 노여움이나 모멸감을 느낄 때, 또는 웃을 때에 입술이 한층 뒤집힌다. 일본어에서는 노여움이나 모멸감이 묻어나는 입매를 '입을 일그러뜨리다'로 나타내지만 영어에서는 보통 입술이 바깥으로 뒤집히는 데 초점을 맞추어 curl [draw back] one's lip(s) 등으로 표현한다.

one's lips curve down [downward] 입술 꼬리 양쪽이 아래로 처지다. ((울분, 불쾌, 기분 나쁨 등을 나타내는 입 모양)) **유** one's MOUTH bends / turn

one's lips curve downward

(the corners of) one's MOUTH down

Tate's *lips curved downward*, his eyes blazed. "Mr. Shultz," he said as though the name was a prolonged hiss. (테이트의 입술은 양 꼬리가 아래로 내려가고 눈은 노기를 품어 형형하게 빛나고 있었다. "슐츠 씨."라고 이름을 부르는 목소리도 마치 씩씩대는 소리인 듯한 느낌이 들 정도였다.) — T.Capote: 2

draw back one's lip(s) ➡ curl one's lip(s)

"Why did you marry Neil?" "Because I was a perfect fool…" *Her lips drew back*. (왜 닐과 결혼한 거냐는 물음에 그녀는 "내가 진짜 바보라서…"라고 대답했다. 그녀의 입술은 불쾌하다는 듯 일그러져 있었다.) — A.J.Cronin: 4

"I feel so much better knowing you're around. Knowing you're my friend." Blackie's long Irish *upper lip drew back* in a warm smile and his white teeth gleamed. 〔자신을 의지해서 찾아온 젊은 여인을 기쁘게 맞이하는 남자의 모습〕 (이제 안심이라며 블래키가 빙그레 웃자 벌어진 윗입술 아래로 빛나는 하얀 이가 보였다.) — B.T.Bradford

draw back one's lips from one's teeth ➡ curl back one's lips from one's teeth

Then, with *her lips drawn back from her teeth* in a snarl, she flung herself in it again, putting the whole force of her body and soul against it, sobbing out, "You shall move, you shall!" (그녀는 밉살스럽게 입술을 젖혀 이를 드러내고 울면서 갇혀 있던 방의 문을 향해 몸을 내던졌다.) — V.Rofts

draw one's lips against [over] one's teeth **입술이 이에 달라붙을 정도로 입을 꽉(단단히) 다물다. 《분노를 억제할 때의 입 모양; 기분이 나빠 미소조차 짓지 않는 완고한 입 모양》** 유 flatten one's lips against one's teeth / press one's lips against one's teeth

Her lips drew tight *against her teeth*. "Henry," she said coldly, "I won't be talked to that way." (그녀는 입술을 꾹 다물고 "헨리, 그 따위 말버릇은 용납하지 않겠어."라고 냉랭하게 말했다.)

His lips were drawn hard *over his teeth*; he spoke without opening his mouth. 〔경찰의 조사 장면〕 (그는 입술이 이에 달라붙을 정도로 단단히 입을 다물고는 거의 열지 않았다.) — V.Caspary

★ NB: draw one's lips against one's teeth는 꽉 다문 입 모양을 뜻하며, 입술이

이에 달라붙을 정도로 꽉 다물어졌다는 것에서 착안한 표현이다. 입술은 좌우로 당겨져 팽팽한 상태가 되어 긴장감이 도는 한일자 상태가 된다. 이렇게 치아를 이용하여 표현하는 방법 중에는 curl [draw] back one's lips from one's teeth(입술을 밖으로 말려 올라갈 정도로 젖히다)도 있는데, draw one's lips against one's teeth와는 대조적인 표현이다.

draw one's lips in 입술을 입 안으로 빨아들이다. ((몹시 놀라 경악하여 숨을 죽였을 때의 입 모양–숨을 '흡' 하고 들이마시는 동시에 하는 동작)) 유 suck one's lips in

"Oh, my God…" Macil *drew in her lips*. "I still can't believe it," she said for the third time. (이래도 되는 걸까 싶은 뜻밖의 결과에 마실은 "아직도 믿을 수 없어."라고 세 번이나 말하며 숨을 삼켰다. 그녀의 입술은 숨을 삼키는 것과 동시에 입 안으로 빨려 들어갔다.) — D.Robins: 1

draw one's lips together 입술을 굳게 다물다. ((말하는 것을 거부하는 표정; 화났을 때의 입 모양; 반감, 반발, 비난, 불쾌, 기분 나쁨 등 부정적인 감정의 억제; 긴장, 결의 등을 드러내는 입 모양)) 유 clamp one's lips / compress one's lips / lock one's lips / pinch one's lips / press one's lips together / tighten one's lips

"What's gone?" "A big painting, hundreds of years old…. Now, it's gone." Benson'*s lips drew together*. "You must be mistaken, Mrs. Pomfret." 〔귀족의 집에 도둑이 들어 그림을 도둑맞은 상황〕 (가정부에게서 그 얘기를 들은 벤슨 집사는 화들짝 놀라며 "폼프렛 부인, 잘못 알고 있는 거 아닌가요?"라고 되물었다. 그의 입술은 긴장으로 굳게 다물어졌다.) — C.Dickson: 1

draw one's underlip over one's upper lip 아랫입술로 윗입술을 덮다. ((생각에 잠겼을 때의 입 모양))

… he sat with *his underlip drawn over his upper*, as he had a habit of

draw one's underlip over one's upper lip

doing when thinking. (그는 생각에 잠길 때마다 늘 하던 버릇대로 아랫입술로 윗입술을 덮고 앉아 있었다.) — A.S.Turnbull: 2

one's lips droop 입 양쪽 끝이 늘어지다. 《기분 나쁜 표정, 시무룩한 얼굴》 유 one's MOUTH droops

Princess Anne can be an absolute darling, but she has imperious moods when that pendulous Windsor *lower lip droops* and the arrogance of centuries emerges. (앤 공주는 매력적일 때도 있지만, 지나치게 고압적인 태도를 보일 때도 있다. 그럴 때면 불쾌한 듯 입 양쪽을 아래로 늘어뜨리고 윈저 왕가 전통의 시무룩한 표정을 하고는 몇 세기를 이어 온 오만함을 만면에 드러낸다.) — *Time*, 1973

one's lip falls 입을 딱 벌리다. 《놀람, 공포, 망연자실 등을 나타내는 입 모양》 유 one's MOUTH drops open

His lip had fallen, his eyes were protruding, his skin the colour of putty, and he glared at the envelope which he still held in his trembling hand…. (그는 망연자실해서 입을 딱 벌렸다. 그의 눈은 튀어나오려 하고 피부색은 핏기를 잃었다. 그는 떨리는 손으로 봉투를 꽉 쥐고 그저 멍하니 바라보고 있었다.) — A.C.Doyle: 4

★ NB: 몸에서 힘이 쑥 빠져 아래턱의 근육이 늘어지면 자연스레 입이 벌어진다. 아래턱이 아래로 처지면 아랫입술도 따라 내려간다. 이렇게 망연자실해서 입을 떡 벌렸을 때, 아기가 우느라 입을 벌릴 때 등에 one's (lower) lip falls라는 표현을 쓴다.

flatten one's lips against one's teeth ➡ draw one's lips against one's teeth

Matt *flattened his lips against his teeth* as he glared at his face in the bathroom mirror. (매트는 욕실 거울에 비친 자신의 얼굴을 노려보며 기분 나쁜 듯 입을 꽉 다물었다.) — S.Stanford

gnaw (at [on]) one's lip(s) ➡ chew (at) one's lip(s)

I was so nervous I started to *gnaw my underlip* and made myself stop. (나는 조바심이 나서 안절부절못했다. 입술을 연신 물어뜯다가 이래선 안 된다고 내 자신을 다잡고 그만두었다.) — A.Maybury

one's lip goes out in a pout 아랫입술을 쑥 내밀다. 《불만이 있거나 불쾌할 때, 또는 생각에 잠겼을 때의 입 모양》

As he recalled their most recent argument on this subject, *his lower lip went out in a pout*. (그는 이 문제로 최근 친구와 말다툼한 불쾌한 기억을 떠올렸다. 그의 아랫입술이 저절로 앞으로 튀어나왔다.) — J. Weitz

one's lips grow (long and) thin 입술이 굳게 한일자로 닫히다. ((격한 감정의 억제, 불쾌, 불만, 기분 나쁨을 나타내는 입 모양))

When the boy returned to the cabin and told his mother, *her lips grew long and thin* and pale. But when she finally spoke, they were warm and soft as when she sang. 〔남편의 시체가 숲속에서 발견되었다는 소식을 아이에게서 전해 들은 여자의 모습〕 (그녀의 입술은 한일자로 굳게 닫힌 채 핏기가 없었다. 이윽고 입을 열었을 때 그녀의 입술은 마치 노래를 부를 때처럼 따뜻하고 부드럽게 바뀌어 있었다.) — W. H. Armstrong

hold one's lip between one's finger and thumb ➡ pull at one's lip

"I'm sorry," Smiley interrupted. "Rang the Bywater Street, what for?" He was *holding his upper lip between his finger and thumb*, pulling it out like a deformity, while he stared into the middle distance. (스마일리는 남자에게 전화를 한 이유를 물었다. 그는 방 한가운데를 지그시 바라보며 입을 꾹 다물고 아무 말도 하지 않은 채 엄지와 검지로 윗입술을 잡고 입술 모양이 찌그러질 정도로 잡아당기며 손장난을 쳤다.) — J. Le Carré

keep a stiff upper lip 입을 꾹 다물고 의연하게 있다. ((고난이나 역경, 곤란에 처했음에도 흔들리지 않는 의연한 표정이나 모습을 의미하는 비유 표현))

We Twisletones have always prided ourselves on *keeping the stiff upper lip* in time of trouble. (우리 트위슬턴 가문은 힘들 때에도 언제나 의연하게 대처해 온 것을 자랑으로 삼아 왔다.) — P. G. Wodehouse: 7

★ NB: 윗입술은 비웃음, 모욕, 불안, 불쾌까지 다양한 lip language를 표현하는 곳이다. 이를 단단하게 굳히면(stiff) 하안부의 표정이 사라지게 된다. 영어 문화권에서 a stiff upper lip은 전통적으로 영국 지배계급의 기질을 나타내며 마음의 동요를 표출하지 않는 강한 정신력의 상징으로 여겨진다.

★ NB: a stiff upper lip은 약한 모습을 보이려 하지 않는 태도나 표정에 대한 비유로, keep a stiff upper lip의 형태 말고도 다양한 문형으로 표현된다.

I found myself a bit embarrassed for Scotty, who made so little effort to conceal the ravages of his emotional crisis. His eyes were red and tearstained, and his shoulders from time to time shook with a dry sob. Decidedly *there was nothing stiff about his upper lip.* (스코티는 마음에 깊은 상처를 입고 밤낮으로 슬퍼만 하고 있었다. 괴로운 몰골을 남들 눈에 띄게 하지 않으려는 노력조차 하지 않는 그의 퉁퉁 부은 새빨간 눈과 오열로 들썩이는 어깨에서는 의연함이라고는 조금도 찾아볼 수가 없었다.) — L. Auchincloss: 1

kiss someone's lips 상대의 입술에 키스하다. 《친밀한 접촉 행동》 유 kiss someone's MOUTH

We sat in the den with Jamie, watching the Saturday night movie on TV. When it was over Michael *kissed* us both goodnight, me *on the lips* and Jamie on the cheek. (TV에서 상영하는 영화를 본 뒤 마이클은 나에게는 입술에, 나의 친구인 제이미에게는 볼에 작별의 키스를 했다.) — J. Blume: 4

★ NB: 친한 사람들끼리 인사로 키스를 하는 것은 영국보다는 미국적인 행동이며 미국 내에서도 도회적인 풍습이라 할 수 있다. 인사를 대신하는 키스는 보통 볼에 하며, 입술에 키스를 하는 관계는 부부, 부모 자식, 연인 사이 정도다.

lick one's lips 입술을 핥다. 《음식을 먹고 마신 뒤 입술을 핥는 실용적인 동작; 마른 입술에 침을 바르는 동작; 긴장이나 불안을 나타내는 신경질적인 동작; 기대감에 가슴이 들떠 입맛을 다시며 기다리는 모습을 나타낸 비유 표현》 유 moisten one's lips / wet one's lips / smack one's lips / lick one's TONGUE around one's lips / run one's TONGUE over one's lips / slide one's TONGUE over one's lips

However a court decides, any viewer who saw the CBS broadcast in January 1982 probably remembers most vividly a nervous Westmoreland—under tough questioning by Wallace—squirming, *licking his lips*, answering falteringly. 〔베트남 전쟁 미군 총사령관이던 웨스트모어랜드가 CBS 방송국을 명예훼손으로 고소한 사건에 대한 기사〕 (판결이야 어찌되었든, 1982년 1월에 방영된 CBS의 방송을 본 사람이라면 웨스트모어랜드 장군이 자신에게 쏟아지는 가차 없는 질문에 몹시 당황하여 연신 입술을 핥고 더듬더듬 대답하던 모습을 무섭도록 선명하게 기억하고 있을 것이다.) — *Time*, 1983

"It's bad enough for me having him here, seeing him looking at me like that. I hate him; I hate myself for ever speaking to him!" "And your husband—how about him? How does he like having that Kraut *licking his lips* over you?" 〔떠돌이를 하룻밤 재워 줬더니, 아예 그 집에 눌러앉아 안주인에게 치근대는 상황〕 ("그 사람이 집에 눌러앉게 된 것도 충분히 짜증나는데 나를 그런 눈으로 쳐다보기까지 하니 정말 참을 수가 없다."라고 안주인이 말하자 "그럼 녀석이 당신을 어떻게 해보겠다며 입맛을 다시는 꼴을 보고 있는 당

신 남편의 기분은 어떨 거라고 생각하느냐?"라고 이웃사람이 되묻는다.(비유적))
— E. Anthony: 2

a line [lines] about [around] one's lips 힘을 꽉 준 입가에 솟는 창백한 심줄 《긴장한 입 모양, 격정을 억제하는 입 모양》 유 a line [lines] about one's MOUTH

His eyes were narrowed. There was a tenseness about his jaw, *a white line about his lips* that hinted he was about to spring. (그는 눈을 가늘게 뜨고 상대방을 응시했다. 턱은 힘을 꽉 주어 긴장되어 있고, 입술 부근에 창백한 심줄이 솟은 것이 당장이라도 덤벼들 것 같은 모습이었다.) — R. Macdonald: 7

lock one's lips ➡ draw one's lips together

Gekko paced with a phone in his hand, *his lips locked* in a grimace, as he searched for answers. (게코는 어떻게 대처해야 할지 답을 고민하는 듯 벌레 씹은 표정으로 입을 꽉 다물고는 전화를 손에 든 채 방 안을 서성였다.) — K. Lipper

moisten one's lips ➡ lick one's lips

"If you're going to work for me it'll have to be Rick. And by the same token you, of course, will cease to be Miss Blake!" "Yes, Mr. Van—I'm sorry!" She *moistened her lips*. "I'll try and not offend again." (사장 비서로 발탁된 그녀는 사장에게서 성이 아닌 이름만 부르라는 이야기를 듣는다. 어제까지만 해도 손에 닿지 않는 한참 위에 있던 사람을 갑자기 이름만 부르기는 좀처럼 힘든 일이라 전에 부르던 대로 했다가 긴장으로 말라 버린 입술을 축이고는 이내 사과한다.) — P. Kent: 1

nibble (at [on]) one's lip(s) ➡ chew (at) one's lip(s)

"That's a good point," Eric said dubiously, "but isn't it a little late?" "True," said Mr. Fry. He *nibbled on his lip*. (트렌드에 뒤처진 제안이 아닌가 하는 에릭의 지적에 프라이는 "사실 그렇다."라고 말하며 입술을 물어뜯었다.)
— F. M. Stewart

part one's lips 입술을 벌리다. 《놀람, 기대, 도취, 열중 등 때문에 방심한 상태를 나타내는 입 모양-보통 수동태로 쓰인다.》

With sparkling eyes and *lips parted* in ecstasy, she danced as if she wished she need never stop. (절대 멈추고 싶지 않다고 기원이라도 하듯 계속 춤을 추는 그녀의 눈은 행복으로 빛나고 입술은 황홀감으로 벌어져 있었다.) — C. Hare

pinch at one's lip ➡ pull at one's lip

"Stop a bit!" said Masters, who was *pinching at his underlip*. "I've seen that face somewhere before!" (골동품 가게 쇼윈도에 걸려 있는 초상화를 보고 마스터즈는 "어디선가 본 얼굴이다."라고 말하며 아랫입술을 손가락으로 꽉 잡고 기억을 더듬었다.) — C.Dickson: 1

pinch one's lips 입을 꾹 다물다. ((분노나 불쾌함을 억제할 때의 입 모양; 미소조차 띄우지 않은 딱딱한 입 모양)) 유 draw one's lips together / pinch one's MOUTH

"What could he have said about me?" She *pinched her lips*. ("나에 대해 변변히 알지도 못하는 주제에 무슨 얘기를 한대?"라고 말하며 그녀는 불쾌한 듯 입술을 꾹 다물었다.) — Z.Popkin

Mrs. Cecil Ackroyd··· has succeeded··· in putting Miss Russell in her proper place. I don't know exactly what a 'proper place' constitutes··· but I know that Miss Russell goes about with *pinched lips* and what I can only describe as an acid smile···. (세실 아크로이드 부인은 가정부인 미스 러셀이 자신의 분수를 알게 만드는 데 성공했다. 나는 그것이 구체적으로 무엇을 의미하는지는 명확히 알지 못한다. 다만 확실한 것은 미스 러셀이 불쾌한 듯 입을 꾹 다물고 독기가 어렸다고 표현해도 좋을 것 같은 웃음을 띠고 일하게 되었다는 것이다.) — A.Christie: 5

one's lips are pinched

pout (one's lips) 입술을 삐죽 내밀다. ((토라져서 뾰로통해진 입 모양; (약한 모습, 미숙함을 나타내는) 불만스러운 입 모양; 생각에 잠겼을 때, 정신을 집중할 때 등의 입 모양)) 참 purse one's lips (up)

"And why not?" cried Sophia, beginning to *pout her lips*. "Of course

pout (one's lips)

I knew you'd try to spoil it for me⋯." (너무 요란스럽게 굴지 말라고 숙모에게 야단을 맞은 소피아는 맘에 안 든다는 듯 입을 삐죽 내밀고 "어차피 내가 재밌어지려 하면 숙모가 다 망쳐 놓을 줄 알고 있었어."라고 밉살스럽게 말했다.) — C. Rossiter

"⋯ Are you so powerful you're responsible for everything he does?" Linda finished her salad, *her lips pouting* in thought. "It sounds different when you say it that way." (친구에게서 "혼자 너무 다 책임지려 드는 거 아니야?"라는 얘기를 들은 린다는 약간 언짢은 듯 입술을 삐죽 내밀고는 "그렇게 볼 수도 있는 건가." 하고 생각에 잠겼다.) — J. Michael: 2

★ **영일비교** 못마땅하여 말이 없는 시무룩한 얼굴을 일본어에서는 '뾰로통한 얼굴(ふくれっ面)'이라고 부른다. 불만스레 말할 때의 입매는 '입을 삐죽 내밀다'라고 표현한다. 이 중에서 영어의 pout (one's lips)에 가까운 것은 후자다. 단 pout는 불만스레 무언가를 말할 때보다 못마땅해서 침묵을 지키는 입매에 쓰일 때가 많다.
게다가 pout one's lips로 묘사하는 대상은 주로 유아, 소녀, 유아적 성향이 강한 여성이고 평범한 성인(특히 남성)에게 쓰는 일은 거의 없다. 따라서 이 표현은 일본어 '입을 삐죽 내밀다'를 윗사람에게 불만을 드러내는 데 쓰지 않고 상대에게 매달려 불만을 해소해야 하는 처지인 약자의 입매에 한해 쓰는 것과 딱 대응한다.
대등한 인간관계를 원칙으로 삼는 영미권에서는 적어도 성인이라면 불만의 대상과 개방적, 공격적으로 맞붙어야 한다고 여긴다. 그때 불만으로 입술이 삐죽 나오더라도 상대에게 맞서는 기개를 느낄 수 있는 한 curl one's lip(s), push out one's lips 등 pout 이외의 표현을 쓰는 경향이 있다.
또 pout one's lips는 못마땅한 입매와 별개로 드물지만 생각에 잠기거나 했을 때 입술 끝이 오므라드는 모습(두 번째 예문)을 나타낼 때도 쓰인다.

press one's lips against someone's 상대방의 입술에 자신의 입술을

겹쳐 세게 누르다. 《뜨거운 키스》

Then he swept Fortuna crushingly into his arms and *pressed his lips against hers*. (그는 포르투나를 거세게 끌어안고 그녀의 입술에 뜨겁게 입을 맞췄다.) — B. Cartland: 5

press one's **lips against** one's **teeth** ➡ draw one's lips against one's teeth

From the way she is slamming doors he knows that she is struggling not to say anything to him, and from the way *her lips press against her teeth* he knows some of the things she is trying not to say. (문을 거칠게 꽝 닫는 모습에서 그는 그녀가 그에게 아무 말도 하지 않으려 필사적이라는 것을 쉽게 알 수 있었다. 그리고 그녀의 굳게 다문 입술을 보면서 어느 정도로 말을 하기 싫어하는지 추측할 수 있었다.) — G. Cravens

press one's **lips together** ➡ draw one's lips together

He sucked in his breath and cried, "Too big for your boots, Emma Harte. That's what you are!" Emma ignored this last outburst and *pressed her lips together*, willing herself not to respond. [여동생의 충고에 화가 난 상황] (그는 숨을 삼키고 "함부로 구는 것도 유분수지, 에마 하트. 너무 오만하잖아!"라고 화를 냈다. 에마는 오빠가 내뱉는 심한 분노의 말을 한 귀로 흘려버리고 절대 대답하지 않으리라고 스스로 다짐하며 입술을 꽉 다물었다.) — B. T. Bradford

one's **lip [lips] protrudes [protrude]** 입술이 불쑥 나오다. 《생각에 잠길 때; 기분 나쁨, 불쾌함, 경멸 등을 나타내는 입 모양》 유 push one's lip(s) out

··· at other times he had frightful fits of melancholy, when he would crouch over the fire, sitting absolutely motionless, *his lower lip protruding* in a brooding misery, his dark eyes staring fixedly into the leaping flames. (너무 우울해서 축 가라앉은 상태가 되면 그는 언제나 난롯불 앞에 웅크리고 앉아 꼼짝도 하지 않고 타들어 가는 불빛만 바라봤다. 그럴 때면 음울한 기분 때문에 그의 아랫입술이 저절로 불만스러운 모양새로 앞으로 툭 튀어나오곤 했다.) — A. J. Cronin: 5

pucker one's **lips (up)** 입술을 오므리다. 입술을 내밀다. 《키스하기 전의 입 모양; 아기가 울기 직전의 입 모양; 신 것을 먹었을 때, 발끈 화를 낼 때의 모습; 비웃을 때의 입 모양 등》 유 draw someone's TONGUE and cheeks together / purse one's lips (up)

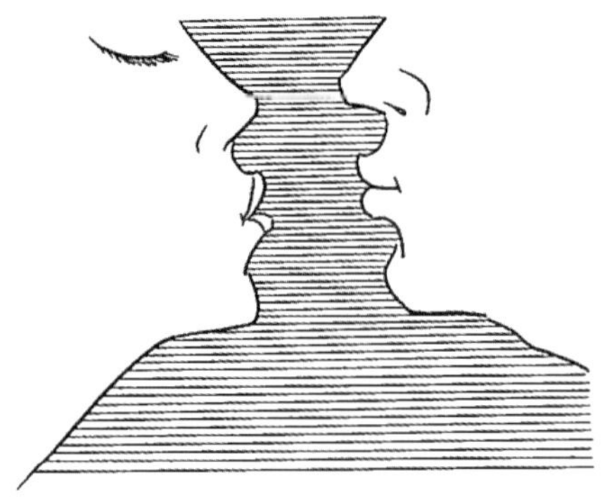

pucker one's lips (up)

"I want to talk to the doctor," my mother insisted, *puckering her lips* in defiance. (어머니는 의사와 얘기하게 해 달라며 한발도 물러서지 않았다. 화가 난 어머니는 입을 도전적으로 내밀고 있었다.) — S.Sallis

"I was just remembering that I'd made a mental note to kiss you," I said. "So *puker up*." ("너에게 꼭 키스할 거라고 마음먹었다는 걸 방금 기억해 냈어. 자, 어서 입술을 내밀어."라고 나는 그녀에게 말했다.) — J.Weidman

★ **영일비교** 일본 소설에서 등장인물은 다양한 상황에서 '입을 오므리는데' 그중에서 가장 빈도가 높은 것은 다음 용례에 나오듯 웃을 때이다.

"그 녀석은 영 틀렸네요." 하고 호리호리한 놈이 입을 오므리며 웃고…. — 아베 고보, 『제4간빙기(第四間氷期)』

웃음에 '입을 오므리다'라는 표현을 쓰는 것은 pucker one's lips에 없는 용례로 아마 사람 앞에서 이를 보이며 웃는 것은 실례라는 전통적인 규제 의식이 낳은 현상일 것이다.

puff one's lips out ➡ blow one's lips out

Maggie *puffed out her lips* and blew at an imaginary hair as she did when she was embarrassed, a childish habit she had been teased for in the past. (매기는 마치 상상 속 머리카락을 불어 날리듯 꾹 다문 입술 사이로 푸우 하고 숨을 뱉어 냈다. 이것은 그녀가 겸연쩍을 때마다 하는 어린아이 같은 버릇으로 이 때문에 예전에 자주 놀림을 당했다.) — J.Krantz: 1

pull at one's lip 손가락으로 입술을 잡아당기며 만지작거리다. 《신경질적인 동

작, 곰곰이 생각하는 것에 수반되는 접촉 동작》 유 hold one's lip between one's finger and thumb / pinch at one's lip

"Then what do you think of Jane Butterfield?" Thomas *pulled at his lip*, irresolute. (제인 버터필드를 어떻게 생각하느냐는 말에 토마스는 우유부단한 태도로 자신의 입술만 만지작거렸다.) — G.Heyer: 9

pull at one's lip

purse one's lips (up) 입가를 움츠리듯 하며 입을 다물다. 《생각에 잠겼을 때의 입 모양; 불신감, 모욕 등의 감정에 수반되는 입 모양; 방어적, 경계적인 감정을 나타내는 입 모양》 유 purse one's MOUTH (up) / pucker one's lips (up) 참 pout (one's lips)

Shannon had no intention, however, of being fobbed off by anyone. She *pursed her lips* in a considering manner, then said calmly. "In that case, I'll just wait in his office on the chance that he'll be stopping in sometime this afternoon." (그녀가 찾아가자 섀넌은 없는 체를 하며 그녀를 따돌리려 했다. 그녀는 그런 수에는 당하지 않겠다며 생각에 잠긴 듯 입술을 움츠려 꾹 다물고, 맞으러 나온 사람에게 차가운 얼굴로 "오후에 사무실로 돌아올지 모르니 그의 사무실에서 기다리겠다."라고 말했다.) — S.Stanford

"Then why is she leaving?" asked the inspector. Miss Russell *pursed up her lips*. "It was none of my doing. I understand Mr. Ackroyd found fault with her yesterday afternoon…." (하녀가 그만둔 이유가 무엇이냐고 형사가 묻자 미스 러셀은 자신이 자른 것이 아니라며 퉁명스럽게 대답한다. 그녀의 입은 새치름하게 움츠러져 있다.) — A.Christie: 5

★ NB: pursed lips는 상대의 말을 듣고 생각에 잠길 때 나타나는 입 모양으로, 기본적으로는 본심을 있는 그대로 표출하지 않기 위해 꾹 다문 입 모양을 나타낸다. 하고

싶은 말을 꾹 참고 턱에 힘을 주고 입술을 앞으로 내밀듯 다무는 것이 전형적인 pursed lips인데, tight-lipped라는 표현 또한 이런 입 모양을 본떠 만들어졌다는 견해도 있다(Nierenberg & Calero, 1971).

push one's lip(s) out **입술을 쭉 내밀다. ((생각에 잠겼을 때; 곤란, 불쾌, 불만, 경멸 등의 감정을 나타내는 입 모양))** 유 one's lip [lips] protrudes [protrude] / thrust one's lip(s) out

---

Trask sat and thought about this for a minute, *pushing out his lower lip*. "Okay. We made mistakes…." (트라스크는 아랫입술을 쑥 내밀고 곰곰이 생각하더니, 이내 자신들 쪽에서 실수가 있었다며 시원하게 인정했다.) — R. Macdonald: 7

"… Go on now, I have work to do. Take care of yourself. Come to dinner on Sunday." He *pushed out his lower lip* and squinted at her. His shoulders drooped. "You're the boss, sis. See you Sunday." Leslie watched him drag himself through the door. (남동생은 일요일에 집으로 와서 같이 저녁을 먹자고 권유하는 누나의 얼굴을 똑바로 보지 못했다. 면목 없다는 듯 아랫입술을 쑥 내밀고 어깨를 축 늘어뜨린 채 그는 "분부대로 하지요."라고 말하고 무거운 발걸음으로 집을 나섰다.) — J.Michael: 2

"… Dr. Sponti sent me to talk to you. I'm a private detective." "I see." He *pushed out his lips* in a kind of pout. "I suppose Sponti's been blaming me, as usual." (스폰티 선생의 지시를 받고 왔다는 탐정의 방문에 그는 떫은 표정을 지었다. 불쾌한 듯 입술을 쭉 내밀고 "그 의사는 여전히 내 욕을 하고 다니는 모양이군."이라고 말했다.) — R.Macdonald: 6

push one's lips out

★ NB: 위에 언급한 일련의 표현들은 단수 lip을 쓰는 경우가 많다. 특히 남성의 불만, 불쾌, 경멸, 심사숙고에 수반되는 입 모양을 나타낼 때는 위아래 모두가 아닌 아랫입

술만 비죽 내미는 것이 일반적이다.

one's lip [lips] quivers [quiver] 입술이 바르르 떨리다. ((슬픔이나 눈물을 꾹 참을 때의 입 모양; 분노나 극도의 긴장을 느낄 때의 입 모양; 격정이나 웃음을 억제할 때의 입 모양 등)) 유 one's lip [lips] shakes [shake] / one's lip [lips] trembles [tremble]

She looked at him with large, intent eyes. *Her underlip quivered*. She could see how worried, how harassed he was. (그녀는 그를 빤히 쳐다보았다. 고뇌하는 그를 보고 있자니 그녀의 가슴이 마구 아려 와 아랫입술이 바르르 떨렸다.) — D.Robins: 1

★ NB: quiver는 비슷한 뜻의 동사 중에서도 가장 진폭이 좁고 빠르게 떨리는 모습을 나타낸다.

scrape one's lip with one's teeth ➡ chew (at) one's lip

I couldn't figure out how that could have happened. I started to *scrape my underlip with my teeth*. (도대체 그런 일이 왜 일어난 건지 나 자신조차 알 수가 없었다. 나는 곰곰이 생각하며 이로 아랫입술을 물어뜯기 시작했다.) — M.Hilton: 1

seal one's lips 입을 꽉 다물다. 입을 봉인하다. (('비밀 엄수'를 의미하는 관용 표현)) 참 close one's lips with a zipper

"… but please… don't repeat any of what I've said." "*My lips are sealed*," he promised, drawing a cross on his shirtfront, his eyes full of conspirational amusement. (아무한테도 말하지 말라는 부탁을 받고 청년은 비밀을 지키겠다고 다짐했다. 두 사람만의 비밀이 생겼다는 것이 즐거운 듯 그는 "입을 봉인하겠다."라고 말하고 가슴에 성호를 그어 맹세했다.) — M.Mackie

★ NB: '입을 열지 마라'를 의미하는 영어 표현으로는 seal your lips 외에도 button your mouth, lock your mouth, zip your mouth 등이 있다. 비밀을 지키라는 손짓이나 몸짓으로는 입에 지퍼를 채우는 흉내(close one's lips with a zipper)와 입에 자물쇠를 채우는 흉내가 일반적이다. 후자는 주로 아이들 사이에서 행해지는데 "Cross my heart and hope to die, lock my lips and throw away the key." 라는 문장을 읊으며 일제히 입술에 채운 자물쇠의 열쇠를 버리는 시늉을 한다(I. & P. Opie, 1959). 이 외에 비밀엄수를 약속하는 말로 Mum's the word가 있는데, 이는 지극히 구어적인 표현이다.

set one's lips 입을 꽉 다물다. ((전혀 웃음기 없는, 결의나 진지함을 나타내는 위압

적인 입 모양))

"You don't like what?" Eliza *set her lips*. Her honest eyes were puzzled. "I don't like what's happening, yet I can't put my finger on what's wrong…" (뭐가 맘에 들지 않느냐는 질문에 엘리자는 별안간 입을 꾹 다물었다. 그녀의 정직한 눈은 곤란한 기색을 띠었다. 그녀는 "지금 주변에서 일어나는 일들이 싫긴 하지만 뭐가 문제인지는 확실히 모르겠다."라고 정직하게 대답했다.) — D. Eden

A dark green Rover was parked near the fish shed. "Get in," Garth ordered. Vicki did not move, *her lips set* stubbornly. "Where are we going?" (가쓰는 차에 타라고 거만하게 명령했다. 비키는 "어디로 데려가려는 거지?"라며 입을 굳게 다물고는 한 발짝도 움직이지 않았다.) — S. Field

one's lip [lips] shakes [shake] ➡ one's lip [lips] quivers [quiver]

She was a little more than nervous. I saw that at once. *Her lips were shaking*. (그녀의 입술이 바들바들 떨리고 있었다. 나는 그녀가 극도로 긴장하고 있다는 것을 한눈에 알아볼 수 있었다.) — V. Holt: 5

smack one's lips 입술로 쩝쩝 소리를 내다. ((맛있는 음식을 먹을 때; 맛있는 음식에 대한 기대를 나타내는 무람없는 행동; '입맛을 다시다'에 상당하는 표현)) 유 lick one's lips

Gretchen *smacked her lips*, brushed the cookie crumbs off her lap and said, "Let's get down to business." (배를 좀 채워야겠다며 쿠키를 먹은 그레첸은 맛있다며 입맛을 다시고 무릎에 떨어진 과자 가루를 털어 내고는 "자, 이제 본론으로 들어가자."라고 말했다.) — J. Blume: 3

★ NB: smack은 크게 '쪽' 소리를 내며 키스하는 동작도 나타낸다(smack a kiss on someone's lips).

★ **영일비교** 일본어에서는 맛있는 음식을 맛보는 것을 비유적으로 '혀를 차서 북 같은 소리를 내다(舌鼓を打つ)'라고 한다. 또 짐짓 과장해서 맛있다고 표현할 때에도 혀끝을 입천장에 대어 소리를 내 보인다.
영미권에서는 혀 대신에 위아래 입술로 소리를 내서 장난스럽게 맛있음을 표현한다. 그래서 맛있게 음식을 즐기는 것을 비유적으로 smack one's lips라고 하거나 맛있는 음식을 lip-smacking이라고 나타낸다. 또 입술로 소리를 낼 때 나는 소리는 yum-yum이라는 의성어로 표현하는데, 주로 아이들이 자기가 좋아하는 음식을 보고 입맛을 다실 때 yum-yum이라고 하면서 만족스러운 듯 배를 쓰다듬어 보인다.

stroke one's lip 손가락으로 아랫입술을 매만지다. ((생각에 잠겼을 때 무의식적으로 나오는 행동))

He did not keep me waiting, and when I was seated before his broad mahogany desk, he began gravely to *stroke his* full *underlip* and… contemplate me. (내가 안내받은 자리는 커다란 마호가니 책상 앞이었다. 건너편에 앉은 그는 내가 자리에 앉자 천천히 아랫입술을 손가락으로 매만지며 나를 관찰하기 시작했다.) — A.J.Cronin: 4

suck one's lips in ➡ draw one's lips in

She heard herself and *sucked her lips in*. "I'm talking too much myself, bringing the past back to life." (그녀는 자신의 과거에 대해 열심히 이야기했다. 그러다 퍼뜩 정신을 차리고 자기 얘기만 떠들었다며 입술을 앙다물었다.) — R.Macdonald: 8

★ NB: 같은 동작을 다음의 예문과 같이 suck (at) one's lips로 표현할 수도 있다.
He watched her *suck at her lips* before she asked, "Where's John?" (그는 딸이 입을 꾹 다무는 모습을 보았다. 잠시 후 딸은 "존은 어디 갔지요?"라고 물었다.) — C. Cookson: 3

tap one's lips with one's finger [a pen, a pencil, etc.] 손가락(펜, 연필 등)으로 입술을 가볍게 톡톡 두드리다. ((기억을 더듬거나 생각에 잠겼을 때 하는 동작)) 유 tap one's FINGER on one's lips

"… It's a month since we sent his message, and there's been no definite answer…." Grant pursed his lips, and *tapped them with the end of his pencil*. (문제의 메시지를 보내고 한 달이 지났지만 확실한 대답이 돌아오지 않았다. 이게 어떻게 된 일일까 하고 그랜트는 움츠린 입술을 연필 끝으로 톡톡 두드리며 생각에 잠겼다.) — E.Anthony: 3

tear at one's lip 아랫입술을 세게 깨물다. ((분함, 강한 불만 등을 나타내는 입 모양; 복받치는 감정, 울음소리, 말 등을 억누르는 행동)) 유 bite one's lip

"She's an interfering old—" He *tore* hard *at his* lower *lip* and then more calmly: "I've been watching you all evening, Melaine, and you ought to have been in bed." 〔잠을 자던 중 여주인에게 괴롭힘을 당한 멜라니를 청년이 위로하는 장면〕 (그는 무심코 입 밖으로 튀어나오려는 여주인에 대한 욕을 입술을 깨물며 안으로 삼켰다. 잠시 후 마음을 가라앉힌 그는 멜라니에게 자신이 지켜 줄 테니 들어가 자라고 말했다.) — P.Kent: 1

thrust one's lip(s) out [forward] ➡ push one's lip(s) out

"… You were naive, Mr. Rikko, were you not, believing no one would find out?" He paused, *his lower lip thrust forward*, his dark head cocked. ("아무도 찾지 못하는 곳에서 살 수 있다고 생각하는 자체가 세상 물정을 모른다는 얘기다."라고 쓴소리를 하고 그는 이내 입을 다물었다. 그리고 아랫입술을 쑥 내밀고 고개를 갸웃하며 상대의 태도를 살폈다.) — J.Weitz

tighten one's lips ➡ draw one's lips together

"… I always think that people who mock the royal family are the lowest of the low… Good afternoon, Mrs. Jimson." And Miss Potts *tightened her lips*, in a gesture of disapproving dismissal. (도서관 사서인 미스 포츠는 이용객인 짐슨 부인의 왕실을 업신여기는 태도에 화가 나 당신처럼 저급한 사람하고는 엮이고 싶지 않다는 뉘앙스의 말을 하고는 바로 "안녕히 가세요."라고 인사했다. 그러고는 더 이상 대화를 할 필요가 없다는 듯 입술을 굳게 다물어 버렸다.) — R.Barnard: 1

Her lips tightened. She said sharply, "I imagine you did not come here to discuss decor." (그녀는 입술을 굳게 다물었다가 하고 싶은 말이 있으면 얼른 하라는 듯 "방 꾸미기나 상의하자고 당신이 일부러 여기까지 온 건 아닐 거라고 생각한다."라고 강한 어조로 말했다.) — Z.Popkin

★ NB: 형용사 tight-lipped는 '말 없는'의 의미로 사용되는데, 주로 아무리 조르고 얼러도 정보를 주지 않을 정도로 입이 무거운 경우를 일컫는다(e.g. He is being utterly tight-lipped about the project.).

one's lip [lips] trembles [tremble] ➡ one's lip [lips] quivers [quiver]

"This is my home—I live here. I can't just pack up and leave…." *His bottom lip was trembling*. "But I want you to come," he said unanswerably. (자신의 집에 와 달라고 조르는 소년에게 그녀는 "그건 안 된단다."라고 타일렀다. 하지만 소년은 아랫입술을 바르르 떨며 "그래도 와 줬으면 좋겠어요."라고 울먹거렸다.) — S.Field

turn one's lips down [downward] 입꼬리가 아래로 축 처지다.

((시무룩한 표정; 기분 나쁨, 불쾌감 등을 나타내는 입 모양)) 유 turn (the corners of) one's MOUTH down

She tried to smile at him, but instead *her lips* quivered, *turned downward*, and her face fell. (그녀는 그에게 웃는 얼굴을 보여 주려 했으나, 입꼬리는 축 처지고 입술은 떨리며 얼굴빛은 영 어둡기만 했다.) — F.Kellerman

one's lips turn up [upward] 입꼬리가 올라가다. ((즐겁게 웃을 때; 호감, 쾌감을 나타내는 입 모양)) 유 one's MOUTH curves up at the corners / one's MOUTH turns up at the corners

I laughed out loud at her. She looked back at me through lowered lids for a full minute; then *her lips turned up* and she laughed too. (나는 그녀를 향해 마구 웃었다. 그녀는 눈을 부릅뜨고 이쪽을 봤지만 이윽고 입꼬리를 들어 올리더니 자신도 소리 높여 웃어 버렸다.) — S.Streshinsky

twist one's lips 입술을 일그러뜨리다. ((불쾌, 경멸, 고통 등으로 일그러진 입 모양; 희미하게 웃음을 띠느라 살짝 움직이는 입 모양 등)) 유 twist one's MOUTH

"Sorella takes an unnatural interest in her birthdays," D'Arcy said drily, and Randal'*s lips twisted* in a smile. He could well imagine that D'Arcy did everything to keep his daughter a winsome child…. (다시는 딸 소렐라가 생일에 지나치게 관심이 많다며 투덜거렸다. 그는 딸이 언제까지나 깜찍한 어린아이로 남아 줬으면 하는 것만 같았다. 그가 딸이 나이를 먹지 않게 하기 위해 할 수 있는 모든 것을 다 하는 익살스런 모습을 상상하자 웃음이 나와 입술이 일그러졌다.) — B.Cartland: 6

★ NB: twist one's lips와 curl one's lips는 모두 입술을 일그러뜨리는 모습을 나타낸다. 전자는 입을 다물고 한쪽 방향으로 비틀듯이 입술을 움직이는 것이고, 후자는 입술을 젖히는 (그 결과 입이 벌어지는) 것이다.

one's lips twitch 입술이 실룩거리다. 입술이 꿈틀거리다. ((충동적인 웃음; 신경질적인 경련; 불안, 긴장을 느낄 때의 입 모양 등)) 유 one's MOUTH twitches

His eyes were twinkling again, *his lips twitched* agreeably. (그의 눈은 또다시 기쁨으로 반짝거렸다. 그의 입술은 터져 나오는 웃음 때문에 기분 좋게 꿈틀꿈틀 움직였다.) — M.de la Roche

wet one's lips ➡ lick one's lips

"Be here at eleven tonight and you can go along," he said it as if he were my favorite uncle, offering me a chance to go fishing. I felt myself nodding. I *wet my lips*. "Good," I said, moving toward the door. (그는 "특종거리를 줄 테니 오늘 밤 여기로 와."라고 마치 자신이 나의 삼촌이고 오늘 저녁 낚시나 하러 가자는 듯 허물없이 말했다. 나는 그의 태도에 불안함을 느끼면서도 그의 꾐에 빠져들어 불안과 긴장으로 바짝 마른 입술을 적시고는

"좋아요."라고 말한 후 출구로 향했다.) — S. Streshinsky

MOUTH

- mouth는 입술의 붉은 살점으로 둘러싸인 윗입술과 아랫입술, 치아, 혀 등을 포함한 구강부 전체를 가리킨다.
- 입은 다채로운 감정을 표출하는 신체 부위이나 표정을 묘사할 때는 입의 움직임 중 많은 부분이 입술의 움직임으로 표현된다(➡LIP).

one's mouth bends 입꼬리가 아래로 축 처지다. 《기분 나쁜 듯한 입 모양》

유 turn (the corners of) one's mouth down / one's LIPs curve down

The grim *mouth bent* sourly. He said gloomily. "Oh, well, I supposed it's what I'm paid for." (고용된 처지인지라 딱히 싫다는 말도 하지 못하고 그는 마지못해 일을 떠맡았다. 그러나 그의 입꼬리는 불만스럽게 아래로 축 처져 있었다.) — I. Fleming: 2

bite one's mouth ➡ bite one's LIP

She *bit her mouth*, as if to punish it for saying too much. (그녀는 너무 많이 떠들어 댄 입을 벌주기라도 하려는 듯 입술을 물어뜯었다.) — R. Macdonald: 2

cover one's mouth with one's hand(s) 손으로 입을 가리다.

《'헉' 하는 순간; 하지 말아야 할 말을 한 것을 깨달았을 때; 웃으면 안 되는 상황에서 나오는 웃음, 하품, 비명 등을 억누르거나 감춰야 할 때 행하는 동작》 유 put one's HAND(s) over one's mouth

The caged violence she read there caused her to gasp and *cover her mouth with her hand*. (눈앞에 있는 남자의 표정에서 억압된 폭력성을 읽어 낸 뒤 그녀는 공포로 헉 하며 황급히 손으로 입을 가렸다.) — A. Neville

Freda and Celia looked at each other, and Freda *covered her mouth with her hands* to stifle an imminent giggle. (몰래 엿듣는 얘기가 너무 재

cover one's mouth with one's hand

미있는 상황] (프레다와 셀리아는 서로의 얼굴을 쳐다보았다. 프레다는 웃음이 터져 나오려는 것을 막으려고 손으로 입을 가렸다.) — M.Cockrell

"I'm sure Tommy wasn't. He was dead against it. He knew what it had done to some—" She *covered her mouth with her hand*. "You were going to say?" 〔토미가 범죄에 관련되어 있다고 짐작한 탐정이 그의 연인을 조사하러 간 장면〕 (그녀는 "토미는 절대 관련 없을 거예요. 그 사람은 이 계획에 크게 반대했고, 이전에 무언가…."라고 말하다가 말실수를 했다는 듯 입을 꾹 막았다. 탐정은 이를 놓치지 않고 말을 계속하라고 재촉했다.) — R.Macdonald: 6

★ **영일비교** 일본 여성은 웃을 때 입을 가리는 경우가 많다. 영미권에서 웃을 때 입을 가리는 행위는 십 대까지의 아이들에게서 볼 수 있을 뿐 성인에게서는 거의 찾아볼 수 없다. 아이들은 타인이 실수하거나 당황하는 모습을 보고 거리낌 없이 웃는 잔혹한 순진무구함이 있다. 그 때문에 성인이 되기 전까지 웃음을 조절하는 방법을 배운다. 그 방법이 몸에 채 익지 않는 동안에는 금지된 웃음을 무심코 지었다가 당황해서 입을 가리는 것이다. 따라서 웃음 띤 입매를 가리는 몸짓은 영미인으로서는 타인을 상처 입히는 웃음을 감추려는 몸짓, 관용구 laugh up one's sleeve(뒤에서 남을 비웃다)에 가까운 음습한 의미가 있다. 영미인의 관점에서 보자면 "(웃는 입매를 가리는) 일본 여성은 어떤 종류의 미소나 웃음도 사람을 상처 입힐 가능성이 있다고 생각하는 듯하다."라는 해석이 된다(Brosnahan, 1988).

one's mouth curves up at the corners ➡ one's mouth turns up at the corners

Her elbow rested on the table, the first finger and thumb of her right hand gently pinched her rounded chin…, *her* soft *mouth curved up at the corners*. The unexpected pleasure had flushed her cheeks to a warm rose. (그녀는 테이블에 팔꿈치를 대고 오른손 엄지와 검지로 턱을 살짝 잡고 있었다. 그녀의 부드러운 입가는 방긋 벌어져 있었고, 의외의 기쁨이 그녀의 뺨을 장밋빛으로 발갛게 물들이고 있었다.) — G.Greenaway

down in the mouth 풀 죽어, 의기소침하여 《비유 표현》 참 one's mouth droops

down in the mouth

"I never saw you so *down in the mouth*. Why?" ("네가 그렇게 풀 죽어 있는 모습은 처음 봤어. 왜 그래?") — Z.Popkin

★ **영일비교** 낙담하거나 의기소침하면 입술의 양 끝이 처진다. 영어에서는 one's mouth bends (sourly), one's mouth droops, one's mouth draws [curves, turns] down at the corners 등 입이 그리는 하강선으로 떨떠름한 얼굴, 괴로운 얼굴, 맥 빠진 얼굴을 나타낸다.
일본어에도 입의 양 끝이 처진 모습을 묘사한 '입을 ㅅ자로 구부리다'라는 표현이 있다. 하지만 이것은 주로 못마땅하거나 화가 난 언짢은 표정을 가리키고, 실의에 허덕이는 얼굴이나 힘이 쭉 빠진 얼굴을 가리키지는 않는다. 일본어로는 입을 ㅅ자로 '다물다'라고는 해도 '열다'라고는 하지 않듯이, 이 표현은 기본적으로 언짢아서 '다문' 입을 나타낸다. 기진맥진해서 턱 근육이 느슨해지고 아래턱이 처져서 입이 벌어지면, 설령 아래 입술 끝이 그대로 ㅅ자 곡선을 그린다 해도 이제 거기서 ㅅ라는 글자는 읽어내지 않는다. 입의 곡선은 단어상에서는 소멸하고 만다. 축 처져서 ㅅ자 모양을 그리는 벌어진 입매는 '턱을 내밀고 있다'라는 비유로 표현할 때가 많다.

draw (the corners of) one's mouth down ➡ turn (the corners of) one's mouth down

"But you're certain it was made on the first of April?" "No way to tell that either." "I'm sorry?" Stern *draws his mouth down* in mock surprise. "Well, certainly you can tell us that it was made around April first? …." 〔법정에서 심문하는 장면〕 ("이 지문이 4월 1일에 묻은 것이라고 확신합니까?"라고 변호사가 거듭 확인하자, 검찰 측은 "그렇게 딱 잘라 말할 수는 없습니다."라고 대답한다. 변호사는 놀라는 척하며 입꼬리를 아래로 축 늘어뜨려 보이더니 "그렇다면 4월 1일, 그 무렵의 일이라고 말할 수는 있겠죠?"라고 몰아간다.) — S.Turow

After a while he had come upon a paragraph that *drew down the corners of his mouth*…. (그는 서류를 훑어보다가 어떤 단락에 이르자 입꼬리를 축 늘어뜨렸다.) — L.C.Douglas: 2

draw one's mouth back 입 양 끝을 좌우로 당기다. ((입을 한일자로 꾹 다문 표정; 분노, 적의를 나타내는 입 모양))

The big blue eyes often turns hard and *the* full red *mouth draws back* and tightens. (화가 나면 커다란 파란 눈은 냉정해지고 통통한 빨간 입술은 한일자로 굳게 닫힌다.) — A.Duffield

★ NB: one's mouth draws back은 분노 등의 감정으로 입 주위 근육이 움직여서 입꼬리가 좌우으로 당겨지는 것을 나타낸 표현이다.

draw one's mouth thin 입을 꾹 다물다. ((억제된 분노, 굳은 결의를 나타내는 입 모양-주로 수동태로 쓰인다.))

… but the longer he thought of it the more the anger prevailed. When he finally pushed the button and asked for George Swift to come in, *his mouth was drawn thin*. (그는 생각하면 생각할수록 화가 났다. 마침내 조지 스위프트를 불러냈을 때 그의 입가는 꽉 다물어져 있었다.) — W.J.Lederer & E. Burdick

★ NB: 입술이 보이지 않을 정도로 입을 꽉 다문 상태를 일컬어 one's mouth almost disappears (with disapproval, anger, etc.)라고 표현하기도 한다.

one's mouth droops 입가가 축 늘어지다. 입꼬리가 축 처지다. ((불쾌, 불복, 불만 등으로 보기 싫게 축 처진 입 모양)) 유 one's LIPs droop 참 down in the mouth

Her spirits hit rock bottom. She felt *her mouth* and her shoulders *droop*. (그녀는 심히 낙심해서 입가와 어깨가 모두 축 처지는 것을 느꼈다.) — J. Donnelly

one's mouth drops open 입이 딱 벌어지다. 《놀람, 공포 등으로 인해》

유 one's mouth falls open / one's mouth opens / one's LIP falls

one's mouth drops open

"The person we suspected was an employee of his. A man called Zarac." I'm sure *my mouth* physically *dropped open*. (경찰이 범인으로 주목하고 있는 인물의 이름을 듣고 나는 깜짝 놀랐다. 어찌나 놀랐는지 내 입이 실제로 딱 벌어졌을 것이라고 확신한다.) — D.Francis: 3

one's mouth falls open ➡ one's mouth drops open

He stopped and turned slightly and peered at me. He stood very still for a moment, peering at me intently. Then *his mouth fell open* and his eyes blinked and he let the shovel fall to the snow. "Asher Lev," he said in his hoarse voice…. He embraced me. (눈을 치우던 그는 손을 멈추고 돌아보더니 그 자리에 우뚝 서서 나를 말끄러미 쳐다보았다. 다음 순간 그는 깜짝 놀라 입을 떡 벌리고 눈을 끔벅거리다가 삽을 눈 위에 내리꽂았다. "애셔 레브."라고 그는 쉰 목소리로 내 이름을 부르고는 나를 꽉 끌어안았다.) — C.Potok

foam at the mouth 입에서 거품이 나오다. 《간질 등의 발작이 실제로 일어났을 때; 또는 발작적인 격노를 나타내는 비유 표현》 유 froth at the mouth

He was *foaming at the mouth* and gnashing his teeth. I grabbed his neck and pushed my thumb into the pit of his throat. (광분한 그는 입에 거품을 물고 무시무시한 모습으로 이를 갈고 있었다. 나는 그의 목을 붙들고 목구멍 속으로 내 엄지손가락을 밀어 넣었다.) — R.Macdonald: 9

★ NB: foam at the mouth는 분노를 비유적으로 나타낼 때 가장 일반적으로 쓸 수 있는 표현이다.

froth at the mouth ➡ foam at the mouth

"You know perfectly well you kicked and screamed," said Mad. "You *frothed at the mouth* like a horse, you…" 〔히스테릭하게 격노하던 상대의 모습을 나중에 말해 주는 장면〕 ("걷어차고 소리 지르고 난리였다는 것이 기억날 거야. 너는 마치 말처럼 입에서 거품을 뿜을 정도로 화를 냈어.") — D.du Maurier: 1

one's mouth hangs open 입을 딱 (헤)벌리고 있다. 《놀람, 충격, 방심 상태, 도취 등》 유 open-mouthed / one's teeth nearly [almost, etc.] fall out of one's mouth (➝TOOTH)

Winn just looked at her. He was too vain to let *his mouth hang open* but that was just how he felt. He was speechless. 〔아내의 의표를 찌르는 계획을 들은 순간〕 (윈은 그저 그녀를 쳐다볼 뿐이었다. 남자의 체면이 있어 입을 딱 벌리지는 못했지만, 느낌은 그러고도 남았다. 너무 기가 죽어서 말을 잃을 정도였다.) — R.Harris

She gazed at him with admiration in her eyes, *her mouth hanging open* a little. (그녀는 멋진 남성의 출현에 정신이 팔려서 입을 헤벌리고 그를 멍하니 쳐다보았다.) — D.Mulien

kiss someone's mouth ➡ kiss someone's LIPs

Only once did she lose a step as she glanced towards the end of the table and saw that Odette was once again *kissing him*, this time *on the mouth*. (춤을 추던 그녀는 오데트가 자신이 연모하는 그에게 좀 전에는 볼에, 이번에는 입에 키스하는 모습을 보았다. 그래서 딱 한 번 스텝을 잘못 밟고 말았다.) — B.Cartland: 5

a line [lines] about [around] one's mouth 입가의 주름 《나이가 듦에 따라 생기는 주름; 불쾌, 불만, 긴장이나 격정을 억제할 때 입가에 떠오르는 심줄; 마음고생 등으로 깊게 팬 주름》 유 a line [lines] about one's LIPs

His face was drawn and *the lines about his mouth* had deepened. (그의 얼굴은 바싹 여위고 입가에는 주름이 깊게 팼다.) — P.G.Wodehouse: 1

"I've been sick as a dog with flu. I haven't so much as tottered out of my bedroom. Not that any of my friends cared." *The lines* of self-pity, of discontent were back *around her mouth*. ("유행성 감기에 걸려 집에서 한 발짝도 나오지 못했어. 그런데 친구들은 걱정도 하지 않더라."라고 투덜대는 그녀의 입가에는 자기 연민과 욕구불만을 드러내는 주름이 팼다.) — C.Dickson: 1

the lines about [around] one's mouth

★ **영일비교** 일본어에서도 나이가 들면서 생기는 주름과 별개로 얼굴을 찡그렸을 때 미간, 이마, 코 등에 지는 주름, 기쁠 때 눈가에 생기는 주름을 인정한다. 그러나 일시적인 마음고생, 긴장, 불만, 노여움 등으로 입 주변에 주름이 새겨진다고는 보지 않는다. 확실히 성미 고약한 사람처럼 입을 일그러뜨리면 입 주변에 주름이 나타난다. 영어는 이 주름을 불만의 상징으로서 묘사의 대상으로 삼는다.
또 필사적으로 감정을 억제하려고 입을 꾹 다물 때 근육이 긴장해서 입 주변이 당기고 핏기가 사라져서 창백한 음영이 만들어지기도 한다. 영어에서는 이 점에 착안해 '입 주변에 white line이 나타나다', '입 주변이 white가 되다'라는 표현도 쓴다.

Anger made him very white about the mouth, but now, unexpectedly she saw his lips relax. (화가 나서 굳게 다문 남자의 입가는 당겨서 창백하게 보였다. 그런데 지금 뜻밖에 그의 입술이 느슨해졌다.) — C. Rossiter

make a mouth (at someone) (…을 향하여) 입을 찡그려 보이다. ((받아들일 수 없음, 불쾌함, 비웃음 등의 신호)) 유 make a FACE

A man comes between us before we get to the bar. I lift my eyebrows at Donna and she *makes a* little *mouth* in return. (한 남자가 바에 가던 우리 사이에 끼어든다. 나는 돈나를 향해 눈썹을 치켜세우고 그녀는 입을 찡그려 짜증을 드러낸다.) — S. Barstow

one's mouth opens ➡ one's mouth drops open

He couldn't hide the shock… *his mouth opened* and he gaped at them. "Suspended? What on earth do you mean?" (정직을 통보받은 그는 충격을 감추지 못했다. 입을 딱 벌린 채 상사들을 멍하니 쳐다보았다. 그는 "정직이라니, 이게 도대체 무슨 소립니까?"라고 물었다.) — E. Anthony: 1

open and close [shut] one's mouth 입을 뻐끔뻐끔 벌렸다 다물었다 하다. ((몹시 놀라 평정을 잃어 말이 안 나오는 상황에서의 입 모양))

The man's face turned a grainy white, the color of rice pudding. He *opened and closed his mouth* several times without speaking, turned on his heel and trudged toward the gate. 〔썩 나가라는 말을 들은 순간〕 (남자의 얼굴은 창백해졌다. 그는 아무 말도 하지 못한 채 입을 뻐끔거리다가 몸을 돌려 문 쪽으로 무거운 발걸음을 옮겼다.) — R.Macdonald: 1

For once he was dumb. I looked across at him. *His mouth was opening and shutting* like a fish…. He finally overcame the jaw problem and got the two halves into proper working order. (속았다는 것을 깨닫자 평소 대단한 그도 어이가 없는지 할 말을 잃었다. 물고기처럼 입만 뻐끔거리다가 급기야 턱이 빠졌지만 턱 문제는 이내 해결되어 제자리를 찾았다.) — D.Francis: 5

open-mouthed 입을 딱 벌리다. ((놀람, 충격, 기겁 등을 나타내는 입 모양)) 유 one's mouth hangs open

Emily was listening *open-mouthed*. "Shut your mouth, you'll catch flies," said Mrs. Bridges before returning to the main theme. (입을 딱 벌리고 열심히 듣고 있던 에밀리에게 브리지 여사는 "입 다물어. 파리 들어가겠어."라고 주의를 준다.) — J.Hawkesworth

★ NB: 입을 멍하니 벌리고 있으면 evil spirits가 들어온다는 오래된 미신이 현대에 이르러 파리가 들어온다는 표현으로 바뀐 것이다. "You'll catch flies."라는 말은 입을 벌리고 있는 사람에게 상투적으로 쓰는 흔한 표현이다.

pinch one's mouth ➡ pinch one's LIPs

He was *pinching his mouth* shut, determined to out-silence me. (나와의 침묵 대결에서 지지 않겠다는 듯 그는 입을 꽉 다물고 있었다.) — J.Herriot

Arknold listened, with *a pinched mouth* and a stubborn backward tilt of the head, to what looked almost like apologies from the owner, who came to a stop, got no melting response from him, shrugged, turned slowly and walked away. (레이스에서 진 경주마 주인이 사과에 가까운 말을 쏟아냈다. 이를 듣고 있던 아크놀드는 입을 굳게 다물고 머리를 뒤로 젖힌 채 조금도 태도를 누그러뜨리지 않았다. 마주는 결국 그의 기분을 풀어 주는 것을 포기하고 어깨를 으쓱하고 밖으로 나갔다.) — D.Francis: 5

pull (the corners of) one's mouth down ➡ turn (the corners of) one's mouth down

Kalenin *pulled down the corners of his mouth*, at the unqualified admiration…. 〔어떤 사람에 대한 노골적인 칭찬을 들은 후〕 (칼레닌의 속마음은 그다지 편치 않았다. 그는 입꼬리를 축 늘어뜨리고 입을 다물었다.) — B.Freemantle

purse one's mouth ➡ purse one's LIPs (up)

She stood with folded arms…, *her mouth pursed* into a firm red bud. (그녀는 팔짱을 낀 채 붉은 입술을 오므리듯 다물고 서 있었다.) — M.de la Roche

talk out of [from] the corner [side] of one's mouth

입 가장자리로 말을 하다. 《입술 한쪽을 일그러뜨리며 내밀한 이야기를 슬쩍 건네는 모습; 갱이나 터프가이가 말할 때의 전형적인 버릇》 유 tell someone out of the corner of one's mouth

When South African Hotelier Solomon Kerzner speaks, he comes across more like a New Jersey dockhand than a powerful executive. He *talks* machine gun-style, *from the corner of his mouth*, with an accent sounding a bit like Marlon Brando in "On the Waterfront." 〔솔로몬 커즈너에 대한 비화를 전한 기사〕 (남아프리카의 호텔리어 솔로몬 커즈너는 실력 있는 기업 간부라기보다는 뉴저지 부두의 인부처럼 말한다. 입 한쪽 끝에서 기관총처럼 말이 튀어나오는데, 그 말투가 꼭 영화 〈워터프론트〉에 나오는 말론 브란도의 그것과 비슷하다.) — *Time*, 1983

★ NB: talk out of the corner [side] of one's mouth는 남이 눈치채지 못하도록 이야기를 들을 상대가 있는 쪽의 입가만 살짝 벌려 말하는 모습을 나타낸다. 이를 바탕으로 한 비유 표현 talk out of both sides of one's mouth (at the same time)는 상대에 따라 서로 다른 정보를 그럴싸하게 포장해서 천연덕스럽게 귀띔하는 일구이언의 행동을 나타낸다.

talk with marbles [a plum] in one's mouth

젠체하며 고상한 말투를 쓰다. 《말투, 특히 발음이 입속에 뭔가를 물고 말하는 것 같아 잘난 척하는 것처럼 들린다고 야유하는 표현》

"You know the shit… the one from Indianapolis who *talks with marbles in his mouth*…." ("당신은 인디애나폴리스에서 온 주제에 고상한 척하는 말투를 쓰는 녀석을 알고 있어?") — W.Just

★ NB: 관용적으로 have [keep] marbles [a plum] in one's mouth의 형태로도 종

종 쓰인다.

tell someone **out of [from] the corner [side] of one's mouth** ➡ talk out of the corner of one's mouth

The bandleader said that after a breakdown in negotiations he was visited by these businesslike men who *told him out of the sides of their mouths* to "sign or else." 〔미국의 유명한 재즈 밴드 리더인 토미 도시에 관한 추억〕 (출연 조건이 맞지 않아 교섭이 결렬됐을 때 비즈니스맨 같은 모양새의 남자 몇 명이 찾아왔다. 그들은 마치 갱처럼 입 한쪽 끝으로 뱉어 내듯 "계약서에 서명해. 안 그러면 뒤는 책임질 수 없어."라고 협박했다.) — K.Kelley

turn (the corners of) one's mouth down 입꼬리가 처지다. ⟪시무룩함, 기분 나쁨, 불쾌함 등을 나타내는 입 모양⟫ 유 one's mouth bends / draw (the corners of) one's mouth down / pull (the corners of) one's mouth down / one's LIPs curve down / turn one's LIPs down

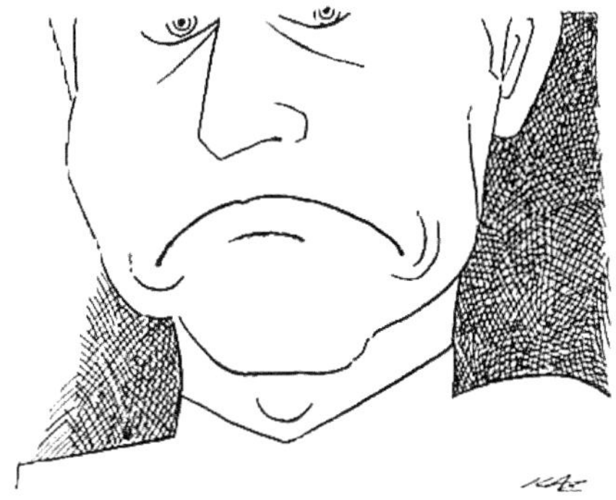

turn (the corners of) one's mouth down

"What do you do?" he asked her. "I'm a senior at Sarah Lawrence." She smiled and *turned down her mouth*. "Is it that bad?" "Well, you know, all very social." (직업에 대한 질문을 받자 그녀는 "사라 로렌스 대학 4학년." 하고 싱긋 미소를 지은 뒤 입꼬리를 늘어뜨리며 떫은 표정을 지었다. 그 표정을 본 상대가 "그렇게 싫으냐?"라고 묻자 "(공부보다는) 다 인간관계 때문이죠."라고 대답했다.) — P.P.Read

It was the wrong thing to say. *Her mouth turned down at the corners* again. (안 해도 좋을 말을 해 버린 뒤 그녀의 입꼬리는 기분 나쁜 듯 축 늘어졌다.) — R.Macdonald: 3

The corners of his mouth turned down in a disgruntled fashion. "Then I suppose I have no option but to wait until she decides to return to Adelaide, have I?" he heaved grudgingly. (그녀가 애들레이드로 돌아올 때까지 기다렸다기보다는 딱히 다른 방도가 없었다는 걸 그는 마지못해 인정했다. 그의 입꼬리는 불만스럽다는 듯 축 처졌다.) — K. Allyne

★ NB: 이 입 모양은 첫 번째 예문에 나온 것처럼 질문에 대한 대답으로 종종 사용된다. 지긋지긋하거나 짜증 난다는 의미 말고도 눈썹의 움직임을 동반해 '글쎄', '그런가 보지', '뭐라고 대답해야 할지 모르겠네'의 의미로도 쓰인다. 이는 shrug one's shoulder(s)와 같은 의미다.

Kenny tried to *turn down the corners of his mouth* in a don't know look···. (케니는 자신은 모른다는 듯 입꼬리를 늘어뜨리고···.) — B. Ashley

★ NB: '입꼬리가 처지다'라고 자동사적으로 표현하는 경우에는 one's mouth turns down, one's mouth turns down at the corners, the corners of one's mouth turn down 등으로 쓴다.

one's mouth turns up at the corners 입꼬리가 싱긋 올라가다.

《밝고 명랑한 얼굴, 웃는 얼굴을 하고 있을 때의 입 모양》 유 one's mouth curves up at the corners / one's LIPs turn up

one's mouth turns up at the corners

Honest pleasure rippled over it. *The* wide, expressive *mouth turned up at the corners*···. (마음속 기쁨이 얼굴까지 흘러넘쳐 입에 환한 미소가 가득 머금어졌다.) — J.P. Marquand

★ NB: '입꼬리를 축 늘어뜨리다'를 turn (the corners of) one's mouth down으로

표현할 수 있다면, 그 반대의 표현인 turn (the corners of) one's mouth up도 가능할 것 같다. 그러나 사람을 주어로 해서 후자처럼 사용한 예는 찾아볼 수 없다.

★ **영일비교** 못마땅한 얼굴에서는 입꼬리가 아래로 당겨져 ヘ자로 구부러지고, 밝고 상냥한 얼굴에서는 입꼬리가 비스듬히 위쪽으로 당겨져서 ヘ자를 거꾸로 그린다. 영어는 이처럼 감정의 명암을 입꼬리의 upward와 downward의 방향으로 표현한다. 일본어에서는 아래로 향하는 것은 일단 인정하지만(ヘ자로 구부러지다) 위로 향하는 것은 인정하지 않는다. 그래서 영어의 one's mouth turns up at the corners를 글자 뜻 그대로 일본어로 옮기면 웃는 얼굴이 되기 어렵다.

twist one's mouth ➡ twist one's LIPs

"… I won't force my presence on you…." *His mouth twisted* with bitterness against himself. (자신이 그녀에게 환영받지 못하는 존재라는 것을 자각한 그는 자기혐오로 입가를 일그러뜨리며 "당신을 귀찮게 할 생각은 없었다." 라고 말했다.) — A. Neville

"I'm wondering if you had to vaccinate him." "What does he look like?" I described Burke Damis. She *twisted her mouth* to one side. "I think I do remember him…." (어떤 남자에게 예방 주사를 놓은 적이 있느냐는 질문을 받은 여의사는 그의 외모에 대해 물은 뒤, 입 한쪽을 찡그리고 잠시 생각하다가 "그 남자라면 기억난다."라고 말했다.) — R. Macdonald: 13

one's mouth twitches / the corners of one's mouth twitch ➡ one's LIPs twitch

His keen eyes were twinkling again, *the corners of his* handsome *mouth twitching*. (그의 눈은 기쁨으로 빛나고 웃음이 자꾸 흘러나와 잘생긴 입가가 실룩실룩했다.) — A. S. Turnbull

She is in a terrific state of tension. *The corners of her mouth twitch*, she twines and untwines the fingers of her clasped hands. (그녀는 너무 심하게 긴장해서 입 끝이 실룩거리고 주먹을 꽉 쥔 손가락을 꼬았다 풀었다 한다.) — E. O'Neill: 1

work one's mouth 입을 연신 움직이다. 《억압된 분노, 긴장, 심리적인 불안 등에 따른 입의 움직임》

A look of comprehension crept over Ziegler's face. "I? You think… I am the one killing the choristers?" He *worked his mouth* wordlessly a moment. Then: "How dare you accuse me?…." (형사의 유도신문으로 자

신이 오페라 극장 합창단원 연쇄 살인 사건의 용의자로 지목된 사실을 알게 된 그는 말을 잃고 그저 입을 거세게 씰룩였다. 이윽고 그는 "어떻게 감히 나를 범인 취급할 수 있지?" 하고 분노를 터뜨렸다.) — B.Paul: 2

She remained silent, though *her mouth* was *working*. (그녀는 말을 하지 않고 입을 신경질적으로 우물우물 움직이고 있었다.) — R.Macdonald: 12

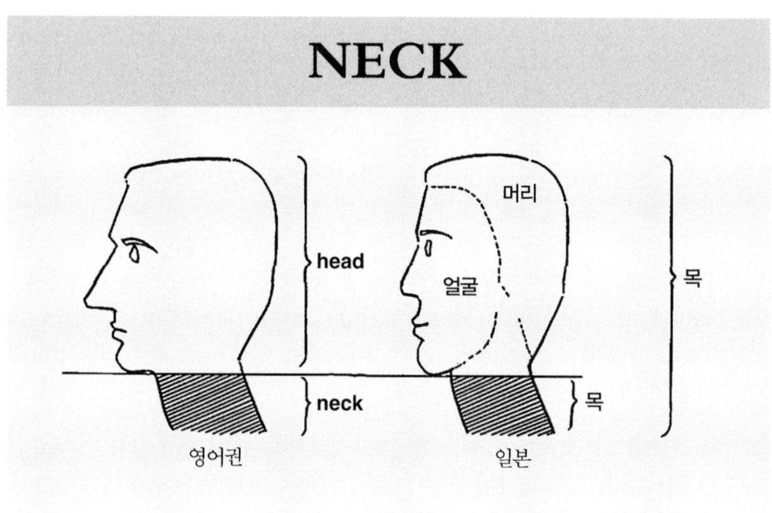

- 영어의 neck은 두부(頭部)와 몸통을 잇는 잘록한 부분, 즉 경부(頸部)를 가리킨다. 일본어의 목(首)도 제1 어의로는 같은 부분을 가리키나 제2 어의로는 목부터 그 윗부분, 즉 두부 전체를 가리킨다. 그 옛날 칼로 목을 베어 목숨을 빼앗던 피비린내 나는 문맥에서 이 단어가 종종 사용되었기 때문에 절단한 목에서 윗부분까지를 가리키게 되어 나중에는 일상적인 문맥까지 광범위하게 쓰이게 되었다고 한다(宮地, 1979). 목이 머리의 의미로 쓰이는 경우는 비유적 사용, 실제의 목에서 절단된 두부를 가리킬 때 또는 일정한 관용구적 표현(e.g. 고개(목)를 갸웃거리다) 정도로 한정된다.

- 목에는 심장에서 뇌로 이어지는 중요한 혈관이 지나가고 그 주위를 머리의 회전, 경사 운동을 가능케 하는 근육이 둘러싸고 있다. 그래서 사람이 긴장하면 목의 근육이 꽉 조여들고, 분노에 휩싸이면 피가 머리로 올라가 목에 붉은 기운이 돌며 혈관이 솟아올라 목이 전체적으로 두꺼워진다. 영어에서는 후자

와 같은 목의 변화를 분노에 따른 신체 변화로 종종 묘사한다(one's neck bulges). 동물들이 목을 부풀려 상대를 위협하는 것을 생각하면 동물들과 가까이 살아온 수렵문화가 만들어 낸 결과라고도 할 수 있다.

- 영미인은 목을 분노나 숨 막히는 긴장감의 통로로 의식한다. 그렇기 때문에 흥분, 짜증, 분노를 억제하려 할 때 손을 목덜미로 가져가는 경우가 많다(e.g. rub (the back of) one's neck). 목덜미에 손바닥을 대는 동작의 원형은 공격을 가해 오는 상대의 손을 제지하기 위함이라고 보는 견해도 있다(Nierenberg & Carelo, 1971). 소설에서는 주로 짜증이 났을 때 하는 동작으로 나타난다.

- neck은 격정이 통과하는 부위이자 애정 어린 접촉이 행해지는 부위다. 그래서 젊은 연인들의 성적인 접촉을 일컫는 구어체 표현으로 necking이 있다. 목에 팔을 둘러 포옹하거나 목에 입술을 부비는(nuzzle each other's neck) 등의 표현도 있다. 한편 연인뿐만 아니라 부모자식 간이나 친한 친구들끼리도 목에 팔을 두르고 껴안는 애정 표현을 하곤 한다.

- 목에 관한 영어의 관용 표현 중에는 이 부위를 목숨과 관련된 중요한 곳으로 간주해서 생긴 것들이 많다. 특히 참수형, 교수형, 단두대형 등의 처형법이 언어에 흔적을 남겨 다양한 표현이 생겨났다(e.g. get it (=an ax) in the neck; one's neck is on the block(=a place on which his head is cut off); one's neck is out; stick one's neck out; risk one's neck; save one's neck; a noose around one's neck).
관용 표현에서 나타나는 목에 대한 관점 중 또 하나는 구속을 받아들이는 부위라는 것이다. 자유를 구속한다는 의미의 표현 중에는 put one's foot on someone's neck이라는 무시무시한 표현이 있다. 발의 압박을 받는 피해자의 입장에서 표현하면 someone is on one's neck이 되고, 그 같은 압박에서 벗어나려고 시도하는 것은 get someone off one's neck이 된다.
한편 사람이나 어떤 문제 등으로 인해 피곤함을 느끼는 경우 someone [a problem, etc.] hangs [is] around one's neck이라고 표현한다. 그리고 동일한 무게의 물건이나 문제라도 그것을 떳떳하게 책임감을 가지고 맡을 경우에는 on one's shoulders를 쓰고, 말도 안 되는 짐을 떠맡았다는 피해의식이 강할 경우에는 around one's neck을 쓰는 경향이 있다. 그런 의미에서 성가신 것을 일컬어 a pain in the neck이라 칭한다.

- 거만하고 남에게 머리를 숙이지 않는 고집쟁이를 일컬어 stiff-necked라고 표현한다. 구약성서 시편 75편에는 "Speak not insolence with a haughty neck"이라는 오만한 자들에게 경고하는 구절이 있는데(Sperling, 1981), 이 구절의 haughty neck에 해당하는 것이 바로 stiff neck이다.

- 영어에서는 여성의 아름다운 목을 '백조의 목'이라고 과장스럽게 표현할 정

도로 길고 가늘게 뻗은 목에 높은 가치를 부여한다(e.g. a dark head elegantly balanced on a long white neck). 남성의 경우에는 이와 대조적으로 다부지고 힘 좋게 생긴 목을 매력적이라 생각한다.

arch one's neck 고개를 뒤로 젖히다. ((상대방을 얕잡아 보는 듯한 태도를 취할 때; 뒤로 자빠질 정도로 놀랐을 때 등))

But whenever Hilda had the opportunity she would enumerate all Emma's good works… "And what about her Foundation," she would continue, *arching her neck* and narrowing her eyes shrewdly. "Now the Foundation gives away more money than I care to mention…." 〔여주인 엠마에 대해 비판적인 사람을 만난 상황〕 (가정부 힐다는 기회가 있을 때마다 엠마의 선행을 하나하나 열거했다. 그녀는 "주인님은 당신이 설립한 재단에 입에 담을 수도 없을 만큼 막대한 돈을 기부했다."라고 말하며 고개를 오만하게 뒤로 젖히고는 눈을 가늘게 뜨고 상대를 쳐다보았다.) — B.T.Bradford

bite someone's neck 상대의 목을 살짝 깨물다. ((친밀한 접촉 행동))

If he could see me now speeding along like a big girl on my own, he'd be delighted and muss my hair and maybe *bite my neck*. (멋진 여인이 되어 차를 몰고 있는 나를 본다면 그는 기뻐하며 나의 머리를 마구 헝클어뜨리고는 내 목을 살짝 깨물 것이다.)

breathe down someone's neck 목덜미에 숨을 불어넣다. ((너무 가까이 붙어 있음, 위압적인 감시의 눈총을 받음, 일거수일투족을 주의 깊게 지켜봄 등을 의미하는 비유 표현))

The next time Mrs. Bliss *breathed down his neck* as she was brushing his coat for him, he should raise his eyebrows…. (블리스 여사가 다음번에도 그렇게 착 달라붙어서 그의 상의에 솔질을 해 주거나 한다면 그도 짜증 난 기색을 보여야 할 것이다.) — P.Horgan: 1

The letter was such a model of apology that I guessed it had been written down with Parsons *breathing* fury *down the* writer'*s neck*. (사과문에는 조금도 나무랄 데가 없었다. 분명 엄한 가정교사가 뒤에 딱 달라붙어서 무섭게 지켜보는 가운데 쓰인 것이리라.(비유적)) — L.Andrews

one's neck bulges 목의 근육이 부풀어 오르다. ((분노, 흥분 등으로 힘을 주어))
유 one's neck swells / one's neck thickens

"I withdrew nothing!" he was shouting wildly, his face flushed hotly, *his* bull *neck bulging*. (그는 "나는 아무것도 철회하지 않았다."라고 고래고래 소리를 질렀는데, 격분한 나머지 얼굴은 새빨갛게 물들고 짧고 두꺼운 목은 더욱 더 두껍게 부풀었다.) — A. Hailey: 4

cling around someone's neck 상대방의 목에 매달리다. ⟪친밀한 접촉 행동⟫ 유 hang about someone's neck

cling around someone's neck

Catching sight of Jane, he hurtled across to her, launching himself into her arms and *clinging round her neck*. He was not crying but his body shook and shuddered as he held on to her. (아이는 그리워하던 제인의 모습을 보자마자 쏜살같이 달려가 그녀의 품 안으로 뛰어들어 목에 매달렸다. 울지는 않았지만 아이를 꼭 껴안자 아이가 떨고 있는 것이 느껴졌다.) — A. Neville

crane one's neck 목을 길게 빼다. ⟪먼 곳을 잘 보기 위해⟫

He was evidently trying to point someone out to her, for Charley saw her *craning her neck*. (그는 그녀에게 저기 보라며 누군가를 가리키려 했고, 찰리는 목을 길게 빼고 있는 그녀를 보았다.) — W. S. Maugham: 3

fall on someone's neck 상대방의 목에 매달리다. ⟪쓰러지듯 매달리는 친밀한 접촉 행동⟫

"Nothing's the matter, except that I'm going to be married in a month." Janey *fell upon his neck* and pressed him to her breast. "Oh Newland, how wonderful! I'm so glad." (한 달 내로 결혼한다는 뉴랜드의 말을 듣고 제이니는 그의 목에 찰싹 달라붙어 꼭 끌어안고는 "정말 잘됐다."라고 말했다.) — E. Wharton

grasp someone **by the scruff of the neck** 타인의 뒷덜미를 붙잡아 꼼짝 못하게 하다. 《못된 짓을 한 사람을 혼내 주려고 그를 덥석 거칠게 붙드는 동작》

grasp someone by the scruff of the neck

Controlling a primitive impulse to *grasp her by the scruff of the neck* with one hand and clamp the other firmly over her beautiful and irresponsible mouth, he said sternly…. (한 손으로 감당하기 힘든 그녀의 뒷덜미를 붙들고 다른 한 손으로는 그녀의 아름답고도 무책임한 입을 막아 버리고 싶다는 거친 충동에 사로잡힌 채, 그는 이를 꾹 참고 엄한 말투로 말했다.) — A. Duffield

★ NB: 어른이 못된 짓을 한 아이를 혼낼 때 통상적으로 아이가 도망가지 못하도록 뒷덜미를 꽉 잡고(hold a child by the scruff of the neck) 흔들며(shake him) 혼을 내는 방법이 있다. 이는 고양이가 못된 짓을 했을 때 뒷덜미를 잡고 들어서 허공에 휘두르는 것과 비슷한, 사람을 아주 낮추어 취급하는 행동이라 할 수 있다.

hang about [around] someone's **neck** ➡ cling around someone's neck

It seemed as if they flew together, as Fauntleroy leaped into his mother's arms, *hanging about her neck* and covering her sweet young face with kisses. 〔소공자와 어머니의 재회 장면〕 (소공자는 어머니의 품 안으로 뛰어들더니 목에 매달려 그녀의 뺨에 키스를 퍼부었다.) — F.H.Burnett

kiss (the nape of) someone's **neck** 상대방의 목(목덜미)에 키스하다. 《친밀한 애정 표현》

"Oh you smell good," he said, coming up behind her in the small bathroom and *kissing the nape of her neck*. (그는 세수를 하는 그녀의 등

뒤로 다가가 목덜미에 키스를 하고 "냄새가 좋아."라고 말했다.) — J.Fielding

massage (the back of) one's neck ➡ rub (the back of) one's neck

The girl, sitting in front of her row of lit-up buttons, *massaged her neck*. It had been a long day…. (그녀는 지친 모습으로 줄줄이 불이 켜진 버튼들 앞에 앉아 목을 주물렀다. 참 긴 하루였다.) — J.Cooper: 1

the veins in one's neck protrude 목에 핏줄이 서다. ((흥분, 격분 등으로 인해))

George Bush, the cool Ivy Leaguer, appeared with *his neck veins protruding*, finger wagging, voice in upper fortissimo. 〔조지 부시가 청중의 야유에 보기 드물게 격노했다는 사실을 보도한 기사〕 (언제나 아이비리그 출신답게 차분한 태도를 보이던 조지 부시가 목에 핏줄을 세우고 손가락을 휘두르며 언성을 높였다.) — *Time*, 1980

rub (the back of) one's neck 목 뒤(목덜미)를 문지르다. ((짜증이나 뒤틀린 기분을 자제시키는 동작; 뭉친 근육을 풀어 주는 동작)) 유 massage (the back of) one's neck / drag one's HAND across the back of one's neck / run one's HAND across the back of one's neck / scratch (the back of) one's neck 참 massage someone's SHOULDER(s)

The super was impatient now. He *rubbed the back of his neck* and screwed his face up in frustration. (짜증이 난 교관은 얼굴을 찌푸리고 목덜미를 문질렀다.) — T.Baker & R.Jones

They wandered over her, narrowing at her appearance, missing

rub the back of one's neck

nothing—splashes on her pants, the hair in need of combing, the hand that had lifted to the back of her neck, *rubbing it* to ease away the tension. (그는 날카롭게 뜬 눈으로 그녀의 모습을 훑어보며 예사롭지 않은 것들을 단 하나도 놓치지 않았다. 바지에 묻은 얼룩, 헝클어진 머리칼, 목 뒤에 얹은 손. 그녀는 긴장으로 뻣뻣해진 목덜미를 손으로 주물렀다.) — L.Peake: 2

★ **영일비교** 일본인은 '어깨 결림'을 풀기 위해 목과 어깨가 이어지는 부분을 주무른다. 한편 영미인은 긴장, 초조, 피로에서 생기는 근육의 뭉침이나 어깨 결림을 목 뒤쪽에서 느끼는 듯하다. 그래서 목 뒤를 주무를 때가 많다(e.g. …she said, rubbing an ache at the back of her neck, brought on by long hours of typing. — M. Lewty: 1).
어깨 결림의 역어로 stiff shoulders를 제시하는 일영사전이 있지만 이것은 주로 야구 투수 등이 어깨를 혹사했을 때 생기는 근육통을 의미한다. 신경피로로 인해 생기는 어깨 결림은 pain [ache] at the back of one's neck으로 파악하는 것이 일반적이다.
영어에서는 불쾌한 존재를 비유적으로 일컬을 때 a pain in the neck이라고 한다. 이 표현은 영미인이 부글부글 끓는 기분을 목의 뒤쪽에서 느끼는 경향이 있다는 사실과 관계가 있는데, 일본인이 신경을 써야 하는 성가신 상대를 '어깨가 결리는 사람'이라고 형용하는 경우와 비슷하다. 다만 일본어에서 '어깨가 결리는 사람'은 대하기 어려운 윗사람에게 주로 쓰이는 표현인 데 비해 a pain in the neck은 성가신 인물이나 성가신 일에 두루 쓰인다.

scratch (the back of) one's neck 목덜미를 긁다. ((짜증, 당혹 등에 수반되는 동작)) 유 rub (the back of) one's neck

He strode into the room frowning and *scratching the back of his neck*. "Nobody here," he said, honestly embarrassed. "She masta beat it." 〔데려오라던 여자아이가 눈에 띄지 않은 상황〕 (그는 얼굴을 찌푸리고 목덜미를 긁적이며 방으로 성큼성큼 걸어갔다. 그는 당황한 모습을 그대로 드러내 보이며 "튄 게 분명해."라고 말했다.) — T.Capote: 3

★ **영일비교** scratch one's neck은 rub one's neck의 변형이다. 영미인은 목에 손을 대는 동작들이 일반적으로 찌푸린 얼굴과 함께 나타나며 조바심을 표현하는 전형적인 몸짓이라고 본다. 일본 소설에서도 '목덜미에 손을 대다', '목덜미를 긁다', '목덜미를 두드리다'와 같이 단어상으로는 비슷한 몸짓이 보인다. 하지만 이러한 표현들은 보통 무기력한 웃음을 동반한 몸짓, 쑥스러워하거나 당황하는 몸짓을 가리킨다.

one's neck swells ➡ one's neck bulges

Then Walker flew into passion…. *His* short *neck swelled* ominously, his red face grew purple, he foamed at the mouth. (격노한 워커의 짧은 목은 심상치 않게 부풀고 얼굴은 빨갛다 못해 보랏빛으로 물들었으며 입에는 거품을 물었다.) — W.S.Maugham: 9

one's **neck thickens** ➡ one's neck bulges

Judith: It was for you that the soldiers came.
Anderson: (thunderstruck) For me!!! (His fists clench; *his neck thickens*; his face reddens; then fleshy purses under his eyes become injected with hot blood.)
(병사가 오는 것은 당신 때문이라는 주디스의 말을 듣고 앤더슨은 벼락을 맞은 듯한 기분을 느낀다. 화가 치밀어 올라 주먹이 불끈 쥐어지고, 목이 부풀고, 얼굴이 새빨갛게 물들더니 이윽고 피 기운이 치밀어 눈 아래까지 시뻘겋게 물든다.) — G. B.Shaw: 2

NOSE

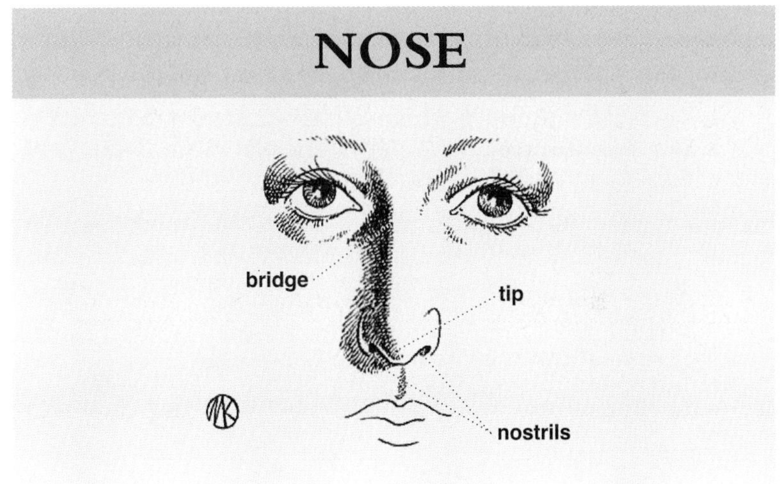

- 영어의 nose나 일본어의 코(鼻) 모두 얼굴 중앙에 돌기된 외비(外鼻)를 주로 가리킨다. 일본어에서는 인간과 동물의 코를 별도의 명칭으로 구별하지 않는다. 그러나 영어에는 그러한 구분이 있어 nose는 주로 인간의 코를 가리키고, 동물들의 경우에는 trunk(코끼리), muzzle(개, 말 등), snout(돼지 등) 등 코의 모양에 따라 별칭이 있다.

- 영어에서는 콧대(콧등)를 the bridge of a nose, 코끝을 the tip of a nose, 콧구

멍을 nostril이라고 칭한다. 일본어에서 콧방울이라고 하는 부위는 the wings of a nose라고 쓸 수는 있으나, 이 표현이 실제로 용모나 표정을 묘사할 때 사용되는 경우는 거의 없다시피 하다. 일본에서 콧방울의 넓이라 생각하는 것을 영어권에서는 콧구멍의 크기로 보는 경향이 있다.

- 일본 『국어관용구사전』에 따르면 예로부터 코끝은 '감정이 표현되는 곳'으로 여겨져 왔다. 현대 일본 소설에서 표정을 묘사할 때 코는 모든 감정 중 특히 흐뭇함, 자만, 모욕의 표정이 깃드는 부위다(e.g. 코를 벌름거리다, 코를 부풀리다, 콧방귀를 뀌다). 영어에서 nose는 흐뭇함, 모욕의 표정을 나타내나 동시에 쇼크, 불쾌감, 혐오감, 분노 등의 감정을 드러내는 부위다. 즉 공포, 흥분에는 콧구멍이 넓어지고(e.g. one's nostrils flare), 쇼크, 불쾌감, 혐오감 등에서는 콧구멍이 좁아지는(e.g. one's nostrils narrow) 것으로 표현한다.

- 영어권에서 코는 '친애'와 '적의' 두 가지 상반된 감정을 바탕으로 대인적인 접촉이 일어나는 부위다. 사랑하는 사람의 코끝을 만지작거리거나 잡아당기고 키스를 하는 등의 장난스러운 애무가 있는 한편, 싸우는 상대방의 코에 주먹을 날려 공격하기도 있다.

- 영어권에서 통용되는 코에 관련된 손짓 및 수신호는 여러 가지가 있다. 대표적인 것으로 코끝에 엄지를 대고 다른 손가락을 펴서 상대에게 야유를 보내는 동작(e.g. thumb one's nose)과 코를 손가락으로 집어 역겹고 불쾌하다는 뜻을 드러내는 동작(e.g. hold one's nose)이 있다.

- 사람은 마음이 불안할 때 얼굴이나 몸의 일부분을 무의식적으로 만지작거리는데, 코도 그러한 자기 접촉이 잘 일어나는 부위다. 심적 갈등이 있을 때, 의문이 생겼을 때, 심사숙고할 때 코끝을 잡거나 코 옆을 비빈다(e.g. pinch [pull] (at) one's nose; rub [stroke] one's nose). 이는 인류의 보편적인 행동으로 영어권 소설에서도 인물의 심리 묘사에 자주 사용된다.

- 코는 콧물을 훌쩍이거나 코를 고는 등의 단순한 생리적인 소리를 발생시키는 곳일 뿐만 아니라 분노, 모욕, 탄식 등의 감정과 결부된 다양한 소리를 발산하는 곳이기도 하다. 그 결과 언어에는 다양한 감정을 표현한 콧소리가 있는데, 영어도 마찬가지다. 코를 울리며 칭얼거리는 snivel, 콧방귀인 sniff, 거칠게 콧바람을 내뿜으며 분노를 발산하는 snort 등 다양한 의성어적 표현이 있다.

- 영어권에서 높은 코는 태생이 좋은 것을 드러낸다고 여겨진다. 그러나 지나치게 돌출된 코는 자칫 놀림의 대상이 될 수도 있다. Morris(1985) 등은 '존재를 느끼지 못할 정도로 눈에 띄지 않는 코, 특징 없는 코'를 미인의 요건으로 들고 있다(To be beautiful, a human nose must not possess any particular character; it must be totally without any character).

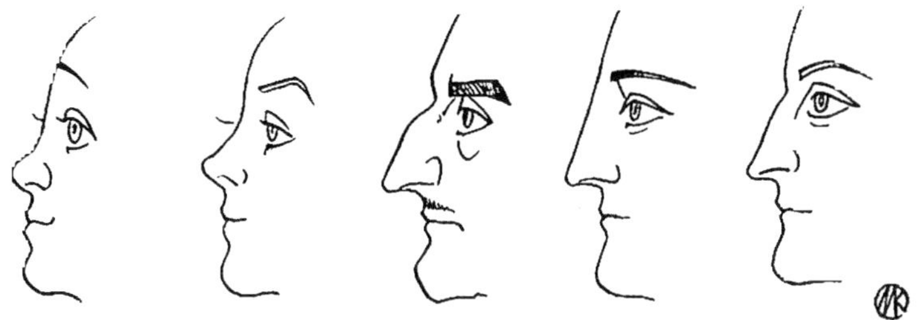

button nose turned-up nose aquiline nose Grecian nose Roman nose

• 다양한 코의 형상을 묘사할 때 영어에서는 가치평가를 내포한 명칭을 사용한다. 현대 영미권에서 여성에게 바람직한 코로 여겨지는 것은 button nose(작고 동그란 코), turned-up [tip-tilted] nose(코끝이 애교스럽게 살짝 들린 코), snub nose(작고 짧고 끝이 위쪽을 향한 코) 등이다. 이는 모두 어린아이와 같은 귀여움, 사랑스러움, 천진함 등을 나타내는 small nose 계열에 속하는 것으로, 오늘날 젊어 보이는 것에 가치를 두는 경향으로 인해 좋게 평가받고 있다. 이러한 코는 고귀함이나 단아한 아름다움과는 거리가 있고, 서민적이면서 건강한 느낌의 얼굴, 개방적인 성격 등과 결부된다.

> She was very pretty in the American way—clear warm skin, and a straight small nose, and translucent and even teeth. (그녀는 미국적인 미인이다. 깨끗하고 부드러운 피부에 코는 작고 곧게 뻗었으며, 이는 새하얗고 가지런하다.) — B. Siegel

좋은 태생과 기품, 범접하기 힘든 아름다움을 나타내는 코로는 aquiline nose(미간에서 코끝까지 완만한 곡선을 그리는 오뚝하고 귀족적인 코), Grecian nose(이마에서부터 곧게 뻗는 가늘고 높은 코로 고전적인 미를 상징하는 코), Roman nose(전체적으로 오뚝하고 코끝이 약간 휜 코. 일명 매부리코) 등이 대표적으로 꼽힌다. 현대 영어권 소설에서 이러한 코를 가진 인물은 집안도 좋고 자신만만하며 범접하기 힘든 인물로 묘사되곤 한다.

> He was certainly an impressive and handsome man…. The party his wife had given at their Chevy estate had been written up in all the columns. With his aquiline nose and long-fingered hands that tapped impatiently on the desk top, he reminded her of an eagle. (그가 존재감 있고 잘생긴 남자라는 것은 틀림없는 사실이었다. 체비의 대저택에서 그의 아내가 개최한 파티는 여러 신문의 칼럼에 실리기도 했다. 그의 오뚝한 코, 책상 위를 두

드리는 긴 손가락은 그녀로 하여금 한 마리 독수리를 떠올리게 했다.) — M. H. Clark: 1

한편 같은 매부리코라도 beaky nose로 표현되면 귀족성은 사라지고 비우호적이며 타인에게 곁을 주지 않는 엄격한 느낌의 코가 된다. 또 hawk nose가 되면 셜록 홈즈처럼 예리한 관찰력과 명철함이 강조된다.

● 코의 모양을 표현할 때는 long, short 또는 large, small을 쓰는 것이 일반적이다. 전자는 미간의 콧대 시작점부터 코끝까지의 길이를 나타내고, 후자는 코의 길이와 폭을 모두 포함하는 전체적인 크기를 나타낸다.
코의 높이를 측정하는 데는 두 가지 기준이 있다. 하나는 코의 시작점에서 코끝까지의 거리, 즉 코의 길이를 재는 방법이다. 다른 하나는 코의 폭(콧방울의 한쪽 끝에서 반대편 끝까지)을 재어 그 수를 코의 길이로 나누고 다시 100을 곱하여 그 수로 보는 방법이다. 이 수는 비시수(鼻示數)라 하여, 수가 적을수록 상대적으로 폭이 좁은 흔히 말하는 높은 코가 된다(香原, 1981(b)). 영어에서 코를 표현할 때 long, short 또는 large, small을 쓰는 것은 이런 두 가지 측정법에 기인한 것으로, 일반적으로 첫 번째 방법이 좀 더 많이 사용된다.
역사의 흐름을 바꿔 놓았다는 평가를 받는 클레오파트라의 코에 관해서도 영어에서는 '높았다면'이 아니라 '길었다면'이라는 표현을 많이 쓴다.

"Remember Cleopatra's (nose)? If it had been a fraction longer—or was it shorter—it would have changed the history of the world, someone said···." — V. Holt: 2

영어에서 코를 high로 형용하는 경우가 없는 것은 아니다. high는 일반적으로 생각하는 것과 같이 콧대(the bridge of a nose)가 솟은 정도에 착안한 표현이나 반드시 아름다운 코를 가리키는 것은 아니다. 일반적으로 high-bridged nose는 콧대가 높은 것에 더하여 폭도 좁고 살도 없으며 뾰족하고 날카로운 코(high, thin [narrow] fleshless nose)라는 의미를 담고 있다.

● 코 관련 관용 표현 중 거만한 태도, 거드름을 피우는 태도를 코끝의 방향에 비유한 것이 있다(e.g. turn up one's nose; look down one's nose). 한편 bloody someone's nose, put someone's nose out of joint는 상대의 거만한 콧대를 눌러 자존심에 상처를 입히는 것, 타인의 코를 납작하게 만드는 것을 뜻한다.

● 후각 기관으로서의 코와 관련한 관용구도 있다. 예를 들어 특종을 감지해 내는 민감한 직관력을 소유한 것을 일컬어 have a good [sharp] nose for···, 직감에 의존해 행동하는 것을 follow one's nose로 표현하는 등이다.
또한 코를 얼굴에서 가장 눈에 띄는 부위로 보는 시각이 있기 때문에 명명백백한 것을 일컬어 as plain as the nose on your face라고 표현한다. 그리고 nose to nose(얼굴을 맞대고), count noses(사람의 수를 세다), show one's nose(얼굴을 비추다), stick one's nose into…(머리를 들이밀다), have [keep] one's nose in a book(책에 얼굴을 묻고 열심히 독서에 몰두하다) 등 nose로 얼굴이나 머리를 대신하는 표현들도 있다.

bloody someone's nose 상대의 코를 코피가 나올 정도로 세게 때리다. ((상대방을 혼내 주다; 상대의 자존심에 큰 상처를 입히는 것을 의미하는 비유 표현)) 유 give someone a bloody nose / punch someone's nose

"The Administration deserved to have *its nose bloodied* on this," said Democratic Congressman Aspen of Wisconsin. "They handled this really badly." 〔니카라과 반정부군에게 원조금을 청구한 미 대통령의 안이 하원에서 부결된 사실에 관한 기사〕 (하원의장 아스펜은 "본 건에 대한 정부의 대응은 실로 좋지 못했다. 정부는 이런 식으로 콧대가 꺾여야 마땅하다."라고 평했다.) — *Time*, 1986

blow one's nose 코를 풀다. ((실용적인 동작))

Mr. James *blew his nose* with a trumpetlike blast. "I'm sorry if I've troubled you," he said sorrowfully. "I thought it right to come as soon as I could…. So as soon as my cold would let me get out of the house, I did," he sniffed…. (급한 용무 때문에 찾아온 제임스는 감기 때문에 큰 소리를 내며 코를 풀었다. 그는 "폐를 끼쳐서 죄송하지만 한시라도 빨리 상담을 해야 한다는 생각 때문에 집 밖에 나올 수 있을 정도로 낫자마자 바로 왔습니다." 하고 코를 훌쩍이며 슬프게 말했다.) — C. Hare

★ NB: blow one's nose는 관악기를 불기 위해 숨을 불어넣는 것처럼 코로 숨을 세게 내쉬어 콧물을 풀어 버리는 것에서 나온 표현이다. 표현 자체에는 '코를 푸는' 소리의 강도가 나타나지 않지만, 실제로 영미인은 남 앞에서도 개의치 않고 큰 소리로 코를 푼다. 이는 어릴 때부터 one good blow is better than a lot of sniffs라고 하여 코를 계속 훌쩍거리는 것보다 제대로 풀어 버리는 것이 좋다고 배우며, 코를 훌쩍이는 것보다는 세게 푸는 것이 차라리 예의 바르다고 생각하기 때문이다.

crinkle one's nose ➡ wrinkle one's nose

She imagined Margaret's dainty *nose crinkling* at the sight of this kitchen. (그녀는 부엌을 본 마가렛이 짜증을 내며 예쁜 코에 주름을 짓는 모습을 상상했다.) — J. Plaidy

one's **nostrils dilate** ➡ one's nostrils flare

"But here—selling cars—you with your brains, your capabilities—it's awful!" she exclaimed. Nicholas'*s nostrils dilated*. He looked down at her face hard and grim. (니콜라스와 재회한 그녀는 대단한 재능을 가진 그가 자동차 세일즈맨으로 생계를 이어 간다는 사실을 알고 경악했다. 그를 이런 지경으로 몰아붙인 것이 다름 아닌 그녀였기 때문에 니콜라스는 이제 와서 어쩌라는 거냐는 듯 화를 내며 콧구멍을 크게 벌리고 무서운 표정으로 그녀를 내려다보았다.) — D. Robins: 1

fall (flat) on one's **nose** 앞으로 팍 엎어지다. 《말 그대로 앞으로 엎어지는 동작; 보기 좋게 실패한 것을 의미하는 비유 표현》 유 fall (flat) on one's FACE

I want to learn to do the Black Bottom, but it is very hard and I am sure I will *fall flat on my nose* when I try. (블랙 바텀(엉덩이를 심하게 흔드는 춤)을 배우고 싶지만, 너무 어렵기 때문에 나는 앞으로 고꾸라질 것이 분명하다.)

one's **nostrils flare** 콧구멍을 넓히다. 《심하게 화가 났을 때; 콧방귀를 뀔 때; 흥분했을 때; 숨을 거세게 쉴 때 등》 유 one's nostrils dilate / one's nostrils widen

one's nostrils flare

Mother became openly furious, *her nostrils flared*, her voice and gestures became dramatic…. (어머니는 자주 노발대발하며 화를 냈다. 그녀는 콧구멍이 커지고 목소리도 몸짓도 무시무시해졌다.) — L. Kauffman

★ **영일비교** 일본어에 사람의 뻣뻣한 코 모양을 나타내는 '코를 추어올리다'라는 관용적 표현이 있다. 이것은 험악하게 '코에 각을 세운' 모습을 나타낸다(일본 『국어관용구사전』). 노여워서 콧구멍이 부푸는 모습도 여기에 포함되겠지만, 부푼 콧방울을 딱 짚어 인정하는 것은 기고만장한 얼굴일 때이지 화난 얼굴일 때는 아니다. 기고만장해

져서 부푼 콧방울에서 기세 좋게 콧김이 나오면 상대방의 기색을 살피던 사람은 과연 '콧김이 세다(서슬이 푸르다)' 하고 그 위세와 넘치는 패기에 주목한다. 이처럼 일본어에서는 영어에서 언짢거나 화난 증거로 여기는 거친 콧김을 의욕이 충만한 증거로 보아 관용구에서 부푼 콧방울을 자신만만함의 상징으로 삼았다.

get one's nose up in the air 코를 새침하게 위로 올리다. 《거만한 태도; 도도하게 구는 모습; 상대를 깔보는 모습에 대한 비유 표현》 유 (with one's) nose in the air

"… And now, just because she's sent those pictures, it'll be just like Thurl to *get his nose up in the air* and not write to her at all." ("단지 그녀가 이 사진을 보냈다는 사실 때문에 썰은 본척만척하고 답장할 생각조차 하지 않을 것이다.") — G.L.Hill: 1

get up someone's nose 코를 근질근질하게 만들다. 《타인을 짜증 나게 만드는 것을 의미하는 비유 표현》

The pros were even rougher. Announced TV critic Margaret Forwood in *the Sun*: "To be frank, Carson *got* right *up my nose*." 〔심야 토크쇼 진행자 자니 카슨에 대한 비판적인 기사〕 (시청자의 비판도 상당하지만 전문가들의 그것은 더욱 거세다. *Sun*의 방송비평가 마가렛 포우드는 "솔직히 카슨은 정말 짜증 난다."라고 했다.) — *Time*, 1981

★ NB: get up someone's nose는 콧속이 간질간질하고 재채기가 나올 것 같은데 나오지 않는 불쾌감에서 생겨난 비유 표현이다.

give someone a bloody nose ➡ bloody someone's nose

Even a former foreign policy adviser to President Reagan last week questioned the wisdom of sending in the Sixth Fleet. "It's all right to *give* Gaddafi *a bloody nose*," he said. "But if you do it without a game plan, what does it get you? …" (반미적인 태도를 취하는 리비아에 미국의 제6함대를 파병하자는 정부의 안에 대해 레이건 대통령의 전 외교문제 보좌관은 "불손한 카다피 대령의 콧대를 제대로 꺾어 주는 것은 좋으나, 전략도 제대로 세우지 않고 덤비는 것은 위험하다."라고 말했다.) — *Time*, 1986

★ NB: 원래는 복싱에서 생겨난 표현으로, 주로 남자들의 싸움에서 협박하는 문구로 쓰인다. 이와 비슷한 문구로는 "I'll break your nose."나 "I'll give you a jelly nose." 등이 있으며, 그 뜻은 '콧대를 부러뜨려 흐물흐물하게 만들어 주겠다.'이다. 한편 이러한 일격을 당한 것을 일컬어 take a punch on the nose라고 하는데 비유적으로는 따끔한 맛을 본 것을 뜻한다.

give someone's **nose a kiss [peck]** ➡ kiss (the tip of) someone's nose

She *gave me a* quick *peck on the nose*. "I like to think you're a little guilty, Anna. It makes you more human." (그녀는 나의 한심한 얼굴을 보고 코끝에 가볍게 키스를 해 주었다. "네가 조금은 죄책감을 느끼고 있다고 생각하고 싶어, 안나. 그래야 너도 조금은 사람다운 거니까."라며 밉살스럽게 말했다.)

give someone's **nose a tweak** ➡ tweak someone's nose

Sandy came up and *gave her nose a* friendly *tweak*. "Cheer up, gal…" (샌디는 낙담하고 있는 그녀에게 다가가 그녀의 코를 가볍게 잡으며 "힘내."라고 말했다.) — K.M.Peyton: 1

one's **nostrils go in and out** 콧구멍이 오므라들었다 넓어졌다 하다. 《거칠게 숨을 쉴 때》 유 one's nostrils quiver

Miss Peaseworthy was breathing hard. "I have never," and *her nostrils went in and out*, "I have never sewed for colored people." (흑인 여성을 위한 옷을 만들라고 주인에게 명령을 받은 재봉사 피즈워시는 "흑인이 입을 옷 따위는 단 한 번도 만들어 본 적이 없다." 하고 분개했다. 숨을 거세게 씩씩거리느라 그녀의 콧구멍이 오므라들었다 넓어졌다 했다.) — M.Cockrell

★ NB: 위와 같은 코의 움직임을 one's nostrils expand and contract라고 표현하기도 한다.

hold one's **nose** 코를 잡다. 《악취를 맡지 않기 위한 실용적인 동작; '역겹다'는 감정을 나타내는 몸짓 신호》 유 pinch (at) one's nose

hold one's nose

As Thomas finished her short program, she clapped her hands together in triumph. Then came the scores and boos. Thomas' marks for technical merit were high, but her grades for artistic presentation were much lower than those for Katarina Witt. Alex McGowan, Thomas' coach, *held his nose* in disgust. 〔캘거리 동계 올림픽에서 일어난 불공정한 판정에 관한 비판적인 기사〕 (데비 토머스는 쇼트 프로그램을 마치고 승리를 자신하며 손뼉을 쳤다. 그 후 득점판에 나온 점수는 기술점은 높았으나 예술점이 경쟁자 카타리나 비트에 비해 현저하게 낮았다. 토머스의 코치인 알렉스 맥고웬은 역겹다는 표시로 코를 손으로 잡았다.) — *Time*, 1988

But Blumenthal advised the Democrats to "*hold your nose* and vote for it." (미국 의회에서 심의 중인 법안에 대해 재무장관 블루멘설이 민주당 의원에게 "바라는 바는 아니겠지만 참고 통과시켜라."라고 권고했다.(비유적)) — *Time*, 1977

★ **영일비교** 악취를 맡으면 코를 쥐는 것은 영일 공통의 몸짓이지만 영미인은 상대가 시시한 농담을 하거나 천박한 자기 자랑을 늘어놓거나 또는 첫 번째 예문처럼 못 봐주겠다는 시늉을 할 때에도 코를 쥔다. 이것은 매우 싫어하는 사람, 일, 사물을 영어로 it [he, she] stinks(문자 그대로의 의미는 '악취를 내뿜다')라고 표현하는 데서 비롯되었다. 덧붙이자면 첫 번째 예문에서 인용한 기사의 표제는 The Skunks of Calgary이다.

일본어에도 이것과 비슷한 표현으로 '코가 버티지 못하다'라는 관용구가 있다. 문자 그대로의 의미는 '악취가 심해서 코가 버티지 못하다(견디지 못하다)'인데 실제로는 혐오감을 부채질하는 언동, 아니꼬운 태도나 몸짓을 비유할 때 쓰인다. 그러나 구체적인 행동 표현으로서 코를 쥐는 관습은 없다.

영미인 중에는 코를 쥐어 보이는 몸짓만으로는 부족해서 다른 손으로는 옛날 수세식 변기의 물 내리는 사슬을 당기는, 보기에도 무람없는 시늉을 하는 사람도 있다. 이것은 뒤에서 하는 험담이 아니라 '이런 역겨운 이야기는 이렇게 버려야 남들에게 폐를 안 끼치지'라는 뜻에서 허물없는 사이에 서슴없이 내뱉는 독설의 일종이다.

kiss (the tip of) someone's nose 코끝에 가볍게 입을 맞추다. ((친밀한 접촉 행동)) **유** give someone's nose a kiss

He looked down at her with a mixture of tenderness and amusement. "You always have fun, don't you, Shelley?" "Yes," Shelley answered, …. Hartley leaned over and *kissed her on the tip of her nose*. (그는 다정함과 우스움이 섞인 시선으로 그녀를 내려다보며 "너는 언제나 즐겁구나. 그렇지, 셸리?"라고 물었다. 셸리가 그렇다고 대답하자 하틀리는 몸을 숙여 그녀의 코끝에 가볍게 키스했다.) — B.Clearly: 1

★ NB: 일반적으로 코끝에 입을 맞추는 것은 입술에 키스하는 것과 마찬가지로 연인 사이에 오가는 성적인 키스의 일종으로 여겨져 a social kiss로는 사용되지 않는다. 또한 코에 하는 키스는 입술이나 뺨에 하는 키스와 달리 상호 교환적으로 행해지지 않으며 주로 충동적인 애정, 위안, 친밀감을 표현할 때 사용된다. 이성 관계가 아닌 경우에는 보호자로서의 감정을 갖고 행하는 성적 함의가 없는 애정 표현이다.

look down one's nose 자신의 코끝을 보는 것처럼 눈을 내리깔다. ((모멸, 경멸의 눈빛; 깔보는 것을 의미하는 비유 표현)) 유 stare down one's nose

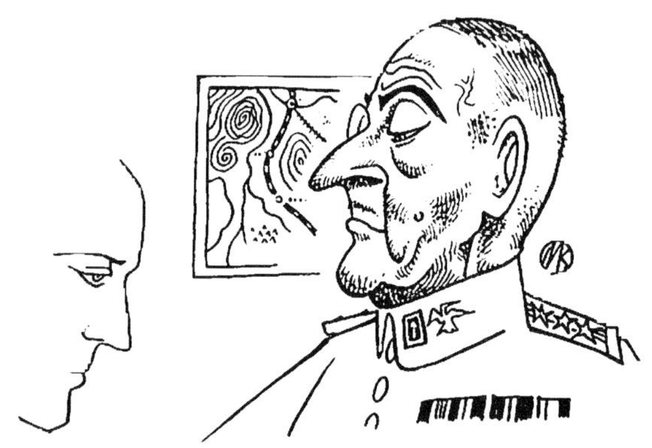

look down one's nose

The dean fiddled with a paper-knife and *looked down his nose* glumly. "This is disappointing! …." (학부장은 페이퍼 나이프를 만지작거리며 뚱한 표정으로 자신의 코끝을 보는 듯 눈을 내리깔고는 "실망스러운 결과다!"라고 말했다.) — L.C.Douglas: 2

"Sybil is snappish with everybody." "More so with me," he said sulkily as they waited for a cab. "Much more. She's always *looked down her nose* at me." (한 남자가 "시빌은 누구에게나 퉁명스럽게 대한다."라고 말하자 다른 남자가 "나에게는 더 그렇다. 그녀는 언제나 경멸스럽다는 시선으로 나를 본다."라고 울적해 하며 말했다.) — L.Auchincloss: 2

★ NB: 이 표현은 도도하게 머리를 뒤로 젖힌 상태에서 눈꺼풀을 반쯤 내리깔고 실눈으로 자신의 코끝을 보는 것처럼 상대를 내려다보는 모습을 나타낸다. 자신의 코를 내려다볼 때의 표정이 타인에 대해 거부나 교만, 무례를 범할 때의 표정과 비슷하기 때문에 생긴 표현이다.

look straight before one's nose 앞을 똑바로 보다. ((주변을 무시하는 듯 일부러 똑바로 전방을 응시하는 것))

The Doctor takes no notice of anything, but quietly turns over his book and finds the place, and then stands… finger in book, *looking straight before his nose*. He knows better than anyone when to look, and when to see nothing. (의사는 한눈팔지 않고 조용히 책장을 넘기다 찾던 페이지가 나오자 그 부분에 손가락을 끼우고 자리에서 일어나 똑바로 앞을 바라본다. 그는 언제 봐야 할지, 언제 보지 말아야 할지를 누구보다도 잘 아는 사람이다.)
— T.Hughes

one's nostrils narrow 콧구멍이 움츠러들다. ((움찔 놀랐을 때, 충격을 받았을 때; 불쾌, 비난, 경멸 등의 감정을 담아 상대를 바라볼 때의 표정)) 유 one's nostrils are pinched / one's nostrils are thinned

He looked at her with his face alight with the pleasure he was finding in her discomfiture, and after a moment she took a deep breath, *her nostrils narrowing* as she looked at him and then nodded sharply. "Very well, Mr. Constarn. Very well. So be it…." (당혹스러워하는 그녀의 모습을 바라보며 흡족한 표정을 짓는 그를 보고, 그녀는 콧구멍을 좁게 오므리며 숨을 깊이 들이마셨다. 그러고는 단호하게 고개를 끄덕이더니 "이제 어쩔 수 없다." 하고 갑자기 태도를 바꿨다.) — C.Rayner

★ **영일비교** 코로 거칠게 숨을 들이쉬면 콧구멍은 좁아지고 내뿜으면 넓어진다. 어느 것이나 예사롭지 않은 숨결을 나타내는데, 영어에서는 이러한 콧구멍의 두 가지 대조적인 움직임이 분노나 모멸의 얼굴에 나타난다고 본다. 콧구멍이 좁아지는 것은 넓어졌을 때만큼 공격적인 감정을 나타내지는 않지만, 엉겁결에 숨을 들이쉬어 소용돌이치는 노여움이나 불쾌함을 억누르는 격렬함이 숨어 있다.
일본어에는 코(콧구멍)의 팽창을 인정하는 관용구는 있지만(콧방울을 부풀리다, 코를 추어올리다), 코(콧구멍)가 작아지는 것에 주목한 표현은 없다.

nose to nose 서로 코가 닿을 정도로 얼굴을 가깝게 들이대고, 얼굴을 맞대고 유 nostril to nostril

He put his face *nose to nose* with hers. "Listen to me, lady," he said as quietly as he could over the rain. "I've had more than enough from you…." (그는 그녀의 얼굴에 자신의 얼굴을 들이대고는 "잘 들어. 당신의 못된 짓은 이제 충분해."라고 낮은 목소리로 으름장을 놓았다.) — J.Deveraux

Once he raised his voice in a nasty way toward me. I walked over to him, *nose to nose*. In a very low voice I said, "Are you talking to me?" He never insulted me again. (한번은 그가 내게 불손한 태도로 언성을 높였다. 나는 그에게 다가가 코가 닿을 정도로 얼굴을 들이대고는 "나한테 얘기하

는 거냐?"라고 낮은 목소리로 물었고, 그 이후 그는 두 번 다시 나를 모욕하지 않았다.) — K. Douglas

nostril to nostril 콧구멍을 크게 벌리고 마주하여 ((화난 황소처럼 상대를 적대시하는 모습)) 유 nose to nose

It was a violent discussion, and Church thought the President seemed almost high: it was all very explosive, *nostril to nostril*, and twice Lady Bird, sensing the dangers, tried to separate them, but the President moved her away. [미 대통령 존슨과 처치 의원이 격론을 벌이는 상황] (처치 의원은 대통령이 혹시 약물이라도 복용한 게 아닌가 생각했다. 잔뜩 흥분해서 당장 드잡이라도 할 듯했다. 위험을 감지한 영부인이 두 번이나 두 사람을 떼어 놓았지만 그때마다 대통령은 그녀를 밀어냈다.) — D. Halberstam

pick at one's nose 코를 살살 긁거나 가볍게 집다. ((따분할 때의 동작; 생각에 잠겼을 때의 동작; 정신이 산만할 때의 동작 등))

Culotti *picked at his nose* and looked wise…. He smiled expansively, and put a fatherly arm around my back. "Come in. We'll talk." (나의 상담 요청을 받은 그는 코끝을 가볍게 잡고 잘난 척하는 표정을 지었다. 그러더니 히죽 웃음을 짓고 이해심 많은 아버지마냥 내 어깨에 손을 얹으며 "자, 얘기해 보세요."라고 말했다.) — R. Macdonald: 7

pick one's nose 코를 후비다. ((코딱지를 파내는 행위; 무료하거나 정신이 산만할 때 하는 동작))

"Is there anything?" she said. Henry shuffled his feet, looked at her, shuffled his feet again, *picked his nose* and rubbed his left ear and then moved his feet in a kind of tattoo. "Just something—I—I wondered if you—I mean—if you wouldn't mind me asking you…." ("무슨 용건이냐?"라고 그녀가 묻자 헨리는 양발을 번갈아 꾸물꾸물 움직이며 그녀의 눈을 바라보았다. 그리고 또다시 발을 꾸물거리더니 코를 후비다 귀를 만지작거리다 발을 쿵쿵 굴렀다. 그러고는 겨우 머뭇머뭇 용건을 말하기 시작했다.) — A. Christie: 3

pinch (at) one's nose 코를 잡다. ((악취 때문에; 심리적으로 불안함을 느낄 때의 자기 접촉 동작)) 유 hold one's nose 참 pinch the bridge of one's nose

He watched me to see if I would take offense in Frank's behalf, and he *pinched his nose*, as he often did when distressed. (그는 내가 프랭크의 편에 서서 분개하는지 살펴보며 코를 가볍게 잡았다. 그것은 그가 곤경에 빠져 고민할 때 버릇처럼 하는 행동이었다.)

pinch the bridge of one's **nose** 미간의 콧대를 잡다. ((눈이 피로할 때, 정신적 피로를 느낄 때, 당혹스러울 때 또는 생각에 지쳤을 때; 고민하며 생각에 잠긴 모습 등-고개를 약간 숙이고 눈을 감은 상태에서 하는 행동)) 참 pinch at one's nose

pinch the bridge of one's nose

"Oh Dad, the prom isn't for parents." He *pinched the bridge of his nose* as if he had been wearing uncomfortable glasses. (딸아이의 학교 댄스 파티에 따라가고 싶다고 한 아버지는 단박에 거절당했다. 그는 탄식하며 도수가 맞지 않는 안경이라도 쓴 듯 미간을 손가락으로 꾹 눌렀다.) — S.Stein

one's **nostrils are pinched** ➡ one's nostrils narrow

Her lip was curled, her eyes were narrow with disgust and *her nostrils were pinched*, and yet the old man kept staring at her. (그녀의 입은 비틀어지고 눈은 혐오감으로 가늘어졌으며 분노로 깊이 들이마신 숨 때문에 콧구멍은 오므라들었다. 그럼에도 노인은 그녀를 물끄러미 쳐다볼 뿐이었다.) — B.Glemser

Her face began to look ashen and *her nostrils were pinched*. 〔심한 충격을 받은 순간〕 (그녀의 얼굴은 서서히 새파랗게 질리고 콧구멍은 오므라들었다.) — G.Heyer: 4

poke one's **nose into a room** 문틈 사이로 얼굴을 빼꼼히 내밀다. 유 put one's HEAD around the door

"… I want to *poke my nose into my first lab* and have a moment of nostalgia…." (예전에 일하던 연구소를 방문한 남자는 "나의 첫 번째 실험실을 살며시 들여다보며 향수에 젖고 싶다."라고 말했다.) — J.Michael: 2

press one's nose against the window 창문에 코를 박다. ((주로 어린아이가 창문에 얼굴을 대고 창 너머에 있는 것을 열심히 혹은 부러워하며 보는 모습))

We're going to try to find a Sears Roebuck in Denver tomorrow night so we can *press our noses against the window* and watch TV when the astronauts land on the moon. (우리는 내일 밤 덴버에 있는 시어스 로벅 상점에 가서 쇼윈도에 코를 박고 우주비행사가 달에 착륙하는 모습을 TV로 볼 예정이다.) — D.Lund

pull at one's nose 코를 쭉 잡아당기다. ((생각에 잠겼을 때; 심리적인 불안으로 정신이 산만할 때 등))

"We're all that's left of the original team. Do you think we could be friends?" "I doubt it," I said before I had time to think…. He stood there, *pulling at his* damn *nose*, which should have been ten feet long by now. ("이 팀의 원년 멤버는 우리 두 사람뿐이다. 그동안 우리 둘이 좀 친해지지 않았나?"라는 그의 말에 나는 "그건 아닌 것 같다."라고 대답해 버렸다. 그는 말문이 막힌 듯 우뚝 서서 코를 잡아당겼다. 저러다 코가 10피트는 길어지지 싶을 정도였다.) — W.Sheed

punch someone's nose 타인의 코를 주먹으로 때리다. ((싸움에서 코에 일격을 가하는 것; 상대를 심하게 혼내는 것을 뜻하는 비유 표현)) 유 bloody someone's nose

Once I *punched* another boy *in the nose* for calling Gene a sissy. (친구 진에게 계집애 같은 놈이라고 욕하는 녀석이 있어서 코에 한 방 먹여 준 적이 있었다.) — *Reader's Digest*, 1975

one's nose quivers ➡ twitch one's nose

My sister'*s nose*, which is long and thin, *quivered* a little at the tip, as it always does when she is interested or excited over anything. (여동생이 뭔가에 흥미를 갖거나 흥분할 때마다 그녀의 길고 가느다란 코끝이 실룩실룩 움직였다.) — A.Christie: 5

one's nostrils quiver 콧구멍이 실룩실룩 움직이다. ((호흡이 거칠어진 모습; 흥분하거나 감정이 격앙된 모습)) 유 one's nostrils go in and out

She folded her bony hands and snorted slightly, and *her nostrils quivered* like those of an old war horse smelling the powder. 〔여주인에게서 자신이 하지 않은 잘못에 대해 책망을 들은 상황〕 (그녀는 앙상한 손을 포개고 가볍게 콧방귀를 뀐 뒤 자세를 바로 했다. 그녀의 콧구멍은 전쟁터에 끌려간

늙은 군마가 화약 냄새를 맡았을 때처럼 분노로 실룩거렸다.) — E. Goudge

"… You didn't tell me he was leaving. Has anything happened to him?" Gerry'*s nostrils quivered* but she bit fiercely into her lower lip. (떠나간 남자에 대한 질문을 받자 게리는 콧방울을 실룩거렸다. 그러나 그녀는 지금은 아무 말도 하지 않겠다는 듯 아랫입술을 꽉 깨물었다.) — D. Robins: 1

★ NB: one's nostrils quiver와 one's nose quivers는 서로 다른 표정을 나타낸다. 전자는 말이 콧구멍을 푸르르 떠는 모습을 나타낼 때 자주 사용되는데, 사람의 경우에는 심상치 않은 호흡을 동반하는 표정을 묘사할 때 쓰인다. 후자는 콧등에 살짝 주름을 잡고 가볍게 움직이는 모습을 나타낸다. 영어에서는 호흡의 변화에 따라 수축되거나 확장되는 콧구멍의 움직임을 nose의 움직임과 구별해서 보는 경향이 있다.

rub the bridge [top] of one's nose 콧대를 손가락으로 문지르다.

《눈의 피로, 정신적인 피로를 느꼈을 때; 생각에 지쳤을 때 등》

"I don't want to work for you, Daddy. I'm asking you to come in as my partner." Henry took off his glasses and *rubbed the bridge of his nose*. "And where did you get the money for all this?" (아빠에게 새롭게 기획한 일에 고용주나 상사가 아닌 파트너로서 참가해 달라는 딸의 자립선언을 듣고, 헨리는 골치 아픈 이야기라는 듯 안경을 벗고 콧대를 주무르며 "그러면 자금은 어디서 끌어올 거냐?"라고 물었다.) — R. Lawrence

rub one's nose 코를 문지르다. 코를 비비다.

《생각에 잠기거나 확신을 갖지 못하고 망설이는 모습; 본심을 숨기고 이야기할 때, 상대의 이야기를 의심하며 들을 때, 심리적으로 불안정할 때 하는 동작-콧잔등, 코 옆 등을 손가락으로 가볍게 문지르는 동작》 유 stroke one's nose

Wilson *rubbed his nose* absentmindedly. "Anything else, Mr. Beach? Any insignificant little thing?" (탐정인 윌슨은 이야기를 들으며 멍하니 코를 문지르다가 "다른 뭔가가 또 있었나? 아주 시시한 것이라도 괜찮으니 이야기해 주게."라고 재촉했다.) — D. Francis: 3

"I can hold up the story for twelve hours. After that it's a risk. Can't the minister come up with a statement by then?" Richardson asked. With his free hand the Prime Minister *rubbed his* long *nose*. Then he said decisively, "I'll tell him to." (뉴스 보도를 막을 수 있는 시간은 12시간뿐인데, 그때까지 주무부처 장관에게서 공식 성명을 이끌어 낼 수 있느냐고 리처드슨이 물었다. 수상은 생각에 잠긴 듯 코 옆을 비비다가 이윽고 뜻을 굳힌 듯 "좋다. 내가 그에게 명령하겠다."라고 말했다.) — A. Hailey: 4

scratch (the side of) one's nose 코를 긁다. ((당황, 곤란, 심리적인 불안정 등에 의한 신경질적인 동작))

"… Is he here? Do you remember?" The doorkeeper *scratched his nose* again. "He don't come for the Germans. He's never here when we're doin' one of the Germans." (아마추어 탐정은 극장에 찾아가 자신이 용의자로 점찍은 인물이 독일 오페라 공연에 오지 않았느냐고 극장 수위에게 물었다. 수위는 당황한 듯 코 옆을 긁적이며 오지 않았다고 대답했다.) — B. Paul: 2

"I'm engaged, did you know?" Charles *scratched the side of his nose*, a trick of his when he was embarrassed. ("나는 약혼했어요. 알고 있나요?"라고 말하며 찰스는 코 옆을 긁적였는데, 이는 그가 부끄러울 때 하는 버릇이었다.) — J. Braine: 1

stare down one's nose 빤히 내려다보다. ((모욕, 비난의 눈빛으로 쳐다보는 모습; 모욕적인 태도를 의미하는 비유 표현)) 유 look down one's nose

The deputy director was gazing at Nigel, rather in the expectant manner of one who has told a peculiary subtle joke and is waiting to see if the point of it has been taken. Nigel *stared down his nose*. (센스 있는 사람이 아니면 알아듣기 힘든 농담을 한 뒤 상대의 반응을 기다리며 차장은 나이젤을 지그시 바라보았다. 나이젤은 시시하다는 듯 상대를 업신여기는 표정으로 쳐다보았다.) — N. Blake

"Am I to understand that you are taking the blame?" he asked. "And offering to bear the punishment?" "Only because I believe you unjust." His eyes narrowed and he lifted his head to *stare down his nose* at her. (아이를 감싸기 위해 다 자기 책임이라고 하는 가정교사에게 그는 "그렇다면 벌도 달게 받겠느냐?"라고 다그쳤다. 그러자 가정교사는 "주인님께서 공정하지 않은 이상 벌을 받는 수밖에 없겠지요."라고 말했다. 그는 화가 나서 눈을 가늘게 뜨고 얼굴을 휙 쳐들어 어디서 함부로 입을 놀리느냐는 듯 가정교사를 노려보았다.) — C. Rossiter

stroke one's nose ➡ rub one's nose

He regarded me in silence for a moment, *stroking his nose*. (믿을 수 있는 사람인지 평가하는 듯 그는 코를 만지작거리며 찬찬히 나를 바라보았다.) — R. Macdonald: 7

He had gone then in despair to Joe Huntley… and told him all the story. Joe had wrinkled his forehead and in silence *stroked his nose* with a knobby forefinger. The man before him recognized the familiar signs. His case, then, was hopeless. (지푸라기라도 잡는 심정으로 그는 변호사 조 헌틀리에게 가서 자초지종을 말했다. 조가 이마를 찌푸리며 우툴두툴한 검지로 코를 만지작거리는 것을 보고 그는 자신의 사건에는 전혀 가망이 없다는 것을 깨달았다.) — A.S.Turnbull: 1

talk down one's nose 난폭하고 껄렁거리는 말투를 쓰다.

"… They get round the place *talking down their noses* and making believe they're gangsters…." 〔미성년자 출입금지인 영화관에 들어가는 모습〕 ("그들은 난폭한 말투를 쓰면서 조직폭력배인 척하며 들어가 버렸다.") — N.Marsh

tap one's nose 코 옆을 손가락으로 톡톡 치다. 《주로 영국에서 '비밀 엄수'의 신호; '참견하지 마'라는 신호; 빈틈이 없음을 의미하는 신호》 유 lay one's FINGER alongside one's nose

tap one's nose

He pocketed the form Reuben had given him after glancing at it briefly and Ben Garvald said, "Aren't you going to fill that thing in?" Devlin *tapped his nose* and tried to assume an expression of low cunning. "And let you see where I'm going? Not bloody likely, Mr. Garvald." (그가 건네받은 서류를 슬쩍 보고 주머니에 집어넣자 벤 가발드는 "서류를 작성하지 않을 겁니까?"라고 물었다. 데블린은 "당신에게 내 행선지를 보여주라는 얘기입니까? 말도 안 되는 소리 하지 마세요."라고 말하고는 코 옆을 톡톡 치며 자신에게는 빈틈 따위는 없다는 얼굴을 했다.) — J.Higgins

★ NB: 이 동작은 영국과 북유럽에서 주로 사용하는 것으로 '어쩐지 냄새가 난다' 또는 '(못된 짓을) 들키고 말 거야'라는 경고의 신호에서 유래했다고 한다(Morris *et al.*, 1981). 영국에서는 nose tap을 '비밀 엄수', '참견하지 마', '빈틈 따위는 없다' 등

여러 가지 의미로 사용한다. 이 동작이 영국에서 '비밀 엄수'의 의미로 사용되기 시작한 것은 18세기에 암흑가에서다. 당시 nose는 범죄자들끼리 쓰던 속어로 사람들의 뒤를 캐서 경찰에 밀고하는 사람을 의미했는데, 이후 코를 톡톡 치며 '밀고자가 있으니 입을 닫아라'의 의미로 사용하면서 널리 퍼지게 되었다. '참견하지 마'의 의미는 nose를 nosy(참견하기 좋아하다, 캐묻기 좋아하다)에 연결시켜서 파생시킨 의미로 남의 일에 참견하는 상대를 향해 이 동작을 하면 "Don't be nosy."의 의미를 담은 신호가 된다. '빈틈 없음'의 의미로 쓰이는 nose tap은 '후각이 발달했다'를 장난스럽게 나타내는 동작이다. 최근에는 이 동작이 일상생활에서보다는 연극 등에서 익살로 사용되는 경우가 많다.

one's **nostrils are thinned** ➡ one's nostrils narrow

As he stared down at her *his nostrils were thinned* and white. "And I refuse to let you go…" ("계집애를 그런 곳에 가게 할 수는 없다."라고 말하며 그는 무서운 눈으로 그녀를 내려다보았다. 분노를 억누르느라 그의 콧구멍이 좁게 오므라들고 핏기도 사라졌다.) — K. Blair: 2

thumb one's nose (at…) (…를 향하여) 코에 엄지손가락을 대고 다른 손가락들을 펴서 흔들어 보이다. ((특히 어린이들이 하는 모욕, 조롱의 동작; 업신여기고 하찮게 여기는 태도를 나타내는 비유 표현-한 손의 새끼손가락에 다른 손의 엄지를 덧붙여 양손을 팔랑거리는 동작도 있다.)) 유 press one's THUMB to one's nose and wiggle one's fingers

When Mondale departed, a Secret Service bodyguard *thumbed his nose at* the reporters. (미국 민주당 대통령 후보인 월터 먼데일이 회의장을 빠져나가자 경호원은 기자들을 향해 꼴좋다는 듯 엄지를 코끝에 대고 모욕의 손짓을 했다.) — *Time*, 1976

There was a tacit rule that Don's father was to be mentioned as seldom as possible, to avoid controversy. This evening Mrs. Marshall seemed to be *thumbing her nose at* the rule and Don was having increasing difficulty holding on to his temper. (던의 아버지 얘기는 말다툼거리가 되기 때문에 되도록 입에 올리지 않기로 가족 간에 암묵적인 약속이 되어 있었다. 그러나 오늘 밤 마셜 부인은 그런 건 엿이나 먹으라는 듯한 태도를 보였고, 던의 심기는 점점 불편해졌다.(비유적)) — L. Kauffman

★ NB: 이 동작은 여러 가지 다양한 표현으로 묘사되나 특히 cock [pull] a snook, make a long nose 등이 널리 쓰이고 있다. 이 야유 행위는 유럽 대륙에서 오래전에 생겨난 것으로 프랑스어로는 le nez long, 독일어로는 die lange Nase, 이탈리아어로는 il naso lungo(모두 long nose라는 뜻)라고 한다. 영미권에서는 한때 어린

학생들의 야유 행위로 주로 사용되었으나, 요즘은 유행이 지나 오히려 어른들이 어린 시절을 떠올리며 장난을 칠 때 사용된다.
이 동작이 모욕의 행위가 된 유래로는 몇 가지가 전해진다. '존경'을 나타내는 군대의 거수경례 형식을 파괴해 '존경심이 없음'을 나타낸다는 설도 있고, '네 코는 이렇게 못생겼다'라는 의미를 담고 있다고도 하며, 싸움닭의 볏을 본떠서 만든 위협의 동작이라는 설도 있다. 그러나 특별히 정설이라고 꼽을 수 있는 것은 없다(Morris *et al.*, 1981).

touch (the tip of) someone's nose **타인의 콧등을 톡 하고 가볍게 건드리다. ⟪주로 나이 어린 사람에게 또는 남성이 여성에게 행하는 '요 녀석', '바보 같으니!'와 같이 야유 섞인 친밀감의 표현⟫**

"… Why, Major McGill, if you have a rendezvous with another woman, I'll scratch your eyes out. I swear I will! And hers, too!" He grinned and *touched the tip of her nose* playfully. 〔임지로 돌아가는 연인을 배웅하는 장면〕 ("맥길, 거기서 다른 여자와 만난다면 이 손으로 당신의 눈을 파내 줄 테야. 정말! 꼭! 그리고 그 여자 눈도!"라고 그녀가 농담조로 말하자, 그는 싱긋 웃으며 장난스럽게 그녀의 코를 톡 쳤다.) — B.T.Bradford

turn one's nose up (at…) **(…에 대하여) 앵돌아지다. 모른 체하다. ⟪거들떠보지도 않는 모습; 모욕적인 태도, 얕보는 태도, 거부하는 태도 또는 그런 태도에 대한 비유 표현⟫**

"Really, my darling, you can't *turn up your nose* at every man who is attracted by you!" (나이도 꽉 찼건만 그녀는 구애하는 남성에게 전혀 흥미를 보이지 않는다. 어머니는 "그렇게 모든 남자를 거들떠보지도 않으면 안 된다."라고 설교한다.) — D.Robins: 1

Because he has *turned up his nose* at cultivating political allies, he had little choice but to put his longtime Senate assistant, William White, in charge. 〔대통령 후보로 출마한 글렌 상원의장의 선거 체제에 관한 기사〕 (글렌은 지금까지 정치계에서 협력자를 개척하는 것을 등한시해 왔기 때문에 상원의원 시절부터 줄곧 그의 보좌관으로 있던 윌리안 와이트를 그의 선거 총책임자로 앉힐 수밖에 없었다.) — *Time*, 1983

★ NB: turn one's nose up at someone으로 표현되는 전형적인 자세는 머리를 뒤로 젖히고 윗입술을 찡그리며 코에 주름을 잡고 눈앞의 상대에게서 '흥' 하고 고개를 돌리는 것이다.

★ **영일비교** 모멸감, 우월감이 뚜렷하게 나타나는 태도를 코를 중심으로 파악한 영어

표현에는 코가 위로 향한다고 보는 것과 아래로 향한다고 보는 것 두 종류가 있다. 전자에는 turn one's nose up 외에 get one's nose up in the air, (with one's) nose in the air 등이 있다. 그리고 후자로는 look down one's nose, stare down one's nose 등이 있다. 코의 위아래 방향은 종종 코로 숨을 들이쉬느냐 내뱉느냐 하는 방향과도 관계가 있어 turn one's nose up은 코로 들이쉬는 숨(sniff), look down one's nose는 코로 밀어내는 숨(snort)과 각각 짝을 이루는 일이 잦다. 같은 모멸적 태도를 나타내는 표현이라 하더라도 위로 향하는 코는 지나친 자존심에서 비롯된 것으로, 상대를 성실하게 대할 가치가 없다(not good enough)고 얕보는 거부성이 중심이다. 단, 코를 위로 향함과 동시에 상대를 시야에서 놓치게 되므로 look down one's nose 같이 상대를 똑똑히 내려다보는 뻔뻔스러움은 없다. 한편 이 관용구를 달리 해석하는 관점도 있다. turn one's nose up이 코를 새침하게 돌려서 옆을 향하는 것이 아니라, 경멸스러움에 윗입술을 일그러뜨림으로써 코의 양 옆이 위로 끌어올려지는 것으로 보는 견해이다(*Brewer's*).

look down one's nose는 자기 코끝을 응시하는 듯한 눈초리로 상대를 내려다보면서 상대의 보디 존을 시선으로 침범하는 무신경함을 나타내는 표현이다. 이것은 사람을 사람으로 생각하지 않는, 더욱 강렬한 경멸을 의미한다.

코와 관련된 일본어 관용구 중에 타인을 경멸하여 하찮게 대하는 모습을 나타낸 것으로는 '코로 응대하다'가 있다. 『다이지린』은 이 구절을 '코끝으로 흥 하고 응답하는' 냉정한 태도로 정의한다. 원래 머리를 낮추어 겸허하게 대하는 것이 예의인데도 매몰차게 '흥' 하고 코끝으로 응수하는 무례함을 나타낸 표현이다.

tweak someone's nose **타인의 코를 잡아당기다(잡아 비틀다). 《장난 섞인 우호적인 접촉 행동; 상대를 얕잡아보거나 업신여기는 것을 의미하는 비유 표현》** **유** give someone's nose a tweak

"I'm going to pull your nose off," he cried, *tweaking the nose of* California Governor Ronald Reagan. Chris, who had several birth defects, was posing··· for an Easter Seal fund raising poster. "Hey," grinned Reagan, "I'm going to take your nose off too," and he

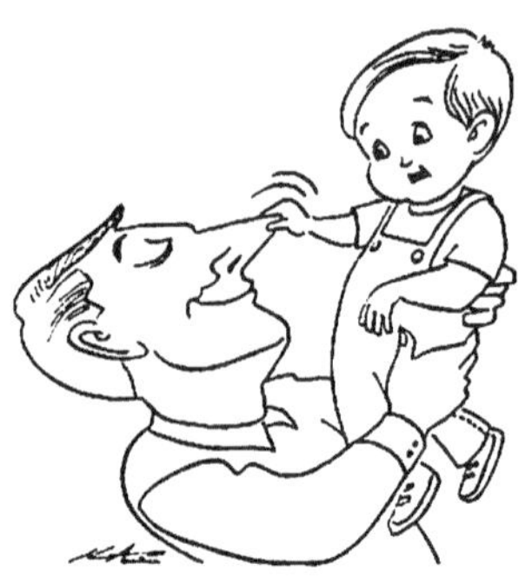

tweak someone's nose (1)

returned a friendly tweak. (전 캘리포니아 주지사 레이건이 장애아를 위한 모금 운동용 포스터 사진을 찍는 장면이다. 아이와 레이건은 서로 "코를 떼어 버릴 거야."라고 장난스럽게 말하며 코를 잡아당기고 있다.) — *Time*, 1974

Defense Secretary Caspar Weinberger took a hard line in the discussion, arguing that the U.S. could not continue to have *its nose tweaked* by Israel. 〔미제 무기로 아랍 공격을 감행한 이스라엘의 폭거에 대한 의견 표명〕 (미 국방장관 와인버거는 앞으로는 강경 노선을 취할 것이며, 미국이 이대로 계속 이스라엘에 바보 취급을 당하지는 않을 것이라고 말했다.(비유적)) — *Time*, 1981

tweak someone's nose (2)

★ NB: 손을 뻗어 상대의 코를 잡아당기는 행위는 상대의 신체를 침해하는 명백한 모욕 행위다. 한때는 결투를 재촉하는 도발 행위로 사용되었다고도 하지만 요즘에는 어른과 아이, 남성과 여성 사이에 보호자로서의 애정을 바탕으로 한 야유 행동으로 쓰이고 있다.

twitch one's nose **코를 실룩실룩 움직이다. ((재채기가 나올락 말락 하여 코가 근질근질할 때; 재미있는 이야기에 호기심을 보이는 모습; 걱정, 흥분 등으로 가만히 있지 못하고 코를 실룩거리는 모습; 모욕, 불쾌함 때문에 코를 찡그리는 모습 등-코에 잔주름을 잡은 상태에서))** **유** one's nose quivers **참** one's nostrils quiver

In the surprise of the moment I departed from my valuable rule of never parting with information. "Oh!" said Caroline. I could see *her nose twitching* as she worked on this. (나는 한번 들어온 정보는 혼자만 알고 있자는 주의이지만, 깜짝 놀란 순간에 무심코 동생 캐롤라인에게 말하고 말았다. 캐롤라인은 새로운 정보를 단서로 사건의 진상을 다각도로 생각하며 무언가를 찾아내려는 듯 코를 실룩거렸다.) — A. Christie: 5

"I keep forgetting, Brownie," Kittie went on, *twitching her nose* at him, "You don't read anything but the stupid papers and you don't listen to anything I tell you…" 〔누나가 남동생에게 설교하는 장면〕 ("브라우니, 너라는 녀석은 변변한 책도 읽지 않고 내 말을 하나도 듣지 않는다는 걸 잊고 있었다."라고 키티는 그를 바라보며 코를 실룩거리면서 말했다.) — M.E.Barrett

★ **영일비교** 일본어에서는 '콧방울을 부풀리며' 여봐란 듯이 코를 '실룩실룩 움직이는' 모습을 승리감으로 가득한 표정을 나타내는 관용구로 쓴다. 일본 『국어관용구사전』에서는 '코를 실룩거리다'를 '코를 계속해서 조금 움직이다. 우쭐하며 기뻐함을 비유적으로 이르는 말 또는 그런 몸짓'이라고 정의하고 있다.
twitch one's nose도 콧방울을 실룩실룩하는 것을 뜻하지만 일본어에서 '코가 실룩거리다'가 의미하는 우쭐한 얼굴을 가리키지는 않는다. 영어 소설에서 인물의 코가 실룩실룩하는 것은 주로 걱정, 불쾌감, 경멸, 흥분 등으로 마음이 차분하지 못한 상태일 때다. 그중에서도 흥분으로 코가 움직이는 경우는 재미있는 이야기, 특히 악의적인 소문이나 추문(scandal) 같이 신문 사회면에 특종으로 실릴 법한 것의 냄새를 맡고 동요하는 상황일 때가 많다. 영미 일부에는 '흥미로운 이야기'의 냄새를 맡으면 코가 근질근질해진다는 속설이 있는데 그것과 연관이 있다고 볼 수 있다.

under someone's **(very) nose** 타인의 코앞에서, 목전에서

To prove it, Mr. Kelada took out of his pocket a passport and airily waved it *under my nose*. (자신의 말을 증명하기 위해 켈라다 씨는 주머니에서 여권을 꺼내 내 코앞에서 흔들어 보였다.) — W.S.Maugham: 10

one's **nostrils widen** ➡ one's nostrils flare

Blaise breathed quickly, *nostrils widening*, eyes bloodshot in a face which had grown a shade thinner those last few weeks. (가족 간의 다툼이 계속되어 최근 몇 주 사이에 블레즈의 얼굴이 조금 야위었다. 심한 말을 주고받은 지금도 그는 호흡이 거칠고, 흥분한 탓에 콧구멍은 크게 벌어지고 눈에는 핏발이 섰다.) — D.Robins: 2

(with one's**) nose in the air** 코를 휙 쳐들며 《거만, 거드름, 새침, 도도함 등을 나타내는 태도; 타인에게 곁을 주지 않는 태도; 타인을 깔보는 태도 등》 유 get one's nose up in the air

Rose came in through the door, *nose in the air*. "Time to chat I see." She looked at Sarah. "I thought you were supposed to be sewing Lady Marjorid' s cushion…" (가정부 로즈가 새침한 모습으로 들어와 농땡이 치고 있던 동료들에게 "수다 떠는 시간이냐."라고 빈정거렸다. 그녀는 사라에게 "주인마님의 쿠션을 만들어야 하는데 뭐 하는 것이냐."라고 잔소리를 했다.) — J. Hawkesworth

(with one's) nose in the air

wrinkle one's **nose** 코에 주름을 잡다. 코를 찡그리다. ((냄새를 킁킁거리며 맡거나 악취를 맡았을 때의 동작; 불쾌, 혐오의 표정; 짜증이나 지긋지긋함을 명랑한 기분으로 나타내는 동작)) 유 crinkle one's nose

Visitors… *wrinkled their noses* in distaste when the smell first hit them. (방문자들은 그 냄새를 맡더니 불쾌한 듯 코를 찡그렸다.) — A.Hailey: 7

Wrinkling her nose in contemptuous disgust, she proceeded to her own bedroom. (그녀는 너무 어처구니가 없다는 듯 코를 찡그리며 침실로 걸어갔다.) — D.Robins: 10

"She didn't say you were in South Africa," I commented, surprised. "Well, no." He *wrinkled his nose* disarmingly. "I don't believe she knows. I only flew out there a few days ago, on a vacation…" ("그녀는 네가 남아프리카에 있었다는 얘기는 하지 않았다."라고 놀라며 말했다. 그러자

wrinkle one's nose

그는 천진하게 코를 찡긋거리며 "그녀는 몰랐을 것이다. 며칠 전에 잠깐 휴가로 다녀온 것뿐이니까."라고 했다.) — D.Francis: 5

PALM

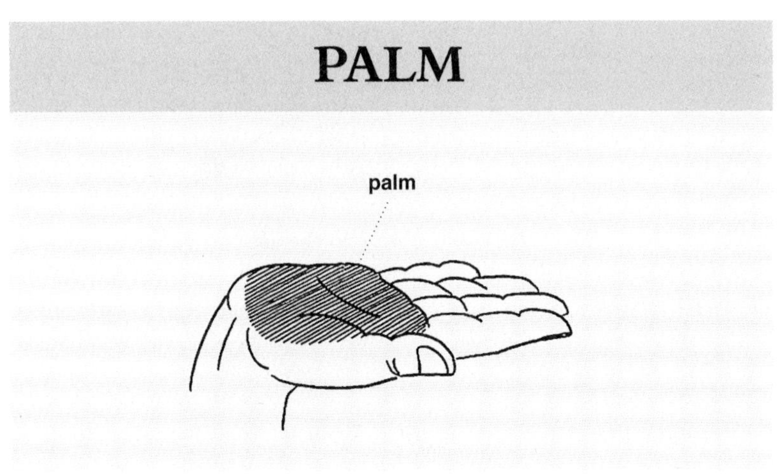

- palm은 손바닥을 뜻하는 단어이며, the flat of the hand라고도 불린다.

- 손을 모으는 것, 손을 비비는 것, 손뼉을 치는 것 등은 손바닥이 관여되는 동작이지만, 보통 손바닥보다는 손의 동작으로 본다. 하지만 일반적인 표현에 변화를 주고 싶을 때는 손이 아닌 손바닥의 움직임으로 표현하기도 한다.

- 손바닥의 방향에는 기호성이 있다. 손바닥을 아래로 하여(downward) 보이는 것은 상대를 물리치거나 견제하는 태도로 여겨지고, 반대로 손등을 아래로 하고 손바닥을 위로 하여(upward) 보이는 것은 자신이 약한 입장임을 인정하는 태도, 숨기는 것 없는 개방적인 태도로 여겨진다. 열세에 몰린 개는 패배 혹은 굴종의 표현으로 목구멍을 드러내는데, 손바닥을 위로 하여 보이는 인간의 심리에도 이와 비슷한 부분이 있다고 한다(Pease, 1984). 구걸할 때 손바닥을 내미는 것부터 손을 펼치며 어깨를 추켜올리는 동작까지, 그 속에는 공통적으로 "I have nothing to lose."라는 의미가 담겨 있다.
  아래는 palm upward에 대한 영어 문화권의 견해를 잘 보여 주는 예다.

  Ford's willingness to come to the people palms up is admirable. Still he is in no position to offer soothing syrup. The spreading economic distress now reaches into every home daily…. 〔포드 정권 하의 경제 상황

악화에 관한 기사] (대통령이 있는 그대로 솔직하게 국민에게 감추지 않고 호소하는 것 자체는 훌륭하다. 하지만 그는 국민을 달래기 위해 달콤한 시럽만으로 때울 입장이 아니다. 경제난은 매일매일 모든 가정으로 퍼지고 있다.) — *Time*, 1975

일본에서는 예로부터 손바닥을 위로 향하는 것을 '양(陽)의 손'이라 하여, 축제의 가마를 들 때도 손바닥을 위로 하여 드는 것이 일반적인 상식이다. 반대로 아래를 향하는 것은 '음(陰)의 손'으로서 유령의 손 모양으로 대표된다. 예의범절에 있어서도, 예를 들어 무언가를 주고받을 때 손바닥을 위로 향해 보이는 것은 존경, 손바닥을 아래로 하는 것은 얕보는 태도를 나타낸다고 한다(小笠原忠統, 1972). 어쨌든 위를 향하는 것은 긍정적, 아래를 향하는 것은 부정적인 의미를 갖는다는 것만은 일영간의 공통점이다.

- 서구의 역사 속에서 손바닥을 펴는(open palm) 동작은 진실(truth), 성실(honesty), 충성(allegiance)의 상징으로 여겨졌다. 법정에서 증인이 선서를 할 때 손바닥을 앞으로 향하게 하는 것이나, 국기에 대한 맹세를 할 때 손바닥을 심장 위쪽에 놓는 것과 같은 행위는 이러한 면을 잘 보여 준다.

- 실용적인 문장에 등장하는 palm은 물건을 잡는 부위나 사람과 사물을 뜻대로 조종하는 부위(e.g. have [hold] … in the palm of one's hand) 또는 뒤가 구린 금전 관계를 나타내는 부위(e.g. have an itching palm; grease [cross] someone's palm) 등으로 쓰인다.

---

chop the air with one's palm 허공을 가르다. ((연설에서 중요 포인트를 강조하는 동작-손의 날을 세운 상태에서)) 유 chop the air with one's HAND

chop the air with one's palm

Like her father, she *chops the air with her palm* when she speaks, and she talks compassionately of the dispossessed and disenfranchised. 〔아버지의 뒤를 이어 정치가를 지망하는 한 여성에 대한 소개 기사〕 (자신의 아버지처럼, 그녀는 연설할 때 손날로 허공을 치면서 경제적인 면이나 공적인 권리 면에서 혜택을 받지 못하는 사람들에 대해 뜨거운 연민을 품고 말한다.) — *Time*, 1986

★ NB: 자신의 주장을 강조하는 연설 동작 중에 손날로 허공을 가르는 hand chop은 어려움을 뚫고 자신의 주장을 관철시키기를 바라는 무의식이 담긴 것으로, 공격적인 연설자가 자주 사용하는 동작이다(Morris, 1977).

clap one's palms ➡ clap (one's HANDs)

"Bravo!" Impulsively Jane *clapped her palms* together. (제인은 충동적으로 "만세!"라고 외치며 손뼉을 쳤다.) — F. P. Keyes: 1

cross someone's palm (with silver) (은화로) 상대의 손바닥 위에 열십자를 긋다. 《미신의 일종; 팁 또는 소액의 뇌물을 주는 것을 의미하는 비유 표현》

"… And if I *crossed* the chambermaid'*s palm*, I did get more service, I found out." (숙소의 메이드에게 팁을 쥐어 줬다면 더 좋은 서비스를 받았을 것이다.(비유적)) — M. McCarthy

★ NB: "Would you cross an old gypsy's palm with a bit of silver?"는 집시가 구걸을 할 때 흔히 쓰는 문구다. 집시들은 은화로 손바닥에 열십자를 그으면 악마에게 홀리지 않고 점을 칠 수 있다고 하며 손을 내미는데, 이렇게 갑자기 손을 쑥 내밀면 사람들은 쉽게 거절하지 못하고 실제로 십자를 긋거나 은화를 주곤 했다. cross someone's palm은 이러한 관습에서 생긴 관용구로 타인에게 돈을 쥐어 주는 것을 의미한다.

flip one's palm back and forth 손바닥을 좌우로 두 번 정도 반 바퀴쯤 돌리다. 《'그럭저럭', '그저 그런', '좋지도 나쁘지도 않은'의 의미를 나타내는 동작-주로 손가락을 펴고 손바닥을 아래로 향한 상태에서 하는 동작으로, 손바닥을 수직으로 하고 이 동작을 하는 경우도 있다.》 유 move one's HAND in an undulating horizontal curve

"How are things going?" Delaney asked. Thorensen *flipped a palm back and forth*. "The usual," he said. (어떻게 지내냐고 딜레이니가 묻자 토렌슨은 "변함없다."라고 말하면서 손을 앞으로 내밀어 좌우로 두어 번 돌렸다.) — L. Sanders: 2

flip one's palm back and forth

open one's palms 양손의 손바닥을 좌우로 펼쳐 보이다. 《어쩔 수 없음, 자신과는 상관없음, 어쩔 도리가 없음 등의 의미를 나타내는 동작-손바닥을 위로 향하여 옆구리 높이에서 하는 동작으로 동시에 어깨를 으쓱하기도 한다.》 유 throw one's palms out / spread one's HANDs

---

open one's palms

"I take out my checkbook and write out a check for five thousand dollars and push it under his nose. He looks at it. Five thousand dollars! He can't stand it. He folds the check and puts it in his pocket and then the damn sissy breaks down and weeps! Would you believe it?" Mr. Krest *opened his palms* in disbelief. ("내가 5000달러 수표를 끊어 코앞에 들이밀었더니, 녀석은 몹시 감격해서 그것을 고이 접어 주머니에 넣고는 철퍼덕 주저앉아 펑펑 울었어. 못 믿겠지, 이 얘기?" 하면서 크레스트는 질렸다

는 듯 손바닥을 위로 펴고 양손을 좌우로 펼쳐 보였다.) — I. Fleming: 3

pass the palm of one's **hand across [over]** one's **eyes** ➡ pass one's HAND across one's eyes

He moved uncomfortably, *passing the palm of one hand over his eyes*. "I can't recall it verbatim…." (그는 손바닥으로 눈을 비비며 안절부절 못하고 돌아다니면서 "이야기가 한마디로 딱 정리되어 생각나지는 않지만…." 하고 말했다.) — D. Francis: 2

press one's **palm [palms] to [against]** one's **temple [temples]** ➡ put one's HANDs to one's temples

"Boy, that wears me out," he said, and *pressed his* right *palm against his temple*. "You got any aspirin?" (그는 피곤하다고 투덜거리고는 오른손 손바닥으로 관자놀이를 누르며 아스피린이 없냐고 물었다.) — M. de la Roche

put one's **palm [palms] to [against]** one's **cheek [cheeks]** ➡ put one's HAND [hands] (up) to one's face

"Right?" Captain Purvis *put his palm against his cheek* in a gesture of amazement. (퍼비스 대위는 정말이냐고 물으면서 놀랍다는 듯 손바닥을 볼에 가져다 댄다.) — J. Hersey

put one's **palm to [against]** someone's **forehead** 상대의 이마에 손을 얹다. ((열이 있는지 확인하는 동작))

She *puts her palm against* Amanda'*s forehead* and realizes that her daughter has a fever, a high one. (그녀는 아만다의 이마에 손을 얹어 딸이 열이 높다는 것을 알았다.) — A. Hoffman

put one's **palm up** ➡ raise one's HAND

"Wanted to make sure you and the family are having dinner with us here." He *put his palm up* to shut off a demurrer. (그는 "식사는 우리 집에서 가족 모두와 함께하기로 했으니 그렇게 알게."라고 말하며 상대가 거절하려는 것을 제지하듯 손바닥을 세워 보였다.) — Z. Popkin

★ NB: 이 동작은 palm-front posture의 일종으로 손바닥을 상대 쪽으로 펼쳐 보여 상대를 배제하거나 접근을 제지하는 의미를 가지고 있다. 그러므로 손바닥을 위로 향했을 때처럼 개방적인 의미는 없다.

put one's palm up

raise one's palm ➡ raise one's HAND

"Please!" He *raised his palm*. "Not twice in one day···." (그는 상대방의 행동을 말리듯 손바닥을 펼쳐 보이며 "제발 부탁이니 하루에 한 번만 해."라고 했다.) — Z.Popkin

rub one's palms (together) ➡ rub one's HANDs (together)

A light came into Broughton's muddy eyes. He laughed with glee and *rubbed his palms together* between his knees. [어려운 문제를 해결할 수 있는 방법을 들은 상황] (그의 칙칙하고 어둡던 눈이 갑자기 환해졌다. 그는 좋다고 웃어 대며 무릎 사이에 끼운 두 손을 마구 비벼 댔다.) — L.Sanders: 1

Reich turned uncertainly to Schwarz, hoping he would make some gesture of reconciliation, but he remained seated, his eyes focused on the floor as he *rubbed the palms of his hands together* in vexation. (라이히는 슈바르츠가 화해의 제스처를 좀 취해 줬으면 좋겠다고 바라며 머뭇머뭇 그를 봤다. 그러나 슈바르츠는 곤란한 듯 손을 비비며 시선을 바닥으로 떨어뜨린 채 우두커니 앉아만 있었다.) — H.Kemelman: 1

rub one's palm(s) on [against] one's shirt [pants, etc.] ➡ rub one's HAND(s) against one's pants [shirt, etc.]

I unfolded my hands, *rubbed my palms on my flanks*, wondering if I dared try to go over to that studio···. (나는 꽉 쥐었던 주먹을 펴 손바닥을 옆구리에 문지르며, 그 스튜디오에 내키는 대로 몇 번을 가도 괜찮은 걸까 하고 생각했다.)

slam one's palm against one's head ➡ strike one's FOREHEAD

He shook his watch. It still read ten o'clock. He *slammed his palm against his head*, blinked his eyes and looked out the window. (그는 시계를 흔들었다. 그것은 여전히 10시를 가리키고 있었다. 그는 자신의 이마를 손바닥으로 철썩 치고 눈을 껌뻑이며 창밖을 바라보았다.) — J.J.Osborn

slam one's palm(s) (down) on the table [desk, etc.] ➡ bring one's HAND(s) down on the table [desk, etc.]

I *slammed my palm down on the tabletop*. Winston jumped. I said, "Come on, Bullard. You are through…." 〔핑계를 대는 것이 화가 난 순간〕 (내가 손바닥으로 탁상을 쾅 치자 윈스턴이 화들짝 놀랐다. 나는 "블라드, 너는 더 이상 쓸모가 없어."라고 말했다.) — R.B.Parker: 1

spit in [on] one's palm(s) ➡ spit on one's HAND(s)

He seems to be figuring how much of a run he's going to have to make to get out there. He backs up to the far side. He *spits in his palm* and rubs his hands together. 〔높은 지붕에서 수영장으로 다이빙하려는 순간〕 (어느 정도의 도움닫기가 필요할지 그는 곰곰이 생각하는 듯했다. 이윽고 그는 뒤쪽으로 멀찍이 물러나더니 슬슬 뛰어 보겠다는 결의를 보여 주듯 한 손에 침을 뱉어 양손으로 비볐다.) — R.Carver: 2

throw one's palms out ➡ open one's palms

Was the nation's premier moviemaker in trouble? Said he, *throwing his palms out*: "I'm always in money trouble." 〔미국의 유명 영화감독 프란시스 코폴라에 관한 기사〕 (엄청난 적자 때문에 제작 중인 영화를 완성하지 못할 위험에 처했다는 소문에 대해 코폴라 감독은 "나는 언제나 자금난을 겪는다."라고 말하며 과장스럽게 손바닥을 펼쳐 보였다.) — *Time*, 1981

wipe one's palm(s) on one's shirt [pants, etc.] ➡ rub one's HAND(s) against one's pants [shirt, etc.]

He *wiped his palms on the thighs of his trousers* in a gesture he had not used since he was a child, the gesture of a small boy facing an incalculable, and put out his hand for the envelope. (그는 땀에 젖은 손바닥을 바지에 닦았다. 이 동작은 어린 시절 이후로 하지 않게 된 것으로, 어린아이가 예측하지 못한 상황에 직면했을 때 하는 동작이다. 그는 손을 봉투를 향해 뻗었다.) — J.Tey: 2

RIB

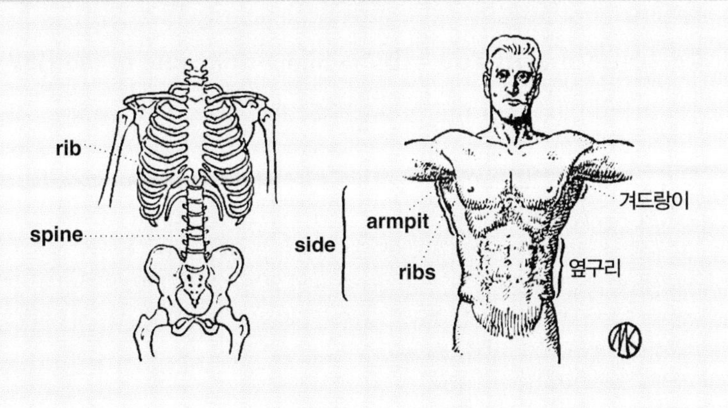

• rib은 늑골 또는 갈빗대에 해당한다. 늑골을 둘러싸고 있는 몸통의 측면 일부, 즉 옆구리의 일부를 ribs로 부르는 경우도 있다. 행동을 묘사할 때 쓰이는 ribs는 거의 이러한 의미다.

• 겨드랑이 밑에서 엉덩이까지 몸통의 측면을 side라고 부른다. 그중 겨드랑이 밑부터 옆구리까지 늑골에 둘러싸여 있는 측면은 접촉에 민감한 부위로 누군가를 간질이거나 쿡 지를 때 목표가 된다. 이처럼 가벼운 접촉 동작이 행해지는 부위를 가리킬 때에는 관용적으로 ribs라고 한다.

• 일반적으로 옆구리는 갈빗대가 있는 아래쪽부터 배의 옆부분까지의 넓은 부위를 가리키고, ribs는 갈빗대가 위치한 위쪽만을 가리키며 배 부분은 포함하지 않는다.

---

nudge someone **in the ribs** 타인의 옆구리를 팔꿈치로 지르다. 《주의를 환기시킴; 강한 연대감을 가진 친구나 동료들끼리 행하는 장난스런 접촉 행동》 유 poke someone in the ribs / dig one's ELBOW into someone's ribs / jab someone with one's ELBOW / nudge someone with one's ELBOW

I tried to explain that I had no more reason to think that this was murder than he had. But he continues to believe, and *nudge me in the ribs* about it, that I am withholding and concealing some brilliant information. (나는 그에게 "나로서는 이것이 살인이라고 생각할 근거가 없다."라고 설명하려 했다. 그러나 그는 내가 엄청난 정보를 숨기고 있다고 굳게 믿고는 그것을 가르쳐 달라고 재촉하듯 팔꿈치로 나의 옆구리를 질렀다.) — C.Armstrong: 1

poke someone in the ribs ➡ nudge someone in the ribs

He stopped, his eyes trying to tell me the secret was coming. "You know what the Champ said?" I leaned close. "I'll bet it was 'Go to hell.'" "Right!" he guffawed. "That's it." He *poked me in the ribs*. 〔두 사람의 친구인 챔프에 대해 이야기하는 장면〕 (그는 일단 입을 닫았으나 그의 눈은 이제부터 비밀 얘기를 시작할 거라고 말하고 있었다. 그는 "챔프가 뭐라고 말했을 것 같아?" 하고 비밀을 꺼내 놓았다. 내가 바짝 다가가 "'꺼져!'라고 했을 거 같은데."라고 대답하자 그는 "맞아, 그랬어!" 하고 크게 웃으며 나의 옆구리를 팔꿈치로 쿡 질렀다.) — S.Streshinsky

tickle someone's ribs 타인의 옆구리를 간질이다. ((장난을 치는 것; 타인을 웃기는 것을 의미하는 비유 표현))

Ford did not select Dole as his running mate just for the laughs he might bring. A former GOP national chairman, Dole can peel skin as well as *tickle ribs*. (포드 대통령이 공화당 부통령 후보로 돌을 선택한 이유는 전직 공화당 전국의장을 지낸 돌이 타인을 웃기는 재주가 있을 뿐만 아니라 타인의 얼굴 가죽을 벗길 정도의 독설가이기 때문이다.(비유적)) — *Time*, 1976

★ NB: 영어에서는 무심코 가벼운 웃음을 터뜨리게 하는 재미에는 rib-tickling이라는 형용사를 쓰고, 포복절도하도록 웃긴 것에는 sidesplitting이라는 형용사를 사용한다. 또한 웃음의 종류에 따라 그에 대응하는 rib과 side의 용법을 구분하고 있다.

SHOULDER

- shoulder는 '어깨'에 해당하는 단어로 목과 몸통이 연결되는 뿌리 부근부터 팔이 붙어 있는 부분까지의 몸통 위쪽 부분을 가리킨다. 등과 어깨의 경계는 언어적으로 명확하지 않으나 영어의 경우 견갑골의 돌기를 시작으로 위쪽 부분을 어깨라고 본다.

- 어깨는 몸통 중에서 감정이나 태도가 상대적으로 드러나기 쉬운 부위다. 어깨는 비교적 자유롭게 움직이기 때문에 위, 아래, 앞, 뒤 이렇게 네 방향의 다양한 조합에 따른 움직임으로 각기 다른 감정과 태도를 드러낼 수 있다. 일반적으로 어깨는 빈틈없는 태도나 결의를 나타낼 때는 아래나 뒤쪽(e.g. pull one's shoulders back)으로 움직이고, 분노, 위협, 교만 등을 드러낼 때는 위쪽(e.g. draw one's shoulders up)으로 움직인다. 불안, 공포, 추위 등으로부터 몸을 보호하는 태도를 취할 때는 위나 앞쪽(e.g. hunch one's shoulders)으로 움직이고, 긴장 해소나 실의를 나타낼 때는 아래쪽(e.g. one's shoulders droop)으로, 흥분으로 숨이 거칠어졌을 때는 위아래(e.g. one's shoulders rise and fall)로 움직이는 경향이 있다.
  이러한 동작은 인류 보편의 기호 표현이지만 그 가운데서 무엇을 '어깨 언어'로 하여 관용 표현에 삽입할 것인가는 일어와 영어 간에 차이가 있다. 예를 들어 일본어에서는 '어깨를 추켜올리다' 등 위로 들어 올리는 어깨, '어깨를 움츠리다' 등 앞쪽으로 오그리는 어깨, '어깨를 늘어뜨리다' 등 아래로 내려간 어깨 등이 각각 어깨 언어로서 통용성을 갖는다. 이 중 '어깨를 움츠리다', '어깨를 늘어뜨리다', '어깨를 추켜올리다'는 영어의 어깨 언어에도 포함되어 있으나 영어의 어깨 언어에서 가장 바람직한 의미를 가진 뒤로 젖힌 어깨(e.g. hold one's shoulder back)는 일본어에서는 좀처럼 찾아볼 수 없고 오히려 '가슴을 펴는' 모습으로 표현되는 경우가 많다.

- 어깨는 친밀한 접촉 행동이 이뤄지는 부위다. 어린아이들이나 친구들끼리 어깨동무를 하고, 남성이 여성의 어깨를 껴안기도 한다. 또 동년배들끼리 혹은 연장자가 아랫사람의 어깨를 손으로 두드려 주며 우호적인 감정을 표현하기도 한다.

- 어깨는 팔의 움직임을 지탱하는 토대로서 중요한 역할을 하기 때문에 다부진 어깨는 강한 팔, 믿음직한 남성을 상징한다. 일상생활에서 팔 힘을 쓸 일이 거의 없는 요즘도 영미권의 대중소설에 등장하는 믿음직스러운 남자 주인공은 대부분 탄탄하고 다부진 어깨를 지닌 것으로 묘사된다.

  He had broad shoulders and when he walked into a room he took ownership of it…. (그는 건장한 어깨를 갖고 있어서 그가 방으로 들어오면 순식간에 방을 점령한 듯한 존재감이 느껴졌다.) — J.Michael: 1

- 옷차림에 있어서 남성의 경우 어깨를 넓고 두드러져 보이게 입는 경우가 많았다. 일본 무사의 카미시모 등은 그 좋은 예라고 할 수 있다. 또 예부터 서구의 군복에는 금색 실로 새긴 견장을 달아 어깨를 강조했고, 남성 정장에도 패드를 넣어 어깨를 넓어 보이게 만들었다. 넓고 탄탄한 어깨가 옷차림에 있어서도 남성성을 과시하는 기호로 작용한 것이다. 이와 반대로 여성의 경우는 전 세계적으로 좁고 둥그스름한 어깨가 선호되어 왔다. 특히 서구에서는 정장으로 어깨를 노출하는 데콜테(décolleté)를 입는 경우가 많았고, 그로 인해 남성의 보호본능을 자극하는 새하얗고 가냘픈 어깨(slender shoulders, narrow sloping shoulders)에 더욱 높은 가치를 두었다. 그러나 남녀가 평등한 사회로 변화하면서 이러한 고정관념에서 벗어나 넓고 각진 어깨를 강조하는 여성복도 등장했다.

- 어깨는 관용적으로 무거운 짐, 책임을 지는 곳으로 여겨진다. 일본어에서는 이 외에도 투구력을 어깨와 물체를 던지는 힘을 결부시켜 strong arm, 즉 '강한 어깨'로 표현하기도 한다(e.g. 저 외야수는 어깨가 강하다.). strong [solid, broad] shoulders가 비유적으로 사용될 때는 책임을 완수하는 능력, 비난을 수용하는 도량, 타인의 괴로움을 함께 나누는 넓은 마음을 나타내는 것이 보통이다.

"Want a solid shoulder? Something tells me you need one." ("힘든 얘기를 들어 줄 사람이 필요한 것 아닌가? 무언가가 나에게 그렇게 말한다.") — E. Dawson

그리고 a shoulder to lean on, a shoulder to cry on은 힘든 일이 생겼을 때 의지할 수 있는 사람을 의미한다. 한편 중압감에 억눌려 심각한 표정을 하고 있는 사람을 가리켜 he looks as if he were carrying the weight of the whole world on his shoulders라고 표현하기도 한다.

---

bend one's **shoulders over [forward]** ➡ hunch one's shoulders

"How I hate being small," Jimmy thought to himself. He walked into the house with *his shoulders bent over* and his feet dragging, like an old man. (친구에게 '꼬맹이'라고 놀림을 당한 지미는 풀이 죽어 마치 노인처럼 어깨를 늘어뜨리고 발을 무겁게 질질 끌며 집으로 걸어갔다.) — S. Winston

The only thing left was the memory of her sitting and weeping at the kitchen table, *her shoulders bent forward* and her hands covering her face. (헤어진 아내에 관해 남아 있는 기억이라곤 주방 테이블에 걸터앉아 어깨를 움츠리고 얼굴을 손으로 가린 채 흐느끼던 모습뿐이다.) — R. Carver: 5

brace one's **shoulders** 어깨를 쫙 펴다. 《온몸으로 역경에 맞서고자 하는 결의, 용기 있는 결단, 대결을 벌이려는 각오 등을 나타내는 자세》

Bracing his shoulders, he strode up the shallow steps of the portico towards the open doorway…. 〔한바탕 싸움을 벌이려는 장면〕 (그는 어깨를 쫙 펴고 큰 보폭으로 낮은 계단을 올라 현관으로 향했다.) — A. J. Cronin: 3

bunch one's **shoulders (up)** ➡ hunch one's shoulders

As the car pulls into the traffic, she turns and watches him as he strides down Park Avenue, coat collar turned up, *shoulders bunched* against the wind, his hair blowing. (차는 다시 달리고, 차 안에서 그녀는 그의 뒷모습을 바라본다. 그는 코트 깃을 세우고 바람에 어깨를 움츠린 채 머리카락을 나부끼며 파크 애비뉴를 성큼성큼 걸어간다.) — S. Birmingham: 1

"There was another doctor with him. A neurologist." "A neurologist?" she said. Howard nodded. *His shoulders were bunching*, she could see that. 〔교통사고로 아들이 혼수 상태에 빠진 상황〕 (남편은 담당의사가 회진 때 신경외과의를 데려올 거라고 아내에게 말했다. "신경외과의요?"라고 그녀가 묻자 하워드는 고개를 끄덕였다. 그녀는 그의 움츠러든 어깨를 볼 수 있었다.) — R. Carver: 4

carry one's shoulders high **어깨를 좌우로 당당하게 쫙 펴고 행동하다. ((자존심, 자신감이 충만한 자세))** 유 (with one's) shoulders high

He *carried his shoulders high*, and walked with tenseness as if he were careful of being watched. (그는 남들이 보고 있다는 것을 의식하는 것처럼 어깨를 당당하게 펴고 긴장감 넘치는 걸음걸이로 걸어갔다.) — V. Caspary

catch someone's shoulder(s) ➡ take someone's shoulder(s)

I followed her, *caught her by the shoulders*, and shook her till her teeth rattled. (나는 그녀의 뒤를 쫓아가 어깨를 붙잡고 거세게 흔들었다.) — A. J. Cronin: 4

I promise you that if somebody had *caught me by the shoulder* at that moment and said to me, "What is your greatest wish in life, little boy?…" I would have answered… that my only ambition… was to have a bike like that…." 〔근사한 자전거를 타고 있는 소년을 부러움의 눈길로 쳐다보는 중〕 (누군가가 나의 어깨를 붙잡고 "너의 가장 큰 소원이 뭐니?"라고 묻는다면, 저런 자전거를 갖는 것이라고 대답할 것이다.) — R. Dahl

clap someone's shoulder(s) **타인의 어깨를 힘껏 탁 치다. ((주의를 끌 때; 용기를 북돋거나 위로해 줄 때; 주로 남성들 사이에서 행해지는 우호적인 접촉 동작))** 유 give someone a clap on the shoulder / slap someone's shoulder(s) / whack someone's shoulder(s)

If he had been writing himself in a book, he would have had himself *clap* Donelly *on the shoulder* and say, Don't worry, old man, it will all come out in the wash…. (그는 만약 자신이 책을 쓴다면 도넬리의 어깨를 탁 치며 "고민하지 마. 모든 게 잘될 거야."라고 격려해 주는 것으로 쓸 텐데 하고 생각했다.) — H. Eustis

Yehuda embraced him, then they *clapped* each other'*s shoulders* and punched lightly at each other's girths. 〔옛 친구와 재회하는 장면〕 (두 사람은 포옹하고 서로 어깨를 두드린 뒤 장난스럽게 서로의 옆구리에 주먹을 날렸다.) — W. Bayer

cry on someone's shoulder 타인의 어깨에 얼굴을 기대고 울다. 《실제로 우는 행위; 타인에게 위로를 구하는 행위; 타인에게 위안을 구하거나 고민을 털어놓는 것을 의미하는 비유 표현》

Glowering, muttering direful things about the nature of women, H. M. lumbered over to sit beside her; and she promptly *cried on his shoulder*. 〔동행한 여자가 이유도 없이 마구 우는 상황〕 (H. M.은 여자란 알 수 없는 존재라며 인상을 찡그리고 툴툴거리면서도 그녀 옆에 앉았다. 그녀는 곧 그의 어깨에 기대어 울었다.) — C. Dickson: 1

Once in a while Kit would want to *cry on my shoulder* over something or other, and my shoulder was always available. (가끔씩 키트는 고민을 들어 달라며 나를 찾아왔는데, 나는 언제나 기꺼이 들어 줄 용의가 있었다.(비유적)) — J. Olsen

draw one's shoulders together ➡ hunch one's shoulders

"What does that mean?… I told you about everything—" "Except Elissa." He stiffened. *His shoulders drew together*, his face became blank, as if he were a deaf person pushing through a crowded street. ("나는 당신에게 다 얘기했다."라는 남편의 말에 아내는 "정부 엘리자 이야기는 빼고." 하고 되받아쳤다. 그는 움찔 몸이 굳어 어깨를 앞으로 움츠렸다. 마치 귀머거리가 복잡한 거리를 헤치고 걸어갈 때처럼 그의 얼굴은 무표정하게 변했다.) — J. Michael: 1

"Was she jailed for New York killing?" *Her shoulders drew together*, shuddering. ("그녀가 살인 사건으로 교도소에 들어갔어?"라는 질문에 그녀는 어깨를 움츠린 채 덜덜 떨었다.) — Z. Popkin

draw one's shoulders up 어깨를 추어올리다. 《빈틈없이 방어하는 태세; 위협적인 공격 태세》 유 lift one's shoulders / raise one's shoulders

His policeman's tough walk, his *drawing up of his shoulders*, had been abandoned along with the uniform. (경찰을 그만둠과 동시에 그는 경찰 특유의 늠름한 걸음걸이며 어깨를 추어올리는 자세 등을 모두 버렸다.) — J. C. Oates: 1

★ **영일비교** 상대에게 우위성을 과시하려 할 때는 자연스레 어깨나 팔꿈치가 바깥으로 쑥 나온다. 이와 같은 자세는 인간이 유인원과 공유하는 위협 행동의 하나다(Eibl-Eibesfeldt, 1974). 일본어에서는 이 위협 자세를 그대로 '어깨를 추어올리다', '어깨를 으쓱 치키다'라는 관용구로 표현해 오만, 시위, 분노의 표시로 삼는다. 영어에서

는 어깨의 당김이 주로 자신감, 의기왕성 등을 나타내는 자세와 연결된다. 상대를 힘으로 압도하려는 자세는 어깨를 중심으로 나타내기보다 draw oneself up to one's full height처럼 온몸으로 파악하는 경향이 있다.
draw one's shoulders up과 그 유사 표현은 일본어의 '어깨를 추어올리다'에 거의 대응하지만 관용구로서 그만큼의 안정성은 없다. 그 때문에 실제로 일본 소설에서 보이는 '어깨를 추어올리다'를 영어로 옮길 때는 tense one's shoulders, carry one's shoulders as if one were angry 등으로 다양하게 옮긴다.

one's shoulders droop 어깨가 축 늘어지다. ((허탈함, 실의, 의기소침 등의 감정 상태를 나타내는 모습)) 유 one's shoulders sag / one's shoulders slump

one's shoulders droop

He pushed out his lower lip and squinted at her. *His shoulders drooped*. 〔남동생이 누나에게 폐를 끼칠 처지에 놓인 상황〕 (그는 아랫입술을 쑥 내밀고 곁눈으로 그녀의 얼굴을 힐끔힐끔 보았다. 그의 어깨는 아래로 축 처져 있었다.) — J.Michael: 1

drop one's shoulders 움츠렸던 어깨를 탁 늘어뜨리다. ((긴장을 풀 때; 맥 빠짐, 낙담함을 나타내는 동작))

She drew her shoulders up and let *them drop* in a huge gesture of despair. (그녀는 추어올렸던 어깨를 이제 어쩔 수 없다는 듯 과장스럽게 탁 늘어뜨렸다.) — B.Ashley

The city seemed to *drop its* broad *shoulders* in a sigh of relief as the racial tensions of the past seven weeks began to subside. (흑인과 백인의 대립으로 긴장이 계속되던 시카고에도 진정의 빛이 찾아와 7주 만에 겨우 어깨에 힘을 빼고 긴장을 풀게 되었다.) — *Time*, 1983

fling [throw] salt over one's **shoulder** 어깨 너머 뒤쪽으로 소금을 뿌리다. ((악운을 쫓기 위한 미신적인 동작-통상 왼쪽 어깨에 행하는 동작))

fling [throw] salt over one's shoulder

One night··· Daisy spilled the salt on the pink tablecloth. Both she and North reached out for it and simultaneously *flung a pinch over their shoulders*. (어느 날 밤, 데이지가 핑크색 테이블보 위에 소금을 엎질렀다. 그녀와 노스 두 사람은 냉큼 손을 뻗어 동시에 어깨 너머로 소금을 뿌렸다.) — J. Krantz: 3

★ NB: 서구 사회에는 예로부터 소금을 엎으면 불운이 온다는 미신이 있었다. 이때 불운은 등 뒤에서, 특히 부정한 방향이라고 여겨지는 왼쪽에서 슬며시 들어온다고 생각했기 때문에 쏟은 소금을 왼쪽 어깨 너머로 뿌려 불운을 쫓아 버리는 관습이 생겨났다. 요즘에도 식탁에 소금을 엎었을 때 이러한 행동을 하는 사람들이 많다(Morris, 1985).

give someone **a clap on the shoulder** ➡ clap someone's shoulder(s)

Jim *gave me a clap on the shoulder* and said, "Hey, Slim, let's go have a look at those old records in there!" (짐은 나의 어깨를 탁 치며 "이봐, 슬림, 오래된 레코드들 보러 가자!" 하고 말했다.) — T. Williams: 2

grab someone's **shoulder(s)** ➡ take someone's shoulder(s)

He *grabbed her shoulders*. "Shut up and listen to me. Are there any more letters?" 〔여자가 중요한 편지를 들고 나갔다는 사실을 전해 들은 후〕 (격노한 그는 그녀의 어깨를 거칠게 거머쥐고 "닥치고 내 말 들어. 편지가 더 있는 거

야?"라고 윽박질렀다.) — H.M.Clark:6

grasp someone's shoulder(s) ➡ take someone's shoulder(s)

He probably wanted to hit me. In lieu of this, he *grasped* Stella *by the shoulders* and shook her. "Are you out of your mind to do a thing like this?" (그는 나를 두들겨 패고 싶었던 모양이나 대신 옆에 있는 스텔라에게 화풀이를 했다. 그는 "이런 짓을 하다니, 미친 거 아냐?" 하고 그녀의 어깨를 붙들고 마구 흔들었다.) — R.Macdonald:6

hold one's shoulders back ➡ pull one's shoulders back

"*Hold your shoulders back*, Jane. Don't slouch so." ("어깨를 펴라, 제인. 그렇게 구부정하게 있지 말고.") — V.Neels:3

hunch one's shoulders **어깨를 구부정하게 움츠리다. ⦅힘없이 풀이 죽은 자세; 추위나 비바람으로부터 몸을 보호하기 위해; 피로, 실망, 의기소침 등 때문에⦆** 유 bend one's shoulders over / bunch one's shoulders (up) / draw one's shoulders together / screw one's shoulders up

Shivering men, *shoulders hunched* against the chill, were standing in line at a rescue-mission door. (피해자들은 추위 때문에 어깨를 움츠리고 덜덜 떨며 구호소 앞에서 줄지어 기다리고 있었다.) — *Time*, 1976

Gerald stumbled out of the library, *his shoulders hunched* in defeat. 〔경쟁 업체와의 대결에서 완패한 후 누군가 그를 찾아온 상황〕 (제랄드는 어깨를 움츠리고 비실거리며 서재에서 나왔다.) — B.T.Bradford

★ **영일비교** hunch one's shoulders는 양어깨를 움츠리듯 올리고 조금 앞으로 기울인 자세를 가리킨다(you raise your shoulders and lean forwards slightly —*COBUILD*). 이와 같은 자세는 일본어에서 관용적으로 '등을 구부리다'라고 부르는 자세와 겹친다. 늘 이런 자세인 사람을 영어에서는 round-shouldered라고 형용하지만 일본어에서는 이때도 어깨보다 등을 중심으로 파악해 '고양이등(猫背)'이라고 일컫는다.

lift one's shoulder(s) **어깨를 올리다. ⦅(양 어깨의 경우) 성을 내며 어깨를 추켜올리는 모습; (양 어깨 또는 한쪽 어깨의 경우) 관심이 없음, 어쩔 수 없음을 뜻하는 동작⦆** 유 draw one's shoulders up / raise one's shoulder(s) / shrug (one's shoulder(s))

The huge woman turned and for a moment stood with *her shoulders lifted* and her face frozen with frustrated rage, and stared at Julian's mother. (몸집이 큰 여자는 이쪽을 보더니 잠시 우뚝 서서 어깨를 추켜올리고 화가 잔뜩 나 얼굴 표정을 굳히더니 줄리안 어머니를 빤히 쳐다보았다.)

"Kiss me goodnight." "Please—I'd rather not," said Mrs. Miller. Mirriam *lifted a shoulder*, arched an eyebrow. "As you like," she said…. (노파에게 작별 키스를 해 달라고 부탁했다가 거절당한 미리암은 하는 수 없다는 듯 한쪽 어깨를 으쓱하더니 눈썹을 살짝 치켜뜨고 "맘대로 하세요."라고 말했다.) — T.Capote: 3

★ NB: 영어에서 shrug one's shoulder(s)의 특징 중 하나는 어깨를 들어 올리는 데 있다. 이 동작에 초점을 맞춘 표현이 lift [raise] one's shoulder(s)이다.

look [glance] over one's shoulder **어깨 너머 뒤쪽을 보다. 《등 뒤를 신경 쓰며 보는 동작; 등 뒤에서 가해지는 공격을 걱정하는 모습의 비유 표현》**

Twice Aliotto *looked over his shoulder*, but no one walked behind him except an elderly woman leading a granddaughter by her hand. (알리오토는 두 번 정도 어깨 너머 뒤쪽을 돌아보았으나, 손녀의 손을 잡고 가는 노부인이 있을 뿐이었다.) — H.MacInnes: 2

"Shall we tell the President?" "No, no, not yet. God knows, he has enough problems without having to *look over his shoulder* trying to figure out which senator is Mark Antony and which is Brutus." (음모가 계획되고 있다는 것을 지금 대통령에게 알려야 할 필요는 없다. 그에게는 그런 문제 말고도 다른 문제들이 산적해 있기 때문이다. 상원의원 중 누가 자신의 편이고 누가 배신자인지 등 뒤를 신경 쓸 겨를이 없다.) — J.Archer: 3

look over someone's shoulder **타인의 등 뒤에서 어깨 너머로 상대를 지켜보다. 《슬며시 감시하는 것을 의미하는 비유 표현》**

I'm very much opposed to the Government's constantly *looking over* every citizen'*s shoulder* spying on his day-to-day activities, opening his mail, compiling dossiers on his personal life. [미국의 CIA에 대한 비판적인 코멘트] (정부가 시민의 하루하루를 은밀히 조사하며 편지를 열어 보거나 사생활에 관한 조서를 작성하는 등 시민을 어깨 너머에서 감시하는 것에 나는 반대한다.) — *Time*, 1975

massage someone's shoulders **상대의 어깨를 주무르다.** 참 rub one's shoulders / rub (the back of) one's NECK

Holding the cigarette between clenched teeth, he began rubbing the back of his neck with both hands. "Why don't you let me do that for you," December said, standing behind him and *massaging his shoulders*. "Jesus, you really a wreck. Full of knots." (지친 그는 담배를 이로 문 채 양손으로 뒷목을 주무르기 시작했다. 디셈버는 "주물러 줄게요." 하고 그의 뒤로 돌아가 어깨를 안마해 주며 "세상에, 당신 정말 만신창이네요. 온통 뭉쳐 있어요."라고 말했다.) — R.Lawrence

★ **영일비교** 일본인에 비해 영미인은 어깨를 주무르는 일이 드물다. 위의 예문 속 남자처럼 목덜미를 문지르는 정도일 뿐, 아내가 어깨를 주물러 주거나 스스로 어깨를 가볍게 두드려서 뭉친 곳을 푸는 일은 거의 없다.
원래 어깨 결림이라는 현상은 나쁜 자세나 오랜 긴장 탓에 혈관이 눌리고 혈액 흐름이 나빠져서 근육 속 산소가 부족해지는 바람에 에너지원인 포도당이 완전히 연소하지 못하고, 그 결과 타다 남은 찌꺼기가 근육에 쌓여 통각 신경을 자극하기 때문에 일어나는 것으로 본다. 영미인이 이런 생리 현상을 그다지 의식하지 않는 데에는 아마 문화적 요소가 작용하기 때문인 듯하다.
'어깨 결림'은 일본에서는 국민적인 질환이라고까지 일컬어질 만큼 일반적이다. 이것은 끈기 있게 매달린 일 때문만이 아니라 '어깨가 결리는 사람', '어깨가 결리는 이야기' 등의 표현에서도 알 수 있듯이 대인관계에 따른 스트레스에서도 비롯된다. 게다가 누구나 서슴없이 어깨 결림을 서로 한탄하는 문화적 풍토가 있다.
반면 대등한 인간관계를 원칙으로 삼는 영미권에서는 대인관계 때문에 신경에 피로를 느낀다는 사실을 공공연하게 인정하려 하지 않는다. 무엇보다 그런 한심한 자신을 인정하고 싶지 않다는 규제 의식 때문에 어깨 결림을 인정하지 않는 구석이 있다고 Morris(1985)는 지적한다. 그의 설명에 따르면 사람들은 대부분 일이나 대인관계 때문에 실의에 젖거나 스트레스를 받아서 어깨 결림(aching shoulder muscles)을 경험할 터인데도 이것을 깨끗하게 인정하지 않는다. 그래서 어깨 결림을 풀어 줄 가족이 곁에 있어도 서로의 어깨를 주물러 주는 일은 좀처럼 하지 않는다.
만약 영미인에게 어깨 결림을 수치로 받아들이는 규제 의식이 있다면, 그들은 결리다고 느끼는 위치를 살아가는 자세와 관련성이 강한 어깨에서 관련성이 약한 목덜미로 무의식적으로 옮겨서 pain at the back of one's neck으로 파악하고 거기를 쓰다듬어 스트레스를 해소하려 한다고도 할 수 있다. 덧붙여 "어깨가 결려서 마사지를 받았다."라는 일본어를 영어로 옮기면 "My neck was stiff so I got a massage."가 되기도 한다(Garrison, 1990).

pat someone's shoulder **어깨를 손바닥으로 툭툭 두드리다. 《특히 윗사람이 아랫사람에게 위로, 격려, 칭찬 등을 전하는 우호적 접촉 행동》**

"Tony, Well done." He *patted me* lightly *on the shoulder*, his usual greeting, as he habitually avoided the social custom of shaking hands. ("토니, 잘했어."라는 말과 함께 그는 나의 어깨를 가볍게 두드려 주었다. 이것은 악수를 하지 않는 그의 일상적인 인사법이었다.) — D.Francis: 3

Hartley smiled at her, sympathetic smile. "Don't feel that way," he said. "It's only a game, you know." … He *patted her shoulder* and with an encouraging smile, disappeared into the crowd. 〔시합에서 진 딸을 격려하는 장면〕 (하틀리는 그녀에게 공감의 미소를 지으며 "그냥 게임일 뿐이니 그렇게 실망하지 말렴." 하고 격려의 말을 했다. 그는 딸의 어깨를 가볍게 두드려 주고는 용기를 북돋는 듯한 미소를 지으며 군중 속으로 사라졌다.) — B. Clearly: 1

pull one's shoulders back 어깨를 뒤로 젖히다. 가슴을 펴다. 《자세를 바로 잡는 동작; 득의양양할 때, 자신감이 충만할 때, 의욕이 충만할 때, 확실한 결단을 내렸을 때 등》 유 hold one's shoulders back / square one's shoulders

"And if you learned to sit straight, you would look like a woman who values herself," said Victoria. Katherine smiled, but there was no answering smile on Victoria's face. Self-consciously, she straightened her spine, and *pulled back her shoulders*. ("등줄기를 곧게 펴고 앉는 방법을 몸에 익힌다면 자존심이 강한 여자처럼 보일 수 있을 것이다."라고 빅토리아가 말했다. 캐서린은 웃었지만, 빅토리아의 얼굴에는 조금의 웃음기도 없었다. 캐서린은 앉은 자세를 고쳐 등을 곧게 펴고 어깨를 뒤로 젖혔다.) — J. Michael: 1

pummel one's shoulders 양 어깨를 주먹으로 두드리다. 《추위로 움츠러든 어깨를 자극하여 혈액 순환을 돕는 동작》

As the carriage turned into Birdcage Walk, a cold east wind sweeping across St. James Park made Mr. Pearce blow out his cheeks and *pummel his shoulders*. (마차가 버드케이지 거리로 들어서자 차가운 동풍이 제임스 공원을 가로질러 마부 피어스의 얼굴을 때렸다. 그는 볼을 부풀리고 주먹으로 어깨를 톡톡 쳤다.) — J. Hawkesworth

push one's shoulders back ➡ throw one's shoulders back

Jill drew her body up to its full height, *pushing her shoulders back* as proudly as if she had just been named this year's Posture Queen, and stared down at Nicole Clark. I am not afraid of you, she shouted wordlessly. (질은 당당히 등을 펴고 가슴을 활짝 폈다. 마치 올해의 아름다운 자세 여왕에 뽑히기라도 한 듯한 모습이었다. 마음속으로 이런 남자 따위 무섭지 않다고 소리치며 그녀는 니콜 클라크를 노려보았다.) — J. Fielding

raise one's shoulder(s) ➡ lift one's shoulder(s)

Now the inspector *raised his shoulders* so that he seemed to grow a full inch taller and compressed his lips with reserved indignation. (경위는 마치 키가 쑥 커진 것처럼 보일 정도로 어깨를 추켜올리고 속에 담아 둔 분한 마음으로 인해 입술을 꾹 다물었다.) — H.Engel

"What does Dr. Curtis say to that?" Amato *raised his shoulders*, spread his hands. "He is resigned." 〔병에 걸렸는데도 방탕한 생활을 하는 친구에 대해 이야기하는 장면〕 ("의사가 뭐라고 했대?"라고 묻자, 아마토는 어깨를 움츠리고 두 손을 펴며 "포기했다더라."라고 대답했다.) — B.Paul: 1

one's shoulders relax 어깨의 힘을 풀다. 《긴장에서 풀려나 개운해졌을 때 등》

Noell felt *her shoulders relax* and she suddenly realized how tense she had been. (위험이 지나가자 노엘은 긴장했던 어깨가 풀어지는 것을 느꼈고 지금까지 자신이 얼마나 긴장했는지 문득 깨달았다.) — S.Sheldon: 4

one's shoulders rise and fall 어깨가 올라갔다 내려갔다 하다. 《크게 한숨을 쉴 때, 숨을 쉬며 어깨가 들썩일 때 등》

"Do you have any grounds for that statement, Mrs. Pembroke?" "Statement? It's an opinion. She's a bitch." In the front passenger seat, Yale'*s shoulders rose and fell* in a sigh. 〔펨브룩 부인이 일족 중 한 사람을 범인 취급하는 상황〕 ("무슨 증거라도 가지고 계신 건가요?"라고 형사가 물었다. 그녀는 "개인적인 견해예요. 정말 나쁜 여자거든요."라고 말했다. 앞에 앉아 있던 남편 예일의 어깨가 깊은 한숨과 함께 한껏 올라갔다가 이내 축 처졌다.) — D.Francis: 6

rub one's shoulder(s) 어깨를 안마하다.

At last she stopped pounding her typewriter and sat back with a sigh as she stretched and *rubbed her shoulders*. (그녀는 마침내 타이핑을 멈췄다. 그러고는 등을 펴고 어깨를 안마하면서 한숨을 쉬고는 의자 등받이에 몸을 기댔다.) — D.Steel: 2

rub shoulders with someone 타인과 어깨를 맞대다. 《타인, 특히 유명인과 친하게 지내는 것에 대한 비유 표현》 유 rub ELBOWs with someone

There are three photos of her, *rubbing shoulders with* sunny Prince Charlie who is smiling in all directions…. (활짝 웃음 짓는 찰스 왕자와 어깨를 맞대고 있는 여성의 사진이 세 장 있다.) — *Daily Telegraph*, 1981

Deposed maharajahs *rub shoulders with* Nobel prizewinners and Chicago meat packers' daughters marry the sons of South American billionaires. (휴양지에서는 왕위에서 쫓겨난 마하라자가 노벨상 수상자와 친하게 교류하거나, 시카고에 사는 정육업자의 딸이 남미 갑부의 아들과 결혼하는 것과 같은 일이 벌어진다.) — R. Macdonald: 2

one's shoulders sag ➡ one's shoulders droop

She walked down the street with *her shoulders sagging*. Johnny ran after her, and there on the street he put his arms about her and kissed her tenderly in farewell. (그녀는 어깨를 축 늘어뜨린 채 걸어갔다. 조니는 그녀를 쫓아가 길거리에서 그녀를 끌어안고 부드러운 작별의 키스를 했다.) — B. Smith: 1

screw one's shoulders up ➡ hunch one's shoulders

The men··· stood first on one foot and then on the other, their hands thrust deep into their trouser pockets··· *their shoulders screwed up* with cold. 〔추위 속에서 선 채로 시간을 보내는 남자의 모습〕 (남자는 손을 바지 주머니 속에 깊이 찔러 넣고, 추위 때문에 어깨를 움츠리고 체중을 양발에 번갈아 실으며 서 있었다.) — W. Cather: 3

one's shoulders shake 어깨가 떨리다. ((주로 오열 때문에))

Robert Mardian'*s shoulders shook*. He slumped into a chair, held his head in his hands and seemed to be sobbing. 〔워터게이트 사건에서 유죄 판결을 받은 피고의 모습〕 (로버트 마르디안의 어깨가 떨렸다. 그는 두 손에 얼굴을 묻은 채 힘없이 의자에 몸을 늘어뜨렸고 흐느껴 우는 것처럼 보였다.) — *Time*, 1975

shake someone's shoulder(s) 타인의 어깨를 붙잡고 흔들다. ((타인을 잠에서 깨울 때; 망연자실한 사람에게 활기를 불어넣어 주는 동작; 힐책, 협박의 동작; 화가 나서 상대를 나무랄 때 행하는 동작 등))

Lily *shook* Mrs. Metzgar'*s shoulder*. She woke with a start. (릴리가 자고 있는 메츠거 부인의 어깨를 흔들었다. 부인이 퍼뜩 잠에서 깼다.) — Z. Popkin

She was mad and started *shaking me by the shoulders*, saying why couldn't I ever keep my nose out of things. (화가 머리끝까지 난 그녀는 쓸데없는 참견을 한다며 나의 어깨를 붙잡고 흔들었다.) — P. D. McClary

shoulder to shoulder 어깨를 나란히 하다. ((서로 어깨가 닿을 정도로 나란히 있는 모습; 공동으로 일을 진행하는 협력적인 모습의 비유 표현))

We lined up against the red-brick wall of the playground *shoulder to shoulder*. (학생들은 운동장의 붉은 벽돌 벽을 등지고 어깨를 맞대고 나란히 서 있었다.) — R. Dahl

"At a time like this, … a father and son should stand *shoulder to shoulder*." 〔가족이 위험에 직면한 순간〕 ("이런 때일수록 아들과 아버지가 힘을 합쳐야 한다."(비유적)) — L. Kauffman

★ **영일비교** 영어에서 '어깨를 나란히 하다'라는 비유 표현은 같은 쪽에 서서 힘을 모아 일을 하는 것을 의미한다. 반면 일본어에서는 상대와 우열을 가늠하기 힘든 경쟁을 펼치는 것을 뜻한다.
입식 문화인 영미권에서는 우호적인 이야기를 나누거나 협력을 꾀할 때 보통 옆으로 나란히 앉거나 탁자 모서리를 사이에 두고 L자 형으로 앉는다. 어느 것이나 shoulder to shoulder의 위치가 되며 이는 믿을 수 없는 상대와 대면하거나 사업상의 대화를 하거나 다툼을 벌일 때 마주 보고 앉는 것과 대비된다(Knapp, 1978). 일본어에서는 사이좋은 두 사람이 나란히 걷는 모습을 '어깨를 나란히 하고 걷다'라고 표현하는데, 영어에서는 이런 모습을 일반적으로 walk side by side라고 나타낸다. shoulder to shoulder는 개인적인 친밀감보다는 연대감으로 맺어진 사람끼리의 굳센 단결을 비유적으로 나타내며 stand나 march 같은 동사와 함께 쓰는 경향이 있다.

shrug (one's shoulder(s)) **양 어깨 또는 한쪽 어깨를 으쓱하다. ((어쩔 수 없음, 아무렇게나 해도 상관없음, 알 수 없음, 무관심, 무력, 포기, 확신 없음을 나타내는 동작))** **유** lift one's shoulder(s)

"What happened when you walked in wearing this outfit?" Anna *shrugged one shoulder*. "I walked in, that is all…." ("이 옷차림으로 방에 들어가면 다들 어떤 반응을 보일까?"라고 묻는 친구에게 안나는 별거 아니라는

shrug (one's shoulders)

듯 한쪽 어깨를 으쓱하며 "들어가면 들어가는 거지, 또 뭐가 있겠냐?"라고 말했다.) — B. Glemser

"Where is he then?" He *shrugged his* thin *shoulders*. "I told you before and I'll tell you again, I don't know." (그는 "모른다고 하지 않았나. 다시 얘기해도 모르는 건 모르는 거다."라고 말하며 여윈 어깨를 으쓱해 보였다.) — R. Macdonald: 6

"The trouble is," Quayle said, "that technically it is Jenny alone who is guilty of obtaining money by false pretences. The police have listened to her, of course, and the man in charge seems to be remarkably sympathetic, but…" He slowly *shrugged* the heavy *shoulders* in a way that skillfully combined sympathy and resignation. (피고 측 변호사 퀘일은 "피고의 집안에서 사기에 의한 금전 소득으로 유죄가 성립하는 사람은 제인 하나뿐이다. 경찰은 그녀의 얘기를 들었고, 담당관도 호의적이었으나…." 하고 말하며 동정과 체념의 뜻을 담아 그의 다부진 어깨를 으쓱해 보였다.) — D. Francis: 5

★ **영일비교** 어깨를 으쓱이는 영미인의 몸짓은 기본적으로 '무력함'을 인정하는 것이다(Morris, 1985). 위에 제시한 예에서도 알 수 있듯 '나는 대답할 수 없다(I don't know)', '어쩔 수 없다(I can't help it)', '어쩔 도리가 없다(There's nothing to be done)', '조금도 신경 쓰지 않는다(I don't care less)' 등 나타내는 뜻이 전부 부정적이다. 이 동작을 할 때 영미인은 어깨를 으쓱이며 올릴 뿐 아니라 종종 손바닥을 상대 쪽으로 펼쳐 보인다. 영어권에서는 손바닥을 펴 보이는 동작을 자신의 약한 처지를 자인하는 동작으로 여긴다. 따라서 어깨를 움츠리며 손바닥을 내보이는 동작은 보다시피 이렇다고 무방비하게 자신을 드러내는 개방성을 띤다. 또 상대의 기대를 저버리면서도 상대를 매몰차게 대하지 않는다는 상징성도 지닌다. 이 동작을 할 때는 보통 머리를 살짝 옆으로 기울이고 입을 ㅅ자로 다물고 눈썹을 살짝 올린다.
일본처럼 기본적으로 '기대에 부응하지 못해 면목 없다'는 생각을 가진 문화에서는 이처럼 정색하고 무력함을 자인하는 몸짓은 생기기 어렵다. 일본에도 '어깨를 으쓱하다'라고 일컫는 동작이 있지만 의미상으로도 형태상으로도 영어의 shrug one's shoulder(s)와는 상당히 다르다. 『다이지린』에 따르면 일본어의 '어깨를 으쓱하다'는 '추워서 어깨를 움츠리다(hunch one's shoulders)' 또는 '주눅 들어 작아지다'라는 의미를 나타낸다. 어느 것이나 보디 존이 한껏 움츠러든 모습이어서 갑자기 태도를 바꿔 정색하는 shrug one's shoulder(s)와 대조적이라고 할 수 있다.

slap someone's shoulder(s) ➡ clap someone's shoulder(s)

He rose and *slapped* the Senator jovially *on the shoulder*. (그는 자리에서 일어나 상원의원에게 다가가 그의 한쪽 어깨를 명랑하게 탁 쳤다.) — A. Hailey: 4

one's shoulders slump ➡ one's shoulders droop

As she sat back in her chair, *her shoulders slumped*. "All right," she said, more defeated than angry. 〔상대에게서 심한 말을 잔뜩 들은 상황〕 (그녀는 의자 등받이에 몸을 기대고 어깨를 축 늘어뜨렸다. 화보다는 패배감이 앞서는 말투로 "알겠어."라고 했다.) — S. Streshinsky

square one's shoulders 가슴을 펴다. 등줄기를 꼿꼿이 펴다. ((당당한 자세; 용기 있는 결단, 일전을 벌일 각오, 어려운 일을 완수해 내겠다는 각오와 같이 확고한 마음가짐을 반영한 자세; 의욕이 충만한 모습을 나타내는 비유 표현)) 유 pull one's shoulders back / square one's CHEST

Even nowadays he had a trick of *squaring his shoulders* when ready to do something difficult or make a decision. (그는 지금도 무언가 어려운 일을 하려 할 때나 결단을 내릴 때 가슴을 활짝 펴는 버릇이 있다.) — A. Hailey: 2

Ten minutes after the waiters had brought in trays of whiskey and soda, there was a knock on the door and Noble *squared his shoulders*, drew his face into a broad welcoming smile and marched across the room with a springy gait. 〔기자회견을 하기 위해 기다리는 모습〕 (웨이터가 음료를 갖고 들어간 뒤 10분 후 노크 소리가 들렸다. 노벨은 어깨를 꼿꼿하게 편 뒤 환영의 미소를 지으며 가벼운 발걸음으로 문 쪽으로 걸어갔다.) — W. P. McGivern

★ **영일비교** square one's shoulders는 일본어로 종종 '어깨를 펴다'에 해당한다고 하지만 엄밀히 말하면 어깨의 모습과 그 의미가 조금 다르다. 원래 일본어에서 동사 '펴다(張る)'는 '내밀다(突き出す)'를 의미한다. 그러므로 '어깨를 펴다'는 어깨에 힘을 주어 들어 올리듯 내민다는 것을 뜻하며 '어깨를 으쓱 치키다', '어깨를 추어올리다'와 거의 같은 의미로 쓰인다. 일본 『국어관용구사전』에서는 '어깨를 펴다'를 '① 어깨를 내놓다, 어깨를 추어올리다, 감정이 격렬함을 나타내는 몸짓에 대한 비유 ② 으스댐이나 활기참을 나타내는 동작에 대한 비유'라고 설명한다.

한편 동사 square는 make… straight를 의미한다. square one's shoulders는 마음이 약해져서 round가 될 것 같은 어깨를 뒤로 끌어당겨 어깨선을 바닥과 평행하게 곧게 펴는 것을 가리킨다. 이와 같은 모습은 '등줄기를 곧추세우다', '어깨를 펴다'라는 표현과 같이 늠름한 모습과 겹친다. 또 어려운 일을 맞닥뜨렸을 때 비탄에 잠기지 않고 용기를 내서 씩씩하게 행동하는 의욕, 결단력을 나타낸다.

stiffen one's shoulders 어깨가 경직되다. ((긴장이나 분노 때문에, 방어적 자세를 취해서 어깨에 힘이 들어가 살짝 들려 올라가는 모습))

"… Discovering that the community was segregated, a demonstration

was planned to take place this morning." Those who had been nodding and stifling yawns sat bolt upright…. Senator Bentley's *shoulders stiffened*. ("이 마을에도 인종차별이 있다는 것이 알려져 오늘 아침에 시위가 있을 예정입니다."라고 말하자, 지금까지 하품을 꾹 참으며 고개를 끄덕이던 사람들이 벌떡 일어났다. 상원의원 벤틀리의 어깨가 뻣뻣하게 경직되었다.)
— J. McIlvaine

"… You would have been well advised to wait in the office!" Victoria *stiffened her shoulders*, surveying him angrily…. "I was not invited to wait in the office," she said coldly. ("사무실에서 기다리지 그랬어!"라고 다그치는 말을 들은 빅토리아의 어깨가 경직되었다. 그녀는 분노의 눈길로 그를 보며 "사무실에서 기다리라고 말해 준 사람이 없었어."라고 싸늘하게 대답했다.) — A. Mather

one's shoulders stoop 어깨가 움츠러들다. 등이 굽다. ((노령, 피로, 실의 등 때문에))

Mam's thin *shoulders stooped* more under the navy blue cardigan she wore, and Dad's face looked grey and set…. 〔아들이 체포됐다는 소식을 들은 순간〕 (감색 카디건을 두른 어머니의 가녀린 어깨는 이전보다 부쩍 구부정했고, 아버지는 얼굴이 굳고 안색이 창백해 보였다.) — M. Binchy

take someone's shoulder(s) 상대의 어깨를 붙들다. ((놓치지 않기 위한, 억제하기 위한 충동적인 접촉 동작)) 유 catch someone's shoulder(s) / grab someone's shoulder(s) / grasp someone's shoulder(s)

"Then what do you think I ought to do?" "Do?" he repeated softly, *taking me by the shoulders*. "I think you ought to stay. I think you and I could be very good friends." ("내가 뭘 해야 한다고 생각해요?"라고 그녀가 물었다. 그는 그녀의 어깨를 양손으로 잡고 "여기에 머무르는 게 좋을 것 같아요. 우리 두 사람은 좋은 친구가 될 수 있을 거예요."라고 친절하게 말했다.)
— M. Mackie

tap someone's shoulder 타인의 어깨를 가볍게 두드리다. ((주의를 끌기 위해)) 유 touch someone's shoulder

I sat down behind him and *tapped him on the shoulder*. He turned, his face showing an annoyance that quickly turned into a welcoming smile when he saw who it was. (나는 그의 뒷자리에 앉아 그의 어깨를 톡톡 두드렸다. 그는 짜증스러운 표정으로 돌아보았으나 나라는 사실을 확인하고는 금세 따뜻한 미소를 지었다.) — B. Paul: 2

throw one's shoulders back 어깨를 힘껏 뒤로 당겨 가슴을 펴다. 《자신만만한 모습; 우월함을 과시하는 모습; 반항적, 적대적인 모습》 유 push one's shoulders back

She turned and faced him with *her shoulders thrown back*. Her eyes flashed dark like the saphires at her ears and when she spoke it was with the haughty pride of generations of Shellburns. (그녀는 어깨를 힘껏 당겨 가슴을 펴고 그를 마주 보았다. 그녀의 눈은 귀에 걸려 있는 사파이어처럼 형형하게 빛났고, 그녀의 말투에는 수세기를 이어 온 명문 셸번 가문의 거만할 정도의 긍지가 배어 있었다.) — J. McIlvaine

★ **영일비교** 일본어는 어깨의 상하 전후의 움직임 중 뒤로 당기는 움직임은 그다지 주목하지 않는다. 자세를 갖추라는 지시를 내릴 때 "좀 더 어깨를 당겨."라고 말하기도 하지만 소설의 등장인물이 "어깨를 당겼다."라고 말하는 장면은 별로 없다. 반면에 영어에서는 이 움직임을 인정한 표현이 많아서 hold one's shoulders back부터 throw one's shoulders back까지 당길 때 힘을 주는 방식에 따라 동사구를 구분해 쓴다. 또 늠름한 결의부터 오만함까지 구분해 묘사한다. 그중에서 어깨를 기운차게 뒤로 쑥 당기는 throw [push] one's shoulders back 등은 일본어의 '어깨를 으쓱 치키다'에 가까운 의미를 지니며 오만함이나 적대적인 모습을 나타내기도 한다. 그러나 hold [pull] one's shoulders back과 같이 뒤로 어깨를 당기는 전반적인 동작은 보통 당당하게 가슴을 편 자세를 나타낸다.

touch someone's shoulder 타인의 어깨를 가볍게 만지다. 《주의 환기; 위로나 격려 등의 감정을 전달하기 위한 우호적인 접촉 행동》 유 tap someone's shoulder

"Please…" she said, *touching my shoulder*. "Do not cry like this, Leonie. Tim did not mean what he said." (그녀는 나의 어깨에 손을 얹으며 "그렇게 울지 마, 레오니. 팀도 진심으로 한 말이 아닐 거야." 하고 따뜻하게 말해 주었다.) — M. Mackie

turn a shoulder on… 어깨를 비틀어 …를 피하다. 《거부의 태도를 나타내는 비유 표현》

Dominica felt Beau Vallet's signet ring lying snug in her bosom, and *turned a shoulder on* his advances. (도미니카는 반지를 낀 발렛의 손이 자신의 가슴에 놓이는 것을 느끼자 더 이상 다가오지 말라는 듯 어깨를 비틀어 피했다.) — G. Heyer: 3

turn one's shoulder to someone 몸을 옆으로 틀다. 《상대를 무시하거나 거부하는 태도》

She *turned her shoulder to* the professor and listened to the old man's dissertation on the music they had been listening to. (그녀는 교수 쪽으로 반쯤 등을 돌리고 모두들 듣고 있던 음악에 대한 노인의 해설에 귀를 기울였다.) — B. Neels: 3

whack someone's **shoulder(s)** ➡ clap someone's shoulder(s)

He *whacked* Cameron'*s shoulder* blade. "Brace up. No one's blaming you…." ("기운 내. 당신을 욕하는 사람은 아무도 없어."라고 말하며 그는 카메론의 견갑골 주위를 탁 때렸다.) — Z. Popkin

(with one's**) shoulders high** 어깨를 활짝 펼치다. ((당당한 자세; 의기양양한 태도)) 유 carry one's shoulders high

Hanna was coming up the walk *with* a steady stride, a smile on her face, chin up, *shoulders high*. (한나는 얼굴에 웃음을 머금고 턱을 바짝 치켜들고 어깨를 활짝 펴고 시원시원한 발걸음으로 걸어왔다.) — L. C. Douglas: 3

wriggle one's **shoulders** 어깨를 꿈틀거리다. ((주로 젊은 여성의 애교, 수줍음, 아양을 드러내는 동작))

She met each new friend or relation of Rodman's with an attitude of "I just know we're going to like each other," expressed with many smiles and a good deal of *wriggling of her shoulders*. (그녀는 연인 로드먼의 친구나 가족을 만날 때면 언제나 웃으면서 나긋나긋하게 어깨를 꿈틀거리며 "우리는 꼭 좋은 사이가 될 거라고 생각해요."라는 태도를 보였다.) — L. Auchincloss: 2

SPINE

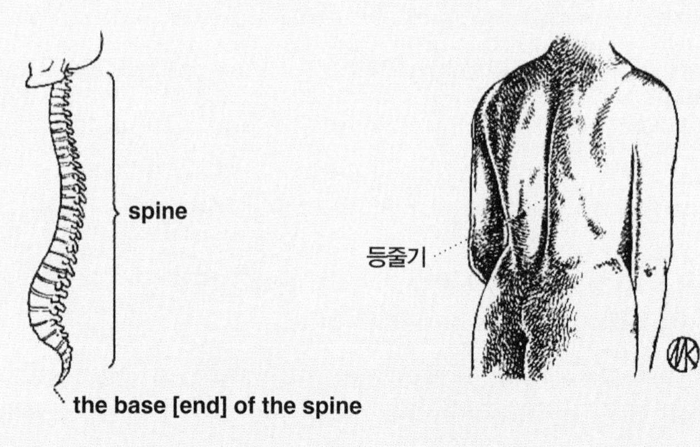

- spine은 척추 또는 등뼈에 해당하는 단어다. 등뼈를 가리키는 또 다른 단어로는 backbone이 있다. backbone은 spine에 비해 약간 쉬운 표현이며 용기, 기개, 견고한 의지와 같은 상징적인 의미도 내포하고 있다.

- 우리나라에는 '등줄기' 또는 '등골'이라는 단어가 있는데, 각각 등뼈를 따라 두두룩하게 줄이 진 부분과 고랑이 진 부분을 나타낸다. 이는 '등줄기가 뻣뻣하다', '등골이 서늘하다' 등의 관용적인 표현에 쓰이는데 이때의 등줄기나 등골이 영어의 spine과 거의 일치한다고 볼 수 있다.

- spine은 감정이나 자세에 따라 늘어나거나 둥그렇게 변하거나 경직된다. 그런데 이러한 변화는 spine의 변화로 표현하기보다는 눈에 보이는 back의 변화로 표현하는 것이 일반적이다. 몸짓을 묘사하는 말 중에 spine이 들어간 표현은 특정한 앉는 자세를 설명적으로 묘사하는 경우(e.g. sit on the base of one's spine)를 제외하고는 거의 back으로 대치할 수 있다.

- 오한, 오싹한 공포, 짜릿한 흥분, 소름 끼치는 불쾌감 등을 표현할 때도 spine을 쓴다(e.g. send chills [shivers] up [down] someone's spine(소름 끼치다 혹은 짜릿하다), jar someone's spine(타인의 신경을 거스르다)).

arch one's spine 등을 활처럼 구부리다. ((공격적, 적대적인 태도를 과장한 표현))
유 arch one's BACK

He nudged the man with his elbow, crossed his lips with his forefinger, but the man only glared and *arched his spine* belligerently. (그가 시끄럽게 떠드는 남자의 옆구리를 콱 지르고 입술에 검지를 대어 조용히 하라는 신호를 보냈다. 그러나 남자는 무섭게 노려보며 덤벼들기라도 하려는 듯 등을 활처럼 구부렸다.) — Z.Popkin

★ NB: 고양이나 황소가 등을 활처럼 구부리며 화를 내는 모습에서 유래한 표현이다.

one's spine goes rigid 등줄기가 뻣뻣해지다. ((돌발적 위험, 공포, 분노 등으로 인해))

"Yes, I should have guessed that," he murmured, and I felt *my spine go rigid*. ("그래, 그것(비밀)을 좀 더 빨리 알아챘어야 했어."라는 그의 중얼거림을 들으며 나는 무서움에 등줄기가 뻣뻣해지는 것을 느꼈다.) — E.Gayle

sit on the base [end] of one's spine 체중을 척추 아래쪽에 싣고 앉다. ((의자에 앉을 때 상체를 뒤로 확 젖히고 앉는 남자들의 자세)) 참 slide down to the end of one's spine

sit on the base [end] of one's spine

In the world of machismo, the preferred position for young males when with one another is to *sit on the base of their spine* with their leg muscles relaxed and their feet wide apart. (남자다움을 과시하는 세계에서는 젊은 남자들끼리 있는 경우 다리 근육을 편안하게 풀고 양다리 사이를 넓게 벌려 몸을 한껏 뒤로 젖히고 앉는 자세를 선호했다.)

★ NB: 지하철 등에서 발을 앞으로 내밀고 다리를 쩍 벌린 채 등을 뒤로 젖히고 앉아 있는 젊은 남성을 볼 수 있다. 이렇게 앉는 것을 sit on the base of one's spine이라고 하는데, 이는 sit on one's buttocks가 앉는 방법의 표준이라는 것을 전제로 만들어진 표현이다. 이렇게 자리를 넓게 차지하고 앉는 모습을 타인에게 드러낸다는 것은 불손함, 과도한 자신감, 건방짐의 표현이라 할 수 있다.

sit with one's spine erect [straight] 등줄기를 펴고 앉다. ⟪예의 바르게 앉는 방법; 새침한 태도, 쌀쌀맞은 태도 등⟫

sit with one's spine [back] erect

She had reached her chair, *sat* down *with her spine erect* and head high…, sweeping aside her wide skirt with a slender arm…. (그녀는 자신의 자리에 와서 등줄기며 목덜미를 모두 꼿꼿하게 펴고 폭이 넓은 스커트를 맵시 있는 손으로 탁 펼치고는 도도한 태도로 앉았다.) — H.MacInnes: 1

slide down to the end of one's spine 등을 뒤로 젖히고 앉다. ⟪권태, 무료함, 힘이 빠짐 등을 느꼈을 때 앉는 방법-의자에서 미끄러져 떨어질 듯이 앉은 모습⟫ 참 sit on the base of one's spine

He *slides down to the end of his spine*, his legs stretched in front of him, staring at the floor. "Come on, kiddo," Berger prods gently. "Something's on your mind today." "Nothing's new, nothing's on my mind. …" Abruptly he sits up. "I oughta go home." (정기적으로 들르는 정신과 의사와의 상담 상황] (그는 의자에서 미끄러질락 말락 할 정도로 등을 뒤로 젖히고 앉아 다리를 길게 앞으로 뻗은 채 바닥을 내려다보고 있다. 예전과는 다른 모습을 보고 베르거는 "자네, 뭔가 걱정이 있다면 말해 보게." 하고 상냥하게 권한다. 그는 "새로운 것도 없고 걱정되는 것도 없어요." 하면서 재빨리 자세를 고쳐 앉고는 "집에 가야겠어요."라고 말한다.) — J.Guest: 1

slump down on one's spine 힘없이 상체를 털썩 뒤로 젖히고 앉다. 《권태, 힘 빠짐, 피로 등 때문에》

Jefferson *slumped down on his spine*, shoulders hunched, head to one side, freckled hands covering the lower part of his face. (제퍼슨은 털썩 쓰러지듯 의자에 주저앉더니 등을 굽히고 머리를 숙여 주근깨투성이 손으로 얼굴 아랫부분을 감쌌다.) — G. Vidal

stiffen one's spine 등줄기를 꼿꼿이 펴다. 《새로운 결의를 다지는 모습, 용기에 찬 모습》 유 straighten one's spine / straighten one's BACK / stiffen one's BACKBONE

His recovery of self-confidence *stiffened his spine* and his strut and his stare. (자신감을 되찾은 그의 등줄기는 꼿꼿하게 펴졌고 걸음걸이나 상대를 보는 시선도 생기가 넘쳤다.) — L.C.Douglas: 1

straighten one's spine ➡ stiffen one's spine

"And if you learned to sit straight, you would look like a woman who values herself," said Victoria…. Self-consciously, she *straightened her spine* and pulled back her shoulders. ("상체를 똑바로 펴고 앉는 방법을 몸에 익히면 자존심 강한 여성으로 보일 수 있지."라는 빅토리아의 말에 그녀는 마치 다른 사람의 시선을 의식하는 양 등줄기를 곧게 펴고 어깨를 뒤로 젖혔다.) — J.Michael: 1

STOMACH

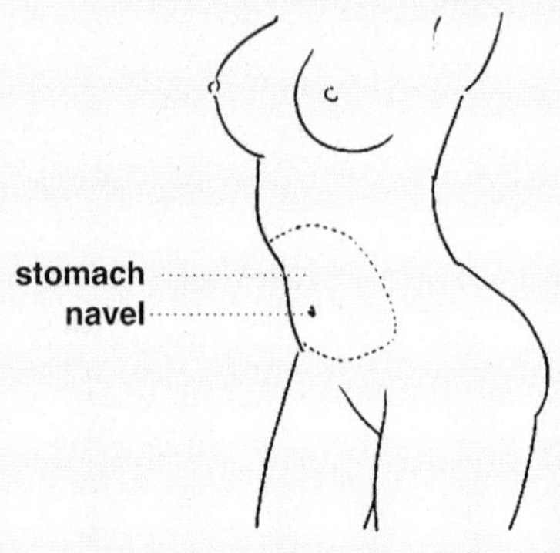

- stomach는 배를 가리키는 단어 중 가장 일반적인 것이다. 이 밖에 대화나 문장의 수준에 따라 abdomen, belly, gut, tummy 등을 사용한다.

- stomach의 일차적인 의미는 소화기관인 '위'이며, '배'를 의미할 때는 완곡한 표현으로 사용하는 것이다. 사실 '배'에 해당하는 영어 단어는 belly다. 그러나 영미권(특히 영국)에서는 이것을 속어처럼 여겨 사용하기를 꺼리는데, 이는 빅토리아 시대에 belly의 아래쪽 경계선이 성기에 인접하기 때문에 비속하다고 여겼기 때문이다. stomach를 배의 완곡한 표현으로 사용하게 된 이유도 이 기관이 복부의 위쪽에 위치하기 때문이다.

- 빅토리아 시대에는 stomach조차 소화, 배설에 관련된 기관이라는 이유로 고상한 사람들은 입에 올리는 것을 꺼렸다고 한다. 당시 여성들은 아이들이 사용하는 tummy를 stomach의 완곡어로 사용했는데 지금도 그 용법이 남아 있다.

- tummy가 유아어 혹은 여성어라면, gut은 남성어로서 belly보다 더 상스럽고 자극적인 단어라 할 수 있다. 이 단어는 남성의 툭 튀어나온 배(paunch, potbelly)를 다소 깔보는 의미로 지칭할 때 사용하는 경우가 많다.

- abdomen은 belly를 가리키는 해부학 용어로, 복부 또는 복강에 해당한다. 일반 대화에서는 거의 쓰이지 않는다.

• 배와 관련된 일상적인 동작은 그다지 많지 않다. 예를 들면 맛있는 식사 후에 느끼는 만족감, 소화가 잘 되지 않아 느끼는 더부룩함 등으로 인해 배를 문지르는 동작과 툭 튀어나온 배를 쑥 집어넣거나 두드리는 동작이 있다. 이는 대부분 생리적인 요인에서 기인한 자기 접촉 동작이다.

• 관용구만 놓고 봤을 때 일본어에서는 배를 '사고 및 마음의 움직임을 담아 두는' 곳으로 보는 경향이 있다. 겉으로 드러내지 않고 마음으로만 담아 두는 것 또는 감정, 기분, 도량, 기력 등을 비유적으로 표현한다. 이는 일본인이 배라고 하는 것을, 서구적인 사고에서는 이성과 감정이라는 서로 상반되는 두 요소의 통합으로 보고 있다는 것을 뜻한다. 머리로 생각한 것이나 가슴으로 느끼는 것이 배까지 내려와 처음으로 '속마음(本音)'이 된다는 시각이다.

• 영어의 관용구로 stomach가 사용될 때는 신체 부위인 배보다는 소화기관인 '위'의 의미로 사용되는 경우가 많다. stomach는 무엇보다도 정신적인 스트레스를 고스란히 받아들이는 부위로 여겨진다(e.g. have butterflies in one's stomach; one's stomach is all in knots). 사소한 것에 조바심 내는 사람을 일컬어 a person who takes everything in the stomach라고 하는 것도 이러한 시각이 반영된 것이라 할 수 있다.

• 영어에서는 위를 강타하는 듯한 걱정, 불안을 in the pit of one's stomach로 표현하기도 한다. the pit of one's stomach는 '명치'에 해당하나, 실제 용법에서는 명치처럼 실제로 존재하는 신체 부위가 아니라 '위 부근 어딘가 깊은 곳'의 의미로 사용된다. *COBUILD*에서는 위 부근에서 느껴지는 깊은 감정을 in the pit of your stomach에서 느껴진다고 표현하는 것도 가능하다(you can refer to very deep feelings that you seem to feel in the area of your body around your stomach as being felt in the pit of your stomach)고 설명하고 있다.

• 소화기관으로서의 stomach는 역겨운 것에 민감하게 반응하는 곳이다. '토할 것 같다', '메슥거리다' 등을 영어로 표현할 때는 대부분 stomach를 쓴다(e.g. turn someone's stomach).

• 사물을 이성적으로 분별하는 곳은 head이고, 본능적 감정적으로 파악하는 곳은 stomach로 보는 시각도 있다. 아래의 예문은 그러한 시각을 보여 주는 예다.

> "It was a difficult decision in my stomach, but not in my head." 〔알렉산더 헤이그가 닉슨 미 대통령 정권 말기에 그의 요청을 받았을 때를 회상〕 ("이걸 받아들여야 할지 말지 감정적으로는 쉽게 결정할 수 없었지만, 머리로는 안 된다고 금세 판단했다.") — *Time*, 1974

- 본능적인 감정은 stomach보다 gut와 더 관계가 깊다. *COBUILD*는 gut의 의미 중 하나로 '가장 강렬하고 속 깊은 감정이 존재한다고 예상되는 곳(the area inside you where your strongest and deepest feelings are imagined to exist)'을 올려놓고 있다. 또한 복수형 guts는 내장, 또는 속마음의 의미로 쓰이고, 마음속에 쌓아 두었던 원망이나 한을 한꺼번에 털어놓는 것을 spill one's guts라고 표현한다.

---

hold one's stomach in 배를 안으로 쑥 집어넣다. 유 pull one's stomach in / suck one's stomach in

Because I'm forty-five, there are some days when I no longer feel like *holding in my tummy*. (45세가 되고 보니, 더 이상 배를 쏙 집어넣어 날씬하게 보이려고 하지 않는 날도 생겼다.) — B. Raskin

kick someone's stomach 타인의 배(명치)를 차다. ((배를 차는 실제 동작; 호된 맛을 보여 주거나 회복이 안 될 정도로 강한 충격을 주는 것을 의미하는 비유 표현))

When he learned later that Ehrichman had recorded the conversation, he testified last week, "it was just as if I had been *kicked in the stomach*." 〔워터게이트 사건에 연관된 법정 증언〕 (닉슨 정권 시절 백악관에서 에릭만에 의해 자신의 대화가 녹음되었다는 것을 나중에 알게 된 인물이 "명치를 발로 차이는 기분이었다."라고 증언했다.) — *Time*, 1973

lie on one's stomach 배를 깔고 엎드리다.

lie on one's stomach

Eleanor was *lying* on a mat *on her stomach*, in a bikini, … (엘러너는 비키니를 입고 돗자리 위에 엎드려 일광욕을 하고 있었다.) — I. Shaw: 3

pat one's stomach 배를 가볍게 두드리다. ((포만감; 맛있음을 드러내는 손짓; 비만 등의 이유로 신경이 쓰여 손바닥으로 배를 두드리는 동작))

pat one's stomach

He *patted his stomach*. "The meal was simple but tasty…." (그는 식사를 마치자 만족스럽게 배를 두드리며 "간단하지만 맛있는 식사였다."라고 말했다.) — Z.Popkin

"… I've been exercising every day like crazy," the woman said. Jill *patted her stomach*. "I have to start," she said. "Actually I'm going to a class this Wednesday…." ("요즘 엄청 열심히 운동하고 있어."라고 여자가 말하자, 질은 아랫배를 가볍게 두드리며 "나도 시작할 거야. 사실 이번 주 수요일부터 본격적으로 운동 교실에 다니려고…."라고 말했다.) — J.Fielding

pull one's stomach in ➡ hold one's stomach in

Sergei looked very serious and very dignified as he took a deep breath. His chest expanded. He *pulled in his belly*. "I will do whatever I must to defend my adopted country…." 〔프랑스로 망명한, 지금은 늙어 버린 러시아의 귀족이 독일군의 침공을 앞두고 프랑스 방어를 위해 결의를 표명하는 장면〕 (크게 숨을 들이쉰 세르게이의 얼굴은 무척 진지하고 품위 있었다. 그는 가슴을 펴고 배를 집어넣은 후 "나는 제2의 조국을 방어하기 위해 전력을 기울일 것입니다."라고 말했다.) — D.Mulien

punch someone's stomach 상대의 배를 주먹으로 때리다. ((실제 행동; 남성 사이의 공격을 가장한 우호적인 접촉 동작))

"We'll let the facts decide when they all come out…." Trask *punched me in the stomach* in a friendly way. "How about that, Archer?" (트라

스크는 "우리 경찰들은 사실이 모두 드러나면, 그것으로 진상을 말하게 하는 거야."라고 말하면서 "어때, 아처?" 하고 친밀함을 담아 내 배를 주먹으로 때리는 시늉을 했다.) — R. Macdonald: 7

Terrier resisted the old American solution: *one to the stomach*, one to the jaw. Crude, Europeans said. But it would have been extremely satisfying, right now. (테리어는 배에 한 방, 턱에 한 방 먹여 결판을 내는 미국 사람들의 전통적인 문제 해결 방법을 달가워하지 않았다. 그러나 지금 당장은 이 손을 써서 해결할 수 있으면 얼마나 개운할까 하고 생각했다.) — H. MacInnes: 1

rub one's stomach 배를 문지르다. ((포만감; 맛있음을 표현하는 손짓; 배의 불쾌감에 수반하는 동작))

"Look what I've got. Hey, boy, this stuff is terrific." He held out the milk. …He drank a little. "Good!" He *rubbed his stomach*. "Mmm, makes me strong." He made a muscle. 〔베이비시터가 어린아이에게 우유를 먹이려는 장면〕 ("좋은 것 줄게."라고 말하며 그는 우유를 꺼내 한 모금 마시고 만족스러운 듯 배를 쓰다듬어 보였다. 그러고는 "우유를 마시면 힘도 세진다." 하고 팔에 근육을 보란 듯이 만들어 보였다.) — H. Mazer

"Do you want a drink?" "Not now." He *rubbed his belly*. "There must be easier ways to make a living." (변호사는 술자리를 제안받지만 거절하면서 "이렇게 피 말리는 일 말고 좀 더 쉽게 돈을 버는 방법이 있을 텐데." 하고 배를 문질러 술을 마실 수 있는 상태가 아님을 보여 주었다.) — Z. Popkin

suck one's stomach in 숨을 들이쉬어 배를 쑥 집어넣다. ((몸매, 자세를 바르게 하려는 동작)) 유 hold one's stomach in

Jenny Stern had spent hours getting ready for that lunch, carefully putting on makeup, doing her nails, despairing over her sallow complexion, cursing her unmanageable hair, *sucking in her stomach*. (제니 스테른은 점심 모임에 참석하기 위해 몇 시간 동안을 준비했다. 정성스럽게 화장을 하고, 매니큐어를 칠하고, 혈색이 나쁜 것에 절망하고, 어떻게 매만져도 답이 안 나오는 머리카락에 짜증을 내고, 숨을 들이쉬어 배를 집어넣었다.) — S. Quinn

In recent years my stomach has been showing signs of spread…, and I cannot pass a group of construction workers on a New York City street without involuntarily *sucking in my stomach*. (최근 배에 살이 찌기 시작한 것을 느낀 나는 뉴욕의 거리를 다니다 공사판 인부들 앞을 지나갈 때면

거의 반드시 숨을 들이쉬어 배를 집어넣는다.) — S.Brownmiller

I *suck in my gut*, puff out my chest, slap a bicep. 〔영화배우 커크 더글러스의 자서전 중 일부〕 (나는 튀어나온 배를 쑥 집어넣고, 가슴을 펴고, 늠름한 팔 근육을 손바닥으로 탁탁 치며 남성다움을 드러냈다.) — K.Douglas

TEMPLE

- 인간의 이마에는 눈꼬리 옆의 머리카락이 자라기 시작하는 부근에 평평하고 둥그런 부위가 있다. 이곳은 이마의 일부분으로 일본어로는 관자놀이(こめかみ), 영어로는 temple이라고 한다. 이 명칭에는 '눈 옆 부근 머리털이 자라는 부분'이라는 의미도 포함되어 있다(e.g. He is going grey at the temples.).

- 이 부위의 이름은 일본어와 영어 모두 '움직임을 보이는 곳'이라는 점에 착안해 지어졌다. 말하자면 일본어의 관자놀이(こめかみ)는 '쌀 씹기(米嚙み)'(こめかみ(고메카미)와 발음이 같다—역주), 즉 '무언가를 씹을 때 움직이는 곳'이며, 영어의 경우에는 '시간'을 뜻하는 라틴어 tempus에서 왔는데, 이 단어는 '맥박이 뛰는 모습이 보이는 곳'이라는 뜻에서 생겨났다고도 한다. 영어권에서는 temple에 '신전'이라는 뜻도 있으므로, 이 부위를 사고력을 좌우하는 '머리의 신전(the temple of the head)'으로 보는 견해도 있다.

- temple(s)은 표정을 만드는 데 거의 관여하지 않는데, 예외적으로 관자놀이에 핏줄이 서거나 맥박이 뛰는 것이 보일 정도로 화가 나거나 흥분한 표정을 나타낼 때가 있다. 동작으로는 육체적 정신적 고통, 곤혹, 혼란, 깊은 생각에 빠졌을 때 관자놀이를 만지는 자기 접촉 동작이 있다.

drum on one's temple(s) 관자놀이를 톡톡 치다. 《무언가 생각해 내려고 할 때, 좋은 생각을 짜내려고 할 때의 모습-손가락을 이용하여》 유 drum one's FINGERs on one's temple(s)

A half hour later, frantically *drumming on her temples* with her fingers, she resolved to take the letter to Helen and beg her to read it. (그녀는 손가락으로 양쪽 관자놀이를 톡톡 치며 필사적으로 생각한 끝에, 헬렌에

게 편지를 가져가 읽어 달라고 간청하기로 마음먹었다.) — L.C.Douglas: 2

hold one's temples 양쪽 관자놀이를 세게 누르다. ((두통에 시달릴 때; 머릿속이 복잡하거나 감정의 동요를 느낄 때; 슬픔, 괴로움, 고민을 견디려 할 때; 심사숙고할 때 등의 동작)) 유 press (the tips of) one's FINGERs to one's temples

They sat down, Nina *holding her temples* with fingertips. "The most terrible night I have ever spent in America…." (아침 식사 자리에 나온 니나는 손가락으로 관자놀이를 누르며 "미국에서 이 정도로 잠들기 어려웠던 적은 이번이 처음이다."라고 말했다.) — P.Horgan: 1

massage one's temple(s) 관자놀이를 비비다. ((두통이나 피로를 완화하기 위해–손가락을 이용하여)) 유 rub one's temple(s)

She sank wearily on to her chair and started *massaging her temples*. (그녀는 녹초가 되어 의자에 걸터앉은 뒤 손가락으로 관자놀이를 비비기 시작했다.) — C.Jameson

★ NB: 몸의 일부를 비비는 동작을 나타내는 동사로 rub가 가장 일반적으로 쓰인다. massage는 뻐근함이나 통증을 풀기 위해 힘을 줘서 비비거나 주무르는 것을 의미한다. 이 외에 비비는 동작을 뜻하는 동사로 knead도 있다(e.g. knead one's temple(s)).

rub one's temple(s) 관자놀이를 비비다. ((두통이 생겼을 때; 피로, 마음고생, 곤혹, 혼란, 짜증을 느꼈을 때; 생각에 잠겼을 때 등의 동작)) 유 massage one's temple(s)

Victoria *rubbed her temples* with her fingertips, her mind in such turmoil that she was sidetracked by this discussion of mistresses. (남편의 정부들에 대한 이야기가 나오자 빅토리아는 마음이 복잡해져서 손가락으로 관자놀이를 비볐다.) — J.McNaught

I vividly remembered how earnestly thoughtful he grew, and how he stood, for many minutes, *rubbing his temple* with the tips of his fingers—a trick of his when trying to arrive at an important decision. (그는 무언가 중요한 것을 결정할 때면 손가락으로 한쪽 관자놀이를 비비는 버릇이 있는 남자였는데, 그때도 골똘히 생각에 잠겨 관자놀이를 손가락으로 비비며 오랫동안 서 있었다. 나는 그 모습이 아주 생생하게 기억났다.) — L.C.Douglas: 2

scratch (at) one's temple 관자놀이를 긁다. ((머뭇거리며 골똘히 생각하는 모습; 곤란할 때 또는 초조할 때의 동작))

"··· I never go back on my promises." He paused for a moment and *scratched at his temple*. "What I had in mind was this···." 〔공약 위반이라는 비판에 대해 정치가가 변명하는 장면〕 (그는 어떻게 설명해야 알아들을까 궁리하다가 관자놀이를 손가락으로 긁적거리며 자신의 생각을 설명하기 시작했다.) — A.Hailey: 4

the veins in one's temples stand out 관자놀이에 핏줄이 서다. 《분노 때문에; 격정의 억제》

The veins in Traffod'*s temples stood out* like cords. He clenched his hands behind him but his voice was in control as he protested. "Don't be a darned fool···." (트래포드의 관자놀이에 핏줄이 불끈 솟았다. 그는 상대의 어리석음을 힐책하며 등 뒤로 주먹을 꽉 쥐고 있었지만 목소리는 평정을 유지했다.) — E.Loring: 2

tap one's temple 한쪽 관자놀이를 톡톡 치다. 《'미쳤다' 또는 머리가 좋고 나쁨을 나타내는 동작-보통 검지로 하는 동작이다.》

tap one's temple

"He's a pretty good kid. But a little too much of an egghead in my book···. No wonder he has his troubles." Leandro *tapped his temple* with his knuckles. 〔신경증 증세가 있는 청년에 대해 이야기를 나누는 장면〕 ("좋은 녀석이지만, 내가 볼 때는 너무 인텔리다. 머리가 돈 게 틀림없다."라고 말하며 레안드로는 자신의 관자놀이를 주먹으로 툭툭 쳤다.) — R.Macdonald: 6

one's temples throb 관자놀이가 불끈거리다. 《흥분, 분노로 인한 심장의 세찬 고동에 호응하여》

"Don't wait up for me," he said, white-faced, *his temples throbbing* as he brushed roughly past her, almost knocking her over. (그는 "나 기다리지 말고 자."라고 말하고, 그녀를 밀치듯 하며 밖으로 나갔다. 그의 얼굴은 분노로 하얗게 질렸고 관자놀이가 불끈거렸다.) — R.Harris

THIGH

- thigh는 무릎을 경계로 다리의 상반부, 즉 허벅지(넓적다리)를 뜻하는 단어다.
- 몸짓을 묘사할 때 이 단어를 사용하는 경우는 거의 없다. 영어 소설에서 thigh가 등장하는 경우는 몇몇 성적 묘사를 제외하면 주로 남성의 앉아 있는 자세나 동작을 묘사할 때뿐이다. 그것도 보통 knee나 leg를 사용하는 표현을 동작의 남성다움을 강조하기 위해 thigh를 선택해서 쓴 것이다(e.g. sling one's thigh over an arm of a chair).

slap one's thigh 손바닥으로 허벅지를 치다. 《주로 남성의 호쾌한 웃음에 수반되는 동작; 무언가를 생각해 냈을 때의 동작 등》 유 thump one's thigh / strike one's thigh (with one's fist) / slap one's KNEE / slap one's LEG

slap one's thigh

"It would seem that one of those four persons in the diningroom must be the murderer," declared Inspector Rawson. He suddenly *slapped his thigh* in a gesture of tense excitement. 〔살인 사건에 대해 설명하는 장면〕 (“범인은 피해자와 식당에 함께 있던 네 명 중 한 사람이다.”라고 로손 경위가 추리했다. 그는 갑자기 틀림없다는 듯 매우 흥분하면서 손바닥으로 허벅지를 탁 쳤다.) — R.Murray

Simeon: So that thar’s our new Maw, be it? Whar in hell did ye dig her up? (He and Peter laugh)
Peter: Ha! Ye’d better turn her in the pen with the other sows. (They laugh uproariously, *slapping their thighs*.)
(아버지가 재혼한 여자에 대해 남자들이 상스러운 농담을 나누는 장면. “그런 건 돼지랑 같이 처넣어 버리는 게 나을 거야.”라며 시므온과 피터는 허벅지를 치며 크게 웃는다.) — E.O’Neill: 3

★ NB: 동의의 뜻에서, 또는 웃음을 수반하여 ‘무릎을 치는’ 동작은 knee보다 thigh를 쓰는 것이 일반적이다. slap은 손바닥으로 칠 때, thump는 주먹으로 칠 때 쓴다.

sling one’s thigh over an arm of a chair 의자 팔걸이에 다리를 걸치고 앉다. ((다소 예의에 어긋난, 편하게 앉는 방법)) 유 drape one’s LEG over an arm of a chair

He took another drink and *slung a* shapely *thigh over the arm of his chair*. “Jack was so irritable and hard to get along with….” (그는 잘빠진 다리를 의자 팔걸이에 척 걸치고, 술을 마시면서 친구 잭이 너무 신경질적이어서 함께 지내기 어렵다고 얘기했다.) — R.Stevenson

strike one’s thigh [thighs] (with one’s fist [fists]) 주먹으로 허벅지를 때리다. (((한 손의 경우) 무언가를 생각해 냈을 때; 화가 나거나 분하고 원통할 때; (양손의 경우) 짜증, 역정, 원통함, 부아가 치밀 때 수반되는 동작)) 유 thump one’s thigh

Truttwell got to his feet, his entire body making an angry gesture. “I don’t like that at all.” “It couldn’t be helped….” Truttwell *struck his thigh with his fist*. “I didn’t bring her up to be a nurse to a psycho.” 〔정신병으로 요양하고 있는 남자에게 문병을 간다는 딸의 말을 들은 아버지의 반응〕 (트루트웰은 온몸으로 분노를 나타내며 벌떡 일어났다. 그는 “나는 내 딸을 정신병자의 간호사나 시키기 위해 키운 게 아니다.”라고 말하며 주먹으로 자신의 허벅지를 쳤다.) — R.Macdonald: 8

thigh to thigh 허벅지와 허벅지가 닿을 정도로 가까이 붙어 ((옆으로 나란히 앉아 있는 모습)) 유 knock their KNEEs together

An evening with her had always excited him physically—the pressings of hands; sitting *thigh to thigh* in the movie or the trolley car; a furtive kiss on a dark street…. (손을 맞잡거나, 영화관이나 전차에서 허벅지와 허벅지가 붙을 정도로 가까이 앉거나, 어두운 밤거리에서 가볍게 입술을 훔치는 등 그녀와 함께 보낸 밤은 언제나 그에게 관능적인 흥분을 안겨 주었다.) — B.Smith: 1

thump one's thigh 주먹으로 허벅지를 치다. 《주로 남성의 호탕한 웃음에 수반되는 동작; 무언가가 생각났을 때의 동작; 짜증이나 원통함에 수반되는 동작 등》 유 slap one's thigh / strike one's thigh (with one's fist) / slap one's KNEE / slap one's LEG

"What was his name?" He *thumped his thigh* in frustration. "It'll maybe come back to me in a minute." (어떤 사람의 이름을 완전히 잊어버린 그는 "조금만 더 생각하면 기억이 날 것도 같아."라고 말하며 짜증스럽게 허벅지를 주먹으로 쳤다.) — L.Levi

THROAT

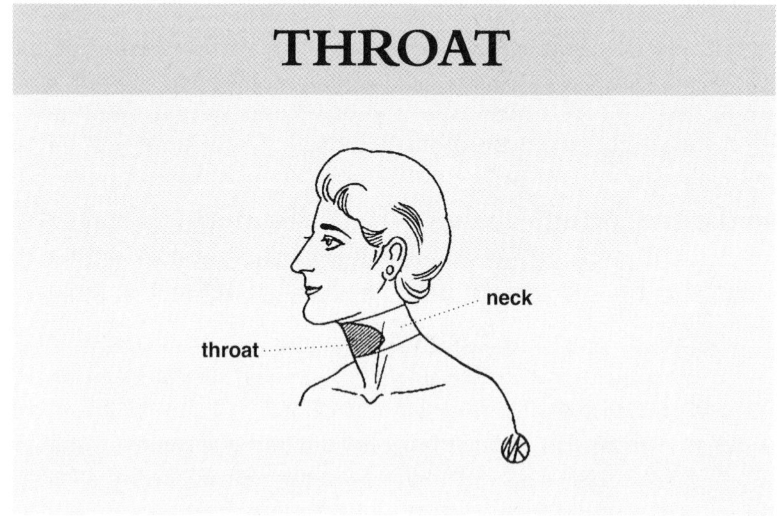

- throat는 목구멍 및 목의 전면부, 입의 안쪽, 식도에 해당하는 부위를 가리킨다.

- throat와 관련된 표현은 그리 많지 않다. 이 부위를 지나가는 동맥의 움직임, 남성의 목에 튀어나와 있는 울대뼈의 움직임에 따라 감정의 고조를 미묘하게

드러내는 몇몇 표현뿐이다.

- throat에 손을 대는 동작으로는 만사가 끝장난 것을 의미하는 목을 자르는 손짓(e.g. cut one's throat)과 심한 충격을 받았을 때 (주로 여성들이) 목을 누르는 동작(e.g. clutch (at) one's throat)이 있다.

- 영어에서는 throat를 heart에 맞먹을 정도로 감정의 물결이 밀어닥치는 곳으로 본다. 이는 슬픔, 감격, 분노, 흥분 등의 강한 감정이 목구멍 안에 있는 호흡 통로를 메게 할 뿐 아니라 목을 지나는 동맥의 맥박을 가속화한다는 점에 주목한 결과다. 일반적으로 우리말에서 '가슴이 죄어든다'라고 묘사하는 것을 영어에서는 '목구멍이 죄어든다(clutch (at) one's throat)'라고 표현한다. 격한 감정에 휩싸일 때 손을 순간적으로 목에 대는 동작도 throat에 대한 이런 견해와 관련해 이해할 수 있다.

- 영어에서는 사람들끼리의 물고 늘어지는 질의응답이나 잡아먹을 듯 공격적으로 말하는 것을 서로 숨통을 노리는 동물의 투쟁에 빗대어 비유적으로 jump down someone's throat(상대의 목을 노리고 덤벼들다)라고 표현한다. 또 먹느냐 먹히느냐의 싸움을 tear at [cut] each other's throats(서로의 목을 물어뜯다), be at each other's throats(서로의 목을 덮치다) 등과 같이 개의 싸움처럼 표현한다. 또 살벌한 경쟁을 일컬어 cut-throat competition이라고 부르기도 한다.

- 영미 소설에서는 여성의 아름다운 용모의 일부로 백조와 같이 가늘고 우아한 목(e.g. slender neck; swan-like neck)을 묘사하는 경우가 많다. 특히 가슴이 깊이 파인 야회복을 입으면 목의 아름다움이 적나라하게 드러나는데, 그때 주목의 대상이 되는 부분이 바로 throat이다.

> When sitting across from her at dinner, he was conscious that she was a very beautiful woman, with the candle light falling on her soft brown hair and white throat. (만찬회 자리에서 그녀와 마주 보고 앉았을 때, 부드러운 갈색 머리카락과 하얀 목덜미 부근에 촛불의 불빛이 비쳐서 그는 그녀의 아름다움을 의식하게 되었다.) — A.S.Turnbull: 2

---

one's Adam's apple bobbles 울대뼈가 움직이다. 《극도의 긴장 때문에 침을 꿀꺽 삼켜서》

> "… Mr. Hirsch, we're prepared to do anything, everything…." His voice thickened: *his Adam's apple bobbled*. 〔딸을 궁지에서 구출해 달라고 부탁하는 장면〕 ("무엇이라도 하겠다."라고 아버지는 필사적으로 호소했다. 그

의 목소리는 꽉 막혀 있었고 울대뼈가 쿨럭 움직였다.) — Z. Popkin

choke on a lump in one's throat 목이 막혀 말이 나오지 않다. ((슬픔 때문에, 감격에 북받쳐서 등))

"Our girl···" he *choked on a lump in his throat*. ("우리 딸이···"라고 말하고 나서 그는 목이 막혀 더 이상 말을 잇지 못했다.) — Z. Popkin

★ NB: 이 경우 lump는 목구멍이 꽉 막히는 느낌을 뜻한다(a tight feeling in one's throat—*COBUILD*).

clear one's throat 헛기침을 하다. ((목구멍에 낀 가래를 없애려는 실용적인 행동; 남 앞에서 말을 할 때 긴장하여 목구멍이 막히는 기분이 들었을 때 나오는 신경질적인 동작; 자신의 존재, 자신의 발언 등에 주의를 기울여 달라고 할 때 일부러 하는 가벼운 행위 또는 거드름의 신호; 자신의 실언 등을 얼버무리는 동작; 타인에게 말이나 행동을 삼가라고 주의를 주는 신호 등))

When he turned away from the blackboard he *cleared his throat*. "That's me," he said, pointing to the name on the board. Then he *cleared his throat* two mare times. "I'm your new teacher." (그는 칠판에서 돌아서며 헛기침을 하고 "제 이름이에요."라고 말하며 칠판에 있는 글자를 가리켰다. 그러고는 다시 헛기침을 두 번 하고 "제가 새로 온 교사입니다." 하고 자신을 소개했다.) — J. Blume: 3

clutch (at) one's throat 손으로 목을 강하게 부여잡다. ((충격, 공포, 심리적 압박감 등 때문에 호흡곤란을 느낄 때의 충동적인 동작)) 유 press one's HAND(s) to one's throat / put one's HAND(s) to one's throat / raise one's HAND(s) to one's throat

Gerry spoke first. *Clutching her throat*, she said, "Is he—is he—oh,

clutch (at) one's throat

Mrs. Robertson—tell me—how is he?" (게리는 걱정으로 인해 숨 쉬기가 괴로워 손으로 목을 강하게 부여잡고 "그의 상태가 어떠냐?"라고 띄엄띄엄 말을 이어 가며 물었다.) — D.Robins: 1

After a moment Elyot pensively begins to hum the tune the band is playing. It's a sentimental, romantic little tune. Amanda hears him, *clutches at her throat* suddenly as though she were suffocating. (밴드가 연주하는 로맨틱하고 달콤한 멜로디를 엘리엇이 콧노래로 찬찬히 따라 부르기 시작한다. 이를 들은 아만다는 갑자기 마치 숨이 막힌다는 듯 목을 손으로 부여잡는다.) — N.Coward

★ **영일비교** clutch (at) one's throat는 숨 막힐 듯 답답함을 느끼는 여성이 자주 하는 몸짓으로 침착함을 되찾기 위해 자신과 접촉하는 동작이다. 이 표현은 영미인의 목구멍에 관한 생각과 관계가 있다. 영미인은 놀라움, 두려움, 긴장 등의 감정이 불러일으키는 숨 막힘을 목구멍으로 감지한다. 생리적으로도 분명히 놀라움이나 공포 등의 감정은 자율신경을 활성화해서 많은 혈액을 뇌로 보내기 때문에 그 통로에 있는 목구멍은 팽창한 혈관으로 인해 좁아지면서 숨 막힐 듯한 느낌을 받게 된다.
이런 기분을 영어에서는 feel a tightness [choking heaviness] in one's throat, feel one's throat contract, feel a big lump on one's throat 등으로 나타낸다. 그리고 panic [fear] tightens its hold around one's throat, panic [fear, tension] grips [catches] someone by the throat와 같이 두려움이나 긴장이 목을 곧바로 공격하는 듯한 표현을 써서 숨 막힘을 나타내기도 한다. 또는 one's heart leaps into one's throat(심장이 목구멍으로 튀어나오다)와 같이 과장된 표현으로 격렬한 두근거림을 나타내기도 한다.
이처럼 clutch (at) one's throat라는 동작의 배후에는 목구멍에 관한 영미인 특유의 관점이 있다. 일본어에서는 같은 기분을 가슴에서 가장 강하게 느끼며(가슴이 죄어오다, 가슴이 벅차다), 목과 연관을 지어 나타내는 표현은 별로 없다.

cut [slit] one's throat **자신의 목을 베어 자살하다. ((자살 행위, 그리고 그 비유 표현))** **유** draw one's FINGER across one's throat (1)

At this point he would have *cut his throat* before taking a penny from Connie. (그는 코니에게 동정을 받을 정도라면 차라리 목을 베고 죽어 버리는 게 낫다고 생각한다.(비유적)) — L.Kauffman

★ NB: 이 동작은 손등을 위로 향하고 검지를 마치 단도처럼 세운 뒤, 승 옆으로 긋는 것이다. 자세한 사항은 draw one's FINGER across one's throat (1)을 참조하자.

★ NB: '이제 지겹다', '진절머리가 난다'라는 의미의 손짓(the I-am-up-to-here gesture)도 cut one's throat와 비슷하다. 그래서 편의적으로 the gesture of cutting one's own throat로 표현하는 경우도 있다. 때로는 검지의 측면으로 울대뼈 부근을 두세 번 가볍게 치기도 한다.

"Yeah," she said…. "You're so goddamned right." And, with *the* appropriate *gesture of cutting her own throat*, "I'm fed up to here." [남자에게 "나한테 정나미가 떨어져서 헤어지고 싶은 것 아니냐?"라는 질문을 들은 후] (그녀는 "맞다. 당신이란 사람은 토가 나올 정도로 지긋지긋하다."라고 말하며 자신의 목을 긋는 동작을 해 보였다.) — A. Lurie: 2

cut [slit] someone's throat 목을 잘라 사람을 죽이다. 《그냥 두지 않겠다는 것을 의미하는 비유 표현》

That damned Jackson, I could *cut his throat*. If he'd just kept his big mouth shut. (망할 잭슨 놈, 계속 그렇게 나불댄다면 목을 따서 죽여 버릴 거다.) — R. Kost

★ NB: 협박 문구인 "I'd cut your throat, if you…."의 형태로 쓰이는 경우가 많다. 위협적인 말과 함께 무시무시한 표정으로 자신의 목을 자르는 시늉을 하기도 한다.

a pulse beats in one's throat 목에서 맥박이 뛰다. 목의 동맥이 꿈틀거리다. 《긴장, 흥분, 분노 등에 의해》

His paleness changed to pink. The red. I saw *a* hard *pulse beating in his throat*. (그의 창백한 얼굴에 붉은 기가 퍼지고, 이윽고 온 얼굴이 시뻘겋게 물들었다. 나는 그의 목의 동맥이 격하게 꿈틀거리는 것을 보았다.) — G. Heyer: 6

THUMB

- thumb은 '엄지손가락'으로, 다른 네 개의 손가락과 구별하여 부른다. "인간에게는 다섯 손가락이 있다."처럼 손가락을 전체적으로 가리킬 때는 thumb 또한 그 안에 포함되지만, 대개는 별도로 취급한다. 영영사전에서도 finger를 정의할 때 'any of the terminal members of the hand, esp. one other than the thumb (*RHD*)'이라고 thumb을 제외하고 있다.

- 엄지는 일반적으로 자신 또는 화자의 의사를 표시할 때 사용되며, 자신 이외

의 사람, 특히 자신보다 위에 있는 지배자를 상징하는 경우는 매우 예외적인 쓰임이다. 영미권에서는 나가라며 출구를 가리킬 때(e.g. jerk one's thumb toward the door), 차를 멈춰 나를 태워 달라고 신호할 때(e.g. put out one's thumb), 일의 성패를 알려 줄 때(e.g. give a thumbs-up[-down] sign) 등 의사표시에 사용되는 경우가 많다.

bite one's thumb 엄지를 깨물다. 《당황, 곤혹, 짜증, 부아, 그 외 심리적 불안 등을 느낄 때》

It was one thing to find your son a problem, quite another to give him up. He tied his forehead into a knot and *bit his thumb*. 〔아들에 관해 고뇌하는 아버지의 모습〕 (못된 자식 때문에 속을 썩는 것, 아니면 그 자식을 아예 없는 셈 치고 포기하는 것에는 큰 차이가 있다. 그는 미간에 주름을 잡고 엄지를 깨물었다.) — R.Macdonald: 9

★ NB: 영어에는 타인을 조롱하는 것을 비유적으로 나타낸 관용구 bite a thumb at someone이 있다. 그런데 이 표현의 바탕이 되는 것은 위에 소개한 곤혹스러운 감정에 수반하는 무의식적인 동작이 아니라, 엄지의 안쪽을 위로 하여 입에 넣은 뒤 상대를 향해 엄지의 손톱을 이로 튕기는 의식적인 동작이다. 이 동작의 기원은 명확하지 않으나 셰익스피어 시대에 이미 사용되었다는 기록이 있다(*Brewer's*). 지금은 쓰이지 않는다.

circle one's thumb and finger 엄지와 검지를 붙여 동그라미를 만들어 보이다. 《OK, 좋음, 순조로움, 완벽을 나타내는 신호》 유 make a circle with one's thumb and finger / raise a circled thumb and forefinger

circle one's thumb and finger

Having distracted the girl's attention from identities, she dared a quick smile at Scott, who *circled thumb and finger* in approval. (참견하기 좋아하는 여자아이를 따돌리는 데 성공한 그녀는 스코트에게 슬쩍 웃어 보였다. 그는 엄지와 검지로 동그라미를 만들어 '잘했어.'라고 신호했다.) — E.Loring: 5

★ NB: 이 신호는 make [give] a circled thumb and finger로 표현하기도 한다.

★ **영일비교** 예부터 일본에서는 엄지손가락과 집게손가락으로 원을 만드는 동작이 돈을 나타내는 표시로 쓰였다. 그러나 요즘에는 영미와 마찬가지로 OK의 의미로도 쓰인다. 다만 전자일 때는 손바닥을 위로 펼치고 둥글게 만 손가락을 두드러지지 않게끔 슬쩍 낮게 내보이는 데 비해 후자일 때는 손바닥을 상대방 쪽으로 펼쳐서 둥글게 만 손가락을 다소 높게 내민다는 차이가 있다.
둥글게 만 손가락이 영미권에서 '좋았어', '괜찮아', '완벽해' 등의 의미로 쓰이게 된 유래로는 OK의 O자를 본뜬 것이라는 설이 일반적이다. 그러나 OK가 19세기 중반 영어에 등장하기 훨씬 이전부터 비슷한 동작이 존재했다는 사실을 알려 주는 기록도 있다. 새로운 해석으로는 대화 도중 누군가 정곡을 찌르는 표현을 했을 때 그것의 훌륭함을 완벽한 원 모양의 손가락으로 강조하는 옛 관습(지금도 라틴계 사람들에게는 남아 있음)에서 비롯되었다고 보는 견해가 있다(Morris *et al.*, 1981).

cock one's **thumb** ➡ point one's thumb

Simonakis *cocked a thumb* at Barsevick. "Hurry, landlord," he said, "they're waiting." (그는 엄지손가락으로 상대를 가리키며 "녀석들이 기다리니까 서둘러."라고 재촉했다.) — H.M.Petrakis

double one's **thumbs into** one's **palms** 엄지를 구부려 손바닥에 파고들 정도로 세게 누르다. 《소원이 있을 때 행하는 미신적인 동작-양손의 손바닥을 자신이 보는 방향으로 두고 가슴 앞에 세워 엄지를 구부린다.》

Polly *doubled her thumbs into her palms* and fervently made a wish. (폴리는 양손의 손바닥을 가슴께에 세우고 엄지를 구부려 열심히 소원을 빌었다.) — K.Blair: 1

give a **thumbs-up[-down] sign** 엄지를 위로 세워 (아래로 내려) 신호하다. 《동의, 만족스러운 결과(thumbs-up); 반대, 실패(thumbs-down) 등의 신호-한 손 또는 두 손으로 하는 동작》 **유** hold one's thumb(s) up / point one's thumb(s) up [down] / point one's thumb(s) to the ground / raise one's thumb(s)

Reagan, host for the first day of talk, *gives a* jaunty *thumbs-up sign* to the press gathered outside the Chateau d'Eau for the summit opening. (미소 정상회담 첫날, 호스트를 맡은 레이건 미 대통령이 회담장 밖에 모인 기자단을 향해 자신에 찬 '만사 OK'의 신호를 보낸다.) — *Time*, 1985

★ NB: give the thumbs up [down]으로도 표현된다. 그리고 승인(부인), 찬성(반대)을 얻는 것은 receive [get] the thumbs up [down]으로 표현한다.

hold … between one's thumb and finger 엄지와 검지만으로 물건을 집다. ((기분 나쁜 것, 불결한 것, 싫어하는 것을 마지못해 잡는 동작))

"I have received a report from the probation officer," Judge Underwood paused…. "Whom you appear to have convinced that you are genuinely penitent for the criminal offenses to which you have pleaded guilty." The judge articulated the words "genuinely penitent" as if *holding* them distastefully *between thumb and finger*, making clear that he was not so naive as to share the opinion. ("보호관찰관에게 보고서를 받았고, 그 안에 범인이 스스로 유죄를 인정한 범죄행위에 대해 깊이 뉘우치고 있다는 당신의 의견이 있었다."라고 재판관 언더우드는 무척이나 불쾌한 말투로 보고서의 내용을 언급했다. 특히 '마음속 깊이 뉘우치고 있다.'라는 대목은 마치 불결한 것을 마지못해 손가락으로 집는 듯한 말투로, 나는 이런 견해에 동의할 정도로 호락호락하지 않다는 어감을 풍겼다.(비유적)) — A. Hailey: 5

hold one's thumb(s) up 한 손 또는 양손의 엄지손가락을 세우다. ((성공, 동의, 만족 등을 나타내는 신호)) 유 give a thumbs-up sign / raise one's thumb(s)

hold one's thumb up

When Roberta came off to wild applause, he *held up* an approving *thumb* so she could see. (로베르타가 박수갈채를 받으며 공연을 마쳤을 때, 그는 그녀에게 보여 주려는 듯 엄지를 치켜들며 '대성공'의 신호를 보냈다.) — S. Stein

"Good job?" he whispered. She nodded back, smiling, and *held up both her thumbs*. ("잘됐어?"라고 그가 소곤소곤 묻자 그녀는 미소 띤 얼굴로 고개를 끄덕이며, 양손의 엄지손가락을 치켜들어 성공의 신호를 보냈다.) — J.P. Marquand

★ NB: 엄지를 올리거나 내리는(thumbs up [down]) 것으로 일의 좋고 나쁨, 성공과 실패를 나타내는 동작은 고대 로마의 검투사 시합에서 비롯되었다. 시합 종료 후 관중이 패배한 검투사를 죽이라고 신호할 때는 엄지를 내리고, 살리라고 신호할 때는 엄지를 위로 올리는 관습이 있었던 것이다. 그러나 이 신호를 나타내는 라틴어에는 up, down의 방향이 명시되어 있지 않아 과연 현재의 동작이 당시에 실제로 사용되었는지는 의문이라고도 한다(Sperling, 1981).

hook one's thumb(s) in [into] the belt of one's trousers [vest, etc.] 엄지를 바지의 벨트 안쪽으로 찔러 넣다. ((상대에 대한 도전적, 공격적 자세; 자신 있는 모습))

hook one's thumbs in the belt of one's trousers

His jaw thrust forward and he walked around to the stall where she stood. *His thumbs, hooked into his leather belt*, drew attention to the strong width of his hips, the flexing of muscle in his thighs. (그가 발끈하여 턱을 내밀고 그녀가 서 있는 마구간 쪽으로 걸어왔다. 엄지를 가죽 벨트에 찔러 넣은 자세는 그의 듬직한 엉덩이와 다부진 허벅지에 눈이 가게 했다.) — L. Peake: 3

He *hooked his thumbs in his vest*, frowned, and lowered his chin to his chest. "Do you know," he said, "that I like it? I like it because it has class. That's something your company is going to need a lot of, gentlemen,—class." (그는 조끼 주머니에 엄지를 찔러 넣고, 얼굴을 찌푸리고,

턱을 수그려 상대를 노려보는 듯한 모습을 하고는 많은 이가 반대하는 제안에 당당히 찬성 의견을 표명했다. 그는 "이 의견에는 품격이 있다. 품격이야말로 당신의 회사가 앞으로 크게 필요로 하게 될 것이다."라고 충고했다.) — S.Birmingham: 1

★ NB: the thumbs-hooked-in-belt posture는 the thumbs-in-waistcoat posture의 현대식 표현이다(Morris, 1972). 즉 남성이 정장 속에 반드시 조끼를 입었던 시대에는 조끼의 좌우에 달려 있는 작은 주머니에 엄지를 넣었지만, 조끼를 입는 일이 적어지면서 벨트 구멍이나 벨트 안쪽으로 엄지의 위치가 이동한 것이다. 조끼 주머니나 벨트 안쪽 모두 엄지를 그곳에 찔러 넣으면 팔이 벌어지고 어깨가 넓어져 자신을 당당하게 내세우는 자세가 된다. 이러한 자세를 어떠한 사태에도 대처할 수 있는 자신감을 나타내는 것으로 보는 견해도 있다(Nierenberg & Calero, 1971).

jab one's thumb ➡ jerk one's thumb

He *jabbed his thumb* towards the ceiling. "They're the people who should die. And I'd start with my mother and my aunts." (아래층에서 친구들과 시시덕대던 그는 천장을 향해 엄지손가락을 치켜들고 "죽어야 할 사람들이 위층에 있다. 엄마랑 숙모부터 죽여 버리겠다."라고 말했다.) — B.Taylor

jerk one's thumb 엄지를 쳐들고 움직여 보이다. ((약간 무례한 지시 행위; 이야기를 끝내면서 무언가를 가리키는 동작 등)) 유 jab one's thumb

jerk one's thumb

"Thanks. Where's Judd?" He *jerked his thumb* towards an open door. "He's being interviewed…." ("주드는 어디에 있냐?"라는 물음에 그는 엄지를 치켜들고 열려 있는 문 쪽을 가리키며 "인터뷰 중인데…."라고 말했다.) — R. Macdonald: 5

He walked into the kitchen, again interrupting the dish-washing and without preliminaries, *jerked a thumb* over his shoulder. "Quick!" he snapped. "Outside." (그는 부엌으로 걸어가 설거지를 중단시키고는 갑자기 엄지손가락을 처들어 어깨 너머 뒤쪽을 가리키며 "얼른 밖으로 나가!"라고 윽박질렀다.) — E. Loring: 5

★ NB: 엄지를 치켜드는 것은 무뚝뚝하고 퉁명스러운 지시 행위로, 그 가장 극단적인 예가 사람을 쫓아낼 때 "Out!"이라고 한마디 소리를 지른 뒤 엄지로 출구를 가리키는 것이다. 그 자리에서 해고당하는 것을 가리키는 be thumbed out of one's job이라는 비유 표현이 이 신호에서 생겨났다.

make a circle with one's thumb and finger ➡ circle one's thumb and finger

Andre *made a circle with thumb and forefinger*. "All set to go, Doc." (안드레는 엄지와 검지로 동그라미를 만들어 "준비 완료"라는 신호를 의사에게 보냈다.) — L. Andrews

point one's thumb 엄지를 세워 가리키다. 《지시 동작》 유 cock one's thumb

"You can get it from my father," Caroline *pointed her thumb* at Strand. "He teaches here." 〔아빠가 교사로 있는 학교에서 딸과 그녀의 친구가 풋볼 시합을 관람 중인 상황〕 (캐롤라인은 엄지로 스트랜드를 가리키며 "아빠가 이곳의 교사이기 때문에 부탁하면 표를 구해 줄 거야."라고 친구에게 말했다.) — I. Shaw: 3

point one's thumb(s) to [toward] the ground (앞으로 내민) 엄지를 아래로 향하다. 《부인, 부정, 실패 등을 의미하는 신호》 유 give a thumbs-down sign

point one's thumb to the ground

"… If they try anything…," he snapped his fingers and *pointed his thumb to the ground*. "Finish. Out…" (그는 "녀석들은 일을 치기만 하면 바로 끝장이야."라고 말하며 자신의 말을 강조하듯 손가락으로 딱 소리를 내고는 엄지를 세웠다 아래로 내렸다.) — D. du Maurier: 1

point one's **thumb up [down]** ➡ give a thumbs-up[-down] sign

Over near the House and Senate chambers, Congressmen must run a gauntlet of lobbyists who sometimes express their views on legislation by *pointing their thumbs up or down*. (로비스트들은 심의 중인 법안에 대해 엄지를 위아래로 향하며 공공연하게 자신들의 의견을 피력하곤 하는데, 미 국회의원들은 그들의 이런 방식 때문에 애를 먹고 있다.) — *Time*, 1981

press [put] one's **thumb** to one's **nose and wiggle** one's **fingers** 엄지를 코끝에 대고 다른 손가락을 흔들어 보이다. 《경멸, 비웃음을 나타내는 동작》

press [put] one's thumb to one's nose and wiggle one's fingers

I am generally regarded chivalrous in my attitude to women. But I raised my right hand, *pressed the thumb to my nose and wiggled the fingers*. The old woman groaned righteously and raised her eyes to heaven. 〔노부인의 뻔뻔함에 화가 난 상황〕 (나는 그녀를 향해 오른손 엄지를 코끝에 대고 나머지 손가락을 흔들었다. 노부인은 작게 신음 소리를 내고 하늘을 향해 눈을 들었다.) — R. Macdonald: 5

put out one's **thumb** 엄지를 내밀다. 《히치하이킹의 신호-손을 어깨높이로 든 상태에서》

I thought angrily that if anybody came along, I'd *put out my thumb* and hitch a ride to Stratton, and the hell with my mother. ('차가 오면 냉큼 엄지를 내밀어서 세우고 스트래턴까지 태워다 달라고 해야지. 엄마 따위는 알게 뭐람.' 나는 너무 화가 난 나머지 이렇게 생각했다.) — J.C.Oates: 1

★ NB: 차에 태워 달라고 할 때 엄지를 내미는 신호를 하기 때문에 히치하이킹을 thumb a ride, thumb one's way라고도 한다.

put one's thumbs in [into] one's ears and wiggle one's fingers 엄지를 양쪽 귀에 대고 나머지 손가락을 흔들어 보이다. ((주로 아이들이 하는 경멸, 조롱, 모욕을 나타내는 동작))

put one's thumbs in one's ears and wiggle one's fingers

She started forward as the lights changed, then put on the brakes sharply and blew the horn at a bunch of high-school kids who had begun to cross in front of her. Honk! One of the boys turned and made a face to her over the hood, *putting his thumbs in his ears, wiggling his fingers* vulgarly, and sticking out his tongue. (신호가 바뀌고 그녀가 차를 움직이자마자 고교생 한 무리가 신호를 무시한 채 도로를 건너기 시작했다. 그녀가 당황해서 브레이크를 밟고 경적을 울리자 그중 한 명이 차의 보닛 너머에서 얼굴을 찌푸린 채 엄지를 양쪽 귀에 가져다 대고 나머지 손가락을 흔들며 혀를 내밀었다.) — A.Lurie: 2

★ NB: 이 동작은 donkey's ears 또는 elephant's ears라는 이름으로 알려져 있으나, 동작의 상세한 기원이나 의미는 전해지지 않는다.

raise a circled thumb and forefinger 엄지와 검지로 동그라미를 만들어 높게 치켜들다. ((OK, 순조로움, 완벽함 등을 나타내는 신호-손바닥 쪽을 상대에게로 향하여)) 유 circle one's thumb and finger

Mark *raised a circled thumb and forefinger* in an all's well gesture as he smiled greetings. (마크는 청중에게 미소로 인사하며 엄지와 검지로 동그라미를 만들어 높이 쳐들었다.) — A. Drury

★ NB: 상대를 향해 높게 손을 들어 올리며 동시에 흔들기도(wave [waggle]) 한다.

Richard Nixon's helicopter had barely touched down on the White House lawn when the tanned and smiling President bounced out and *waggled a circled thumb and forefinger* at his welcoming crowd. The small gesture signaled his satisfaction with the success of his trip to the Middle East. (중동 순방에서 귀국한 닉슨 대통령은 헬리콥터가 착지하자마자 햇볕에 그을린 얼굴에 싱글벙글 웃음을 띤 채 시원시원한 태도를 보이며 환영하러 나온 군중을 향해 손가락으로 동그라미를 만들어 흔들었다. 이 동작은 이번 순방의 성과에 대한 대통령의 만족을 나타냈다.) — *Time*, 1974

raise one's thumb(s) ➡ hold one's thumb(s) up

When he recognized the uniform of the Corps, he was astonished and delighted. He *raised a* cheerful *thumb* in recognition…. (멀리 보이는 남자가 자신이 소속된 군단의 제복을 입고 있다는 것을 알았을 때 그는 너무나 기뻐서 기운차게 엄지손가락을 쳐들고 인사했다.) — I. Fleming: 1

suck one's thumb 엄지를 입에 넣고 빨다. ((주로 유아가 행하는 자기 접촉 행동; 생각에 잠겼을 때, 멍하니 있을 때 행하는 무의식적인 동작))

The door of the cottage stood open, and a little boy sat on the threshold in the afternoon sun. He was *sucking his thumb*. (문이 활짝 열려 있는 오두막 입구에 작은 남자아이가 엄지를 빨면서 오후의 햇살을 받으며 앉아 있었다.) — P. Pearce

★ NB: 유아들은 종종 엄마의 가슴을 대신해 자신의 엄지손가락을 빠는데, 어른이 되어서도 곰곰이 생각할 때나 요모조모 따질 때 이러한 버릇이 나타날 수 있다. 이런 버릇을 가진 사람을 일컬어 thumbsucker라고 한다. 또한 저널리즘 분야에서는 담당기자가 자신의 판단, 의견을 섞어서 쓴 분석기사(reflective piece)를 일컬어 thumbsucker라고 부르기도 한다.

twiddle one's thumbs 엄지를 일없이 빙빙 돌리다. ((손이 심심할 때, 멍하니 생각에 잠겼을 때 하는 동작; 멍하니 할 일 없이 시간을 보내는 것을 의미하는 비유 표현–두 손을 깍지 끼어 모으고 하는 동작》

twiddle one's thumbs

"I'm very much afraid Miss Campbell hasn't come in yet." "What time did she go out?" He clasped his hands across his belly and *twiddled his thumbs*. "Let's see, I came on at midnight, she checked in about an hour later…" (캠벨 양의 외출 시간에 대해 질문을 받은 그는 배 부근에서 두 손을 깍지 끼고 엄지를 빙글빙글 돌리며 그게 몇 시였나 하고 기억을 더듬었다.) — R. Macdonald: 1

"I can't sit around here until June *twiddling my thumbs*. I have to get back and tend to my practice. It has been neglected too long already." ("나는 변호사 일을 내팽개치고 여기서 6월까지 허송세월을 할 수 없다."(비유적)) — F. P. Keyes: 4

under someone's thumb 타인에게 제압당하다. 《타인이 시키는 대로 하게 되는 상태를 나타내는 비유 표현》

He would not bow to her wishes and he would not be put *under her thumb*. (그는 그녀의 뜻에 따르려 하지 않을 것이고 그녀에게 주도권을 빼앗기려 하지 않을 것이다.) — G. Metalious

★ NB: 이 비유 표현은 종종 행동으로도 표현되는데, 마치 지장을 찍듯 엄지로 테이블 위 같은 곳을 누르는 것이다. 이는 그 밑에 깔리면 움직이지 못하게 됨을 나타낸다.

"Next time I'm going to be good and sure I have me a man I can keep right where I want him." And she illustrated with a little grinding motion of her thumb on the polished surface of the bar. (그녀는 "다음번에 남자가 생기면 그를 꽉 잡고 내 멋대로 할 거다."라고 말하고는 번쩍번쩍한 카운터 위에 엄지를 꾹 눌러 보이며 그 '멋대로'가 무엇을 의미하는지 보여 주었다.) — L. Kauffman

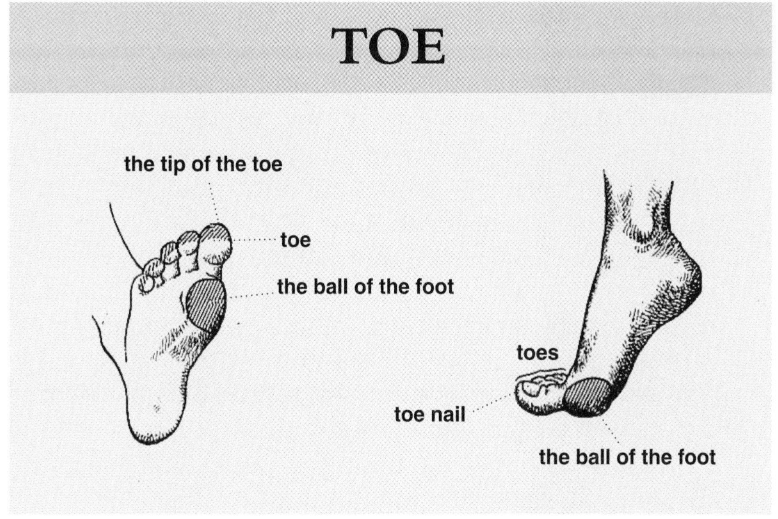

- toe의 1차적 의미는 발가락이고, 2차적 의미는 신발이나 양말의 끝부분이다.

- 영어 소설류를 보면 발가락에 대한 표현이 꽤 자주 등장한다. 그 이유는 걸음걸이의 특징을 toe를 중심으로 보는 관습(e.g. turn one's toes out) 때문이다. 또 다른 이유는 신발 문화에서 생겨난 것으로, 신발을 신은 발, 특히 발가락을 의식하는 정도가 높기 때문이다(e.g. wiggle one's toes). 그리고 조건반사적인 감각이 toe에 나타난다고 보는 시각(e.g. curl one's toes) 때문이기도 하다.

be on one's toes 발가락 끝에 있다. 《즉각 행동으로 옮길 수 있는 태세에 있음; 기다리고 있음, 정신을 바짝 차리고 있음을 의미하는 비유 표현》

"We pay you to *be on your toes* twenty-four hours of the day, not to sneak off and shut yourself up with a lot of germs." 〔근무시간에 잠시 짬을 내서 병원균을 연구하는 의사에게 상사가 잔소리하는 장면〕 ("당신에게 월급을 주는 이유는 24시간 만일의 경우에 기민하게 대응하라는 거지, 이렇게 방에 조용

히 처박혀 세균이나 만지작거리라는 게 아니다." (비유적)) — A.J.Cronin: 4

She was just like a juggler: alert, *on her toes*, catching and returning father's clumsy tosses, playing up to him…. (그녀는 말주변이 없는 아버지와 적당히 얘기하며 맘에 드는 양 애를 쓴다. 변덕스러운 아버지의 어떠한 태도에도 마치 요술쟁이처럼 임기응변으로 대응하며 조심스럽게 긴장을 풀지 않는다.(비유적)) — A.Duffield

★ **영일비교** 임기응변으로 대처할 수 있는 대기 자세를 의미하는 비유 표현으로 be on one's toes를 비롯해 on the toes를 이용한 것이 제법 있다(e.g. keep on one's toes; keep someone on his toes; bring someone to his toes). 이 표현들은 하나같이 곧바로 행동으로 옮길 수 있는 의욕이나 긴장감을 넌지시 알려 준다. 한편 일본어의 '발끝으로 서다'라는 표현은 '도망치려고 하다', '안간힘을 쓰다' 등과 뜻이 통하는 것으로 꼭 바람직한 상태를 나타낸다고 볼 수는 없다.
흔히 하는 이야기지만 농경 민족인 일본인은 '서다'라는 동작의 기점으로 대지를 생각하고 대지에 뿌리를 내린 수목처럼 서 있는 자세를 기본으로 삼는다. 이처럼 발바닥이 지면에 딱 붙어 있는 것을 정상적인 상태로 본다면 '발끝으로 서는' 것은 다소 불안정한 자세로 받아들여진다. 반면 움직이는 동물을 상대하는 수렵 민족은 서 있을 때도 완급을 자유롭게 조절하고 금세 어디로든 갈 수 있어야 한다. 이와 같은 문화적 맥락에서 발꿈치를 띄워서 언제든 달려 나갈 수 있는 '발가락으로 선 자세'가 기민함이라는 상징적 의미를 얻게 된 것이다.

bounce up and down on one's toes 몸을 살짝살짝 위아래로 움직이다. ((발꿈치를 올렸다 내렸다 하는 산만한 모습))

Defendant Barker *bounced up and down on his toes*, wringing his hands behind his back…, As he answered the Judge's questions, his head wagged up and down and sideways in short jerks…. (피고인 바커는 발꿈치를 올렸다 내렸다 하며 몸을 위아래로 움직였고, 등 뒤로 돌린 손을 비비적댔고, 판사의 심문에 답할 때는 머리를 상하 좌우로 픽픽 움직였다.) — C. Bernstein & B.Woodsward: 1

curl and uncurl one's toes ➡ wiggle one's toes

While the others changed, Pasty sat on her chair and looked at herself in the mirror…, *curling and uncurling her toes*. 〔지방 극단에 들어간 소녀의 모습〕 (단원들이 의상을 갈아입는 동안 패스티는 의자에 앉아 발가락을 꼼지락거리며 거울에 비친 자신을 보았다.) — B.Ashley

She was working very hard. *Her toes*, visible through the latticework of her sandals, *were curling and uncurling* with the violence of her mental effort and her hand clutched the book so hard that the knuckles showed white. (그녀는 열심히 공부하고 있었다. 발끝에 힘을 준 채 꼼지락거리는 발가락이 샌들 틈으로 보였고, 손가락 관절이 허옇게 보이도록 힘을 꽉 준 손으로 책을 부여잡고 있었다.) — E.Goudge

curl one's toes (up) **발가락을 오므리다. 《아픔, 긴장, 공포, 낭패, 충동적인 부끄러움, 참을 수 없는 쾌감 등으로 몸이 수축하는 듯한 느낌이 들 때》**

Had she been hustled into it against her will? *My toes curled* with embarrassment. (그녀는 나에게 억지로 당했던 걸까? 이런 생각을 하니 부끄러움에 발가락이 마구 오므라들었다.) — J.Herriot

A third child… was reading a comic book at the kitchen table, simultaneously drinking chocolate milk through a straw. *Her* bare *toes were curled* with concentrated pleasure. (셋째 아이가 부엌 식탁에서 초콜릿 우유를 마시며 만화를 보고 있었다. 아주 재미있는 듯 맨발의 발가락을 오므리고 있었다.) — R.Macdonald: 13

"… Are you going to sleep in here?" "I am." "I'll bet you're not. You won't get a wink…. No, what you ought to do, my dear fellow," said Joss winningly, "is to toddle back to your little bed and *curl up your* pink *toes*." (의자에서 자겠다는 상대에게 조스는 "그런 데서는 잠이 안 오니까 얼른 침대로 가서 갓난아기처럼 발가락을 오므리고 기분 좋게 자라."라고 애교 있게 말했다.) — P.G.Wodehouse: 4

She was so pretty… that he felt *his toes curling* right down into the soles of his shoes at the mere sight of her face. (그녀는 정말 아름다웠다. 그는 그녀의 얼굴을 보기만 해도 발가락이 신발 바닥으로 파고들 정도로 오므라드는 기분이었다.) — J.Krantz: 1

★ **영일비교** 일본어에도 무서워서 '발이 움츠러들다', 어쩐지 침착할 수 없어 '발바닥이 근질근질하다'와 같이 일정한 감정을 발로 파악하는 표현이 있다. 영어에서는 발에서도 toes가 가장 민감하게 감각 정보를 포착한다고 생각한다. 그래서 쾌감, 흥분, 공포, 통증이나 긴장이 야기하는 무어라 말할 수 없는 느낌을 '발가락이 오그라드는 듯한 기분'이라고 표현한다. 일정한 상황에서 순간적으로 맛보는 느낌을 toe curling한 느낌이라고 표현하면 공감을 얻기 쉬운 탓인지 toe-curling horror, toe-curling embarrassment 등과 같이 감정을 나타내는 추상어에 형용사로서 덧붙이기도 한다.

dig one's toes in ➡ dig one's HEELs in

She had already learned that once he *dug his toes in*, nothing and no one could move him. (그가 한번 결정을 내리면 절대 요지부동이라는 것을 그녀는 이미 알고 있었다.(비유적)) — A. Duffield

flex one's toes ➡ wiggle one's toes

I found that all my muscles were tense, as if I were listening to him with my whole body, not only with my ears. I *flexed my toes* inside my shoes and tried to relax. (그의 이야기를 들은 후 나는 온몸의 근육이 뻣뻣하게 굳은 것을 알았다. 마치 귀로만 들은 게 아니라 온몸으로 들은 것 같았다. 나는 신발 속 발가락을 꼼지락거리며 긴장을 풀어 보려 했다.) — D. Francis: 2

move one's toes around ➡ wiggle one's toes

As we stood waiting for the Queen to come to smile at us, time seemed endless. I didn't dare fidget, but I *moved my toes around* in my shoes, keeping off cramp. (우리는 여왕 폐하가 미소를 지으며 오시기 전까지 서서 기다려야 했다. 그 시간이 너무도 지루했지만 그렇다고 움직거릴 수도 없는 노릇이라 그저 발이 저리지 않게끔 신발 속의 발가락만 꼼지락거렸다.) — L. Levi

pigeon-toed 안짱다리로 ((얌전한 걸음걸이))

I didn't even have to remind myself to walk *pigeon-toed* as I went around. My feet remembered for me that that was the quietest way to walk a ward. 〔오랜만에 직장에 복귀한 간호사가 병동을 순회할 때 자신이 자연스럽게 안짱걸음으로 걷고 있다는 것을 깨닫는 장면〕 (병동을 걸을 때 이렇게 걷는 게 가장 소리가 나지 않는다는 것을 발이 기억하고 있었다.) — L. Andrews

Edgar Billson moved across the room, picking his way *with pigeon-toes gait* among the photographs which still littered the room. (에드가 빌슨은 여전히 방에 어질러져 있는 사진을 밟지 않으려고 신경 쓰면서 안짱다리로 조심조심 가로질러 갔다.) — N. Blake

★ NB: 보통 발끝을 똑바로 내밀고 뒤꿈치부터 내려놓는 것을 바람직한 걸음걸이로 여긴다. 한편 발끝을 안쪽으로 八자 모양으로 모으고 지면에 부드럽게 내리는 pigeon-toed는 발소리가 작다는 장점이 있으나, 약간 기품이 떨어지는 면이 있다.

rise [raise oneself] on one's toes [on tiptoe] 발가락 끝을 세워 발돋움을 하다.

Those who are waiting to be met keep *rising on their toes* and looking around. (마중 나온 사람은 잔뜩 발돋움을 하고 주변을 돌아보고 있

다.) — S.Bellow: 2

… then she spun on her heel and ran lightly across the coral sand to Tom, *raising herself on tiptoe* and kissing his cheek. (그녀는 방향을 바꿔 모래사장을 가로질러 가벼운 발걸음으로 뛰어가더니 발돋움해서 그의 볼에 입을 맞췄다.) — M.Way: 2

stand on one's toes [on tiptoe] 발끝으로 서다. 발돋움하다.

And *standing on tiptoe* she reached up, pulled his head down and gave him a resounding kiss. (할머니는 발끝으로 서서 이제는 올려다봐야 할 정도로 훌쩍 커 버린 손자의 머리를 끌어당겨 큰 소리가 나게 키스했다.) — A.Drury

stand toe to toe 발가락이 닿을 정도로 가깝게 마주 보고 서다. ((대립적인 자세; 까딱하면 한판 붙을 각오로 마주하고 있는 대립적인 상황을 나타내는 비유 표현))

Here was a man who, she felt sure, could *stand toe to toe* with Mr. Robert and give as good as he received. (그녀는 이 사람이라면 분명 로버트 씨와 당당하게 맞서고, 당하면 그만큼을 돌려주고도 남을 것이라고 생각했다.(비유적)) — I.Roberts

But at the last formal session on Wednesday, Gorbachev directly challenged Reagan: "You said you were for peaceful coexistence. Then why not put those words in the communiqué?" … After a five minute recess, Reagan *stood toe to toe* with Gorbachev and said quietly, "I'm sorry, this language is not acceptable." 〔미소 정상회담에서 고르바초프 서기장이 레이건 대통령에게 정면으로 도전한 것에 관한 기사〕 (고르바초프는 레이건에게 입으로 평화공존에 찬성한다고 말하면서 공식 발표에는 왜 이 말을 넣지 않느냐고 직접 이의를 제기했다. 5분의 휴식 시간 후 레이건은 고르바초프의 얼굴을 마주 보고 그 말은 받아들이기 힘들다고 말했다.) — *Time*, 1988

step on someone's toes 상대의 발가락을 밟다. ((실제로 타인의 발가락을 밟는 동작; 상대의 감정을 상하게 하는 것, 상대의 영역을 침범하는 것을 의미하는 비유 표현)) 참 step on someone's FOOT

In San Francisco, Jim Cole, 27, a divorced engineer, interviewed both male and female prospective roommates before selecting Judy Rock, 21. "In the past, men roommates have *stepped on my toes*," he explained. (샌프란시스코에서 적당한 룸메이트를 구하던 27세의 이혼남 짐 콜은 몇몇의 남녀 후보자를 인터뷰한 후에 21세의 여성 주디 록을 선택했다. 그는 그 이유를 이전 남성 룸메이트에게 좋지 못한 감정이 있기 때문이라고 설명했다.)

— *Time*, 1975

★ NB: step [tread] on someone's toes는 주로 비유적으로 사용된다. 상대의 발을 실제로 밟을 때는 step on someone's foot을 쓴다.

★ NB: 타인의 말이나 행동에 쉽게 감정이 상하거나 영역을 침범당했다고 느끼는 사람을 일컬어 have sensitive toes라고 한다.

tiptoe 발끝으로 걷다. 《발소리를 죽이기 위해서》

We watched him for a few moments in anxiety but when we heard the breathing restart we *tiptoed* from the room. (우리는 잠시 동안 그의 모습을 걱정스럽게 지켜보았으나 그의 숨소리를 듣고는 조용히 병실을 빠져나왔다.) — J. Herriot

a toe-in-the-sand movement 모래밭에서 발장난을 하듯 깔개나 바닥을 발가락으로 비비는 동작 《산만하고 신경질적인 동작》

"Well, somebody took my bottle, that's for sure," Jane lamented. "Sarah?" I said with a strong upward inflection. Sarah avoided our eyes. She did one of those little *toe-in-the-sand movements* and cleared her throat. (항공기 여승무원의 기숙사에서 술 도난 사건이 벌어지고 나서 범인인 사라가 추궁당하는 장면이다. 사라는 모두의 시선을 피해 고개를 숙이고 발로 바닥을 비비적대는 등 기죽은 모습을 보였다.) — T. Baker & R. Jones

turn one's toes out 팔자걸음을 걷다. 《명랑하고 대범하게 걷는 걸음걸이》 참 walk (with one's) toes straight

Haggerty saluted and went off up the street, jauntily, *turning out his toes*. (해거티는 손을 올려 인사를 하고는 시원시원한 팔자걸음으로 물러갔다.) — C. Armstrong: 1

★ NB: 팔자걸음의 경우 발이 얼마나 바깥쪽으로 벌어졌는가를 시곗바늘의 각도에 비유하는데, 극단적인 경우는 walk at a quarter to three(3시 15분 전)로, 그보다 덜한 경우는 walk at ten to two(2시 10분 전)로 표현한다.

twiddle one's toes ➡ wiggle one's toes

The expression of his face, the movement of his shoulders, the turn of his spine, the gesture of his hands, probaby even the *twiddle of his toes*, all indicated a half-humorous apology. (얼굴 표정, 어깨의 움직임, 척추를 움직이는 방향, 손동작, 거기에 분명 꿈지럭거리고 있을 발가락까지, 이 모

든 것이 유머러스하게 사과하고 있음을 보여 주었다.) — W.S.Maugham: 6

walk toes first 발가락부터 착지하며 걷다. 《점잔을 빼는 걸음걸이; 사극을 공연하는 연극배우 등에게서 볼 수 있는 특수한 걸음걸이》

My exit was, I thought, masterly. I came down in majesty, bowed to all the court, right and left with great superiority, wheeled round to the right, and marched off *walking toes first* as I had been told actors always walked. 〔연극 〈리처드 2세〉에서 궁정 수위 역을 연기하는 상황〕 (나의 퇴장 출구가 어딘지는 잘 알고 있었다. 나는 위풍당당하게 내려가 궁정 곳곳에 인사를 하고, 오른쪽으로 방향을 바꿔 배우 특유의 발끝으로 착지하는 걸음걸이로 걸어갔다.) — G.Kendal & C.Colvin

walk (with one's) toes straight 발끝을 똑바로 펴고 걷다. 《바람직한 걸음걸이》 참 turn one's toes out

You should tell her that ladies never shuffle as they walk, but pick up their feet gently, *walk* straight ahead, *toes straight*. 〔발을 질질 끌며 걷는 딸 때문에 속상한 어머니에게 주는 조언〕 (숙녀는 걸음을 걸을 때 발을 끌지 않고 땅에서 사뿐히 발을 들어 올려 발끝을 똑바로 펴고 걷는 거라고 말해 주세요.) — A.Vanderbilts

wiggle one's toes 발가락을 꼼지락거리다. 《심심할 때; 기분이 안정되지 않을 때, 마음이 거북할 때 등》 유 curl and uncurl one's toes / flex one's toes / move one's toes around / twiddle one's toes

"… Maybe Howie's grandmother could make me a costume," she suggested. "We can't ask favors like that," said Mrs. Quimby, "and besides material costs money, and with Christmas coming and all we don't have any money to spare." Rammona gulped and sniffed and *wiggled her toes* inside her shoes. 〔주일학교 크리스마스 연극에서 입을 의상이 필요한 소녀가 엄마와 나누는 대화〕 ("동네 할머니에게 만들어 달라고 부탁해야겠어요."라고 소녀가 제안하자, 엄마는 "남에게 그렇게 신세를 지면 안 돼. 게다가 크리스마스 때문에 돈 들어갈 곳이 많아서 재료비를 줄 여유도 없단다."라고 대답했다. 소녀는 눈물을 삼키며 코를 훌쩍이고 신발 속에서 발가락을 꼼지락거렸다.) — B.Cleary: 3

★ NB: move one's toes around, flex one's toes는 긴 시간 같은 자세로 서 있어서 발이 저릴 때, 발가락을 움직여서 푸는 동작에 주로 사용된다. 예를 들어 근무시간 내내 똑바로 서 있어야 하는 왕실의 경비병들은 "Don't move backward or forward, but move your toes in your shoes."라고 배운다. 이런 경우의 move one's toes는 직립 부동의 자세에서 인정되는 최소한의 근육운동을 의미한다.

★ NB: 영어에서는 발가락이 움직여지는 신발의 여유를 wiggle room이라고 표현한다. 이는 다음과 같이 유연한 행동이 가능한 여지를 비유적으로 나타내기도 한다.

During a long conversation over lunch, Kampelman said to Karpov, "Look, Victor, I don't know if you know what 'wiggle room' means." He pointed at his shoes. "It means room for the toe to move around in. At this moment I have no wiggle room. None. That's because you are handling these negotiations badly…. However, if you come up with significant reductions, I might get some wiggle room…." [미소 핵전력 감축 교섭에 관한 기사] (점심 식사 때 대화를 나누다가 미국 대표가 소련 대표에게 'wiggle room'이라는 말을 알고 있냐고 물었다. 그러고는 신발을 가리키며 이 안에서 엄지발가락이 움직일 수 있는 여유라고 뜻을 설명한 후 우리는 지금 전혀 여유가 없다며 그것은 소련 측에서 그렇게 일방적인 감축을 요구하기 때문이라고 했다. 또 만약 소련 측에서 실직적인 감축 계획을 보여 준다면 이쪽도 유연하게 대응할 수 있을 것 같다고 말했다.) — *Time*, 1988

TONGUE

• tongue은 혀를 뜻하는 단어다.

• 혀는 일정한 감정에 따라 굳어지거나 마르거나 꼬이는 등의 변화를 보인다. 하지만 이러한 변화는 밖에서는 보기 힘들기 때문에 마른 입술에 침을 묻히는 것과 같이 혀가 입 밖으로 나올 경우에만 표정 묘사의 대상이 되는데 그 예가 많지 않다.

• 혀에 관련된 영미인의 의식적인 동작으로는 혀를 내미는 것(e.g. stick one's tongue out), 혀를 차는 것(e.g. click one's tongue), 혀를 볼 안쪽에 넣는 것(e.g. put one's tongue in one's cheek) 등이 대표적이다.

• 혀는 음성기관으로서 중요한 역할을 하는데, 그런 점이 반영되어 비유적으로 말 혹은 말투의 의미로 사용되는 경우가 많다. mouth 역시 이 의미로 사용되기는 하지만 mouth보다는 tongue이 좀 더 광범위하게 사용된다(e.g. hold one's tongue(입을 닫다); have a sharp tongue(독설을 퍼붓다); have a silver tongue(말발이 세다); lose one's tongue(말문이 막히다); find one's tongue(겨우 말문이 트이다); on the tip of one's tongue(말이 입 밖으로 나올락 말락 하다); curb one's tongue(말을 삼가다)).

bite one's tongue 혀를 깨물다. ((잘못해서 혀를 깨무는 것; 말해서는 안 된다, 말하지 않고 두다, 말하지 않으려 입을 닫다 등을 의미하는 비유 표현)) 유 bite one's tongue off / cut one's tongue out 참 bite one's LIP(s)

"Just plain water and ice, please. Lots of water. I'm very, very dehydrated." Katherine giggled and then *bit her tongue*. Oh dear, she thought. I must sit down and not say anything. (캐서린은 "맹물과 얼음을 주세요. 많이많이. 심한 탈수거든요."라고 주문한 뒤, 굳이 말하지 않아도 될 걸 말했다는 걸 깨닫고는 키득 웃으며 혀를 깨물었다. 그녀는 '자리에 앉아서는 아무 말도 하지 말아야겠다.'라고 생각했다.) — A. Lurie: 2

★ NB: bite one's tongue은 혀의 움직임을 멈춘다는 것이 중심적인 의미이므로 주로 쓸데없는 말을 하지 않기 위해 자중하는 모습을 가리킨다. 이에 비해 bite one's lip(s)는 입술을 깨물어 입을 봉하는 것을 의미하는 것으로 충동적으로 나오는 비명, 웃음 등 비언어적인 소리를 억제하는 입 모양을 가리킨다.

★ **영일비교** 일본어에서 '혀를 깨물다'라는 관용구는 '① 혀를 물어 끊다, 혀를 물고 끊어서 죽다 ② 말해서는 안 된다고 깨닫고 입을 다물다, 말한 것을 후회하다 ③ 발음하기 어렵다'라는 의미를 뜻하는 비유 표현이다(일본 『국어관용구사전』).
이때 ①의 글자 뜻에 대응하는 영어는 bite one's tongue off이다. 그러나 이것은 보통 실언을 뉘우치는 과장 표현으로 쓰일 뿐 '죽어 버리고 싶다'라는 의미는 없다.
bite one's tongue와 bite one's tongue off는 모두 의미상 ②와 겹친다. 그런데 일본어에서 '혀를 깨물다'는 말한 것을 후회하는 의미로도 쓰이고, 말하지 않겠다는 자중의 의미로도 쓰인다. 이에 반해 영어에서는 전자의 의미로는 주로 bite one's tongue off를 쓰고 후자의 의미로는 bite one's tongue을 쓰는 경향이 있다.
또 ③처럼 발음하기 어렵다는 것을 비유적으로 표현할 때는 not able to get one's tongue around…, have difficulty in getting one's tongue around… 등을 가장 흔하게 쓴다. 발음이 어려운 이름 같은 것을 jaw-breaking이라고 형용하기도 한다.

bite one's tongue off 혀를 깨물어 잘라 내다. ((말하지 말았으면 좋았을 거라는 후회를 뜻하는 비유 표현–보통 가정법으로 쓰인다.)) 유 bite one's tongue / cut one's tongue out

He could have *bitten off his tongue* the moment he mentioned it but already it was too late. (말을 하자마자 말하는 게 아니었다는 엄청난 후회가 밀려왔으나 이미 돌이킬 수 없었다.) — J.P.Marquand

chew on one's tongue 혀끝을 이로 가볍게 잘근잘근 깨물다. ((생각할 때의 동작))

… she added like any illiterate waitress, slowly, frowning and *chewing on her* pink *tongue*. 〔식당의 웨이트리스가 전표를 계산하는 장면〕 (그녀는 읽고 쓰는 것이 서툰 웨이트리스들 특유의 위태위태한 모습으로 얼굴을 찡그리고 분홍빛 혀끝을 잘근잘근 씹으며 굼뜨게 덧셈을 했다.) — A.Lurie: 2

click one's tongue 혀를 차다. ((‘아뿔싸’, ‘큰일 났다’, ‘아, 안 돼’, ‘곤란하네’, ‘분하다’ 등의 감정 표현; 화남, 경멸, 비난의 감정 표현)) 유 cluck one's tongue / click one's teeth (→TOOTH)

Mrs. Bradworthy shook her head sadly and *clicked her tongue* against her teeth. "Tck, tck! The most expensive thing in the whole account! … It should have never gone out without payment, but there it is. It will be a lesson to us, that's all I can say." (의상 대여실의 브래드워디 부인은 한심스럽다는 듯 고개를 젓고 혀를 차면서 "가장 비싼 물건을 후불로 빌려 주다니, 말이 되는 소리냐!"라고 신참 직원의 바보짓을 야단쳤다.) — C.Hare

★ NB: 혀 차는 소리는 tut(-tut)으로 표현하는 것이 보통이다. click one's tongue 대신에 make a tut-tut sound라고 쓰기도 하고 tut을 동사로 사용하는 경우도 있다. 바보짓을 저질러 상대가 혀를 차면 "Don't you tut at me." 등으로 응수하기도 한다.

cluck one's tongue ➡ click one's tongue

She *clucked her tongue* and said, "I don't know, I am sure. All I can say is, you can't trust them. We're better off without them." 〔어떤 남자들에 대한 생각을 묻는 질문을 받은 뒤〕 (그녀는 혀를 차며 "정말 정체를 알 수 없다. 내가 말할 수 있는 건, 네가 그들을 믿을 수 없다는 것과 그들은 차라리 없는 편이 낫다는 것이다."라고 말했다.) — J.Weitz

cut one's tongue out ➡ bite one's tongue off

"In confidence she told us everything. I'm sorry I blamed you, Robert. I could *cut my tongue out* now." (여자의 이야기를 듣고 남자는 자신이 오해하고 있었다는 것을 알게 된다. 그는 상대를 탓했던 것을 사과하며 그런 소리를 지껄인 자신의 혀를 당장 잘라 버리고 싶다고 한다.(비유적)) — A.J. Cronin: 4

draw someone's **tongue and cheeks together** 입이 오므라들다. ((신맛, 떫은맛 등 때문에)) 유 pucker one's LIPs (up)

The wine *drew my tongue and cheeks together* at first, but I persevered and gradually got to like its tangy flavour…. (처음에는 와인을 마시면 입이 오므라들었지만 마시다 보니 차츰 그 짜릿한 맛이 좋아졌다.) — A.J.Cronin: 2

one's **tongue hangs out** 혀를 내밀다. ((목이 말라서 무언가 마실 것이 필요하다는 것을 장난스럽게 알리는 몸짓; 마실 것을 갈망하는 모습; 애가 탈 정도로 무언가를 열망하는 것을 나타내는 비유 표현–대개는 숨을 헐떡이며))

"… and he told me to tell you to take him out something to drink." "Very good, sir." "You should hurry. *His tongue was hanging out* when I left him." 〔마실 것을 가지고 오라는 주인의 명령을 시종에게 전하는 장면〕 ("서두르는 것이 좋겠다. 내가 방을 나올 때 주인님은 목이 말라 죽겠다는 듯 혀를 길게 빼고 있었다.") — P.G.Wodehouse: 1

hold one's **tongue** 입을 다물고 말을 하지 않다. 유 keep one's tongue behind one's teeth

Waddington's malicious eyes gleamed but he *held his tongue*. (와딩턴의 악의적인 눈은 번뜩거렸으나 입은 꾹 다물어져 있었다.) — W.S.Maugham: 12

keep one's **tongue behind** one's **teeth** ➡ hold one's tongue

"But if I learned one thing in service… it was to *keep my tongue behind my teeth* as to their affairs. I do not gossip, and I never will!" ("저택에서 일하며 내가 배운 것은 주인댁 이야기를 이러쿵저러쿵 떠들지 않아야 한다는 것이다. 나는 뒷소문은 떠들지 않는다는 주의이고 앞으로도 절대 하지 않을 것이다.") — E.Loring: 5

lick one's **tongue around** one's **lips** ➡ run one's tongue over one's lip(s)

In spite of the breezy bluff, he was sweating as he mediated explanation. *Licking his tongue* furtively *around his lips* and sweating. (수상한 거동 때문에 경찰에 붙잡힌 그는 즉각 핑계를 대지만 설명을 하는 도중 식은땀을 흘렸다. 그는 슬그머니 혀로 입술을 적셨다.) — R.Barnard: 1

pass one's **tongue over** one's **lip(s)** ➡ run one's tongue over one's lip(s)

Shooting little glances sideways at Anthony's immovable back, he moved softly round the table. His hands were twitching, and he kept *passing his tongue over his* dry *lips*. (앤서니의 미동조차 하지 않는 등을 곁눈질로 흘깃흘깃 보며 그는 조심스레 테이블을 따라 움직였다. 그의 손은 신경질적으로 실룩실룩 경련을 일으켰고, 그는 혀를 내밀어 마른 입술을 축였다.) — A. Christie: 4

poke one's tongue out ➡ stick one's tongue out

He pulled his hand from hers and shouted, "Just you wait and see!" before *poking out his tongue* and running away. (그는 그녀의 손을 뿌리치더니 "그냥 두고 봐요."라고 큰 소리를 치고 혀를 날름 내밀어 보이고는 도망쳐 버렸다.) — A.Neville

put one's tongue in one's cheek **혀를 볼 안쪽에 넣다. ((온전히 받아들일 수 없는 말을 비꼬듯이 듣는 모습; 농담, 장난스러운 발언, 본심과는 다른 이야기를 할 때의 모습, 그리고 그 비유 표현))** 유 (with one's) tongue in (one's) cheek

"That's fine!" commented Miss Brown. "I believe you're going to be a big help!" and she eyed Sam with surprise. He lifted his eyebrows in a comical way and *put his tongue in his cheek* behind her back, and then vanished out toward the room. (브라운 선생은 늘 속을 썩이는 샘이 기특하게도 도움을 자청하자, 그것이 입에서 나오는 대로 지껄이는 농담이라는 것을 모르고 깜짝 놀라 그를 쳐다보았다. 그는 선생의 등 뒤에 서서 눈썹을 우스꽝스럽게 찡긋 올리고 한쪽 볼에 혀를 넣어 불쑥 튀어나오게 만든 다음 모습을 감춰 버렸다.) — A.Doyle

★ NB: '본심과 다른 말을 하는'의 비유 표현으로는 have one's tongue in one's cheek 또는 one's tongue is in one's cheek when one says…의 형태를 취하는 경우가 많다. 전치사구 (with one's) tongue in (one's) cheek을 써서 표현하는 경우도 있다.

★ NB: 명사 cheek이 '건방짐' 혹은 '건방진 말'이라는 의미를 갖고, 형용사 cheeky가 '건방진'의 의미를 갖는 것은 tongue-in-cheek의 제스처와 관련이 있다(Morris, 1985). 즉 이 동작을 어린이들이 어른에게 하는 것은 매우 건방진 행동이기 때문에 1840년대부터 cheek에 '건방지다'라는 의미가 추가되었다는 것이다. 이 동작은 타인의 이야기를 들으며 반론이 혀끝까지 치밀어 오르지만 입 밖에 꺼내기는 곤란하기에 혀를 볼 안쪽에 밀어 넣고 참는 모습에서 나온 것이다. 그러므로 이 동작을 보란 듯이 하는 것은 '그대로 받아들일 수 없는 이야기다'라는 신호가 된다. 한편 말을 듣

는 쪽이 아니라 말을 하는 쪽이 이 동작을 하는 경우는 '있는 그대로 받아들이면 곤란하다'라는 의미를 유머러스하게 혹은 비꼬듯이 전하는 것이 된다.

put one's tongue out ➡ stick one's tongue out

"Listen to me, my girl," she said. "You have no business to tittle-tattle about your betters like that. If ever I hear of you doing it again, I shall tell your mistress." But the awful girl just *put out her tongue* then. (젊은 하녀가 주인댁 사람들에 대해 뒷말을 하는 것을 들은 선배가 주의를 주며 다음에 또 그러면 마님께 일러 줄 거라고 말했다. 그러나 그 하녀는 밉살스럽게 혀를 내밀었다.) — E.Hervey

run one's tongue around one's teeth 치열을 따라 혀를 움직이다. 《음식 찌꺼기를 혀끝으로 떼어 내려는 실용적인 동작; 생각에 잠겼을 때의 동작》

I *ran my tongue round my teeth* and looked marginally interested as if my mind was on something else. (나는 상대의 말에 귀를 기울이며 혀끝으로 이를 두루 쓰다듬다가 무언가 다른 것에 정신이 팔려 건성인 표정을 지었다.) — D.Francis: 5

run one's tongue over one's lip(s) 입술을 끝에서 끝까지 혀로 핥다. 《음식을 먹은 후 입술을 핥는 동작; 긴장이나 불안에 수반되는 신경질적인 동작》 유 lick one's tongue around one's lips / pass one's tongue over one's lip(s) / slide one's tongue over one's lip(s) / lick one's LIPs

"Now shall we finish this useless conversation and go down?" Sophie *ran her tongue over her upper lip* and said, "If you like." But she still made no move to leave. (반항적인 소피를 타이르며 가정교사는 식사를 하러 아래층으로 가자고 권했다. 소녀는 신경질적으로 윗입술을 핥으며 "그래도 좋고요."라고 말하나 자리에서 일어나지는 않았다.) — A.Mather

slide one's tongue over one's lip(s) ➡ run one's tongue over one's lip(s)

"Lime-juice cordial," she said, *sliding her tongue* deliciously *over her lips*. [약을 먹는 상황] (한 모금 마시고 "라임 주스 코디얼이야."라며 그녀는 맛있게 입술을 혀로 핥았다.) — P.L.Travers

stick one's tongue in one's cheek 볼 안쪽에 혀를 붙이다. 혀를 볼 쪽에 두다. 《깊이 생각할 때, 끈기 있게 무언가에 열중할 때 등》

"Why don't you draw something, till I've finished, then I'll talk to you. I won't be much longer." "Okay," he agreed affably and went to sit at his father's desk, beginning to draw very earnestly, *tongue stuck* hard *in cheek* as he concentrated. (일이 마무리될 때까지 그림을 그리지 않겠냐는 아버지의 말에 아들은 흔쾌히 동의했다. 아들은 책상에 앉아 혀를 볼에 딱 붙이고 집중해서 그림을 그렸다.) — A. Neville

stick one's tongue out 혀를 내밀다. ((주로 어린아이가 코를 찡긋거리며 심술궂은 표정을 짓고 상대를 향해 혀를 내보이는 야유, 모욕의 동작)) 유 poke one's tongue out / put one's tongue out

stick one's tongue out

From a second-row seat, Mardian's wife Dorothy *stuck out her tongue* at both judge and jury and made a "razzberry" sound. 〔워터게이트 사건의 법정 모습〕 (피고 메르디안의 아내 도로시는 판사와 배심원을 향하여 혀를 내밀고 혀와 입술로 '피이' 하는 소리를 내며 야유했다.) — *Time*, 1975

★ **영일비교** 일본어에서 '혀를 내밀다'라는 관용구는 '① 몰래 헐뜯거나 놀리다 ② 스스로 실수나 실패를 부끄러워하다'라는 의미를 지닌다(일본 『국어관용구사전』).
stick out one's tongue은 ①에 해당한다. 일본의 어린아이들은 한쪽 눈이나 두 눈을 손가락으로 끌어내리며 동시에 혀를 내밀기도 한다. 하지만 영미권에서는 코를 찡그리며 아랫입술 위에 혀를 납작하게 내밀거나 창끝처럼 끝을 뾰족하게 해서 내민다. 이때 모멸감을 더욱 강하게 표현하기 위해 위의 예문처럼 'beh'라는 소리를 내기도 한다. 갓난아이가 입에 넣어 준 음식을 거부하며 뱉어 내는 입 모양과 비슷하며 그 소리를 the raspberry, the razz, the bird, Bronx cheer(미 속어) 등으로 표현한다. 자신의 실수를 몹시 부끄러워하며 내미는 ②의 혀는 일본인 특유의 쑥스러움을 감추려는 몸짓의 하나로 영미인에게서는 볼 수 없다.

one's tongue is thick 혀가 부은 것 같은 느낌이 들다. ((긴장, 공포 등 때문에 혀가 굳어 잘 움직이지 않는 상태))

Her legs were like rubber, her heart thundered in her breast and *her tongue was* suddenly *thick* and lifeless, a dry inarticulate mass that threatened to choke her. (공포로 그녀의 다리가 부들부들 떨렸다. 심장의 고동이 마치 천둥치듯 쿵쿵거리며, 혀는 급사하기라도 한 듯 움직이지 않는 것이 바짝 마른 쓸모없는 덩어리가 되어 그녀의 숨통을 막기라도 할 것 같았다.) — V.Gordon: 2

★ NB: 영어에서는 목이 말라 혀가 목구멍이나 입천장에 찰싹 달라붙은 듯 느껴지면 혀가 '두꺼워졌다(thick)' 혹은 '부었다(swollen)'라고 표현한다. 다음의 예문은 그런 표현 방식을 보여 준다.

The girl's throat suddenly went dry. Her tongue felt several sizes too large for her parched mouth. (긴장으로 소녀의 목이 갑자기 바짝 말랐다. 소녀는 목이 너무 말라 입속의 혀가 엄청나게 커진 것 같은 느낌을 받았다.) — E. Loring: 2

tie one's tongue (in knots) 혀가 꼬이다. 혀가 생각처럼 잘 움직이지 않다. 《긴장, 놀람, 당혹 등으로 인해 말이 잘 나오지 않거나 말이 꼬이는 모습》

The recent run of articles on our President's bumbling style portrays Mr. Ford as a bigger-than-life buffoon. What person has not tripped over his own feet or *tied his tongue in knots* over a simple statement? 〔연단에서 자주 발이 걸려 비틀거리거나 말을 틀리는 포드 대통령을 놀리는 기사에 대한 비판〕 (최근 기사는 대통령을 바보스러운 어릿광대라도 되는 양 써 대고 있다. 넘어지거나 간단한 성명을 읽다 혀가 꼬이는 일은 누구에게나 있지 않은가?) — *Time*, 1976

★ NB: tongue-tied의 상태에서 혀의 움직임이 평소대로 되돌아오는 것을 get one's tongue unhitched라고 표현한다.

(with one's) tongue in (one's) cheek ➡ put one's tongue in one's cheek

Don: (prowls around, chewing his lip) I have to go some place.
David: (*tongue in cheek*) Would you like me to keep her company until you return? I'd be delighted to stay.
(그녀와 둘이서만 있고 싶은 돈은 반갑지 않은 불청객을 쫓아 버리고 싶어 입술을 잘근잘근 깨물며 정신없이 이리저리 배회하다 결국 "내가 다른 데로 가야겠군."이라고 말한다. 이를 눈치챈 데이비드는 "나간다면 그녀가 혼자 남을 테니 당신이 돌아올 때까지 내가 기꺼이 같이 있어 주겠다."라고 시치미를 뗀다.) — F. H. Herbert

TOOTH

- tooth(teeth)는 이(치아)를 가리킨다. 윗니는 an upper tooth, 아랫니는 a lower tooth, 앞니는 a front tooth, 어금니는 a back tooth라고 부른다.

- 치아는 주로 웃거나 화를 낼 때 드러나는 정도, 분함이나 분노를 참고 견디는 정도에 따라 표정을 만드는 데 관여한다. 이러한 경우는 인류 공통의 보편적인 표정이라 영어에서나 일본어에서나 차이가 없다.

- 유년기에 치열을 고르게 만드는 일에 소홀하면 일생 동안 그 모습이 지속되기 때문에 영어권에서는 이를 출신 계층을 판별하는 가장 정확한 지표로 삼는다. 적에게 달려들어 살점을 물어뜯는 야생 동물의 이빨과는 거리가 먼, 작고 가지런하고 새하얀 이야말로 문명화된 인간에게 걸맞은 것이라는 시각이 강하기 때문에 부모가 무리해서라도 자녀에게 고가의 치열 교정을 해 주곤 한다. 그 때문에 치열이 고르지 못한 이는 이러한 것에 관심을 갖지 않는 혹은 갖지 못하는 육체노동자, 저소득층의 지표로 여겨진다. 일반적으로 영어권에서는 a good set of teeth를 확보해 지키는 것에 강박에 가까울 정도로 집착한다고 한다(Brosnahan, 1988).

- 일본 소설에서 덧니는 젊은 여성의 용모를 묘사할 때 사랑스러움의 상징으로서 즐겨 쓰이지만 영미의 소설에서는 언급되는 경우가 아주 적다. 일영 사전에서는 이를 a double tooth로 부르고 있으나 정확하게는 치열에서 삐져나온 송곳니(canine, canine tooth, eyetooth)를 가리키며, 구미에서는 가지런하지 못한 이로서 교정의 대상이 된다.

- 관용구에서 나타나는 영어의 치아에 대한 시각은 다음과 같다.

  더할 나위 없이 소중한 것 이, 특히 마지막까지 남는 eyeteeth(윗송곳니), 씹는 힘이 좋은 back teeth는 특히 소중한 것이어서 I'd give my eyeteeth [back teeth] for … [to do…] (…를 위해서라면 어떤 대가를 치러도 아깝지 않다)와 같은 상투적 관용구에 사용된다. 믿을 수 있는 사람을 일컬어 "I can trust the man with my children's teeth(이 사람이라면 내 아이의 목숨을 안심하고 맡길 수 있다)."라고 표현한다.

  없으면 서운한 존재 영어에서는 없으면 서운하게 여겨지는 사람이나 물건을 종종 앞니에 비유하여 miss someone [something] like a front tooth 등으로 표현한다.

  한도(限度) 영어에서는 dressed up to the teeth(화려하게 차려입고), armed to the teeth(완전무장을 하고), fed up to the teeth(진저리를 내며) 등 표준 한도를 넘어서는 것을 과장스럽게 표현할 때 to the teeth를 쓴다. 이 경우의 teeth는 보통 어금니를 가리킨다. 또한 배가 불렀을 때를 표현하는 full up to one's back teeth는 먹을 것이 배에서 넘쳐 어금니 부근까지 온 것을 가리킨다.

기호(嗜好) 영어에서는 음식물에 대한 기호를 have a great tooth for…라고 하고, 단것을 좋아하는 사람을 일컬어 have a sweet tooth라고 표현한다.

성장의 과정 영어권에서는 인간의 성장 과정을 종종 이가 나는 것에 비유하여 표현한다. 한편 이가 나는 것을 잇몸을 가르고 나온다 해서 'cut teeth'라고 표현하는데, 철이 드는 때를 이가 나는 것에 비유하여 cut one's (baby) teeth, 어른이 되는 때(세상 물정에 밝아지는 것)를 윗송곳니가 생기는 것에 비유하여 cut one's eyeteeth, 분별력이 생기는 때를 사랑니가 나는 것에 비유하여 cut one's wisdom teeth라고 표현한다. cut one's teeth에 전치사구 'on…'이 붙으면 '…을 배워 성장하다' 또는 '…을 처음으로 배우다'라는 의미가 된다.

물어뜯는 도구 영어에는 물어뜯는 공격을 가하는 도구로 teeth를 사용하는 관용구가 상당히 많다. 예를 들어 fight tooth and nail((이로 물어뜯고 손톱으로 할퀴며 싸운다는 뜻에서) 필사적으로 발버둥을 치며 싸우다.); sink one's teeth into…(…를 물어뜯다); get one's teeth into …((물고 놓지 않듯)…에 열심히 몰두하다); in the teeth of…((개를 비롯한 짐승들이 이를 드러내고 있는 모습에서 유래하여)…에 아랑곳 하지 않고); show one's teeth((당장이라도 물어뜯을 듯) 이를 드러내다) 등이 있다.

---

bare one's teeth 이를 드러내다. 《주로 공격적인 분노를 드러낼 때의 입 모양; 드물게는 이를 드러내고 웃는 모습》 유 show one's teeth / curl back one's LIPs from one's teeth / draw back one's LIPs from one's teeth

bare one's teeth

An angry woman is hard, mean, and nasty. Her face contorts into unpleasant lines: the jaw juts, the eyes are narrowed, *the teeth are bared*. (그녀는 화를 내면 매우 상스럽고 험악한 인상이 된다. 눈이 날카롭게 가늘어지고 이가 온통 드러나며 얼굴 전체가 추하게 일그러진다.) — S.Brownmiller

Mr. Du Pine cleared his throat, *bared his teeth* in a nervous grin, and sighed rather than said: "He was." 〔증인으로 소환당한 듀 파인의 쭈뼛거리는 모습〕 (듀 파인은 헛기침을 하고는 이를 보이며 신경질적으로 웃고 한숨을 쉬듯 작은 목소리로 대답했다.) — C.Hare

between [through] one's (clenched) teeth 이를 악물고 《적대적으로 또는 밉살스럽게 말하는 모습; 분노를 억누르며 말하는 모습－이를 악물고 내뱉듯이 또는 밀어내듯이 말하는 것》

"Do you hear me, Paul?" she said *between her teeth*, very close to him now and staring at him in such an angry way he closed his eyes. 〔파울이 대답을 하지 않는 상황〕 (그녀가 그의 바로 옆까지 다가가 노려보면서 "내 말 들었어요, 파울?" 하고 이를 악물며 으름장을 놓자 그는 눈을 감아 버렸다.) — J.Purdy

Her lips twisted, and for the first time since I met her, Kitty didn't look like an innocent child. "I wonder if you Americans know how insufferable you are," she said *through her teeth*. (그녀의 입술은 비틀어져 있었다. 천진난만한 어린아이 같은 키티의 모습이 사라져 버린 것은 그녀를 만난 이래로 이번이 처음이었다. "너희 미국인들은 너희가 얼마나 참을성 없는 인간들인 줄 알고 있냐." 하고 그녀는 이를 악물며 내뱉듯이 말했다.) — J.Weidman

She yelled as loud as she could, "MOM! DAD! ANYBODY HOME?" Mrs. Landon backed away from Winnie. "My, my," said, talking *through her teeth*, and turning on the smile. "Don't we have healthy lungs this evening." 〔참견하는 이웃 아주머니의 손을 뿌리친 후〕 (위니는 현관 앞에서 큰 소리로 가족들을 불렀다. 위니가 세게 미는 바람에 뒷걸음질을 친 랜던 부인은 이를 악물고 화를 죽여 가며 작은 소리로 "에구머니나."라고 말하더니 웃는 표정을 지으며 "오늘밤은 참으로 우렁찬 소리가 들리는구나."라고 했다.) — J.Blume: 1

She turned a ferocious face to him and *through clenched teeth* said, "If you don't leave me alone, I'll call a cop." (그녀는 섬뜩한 얼굴로 그를 쳐다보면서 "나한테 계속 달라붙는다면 경찰을 부르겠다."라고 이를 악물며 내뱉듯이 말했다.) — J.Michael: 2

bring one's **teeth together** ➡ clench one's teeth

Then looking at Bob as if for a moment he was having to restrain himself from striking him, he *brought his teeth together* and ground them audibly before marching from the room. (그는 때리고 싶은 걸 억지로 참으며 밥을 쳐다보다가 이를 악물어 빠득빠득 소리가 날 정도로 세게 갈고 방에서 나가 버렸다.) — C.Cookson: 3

one's **teeth chatter** 이를 딱딱 맞부딪치다. 《추위, 공포 등 때문에》

My teeth started to *chatter*; I was shivering so that I had to wrap my arms around myself and hold tight. (이가 딱딱 맞부딪쳤다. 너무 떨려서 두 손으로 몸을 감싸 안고 꼭 끌어안지 않으면 안 될 정도였다.) — S.Streshinsky

clamp one's **teeth** ➡ clench one's teeth

I wasn't aware of being tense, but suddenly I realized my muscles ached and *my teeth were clamped* together. (나는 내가 긴장하고 있다는 사실을 알아채지 못했다. 하지만 갑자기 근육의 통증이 느껴지더니 이가 세게 악다물어졌다.) — V.Holt: 1

clench one's **teeth** 이를 악물다. 《분노, 격정, 극도의 긴장, 인내의 입 모양; 고통, 시련을 견뎌 낼 때의 입 모양; 굳은 결심을 표현하는 입 모양 등》 유 bring one's teeth together / clamp one's teeth / one's teeth go together / grit one's teeth / set one's teeth / clamp one's JAWs

"Daddy!" she cried, in spite of *her teeth* that she *clenched* against calling. (절대 아빠를 부르지 않겠다고 이를 악물고 있었음에도 불구하고 그녀는 "아빠!" 하고 소리치고 말았다.) — M.Lewty: 3

So she wanted to rake up that painful ghost. Nicholas *clenched his teeth*. Oh, God, and it was painful, too. (고통만이 가득해서 잊고 싶은 과거를 그녀는 마구 들춰내려 했다. 니콜라스는 이를 악물었다. 세상에, 그것은 역시 고통스러운 일이었다.) — D.Robins: 2

★ NB: bring one's teeth together, clamp one's teeth는 이를 강하게 악무는 동작을 중립적으로 표현한 것이다. 이에 비해 clench one's teeth는 격렬한 감정을 억제한다는 의미를 담은 표현이다.

★ NB: clench one's teeth는 say [utter, etc.] between [through] one's clenched teeth의 형태로도 자주 쓰인다. 이는 증오나 격분으로 이를 세게 악물고,

윗니와 아랫니 틈으로 밀어내듯이 위협적으로 말하는 것을 뜻한다. clenched를 생략하고 say [utter, etc.] between [through] one's teeth라고도 한다.

click one's teeth ➡ click one's TONGUE

Julia *clicked her teeth*. "Their laziness infuriates me…." (줄리아는 혀를 차며 "그들의 게으름 때문에 정말 짜증이 난다."라고 말했다.) — D.Robins: 3

"You've a fair walk up there, miss," he told her sadly. "It'll be two miles or more," and he *clicked his teeth* and shook his head as if she'd never make it. (버스 종점에서 그녀의 목적지까지는 꽤나 멀어서 2마일 혹은 그 이상이었다. 운전사는 "아가씨의 다리로는 힘들 텐데."라고 말하며 혀를 차고 고개를 흔들었다.) — M.Wibberley

one's teeth nearly [almost, etc.] fall out of one's mouth 입이 벌어져 이가 우수수 빠져나갈 것처럼 되다. 《깜짝 놀라 어리둥절한 입 모습을 나타내는 과장 표현》 유 one's MOUTH hangs open

I did it personally. Hundreds of cartons. Thousands of them! I piled them up back there. It looked like a fortress. Cassidy walked by about ten o'clock in the morning…. *His teeth almost fell out of his mouth*. (나는 혼자서 창고에서 종이 박스 수백 개, 수천 개를 날라서 뒷골목에 쌓아 두었다. 마치 요새 같았다. 오전 10시에 이 근처를 순찰하던 경찰 캐시디가 그것을 보고 화들짝 놀라서 이가 빠질 정도로 입을 딱 벌렸다.)

flash one's (white [perfect, etc.]) teeth (하얀, 가지런한 등) 이를 과시하다. 《이에 자신감을 보이며 웃는 모습》 유 turn on one's teeth

Jefferson, *flashing* very *white teeth* in a saddle-tanned face, was cordial…. (제퍼슨은 그을린 얼굴에 하얀 이를 드러낸 채 웃으며 다정한 태도를 보였다.) — J.Weitz

"Good morning, Mrs. Harte. You look as splendid as always." Ainsley *flashed his perfect teeth* and took her outstretched hand, his clasp lingering too long for Emma's comfort. (여성 사업가 하트 부인에게 아침하는 앤슬리는 가지런한 이를 보이며 싹싹하게 인사를 하고 그녀가 내민 손을 잡았다. 그는 그녀가 다소 불편해할 정도로 오랫동안 손을 잡고 있었다.) — B.T.Bradford

gnash one's teeth ➡ grind one's teeth

The villain has tied the heroine to the railroad track as the express approaches. This is part of his revenge on the hero. The hero, however, arrives in the nick of time, frees the girl, and rolls with her to safety as the train thunders by. The villain *gnashes his teeth* over this escape. 〔무성영화 시대 할리우드 영화의 상투적인 줄거리의 일례〕 (악당이 주인공에게 복수하기 위해 여주인공을 기찻길에 붙들어 맨다. 기차가 오기 직전에 주인공이 나타나 여주인공을 구출한다. 이런 위기일발의 탈출에 악당은 이를 갈며 분해한다.) — E.Newman

one's teeth go together 이를 악물다. 《긴장, 분노 등 때문에》 유 clench one's teeth

---

Justine'*s teeth went together*; her jaw, usually graceful, showed up as a muscle twitched. (상대의 말에 발끈 화가 치민 저스틴은 이를 악물었다. 평소에는 부드러운 선을 그리는 그녀의 턱에 씰룩거리는 근육의 경련이 두드러지게 보였다.) — K.Blair: 2

grind one's teeth 이를 갈다. 《수면 중의 이갈이; 화남, 분함, 격한 짜증 등으로 인해 또는 그러한 감정의 비유 표현》 유 gnash one's teeth 참 grit one's teeth

---

"By God!"—he *ground his teeth* with rage—"if you don't leave me alone, I'll kick the life out of you!" (상대의 공연한 참견에 화가 난 그는 "이제 됐으니까 좀 내버려 둬. 그러지 않으면 명줄을 끊어 놓겠어!"라고 이를 갈며 말했다.) — W.S.Maugham: 8

Those Paris sketches and reports made the editors of other fashion publications *grind their teeth*. (우리 회사의 파리 스케치와 리포트는 다른 패션 잡지의 편집자들로 하여금 이를 갈게 만들었다.(비유적)) — J.Weitz

grit one's teeth 이를 악물다. 이를 갈다. 《고통을 참을 때의 입 모양; 약한 소리를 하지 않으려 들 때의 입 모양; 어떻게 해서든 끝까지 헤쳐 나가려는 각오를 보여 주려 할 때의 입 모양; 참고 견딤, 결의나 다짐을 의미하는 비유 표현》 유 clamp one's teeth / clench one's teeth / set one's teeth / clamp one's JAWs 참 grind one's teeth

---

She was still unable to get used to the screams that came from nearby cells in the uncaring darkness. She would *grit her teeth* until her jaws ached. (그녀는 교도소 생활에 익숙해져 갔지만, 삭막한 한밤중에 근처 독방에서 들려오는 비명에는 그러지 못했다. 비명이 들려올 때면 그녀는 턱이 아플 정도로 이를 악물었다.) — S.Sheldon: 2

The worse she gets, the more he *grits his teeth* to be nice. (그는 함께

복식조를 이루고 있는 그녀가 못하면 못할수록 짜증을 참고 필사적으로 좋은 표정을 지으려 한다.) — *Time*, 1976

★ NB: grit one's teeth와 grind [gnash] one's teeth는 모두 이를 가는 것을 나타내나, 엄밀하게 따지면 방식에 차이가 있다. grit는 위아래 이를 악물 때 어금니에 힘을 주어 빠득거리며 가는 것을 말하며 이는 clench one's teeth에 가깝다.
이에 비해 grind, gnash는 아래위 이를 연신 문지르는 것으로, 그야말로 이를 가는 것을 말한다. 다만 grind는 수면 중에 이를 가는 것, 분노하거나 원통해서 이를 가는 것 모두에 쓰일 수 있으나 gnash는 전자의 경우에는 쓰지 않는다.

★ NB: grit one's teeth와 grind [gnash] one's teeth는 모두 격앙된 감정을 공격적으로 발산할 수 없을 때 그 긴장이 입으로 표현된 것이라는 데서 공통점을 찾을 수 있다. grit는 관용적으로 분노나 원통함의 감정을 억제하고, 괴로운 일이나 싫은 일에 대해 약한 소리를 하지 않기 위해 참는 모습을 가리킨다. grind는 분노가 폭발하기 직전, 억지로 꾹꾹 참고 살벌하게 이를 가는 무서운 입 모양을 나타낸다.

kick [knock] someone's teeth in 호되게 얼굴을 차다(때리다). ((때리는 실제 행위; 호된 맛을 보여 주는 것-안쪽에 있는 이가 뒤틀어질 정도로))

"I got to thinking he'd *kick my teeth in* for what I did to him in that studio not three hours ago…" (세 시간도 못 채우고 스튜디오에서 그에게 일을 저질러 버린 탓에, 나중에 그에게 호된 꼴을 당하는 게 아닌가 생각하게 됐다.(비유적))

★ NB: 입에 주먹을 한 방 맞으면 이가 부러질 수도 있다. 때문에 한 방 먹여 주겠다고 으름장을 놓을 때 "I'll knock your teeth in."이라는 표현으로도 모자라 "I'll knock your teeth down your throat(부러진 이가 목구멍으로 굴러떨어질 정도로 때려 주겠다)."라고 말하기도 한다. 또한 "You'll be chewing your teeth(이가 부러져 그것을 씹게 되는 꼴을 보여 주겠다)."라고 위협하는 경우도 있다.

★ NB: kick someone in the teeth는 이러한 폭력 행위를 본뜬 비유 표현으로 타인을 무자비하게 다루거나 덮어놓고 혼내는 것을 의미한다.

lie in [through] one's teeth 태연하게 거짓말을 하다.

"You're *lying in your teeth* and you know it." ("당신은 새빨간 거짓말을 하고 있어. 그리고 당신 자신도 그걸 알고 있지.") — J.H.Griffin

★ NB: Sperling(1981)은 lie in one's teeth와 put one's tongue in one's cheek의 차이를 보디랭귀지의 차이로 설명하고 있다. tongue in cheek는 한쪽 볼

을 부풀려 보란 듯이 본심이 아닌 것을 드러내는 것을 특징으로 한다. 이에 비해 lie in one's teeth는 남에게 들키지 않도록 어금니로 양심의 가책을 죽이고 시치미 떼는 표정을 짓는 뻔뻔함이 엿보인다.

long in the tooth 꽤 나이가 들다. 한창때가 지나다. 《주로 여성이》

Callia's getting a bit *long in the tooth* now, but I would imagine that ten or fifteen years ago she must have been one of the most sought-after women in New York City. (지금이야 칼리아가 꽤 나이가 들었지만, 10년, 15년 전에는 뉴욕에서 가장 인기 많은 여성 중 한 명이었을 거라고 나는 생각했다.) — J. Olsen

★ NB: 말은 나이를 먹으면 잇몸이 내려앉아 이가 길어진다. 따라서 이의 길이를 보면 말의 나이를 알 수 있다. long in the tooth는 이를 인간에 적용한 표현이다.

one's teeth rake over one's lip(s) ➡ scrape one's lip(s) with one's teeth

Anxiety wired her features with an electric vitality—her brows were bunched over her long nose, *her teeth* nervously *raked over her* thin *lip*. (경과를 걱정하는 그녀의 얼굴은 긴장 때문에 가늘게 떨리고 있었다. 미간은 일그러졌고, 이로는 얇은 입술을 초조하게 문질렀다.) — A. Lyons

set one's teeth 이를 악물다. 《분노를 억제하는 입 모양; 곤란, 시련을 이겨내려는 결의를 보이는 입 모양 등》 유 clamp one's teeth / clench one's teeth / grit one's teeth / clamp one's JAWs

"Daring to enter your bedroom—my secretary—a trusted employee—under my room—Good Lord!" Nicholas writhed and *set his teeth*. (비서인 니콜라스는 야심한 밤 주인집 딸의 침실로 들어가다가 가족들에게 들켜 주인을 배신했다고 책망을 들었다. 니콜라스는 신뢰를 배반했다며 자신을 몰아세우는 주인의 말에 귀를 막고 싶다고 생각하면서 이를 악물었다.) — D. Robins: 1

He felt his temper rising, and *set his teeth*. (부글부글 화가 치밀어 오르는 것을 느낀 그는 이를 악물었다.) — E. Kazan

set someone's teeth on edge 이가 들뜨는 것 같은 느낌을 받다. 《신경에 거슬리는 것, 불쾌감을 주는 것, 짜증 나게 하는 것을 나타내는 비유 표현-신경에 거슬리는 소리, 말, 행위에 대한 생리적인 반응》

Harry had a peculiar way with a sandwich. He did not cut it in half; he cut it so that one piece was much larger than the other. This always *set* Charlotte'*s teeth on edge*. "Why don't you cut it evenly instead of oddly?" She said between clenched teeth. (해리가 샌드위치를 반으로 자르면 언제나 한쪽이 훨씬 크게 됐다. 이것이 샬럿의 신경을 거슬렀다. 그녀는 이를 악물고는 내뱉듯이 "왜 제대로 반으로 못 자르는 거냐?"라고 말했다.) — F.D.Ross

★ **영일비교** 신경을 거스르는 끔찍한 소리를 듣는 순간, 사람은 무심코 어금니를 악물고 참는다. 이런 상황을 그대로 관용구로 만든 것이 set one's teeth on edge이다. 이에 대응하는 일본어 관용구는 '이가 들뜨다'라는 것으로 영어와는 동떨어진 표현이다. 이것은 소리를 들었을 때 느끼는 형용할 수 없는 불쾌감('이의 뿌리가 헐거워져서 들려 올라간 듯한 느낌'(일본 『국어관용구사전』)(a tingling or grating sensation in one's teeth—*Brewer's*)에 초점을 맞춘 것이다.

일본어의 '이가 들뜨다'는 속이 빤히 들여다보이고 아니꼬우며 불쾌하기 짝이 없는 언동(역겨운 아첨)에 주로 쓰인다. 이에 반해 set one's teeth on edge는 신경을 거스르는 불쾌한 물건이나 일에 전반적으로 쓰인다. 영어 자료를 보면 혼잡한 도로에서 한 손으로 운전하기, 불분명한 대꾸, 거드름 피우는 말투 때문에 주변 사람들이 이를 악물고 있다.

show one's teeth **이를 드러내다. 《달려들어 상대를 물기라도 할 듯한 험악하고 위협적인 모습; 분노나 심술궂은 짜증을 얼굴에 드러내는 것을 뜻하는 비유 표현》** **유** bare one's teeth

"Sorry, I'm edgy." "Yes, I know." She started for the bathroom. "I'll freshen up and we can go. Pour yourself a stiff one, darling. *Your teeth* are *showing*."〔심한 말을 내뱉은 뒤〕(그가 "미안. 내가 신경이 예민했어."라고 사과했다. 그녀는 외출 준비를 위해 욕실 쪽으로 걸어가며 "독한 술이라도 한잔해요. 지금도 표정이 험악해요."라고 말했다.) — R.Ludlum: 1

★ NB: 이 표현의 바탕에 있는 것은 개가 이를 드러내고 있는 모습이다. bare one's teeth는 실제로 이를 보여 주는 모습에 쓰이지만, show one's teeth는 주로 상대를 위협하는 듯한 언동을 보이거나 물어뜯을 듯 무서운 표정을 짓는 경우에 비유적으로 사용된다.

shut one's teeth **못된 말투를 쓰다. 《짜증, 불쾌, 울컥하는 감정이 드러나는 말투를 나타내는 비유 표현》**

"Drinking heavily, are you?" Charles said from behind me, in his most offensive drawl. I *shut my teeth* hard and said, "No." (술을 마시고 있는데 등 뒤에서 찰스가 "과음하는군요."라고 귀에 거슬리는 말을 했다. 나는 울컥해서 물어뜯기라도 할 듯 "아뇨."라고 말했다.) — D.Francis: 5

sink one's teeth into··· …을 한입 덥석 물다.

"··· It seems she prefers me when I'm being unpleasant to her. When I try to be agreeable and friendly, she snaps and *sinks her teeth into* me." (그녀는 내가 못되게 대하는 게 더 좋은 모양이다. 한번은 내가 그녀를 거스르지 않고 잘해 주려고 했더니 톡 쏘아 대며 나를 덥석 물었다.) — L. Peake: 2

★ NB: 이 표현은 개가 덥석 물고 늘어지는 모습에 사용된다. 이와 비슷한 관용구 get one's teeth into···는 주로 '···을 완전히 이해하다', '···에 진지하게 몰두하다'라는 의미를 비유적으로 나타내는데 그 바탕에 있는 것 역시 개가 이빨을 드러내고 꽉 무는 모습이다.

suck at one's teeth 이 사이로 숨을 빨아들이다. ((상대의 주장에 대해 신중히 생각할 때의 입 모양))

"··· Come on, that isn't asking much. I'm not asking for gold bricks." Savas *sucked at his teeth* for a minute and as soon as he scowled, I knew I'd won. 〔사립 탐정이 경위에게 수사 협조를 부탁하는 장면〕 (이 사소한 소원을 부디 들어주길 바란다고 탐정이 부탁하자 사바 경위는 곰곰이 생각하며 잠시 이 사이로 숨을 빨아들였다. 곧 경위는 탐정을 노려보았고, 그 순간 탐정은 자신이 이겼다고 생각했다.) — H. Engel

★ NB: 생각할 때의 동작이나 실제로 영미인들이 suck at one's teeth의 행동을 하는 경우는 드물다.

★ **영일비교** 일본 성인 남성은 윗사람과 이야기할 때 혀끝과 윗니 안쪽 사이로 공기를 빨아들여서 '스―' 하는 무성마찰음을 낸다고 한다(南, 1977). 대화에 쓰이는 이 감탄사는 단어상의 경어에 해당할 만큼 정중한 태도를 나타낸다고 본다. 일본인의 행동 양식을 관찰한 서구 학자 중에는 이 점을 알아차리고 일본인의 국민적인 버릇의 하나로 지적한 사람도 있다(Morsbach, 1976). 그는 일본인들이 특히 조심스러운 상대에게 즉답을 피할 때 스― 하는 소리를 내면서 숨을 들이쉬고 무언가를 생각하듯 고개를 기울이면서 뜸을 들인다고 설명한다.
일본 소설에서 등장인물의 표정이나 몸짓 묘사에 이런 점을 드러낸 예는 그리 많지 않다. 오히려 영미인들이 일본인의 저자세를 만화적으로 과장해서 그릴 때 이것을 언급하곤 한다.

But even as he assured me, he bowed, scraped, and sucked in air through his teeth. (괜찮다며 입으로 보증하는 데다 그는 굽실거리며 스― 하고 잇새로 공기를 들이마셨다.) — J. C. Moloney, M. D.

tap one's teeth with… 앞니를 톡톡 두드리다. 《무료할 때, 생각에 잠겼을 때 등-주로 손가락, 연필 등으로》

"How?" Sorella enquired briefly. D'Arcy Forest stood still and *tapped his teeth with* his fingernails. It was a habit he had when he was thinking. (아이디어를 실행에 옮기는 방법에 대해 소렐라가 묻자, 다시는 앞니를 손톱 끝으로 톡톡 두드렸다. 이것은 그가 생각에 잠길 때의 버릇이었다.) — B.Cartland: 6

He held a pencil in one hand, and at intervals he *tapped his teeth with* the end of it. (생각에 잠긴 그는 한 손에 연필을 들고 가끔씩 연필 끝으로 이빨을 톡톡 쳤다.) — E.Anthony: 2

a toothy grin 이를 드러내고 씩 웃다.

a toothy grin

To her son, who grew up to be President, she bequeathed *a toothy grin*, piercing blue eyes…. 〔카터 대통령의 어머니에 관련한 기사〕 (이를 보이고 씩 웃는 표정이나 쏘아보는 듯한 푸른 눈은 대통령이 자신의 어머니에게서 물려받은 것이다.) — *Time*, 1983

turn on one's teeth ➡ flash one's (white) teeth

She either heard the snap… or was aware of it physically, for she *turned on the teeth* again and said, "Am I boring you, Mr. Hart?" 〔이야기를 듣다 지루해진 상황〕 (인내심의 끈이 툭 끊어지는 소리를 그녀가 진짜 들었는지도 모르겠다. 혹은 신체적으로 알아챘는지도 모르겠다. 그녀는 어색하게 다시 하얀 이를 보여 주며 자신의 얘기가 재미없냐고 물었다.)

WRIST

• wrist는 손목 또는 팔목에 해당하는 arm과 hand를 연결하는 부위를 일컫는다.

flex one's wrist(s) 손목을 앞뒤로 까딱거리며 가볍게 움직이다. 손목을 풀다.

The plump little music teacher was moving to the piano stool now. Three older girls··· moved to stand by her as she sat, *flexing her wrists* for a long moment, then tinkled out an introductory chord. (반주자인 음악 선생은 피아노 의자 쪽으로 다가갔다. 자리에 앉아 조금 긴 시간 동안 손목을 가볍게 움직이며 손목을 풀었다. 그동안 학생 세 명이 앞으로 나서 선생 옆에 섰다. 이윽고 전주가 시작되었다.) — A.T.Wallach: 2

flip one's wrist 손목을 중심으로 손을 자연스럽게 흔들다. 손을 털다. 《'이제 됐어', '그만해', '말도 안 돼' 등을 의미하는 동작; 제지, 거부, 중단 등의 신호-벌레라도 떨쳐 버리려는 듯한 동작》 유 flip one's HAND

The District Attorney began to rise to object and changed his mind and *flipped his wrist*, dismissing his objection. (지방 검사는 이의를 제기하려는 듯 벌떡 일어섰으나 생각이 바뀌어서 손을 가볍게 털고 이의를 취하했다.) — Z.Popkin

She walked to the door and stopped and looked back. "I don't think I like you very much, Mr. Tanner." "I don't earn my living being liked, Mrs. Kottle." She *flipped her wrist* to show me what she thought of that statement. 〔사립 탐정과 의뢰인의 대화〕 (그녀는 탐정 태너가 맘에 들지 않는다고 대놓고 말했다. 남의 맘에 드는 걸로 생계를 유지하는 건 아니라고 그가 대답하자 그녀는 손을 가볍게 털어 보였다. 너무 바보 같은 대화라 다시 대답하기도 뭣하다는 의미였다.) — S.Greenleaf

★ NB: flip one's wrist [hand]는 팔꿈치를 굽힌 채로 손바닥을 안쪽으로 하고 가슴께에서손목을 탄력 있게 터는 동작을 가리킨다. 손목에 힘을 주고 털면 손에는 힘이 없어 덜렁거리게 되므로 다소 자포자기적인 느낌이 난다.

grab someone's wrist(s) 상대의 손목(팔목)을 움켜쥐다. 《행동을 억제하는 거친 동작; 상대의 손목(팔목)을 강하게 붙드는 동작 등》 유 grip someone's wrist(s)

Gloria *grabbed* her daughter *by the wrist*. "This is no joke. I've only asked one thing from you your whole life, and that's to forget about your father…." "Stop, Mama, you're hurting me." December tried to pull her arm away. Gloria tightened her grip. "You promise me you'll never mention his name in this house or anywhere." 〔딸이 자신에게는 비밀로 한 채 헤어진 아빠를 찾고 있다는 것을 알게 된 후〕 (글로리아는 딸의 팔목을 붙들고 "아빠를 잊어 달라는 거 말고는 지금까지 너에게 부탁한 게 없었다."라고 힘주어 말했다. 딸은 그녀에게 붙들린 팔이 아파서 빠져나가려고 했으나 글로리아는 점점 더 세게 붙잡으며 "집에서든 어디서든 아빠의 이름을 절대 입에 올리지 않겠다고 약속해라."라고 다그쳤다.) — R.Lawrence

I was making a stack of K. D.'s when he said, "Look…" and *grabbed my wrist*. "I came over here because I wanted to see you again." (K. D.의 이니셜이 들어간 레코드를 꺼내 정리하는 데 열중하고 있는 내게 그는 "네가 보고 싶어서 일부러 왔어."라고 말하며 오랫동안 생각해 왔다는 듯 손목을 강하게 잡았다.) — J.Blume: 4

★ NB: grab someone's wrist(s)는 손목을 갑자기, 약간 난폭할 정도로 세게 잡는 동작이다. grip someone's wrist(s)는 잡는 힘이 강함을 강조한 표현이다.

grip someone's wrist(s) ➡ grab someone's wrist(s)

"Hush!" breathed Lucas, when Anna-Marie's feet scrunched in the untrodden snow. Then he *gripped her by the wrist* and stood still, cocking his head sideways…. (루카스는 안나마리가 사각사각하는 발소리를 내자 "조용히 해!"라고 속삭였다. 그는 그녀의 손목을 강하게 붙들고는 지금 들리는 소리의 정체를 알아내려 고개를 갸웃거리면서 멈추어 섰다.) — J.Aiken

slap [tap] someone's wrist 손목을 찰싹 때리다. 《주로 아이들의 행동을 견제하거나 나무라는 동작》

But if he reached out to her arm, she would *tap his wrist* prettily with the corner of her fan. 〔오래전 구애 전략의 한 구절〕 (그가 팔을 잡으려 손을 뻗으면, 그녀는 이를 고상하게 타이르며 남자의 손목을 부채로 살짝 때렸다.) — S.Birmingham: 2

★ NB: 명사구 a slap [tap] on the wrist는 비유적으로 가벼운 질책을 나타낸다. 손목을 가볍게 찰싹 때리는 정도로는 아프지 않기 때문에 아프다는 생각이 들 정도로 세게 치는 a rap on the knuckle과는 대비된다.

Time for more than a wrist tap [미국이 아랍에 대한 침략적인 정책을 전개하는 이스라엘을 방관해서는 안 된다는 기사 제목] (가벼운 비난으로는 때워서는 안 될 때) — *Time*, 1981

★ NB: wrist-slapping[-tapping]의 형태를 취하여 명사를 수식하는 경우도 있다.

"Now, Debby, you mustn't criticize him." Mrs. Dinwiddie admonished in a *wrist-slapping* tone. ("그를 비난해서는 안 된다."라고 딘위디 여사는 딸을 가볍게 나무랐다.) — J. McIlvaine

Amsterdam has long been a mecca for addicts and dealers because of The Netherland's *wrist-tapping* drug laws. (네덜란드의 마약관리법이 약한 탓에 암스테르담은 마약 중독자와 마약 상인의 중심지가 되고 있다.) — *Time*, 1976

turn one's wrist(s) out **손목을 휙 돌려 손바닥을 위로 향하다. ((어쩔 도리가 없다, 어쩔 수 없다, 별것 아니다 등을 나타내는 동작))** 유 turn one's HAND(s) out

"Y'know, Colonel, you honestly do speak very good English." "Un petit peu, peut-être," replied the well-gratified Colonel, *turning out his wrist* in a deprecating way. (영어를 정말 잘한다고 칭찬을 들은 프랑스 장교는 만족해하며 그렇게 대단한 건 아니라고 손바닥을 휙 위로 향하고는 "정말 조금 아는 정도다."라고 대답했다.) — C. Dickson: 3

참고문헌

アイブル=アイベスフェルト, イレーネウス. 1974.『愛と憎しみ 1, 2』日高敏隆 · 久保和彦訳. みすず書房.

Argyle, Michael. 1967. *The Psychology of Interpersonal Behavior*. Harmondsworth: Penguin Books. (『對人行動の心理』辻正三 · 中村陽吉訳. 誠信書房. 1972)

____. 1972. "Non-verbal communication in human social interaction" in R. A. Hinde (ed.), *Nonverbal Communication*. Cambridge: Cambridge University Press.

____. 1975. *Bodily Communication*. London: Methuen & Co. Ltd. Baldridge, Letitia. 1985. *Complete Guide to Executive Manners*. New York: Rawson Associates.

バーンランド, ディーン C. 1973.『日本人の表現構造』5章. 西山千 · 佐野雅子訳. サイマル出版會.

Bäuml, Betty J. & Franz H. Bäuml 1975. *A Dictionary of Gestures*. Metuchen, N. J.: Scarecrow Press, Inc.

Birdwhistell, Ray L. 1952. *Introduction to Kinesics*. Louiseville, Ky: University of Louisville Press.

____. 1970. *Kinesics and Context: Essays on Body Motion Communication*. Philadelphia: University of Pennsylvania Press.

Boucher, J. 1974. "Display rules and facial affective behavior: a theoretical discussion and suggestions for research" in R. W. Brislin (ed.), *Topics and Cultural Learning*, Vol. 2. Honolulu: East-West Center.

ブロズナハン, リージヤー. 1988.『しぐさの比較文化』岡田妙 · 藤紀代子訳. 大修館書店.

Browmiller, Susan. 1984. *Femininity*. New York: Simon & Schuster.

Critchley, Macdonald. 1975. *Silent Language*. London: Butterworths.

Davis, Flora. 1971. *Inside Intuition*. New York: McGraw-Hill.

Donald, Elsie B. (ed.) 1982. *Debrett's Etiquette and Modern Manners*. London · Sydney: Pan Books, Ltd.

Efron, David. 1972. *Gesture, Race and Culture*. The Hague: Mouton(The original English text published in 1941 under the title of *Gesture and Environment*).

Ekman, Paul. 1972. "Universals and cultural differences in facial expressions of emotion" in J. Cole (ed.), *Nebraska Symposium on Motivation 1971*. Lincoln: University of Nebraska Press.

____. 1973. "Cross-cultural studies of facial expression" in P. Ekman (ed.), *Darwin and*

Facial Expression: A Century of Research in Review. New York: Academic Press.
____. 1977. "Biological and cultural contributions to body and facial movement" in J. Blacking (ed.), *The Anthropology of the Body*. New York: Academic Press.
____. 1980. "Three classes of nonverbal behavior" in W. von Raffler-Engel (ed.), *Aspects of Nonverbal Communication*. Amsterdam: Swets and Zeitlinger.
____ & Wallace V. Friesen. 1969 (a) "The repertoire of nonverbal behavior: categories, origins, usage and coding." *Semiotica*, 1.
____. Richard E. Sorensen & Wallace B. Friesen 1969 (b) "Pan-cultural elements in facial displays of emotion." *Science*, 164.
Esquire Magazine, the (ed.) 1969. *Esquire's Guide to Modern Etiquette*. Philadelphia & New York: J. B. Lippincott Co.
Fast, Julius. 1970. *Body Language*. New York. Evans & Co. Inc.『ボディー・ランゲージ』石川弘義訳. 讀賣新聞社. 1974)
Feldman, Sandor S. 1969. *Mannerisms of Speech and Gestures in Everyday Life*. New York: International Universities Press, Inc.
福井康之. 1984.『まなざしの心理学』創元社.
Garrison, Jeffrey G. 1990. *Body Language*, Tokyo & New York: Kodansha International.
Goffman, Erving. 1959. *The Presentation of Self in Everyday Life*. New York: Doubleday Anchor Books.
____. 1963. *Behavior in Public Places*. Gleucose, Illinois: Free Press.
____. 1967. *Interaction Ritual*. New York: Doubleday Anchor Books.
____. 1971. *Relations in Public*. London: Allen Lane.
Guthrie, R. Dale. 1976. *Body Hot Spots*. New York: Pocket Books.
Hall, Edward T. 1959. The Silent Language. New York: Doubleday (『沈黙のことば』國弘正雄・長井善見・齋藤美津子訳. 南雲堂. 1966)
____. 1963. "A system for the notation of proxemic behavior." *American Anthropologist*, Vol. 65. No. 5.
____. 1966. *The Hidden Dimension*. New York: Doubleday. (『かくれた次元』日高敏隆・佐藤信行訳. みすず書房. 1970)
____. 1968. "Proxemics." *Current Anthropology* 9.
____. 1976. *Beyond Culture*. Garden City, NY: Doubleday / Anchor. (『文化を超えて』岩田慶治・谷泰訳. TBS ブリタニカ. 1979)
原ひろ子我妻洋. 1977.『しつけ』ふぉるく叢書. 弘文堂.
Hess, Eckhard H. 1972. "Pupilometrics" in N. S. Gunfield & R. A. Sternback (eds.), *Handbook of Psychology*. New York: Holt, Rinehart and Winston.
樋口清之. 1976.『日本風俗の起源』サンポウ・ブックス. 産報.
Hinde, Robert A. (ed.) 1972. *Nonverbal Communication*. Cambridge: Cambridge University Press.
池上嘉彦. 1972.「言語記号と非言語記号」『言語』Vol. 1. No. 5. 大修館書店.

——. 1984.『記号論への招待』岩波新書. 岩波書店.

Johnson, Harold G., Paul Ekman & Wallace B. Friesen. 1975. "Communicative body movements: American emblems." *Semiotica*, 15. 4.

Jourard, Sidney. 1966. "An exploratory study of body accessibility," *British Journal of Social and Clinical Psychology*, 5.

Jourard, Sidney & J. Rubin. 1968. "Self-disclosure and touching: a study of two modes of interpersonal encounter and their interrelation." *Journal of Humanistic Psychology*, 8.

金山宣夫. 1983.『世界 20カ国ノンバーバル事典』研究社出版.

加藤秀俊. 1971.『文化とコミュニケーション』1章. 思索社.

Kendon, Adam. 1980. "Gesticulation and speech: two aspects of utterance" in M. R. Key (ed.), *The Relationship of Verbal and Nonverbal Communication*. The Hague: Mouton.

Key, Mary Ritchie. 1977. *Paralanguage and Kinesics*. Metuchen, N. J.: Scarecrow Press.

Knapp, Mark L. 1978. *Nonverbal Communication in Human Interaction*. New York: Holt, Rinehart and Winston. (『人間關係における非言語情報伝達』牧野成一・牧野泰子訳. 東海大學出版會. 1979)

小林祐子. 1975.『身ぶり言語の日英比較』エレック選書. ELEC 出版部.

——. 1981-1982.「ノンバーバルコミュニケーション」『英語教育ジャーナル』1981. 10月号-1982. 3月号. 三省堂.

——. 1982.「非言語行動の比較」國廣哲彌編『日英比較講座第5巻〈文化と社會〉』大修館書店.

香原志勢. 1981 (a).『人体に秘められた動物』NHK ブックス. 日本放送出版協會.

——. 1981 (b).『人類生物學入門』中公新書. 中央公論社.

——. 1985.『顔の本』講談社.

国立国語研究所補助研修慣用句班. 1981.「慣用句の調査」国立国語研究所.

九鬼周造. 1930.『「いき」の構造』岩波書店.

國廣哲彌. 1977.「日本人の言語行動と非言語行動」大野晋・柴田武編『岩波講座 日本語第4巻〈言語生活〉』岩波書店.

LeBarre, Weston. 1974. "The cultural basis of emotions and gestures." *Journal of Personality*, 16. 1.

レゲット, トレバーP, 1973.『紳士道と武士道』サイマル出版會.

Leach, Edmund. 1976. *Culture and Communication*. Cambridge: Cambridge University Press. (『文化とコミュニケーション』青木保・宮坂敬造訳. 紀伊國屋書店. 1981).

Mehrabian, Albert, 1969. "The significance of posture and position in the communication of attitude and status relationships." *Psycological Bulletin*, Vol. 71, No. 5.

——. 1972. *Nonverbal Communication*. Chicago: Aldine-Atherton.

南不二男. 1977.「敬語の機能と敬語行動」大野晋. 柴田武編『岩波講座日本語第4巻〈敬語〉』岩波書店.
_____. 1979.「言語行動の問題点」南不二男編『講座 言語第3巻〈言語と行動〉』大修館書店.
宮地敦子. 1979.『身心語彙の史的研究』明治書院.
モース, E. S. 1970.『日本その日その日 1, 2』石川欣一譯. 平凡社.
Morris, Desmond. 1967. *The Naked Ape*. London: Jonathan Cape, Ltd.(『裸のサル』日高敏隆譯. 河出書房新社. 1969)
_____. 1972. *Intimate Behaviour*. New York: Random House(『ふれあい』石川弘義訳. 平凡社. 1974)
_____. 1977. *Manwatching*. London: Jonathan Cape Ltd.
_____. 1982. *The Pocket Guide to Manwatching*. Triad / Grandada.
_____. 1985. *Body Watching*. New York: Crown Publishers, Inc.
_____, Peter Collett, Peter March & Marie O'Shaughnessy. 1981. *Gestures*. Beccles & London: Triad / Granada.
Morsbach, Helmut. 1976. "Aspects of nonverbal communication in Japan" in Samovar, L. A. & Porter, R. E. (eds.), *Intercultural Communication: A Reader*. Belmont, Calif.: Wadsworth Publishing Co. Ltd.
中野道雄 · カーカツプ, J. 1973『日本人と英米人一身ぶり · 行動パターンの比較』大修館書店.
_____. 1985.『ボディ · ランゲージ事典』大修館書店.
中野收. 1984.『コミュニケーションの記号論』有斐閣.
ネウストプニー, J. V. 1982.『外国人とのコミュニケーション』岩波新書. 岩波書店.
Nierenberg, Gerard I. & Henry H. Calero. 1971. *How to Read a Person Like a Book*. New York: Hawthorn Books, Inc. (『人の心を讀む技術』上田敏晶訳. 日本生産性本部. 1973)
西田忠毅. 1984.『ジェスチャー英語』九州大學出版會.
野村雅一. 1983.『しぐさの世界一身体表現の民族學』NHK ブックス. 日本放送出版協會.
小笠原淸信. 1971.「交際と礼儀」大島建彦 · 大森志郎他編『日本を知る事典』. 社會思想社.
小笠原忠統. 1972.『日本人の礼儀と心』カルチャー出版社.
小倉朗. 1977.『日本の耳』岩波新書. 岩波書店.
Opie, Iona & Peter Opie. 1959. *The Lore and Language of School Children*. London: Oxford University Press.
Pease, Allan. 1984. *Signals*. Toronoto · New York · London: Bantam Books.
Poiret, Maude. 1970. *Body Talk: The Science of Kinesics*. New York: Awards Books.
Post, Elizabeth L. 1965. *Emily Post's Pocket Book of Etiquette*. New York: Pocket Books.
ロボ, F. · 津田葵 · 楠瀨淳三. 1984.「非言語の伝達」(第2章)『英語コミュニケーション論』大修館書店.

Saitz, Robert L. & Edward J. Cervenka. 1972. *Handbook of Gestures: Columbia and the United States*. The Hague: Mouton.

Sapir, Edward. 1927 (a). "Speech as a personal trait" in D. G. Mandelbaum (ed.), *Selected Writings of Edward Sapir: In Language, Culture and Personality*. Berkeley, Calif.: University of California Press, 1949.

——. 1927 (b). "The unconscious patterning of behavior in society" in D. G. Mandelbaum (ed.), *Selected Writings of Edward Sapir: In Language, Culture and Personality*. Berkeley, Calif.: University of California Press, 1949.

佐藤信夫. 1973.「記号的身ぶり」『言語生活』No. 258. 筑摩書房.

——. 1977.『記号人間』大修館書店.

Scheflen, Albert E. 1964. "The significance of posture in communication systems." *Psychiatry* Vol. 27, No. 4.

——. 1972. *Body Language and the Social Order*. Englewood Cliffs, N. J.: Prentice-Hall.

シタムラ, K. S. 1985.『異文化間コミュニケーション』6章. 御堂岡潔訳. 東京創元社.

ソーレル, ウオルター. 1973.『人間の手の物語』正田義彰訳. 筑摩書房.

Sperling, Susan Kelz. 1981. *Tenderfeet and Ladyfingers*. New York: The Viking Press.

Stone, G. P. 1970. "Appearance and the Self" in G. P. Stone & H. A. Farberman (eds.), *Social Psychology through Symbolic Interaction*. Waltham, Mass: Ginn-Blaisdell.

多田道太郎. 1972.『しぐさの日本文化』筑摩書房.

多田幸藏. 1981.『英語イディオム事典—身体句編』大修館書店.

寺井美奈子. 1971.『一つの日本文化論—きものの心』風濤社.

東山安子. 1986.「ノンバーバル・コミュニケーション」伊藤克敏・牧内勝・本名信行編『ことばと人間』三省堂.

Trager, George L. 1958. "Paralanguage; A first approximation" in D. Hymes (ed.), *Language in Culture and Society*. New York: Harper and Row, 1964.

ヴァーガス, マジョリー F. 1987.『非言語コミュニケーション』石丸正訳. 新潮選書. 新潮社.

Vanderbilt, Amy. 1970. *Amy Vanderbilt's Everday Etiquette*. New Revised Edition. Toronoto · New York · London: Bantam Books.

Wallace, Claire. 1967. *Canadian Etiquette*. Winnipeg, Canada: Greywood Publishing Ltd.

Whiteside, Robert L. 1974. Face Language. New York: Frederick Fell Publishers, Inc. (『フェイス・ランゲージ』石川弘義訳. 讀賣新聞社. 1974.)

Wildeblood, Joan. 1965. *The Polite World: A Guide to English Manners and Deportment*. London: Davis-Poynter.

山田政美. 1986.『アメリカ英語の最新情報』研究社出版.

일본어사전

『大言海』大槻文彦著. 新訂版. 富山房. 1974.

『大辞林』松村明編. 三省堂. 1988.

『国語慣用句辞典』白石大二編. 東京堂出版. 1969.

『広辞苑』新村出編. 第三版. 岩波書店. 1983.

영어사전〔(　　)内は本辭書で使用した略号を表す〕

American College Dictionary, The. New York: Random House, Inc., 1962. (*ACD*).

American Heritage Dictionary of the English Language, The. Second College Edition. Boston: Houghton Mifflin Company, 1982 (*AHD*).

Brewer's Dictionary of Phrase and Fable. New & Revised Edition. London: Cassell, 1981. (*Brewer's*).

COBUILD English Learner's Dictionary. London & Glasgow: William Collins Sons & Co. Ltd., 1989.

Collins COBUILD English Language Dictionary. London & Glasgow: William Collins Sons & Co. Ltd., 1987. (*COBUILD*).

Collins English Dictionary. Second Edition. London & Glasgow: William Collins Sons & Co. Ltd., 1986. (*CED*).

Dictionary of Euphemisms, A. (by Neaman, J. S. & Silver C.G.). London: Unwin Paperbacks, 1984. (*DOE*)

『英語基本動詞辞典』小西友七編. 研究社出版. 1980.

『英語図詳大辞典』日本版. 堀内克明・國廣哲彌編. 小學館. 1985.

『英米故事伝説辞典』井上義昌編. 富山房. 1972.

『研究社新英和大辞典』第5版. 小稲義男他編. 1980.

『研究社-ロングマンイディオム英和辞典』東信行・諏訪部仁訳編. 研究社. 1989.

Longman Dictionary of English Idioms. Longman Group Limited: 1979.

Longman Lexicon of Contemporary English. (by McArthur, T.) Longman Group Limited. 1981. (*Lexicon*).

Modern Guide to Synonyms and Related Words. (by Hayakawa, S. I.). New York: Funk & Wagnalls, 1968. (*MGS*).

Oxford English Dictionary of the English Language, The. Second Edition. New York: Random House Ind., 1987. (*RHD*).

『小学館ランダムハウス英和大辞典』稲村松雄他編. 1973.

Visual Dictionary. 日本版. 眞城正明他編. タイムライフ教育システム. 1982.

Webster's Third New Internatinal Dictionary of the English Language. Springfield: Merriam-Webster Inc. 1961.

The World Book Dictionary. Chicgo: World Book, Inc. 1989. (*WBD*).

용례출전일람

A 정기간행물

『朝日新聞』
Daily Telegraph, The
Guardian Weekly, The
Newsweek
『日本経済新聞』
Punch
Reader's Digest
Spectator, The
Time

B 픽션 · 논픽션 작품

安部公房
　1『他人の顔』
　2『第四間氷期』
Aiken, J. *Midnight Is a Place*
Albee, E. *Who's Afraid of Virginia Woolf?*
Aldrich, Jr., N. W. *Old Money*
Allyne, K. *Valley of Lagoons*
Andrews, L. *The Healing Time*
Anthony, E.
　1 *The Poellenberg Inheritance*
　2 *Stranger at the Gates*
　3 *The Defector*
Archer, J.
　1 *The Prodigal Daughter*
　2 *Not a Penny More, Not a Penny Less*
　3 *Shall We Tell the President?*
　4 *A Matter of Honour*
Armour, R. *They Won't Let Me Stop Smoking*
Armstrong, C.
　1 *The Innocent Flower*
　2 *A Little Less Than Kind*
Armstrong, W. H. *Sounder*
Ashley, B. *Break in the Sun*
Auchincloss, L.
　1 *Portrait in Brownstone*
　2 *Sybil*
　3 *Venus in Sparta*
Austin, A. *The Bride*

Bach, G. R. & Goldberg, H. *Creative Aggression*
Bagley, D. *The Spoilers*
Baker, R. *Growing Up*
Baker, T. & Jones, R. *Coffee, Tea, or Me*
Baldridge, K. *Complete Guide to Executive Manners*
Baldwin, F.
　1 *Change of Heart*
　2 *The Heart Remembers*
Banbury, I. *The Painted Palace*
Barnard, R.
　1 *The Case of the Missing Bronte*
　2 *A Little Local Murder*
Barrett, M. E. *An Accident of Love*
Barry, P. *The Philadelphia Story*
Barstow, S. *The Right True End*
Baum, L. F. *The Wizard of Oz*
Bayer, W. *Pattern Crimes*
Beckett, S. *Waiting for Godot*
Bellow, S.

1 *A Father- to-be*
2 *Seize the Day*
Bernstein, C. & Woodward, B.
1 *All the President's Men*
2 *The Final Days*
Billington, R. *A Woman's Age*
Binchy, M. *Echoes*
Birmingham, S.
1 *The Auerbach Will*
2 *Ameican Secret Aristocracy*
Black, S. T. *Child Star*
Blair, K.
1 *The Golden Rose*
2 *Wild Crocus*
Blake, N. *Minute for Murder*
Blume, J.
1 *Igie's House*
2 *Then Again, Maybe I Won't*
3 *Are You There, God? It's Me, Margaret*
4 *Forever*
Bosse, M. J. *Ganesh*
Bradford, B. T. *A Woman of Substance*
Braine, J.
1 *Room at the Top*
2 *Life at the Top*
Brenton, H. & Hare, D. *Pravda: A Fleet Street Comedy*
Britt, K. *Open Not the Door*
Brominge, I.
1 *Laurian Vale*
2 *Rough Weather*
Brooks, J. *The Big Wheel*
Brown, K. *Adventures with D. W. Griffith*
Brown, R. & Gilman, A. *The Pronouns of Power and Solidarity*
Brownmiller, S. *Femininity*
Burchell, B. *Call and I'll Come*
Burchell, M.
1 *Elusive Harmony*
2 *Dear Sir*
Burghley, R. *The Sweet Surrender*
Burnett, F. H. *Little Lord Fauntleroy*

Caldwell, E. *God's Little Acre*
Caldwell, T. *Answer as a Man*
Campton, D. *Alison*
Capote, T.
1 *Breakfast at Tiffany's*
2 *In Cold Blood*
3 *Mirriam*
4 *Other Voices, Other Rooms*
Carlson, P. M. *Murder is Academic*
Cartland, B.
1 *Against the Stream*
2 *The Dream Within*
3 *The Elusive Earl*
4 *A Virgin in Paris*
5 *A Halo for the Devil*
6 *The Passionate Pilgrim*
Carver, R.
1 *What We Talk About When We Talk About Love*
2 *The Bridle*
3 *The Train*
4 *A Small Good Thing*
5 *Errand*
6 *Elephant and Other Stories*
Caspary, V. *Laura*
Cather, W.
1 *My Mortal Enemy*
2 *Lucy Gayheart*
3 *The Sculptor's Funeral*
4 *Neighbor Rosicky*
5 *Paul's Case*
Chace, I. *The Flamboyant Tree*
Chapman, A.H.M.D. *Put-Offs and Come-Ons*
Chase, J. H. *Lay Her Among the Lilies*
Cheever, J. *O Youth and Beauty!*
Cheyney P. *One of Those Things*

Christie, A.

1 *The Boomerang Clue*

2 *Murder in Mesopotamia*

3 *Postern of Fate*

4 *The Secret of Chimneys*

5 *The Murder of Roger Ackroyd*

6 *Sittaford Mystery*

7 *Curtain*

Clark, M. H.

1 *Stillwatch*

2 *A Cry in the Night*

3 *Where Are the Children?*

4 *The Cradle Will Fall*

5 *A Stranger Is Watching*

6 *Weep No More, My Lady*

Cleary, B.

1 *The Luckiest Girl*

2 *Ramona the Pest*

3 *Ramona and Her Father*

Cockrell, M. *Mixed Company*

Cole, J. A. *Lord Haw-Haw: The Full Story of William Joyce*

Cookson, C.

1 *The Invisible Cord*

2 *The Tide of Life*

3 *The Cultured Handmaiden*

Cooper, J.

1 *Rivals*

2 *Harriet*

3 *Prudence*

4 *Emily*

5 *Octavia*

6 *Riders*

Cooper, L.

1 *Nurse on Ward Nine*

2 *A Rose for the Surgeon*

Coughlin, W. J.

1 *Her Father's Daughter*

2 *Her Honor*

Coward, N. *Private Lives*

Craven, M. *I Heard the Owl Call My Name*

Cravens G. *Love and Work*

Cresswell, H. *Absolute Zero*

Cronin, A. J.

1 *The Citadel*

2 *The Green Years*

3 *The Spanish Gardener*

4 *Shannon's Way*

5 *Three Loves*

Cross, A. *In the Last Analysis*

Dahl, R. *Boy-Tales of Childhood*

Dailey, J.

1 *Homeplace*

2 *Rivals*

Davis, F. *Inside Intuition*

Dawson, E. *The Bending Reed*

de la Roche, M. *Wakefield's Course*

Deveraux, J. *The Princess*

Dickinson, W. H. *Roses*

Dickson, C.

1 *The Curse of the Bronze Lamp*

2 *Cavalier's Cup*

3 *Behind the Crimson Curtain*

Doctorow, E. L. *Ragtime*

Donnelly, J. *Touched by Fire*

Douglas, K. *The Ragman's Son*

Douglas, L. C.

1 *Disputed Passage*

2 *Magnificent Obsession*

3 *White Banners*

Doyle, A. *Play the Tune Softly*

Doyle, A. C.

1 *The Advertures of Sherlock Holmes*

2 *A Scandal in Bohemia*

3 *The Adventure of the Copper Beeches*

4 *The Five Orange Pips*

5 *His Last Bow*

Drabble, M. *The Millstone*

Drury, A. *Mark Coffin U.S.S.*

Duffield, A. *Tomorrow Is Theirs*
du Maurier, D.
1 *Rule Britannia*
2 *Rebecca*

Eden, D. *Winterwood*
遠藤周作『海と毒藥』
Engle, H. *Murder on Location*
Ephron, N. *Hearburn*
Erdman, P. E. *The Billion Dollar Sure Thing*
Esquire Magazine Editors *Esquire Guide to Modern Etiquette*
Eustis, H. *The Horizontal Man*

Fast, H.
1 *The Immigrants*
2 *The Legacy*
3 *Second Generation*
4 *The Dinner Party*
Ferrars, E. *Breath of Suspicion*
Field, S. *The Storms of Spring*
Fielding, J. *The Other Woman*
Fitzgerald, F. S.
1 *The Diamond as Big as the Ritz*
2 *My Day*
Fleming, I.
1 *From a View to a Kill*
2 *For Your Eyes Only*
3 *The Hildebrand Rarity*
4 *Quantum of Solace*
5 *Risico*
Follett, K.
1 *Eye of the Needle*
2 *The Key to Rebecca*
3 *The Man from St. Petersburg*
4 *Triple*
5 *Lie Down with Lions*
Forster, M. *Georgy Girl*
Francis, D.
1 *Banker*
2 *Nerve*
3 *Proof*
4 *Reflex*
5 *Smokescreen*
6 *Twice Shy*
7 *Whip Hand*
8 *Hot Money*
Fraser, A. *In the Balance*
Freeman, C.
1 *No Time for Tears*
2 *Illusion of Love*
Freemantle, B. *The Blind Run*

Gallagher, M.
1 *Spring Snow*
(三島由紀夫『春の雪』英訳)
2 *The Sea and Poison*
(遠藤周作『海と毒藥』英訳)
Gallagher, P.
1 *Castles in the Air*
2 *The Thicket*
Gallico, P. *A Boy Who Invented the Bubble Gun*
Galsworthy, J. *The Apple Tree*
Gardam, J. *A Long Way from Verona*
Gathorne-Hardy, J. *The Unnatural History of the Nanny*
Gayle, E. *Cousin Caroline*
Gilbreth, F. B. & Carey, E. G. *Cheaper by the Dozen*
Gillen L. *The House of Kingdom*
Glemser, B. *The Fly Girls*
Gluyas, C. *Lord Sin*
Gordon, M.
1 *The Company of Women*
2 *Final Payments*
Godron, V.
1 *Blind Man's Buff*
2 *Dinner at Wyatt's*
Goudge, E. *The Bird in the Tree*
Gould, L. *Necessary Objects*

Graham, W. *The Walking Stick*
Greenaway, G. *No Looking Back*
Greene, Bette *Summer of My German Soldier*
Greene, Bob *Cheeseburgers*
Greene, G. *Loser Takes All*
Greenleaf, S. *Death Bed*
Greenwood, J. *The Missing of Mr. Mosley*
Grey, B. *Meeting at Scutari*
Griffin, J. H. *Black Like Me*
Guest, J.
  1 *Ordinary People*
  2 *Second Heaven*
Guthrie, R. D. *Body Hot Spots*

Hagan, P. *Love and Fury*
Hailey, A.
  1 *Airport*
  2 *The Final Diagnosis*
  3 *Hotel*
  4 *In High Places*
  5 *The Moneychangers*
  6 *Strong Medicine*
  7 *Wheels*
  8 *Overload*
Halberstam, D. *The Best and the Brightest*
Hall, E. *Silent Language*
Hamill, P. *Going Home*
Hampson, A. *South of Capricorn*
Hannibal, E. *Chocolate Days, Popsicle Weeks*
Hare, C. *Tenant for Death*
Harris, R. *Husbands and Lovers*
Hawkesworth, J. *Upstairs, Downstairs*
Heller, J. *Good as Gold*
Herbert, F. G. *The Moon Is Blue*
Herriot, J. *All Creatures Great and Small*
Hersey, J. *A Bell of Adamo*
Hervey, E. *The Man of Gold*
Heyer, G.
  1 *Bath Tangle*
  2 *Black Sheep*
  3 *Beauvallet*
  4 *The Convenient Marriage*
  5 *Death in the Stocks*
  6 *Devil's Cub*
  7 *Envious Casca*
  8 *Powder and Patch*
  9 *The Quiet Gentleman*
  10 *These Old Shades*
  11 *The Talisman Ring*
  12 *Behold, Here's Poison*
Higgins, J. *The Eagle Has Landed*
Hill, G. L.
  1 *April Gold*
  2 *Matched Pearls*
  3 *The Strange Proposal*
  4 *Silver Wings*
  5 *The Tryst*
Hill, R. *Child's Play*
Hilton, J. *Random Harvest*
Hilton, M.
  1 *The Dutch Uncle*
  2 *The Whispering Grove*
Hobson, L. Z. *The Tenth Month*
Hocken, S. *Emma and I*
Hoffman, A. *At Risk*
Holt, V.
  1 *Menfreya in the Morning*
  2 *The Mask of Enchantress*
  3 *On the Night of the Seventh Moon*
  4 *The Shadow of the Lynx*
  5 *The Secret Woman*
  6 *The Spring of the Tiger*
  7 *The Demon Lover*
Horgan, P.
  1 *The Fault of Angels*
  2 *Whitewater*
Horwitz. B. *Homecoming*
  (大仏次郎『歸鄕』英訳)
Howard, E. J. *Getting It Right*

Hughes, E. *The Wiltons*
Hughes, T. *Tom Brown's Schooldays*
Hulme A. *The Gamester*
Hunter, E.
  1 *Strangers When We Meet*
  2 *A Matter of Conviction*
Hunter, M. *You Never Knew Her As I Did*
Huxley, A. *Gioconda Smile*
Hyde, A. *The Red Fox*

Inge, W. *Good Luck, Miss Wyckoff*

Jaffe, R. *The Last Chance*
Jameson, C. *Yours … Faithfully*
Just, W. *Nicholson at Large*

Kanin, G. *Born Yesterday*
Katkov, N. *With These Hands*
Kaufman, B. *Up the Down Staircase*
Kauffman, L. *Six Weeks in March*
川端康成
  1『雪國』
  2『千羽鶴』
  3『山の音』
Kazan, E. *The Arrangement*
Keen, D. *After the Banquet*
  (三島由紀夫『宴のあと』英訳)
Kellerman, F. *The Ritual Bath*
Kelley, K. *His Way*
Kemelman, H.
  1 *Friday the Rabbi Slept Late*
  2 *Sunday the Rabbi Stayed Home*
  3 *Someday the Rabbi Will Leave*
  4 *Saturday the Rabbi Went Hungry*
Kendal, G. & Colvin, C. *The Shakespeare Wallah*
Kent, P.
  1 *Flight to the Stars*
  2 *Gideon Faber's Chance*
Keyes, F. P.
  1 *The Ambassadress*
  2 *The Heritage*
  3 *Joy Street*
  4 *Queen Anne's Lace*
Kirkpatrick, S. *A Cast of Killers*
Kirkup, J. *Humour Is International*
Knowles, J. *A Separate Peace*
Korda, M.
  1 *Power!*
  2 *Male Chauvinism*
Kost, R. *A Girl for Me*
Krantz, J.
  1 *Mistral's Daughter*
  2 *The Scruples*
  3 *Princess Daisy*
  4 *I'll Take Manhattan*
  5 *Till We Meet Again*

Landers, A. *Anne Landers Spesks Out*
Lardners, R. *The Love Nest*
Lawrence, A. *The Dean's Death*
Lawrence, R. *Satisfaction*
Le Carré, J. *Tinker, Tailor, Soldier Spy*
Lederer, W. J. & Burdick, E. *The Ugly American*
Lewty, M.
  1 *The Fire in the Diamond*
  2 *The Short Engagement*
  3 *The Time and the Loving*
Levenson, S. *In One Era and Out the Other*
Lingard, J. *Into Exile*
Lipper, K. *Wall Street*
Lodge, D. *Changing Places*
Lofts, C. *Hestor Room*
Loring, E.
  1 *A Certain Crossroad*
  2 *Here Comes the Sun!*
  3 *I Hear Adventure Calling*
  4 *A Key to Many Doors*
  5 *Look to the Stars*

6 *Spring Always Comes*
7 *Unchartered Seas*
Lorraine, M. *The Ardent Suitor*
Lowe, S. & Ince, A. *Swapping*
Ludlum, R.
1 *The Bourne Identity*
2 *The Parsifal Mosaic*
Lund, D. *Eric*
Lurie, A.
1 *The War Between the Tates*
2 *The Nowhere City*
3 *Foreign Affairs*
4 *Love and Friendship*
Lyons, A. *Dead Ringer*

Macdonald, R.
1 *The Barbarous Coast*
2 *Black Money*
3 *The Chill*
4 *The Doomsters*
5 *The Dark Tunnel*
6 *The Far Side of the Dollar*
7 *The Galton Case*
8 *The Goodbye Look*
9 *The Moving Target*
10 *The Name is Archer*
11 *Trouble Follows Me*
12 *The Underground Man*
13 *The Zebra-Striped Hearse*
14 *The Wycherly Woman*
MacInnes, H.
1 *Message from Ma'laga*
2 *Ride a Pale Horse*
3 *The Snare of the Hunter*
Mackie, M. *The Other Side of the River*
MacLead, J. S. *The Gated Road*
Malamud, B.
1 *The Magic Barrel*
2 *The Tenants*
3 *The Assistant*
Manning. M. *Sweet Friday*
Mansfield, K.
1 *The Fly*
2 *The Garden Party*
Marks, A. H.
1 *Forbidden Colors*
(三島由紀夫『禁色』英訳)
2 *Thirst for Love*
(三島由紀夫『愛の渇き』英訳)
Marquand, J. P. *Stopover: Tokyo*
Marsh, N. *Overture to Death*
Mather, A. *The Reluctant Governess*
Mathy, F. *Mon*
(夏目漱石『門』英訳)
Maugham, W. S.
1 *Cakes and Ale*
2 *The Circle*
3 *Christmas Holiday*
4 *The Fall of Edward Barnard*
5 *A Friend in Need*
6 *Gigolo and Gigolette*
7 *The Human Element*
8 *Liza of Lambeth*
9 *Mackintosh*
10 *Mr. Know-All*
11 *The Promise*
12 *The Painted Veil*
13 *Rain*
Maybury, A. *The Terracotta Palace*
Mazer, H. *I Love You, Stupid*
McBain, E.
1 *He Who Hesitates*
2 *So Long as You Both Shall Live*
McCarthy, M. *Birds of America*
McClary, P. D. *An American Girl*
McClellan, E.
1 *Grass on the Wayside*
(夏目漱石『道草』英訳)
2 *Kokoro*
(夏目漱石『心』英訳)
McCullers, C. *Madame Zilensky and the King of Finland*

McCullough, C.
1 *The Thorn Birds*
2 *Tim*
McElfresh, A. *Dr. Jane Comes Home*
McGivern, W. P. *Very Cold for May*
McIlvaine, J. *Portion for Foxes*
McNaught, J. *Once and Always*
Meissner, K. *Geisha in Rivalry*
(永井荷風『腕くらべ』英訳)
Meredith, D. R. *Murder by Deception*
Metalious, G. *The Tight White Collar*
Michael, J.
1 *Possessions*
2 *Deceptions*
Michaels, K. *Enchanted Twilight*
Michaels, L. *A New Desire*
Middleton, S. *Holiday*
Milford, N. *Zelda*
Miller, A. *Death of a Salesman*
Miller, M. *Plain Speaking: An Oral Biography of Harry S. Truman*
Minot, S. *Monkeys*
三島由紀夫
1『禁色』
2『宴のあと』
3『愛の渴き』
4『潮騒』
5『春の雪』
Moloney, M. D., J. C. *Understanding the Japanese Mind*
Montgomery, L. M. *Aunt Cnythia's Persian Cat*
Morris, I.
1 *Fires on the Plain*
(大岡昇平『野火』英訳)
2 *The Journey*
(大仏次郎『旅路』英訳)
Mortimer, P. *A Life of the Queen Mother*
Mosley, L. *The Real Walt Disney*
Mulien, D. *All We Know of Heaven*
Murray, J. *Rosamund*
Murray, R. *The Four Guests Mystery*

永井荷風『腕くらべ』
Narayan, R. K. *My Days: A Memoir*
Nathan, J. *A Personal Matter*
(大江健三郎『個人的な体験』英訳)
夏目漱石
1『心』
2『門』
3『草枕』
4『道草』
5『明暗』
Neels, B.
1 *The Edge of Winter*
2 *Pineapple Girl*
3 *Saturday's Child*
4 *Stormy Springtime*
Neville, A. *Voices of Calling*
Newman, E. *Strictly Speaking*
Nicholson, N. *Portrait of a Marriage*
Nierenberg, G. I. & Calero, H. H. *How to Read a Person Like a Book*
North, J. *The High Valley*
Norway, K. *Junior Pro*

Oates, J. C.
1 *Them*
2 *Small Avalanches*
大岡昇平『野火』
O'Faolain, S. *The Trout*
Olsen, J. *The Girls in the Office*
O'Neill, E.
1 *Mourning Becomes Electra*
2 *Strange Interlude*
3 *Desire Under the Elms*
大江健三郎『個人的な体験』
大仏次郎
1『旅路』
2『歸鄕』
Osborn, J. J. *The Paper Chase*

Packard, V. *The Status Seekers*
Pargeter, M. *Better to Forget*
Parker, R. B.
1 *Valediction*
2 *Ceremony*
3 *Pale Kings and Princess*
4 *Crimson Joy*
Paul, B.
1 *Prima Donna at Large*
2 *A Chorus of Detectives*
Peake, L.
1 *The Distant Dream*
2 *Heart in the Sunlight*
3 *Stay Till Morning*
4 *No Second Parting*
Pearce, P. *Lion at School and Other Stories*
Peters, S.
1 *Deep Furrows*
2 *One Special Rose*
Peterson, K. *The Trapdoor*
Petrakis, H. M. *Pericles on 31st Street*
Peyton, K. M.
1 *The Edge of the Cloud*
2 *Flamberds*
3 *Flamberds in Summer*
4 *The Beethoven Medal*
5 *A Midsummer Night's Death*
Plaidy, J. *Beyond Blue Mountains*
Plain, B.
1 *Random Winds*
2 *Tapestry*
Poe, E. A. *The Pit and the Pendulum*
Popkin, Z. *A Death of Innocence*
Porter, K. A. *Holiday*
Post, E. L. *Emily Post's Pocket Book of Etiquette*
Potok, C. *My Name Is Asher Lev*
Powell, M. *Below Stairs*
Priestley, J. B. *The English*
Purdy, J. *Cutting Edge*
Pym B. *Some Tame Gazelle*

Quinn, S. *Regrets Only*

Randall, R. *Knight's Keep*
Raskin, B. *Hot Flashes*
Rayner, C. *Gower Street*
Read, P. P. *The Professor's Daughter*
Reed, M. *Yes, My Darling Daughter*
Rendell, R. *An Unkindness of Ravens*
Rensselaer, P. *The House with the Golden Door*
Roberts, I. *Desert Nurse*
Robins, D.
1 *And All Because*
2 *The Boundary Line*
3 *The Breaking Point*
4 *The Cyprus Love Affair*
5 *Life and Love*
6 *My True Love*
7 *Only My Dreams*
8 *Strange Rapture*
9 *Shatter the Sky*
10 *The Unshaken Loyalty*
11 *The Unlit Fire*
12 *Wait for Tomorrow*
13 *The Wild Bird*
Ross, F. D. *Especially Twenty*
Rossiter, C. *Lady for the Laceys*
Royce, K. *The Crypto Man*

Salinger, J. D. *Franny and Zooey*
Sallis, S. *Only Love*
Sanders, L.
1 *The First Deadly Sin*
2 *The Second Deadly Sin*
Saroyan, W. *My Name is Aram*
Saunders, E. D.
1 *The Face of Another*
(安部公房『他人の顔』英訳)
2 *Inter-Ice Age 4*

(安部公房『第四間氷期』英訳)
Schwamm, E. *Adjacent Lives*
Segal, E. *Doctors*
Seidensticker, E. G.
1 *The Makioka Sisters*
(谷崎潤一郎『細雪』英訳)
2 *Snow Country*
(川端康成『雪國』英訳)
3 *Thousand Cranes*
(川端康成『千羽鶴』英訳)
4 *The Sound of the Mountain*
(川端康成『山の音』英訳)
Shaw, G. B.
1 *Candida*
2 *The Devil's Disciple*
3 *Pygmalion*
Shaw, I.
1 *The Girls in their Summer Dresses*
2 *Nightwork*
3 *Bread Upon the Waters*
Sheed, W. *People Will Always Be Kind*
Sheldon, S.
1 *Bloodline*
2 *If Tomorrow Comes*
3 *Master of the Game*
4 *The Other Side of Midnight*
5 *A Stranger in the Mirror*
6 *Windmills of Gods*
7 *The Sands of Time*
城山三郎『浮上』
Shute, N. *On the Beach*
Siegel, B. *The Jurors*
Sillitoe, A.
1 *The Disgrace of Jim Scarfedale*
2 *The Loneliness of the Long-Distance Runner*
Singer, I. B. *Enemies, A Love Story*
Slyke, H. V. *The Rich and the Righteous*
Smith, B.
1 *Joy in the Morning*
2 *A Tree Grows in Brooklyn*
Smith, M. C. *Gorky Park*
Spyri, J. *Heidi*
Stafford, J. *Bad Characters*
Stanford, S. *Equal Shares*
Statler, O. *Japanese Inn*
Steel, D.
1 *Crossing*
2 *Once in a Lifetime*
3 *Zoya*
Steele, J. *Hostile Engagement*
Stein, S. *The Magician*
Steinbeck, J. *Of Mice and Men*
Stevenson, R. *Ice Blues*
Stewart, F. M. *Six Weeks*
Stewart, M. *Madam, Will You Talk?*
Stratton, R. *Girl in a White Hat*
Streshinsky, S. *A Time Between*
Stuart, J. *Clothes Made the Man*
Summers, E.
1 *Adair of Starlight Peaks*
2 *The Gold of Noon*
Sutherland, D. *The English Gentleman's Child*
Symons, J. *A Criminal Comedy*

谷崎潤一郎『細雪』
Taylor A. *An Old School Tie*
Taylor, B. *Cruelly Murdered*
Taylor, P. *Reservation: Love Story*
Teed, G. H. *Sexon Blake Wins*
Tey, J.
1 *The Man in the Queue*
2 *The Singing Sands*
3 *To Love and Be Wise*
Thomas, R. *If You Can't Be Good*
Thorpe, K.
1 *The Last of the Mallorys*
2 *Caribbean Encounter*
3 *The Wilderness Trail*
Travers, P. L. *Mary Poppins*
Turney, A. *The Three-Cornered World*

(夏目漱石『草枕』英訳)
Turnbull, A. S.
1 *The Nightingale*
2 *The Wedding Bargain*
Turow, S. *Presumed Innocent*
Twain, M. *Life on the Mississippi*

Vanderbilts, A. *Amy Vanderbilt's Every-day Etiquette*
Velder, M. & Cohen, E. *Open-Ended Stories*
Vidal, G. *Burr*
Viglielmo, V. H. *Light and Darkness*
(夏目漱石『明暗』英訳)
Vonnegut, Jr., K.
1 *Long Walk to Forever*
2 *Welcome to the Monkey House*

Wallace, I. *Seven Minutes*
Wallach, A. T.
1 *Woman's Work*
2 *Private Score*
Walters, B. *How to Talk with Practically Anybody about Practically Anything*
Way, M.
1 *A Lesson in Loving*
2 *Mutiny in Paradise*
Weatherby, M. *The Sound of Waves*
(三島由紀夫『潮騒』英訳)
Webb, C. *Love, Roger*
Weidman, J. *Your Daughter Iris*
Weitz, J. *The Value of Nothing*
Wells, D. *Jane*
Wharton, E. *The Age of Innocence*
White, T. H. *The View from the Fortieth Floor*
Whiteside, R. L. *Face Language*
Whitney, P. A. *The Winter People*
Whittal, Y. *Scars of Yesterday*
Wibberley, M. *Debt of Dishonour*
Wilde, O.
1 *Lady Windermere's Fan*
2 *An Ideal Husband*
3 *The Importance of Being Earnest*
4 *A Woman of No Importance*
5 *The Picture of Dorian Gray*
Wildeblood, J. *The Polite World*
Wilder, T.
1 *Our Town*
2 *The Matchmaker*
Williams, E. *Emlyn*
Williams, T.
1 *The Glass Menagerie*
2 *Portrait of a Girl in Glass*
Wilmot, T. *Skelton in the Cupboard*
Wilson, A. *Late Call*
Wilson, S. *The Man in the Gray Flannel Suit*
Winspear, V.
1 *Dearest Demon*
2 *Palace of the Peacocks*
Winston, S. *It Was Nice, Dad*
Wodehouse, P. G.
1 *Big Money*
2 *The Code of the Woosters*
3 *Money for Nothing*
4 *Quick Service*
5 *Right Ho, Jeeves*
6 *Very Good, Jeeves*
7 *Uncle Fred in Springtime*
8 *Pigs Have Wings*
Wolfe, T. *The Right Stuff*
Wolitzer, H. *Ending*
Wouk, H. *The Winds of War*

山本周五郎『樅の木は残った』